제3판

2025
행정법 5개년
최신판례

verwaltungsrecht

2021.1.~2025.6.까지 선고된 판례 수록
요약 핸드북 제공

변호사
강성민 편저

PREFACE

2025 행정법 5개년 최신판례 제3판

변호사시험은 시험 출제 전 6개월까지의 최신판례가 시험범위에 해당합니다. 변호사시험 행정법 과목에서 최신판례의 중요성은 두말할 나위가 없습니다.

본 서는 2021년 1월부터 2025년 6월 선고 분까지의 행정법 판례들을 소개해두었습니다. 본 서의 특징은 다음과 같습니다.

1. 최근 5개년간 최신판례를 수험에 가장 적합한 방식으로 정리하였습니다. 수록된 판례의 순서는 『행정법 엑기스 핸드북』, 『행정법 단권화 노트』에 따랐습니다.

2. 【판시사항 및 판결요지】만을 단순나열하는 것에 그치지 않고, 사실관계와 함께 보아야 하는 판례들은 【사건의 개요와 쟁점】을 함께 기재해두었고, 사안포섭이 필요한 경우는 【사안의 경우】를 함께 수록해두었습니다. 그 외에도 판례 전문과 하급심 내용까지 분석하여 꼭 필요한 지문들이나 학습에 도움이 되는 법리들을 빼먹지 않도록 해당 부분에 반영하였습니다.

3. 각 판례마다 '별칭(제목)'을 붙여두어 수험생 여러분들이 '별칭'만으로 어떤 판례인지 알 수 있도록 정리해두었습니다. 별칭은 기본적으로 법원이 설정한 것도 있고, 교수님들의 판례평석이 있는 경우 이에 따른 것도 있으며, 그 외에는 해당 판례의 중요한 법리를 기준으로 제가 임의로 붙였습니다.

4. 시험 직전 효과적인 최종정리를 위하여 "핸드북"을 별책부록으로 수록해두었습니다. 핸드북 만으로는 해당 판례를 전부 이해하실 수 없으니 반드시 본서를 기본적으로 보시고, 시험 직전 빠르게 판례를 1회독 할 필요가 있을 때 핸드북을 활용하시면 되겠습니다.

아직 합격하기에 충분한 시간이 남았습니다.
세상에 꼭 필요한 법률가가 되시길 바랍니다.

2025. 7. 14.
변호사 강성민 드림

CONTENTS

제1편 행정법통론

■ 공공계약
001. 낙찰자결정이나 이에 따른 공공계약이 무효가 되는 경우 3
  - 2022. 6. 30. 선고 2022다209383 판결

■ 법규의 해석
002. 침익적 법규의 해석 5
  - 2023. 6. 29. 선고 2023두30994 판결 ★
003. 계약조건 위반을 이유로 한 침익적 처분의 명시의무 6
  - 2021. 11. 11. 선고 2021두43491 판결
004. 징계처분 근거법령의 엄격해석의 원칙 7
  - 2022. 12. 1. 선고 2022두39185 판결
005. 침익적 법규의 해석 9
  - 2023. 6. 29. 선고 2023두31782 판결
006. 침익적 법규의 해석 11
  - 2024. 12. 12. 선고 2024두50421 판결
007. 조세나 부과금 등의 부담금에 관한 법률의 해석 기준 12
  - 2022. 12. 29. 선고 2022다218585 판결

■ 행정법의 일반원칙
008. 비례의 원칙 13
  - 2022. 1. 27. 선고 2019두59851 판결
009. 대북전단 살포를 이유로 한 법인설립허가취소의 취소를 구한 사건 15
  - 2023. 4. 27. 선고 2023두30833 판결 ★
010. 평등의 원칙 (면접시험에서 직무와 무관한 장애에 관한 질문을 하는 것이 장애인차별금지법에서 금지하는 차별행위에 해당하는지 여부가 문제된 사건) 17
  - 2023. 12. 28. 선고 2023두50127 판결
011. 평등의 원칙 (특정 연도 출생자들이 임금피크제를 더 오래 적용받은 것이 국가인권위원회법상 나이차별에 해당하는지 여부 및 차별에 합리적 이유가 있는지 여부가 문제된 사안) 18
  - 2023. 6. 29. 선고 2019두53396 판결
012. 평등의 원칙 (국가가 공무원에게 지급하는 수당, 성과상여금 등을 공무직 근로자인 국도관리원들에게 지급하지 않은 것이 근로기준법 제6조를 위반한 차별적 처우에 해당하는지 여부) 19
  - 2023. 9. 21. 선고 2016다255941 판결
013. 평등의 원칙 (종교적 신념을 이유로 면접시험 일정 변경을 요구한 사건) 20
  - 2024. 4. 4. 선고 2022두56661 판결
014. 동성 동반자에 대한 국민건강보험 피부양자 인정 여부가 문제된 사건 23
  - 2024. 7. 18. 선고 2023두36800 전원합의체 판결 ★
015. 신뢰보호의 원칙 (국적 취득에서 신뢰보호의 원칙의 적용 여부가 문제된 사건) 26
  - 2024. 3. 12. 선고 2022두60011 판결 ★
016. 소급입법 금지의 원칙 30
  - 2024. 5. 23. 선고 2021두35834 전원합의체 판결

■ 사인의 공법행위

017. 신 고 (노동조합 설립신고) — 31
- 2021. 2. 25. 선고 2017다51610 판결

018. 대지사용승낙서 미제출을 이유로 가설건축물 존치기간 연장신고를 반려할 수 있는지 여부가 문제된 사건 — 33
- 2025. 5. 15. 선고 2024두33891 판결

019. 악취배출시설 설치신고 반려처분 — 34
- 2022. 9. 7. 선고 2020두40327 판결 ★★

020. 지위승계신고수리의 성질 — 36
- 2021. 7. 15. 선고 2021두31429 판결

021. 지위승계신고 (행정제재처분사유의 승계) — 37
- 2021. 7. 21. 선고 2018두49789 판결

022. 공정거래위원회의 시정명령 — 39
- 2022. 5. 12. 선고 2022두31433 판결

023. 분할 전 회사의 하도급법 위반행위를 이유로 신설회사에 부과한 시정명령 등의 취소를 청구한 사건 — 40
- 2023. 6. 15. 선고 2021두55159 판결

제2편 행정작용법

제1장 행정입법

024. 제재적 행정처분의 기준을 정한 시행규칙 — 43
- 2022. 4. 14. 선고 2021두60960 판결

025. 하위 법령이 위임의 한계를 준수하고 있는지 판단하는 기준 — 45
- 2022. 7. 14. 선고 2022두37141 판결

026. 직장어린이집 설치비 지원금 교부조건 위반을 이유로 한 지원금교부결정 취소처분 및 지원금 환수처분에 대하여 취소를 구하는 사건 — 47
- 2023. 8. 18. 선고 2021두41495 판결

027. 국토교통부 훈령으로 정한 '개발행위허가운영지침'의 성격 — 49
- 2023. 2. 2. 선고 2020두43722 판결 ★

028. 약제를 요양급여대상에서 선별급여대상으로 변경한 것과 관련하여 실체적 내지 절차적 하자 등을 이유로 고시의 취소를 구하는 사건 — 51
- 2025. 3. 13. 선고 2024두45788 판결 ★

제2장 행정행위

■ 기속행위와 재량행위

029. 학교용지부담금 부과의 법적 성격 — 55
- 2022. 12. 29. 선고 2020두49041 판결

030. 가축분뇨법상 처리방법 변경허가의 성질(=재량행위) — 57
- 2021. 6. 30. 선고 2021두35681 판결

031. 공무원연금법상 급여환수·제한처분의 성질(=기속행위) 58
　　- 2021. 8. 12. 선고 2020두40693 판결
032. 보조금 환수처분의 법적 성격 60
　　- 2024. 6. 13. 선고 2023두54112 판결
033. 벌점부과처분취소 61
　　- 2024. 4. 25. 선고 2023두54242 판결
034. 재량권 일탈·남용 (하남시 미사리 경정장 사건) 62
　　- 2024. 7. 11. 선고 2023두62465 판결
035. 감염병예방법에 따라 '관내 종교시설에 대한 집합금지' 등을 명한 예방 조치가 재량권을 일탈·남용하여 위법한지가 문제된 사건 64
　　- 2024. 7. 18. 선고 2022두43528 전원합의체 판결 ★
036. 파산관재인이 중요재산 처분승인 거부처분에 대한 취소를 청구한 사건 68
　　- 2024. 7. 11. 선고 2021두47974 판결
037. 공법상 계약을 기초로 행정재산에 대한 무상 사용·수익을 신청했다가 거부처분을 받자 그 처분의 취소를 청구한 사건 70
　　- 2025. 2. 27. 선고 2024두47890 판결
038. 행정청이 한 버스노선 변경명령에 따른 인가 운행거리 연장이 정산처분에 있어 상대방에게 유리함에도 이를 반영하지 않은 상태에서 한 정산처분의 재량권 일탈·남용 여부가 문제된 사건 72
　　- 2025. 3. 13. 선고 2024두58692 판결

■ 대인적 행정행위와 대물적 행정행위

039. 대물적 처분 74
　　- 2022. 1. 27. 선고 2020두39365 판결

■ 부관

040. 도로관리청이 도로점용을 허가하면서 부가한 조건을 그 점용허가 대상 도로가 아닌 다른 도로의 관리청이 원용할 수 있는지 여부가 문제된 사건 76
　　- 2024. 10. 31. 선고 2022다250626 판결

■ 행정행위의 효력

041. 구성요건적효력과 선결문제 (운전면허취소와 무면허운전죄) 78
　　- 2021. 9. 16. 선고 2019도11826 판결

■ 무효와 취소의 구별

042. 주택재개발정비사업 정비구역에 포함된 국·공유재산 중 일반재산을 점유·사용한 사업시행자에 대한 변상금 부과처분이 당연무효인지 여부가 문제된 사건 79
　　- 2024. 10. 8. 선고 2023다210991 판결

■ 하자의 승계

043. 하자의 승계 인정 여부 (표준지공시지가와 과세처분 사이) 81
　　- 2022. 5. 13. 선고 2018두50147 판결
044. 무효인 체류자격 취소처분(선행처분)의 하자와 출국명령 취소(후행처분)의 하자
　　- 대구지방법원 2024. 1. 10. 선고 2023구단11356 판결

■ 소급효

045. 노동조합의 운영비원조금지조항이 형벌에 관한 법률조항에 해당하여 헌법불합치결정에 따라 소급하여
효력을 상실하는지 여부가 문제된 사건   84
  - 2024. 9. 27. 선고 2018재두178 판결

046. 개정 「공익사업을 위한 토지 등의 취득 및 보상에 관한 법률」의 적용에 따른 환매권 발생 여부가 문제된
사건   86
  - 2024. 10. 8. 선고 2024다241510 판결

■ 행정계획

047. 도시계획시설결정 해제신청거부처분 취소 청구   88
  - 2023. 11. 16. 선고 2022두61816 판결 ★

■ 공법상 계약

048. 산업기술혁신 촉진법상 산업기술개발사업에 관하여 체결된 협약에 따라 집행된 사업비 정산금
반환채무의 존부에 대한 분쟁이 공법상 당사자소송의 대상인지 문제된 사건   89
  - 2023. 6. 29. 선고 2021다250025 판결

049. 공법상 계약에 관한 해석방법   91
  - 2024. 12. 12. 선고 2024두41816 판결

050. 공법상 계약의 의미 및 공법상 계약에 해당하는지 판단하는 방법   92
  - 2024. 7. 11. 선고 2024다211762 판결

제3편 행정절차 · 행정정보공개 · 개인정보보호

제1장 행정절차

051. 공익신고자 보호법령상 처분이나 민원의 처리기간에 관한 규정이 강행규정인지 여부   95
  - 2023. 6. 15. 선고 2022두66576 판결 ★

052. 군 영내에 갖추고 있는 텔레비전수상기에 관하여 수신료 부과처분을 한 사건   97
  - 2023. 9. 21. 선고 2023두39724 판결 ★

053. 문서주의   99
  - 2021. 2. 4. 선고 2017다207932 판결

054. 문자메시지로 통지된 행정처분의 효력이 문제된 사건   100
  - 2024. 5. 9. 선고 2023도3914 판결

055. 어린이집을 평가한 결과를 개별적으로 서면이나 전자문서로 고지하지 않고 어린이집정보공개포털
홈페이지를 통해 공표한 사건   102
  - 2023. 12. 7. 선고 2022두52522 판결

056. 교육환경평가서 승인절차를 거치지 않은 건축허가 등의 절차하자 여부   105
  - 2021. 8. 19. 선고 2020두55701 판결

■ 인 · 허가 의제제도

057. 주된 인허가가 처리 의제된 경우 관련 인허가를 별도로 신청하여야 하는지 여부   107
  - 2021. 3. 11. 선고 2020두42569 판결 ★★

058. 일괄심사 대상인 토지형질변경에 대한 심사 없이 이루어진 건축신고 수리처분의 적법 여부를 다투는 사건 108
- 2023. 9. 21. 선고 2022두31143 판결 ★

059. 농지전용허가가 의제되는 건축허가를 받은 토지와 건축물을 양수한 자 110
- 2022. 6. 30. 선고 2021두57124 판결

제2장 정보공개

060. 정보공개거부처분의 취소를 구할 법률상 이익 111
- 2022. 5. 26. 선고 2022두33439 판결 ★★

061. 일본군위안부 피해자 문제에 관한 한·일 간의 합의와 관련된 협상 내용의 정보공개를 구하는 사건 112
- 2023. 6. 1. 선고 2019두41324 판결 ★

062. 군검사가 공소제기된 사건과 관련하여 보관하고 있는 서류 또는 물건에 관하여 피고인이나 변호인이 정보공개법에 의한 정보공개청구를 한 사건 113
- 2024. 5. 30. 선고 2022두65559 판결

063. 「대통령기록물 관리에 관한 법률」(이하 '대통령기록물법')상 보호기간 중에 있는 대통령지정기록물에 관하여 정보공개를 청구한 사건 114
- 2025. 1. 9. 선고 2019두35763 판결

제3장 개인정보보호

064. 개인정보보호법상 '누설'의 의미 116
- 2022. 11. 10. 선고 2018도1966 판결

065. 고객들이 대형 유통회사를 상대로 회사가 고객들의 동의 없이 개인정보를 보험회사들에 제공하였다는 이유로 손해배상을 청구한 사건 118
- 2024. 5. 17. 선고 2018다262103 판결

066. 개인정보자기결정권 및 인격권 침해를 이유로 한 손해배상청구 사건 119
- 2024. 6. 17. 선고 2020다239045 판결

067. 개인정보 유출로 인한 과징금 부과처분의 취소를 구한 사건 121
- 2023. 10. 12. 선고 2022두68923 판결

제4편 행정상의 의무이행확보수단

068. 과징금의 부과방식과 과징금 부과총액의 최고한도액 125
- 2021. 2. 4. 선고 2020두48390 판결 ★★

069. 감염병예방법상 역학조사거부죄 127
- 2022. 11. 17. 선고 2022도7290 판결

070. 시정명령의 이행을 기대할 수 없는 자가 시정명령의 상대방이 되는지 여부 129
- 2022. 10. 14. 선고 2021두45008 판결

071. 도로 외의 곳에서의 음주운전에 대해 운전면허 취소·정지를 할 수 있는지 여부 130
- 2021. 12. 10. 선고 2018두42771 판결

072. 콘텐츠 제공사업자(CP)의 접속경로 변경행위가 전기통신사업법령상 '전기통신서비스의 이용을 제한하는 행위'에 해당하는지 여부가 문제된 사건
- 2023. 12. 21. 선고 2020두50348 판결

073. 택시운송사업자인 협동조합이 택시운송사업의 운전업무에 종사하는 조합원에게 운송비용을 전가한 사건   132
- 2024. 2. 29. 선고 2020두54029 판결

074. 통고처분과 일사부재리의 원칙   133
- 2021. 4. 1. 선고 2020도15194 판결

제5편 행정구제법

제1장 국가배상

075. 공법인과 그 임직원의 배상책임   137
- 2021. 1. 28. 선고 2019다260197 판결

076. 국가시험 출제오류와 국가배상책임   140
- 2022. 4. 28. 선고 2017다233061 판결

077. 공무원의 부작위로 인한 국가배상책임 (서진환 사건)   141
- 2022. 7. 14. 선고 2017다290538 판결 ★★

078. 공무원의 부작위로 인한 국가배상책임   143
- 2021. 7. 21. 선고 2021두33838 판결

079. 위법한 부진정 행정입법 부작위로 인해 장애인 접근권이 침해되었다고 주장하면서 국가배상으로 위자료를 청구한 사건   145
- 2024. 12. 19. 선고 2022다289051 판결 ★

080. 행정절차 위반과 국가배상   151
- 2021. 7. 29. 선고 2015다221668 판결 ★★

081. 법관의 재판에 대한 국가배상책임   154
- 2022. 3. 17. 선고 2019다226975 판결

082. 대법원의 공개변론 과정을 실시간 중계하고 녹화 결과물을 홈페이지에 게시한 행위에 대하여 국가배상책임 인정 여부가 문제된 사건   155
- 2025. 2. 27. 선고 2023다233895 판결

083. 주한미군 소속 장갑차가 일으킨 교통사고에 대한 국가배상책임이 문제된 사건   157
- 2023. 6. 29. 선고 2023다205968 판결

084. 위법한 압수물 폐기로 인해 손해가 발생한 경우, 손해배상청구권에 관한 장기소멸시효의 기산점   159
- 2022. 1. 14. 선고 2019다282197 판결

085. 교정시설 내 과밀수용행위와 국가배상   162
- 2022. 7. 14. 선고 2017다266771 판결

086. 국가배상 (과거사정리 기본법 사건)   164
- 2023. 3. 9. 선고 2021다202903 판결 ★

087. '민주화 운동과 관련하여 입은 피해' 중 정신적 손해 부분   167
- 2023. 2. 2. 선고 2020다270633 판결 ★

088. 세월호 침몰로 사망한 망인의 친모가 뒤늦게 망인의 사망사실을 알게 되어 국가배상을 청구한 사건   169
     - 2023. 12. 14. 선고 2023다248903 판결

089. 대통령 긴급조치 사건   170
     - 2023. 1. 12. 선고 2021다201184 판결

090. 유신헌법 하의 대통령 긴급조치와 국가배상   172
     - 2022. 8. 30. 선고 2018다212610 전원합의체 판결

091. 경찰관직무집행법상 경찰관의 제지 조치   173
     - 2021. 10. 28. 선고 2017다219218 판결

092. 신호등의 설치·관리상의 하자로 인한 국가배상책임   175
     - 2022. 7. 28. 선고 2022다225910 판결 ★★

제2장 행정심판

093. 행정심판에서 주장하지 않은 사유를 행정소송에서 주장할 수 있는지 여부   177
     - 2021. 7. 29. 선고 2016두64876 판결

제3장 행정소송

■ 취소소송의 대상적격

094. 공정거래위원회의 입찰참가자격제한 등 요청 결정의 성질   178
     - 2023. 4. 27. 선고 2020두47892 판결

095. 검찰총장이 검사에 대하여 하는 '경고조치'의 성질   180
     - 2021. 2. 10. 선고 2020두47564 판결 ★★

096. 손실보전금등지급거부처분의 처분성 인정 여부   182
     - 2023. 2. 23. 선고 2021두44548 판결 ★

097. 다이빙벨 인터뷰 보도 사건   185
     - 2023. 7. 13. 선고 2016두34257 판결

098. 국립대학교 총장의 교육·연구 및 학생지도비 환수 통지가 항고소송의 대상인 처분인지 문제된 사건   187
     - 2025. 5. 15. 선고 2024두35989 판결

099. 추상적인 시행규칙이 항고소송의 대상이 되는지 여부   189
     - 2022. 12. 1. 선고 2019두48905 판결

100. 이의신청 기각결정의 법적 성질   190
     - 2021. 1. 14. 선고 2020두50324 판결 ★★

101. 이의신청 기각결정의 법적 성질   192
     - 2022. 3. 17. 선고 2021두53894 판결 ★★

102. 선행처분의 내용을 변경하는 후행처분이 있는 경우   195
     - 2022. 7. 28. 선고 2021두60748 판결 ★★

■ 취소소송의 원고적격

103. 처분의 제3자의 원고적격   198
     - 2023. 1. 12. 선고 2022두56630 판결

104. 원고적격 (공동주택의 발코니에 설치된 벽의 해체가 문제된 사건)   200
     - 2024. 3. 12. 선고 2021두58998 판결

105. 행정청이 동시에 한 학술진흥법에 따른 사업비 환수처분과 학술지원 대상자 선정제외처분 중 사업비 환수처분만을 취소한 원심판결의 당부가 문제된 사건 203
— 2025. 2. 13. 선고 2024두57996 판결

■ 협의의 소의 이익

106. 처분 취소소송의 항소심 계속 중 변경된 처분에 대하여 별도로 제기된 취소소송이 재소금지 원칙에 위반되는지 여부가 문제된 사건 205
— 2023. 3. 16. 선고 2022두58599 판결

107. 부당해고 구제신청 당시 이미 근로자의 지위에서 벗어난 경우 208
— 2022. 7. 14. 선고 2020두54852 판결

108. 대기발령에 대해 노동위원회에 구제신청을 할 이익이 인정되는지 여부가 문제된 사건 210
— 2024. 9. 13. 선고 2024두40493 판결

109. 금전보상명령신청의 구제이익 존부가 문제된 사건 211
— 2025. 3. 13. 선고 2024두54683 판결

110. 사립학교 교원에 대한 해임처분에 관한 소청심사청구 이후 당연퇴직사유가 발생하여 원직복직이 불가능해진 경우 소의 이익 인정 여부가 문제된 사건 212
— 2024. 2. 8. 선고 2022두50571 판결 ★

111. 「교원의 노동조합 설립 및 운영 등에 관한 법률」(이하 '교원노조법')에 따른 중앙노동위원회 중재재정의 무효·취소를 구하는 사건 215
— 2024. 4. 16. 선고 2022두57138 판결

112. 조세심판원 결정의 취소를 구하는 소송에서 소의 이익 유무가 문제된 사건 217
— 2025. 3. 27. 선고 2024두61018 판결 ★

113. 임기가 만료된 학교법인의 구 이사의 긴급처리권 218
— 2022. 8. 25. 선고 2022두35671 판결 ★★

■ 취소소송의 제소기간

114. 관할 위반과 제소기간 준수여부 220
— 2022. 11. 17. 선고 2021두44425 판결 ★★

115. 징수처분과 독촉처분 취소소송의 제소기간 경과 여부가 문제된 사안 221
— 대법원 2023. 8. 31. 선고 2023두39939 판결

116. 정보공개 청구인이 이의신청을 거쳐 행정소송을 제기한 경우 제소기간의 기산점이 문제된 사건 222
— 2023. 7. 27. 선고 2022두52980 판결

■ 소의 변경

117. 공법상 당사자소송에서 민사소송으로의 소 변경이 허용되는지 여부 224
— 2023. 6. 29. 선고 2022두44262 판결

■ 집행정지

118. 효력기간이 정해져 있는 제재적 행정처분 (집행정지결정의 시기와 종기) 226
— 2022. 2. 11. 선고 2021두40720 판결 ★★

119. 의대정원 증원처분에 대한 집행정지신청 사건 229
— 2024. 6. 19. 선고 2024무689 결정

■ 입증책임

120. 행정청의 고도의 전문적·기술적인 판단의 신뢰성에 관한 증명책임   233
     - 2022. 9. 16. 선고 2021두58912 판결 ★★

121. 과세처분에 대한 무효확인소송에서 처분사유의 변경이 있는 경우 증명책임 귀속이 문제된 사건   235
     - 2023. 6. 29. 선고 2020두46073 판결 ★

122. '업무상 재해'의 요건으로서 상당인과관계에 관한 증명책임   237
     - 2021. 9. 9. 선고 2017두45933 전원합의체 판결

123. 증명책임   239
     - 2023. 12. 21. 선고 2023두42904 판결

124. 환경오염피해와 입증책임   240
     - 2023. 12. 28. 선고 2019다300866 판결

■ 처분사유의 추가·변경

125. 처분사유의 추가·변경   242
     - 2021. 7. 29. 선고 2021두34756 판결

126. 처분사유의 추가·변경(시외버스 운송사업자에 대한 할인 보조금 환수 및 지원 대상 제외처분에 관한 사건)   244
     - 2023. 11. 30. 선고 2019두38465 판결 ★

127. 행정청이 원심 소송과정에서 추가한 거부처분의 사유가 기존 거부처분사유와 기본적 사실관계의 동일성이 인정되는지 여부 및 추가·변경된 처분사유에 대한 법원의 심리 방식이 문제된 사건   245
     - 2024. 11. 28. 선고 2023두61349 판결 ★

■ 심 리

128. 주민동의서 미보완을 이유로 한 폐기물처리사업계획서 반려 통보의 취소를 구한 사건   248
     - 2023. 7. 27. 선고 2023두35661 판결

129. 항고소송에서 행정처분의 위법 여부를 판단하는 기준과 방법   251
     - 2023. 12. 28. 선고 2020두49553 판결

■ 일부취소판결

130. 변상금부과처분의 취소 범위가 문제된 사건   252
     - 2024. 7. 25. 선고 2024두38025 판결

131. 법인세 등 부과처분과 소득금액변동통지의 취소를 구하는 사건   253
     - 2024. 12. 12. 선고 2024두49469 판결

■ 기판력

132. 확정판결의 기판력   254
     - 2021. 9. 30. 선고 2021두38635 판결

■ 기속력

133. 확정된 이송결정의 기속력이 전속관할 규정을 위배하여 이송한 경우에도 미치는지 여부   255
     - 2023. 8. 31. 선고 2021다243355 판결

■ 당사자소송

134. 군인연금법상 급여지급 청구   257
     - 2021. 12. 16. 선고 2019두45944 판결 ★★

135. 지적재조사사업에 따른 조정금에 대한 지연손해금의 지급을 구하는 사건   259
     - 2024. 11. 28. 선고 2024두50711

제6편 행정조직법

제1장 지방자치법

■ 지방자치단체의 구역

136. 공유수면 매립지 관할 귀속　　263
　　- 2021. 2. 4. 선고 2015추528 판결 ★★

■ 주 민

137. 법인이 분담금 납부의무자로서 '주민'에 해당하는지 여부　　267
　　- 2021. 4. 29. 선고 2016두45240 판결 ★★

138. '사무소'를 두고 있는 법인이 분담금 납부의무자로서 '주민'에 해당하는지 여부　　269
　　- 2022. 4. 14. 선고 2020두58427 판결 ★★

■ 조 례

139. 조례와 위임의 한계　　270
　　- 2021. 7. 8. 선고 2017두74818 판결

140. 위임명령의 한계　　271
　　- 2022. 4. 14. 선고 2020추5169 판결 ★★

141. 조례의 적법요건(위임한계의 준수 여부)　　273
　　- 2021. 4. 8. 선고 2015두38788 판결

142. 조례의 위법성 판단　　274
　　- 2022. 4. 28. 선고 2021추5036 판결

143. 상위법에 반하는 조례의 제정　　277
　　- 2022. 10. 27. 선고 2022추5026 판결

144. 보은군 농업인 공익수당 지원에 관한 조례안에 대한 재의결의 무효확인을 구하는 사건(법률우위의 원칙)　　278
　　- 2024. 6. 27. 선고 2022추5132 판결

145. 경상남도 업무협약 체결 및 관리에 관한 조례안에 대한 재의결의 무효확인을 구하는 사건　　279
　　- 2023. 7. 13. 선고 2022추5149 판결 ★

■ 지방자치단체장과 지방의회와의 관계

146. 지방자치단체의 집행기관과 지방의회의 관계　　280
　　- 2021. 9. 16. 선고 2020추5138 판결 ★★

147. 지방자치단체장의 고유권한을 침해하는 조례안　　282
　　- 2022. 6. 30. 선고 2022추5040 판결

148. 조례안 재의결 무효확인　　283
　　- 2023. 3. 9. 선고 2022추5118 판결

149. 부산광역시 생활임금 조례 일부개정조례안에 대한 재의결의 무효확인을 구하는 사건　　288
　　- 2023. 7. 13. 선고 2022추5156 판결

150. 지방자치단체의 조례안 재의결의 효력이 문제된 사건　　290
　　- 2025. 5. 15. 선고 2023추5054 판결

151. 정당 현수막의 표시·설치에 관한 기준을 규정한 「부산광역시 옥외광고물 등의 관리와 옥외광고산업 진흥에 관한 조례 일부개정조례안」(이하 '이 사건 조례안')에 대한 의결의 무효확인을 구하는 사건　　292
　　- 2024. 7. 25. 선고 2023추5177 판결

제2장 공무원법

152. 지방공무원의 승진임용에 관한 임용권자의 인사재량 294
  - 2022. 2. 11. 선고 2021도13197 판결 ★★

153. 재임용거부결정이 위법한 경우 손해배상청구 가부 296
  - 2023. 2. 2. 선고 2022다226234 판결

154. 국가공무원법상 직위해제사유의 소멸 298
  - 2022. 10. 14. 선고 2022두45623 판결 ★★

155. 징계절차에서 징계혐의사실의 특정 정도 301
  - 2022. 7. 14. 선고 2022두33323 판결

156. 기간제 교원의 재임용 심사에 관한 사건 ★ 302
  - 2023. 10. 26. 선고 2018두55272 판결

157. 재임용 거부가 적법하다고 본 소청심사 결정의 취소를 구한 사건 305
  - 2024. 6. 17. 선고 2021두49772 판결

158. 재외 한국학교 파견공무원에게 지급할 보수가 문제된 사건 307
  - 2023. 10. 26. 선고 2020두50966 판결

159. 공무원이 승진심사 과정에서 주택보유현황을 허위로 신고하였다는 이유로 징계처분을 받아 그 취소를 구하는 사건 309
  - 2024. 1. 4. 선고 2022두65092 판결

160. 학부모의 지속적인 담임교체 요구가 교육활동 침해행위인 반복적인 부당한 간섭에 해당한다고 판단한 사건 313
  - 2023. 9. 14. 선고 2023두37858 판결 ★

161. 신고내용의 실질이 가정폭력에 해당할 가능성이 있는 사건에서 현장출동 경찰관이 취하여야 할 조치를 충실히 하였는지 여부가 문제된 사건 314
  - 2025. 1. 23. 선고 2024두33556 판결

162. 재임용 거부처분에 대한 소청심사 청구를 기각한 결정의 취소를 구하는 사건 316
  - 2025. 2. 20. 선고 2024두55877 판결

163. 사립학교법인이 임기를 마친 교장의 원로교사 임용신청을 거부한 사건 318
  - 2024. 9. 12. 선고 2022두43405 판결

164. 학교법인이 교원징계위원회의 징계의결 결과를 관할청에 통보하지 아니한 채 선행 징계처분을 한 후 관할청의 재심의 요구에 따라 재차 교원징계위원회의 징계의결을 거쳐 선행 징계처분을 취소하고 다른 징계처분을 한 사건 320
  - 2025. 6. 5. 선고 2023두47411 판결

165. 국가공무원법상 공무 외의 일을 위한 집단행위 금지규정이 대한법률구조공단 임직원에게도 적용되는지 여부 322
  - 2023. 4. 13. 선고 2021다254799 판결 ★

166. 「군인사법」상 계급별 연령정년의 연장 여부 및 그 범위 323
  - 2023. 3. 13. 선고 2020두53545 판결 ★

제7편 특별행정작용법

제1장 경찰행정법
167. 경찰비례의 원칙   327
　　- 2022. 11. 30. 선고 2016다26662, 26679, 26686 판결

제2장 급부행정법
■ 공물법
168. 국유지의 사용허가를 받아 그 지상에 건물 등을 설치한 자로부터 건물을 임차한 사람에게 국유재산 무단점유·사용에 따른 변상금을 부과할 수 있는지 여부가 문제된 사건   331
　　- 2024. 6. 27. 선고 2024두31284 판결
169. 향교 부지가 국유재산이라는 이유로 변상금을 부과한 처분의 취소를 구한 사건   332
　　- 2023. 10. 18. 선고 2023두42584 판결

■ 공용수용
170. '공익사업의 계획 또는 시행의 공고·고시'에 해당하기 위한 공고·고시의 방법   333
　　- 2022. 5. 26. 선고 2021두45848 판결 ★★
171. 잔여 건축물 가격감소에 관한 보상금증감소송에서 재결절차를 거치지 않은 잔여 건축물 보수비에 관한 손실보상청구를 추가한 사건   334
　　- 2024. 1. 25. 선고 2023두49172 판결
172. 토지소유자의 사업시행자에 대한 손실보상금채권이 압류된 경우, 보상금증액청구의 당사자적격   336
　　- 2022. 11. 24. 선고 2018두67 전원합의체 판결
173. 환매권의 발생요건   338
　　- 2021. 9. 30. 선고 2018다282183 판결
174. 협의취득이 무효인 경우, 환매권 행사 가부   339
　　- 2021. 4. 29. 선고 2020다280890 판결 ★★
175. 주거이전비 등 지급의무   341
　　- 2021. 6. 30. 선고 2019다207813 판결 ★★
176. 주거이전비 등 지급의무   343
　　- 2022. 6. 30. 선고 2021다310088 판결
177. 주택재개발 정비구역 내의 주거용 주택에 거주하였던 자들이 사업시행자에 대하여 주거이전비 등의 지급을 구한 사건   344
　　- 2023. 7. 27. 선고 2022두44392 판결
178. 시설콩나물 재배업에 관해 구 토지보상법 시행규칙 제48조 제2항 본문에 따라 손실보상금을 구하는 사건   346
　　- 2023. 8. 18. 선고 2022두34913 판결
179. 주거이전비 지급절차가 이루어지지 않은 경우 사업시행자가 현금청산대상자를 상대로 부당이득반환을 청구할 수 있는지 여부   348
　　- 2021. 7. 29. 선고 2019다300477 판결
180. 하천편입토지 보상 등에 관한 특별조치법 제2조 제3호에 따른 손실보상을 청구한 사건   350
　　- 2024. 5. 30. 선고 2023두61707 판결

181. 잔여지 가격감소로 인한 손실보상금의 산정방법이 문제된 사건 352
 - 2025. 5. 29. 선고 2024두44754 판결

■ 공용환권(재개발/재건축)

182. 주택재개발정비사업조합 353
 - 2021. 2. 10. 선고 2020두48031 판결 ★★

183. 재개발조합설립 단계에서의 소위 '지분쪼개기' 사건 355
 - 2023. 8. 18. 선고 2022두51901 판결 ★

184. 주택재건축정비사업조합과 조합원 간의 개별적인 약정의 구속력 및 그러한 약정을 위반한 경우 신뢰보호원칙을 통한 구제 357
 - 2022. 7. 14. 선고 2022다206391 판결 ★★

185. 도시정비법상 조합원의 '직접 출석'의 취지와 의미 359
 - 2022. 5. 12. 선고 2021두56350 판결 ★★

186. 신탁업자가 사업시행자인 재건축사업에서「도시 및 주거환경정비법」(이하 '도시정비법') 제39조 제1항 전문의 '위탁자'로서의 지위 확인을 구하는 사건 360
 - 2025. 2. 20. 선고 2024두52427 판결

■ 지역개발행정법

187. 개발행위허가 기준 361
 - 2021. 4. 29. 선고 2020두55695 판결

■ 조세법

188. 원천징수의무자에 대한 소득금액변동통지의 처분성 여부 362
 - 2021. 4. 29. 선고 2020두52689 판결

189. 과세처분의 하자 363
 - 2024. 3. 12. 선고 2021다224408 판결

190. 당초신고에 대한 경정청구거부처분 취소소송에서 불복기간이 도과된 증액경정처분의 위법사유를 주장할 수 있는지 여부가 문제된 사건 365
 - 2024. 6. 27. 선고 2021두39997 판결

판례색인 367

제1편
행정법통론

공공계약

 **001** 낙찰자결정이나 이에 따른 공공계약이 무효가 되는 경우
— 2022. 6. 30. 선고 2022다209383 판결

[1] 계약담당 공무원이 입찰절차에서 지방자치단체를 당사자로 하는 계약에 관한 법률 및 그 시행령이나 세부심사기준에 어긋나게 적격심사를 한 경우, 낙찰자 결정이나 이에 따른 계약이 무효가 되는지 여부(한정 적극)

계약담당 공무원이 입찰절차에서 지방자치단체를 당사자로 하는 계약에 관한 법률 및 그 시행령이나 세부심사기준에 어긋나게 적격심사를 하였다고 하더라도 그 사유만으로 당연히 낙찰자 결정이나 그에 따른 계약이 무효가 되는 것은 아니고, 이를 위반한 하자가 입찰절차의 공공성과 공정성이 현저히 침해될 정도로 중대할 뿐 아니라 상대방도 이러한 사정을 알았거나 알 수 있었을 경우 또는 누가 보더라도 낙찰자 결정 및 계약체결이 선량한 풍속 기타 사회질서에 반하는 행위에 의하여 이루어진 것임이 분명한 경우 등 이를 무효로 하지 않으면 그 절차에 관하여 규정한 위 법률의 취지를 몰각하는 결과가 되는 특별한 사정이 있는 경우에 한하여 무효가 된다.

[2] 지방자치단체인 갑 광역시가 실시한 용역 입찰에 을 유한회사가 참여하여 6순위 적격심사대상자로 선정되었는데, 갑 광역시가 선순위 적격심사대상자에 대한 적격심사 도중 적격심사에 적용되는 실적인정범위가 과도하다며 입찰을 취소하고 실적인정범위를 완화한 새로운 입찰을 공고한 다음 병 주식회사를 낙찰자로 결정하여 용역계약을 체결하자, 을 회사가 종전 입찰의 취소에 대한 무효 확인, 새로운 입찰공고 및 이에 따른 낙찰자 결정과 계약체결에 대한 무효 확인을 구한 사안에서, 제반 사정에 비추어 새로운 입찰공고 및 이에 따른 낙찰자 결정과 계약체결이 무효라고 보기 어려운데도, 종전 입찰의 취소가 위법하여 효력이 없으므로 이를 전제로 이루어진 새로운 입찰공고 및 그에 따른 낙찰자 결정과 계약체결도 모두 무효라고 본 원심판단에는 법리오해 등의 잘못이 있다고 한 사례

지방자치단체인 갑 광역시가 실시한 용역 입찰에 을 유한회사가 참여하여 6순위 적격심사대상자로 선정되었는데, 갑 광역시가 선순위 적격심사대상자에 대한 적격심사 도중 적격심사에 적용되는 실적인정범위가 과도하다며 입찰을 취소하고 실적인정범위를 완화한 새로운 입찰을 공고한 다음 병 주식회사를 낙찰자로 결정하여 용역계약을 체결하자, 을 회사가 종전 입찰의 취소에 대한 무효 확인, 새로운 입찰공고 및 이에 따른 낙찰자 결정과 계약체결에 대한 무효 확인을 구한 사안에서, 종전 입찰의 취소가 위법하여 효력이 없다고 본 원심의 판단에는 법리오해 등의 잘못이 없으나, 종전 입찰의 취소가 위법하여 효력이 없다고 하더라도

이와 별개로 이루어진 새로운 입찰이 그 하자를 승계한다고 볼 수 없어 새로운 입찰공고 및 이에 따른 낙찰자 결정과 계약체결이 당연 무효라고 할 수 없는 점, 위 입찰절차의 하자가 공공성과 공정성을 현저히 침해될 정도로 중대하다고 단정하기 어렵고, 새로운 입찰에서 낙찰자가 이러한 사정을 알았거나 알 수 있었다고 보기 어려운 점, 새로운 입찰 자체에 낙찰자가 입찰 참가자격을 갖추지 못하였다거나 그 밖에 지방자치단체를 당사자로 하는 계약에 관한 법률 시행규칙 제42조 각호에서 정한 입찰무효 사유가 있다고 인정할 자료가 없는 점 등 제반 사정에 비추어 새로운 입찰공고 및 이에 따른 낙찰자 결정과 계약체결이 무효라고 보기 어려운데도, 종전 입찰의 취소가 위법하여 효력이 없으므로 이를 전제로 이루어진 새로운 입찰공고 및 그에 따른 낙찰자 결정과 계약체결도 모두 무효라고 본 원심판단에는 법리오해 등의 잘못이 있다고 한 사례.

법규의 해석

 침익적 법규의 해석
― 2023. 6. 29. 선고 2023두30994 판결 ★

침익적 행정처분의 근거가 되는 행정법규는 엄격하게 해석·적용하여야 하고 행정처분의 상대방에게 불리한 방향으로 지나치게 확장해석하거나 유추해석해서는 아니 되나, 이는 단순히 행정실무상의 필요나 입법정책적 필요만을 이유로 문언의 가능한 범위를 벗어나 처분상대방에게 불리한 방향으로 확장해석하거나 유추해석해서는 아니 된다는 것이지, 처분상대방에게 불리한 내용의 법령해석이 일체 허용되지 않는다는 취지가 아니며, 문언의 가능한 범위 내라면 체계적 해석과 목적론적 해석이 허용됨은 당연하다.

산업집적활성화 및 공장설립에 관한 법률(이하 '산업집적법'이라 한다) 제42조 제1항 제1호, 산업집적활성화 및 공장설립에 관한 법률 시행령 제54조 등 관련 규정들의 내용과 산업집적법에 시정명령제도를 둔 취지 등을 종합하면, 입주기업체 등이 입주계약을 체결하였음에도 정당한 사유 없이 2년 내에 공장 등의 건설에 착수하지 아니한 경우에 산업집적법상의 관리기관이 입주기업체 등에 그 시정을 명하면서 부여하는 시정기간은 '6개월이라는 고정된 기간'이 아니라 '6개월의 범위 내에서 입주기업체 등이 시정명령을 이행함에 필요한 상당한 기간'이라고 보는 것이 타당하다. 나아가 법원은 관리기관이 입주기업체 등으로 하여금 시정명령을 실질적으로 이행하지 못할 정도로 시정기간을 지나치게 짧게 정함으로써 재량권을 일탈·남용한 위법이 있는지를 가려 보아야 한다.

003 계약조건 위반을 이유로 한 침익적 처분의 명시의무
— 2021. 11. 11. 선고 2021두43491 판결

☐ 공기업·준정부기관이 입찰을 거쳐 계약을 체결한 상대방에 대해 공공기관의 운영에 관한 법률 제39조 제2항 등에 따라 계약조건 위반을 이유로 입찰참가자격제한처분을 하기 위해서는 입찰공고와 계약서에 미리 계약조건과 그 계약조건을 위반할 경우 입찰참가자격 제한을 받을 수 있다는 사실을 모두 명시해야 하는지 여부(적극)

침익적 행정처분의 근거 규정에 관한 엄격해석 원칙에 비추어 보면, 공공기관의 운영에 관한 법률 제39조 제2항, 제3항, 공기업·준정부기관 계약사무규칙 제15조, 구 국가를 당사자로 하는 계약에 관한 법률(2021. 1. 5. 법률 제17816호로 개정되기 전의 것) 제27조 제1항 제8호 (나)목, 구 국가를 당사자로 하는 계약에 관한 법률 시행령(2021. 7. 6. 대통령령 제31864호로 개정되기 전의 것) 제76조 제1항 제2호 (가)목은 다음과 같이 해석해야 한다.

공기업·준정부기관이 입찰을 거쳐 계약을 체결한 상대방에 대해 위 규정들에 따라 계약조건 위반을 이유로 입찰참가자격제한처분을 하기 위해서는 입찰공고와 계약서에 미리 계약조건과 그 계약조건을 위반할 경우 입찰참가자격 제한을 받을 수 있다는 사실을 모두 명시해야 한다. 계약상대방이 입찰공고와 계약서에 기재되어 있는 계약조건을 위반한 경우에도 공기업·준정부기관이 입찰공고와 계약서에 미리 그 계약조건을 위반할 경우 입찰참가자격이 제한될 수 있음을 명시해 두지 않았다면, 위 규정들을 근거로 입찰참가자격제한처분을 할 수 없다.

004 징계처분 근거법령의 엄격해석의 원칙
– 2022. 12. 1. 선고 2022두39185 판결

【사건의 개요와 쟁점】

1) 원심판결 이유에 따르면, ① 원고는 2019. 10. 22. 수업 중 화장실을 간다는 이유로 교사의 허락을 받은 후 교실 밖 복도에 앉아 휴대전화를 이용하여 카카오 톡 메신저로 문자메시지를 주고받다가 생활지도담당교사에게 적발된 사실, ② 생활지도담당교사는 원고에게 휴대전화의 제출을 요구하였으나, 원고는 해당 교사를 쳐다보거나 대답하지도 아니한 채 계속하여 휴대전화를 사용하였고, 이에 해당 교사가 원고에게 '생활지도교사로서 지도를 하는 것이고, 지도를 듣지 아니하면 지시불이행이 된다.'는 취지로 경고하면서 휴대전화의 제출을 2회 더 요구하였음에도 원고는 휴대전화를 제출하지 아니한 사실, ③ 해당 교사의 연락을 받은 학생부장교사가 원고에게 이와 같은 사실을 확인하는 중에도 원고는 휴대전화를 사용하면서 대답을 하지 아니하였고, 학생부장교사가 원고에게 '휴대전화를 제출하라'는 취지로 말하는 중에도 원고는 휴대전화를 제출하지 아니하면서 '이런 분이셨구나. 학생들이 선생님에 관하여 말을 많이 하는데'라는 취지로 말한 후 휴대전화를 가지고 교실로 들어간 사실, ④ 피고는 2019. 11. 5. '수업시간 중 핸드폰 휴대 및 사용, 교사지시 불이행 및 지도 불응'을 이유로 원고에게 □□중학교 학교생활규정 제8조 제2·3항, □□중학교 학생생활협약 1. 제3항, 강원도교육청 교권침해사안 처리규정 제4조 제4호에 따라 교내봉사 2시간(교내환경정화활동 1시간, 사과편지작성 1시간)의 징계처분을 한 사실을 알 수 있다.

2) 원심은 이러한 사정을 바탕으로 하여 판시와 같은 이유로, 원고의 행위가 '학교 내의 봉사'를 명하는 징계사유에 해당하고, '학교 내의 봉사'에 '심성교육'이 포함된 이상 '사과편지작성'도 징계내용에 포함되므로, 이 사건 처분이 적법하다고 판단하였다.

【판시사항 및 판결요지】

☐ 교원이 초등학교·중학교 학생에게 법령상 명문의 규정이 없는 징계처분을 한 경우, 그 효력을 긍정함에 있어 법령과 학칙에 대한 엄격한 해석이 필요한지 여부(적극)

초·중등교육법 및 그 근간이 되는 교육기본법에 따르면, 학교교육은 학생의 창의력 계발 및 인성 함양을 포함한 전인적 교육을 중시하여 이루어지고, 그 과정에서 학생의 기본적 인권이 존중되고 보호되어야 하며, 교원은 학생 개개인의 적성을 계발할 수 있도록 노력하여야 하고(교육기본법 제9조, 제12조, 제14조), 이러한 학교교육을 위하여 필요한 경우에는 법령과 학칙으로 정하는 바에 따라 학생을 징계할 수 있되, 그 징계는 학생의 인격이 존중되는 교육적인 방법으로 하여야 한다[구 초·중등교육법(2021. 3. 23. 법률 제17954호로 개정되기 전의 것) 제18조 제1

항 및 같은 법 시행령 제31조 제2항]. 그렇다면 의무교육대상자인 초등학교·중학교 학생의 신분적 특성과 학교교육의 목적에 비추어 교육의 담당자인 교원의 학교교육에 관한 폭넓은 재량권을 존중하더라도, 법령상 명문의 규정이 없는 징계처분의 효력을 긍정함에 있어서는 그 처분 내용의 자발적 수용성, 교육적·인격적 측면의 유익성, 헌법적 가치와의 정합성 등을 종합하여 엄격히 해석하여야 할 필요가 있다.

【사안의 경우】

원고가 □□중학교 학교생활규정 제8조 제2·3항 및 □□중학교 학생생활협약 1. 제3항 등 규정을 위반하였음이 분명하고, 해당 징계사유에 관하여 '학교 내 봉사'의 징계를 명한 것은 적법하나, '학교 내 봉사'의 하나로 '사과편지작성'까지 명할 수 있다고 본 원심의 판단은 아래와 같은 이유에서 수긍할 수 없다.

… '학교 내의 봉사'의 내용으로 열거된 학교환경 미화작업, 교원의 업무보조, 교재·교구정비는 모두 학사행정이나 교육활동의 보조 업무를 담당하도록 하는 것이므로, '기타 이에 준하는 업무' 역시 이와 동일한 성질의 것을 의미한다고 봄이 타당하다. 비록 □□중학교 학교생활규정 제19조 제2항에 '심성교육'이라는 문구가 포함되어 있으나, 해당 규정의 내용과 전체적인 취지에 비추어 보면, 이는 '학교 내의 봉사'의 내용을 규정한 것이 아니라 '학교 내의 봉사'에 관한 지도활동을 통해 달성하고자 하는 교육적 목표를 나타낸 것으로 봄이 타당하므로, 이에 근거하여 '학교 내의 봉사'의 내용에 '사과편지작성'이 당연히 포함된다고 볼 수 없다. 학교의 장은 교육을 위하여 필요한 경우에도 법령과 학칙으로 정하는 바에 따라 학생을 징계할 수 있다고 한 구「초·중등교육법」제18조의 규정과 징계가 갖는 불이익처분으로서의 성격에 비추어 보더라도, 명시적 근거 없이 처분의 범위를 넓혀 해석할 수는 없고, 그 징계처분에 이르게 된 다양한 상황 및 이를 쉽게 받아들이거나 이해하지 못할 수 있는 학생의 특성 기타 특수한 사정에 비추어 볼 때, 학생의 본심에 반하여 사죄의 의사표시를 강제하는 '사과편지작성'이 언제나 그 작성자의 심성에 유익할 것이라거나 교육의 목적에 부합할 것이라고 추단할 수도 없기 때문이다.

… 이 사건 처분 중 '사과편지작성 1시간'을 명한 부분은 '학교 내 봉사'의 징계 내용에 당연히 포함되는 것이라고 볼 수 없고, 달리 이를 허용하는 법령상 근거가 없는바, 그럼에도 이 사건 처분을 적법하다고 본 원심의 판단에는 구「초·중등교육법」제18조 제1항 및 같은 법 시행령 제31조 제1항 제1호의 해석에 관한 법리를 오해함으로써 판결에 영향을 미친 잘못이 있다.

005 침익적 법규의 해석
― 2023. 6. 29. 선고 2023두31782 판결

【사건의 개요와 쟁점】

원고는 1999. 9. 1. 피고보조참가인(학교법인 동진학원, 이하 '참가인'이라 한다)이 설치·경영하는 사립학교인 ○○○고등학교(이하 '이 사건 학교'라 한다)의 교사로 임용되어 현재까지 근무하는 사람이다.

이 사건 학교의 교원징계위원회는 2020. 8. 13. 원고가 2016년경부터 2019년경까지 교원성과상여금을 지급받은 후 이를 다른 교원들과 균등하게 재배분함(이하 '성과상여금 재배분행위'라 한다)으로써 사립학교 교원의 복무에 관하여 준용되는 국가공무원법 제56조에 따른 성실의무를 위반하였다는 점을 징계사유로 삼아 원고에 대하여 정직 3개월의 징계를 의결하였다.

참가인은 2020. 8. 26. 위 교원징계위원회의 의결에 따라 원고에 대하여 정직 3개월의 처분(이하 '이 사건 정직처분'이라 한다)을 하였다.

원고는 2020. 9. 24. 피고(교원소청심사위원회)에게 이 사건 정직처분의 취소를 구하는 소청심사를 청구하였고, 피고는 2021. 1. 13. 이 사건 정직처분의 징계사유는 인정되나 징계양정이 과중하다고 보아 그 정직기간을 3개월에서 1개월로 변경하는 결정(이하 '이 사건 결정'이라 한다)을 하였다.

이 사건의 쟁점은 성과상여금 재배분행위가 구 공무원수당규정 제7조의2 제10항에서 금지되는 '성과상여금을 거짓이나 그 밖의 부정한 방법으로 지급받은 때'에 해당하여 국가공무원법 제56조의 성실의무를 위반한 징계사유가 인정되는지 여부이다.

【판시사항 및 판결요지】

침익적 행정처분은 상대방의 권익을 제한하거나 상대방에게 의무를 부과하는 것이므로 헌법상 요구되는 명확성의 원칙에 따라 그 근거가 되는 행정법규를 더욱 엄격하게 해석·적용해야 하고, 행정처분의 상대방에게 지나치게 불리한 방향으로 확대해석이나 유추해석을 해서는 아니 된다. 그 입법취지와 목적 등을 고려한 목적론적 해석이 전적으로 배제되는 것은 아니라고 하더라도 그 해석이 문언의 통상적인 의미를 벗어나서는 아니 된다

【사안의 경우】

구 공무원수당규정 제7조의2 제10항에서 규정한 '성과상여금을 거짓이나 그 밖의 부정한 방법으로 지급받은 때'에는 성과상여금 재배분행위가 포함되지 않는다고 해석하는 것이 타당하

다. 그 구체적인 이유는 다음과 같다.

구 공무원수당규정 제7조의2 제10항에서 말하는 '성과상여금을 거짓이나 그 밖의 부정한 방법으로 지급받은 때'는 그 문언에 비추어 '성과상여금을 지급받기 위하여 거짓이나 그 밖의 부정한 방법을 사용하고, 이것이 원인이 되어 성과상여금을 지급받는 때'로 해석하는 것이 문언의 통상적인 용법에 부합한다.

성과상여금 재배분행위는 이미 지급받은 성과상여금을 재배분하는 것이므로, 그것이 '성과상여금을 거짓이나 그 밖의 부정한 방법으로 지급받은 때'에 포함된다고 보는 것은 문언의 통상적인 의미를 벗어나는 것으로서 허용될 수 없다.

현실적으로 지급되었거나 이미 구체적으로 그 지급청구권이 발생한 임금은 근로자의 사적 재산영역으로 옮겨져 근로자의 처분에 맡겨진 것이므로(대법원 2019. 10. 31. 선고 2016다31831 판결 등 참조), 이미 지급이 완료되어 교원들의 사적 재산영역으로 옮겨진 성과상여금을 재배분하는 행위를 금지하기 위해서는 명확한 근거 규정이 있어야 한다. 그런데 구 공무원수당규정 제7조의2 제10항의 문언만으로는 성과상여금 재배분행위가 '성과상여금을 거짓이나 그 밖의 부정한 방법으로 지급받은 때'에 포함되는 것인지가 명확하지 않다.

그런데도 원심은 그 판시와 같은 이유를 들어 이 사건 정직처분의 징계사유가 인정된다고 판단하였다. 이러한 원심판결에는 구 공무원수당규정 제7조의2 제10항에서 말하는 '성과상여금을 거짓이나 그 밖의 부정한 방법으로 지급받은 때'에 관한 법리를 오해하여 판결에 영향을 미친 잘못이 있다. 이 점을 지적하는 취지의 상고이유 주장은 이유 있다.

006 침익적 법규의 해석
– 2024. 12. 12. 선고 2024두50421 판결

☐ 구 약사법 제76조 제1항 제3호의 '이 법에 따른 명령을 위반한 경우'에서 '이 법에 따른 명령'에 약사법 및 그 하위법령에 근거하여 행정청이 발령한 '행정처분'까지 포함되는지 여부(적극)

침익적 행정처분의 근거가 되는 행정법규는 엄격하게 해석·적용하여야 하고, 행정처분의 상대방에게 지나치게 불리한 방향으로 확대해석이나 유추해석을 해서는 안 된다. 그러나 이는 행정처분의 상대방에게 불리한 내용의 법령 해석은 일체 허용되지 않는다는 취지가 아니다. 입법자의 의사, 법령의 목적 등을 고려하여 문언의 가능한 범위에서 행정처분의 상대방에게 불리한 내용으로 해석을 하는 것도 가능하다.

한편 '명령'이라는 문언은 '국회의 의결을 거치지 않고 행정기관에 의하여 제정되는 국가의 법령'만 의미하는 경우도 있으나(법률에서 '이 법에 따른 명령 또는 처분'이라고 규정하여 명령을 처분과 구분한다면 그러한 경우일 가능성이 크다) '행정청이 법에 근거하여 국민에게 공법적 의무를 부과하여 그 이행을 명하는 처분'까지 포함하는 의미를 가지는 경우도 있다. 또한 문언의 가능한 범위는 수범자의 예측 가능성 보호와 관련이 있는데, 구 약사법상 '이 법에 따른 명령'에 관한 총리령의 관련 내용 및 이에 기초한 실무 등에 비추어 보면 '명령'에 '행정처분'을 포함한다는 해석이 수범자의 예측가능성을 현저히 침해한다고 보기 어렵다. 따라서 이러한 해석은 문언의 가능한 범위 내에 있는 해석이다.

따라서 구 약사법(2022. 6. 10. 법률 제18970호로 개정되기 전의 것) 제76조 제1항 제3호의 '이 법에 따른 명령을 위반한 경우'에서 '이 법에 따른 명령'은 약사법 또는 그 위임에 따라 제정된 시행령 또는 시행규칙 등의 '법규명령'뿐만 아니라 약사법 및 그 하위법령에 근거하여 행정청이 발령한 '행정처분'까지 포함하는 의미로 해석해야 한다.

 **조세나 부과금 등의 부담금에 관한 법률의 해석 기준**
— 2022. 12. 29. 선고 2022다218585 판결

조세나 부과금 등의 부담금에 관한 법률의 해석에 관하여, 그 부과요건이거나 감면요건을 막론하고 특별한 사정이 없는 한 법문대로 해석하여야 하고 합리적 이유 없이 확장해석하거나 유추해석하는 것은 허용되지 않는다. 특히 감면요건 규정 중 명백히 특혜규정이라고 볼 수 있는 것은 엄격하게 해석하는 것이 공평원칙에도 부합한다.

행정법의 일반원칙

 비례의 원칙
- 2022. 1. 27. 선고 2019두59851 판결

□ 전라북도전주교육지원청교육장이 갑 주식회사가 운영하는 독서실에 대한 현장점검을 실시하여 열람실의 남녀별 좌석 구분 배열이 준수되지 않고 배치도상 남성 좌석으로 지정된 곳을 여성이 이용하거나 여성 좌석으로 지정된 곳을 남성이 이용하여 남녀 이용자가 뒤섞여 있는 것을 적발하고, 학원의 설립·운영 및 과외교습에 관한 법률 제8조, 독서실의 운영자에게 열람실의 남녀 좌석을 구분하여 배열하도록 하고 위반 시 교습정지처분을 할 수 있도록 규정한 '전라북도 학원의 설립·운영 및 과외교습에 관한 조례' 제3조의3 제2호, 제11조 제1호 등에 따라 10일간 교습정지를 명하는 처분을 한 사안에서, 위 조례 조항은 과잉금지의 원칙에 반하여 독서실 운영자의 직업수행의 자유와 독서실 이용자의 일반적 행동자유권 내지 자기결정권을 침해하는 것으로 헌법에 위반된다고 한 사례

이 사건 조례 조항은 학원법상 학원으로 등록된 독서실의 운영자로 하여금 열람실의 남녀 좌석을 구분하여 배열하도록 하고 위반 시 교습정지처분을 할 수 있도록 규정하고 있다. 이로써 독서실 운영자는 자신의 영업장소인 독서실 열람실 내의 좌석 배열을 자유롭게 할 수 없게 되므로 헌법 제15조에 따른 직업수행의 자유를 제한받는다. 한편 독서실 이용자는 독서실 열람실 내에서 성별의 구분 없이 자유롭게 좌석을 선택하는 등 학습방법에 관한 사항을 스스로 결정할 수 없게 되므로 헌법 제10조에 따른 일반적 행동자유권 내지 자기결정권을 제한받는다.

이러한 직업수행의 자유와 일반적 행동자유권 내지 자기결정권은 헌법 제37조 제2항에 따라 국가안전보장·질서유지 또는 공공복리를 위하여 필요한 경우에 한하여 법률로써 제한할 수 있으나, 입법목적을 달성하기 위하여 필요한 최소한도에 그쳐야 하고 보호되는 공익과 침해되는 사익 사이에 적정한 균형관계를 이루어야 한다.

이 사건 조례 조항은 입법경위와 내용에 비추어 볼 때 독서실 내에서 이성과 불 필요한 접촉을 차단하여 면학분위기를 조성하고 성범죄를 예방하는 것을 입법목적으로 한다.

그러나 열람실의 남녀 좌석을 구분하여 면학분위기를 조성하고 학습효과를 높인다는 것은 독서실 운영자와 이용자의 자율이 보장되어야 하는 사적 영역에 지방자치단체가 지나치게 후견적으로 개입하는 것으로서 목적의 정당성을 인정하기 어렵다. 사람들은 저마다 학습습관과 학습방식에 대한 선호를 가지고 있고 이를 수행하는 모습도 다양하다. 남녀가 옆자리에 나란히 앉아 학습할 것인지, 어느 정도 떨어진 자리에서 학습할 것인지 등 사적 공간에서 학습방법을 선택하는 것은 타인의 법익과 특별한 관련이 없는 지극히 개인적인 것이므로 이용자 각자의 자율적 판단에 맡기는 것이 바람직하다. 미성년 학생이라도 학교 밖의 교육영역에

속하는 경우에는 부모가 자녀의 의사를 존중하여 우선적으로 결정할 것이지 국가 또는 지방자치단체가 먼저 개입할 것은 아니다.

남녀 혼석을 금지함으로써 성범죄를 예방한다는 목적을 보더라도, 이는 남녀가 한 공간에 있으면 그 장소의 용도나 이용 목적과 상관없이 성범죄 발생 가능성이 높아진다는 불합리한 인식에 기초한 것이므로 그 정당성을 인정하기 어렵다.

의견을 달리하여 면학분위기 조성이나 성범죄 예방이라는 목적의 정당성을 수긍한다고 하더라도, 같은 열람실 내에서 남녀 좌석을 구별하는 것이 그 목적 달성을 위한 적합한 수단인지는 여전히 의문이다.

열람실 자체를 분리하지 않으면서 동일한 열람실에서 남녀의 좌석 배열만 구별하는 경우, 남녀가 바로 옆 자리에 앉을 수 없을 뿐 앞뒤의 다른 열 책상에는 앉을 수 있고, 동일한 출입문을 사용하므로 계속 마주칠 수밖에 없어 이성간 접촉 차단에 실질적 도움이 되지 않는다. 그뿐만 아니라 도서관이나 스터디카페 등 남녀 혼석이 허용되는 다른 형태의 사적인 학습공간이 많은 상황에서 학원법의 적용을 받는 독서실만을 대상으로 남녀 혼석을 금지한다고 하여 사적 학습공간에서 이성간의 접촉을 차단하는 효과가 생긴다고 볼 수도 없다.

남녀 혼석 때문에 학습분위기가 저해되거나 성범죄 발생 위험이 높아진다고 단정하기도 어렵다. 같은 성별끼리 대화나 소란행위로도 얼마든지 학습분위기가 저해될 수 있는데, 남녀 혼석을 하면 학습분위기를 저해하는 상황이 더욱 빈번하게 발생한다고 볼 만한 자료는 없다. 남녀 혼석이 성범죄 발생가능성을 반드시 높이는지, 부정적 영향을 미친다고 하더라도 공간 구분이 아닌 좌석 구분만으로 이를 해결할 수 있는지 등에 관한 실증적인 자료도 찾아보기 어렵다.

이 사건 조례 조항은 그 적용대상이 되는 독서실 운영자에게 남녀 좌석을 구분 배열하도록 하고 이를 위반할 경우 별도의 경고 조치 없이 곧바로 10일 이상의 교습정지 처분을 하도록 하면서도(2회 위반의 경우에는 등록말소의 대상에도 해당된다), 독서실의 운영 시간이나 열람실의 구조, 주된 이용자의 성별과 연령, 관리감독 상황 등 개별적·구체적 상황을 전혀 고려하지 아니하여 독서실 운영자의 직업수행의 자유를 필요 이상으로 제한하고 있다. 또한 독서실 이용자에게 남녀가 분리된 좌석만을 이용하도록 하면서도 이용자 상호 간의 관계가 어떠한지, 미성년자인지 성인인지, 미성년 학생의 경우 부모의 동의가 있었는지 여부 등도 전혀 고려하지 아니하여 독서실 이용자가 자신의 학습 장소와 방식에 관하여 자유롭게 결정할 자유를 과도하게 제한하고 있다. 반면, 독서실의 남녀 좌석을 구분 배열함으로 인해 달성할 수 있는 면학분위기 조성이나 성범죄 예방이라는 효과는 불확실하거나 미미하다고 볼 수밖에 없다. 따라서 이 사건 조례 조항은 침해최소성과 법익균형성도 충족하지 못한다.

그러므로 이 사건 조례 조항은 과잉금지원칙에 반하여 독서실 운영자의 직업수행의 자유와 독서실 이용자의 일반적 행동자유권 내지 자기결정권을 침해하는 것으로 헌법에 위반된다고 보아야 한다.

009 대북전단 살포를 이유로 한 법인설립허가취소의 취소를 구한 사건
— 2023. 4. 27. 선고 2023두30833 판결 ★

【사건의 개요와 쟁점】

사단법인 자유북한운동연합(원고)은 민법 제32조 및 '통일부 소관 비영리법인의 설립 및 감독에 관한 규칙' 제4조에 따라 통일부장관(피고)으로부터 설립허가를 받은 비영리법인이다.

원고는 접경지역 지원 특별법에서 규정한 접경지역에서 북한의 지도부나 체제를 비판하는 내용을 담은 대북전단지, 소책자, USB/SD카드 및 미화 1달러 지폐를 대형 풍선 여러 개에 실어 북한 방향 상공으로 무단으로 살포하였다(이하 '이 사건 전단 살포').

통일부장관은 원고가 법인 설립목적 이외의 사업을 수행하였고, 접경지역 주민의 생명·안전의 위험을 초래하고, 한반도에 긴장상황을 조성하는 등 공익을 해하였으며, 법인 설립허가 조건56)을 위반하였음을 이유로 민법 제38조에 따라 원고에 대한 법인설립허가를 취소하였다(이하 '이 사건 처분').

원고는 이 사건 전단 살포를 행한 것은 맞지만, 이 사건 처분은 적법한 근거 없이 이루어진 것으로 그 처분사유를 인정할 수 없을 뿐만 아니라, 비례원칙과 신뢰보호원칙을 위반하는 등으로 재량권을 일탈·남용한 것으로 위법하며, 일반적 행동자유권, 결사의 자유 및 표현의 자유 등 헌법상 기본권의 본질적 부분을 침해하는 등 중대하고 명백하게 위법·부당한 처분이라고 주장하며, 이 사건 처분의 취소를 구하는 소를 제기하였다.

제1심 법원57)과 원심58)은 원고의 청구가 이유 없다고 판단하였다. 그러나 대법원은 이를 달리 파악하여 원심을 파기 환송하였다.

이 사안에서는 원고의 전단등 살포행위가 민법 제38조에서 규정하는 법인 설립허가 취소사유로서의 '공익을 해하는 행위'에 해당하는지 여부가 문제 되었다.

【판시사항 및 판결요지】

[1] 민법 제38조에서 정한 비영리법인이 '공익을 해하는 행위를 한 때'의 의미 및 이에 해당하기 위한 요건 / 그중 해당 법인의 행위가 직접적이고도 구체적으로 공익을 침해하는지 판단하는 방법 / 법인의 설립허가를 취소할 때 고려할 사항

민법 제38조에서 정한 비영리법인이 '공익을 해하는 행위를 한 때'란 법인의 기관이 직무의 집행으로서 공익을 침해하는 행위를 하거나 사원총회가 그러한 결의를 한 경우를 의미한다. 여기에 법인설립허가취소는 법인을 해산하여 결국 법인격을 소멸하게 하는 제재처분인 점(민법 제77조 제1항) 등을 더하여 보면, 민법 제38조에 정한 '공익을 해하는 행위를 한 때'에 해당하기 위해서는, 해당 법인의 목적사업 또는 존재 자체가 공익을 해한다고 인정되거나 해당 법인의 행위가 직접적·구체적으로 공익을 침해하는 것이어야 하고, 목적사업의 내용, 행

위의 태양 및 위법성의 정도, 공익 침해의 정도와 경위 등을 종합하여 볼 때 해당 법인의 소멸을 명하는 것이 공익에 대한 불법적인 침해 상태를 제거하고 정당한 법질서를 회복하기 위한 제재수단으로서 긴요하게 요청되는 경우이어야 한다. 나아가 '해당 법인의 행위가 직접적이고도 구체적으로 공익을 침해한다.'고 하려면 해당 법인의 행위로 인하여 법인 또는 구성원이 얻는 이익과 법질서가 추구하는 객관적인 공익이 서로 충돌하여 양자의 이익을 비교형량 하였을 때 공공의 이익을 우선적으로 보호하여야 한다는 점에 의문의 여지가 없어야 한다. 또한 법인의 해산을 초래하는 설립허가취소는 헌법 제10조에 내재된 일반적 행동의 자유에 대한 침해 여부와 과잉금지의 원칙 등을 고려하여 엄격하게 판단하여야 하고, 특히 국가가 국민의 표현행위를 규제하는 경우, 표현내용과 무관하게 표현의 방법을 규제하는 것은 합리적인 공익상의 이유로 비례의 원칙(과잉금지의 원칙)을 준수하여 이루어지는 이상 폭넓은 제한이 가능하나, 표현내용에 대한 규제는 원칙적으로 중대한 공익의 실현을 위하여 불가피한 경우에 한하여 엄격한 요건하에서 허용될 뿐이다.

[2] 甲 사단법인이 접경지역 지원 특별법상 접경지역에서 북한의 지도부나 체제를 비판하는 내용을 담은 대북전단지 등을 대형 풍선에 실어 북한 방향 상공으로 살포하자, 통일부장관이 '위 전단 살포 행위가 접경지역에 거주하는 주민들의 생명·신체의 안전에 대한 위험을 초래하고, 남북관계에 긴장상황을 조성하는 등 공익을 해하였다.'는 등의 이유로 甲 법인에 대한 법인설립허가를 취소한 사안에서, 위 전단 살포 행위가 일방적으로 '공익을 해하는 행위를 한 때'에 해당한다고 쉽게 단정할 수 없음에도, 이와 달리 본 원심판단에 법리오해의 잘못이 있다고 한 사례

통일부장관으로부터 법인설립허가를 받은 甲 사단법인이 접경지역 지원 특별법상 접경지역에서 북한의 지도부나 체제를 비판하는 내용을 담은 대북전단지 50만 장 등을 대형 풍선 여러 개에 실어 북한 방향 상공으로 살포하자, 통일부장관이 '위 전단 살포 행위가 접경지역에 거주하는 주민들의 생명·신체의 안전에 대한 위험을 초래하고, 남북관계에 긴장상황을 조성하는 등 공익을 해하였다.'는 등의 이유로 甲 법인에 대한 법인설립허가를 취소한 사안에서, 북한의 인권문제에 관한 국제적·사회적 관심을 환기시키기 위한 위 전단 살포 행위는 표현의 자유, 결사의 자유에 의하여 보장되는 甲 법인의 활동에 속하는 것으로, 접경지역 주민들의 생명·신체의 안전에 대한 위험 야기, 남북 간의 군사적 긴장 고조, 대한민국 정부의 평화적 통일정책 추진에 대한 중대한 지장 초래 등 통일부장관이 위 처분의 이유로 내세우는 공익은 매우 포괄적·정치적인 영역에 속하는 것이자 그 저해에 관한 근본적인 책임을 甲 법인이나 위 전단 살포 행위에만 묻기는 어려운 것이어서, 위와 같은 甲 법인의 헌법상 기본권에 근거한 활동보다 통일부장관이 위 처분으로 달성하고자 하는 공익을 우선적으로 보호하여야 한다는 점에 의문의 여지가 없는 경우에 해당한다고 보기 어렵고, 위 전단 살포 행위의 태양 및 위법성의 정도, 공익 침해의 정도와 경위를 종합해 볼 때, 위 처분을 통하여 甲 법인의 법인격 소멸을 명하는 것이 공익 침해 상태를 제거하고 정당한 법질서를 회복하기 위한 유효적절한 제재수단으로서 긴요하게 요청되는 경우에 해당한다고 보기도 어려워 위 전단 살포 행위가 일방적으로 '공익을 해하는 행위를 한 때'에 해당한다고 쉽게 단정할 수 없음에도, 이와 달리 본 원심판단에 법리오해의 잘못이 있다고 한 사례.

010 평등의 원칙 (면접시험에서 직무와 무관한 장애에 관한 질문을 하는 것이 장애인차별금지법에서 금지하는 차별행위에 해당하는지 여부가 문제된 사건)
— 2023. 12. 28. 선고 2023두50127 판결

☐ 장애인을 채용하려는 사용자가 채용을 위한 면접시험에서 장애인 응시자에게 직무와 관련이 없는 장애에 관한 질문을 함으로써 장애인 응시자를 불리하게 대한 경우, 장애인차별금지 및 권리구제 등에 관한 법률 제4조 제1항 제1호의 차별행위에 해당하는지 여부(원칙적 적극)

고용은 장애인의 소득기반으로서 인격 실현과 사회통합을 위한 중요한 매개체이므로 차별이 금지되어야 하는 핵심 영역이라고 할 수 있고, 고용과정에서의 차별금지는 장애인과 비장애인 사이의 공정한 참여 및 경쟁의 기반을 마련함으로써 평등한 기회를 보장하기 위한 것이므로, 장애인을 채용하는 과정에서 실시하는 면접시험의 경우에도 위와 같은 취지 등이 최대한 반영되어야 한다.

장애인차별금지 및 권리구제 등에 관한 법률(이하 '장애인차별금지법'이라 한다) 제4조 제1항 제1호, 제3항 제2호, 제6조, 제10조 제1항, 제47조 제2항의 규정 내용과 체계, 고용의 성격 등에 비추어 보면, 장애인을 채용하려는 사용자가 채용을 위한 면접시험에서 장애인 응시자에게 직무와 관련이 없는 장애에 관한 질문을 함으로써 장애인 응시자를 불리하게 대하였다면, 이는 차별행위가 장애를 이유로 한 차별이 아니라거나 특정 직무나 사업 수행의 성질상 불가피한 경우라는 등의 정당한 사유가 있었다는 점을 사용자가 증명하지 못하는 이상 장애인차별금지법 제4조 제1항 제1호의 차별행위에 해당한다.

011 평등의 원칙 (특정 연도 출생자들이 임금피크제를 더 오래 적용받은 것이 국가인권위원회법상 나이차별에 해당하는지 여부 및 차별에 합리적 이유가 있는지 여부가 문제된 사안)
― 2023. 6. 29. 선고 2019두53396 판결

❏ 국가인권위원회법에서 말하는 '평등권 침해의 차별행위'의 의미 및 국가인권위원회법상 나이를 이유로 한 고용 관련 차별에 합리적인 이유가 있는지 판단하는 방법

국가인권위원회법은 기본적 인권을 보호하고 그 수준을 향상시킴으로써 인간으로서의 존엄과 가치를 실현하려는 목적에서, 합리적인 이유 없이 나이를 이유로 고용과 관련하여 특정한 사람을 우대·배제·구별하거나 불리하게 대우하는 행위를 '평등권 침해의 차별행위'(이하 '차별행위'라 한다) 중 하나로 규정하고[제2조 제3호 (가)목], 독립된 국가기관으로 국가인권위원회를 설립하여 차별행위에 대한 진정을 조사하고 구제조치 등을 권고하도록 하였다(제1조, 제30조, 제44조).

국가인권위원회법에서 말하는 차별행위란 본질적으로 같은 것을 다르게, 다른 것을 같게 취급하는 것을 말하는 것으로, 본질적으로 동일한 비교집단에 속하는 비교대상과 다르게 대우하는 경우 차별이 존재한다고 볼 수 있고, 그 차별에 합리적인 이유가 없어 실질적인 불평등이 발생한다면 국가인권위원회법이 금지하는 차별행위에 해당한다. 국가인권위원회법상 나이를 이유로 한 고용 관련 차별에 합리적인 이유가 있는지는 차별의 목적과 경위, 구체적인 차별의 내용과 정도, 다른 합리적인 대안의 존부, 차별을 완화하기 위한 조치의 존부 및 그 적정성 등을 종합적으로 고려하여 판단해야 한다.

012 평등의 원칙 (국가가 공무원에게 지급하는 수당, 성과상여금 등을 공무직 근로자인 국도관리원들에게 지급하지 않은 것이 근로기준법 제6조를 위반한 차별적 처우에 해당하는지 여부)
— 2023. 9. 21. 선고 2016다255941 판결

□ 국가가 공무원이 아닌 사람들로서 지방국토관리청장과 기간의 정함이 없는 근로계약을 체결하고 국토관리사무소에서 도로의 유지·보수 업무를 하는 도로보수원 또는 과적차량 단속 등의 업무를 하는 과적단속원으로 근무하는 사람들에게 그들과 같거나 유사한 업무를 담당하는 운전직 공무원 및 과적단속직 공무원들에게 지급하는 정근수당, 직급보조비, 성과상여금, 가족수당을 지급하지 않은 것이 근로기준법 제6조를 위반한 차별적 처우에 해당하여 불법행위를 구성하는지 여부(소극)

[다수의견] 공무원의 경우 헌법이 정한 직업공무원 제도에 따라 국가 또는 지방자치단체와 공법상 신분관계를 형성하고 각종 법률상 의무를 부담하는 점, 공무원의 근무조건은 법령의 규율에 따라 정해지고 단체협약을 통해 근로조건 개선을 도모할 수 있는 대상이 아닌 점, 전보인사에 따른 공무원 보직 및 업무의 변경가능성과 보수체계 등의 사정을 고려하면, 공무원이 아닌 사람들로서 국가 산하 국토교통부 소속 지방국토관리청장과 기간의 정함이 없는 근로계약을 체결하고 지방국토관리청 산하 국토관리사무소에서 도로의 유지·보수 업무를 하는 도로보수원 또는 과적차량 단속 등의 업무를 하는 과적단속원으로 근무하는 사람들(이하 도로보수원과 과적단속원을 통틀어 '국도관리원'이라 한다)의 무기계약직 근로자로서의 고용상 지위는 공무원에 대한 관계에서 근로기준법 제6조에서 정한 사회적 신분에 해당한다고 볼 수 없고, 공무원을 본질적으로 동일한 비교집단으로 삼을 수 없다.

위와 같이 국도관리원의 고용상 지위가 공무원에 대한 관계에서 사회적 신분에 해당한다거나 국도관리원과 같거나 유사한 업무를 담당하고 있는 운전직 공무원 및 과적단속직 공무원이 국도관리원의 비교대상이 될 수 없는 이상, 불리한 처우에 대한 합리적 이유가 인정되는지에 관하여 더 나아가 판단할 필요 없이 국가가 국도관리원에게 근로조건에 관한 차별적 처우를 했다고 볼 수 없다.

013 평등의 원칙 (종교적 신념을 이유로 면접시험 일정 변경을 요구한 사건)
― 2024. 4. 4. 선고 2022두56661 판결

【사건의 개요】

국립대학교 법학전문대학원에 입학원서를 제출한 제칠일안식일예수재림교 신자 甲이 1단계 서류전형 평가 합격 통지와 함께 토요일 오전반으로 면접고사 일정이 지정되자("이 사건 면접시간 지정행위"), 토요일 일몰 전에 세속적 행위를 금지하는 안식일에 관한 종교적 신념을 지키기 위해 면접 일정을 토요일 오후 마지막 순번으로 변경해 달라는 취지의 이의신청서를 제출했으나, 총장이 이를 거부("이 사건 거부행위")하고 면접평가에 응시하지 않은 甲에게 불합격 통지를 하였다("이 사건 불합격처분").

【소의 적법여부에 대한 판단】

[1] 이 사건 거부행위의 취소를 구하는 소의 적법 여부에 대한 판단

가. 피고가 ○○대 법전원 입학생을 선발하는 과정에서 입학원서를 접수 또는 반려하고, 1단계 평가에 대한 합격·불합격을 통보하며, 1단계 합격자를 대상으로 면접일정을 지정하는 등의 행위들은 모두 ○○대 법전원 입학생 선발이라는 종국적 처분에 이르기 위한 단계적인 행위들이다. 따라서 ○○대 법전원 입학시험에 대한 최종적인 합격 또는 불합격처분이 이루어졌다면, 피고가 이를 위해 앞서 하였던 단계적 행위들은 그 종국적인 합격 또는 불합격처분에 흡수된다.

나. 결국 이 사건 불합격처분이 이루어짐으로써 이 사건 면접시간 지정행위와 이 사건 거부행위는 모두 이 사건 불합격처분에 흡수되어 독립된 존재가치를 상실하였으므로, 이 사건 불합격처분만이 쟁송의 대상이 되고 이 사건 소 중 이 사건 거부행위의 취소를 구하는 부분은 이 사건 불합격처분으로 인해 소의 이익이 없어 부적법하게 된다.

[2] 이 사건 불합격처분의 취소를 구할 소의 이익 유무

가. 행정처분이 기간의 경과 등으로 그 효과가 소멸한 때에 그 처분이 취소되어도 원상회복이 불가능하다고 보이는 경우라 하더라도, 무효 확인 또는 취소로써 회복할 수 있는 다른 권리나 이익이 남아 있거나 또는 그 행정처분과 동일한 사유로 위법한 처분이 반복될 위험성이 있어 행정처분의 위법성 확인 내지 불분명한 법률문제에 대한 해명이 필요한 경우에는 행정의 적법성 확보와 그에 대한 사법통제, 국민의 권리구제의 확대 등의 측면에서 예외적으로 그 처분의 취소를 구할 소의 이익을 인정할 수 있다.

나. 이 사건 불합격처분이 취소된다 하더라도 원고가 2021학년도 ○○대 법전원 입학시험에 다시 응시할 기회를 갖게 되는 것은 아니다. 그러나 원고가 장래에 ○○대 법전원 입학시험에 다시 응시할 경우 1단계 평가를 별도로 거치지 않고 곧바로 면접평가와 논술평가만을 받을 여지가 있어 이 사건 불합격처분의 취소를 통해 원고에게 회복되는 이익이 없다고 단정할 수 없다. 따라서 원고에게는 예외적으로 이 사건 불합격처분의 취소를 구할 법률상 이익이 인정된다.

【이 사건 불합격처분의 적법 여부】

[1] 국립대학교 법학전문대학원 입시 과정에서 제칠일안식일예수재림교 신자들이 종교적 신념을 이유로 불이익을 받게 되는 경우, 총장이 비례의 원칙에 따라 재림교 신자들이 받는 불이익을 해소하기 위한 적극적인 조치를 취할 의무가 있는지 여부(적극)

국립대학교 총장은 공권력을 행사하는 주체이자 기본권 수범자로서의 지위를 갖는다. 그 결과 사적 단체 또는 사인의 경우 차별처우가 사회공동체의 건전한 상식과 법감정에 비추어 볼 때 도저히 용인될 수 있는 한계를 벗어난 경우에 한해 사회질서에 위반되는 행위로서 위법한 행위로 평가되는 것과 달리, 국립대학교 총장은 헌법상 평등원칙의 직접적인 구속을 받고, 국민의 기본권을 보호 내지 실현할 책임과 의무를 부담하므로, 그 차별처우의 위법성이 보다 폭넓게 인정된다.

헌법 제11조 제1항은 "모든 국민은 법 앞에 평등하다. 누구든지 성별·종교 또는 사회적 신분에 의하여 정치적·경제적·사회적·문화적 생활의 모든 영역에 있어서 차별을 받지 아니한다."라고 규정하고 있는데, 여기서 말하는 평등은 형식적 의미의 평등이 아니라 실질적 의미의 평등을 의미한다. 한편 비례의 원칙은 법치국가 원리에서 당연히 파생되는 헌법상의 기본원리로서, 모든 국가작용에 적용된다.

위와 같은 법리에 비추어 볼 때, 국립대학교 법학전문대학원 입시 과정에서 제칠일안식일예수재림교(이하 '재림교'라 한다) 신자들이 종교적 신념을 이유로 결과적으로 불이익을 받게 되는 경우, 이를 해소하기 위한 조치가 공익이나 제3자의 이익을 다소 제한하더라도, 그 제한의 정도가 재림교 신자들이 받는 불이익에 비해 현저히 적다고 인정된다면, 헌법이 보장하는 실질적 평등을 실현할 의무와 책무를 부담하는 국립대학교 총장으로서는 재림교 신자들의 신청에 따라 그들이 받는 불이익을 해소하기 위한 적극적인 조치를 취할 의무가 있다.

[2] 국립대학교 법학전문대학원에 입학원서를 제출한 제칠일안식일예수재림교 신자 甲이 1단계 서류전형 평가 합격 통지와 함께 토요일 오전반으로 면접고사 일정이 지정되자, 토요일 일몰 전에 세속적 행위를 금지하는 안식일에 관한 종교적 신념을 지키기 위해 면접 일정을 토요일 오후 마지막 순번으로 변경해 달라는 취지의 이의신청서를 제출했으나, 총장이 이를 거부하고 면접평가에 응시하지 않은 甲에게 불합격 통지를 한 사안에서, 면접일시가 토요일 오전으로 정해진 甲이 지역 학생들에게 더 낮은 비용으로 법조인이 될 기회를 제공하고 있는 국립대학교 법학전문대학원에 입학하는 기

회를 종교적 신념 때문에 박탈당하는 불이익이 결코 가볍다고 볼 수 없는 점, 지필시험의 경우 문제 유출을 방지하기 위해 모든 응시자들이 동시에 시험에 응시해야 할 공익적 요청이 높으므로 특정 응시자에게만 시험일정을 변경하기 어렵고, 특정 응시자의 종교적 신념을 보장하기 위해 다른 모든 응시자의 시험일정을 일괄적으로 변경할 경우 그로 인해 소요되는 비용과 혼란이 크지만, 면접평가의 경우 개별면접 방식으로 진행되므로 甲 개인의 면접시간만 토요일 일몰 후로 손쉽게 변경할 수 있고, 그 과정에서 다른 응시자들의 면접시간을 변경할 필요도 없는 점, 甲이 일몰 후에 면접을 실시할 수 있도록 늦은 순번으로 면접순번이 지정되더라도 다른 응시자들에 비해 면접평가 준비 시간을 더 많이 받는 등의 부당한 이익을 받는다고 보기도 어려운 점을 종합하면, 종교적 신념에 따라 甲이 입는 불이익을 해소하기 위해 면접시간을 변경하더라도 그로 인해 제한되는 공익이나 제3자의 이익은 甲이 받는 불이익에 비해 현저히 적음에도, 甲의 면접일시 변경을 거부함으로써 甲이 종교적 신념을 이유로 받게 된 중대한 불이익을 방치한 총장의 행위는 헌법상 평등원칙을 위반한 것으로 위법하고, 위법하게 지정된 면접일정에 응시하지 않았음을 이유로 한 불합격처분은 적법한 처분사유가 존재한다고 볼 수 없어 취소되어야 한다고 한 사례.

014 동성 동반자에 대한 국민건강보험 피부양자 인정 여부가 문제된 사건
― 2024. 7. 18. 선고 2023두36800 전원합의체 판결 ★

[1] 행정청이 내부준칙을 제정하여 그에 따라 장기간 일정한 방향으로 행정행위를 함으로써 행정관행이 확립된 경우, 그 내부준칙이나 확립된 행정관행을 통한 행정행위에 대해 헌법상 평등원칙이 적용되는지 여부(적극)

헌법 제11조 제1항은 "모든 국민은 법 앞에 평등하다. 누구든지 성별·종교 또는 사회적 신분에 의하여 정치적·경제적·사회적·문화적 생활의 모든 영역에 있어서 차별을 받지 아니한다."라고 규정하고 있다. 헌법상 평등원칙은 본질적으로 같은 것을 자의적으로 다르게 취급함을 금지하는 것으로서, 일체의 차별적 대우를 부정하는 형식적·절대적 평등을 뜻하는 것이 아니라 입법을 하고 법을 적용할 때에 합리적인 근거가 없는 차별을 해서는 안 된다는 실질적·상대적 평등을 뜻한다. 행정기본법 제9조는 "행정청은 합리적 이유 없이 국민을 차별하여서는 아니 된다."라고 규정하여, 행정청에 헌법상 평등원칙에 따라 합리적 이유가 없는 한 모든 국민을 동등하게 처우해야 할 의무를 부과하고 있다. 따라서 행정청이 내부준칙을 제정하여 그에 따라 장기간 일정한 방향으로 행정행위를 함으로써 행정관행이 확립된 경우, 그러한 내부준칙이나 확립된 행정관행을 통한 행정행위에 대해서도 헌법상 평등원칙이 적용된다.

[2] 행정청의 행정행위가 합리적 이유 없는 차별대우에 해당하여 헌법상 평등원칙을 위반했는지 판단하는 방법

행정청의 행정행위가 합리적 이유 없는 차별대우에 해당하여 헌법상 평등원칙을 위반하였는지를 확정하기 위해서는 먼저 행위의 근거가 된 법규의 의미와 목적을 통해 행정청이 본질적으로 같은 것을 다르게 대우했는지, 즉 다른 대우를 받아 비교되는 두 집단 사이에 본질적인 동일성이 존재하는지를 확정해야 한다. 다음으로 그러한 차별대우가 확인되면 비례의 원칙에 따라 행위의 정당성 여부를 심사하여 헌법상 평등원칙을 위반하였는지를 판단해야 한다.

[3] 특수공익법인인 국민건강보험공단은 사적 단체 또는 사인과 달리 차별처우의 위법성이 더 폭넓게 인정될 수 있는지 여부(적극)

국가와 지방자치단체는 국가 발전수준에 부응하고 사회환경의 변화에 선제적으로 대응하며 지속가능한 사회보장제도를 확립하고 매년 이에 필요한 재원을 조달하여야 하고(사회보장기본법 제5조 제3항), 사회보장제도의 급여 수준과 비용 부담 등에서 형평성을 유지할 의무가 있다(제25조 제2항). 사회보장제도인 건강보험의 보험자로서 가입자와 피부양자의 자격 관리 등의 업무를 집행하는 특수공익법인인 국민건강보험공단은 공권력을 행사하는 주체이자 기본권

보장의 수범자로서의 지위를 갖는다. 그 결과 사적 단체 또는 사인의 경우 차별처우가 사회 공동체의 건전한 상식과 법감정에 비추어 볼 때 도저히 용인될 수 없는 경우에 한해 사회질서에 위반되는 행위로서 위법한 행위로 평가되는 것과 달리, 국민건강보험공단은 평등원칙에 따라 국민의 기본권을 보호 내지 실현할 책임과 의무를 부담하므로, 그 차별처우의 위법성이 보다 폭넓게 인정될 수 있다.

[4] 甲이 동성인 乙과 교제하다가 서로를 동반자로 삼아 함께 생활하기로 합의하고 동거하던 중 결혼식을 올린 뒤 국민건강보험공단에 건강보험 직장가입자인 乙의 사실혼 배우자로 피부양자 자격취득 신고를 하여 피부양자 자격을 취득한 것으로 등록되었는데, 이 사실이 언론에 보도되자 국민건강보험공단이 甲을 피부양자로 등록한 것이 '착오 처리'였다며 甲의 피부양자 자격을 소급하여 상실시키고 지역가입자로 甲의 자격을 변경한 후 그동안의 지역가입자로서의 건강보험료 등을 납입할 것을 고지한 사안에서, 위 처분이 행정절차법 제21조 제1항과 헌법상 평등원칙을 위반하여 위법하다고 한 사례

[다수의견] 甲이 동성인 乙과 교제하다가 서로를 동반자로 삼아 함께 생활하기로 합의하고 동거하던 중 결혼식을 올린 뒤 국민건강보험공단에 건강보험 직장가입자인 乙의 사실혼 배우자로 피부양자 자격취득 신고를 하여 피부양자 자격을 취득한 것으로 등록되었는데, 이 사실이 언론에 보도되자 국민건강보험공단이 甲을 피부양자로 등록한 것이 '착오 처리'였다며 甲의 피부양자 자격을 소급하여 상실시키고 지역가입자로 甲의 자격을 변경한 후 그동안의 지역가입자로서의 건강보험료 등을 납입할 것을 고지한 사안에서, <u>위 처분은 국민건강보험공단의 자격변경 처리에 따라 甲의 피부양자 자격을 소급하여 박탈하는 내용을 포함하므로, 국민건강보험공단이 위 처분에 앞서 甲에게 행정절차법 제21조 제1항에 따라 사전통지를 하거나 의견 제출의 기회를 주어야 함에도 이를 하지 않은 절차적 하자가 있고</u>, 실체적 하자와 관련하여 ① 국민건강보험법 제5조 제2항 제1호(이하 '쟁점 규정'이라 한다)의 '배우자'에서 사실상 혼인관계에 있는 사람을 배제한다면 평등원칙에 반하는 위헌적 결과가 발생할 수 있기 때문에 국민건강보험공단이 배우자를 피보험자로 정한 쟁점 규정을 국민건강보험공단의 '자격관리 업무지침'에 따라 '사실상 혼인관계에 있는 사람'도 인우보증서를 제출할 것을 조건으로 피부양자에 포함하는 것으로 해석·적용하는 것은 적법하고, ② 국민건강보험공단이 위 처분을 통하여 사실상 혼인관계 있는 사람 집단에 대하여는 피부양자 자격을 인정하면서도, 동성 동반자 집단에 대해서는 피부양자 자격을 인정하지 않음으로써 두 집단을 달리 취급하고 있는데, 동성 동반자는 직장가입자와 단순히 동거하는 관계를 뛰어넘어 동거·부양·협조·정조의무를 바탕으로 부부공동생활에 준할 정도의 경제적 생활공동체를 형성하고 있다는 점에서 차이가 없는 점, 자격관리 업무지침에 따르면 '사실상 혼인관계에 있는 사람'의 경우 피부양자로 인정받기 위해서는 인우보증서를 제출해야 하는데, 동성 동반자도 이러한 내용의 인우보증서를 제출할 수 있다는 점에서 차이가 없는 점, 국민건강보험공단이 사실상 혼인관계에 있는 사람을 피부양자로 인정하는 이유는 그가 직장가입자의 동반자로서 경제적 생활공동체를 형성하였기 때문이지 이성 동반자이기 때문이 아닌 점 등에 비추어,

이러한 취급은 성적 지향을 이유로 본질적으로 동일한 집단을 차별하는 행위에 해당하며, ③ 건강보험제도와 피부양자제도의 의의, 취지와 연혁 등을 관련 법리와 기록에 비추어 살펴보면, 국민건강보험공단이 직장가입자와 사실상 혼인관계에 있는 사람, 즉 이성 동반자와 달리 동성 동반자인 甲을 피부양자로 인정하지 않고 위 처분을 한 것은 합리적 이유 없이 甲에게 불이익을 주어 그를 사실상 혼인관계에 있는 사람과 차별하는 것으로 헌법상 평등원칙을 위반하여 위법하다고 한 사례.

■ **대법관 이동원, 대법관 노태악, 대법관 오석준, 대법관 권영준의 별개의견**

국민건강보험법상 '배우자'의 개념은 이성 간의 결합을 본질로 하는 '혼인'을 전제로 하고, '동성 동반자'는 이에 해당하지 않는다. 국민건강보험공단은 이에 따라 동성 동반자인 甲을 피부양자에 해당하지 않는다고 보고 위 처분을 하였다. '동성 동반자'와 '사실상 혼인관계에 있는 사람'은 본질적으로 동일한 집단에 속한다고 볼 수 없고, 동성 동반자를 피부양자에서 제외하여 지역가입자로 분류한 것을 합리적 근거 없는 자의적 차별이라고 하기도 어렵다. 그러므로 위 처분에 실체적 하자가 있다고 할 수 없다. 따라서 다수의견 중 위 처분에 절차적 하자가 있다고 본 부분은 동의하나, 위 처분의 실체적 하자까지도 인정한 다수의견의 입장에는 동의할 수 없다.

015 신뢰보호의 원칙 (국적 취득에서 신뢰보호의 원칙의 적용 여부가 문제된 사건)
― 2024. 3. 12. 선고 2022두60011 판결 ★

【사건의 개요와 쟁점】

가. 원고 1(1998. 10.생), 원고 2(2000. 4.생)는 대한민국 국적인 부 소외 1과 당시 중화인민공화국(이하 '중국'이라 한다) 국적이었던 모 소외 2 사이에 출생하였는데, 원고들의 출생 당시 소외 1과 소외 2는 법적으로 혼인한 상태가 아니었다.

나. 원고들의 부는 2001. 6. 14. 원고들에 대한 출생신고를 하였고, 그 무렵 원고들이 대한민국 국적을 취득하였음을 전제로 주민등록번호가 부여되었으며, 2008. 1. 1. 「가족관계의 등록 등에 관한 법률」이 시행됨에 따라 원고들이 대한민국 국적자임을 전제로 원고들에 대한 가족관계등록부도 작성되었다.

다. 원고들의 부모는 2008. 12. 23. 혼인신고를 하였는데, 관할 행정청은 원고들에 대한 출생신고가 '외국인 모와의 혼인외자의 출생신고'에 해당하여 정정 대상이라는 이유로 2009. 2. 13. 원고들의 가족관계등록부를 말소하였다. 이에 원고들의 부 소외 1은 2009. 5. 8. 원고들에 대한 인지신고를 하였다. 원고들은 소외 1의 가족관계등록부에 소외 1의 자녀로 등재되었으나, 그 국적이 중국으로 표시되었고 원고들의 가족관계등록부는 별도로 작성되지 않았다.

라. 원고들이 각각 17세가 되던 해인 2015년, 2017년에 원고들에게 주민등록증이 발급되었다. 원고들의 모 소외 2는 2017. 2. 13. 대한민국 국민으로 귀화하였는데, 당시 미성년자였던 원고들은 국적법 제8조에서 정한 국적 수반취득 절차를 진행하지 않았다.

마. 한편 출입국·외국인정책본부는 2013. 5. 28. 및 2017. 2. 8. 두 차례에 걸쳐 원고들의 부모에게 원고들이 대한민국 국적을 취득하지 못하였음을 전제로 국적법 제3조에서 정한 인지에 의한 국적 취득 절차를 진행하여야 한다는 점을 안내하였다.

바. 원고들은 성인이 된 이후인 2019. 1. 8. 피고에게 국적법 제20조에 따라 국적보유판정을 신청하였으나, 피고는 원고들이 대한민국 국적 보유자가 아니라는 이유로 2019. 10. 1. 원고들에게 국적비보유 판정(이하 '이 사건 판정'이라 한다)을 하였다.

【판시사항 및 판결요지】

□ 행정청의 행위에 대하여 신뢰보호의 원칙이 적용되기 위한 요건 및 행정청의 공적 견해표명이 있었는지 판단하는 방법

일반적으로 행정상의 법률관계에서 행정청의 행위에 대하여 신뢰보호의 원칙이 적용되기 위하여는, 첫째 행정청이 개인에 대하여 신뢰의 대상이 되는 공적인 견해표명을 하여야 하고, 둘째 행정청의 견해표명이 정당하다고 신뢰한 데에 대하여 그 개인에게 귀책사유가 없어야 하며, 셋째 그 개인이 그 견해표명을 신뢰하고 이에 기초하여 어떠한 행위를 하였어야 하고, 넷째 행정청이 위 견해표명에 반하는 처분을 함으로써 그 견해표명을 신뢰한 개인의 이익이 침해되는 결과가 초래되어야 하는바, 어떠한 행정처분이 이러한 요건을 충족하는 때에는 공익 또는 제3자의 정당한 이익을 현저히 해할 우려가 있는 경우가 아닌 한 신뢰보호의 원칙에 반하는 행위로서 위법하다.

한편 행정청의 공적 견해표명이 있었는지 여부를 판단함에 있어서는 반드시 행정조직상의 형식적인 권한분장에 구애될 것은 아니고, 담당자의 조직상의 지위와 임무, 해당 언동을 하게 된 구체적인 경위 및 그에 대한 상대방의 신뢰가능성에 비추어 실질에 의하여 판단하여야 한다.

【사안의 경우(이 사건 판정의 신뢰보호의 원칙 위배 여부)】

1. 공적 견해표명의 존재

주민등록번호와 주민등록증은 외부에 공시되어 대내외적으로 행정행위의 적법한 존재를 추단하는 중요한 근거가 되는 점에 비추어 볼 때 행정청이 원고들에게 공신력이 있는 주민등록번호와 이에 따른 주민등록증을 부여한 행위는 원고들에게 대한민국 국적을 취득하였다는 공적인 견해를 표명한 것이라고 보아야 한다. 따라서 비록 원고들에 대한 가족관계등록부가 말소되었다거나 원고들의 부모에게 원고들의 국적 취득이 필요하다는 점이 안내되었다고 하더라도, 원고들에 대한 주민등록이 계속 유지된 이상 원고들이 대한민국 국적을 취득하였다는 공적인 견해표명도 계속 유지되었다고 할 것이다.

2. 공적 견해표명을 신뢰한 원고들의 행위

국적법 제3조는 미성년자인 외국인이 출생 당시에 대한민국의 국민인 부로부터 인지를 받았을 때 법무부장관에게 신고함으로써 대한민국 국적을 취득할 수 있는 절차를, 국적법 제8조는 외국인의 자로서 미성년자인 사람이 부 또는 모의 귀화허가에 수반하여 대한민국 국적을 취득할 수 있는 절차를 각각 규정하고 있다.

원고들이 미성년자였을 때 자신들이 대한민국 국적을 보유하고 있지 않다는 사실을 알았다면, 원고들은 국적법 제3조 또는 제8조에서 정한 간소한 국적 취득 절차에 따라 대한민국 국적을 보유할 수 있었을 것이다. 그러나 원고들이 대한민국 국적을 보유하고 있음을 전제

로 하는 행정행위가 반복적으로 이루어진 결과, 미성년자였던 원고들은 이를 신뢰하여 국적법 제3조 및 제8조에 따른 국적 취득 절차를 진행하지 않은 채 성인이 되었다.

3. 공적 견해표명에 반하는 이 사건 판정으로 인해 침해되는 원고들의 이익

이 사건 판정은 원고들이 미성년자였을 때 이루어진 공적인 견해표명에 반하여 성인이 된 원고들이 대한민국 국적을 보유하고 있지 않다고 판단하였다. 위와 같이 원고들이 미성년자였을 때 대한민국 국적을 보유하고 있다는 신뢰를 부여하다가 원고들이 성인이 되자 그에 반하는 처분이 이루어진 결과, 갓 성인이 된 원고들은 더 이상 국적법 제3조, 제8조에 따라 간편하게 국적을 취득할 수 있는 기회를 상실하게 되었다.

성인이 된 원고들이 국적법 제7조에서 정한 특별귀화 절차를 통해 대한민국 국적을 취득할 수 있다고 하더라도, 특별귀화를 받기까지 소요되는 기간 동안 원고들은 불안정한 신분으로 대한민국에서 생활할 수밖에 없음은 물론, 특별귀화는 행정청의 폭넓은 재량의 여지가 있는 행위여서, 행정청의 재량에 따라 원고들에 대한 귀화가 허가되지 않을 가능성도 배제할 수 없다.

국적은 대한민국 국민이 헌법과 법률에 의해 보장되는 권리를 향유하기 위한 가장 기초적인 전제가 된다. 이 사건 판정을 통해 원고들은 평생 동안 보유했다고 여긴 대한민국 국적이 부인되고 그 국적의 취득 여부가 불안정한 상황에 놓이게 되었으며, 그 결과 자신들이 출생하고 성장한 대한민국에 체류할 자격부터 변경되는 등 평생 이어온 생활의 기초가 흔들리는 중대한 불이익을 입게 되었다.

4. 귀책사유의 존부

원고들의 부모에게는, 원고들의 가족관계등록부가 폐쇄되고 출입국·외국인정책본부로부터 원고들의 국적 취득이 필요하다고 안내받았음에도 원고들이 성인이 되기 전까지 원고들에 대한 국적 취득 절차를 진행하지 않은 과실이 있다. 그러나 원고들의 부모가 아닌 원고들에 대하여도 위와 같은 안내가 이루어졌다고 볼 만한 자료가 없는 이상 원고들이 대한민국 국적을 취득하지 못하였음을 알았거나 중대한 과실로 이를 알지 못하였다고 보기 어렵다. 오히려 원고들에 대하여는 각각 17세가 되던 해에 주민등록증이 발급됨으로써 원고들은 성인이 되기 전까지 자신들이 대한민국 국적을 보유하고 있었던 것으로 정당하게 신뢰한 것으로 보인다.

미성년자의 부모는 자녀의 복리를 우선적으로 고려하여 친권을 행사하여야 한다(민법 제912조 참조). 원고들의 부모가 적절하게 친권을 행사하지 않은 결과 귀책사유가 없는 원고들이 성인이 된 직후 국적 보유 여부가 불안정한 상황에 내몰리는 것은 미성년자의 이익을 우선하여 보호하고자 하는 법정대리인 제도의 취지에 부합하지 않는다. 이처럼 원고들이 대한민국 국적을 취득하였다고 신뢰한 데에 귀책사유가 있다고 보기 어려운 이상 원고들의 신뢰에 반하여 이루어진 이 사건 판정은 신뢰보호의 원칙에 위배된다고 할 것이다.

5. 소 결

그럼에도 원심은, 원고들이 국적을 취득하였다는 공적 견해표명이 전부 철회되었다거나, 그와 같은 공적 견해표명을 신뢰한 원고들의 부모에게 귀책사유가 있다는 사정만으로 이 사건 판정이 신뢰보호의 원칙에 반하지 않는다고 판단하였다. 이와 같은 원심의 판단에는 공적 견해표명의 존부 및 귀책사유의 판단 기준에 관한 법리를 오해하여 판결의 결과에 영향을 미친 잘못이 있다.

016 소급입법 금지의 원칙
― 2024. 5. 23. 선고 2021두35834 전원합의체 판결

소급입법은 새로운 입법을 이미 종료된 사실관계 또는 법률관계에 적용하도록 하는 진정소급입법과 현재 진행 중인 사실관계 또는 법률관계에 적용하도록 하는 부진정소급입법으로 나눌 수 있다. 이 중에서 기존의 법에 의하여 이미 형성된 개인의 법적 지위를 사후입법을 통하여 박탈하는 것을 내용으로 하는 진정소급입법은 개인의 신뢰보호와 법적 안정성을 내용으로 하는 법치국가원리에 의하여 허용되지 않는 것이 원칙이다.

폐기물부담금의 부과요건사실은 '제조장 또는 보세구역에서 반출'이므로, 담배가 '제조장 또는 보세구역에서 반출되는 때'에 담배 제조업자의 폐기물부담금 납부의무가 성립한다.

이 사건 각 부칙규정은 모두 2015. 1. 1. 이후 제조장 또는 보세구역에서 반출된 담배에 대해서 개정규정을 적용한다고 규정하고 있다. 그런데 개정 후 자원재활용법 시행령의 경우 2015. 1. 1. 전에 개정이 이루어진 다른 개정법령들과 달리 2015. 2. 3. 뒤늦게 개정이 이루어졌음에도 이 사건 부칙규정은 그 개정 전에 이미 제조장 또는 보세구역에서 반출된 담배에 대해서도 이 사건 개정규정을 소급하여 적용하도록 정하고 있다.

담배 제조업자는 2015. 1. 1.부터 2015. 2. 2.까지 제조장 또는 보세구역에서 반출한 담배에 대해서 각 반출시점에 구 자원의 절약과 재활용촉진에 관한 법률 시행령(2015. 2. 3. 대통령령 제26088호로 개정되기 전의 것)에 따라 인상되기 전 요율의 폐기물부담금을 납부할 의무를 부담하고 있었는데, 자원의 절약과 재활용촉진에 관한 법률 시행령 부칙(2015. 2. 3.) 제2조로 인하여 위 기간 동안 제조장 또는 보세구역에서 반출한 담배에 대해서도 소급하여 2015. 2. 3. 대통령령 제26088호로 개정된 자원의 절약과 재활용촉진에 관한 법률 시행령 제11조 [별표 2] 제5호에 따른 인상된 요율의 폐기물부담금을 납부할 의무를 부담하게 되었다. 따라서 위 부칙규정은 이미 종결된 폐기물부담금의 부과요건사실(2015. 1. 1.부터 2015. 2. 2.까지 제조장 또는 보세구역에서의 반출)에 대해서까지 소급하여 위 개정규정을 적용하는 것으로서 헌법상 원칙적으로 금지되는 진정소급입법에 해당한다.

사인의 공법행위

 신 고 (노동조합 설립신고)
- 2021. 2. 25. 선고 2017다51610 판결

[1] 노동조합의 설립신고가 행정관청에 의하여 형식상 수리되었으나 헌법 제33조 제1항 및 노동조합 및 노동관계조정법 제2조 제4호가 규정한 실질적 요건을 갖추지 못한 경우, 설립이 무효로서 노동조합으로서의 지위를 가지지 않는다고 보아야 하는지 여부(적극)

노동조합의 조직이나 운영을 지배하거나 개입하려는 사용자의 부당노동행위에 의해 노동조합이 설립된 것에 불과하거나, 노동조합이 설립될 당시부터 사용자가 위와 같은 부당노동행위를 저지르려는 것에 관하여 노동조합 측과 적극적인 통모·합의가 이루어진 경우 등과 같이 해당 노동조합이 헌법 제33조 제1항 및 그 헌법적 요청에 바탕을 둔 노동조합 및 노동관계조정법(이하 '노동조합법'이라고 한다) 제2조 제4호[1]가 규정한 실질적 요건을 갖추지 못하였다면, 설령 설립신고가 행정관청에 의하여 형식상 수리되었더라도 실질적 요건이 흠결된 하자가 해소되거나 치유되는 등의 특별한 사정이 없는 한 이러한 노동조합은 노동조합법상 설립이 무효로서 노동3권을 향유할 수 있는 주체인 노동조합으로서의 지위를 가지지 않는다고 보아야 한다.

[3] 복수 노동조합 중 어느 한 노동조합이 다른 노동조합을 상대로 노동조합 및 노동관계조정법 제2조 제4호가 규정한 주체성과 자주성 등의 실질적 요건을 흠결하였음을 들어 설립무효의 확인을 구하거나 노동조합으로서의 법적 지위가 부존재한다는 확인을 구하는 소를 제기할 수 있는지 여부(적극) 및 해당 노동조합의 설립이 무효인 하자가 해소되거나 치유되지 아니한 채 존재하는지를 판단하는 기준 시점(=사실심 변론종결 시)

복수 노동조합의 설립이 현재 전면적으로 허용되고 있을 뿐 아니라 교섭창구 단일화 제도가 적용되고 있는 현행 노동조합 및 노동관계조정법(이하 '노동조합법'이라고 한다)하에서 복수 노동조합 중의 어느 한 노동조합은 원칙적으로 스스로 교섭대표노동조합이 되지 않는 한 독자

---

[1] 4. "노동조합"이라 함은 근로자가 주체가 되어 자주적으로 단결하여 근로조건의 유지·개선 기타 근로자의 경제적·사회적 지위의 향상을 도모함을 목적으로 조직하는 단체 또는 그 연합단체를 말한다. 다만, 다음 각목의 1에 해당하는 경우에는 노동조합으로 보지 아니한다.
  가. 사용자 또는 항상 그의 이익을 대표하여 행동하는 자의 참가를 허용하는 경우
  나. 경비의 주된 부분을 사용자로부터 원조받는 경우
  다. 공제·수양 기타 복리사업만을 목적으로 하는 경우
  라. 근로자가 아닌 자의 가입을 허용하는 경우
  마. 주로 정치운동을 목적으로 하는 경우

적으로 단체교섭권을 행사할 수 없고(제29조의2, 제29조 제2항 등), 교섭대표노동조합이 결정된 경우 그 절차에 참여한 노동조합의 전체 조합원의 과반수 찬성 결정이 없으면 쟁의행위를 할 수 없게 되며(제41조 제1항), 쟁위행위는 교섭대표노동조합에 의해 주도되어야 하는(제29조의5, 제37조 제2항) 등 법적인 제약을 받게 된다. 그러므로 단체교섭의 주체가 되고자 하는 노동조합으로서는 위와 같은 제약에 따르는 현재의 권리 또는 법률상 지위에 대한 위험이나 불안을 제거하기 위하여 다른 노동조합을 상대로 해당 노동조합이 설립될 당시부터 노동조합법 제2조 제4호가 규정한 주체성과 자주성 등의 실질적 요건을 흠결하였음을 들어 설립무효의 확인을 구하거나 노동조합으로서의 법적 지위가 부존재한다는 확인을 구하는 소를 제기할 수 있다고 보는 것이 타당하다. 아울러 이러한 확인청구소송의 인용판결은 사실심 변론종결 시를 기준으로 노동조합의 설립이 무효인 하자가 해소되거나 치유되지 아니한 채 남아있음으로써 해당 노동조합이 노동조합으로서의 법적 지위를 갖지 아니한다는 점을 확인하는 것일 뿐 이러한 판결의 효력에 따라 노동조합의 지위가 비로소 박탈되는 것이 아니다. 그러므로 노동조합의 설립이 무효인 하자가 해소되거나 치유되지 아니한 채 존재하는지에 관한 증명은 판단의 기준 시점인 사실심 변론종결 당시까지 할 수 있고, 법원은 해당 노동조합의 설립 시점부터 사실심 변론종결 당시까지 사이에 발생한 여러 가지 사정들을 종합적으로 고려하여 노동조합이 설립 과정에서 노동조합법 제2조 제4호가 규정한 주체성과 자주성 등의 실질적 요건을 흠결한 하자가 여전히 남아 있는지, 이에 따라 현재의 권리 또는 법률관계인 그 노동조합이 노동조합으로서의 법적 지위를 갖는지 여부를 판단하여야 한다.

018 대지사용승낙서 미제출을 이유로 가설건축물 존치기간 연장신고를 반려할 수 있는지 여부가 문제된 사건
― 2025. 5. 15. 선고 2024두33891 판결

❏ 가설건축물의 건축주가 가설건축물의 존치기간을 연장하고자 하는 경우, 연장신고서에 배치도·평면도 및 대지사용승낙서를 첨부하여 시장 등에게 제출해야 하는지 여부(적극)

건축법 제20조 제3항에 따르면, 일정한 용도의 가설건축물을 축조하려는 자는 대통령령으로 정하는 존치기간, 설치기준 및 절차에 따라 특별자치시장·특별자치도지사 또는 시장·군수·구청장(이하 '시장 등'이라 한다)에게 신고해야 한다. 이와 관련하여 건축법 시행령 제15조 제8항 본문은 '건축법 제20조 제3항에 따라 가설건축물의 축조신고를 하려는 자는 국토교통부령으로 정하는 가설건축물 축조신고서에 관계서류를 첨부하여 시장 등에게 제출하여야 한다.'고 규정하고, 구 건축법 시행규칙(2024. 12. 17. 국토교통부령 제1419호로 개정되기 전의 것, 이하 같다) 제13조 제1항은 가설건축물 축조신고서에 첨부해야 하는 '관계서류'로 '배치도·평면도 및 대지사용승낙서(다른 사람이 소유한 대지인 경우만 해당한다. 이하 같다)'를 명시하고 있다.

한편 건축법 시행령 제15조의2 제2항 제2호는 '존치기간을 연장하려는 가설건축물의 건축주는 해당 가설건축물이 신고 대상인 경우 존치기간 만료일 7일 전까지 시장 등에게 신고하여야 한다.'고 규정하고, 같은 조 제3항(이하 '준용규정'이라 한다)은 그 연장신고에 관하여 건축법 시행령 제15조 제8항 본문을 준용하되 이 경우 '축조신고'는 '존치기간 연장신고'로 본다고 규정한다.

위와 같은 관련 법령을 종합하여 해석하면, 가설건축물의 존치기간 연장신고를 하려는 사람은 연장신고서에 배치도·평면도 및 대지사용승낙서를 첨부하여 시장 등에게 제출해야 한다.

비록 구 건축법 시행규칙 제13조 제5항이 '가설건축물의 존치기간을 연장하고자 하는 자는 가설건축물 존치기간 연장신고서를 시장 등에게 제출하여야 한다.'고만 규정하고 있기는 하지만, 하위법령은 그 규정이 상위법령의 규정에 명백히 저촉되어 무효인 경우를 제외하고는 관련 법령의 내용과 입법 취지 및 연혁 등을 종합적으로 살펴 그 의미를 상위법령에 합치되는 것으로 해석해야 하는바, 위 준용규정에도 불구하고 그 하위법령인 구 건축법 시행규칙 제13조 제5항이 '관계서류'를 제외한 가설건축물 존치기간 연장신고서만을 제출서류로 한정하고 있다고 해석하는 것은 타당하지 않다.

019 악취배출시설 설치신고 반려처분
― 2022. 9. 7. 선고 2020두40327 판결 ★★

[1] 대도시의 장 등 관할 행정청에 악취배출시설 설차운영신고의 수리 여부를 심사할 권한이 있는지 여부(적극)

대도시의 장 등 관할 행정청은 악취배출시설 설치·운영신고의 수리 여부를 심사할 권한이 있다고 보는 것이 타당하다.

① 악취방지법 제8조의2 제1항에 따르면, 악취관리지역 이외의 지역에 설치된 악취배출시설이 신고대상으로 지정·고시되기 위해서는 해당 악취배출시설과 관련하여 악취 관련 민원이 1년 이상 지속되고 복합악취나 지정악취물이 3회 이상 배출허용기준을 초과하는 경우이어야 한다. 즉, 신고대상 악취배출시설로 지정·고시되었다는 것은 이미 생활환경에 피해가 발생하였다는 것을 의미한다. 이 경우 신고대상으로 지정·고시된 악취배출시설의 운영자가 제출하는 악취방지계획이 적정한지를 사전에 검토할 필요성이 크다.

② 악취방지법 제8조의2 제1항, 제2항, 제3항에 따르면, 신고대상 악취배출시설로 지정·고시되면 해당 악취배출시설을 운영하는 자는 환경부령이 정하는 바에 따라 대도시의 장 등에게 신고를 해야 하는데, 그때 악취방지계획도 함께 수립·제출해야 한다. 악취방지법 제8조의2 제2항의 위임에 따른 악취방지법 시행규칙 제9조 제1항에 의하면, 악취배출시설의 설치·운영신고를 하려는 자는 사업장 배치도, 악취배출시설의 설치명세서 및 공정도, 악취물질의 종류, 농도 및 발생량을 예측한 명세서, 악취방지계획서, 악취방지시설의 연간 유지·관리계획서 등을 첨부한 [별지 제2호 서식]의 악취배출시설 설치·운영신고서를 제출해야 하는데, 같은 시행규칙 제11조 제1항 [별표 4]에 따르면, 악취방지계획에는 악취를 제거할 수 있는 가장 적절한 조치를 포함해야 하고, [별지 제2호 서식]에서는 악취배출시설 설치·운영신고가 '신고서 작성→접수→검토→결재→확인증 발급'의 절차를 거쳐 처리된다고 밝히고 있다. 따라서 악취방지법령에 따라 악취배출시설 설치·운영신고를 받은 관할 행정청은 신고서와 함께 제출된 악취방지계획상의 악취방지조치가 적절한지를 검토할 권한을 갖고 있다.

③ 또 다른 신고대상 악취배출시설 지정권자인 시·도지사의 권한의 위임에 관하여 규정한 악취방지법 제24조 제2항의 위임에 따른 악취방지법 시행령 제9조 제3항은 "시·도지사는 법 제24조 제2항에 따라 다음 각호의 권한을 시장·군수·구청장에게 위임한다."라고 규정하면서, 제1호에서 '법 제8조 제1항에 따른 악취배출시설의 설치신고·변경신고의 수리', 제4호에서 '법 제8조의2 제2항에 따른 악취배출시설의 운영·변경신고의 수리'를 각각 들고 있는데, 이는 악취배출시설 설치·운영신고를 받은 관할 행정청에 신고의 수리 여부를 심사할 권한이 있음을 전제로 한 것이다.

[2] 대기환경보전법에 따른 대기오염물질배출시설 설치허가를 받은 경우, 악취배출시설 설치·운영신고가 수리된 것으로 볼 수 있는지 여부(소극)

대기환경보전법에 따른 대기오염물질배출시설 설치허가를 받았다고 하더라도 악취배출시설 설치·운영신고가 수리되어 그 효력이 발생한다고 볼 수 없다.

① 인허가의제 제도는 관련 인허가 행정청의 권한을 제한하거나 박탈하는 효과를 가진다는 점에서 법률 또는 법률의 위임에 따른 법규명령의 근거가 있어야 한다. 그런데 대기환경보전법령에서는 대기오염물질배출시설 설치허가를 받으면 악취배출시설 설치·운영신고가 수리된 것으로 의제하는 규정을 두고 있지 않다. 나아가 악취방지법은 제24조에서 권한의 위임에 관하여 규정하고 있는데, 대도시의 장의 권한에 관하여는 아무런 규정을 두고 있지 않고, 악취방지법 제8조의2 제2항은 신고할 사항과 방법에 관하여만 환경부령으로 정하도록 위임하였을 뿐 대도시의 장이 부여받은 악취배출시설 설치·운영신고의 수리 여부를 심사할 권한까지 환경부령으로 제한할 수 있도록 위임하고 있지는 않다.

② 대기오염물질배출시설 설치허가로 악취배출시설 설치·운영신고가 수리된 것으로 의제하면, 신고대상 악취배출시설 지정권자와 신고의 수리 여부 심사권한자가 분리되는 상황이 발생하게 된다. 이는 인구 50만 이상의 대도시의 장에게 악취관리지역 지정 및 해제, 악취관리지역 이외의 지역에서의 신고대상 악취배출시설의 지정 등의 권한을 부여함으로써 지역 여건에 맞는 악취관리가 이루어지도록 한 악취방지법의 입법 취지에도 반한다.

③ 악취방지법 시행규칙 제9조 제2항, 제3항은 대도시의 장에게 악취배출시설 설치·운영신고에 관하여 수리 여부를 심사할 권한이 있음을 전제로 해석되어야 한다. 즉, 시·도지사로부터 대기오염물질배출시설 설치허가 사실을 통보받은 대도시의 장은 악취배출시설 설치·운영신고로써 적합한지를 심사하여 악취배출시설 설치·운영신고 확인증을 발급해야 하는 것이다.

[3] 악취방지계획의 적정 여부 판단에 관하여 행정청의 광범위한 재량권이 인정되는지 여부(적극) 및 이때 법원이 행정청의 재량권 일탈·남용 여부를 심사하는 방법

환경정책기본법 제1조, 제3조, 제6조의2, 제8조 제1항, 제2항, 제12조 제1항, 제2항과 악취방지법 제6조, 제7조 제2항, 제8조 제1항, 제2항, 제8조의2 제1항, 제2항, 악취방지법 시행규칙 제11조 제1항 [별표 4]의 입법 취지, 내용과 체계에 비추어 보면, 행정청은 사람의 건강이나 생활환경에 미치는 영향을 두루 검토하여 악취방지계획의 적정 여부를 판단할 수 있고, 이에 관해서는 행정청의 광범위한 재량권이 인정된다.

따라서 법원이 악취방지계획의 적정 여부 판단과 관련한 행정청의 재량권 일탈·남용 여부를 심사할 때에는 해당 지역 주민들의 생활환경 등 구체적 지역 상황, 상반되는 이익을 가진 이해관계자들 사이의 권익 균형과 환경권의 보호에 관한 각종 규정의 입법 취지 등을 종합하여 신중하게 판단해야 한다. 그리고 행정청의 재량적 판단은 그 내용이 현저히 합리적이지 않다거나 상반되는 이익이나 가치를 대비해 볼 때 형평이나 비례의 원칙에 뚜렷하게 배치되는 등의 사정이 없는 한 폭넓게 존중될 필요가 있다.

020 지위승계신고수리의 성질
- 2021. 7. 15. 선고 2021두31429 판결

[1] 폐기물처리업 허가의 성격 및 구 폐기물관리법 제33조 제3항에 따라 권리·의무 승계신고를 수리하는 허가관청 행위의 성격

폐기물처리업 허가는 폐기물처리를 위한 시설·장비 및 기술능력 등 대물적 요소를 주된 대상으로 하면서, 법을 위반하여 형을 선고받거나 폐기물처리업의 허가가 취소된 후 2년이 지나지 아니한 자 등에 대하여 허가를 받을 수 없도록 하는 등(법 제26조) 대인적 요소가 결합된 혼합적 허가이다. 법 제33조 제3항에 의한 권리·의무 승계신고를 수리하는 허가관청의 행위는 경매 등을 통해 이미 발생한 법률효과에 의하여 폐기물처리시설 등의 인수인이 그 영업을 승계하였다는 사실의 신고를 접수하는 행위에 그치는 것이 아니라, 영업허가자의 변경이라는 법률효과를 발생시키는 행위이다.

[2] 구 폐기물관리법 제33조 제3항에서 정한 '허가에 따른 권리·의무 승계'의 효과는 폐기물처리시설 등 인수자의 권리·의무 승계신고를 허가관청이 수리한 경우에 발생하는지 여부(적극) 및 같은 법 제40조 제3항에서 정한 방치폐기물 처리명령을 할 수 있는 '제33조 제2항에 따라 권리·의무를 승계한 자' 역시 위 승계신고가 수리됨으로써 영업허가자의 지위를 얻게 된 자를 의미하는지 여부(적극)

구 폐기물관리법 제33조 제2항에 정한 '허가에 따른 권리·의무 승계'의 효과는 폐기물처리시설 등 인수자가 같은 조 제3항에 정한 바에 따라 허가관청에 권리·의무의 승계를 신고하여 허가관청이 이를 수리한 경우에 발생한다고 할 것이다. 법 제40조 제3항에 정한 방치폐기물 처리명령을 할 수 있는 '제33조 제2항에 따라 권리·의무를 승계한 자' 역시 위 승계신고가 수리됨으로써 영업허가자의 지위를 얻게 된 자를 의미한다.

기록에 의하면 원고는 경매로 이 사건 폐기물처리시설 등을 인수한 다음 허가관청에 폐기물처리업 허가에 따른 권리·의무의 승계신고를 한 바 없고, 폐기물처리업과는 관련 없는 사업을 영위하고 있는 사정을 알 수 있다. 이러한 사실관계를 앞서 본 법리에 비추어 보면, 원고는 경매를 통하여 '허가에 따른 권리·의무를 승계'한다고 볼 수 없고, 따라서 법 제40조 제3항에 정한 방치폐기물 처리명령의 수범자가 될 수 없다. 그런데도 원심은 원고가 허가에 따른 권리·의무를 승계한다는 전제에서 법 제40조 제3항에 근거한 이 사건 처분이 적법하다고 판단하였다. 이러한 원심의 판단에는 폐기물처리업 허가에 따른 권리·의무 승계에 관한 법리를 오해하여 판결에 영향을 미친 잘못이 있다. 이를 지적하는 원고의 상고이유는 이유 있다.

021 지위승계신고 (행정제재처분사유의 승계)
― 2021. 7. 21. 선고 2018두49789 판결

[1] 구 화물자동차 운수사업법 제43조 제2항에 따라 운송사업자 등에게 지급되는 유가보조금의 교부대상 / 이른바 '불법증차 차량'이 유가보조금의 교부대상이 될 수 있는지 여부(소극) 및 불법증차된 차량에 관하여 운송사업자 등이 유가보조금을 청구하여 지급받은 경우, 구 화물자동차 운수사업법 제44조 제3항에 따른 반환명령 대상에 해당하는지 여부(적극)

구「화물자동차 운수사업법」(2017. 3. 21. 법률 제14725호로 개정되기 전의 것, 이하 '화물자동차법'이라고 한다) 제43조 제2항은 운송사업자, 운송가맹사업자 및 제40조 제1항에 따라 화물자동차 운송사업을 위탁받은 자(이하 통틀어 '운송사업자 등'이라고 한다)에게 유류에 부과되는 각호에서 정한 세액 등의 인상액에 상당하는 금액의 전부 또는 일부를 대통령령으로 정하는 바에 따라 보조할 수 있다고 규정하고, 제44조 제3항은 '거짓이나 부정한 방법'으로 제43조 제2항에 따라 보조금을 지급받은 '운송사업자 등'에게는 보조금의 반환을 명하여야 한다고 규정하고 있다. '거짓이나 부정한 방법'이란 운송사업자 등이 유가보조금을 지급받기 위하여 허위의 자료를 제출하거나 사실을 적극적으로 은폐할 것을 요하는 것은 아니고, 화물자동차법령과 그 하위 규정들에 따르면 유가보조금을 지급받을 수 없는 경우임에도 불구하고 이를 청구하여 지급받은 행위를 모두 포함하는 것으로서, 화물자동차 운송사업을 효율적으로 관리하고 건전하게 육성하여 화물의 원활한 운송을 도모함으로써 공공복리의 증진에 기여하고자 하는 화물자동차법의 입법 목적, 유가보조금은 유가인상에 따른 운수사업자의 부담을 덜어주기 위하여 예산의 범위 내에서 운수사업자들에 대하여 유류사용량에 따라 안분하여 지급되는 것인 점 등을 고려하면, 유가보조금의 교부대상은 화물자동차법령에 따라 화물자동차 운송사업을 위하여 적법하게 허가받아 등록된 차량이어야 한다(대법원 2009. 7. 23. 선고 2009두6087 판결 참조).

따라서 증차가 허용되는 특수용도형 화물자동차로 허가받은 차량을 변경허가를 받지 아니한 채 대폐차수리통보서 등의 위·변조에 기한 허위 대폐차의 방법으로 증차가 허용되지 않는 일반형 화물자동차나 공급이 제한되는 다른 특수용도형 화물자동차로 변경한 이른바 '불법증차 차량'은 화물자동차법령에 따라 적법하게 허가받아 등록된 차량이라고 할 수 없어 유가보조금의 교부대상이 될 수 없다. 불법증차된 차량에 관하여 운송사업자 등이 유가보조금을 청구하여 지급받은 경우 이는 '거짓이나 부정한 방법'으로 유가보조금을 지급받은 경우에 해당하여 화물자동차법 제44조 제3항에 따른 반환명령 대상에 해당한다.

[2] 구 화물자동차 운수사업법상 '운송사업자로서의 지위' 및 '지위의 승계'의 의미 / 불법증차를 실행한 운송사업자로부터 운송사업 영업을 양수하고 구 화물자동차 운수사업법 제16조 제1항에 따른 신고를 하여 같은 조 제4항에 따라 운송사업자의 지위를 승계한 경우, 관할 행정청이 양수인의 선의·악의를 불문하고 양수인에 대하여 불법증차 차량에 관하여 지급된 유가보조금의 반환을 명할 수 있는지 여부(적극) 및 그에 따른 양수인의 책임범위

화물자동차법 제16조 제4항은 화물자동차 운송사업 영업을 양수하고 신고를 마치면 양수인이 양도인의 '운송사업자로서의 지위'를 승계한다고 규정하고 있다. 이러한 지위 승계 규정은 양도인이 해당 사업에 관련하여 관계 법령상 의무를 위반하여 제재사유가 발생한 후 사업을 양도하는 방법으로 제재처분을 면탈하는 것을 방지하려는 데에도 그 입법 목적이 있다.

화물자동차법에서 '운송사업자'란 화물자동차법 제3조 제1항에 따라 화물자동차 운송사업 허가를 받은 자를 말하므로(제3조 제3항), '운송사업자로서의 지위'란 운송사업 허가에 기인한 공법상 권리와 의무를 의미하고, 그 '지위의 승계'란 양도인의 공법상 권리와 의무를 승계하고 이에 따라 양도인의 의무위반행위에 따른 위법상태의 승계도 포함하는 것이라고 보아야 한다. 불법증차를 실행한 운송사업자로부터 운송사업 영업을 양수하고 화물자동차법 제16조 제1항에 따른 신고를 하여 화물자동차법 제16조 제4항에 따라 운송사업자의 지위를 승계한 경우에는 설령 양수인이 영업양도·양수 대상에 불법증차 차량이 포함되어 있는지를 구체적으로 알지 못하였다 할지라도, 양수인은 불법증차 차량이라는 물적 자산과 그에 대한 운송사업자로서의 책임까지 포괄적으로 승계하는 것이다. 따라서 관할 행정청은 양수인의 선의·악의를 불문하고 양수인에 대하여 불법증차 차량에 관하여 지급된 유가보조금의 반환을 명할 수 있다. 다만 그에 따른 양수인의 책임범위는 지위승계 후 발생한 유가보조금 부정수급액에 한정되고, 지위승계 전에 발생한 유가보조금 부정수급액에 대해서까지 양수인을 상대로 반환명령을 할 수는 없다.

[3] 행정청이 화물자동차 운송사업에 대한 감독 사무를 완벽하게 수행하지 못한 것이 불법증차 차량이라는 위법상태 발생이나 그에 관한 유가보조금 지급이라는 결과 발생에 일정 부분 원인을 제공한 측면이 있는 경우, 행정청이 불법증차 차량과 관련한 법집행을 하는 것이 신의성실원칙에 위배되거나 권리남용에 해당하는지 여부(소극)

행정청이 평소 화물자동차 운송사업에 대한 감독 사무를 완벽하게 수행하지 못한 것이 불법증차 차량이라는 위법상태의 발생이나 그에 관한 유가보조금 지급이라는 결과 발생에 일정 부분 원인을 제공한 측면이 있다고 하더라도, 그러한 사정만으로 행정청이 불법증차 차량과 관련한 법집행을 할 수 없다고 하는 것은 '행정의 법률적합성 원칙'에 반하므로 받아들일 수 없다. 행정청이 불법증차 차량과 관련한 법집행을 하는 것이 신의성실원칙에 위반된다거나 권리남용에 해당한다고 볼 수 없다.

022 공정거래위원회의 시정명령
— 2022. 5. 12. 선고 2022두31433 판결

[1] 회사합병이 있는 경우, 피합병회사의 권리·의무는 모두 합병으로 존속한 회사에 승계되는지 여부(원칙적 적극)

회사합병이 있는 경우에는 피합병회사의 권리·의무는 사법상의 관계 혹은 공법상의 관계를 불문하고 그 성질상 이전이 허용되지 않는 것을 제외하고는 모두 합병으로 인하여 존속한 회사에 승계되는 것으로 보아야 한다.

[2] 공정거래위원회가 구 독점규제 및 공정거래에 관한 법률 제23조 제1항 또는 제2항, 제23조의2 또는 제23조의3, 구 대리점거래의 공정화에 관한 법률 제6조부터 제12조를 위반한 사업자에 대하여 위반행위를 시정하기 위해 필요한 제반 조치를 할 수 있는지 여부(적극) 및 공정거래위원회에 이러한 시정의 필요성 및 시정에 필요한 조치 내용의 판단에 관한 재량이 인정되는지 여부(적극)

구 독점규제 및 공정거래에 관한 법률(2017. 4. 18. 법률 제14813호로 개정되기 전의 것, 이하 '구 공정거래법'이라 한다) 제24조, 구 대리점거래의 공정화에 관한 법률(2018. 1. 16. 법률 제15361호로 개정되기 전의 것, 이하 '구 대리점법'이라 한다) 제23조의 문언 내용에 비추어 보면, 공정거래위원회는 구 공정거래법 제23조 제1항 또는 제2항, 제23조의2 또는 제23조의3, 구 대리점법 제6조부터 제12조를 위반한 사업자에 대하여 위반행위를 시정하기 위하여 필요하다고 인정되는 제반 조치를 할 수 있고, 이러한 시정의 필요성 및 시정에 필요한 조치의 내용에 관하여는 공정거래위원회에 그 판단에 관한 재량이 인정된다.

[3] 공정거래위원회가 구 독점규제 및 공정거래에 관한 법률 제24조, 구 대리점거래의 공정화에 관한 법률 제23조에 따라 해당 사업자에 대하여 시정명령을 받은 사실을 통지하도록 명하는 경우, 통지명령의 상대방이 될 수 있는 자의 범위

공정거래위원회는 구 독점규제 및 공정거래에 관한 법률(2017. 4. 18. 법률 제14813호로 개정되기 전의 것, 이하 '구 공정거래법'이라 한다) 제24조, 구 대리점거래의 공정화에 관한 법률(2018. 1. 16. 법률 제15361호로 개정되기 전의 것, 이하 '구 대리점법'이라 한다) 제23조에 따라 위반행위를 시정하기 위하여 필요하다고 인정되는 조치의 하나로 해당 사업자에 대하여 시정명령을 받은 사실을 통지하도록 명할 수 있다. 이러한 시정조치는 현재의 법 위반행위를 중단시키고, 향후 유사행위의 재발을 방지·억지하며, 왜곡된 경쟁질서를 회복시키고, 공정하고 자유로운 경쟁을 촉진시키는 데에 취지가 있는 것으로, 그중 통지명령은 통지명령의 상대방에 대한 피해구제가 목적이 아니고, 통지명령의 상대방으로 하여금 해당 사업자의 위반행위를 명확히 인식하도록 함과 동시에 해당 사업자로 하여금 통지명령의 상대방이 지속적으로 위반행위 여부를 감시하리라는 것을 의식하게 하여 향후 유사행위의 재발 방지·억지를 보다 효율적으로 하기 위한 것이다. 따라서 통지명령의 상대방은 반드시 당해 위반행위에 의하여 직접 영향을 받았던 자로 한정되어야 하는 것은 아니고, 그 취지와 필요성 등을 고려하여 향후 영향을 받을 가능성이 큰 자도 이에 포함될 수 있다.

023 분할 전 회사의 하도급법 위반행위를 이유로 신설회사에 부과한 시정명령 등의 취소를 청구한 사건
— 2023. 6. 15. 선고 2021두55159 판결

☐ 분할하는 회사의 분할 전 하도급거래 공정화에 관한 법률 위반행위를 이유로 신설회사에 대하여 같은 법 제25조 제1항에 따른 시정조치를 명할 수 있는지 여부(원칙적 소극)

회사 분할 시 특별한 규정이 없는 한 신설회사에 대하여 분할하는 회사의 분할 전 하도급거래 공정화에 관한 법률(이하 '하도급법'이라 한다) 위반행위를 이유로 하도급법 제25조 제1항에 따른 시정조치를 명하는 것은 허용되지 않는다. 구체적인 이유는 아래와 같다.

① 대법원은 2007. 11. 29. 선고 2006두18928 판결에서 법률 규정이 없는 이상 분할하는 회사의 분할 전 독점규제 및 공정거래에 관한 법률(이하 '공정거래법'이라 한다) 위반행위를 이유로 신설회사에 대하여 과징금을 부과하는 것은 허용되지 않는다고 판시하였다. 공정거래법에 따른 과징금 부과처분과 하도급법 제25조 제1항에 따른 시정조치명령 모두 해당 법 규정을 위반한 사업자를 처분 상대방으로 하는 점, 회사분할 전에 공정거래법 위반이나 하도급법 위반이 있는 경우 시정조치의 제재사유는 이미 발생하였고 신설회사로서는 제재사유를 제거할 수 있는 지위에 있지 않는 점(예를 들어 분할하는 회사가 목적물 등의 수령일부터 60일 이내에 하도급대금을 지급하지 않았다면 그 사실만으로 하도급법상 시정조치의 제재사유가 발생하고, 이후 신설회사가 이를 지급하였다고 하여 위 제재사유가 소멸하지는 않는다. 신설회사가 하도급대금 지급채무를 승계하였음에도 그로부터 일정 기한 내에 이를 지급하지 아니하는 경우 이것이 별도의 위반사실이 될 여지가 있을 뿐이다), 공정거래위원회는 사업자에게 하도급법 위반 제재사유가 있는 경우 시정조치 또는 과징금을 선택적으로 부과할 수 있고, 과징금 부과처분의 성격이 공정거래법상의 그것과 다르지 않은 바, 제재사유 승계에 관한 특별한 규정이 없음에도 법 위반사유에 대한 처분의 선택에 따라 제재사유의 승계 여부가 달라지는 결과를 초래하는 것은 형평에 맞지 않은 점 등에 비추어 볼 때, 공정거래법상 과징금 부과처분에 관한 위 법리는 아래에서 보는 바와 같이 제재사유의 승계에 관하여 법률 규정을 두고 있지 않은 하도급법상 시정조치명령의 경우에도 그대로 적용되어야 한다.

② 현행 공정거래법은 분할하는 회사의 분할 전 공정거래법 위반행위를 이유로 신설회사에 과징금 부과 또는 시정조치를 할 수 있도록 규정을 신설하였다. 현행 하도급법은 과징금 부과처분에 관하여는 신설회사에 제재사유를 승계시키는 공정거래법 규정을 준용하고 있으나 시정조치에 관하여는 이러한 규정을 두고 있지 않다. 이와 같이 공정거래법과 하도급법이 회사분할 전 법 위반행위에 관하여 신설회사에 과징금 부과 또는 시정조치의 제재사유를 승계시킬 수 있는 경우를 따로 규정하고 있는 이상, 그와 같은 규정을 두고 있지 아니하는 사안, 즉 회사분할 전 법 위반행위에 관하여 신설회사에 시정조치의 제재사유가 승계되는지가 쟁점이 되는 사안에서는 이를 소극적으로 보는 것이 자연스럽다.

제2편
행정작용법

제3판
2025
행정법 5개년
최신판례

제1장 행정입법

024 제재적 행정처분의 기준을 정한 시행규칙
– 2022. 4. 14. 선고 2021두60960 판결

[1] 제재적 행정처분이 재량권의 범위를 일탈하였거나 남용하였는지 판단하는 방법 및 제재적 행정처분의 기준이 부령의 형식으로 되어 있는 경우, 그 기준에 따른 처분이 적법한지 판단하는 방법

제재적 행정처분이 재량권의 범위를 일탈하였거나 남용하였는지는, 처분사유인 위반행위의 내용과 위반의 정도, 처분에 의하여 달성하려는 공익상의 필요와 개인이 입게 될 불이익 및 이에 따르는 여러 사정 등을 객관적으로 심리하여 공익침해의 정도와 처분으로 개인이 입게 될 불이익을 비교·교량하여 판단하여야 한다. 이러한 제재적 행정처분의 기준이 부령 형식으로 규정되어 있더라도 그것은 행정청 내부의 사무처리준칙을 규정한 것에 지나지 않아 대외적으로 국민이나 법원을 기속하는 효력이 없다. 따라서 그 처분의 적법 여부는 처분기준만이 아니라 관계 법령의 규정 내용과 취지에 따라 판단하여야 한다. 그러므로 처분기준에 부합한다 하여 곧바로 처분이 적법한 것이라고 할 수는 없지만, 처분기준이 그 자체로 헌법 또는 법률에 합치되지 않거나 그 기준을 적용한 결과가 처분사유인 위반행위의 내용 및 관계 법령의 규정과 취지에 비추어 현저히 부당하다고 인정할 만한 합리적인 이유가 없는 한, 섣불리 그 기준에 따른 처분이 재량권의 범위를 일탈하였다거나 재량권을 남용한 것으로 판단해서는 안 된다.

[2] 구 근로자직업능력 개발법이 직업능력개발훈련과정의 인정을 받은 사람이 '거짓이나 그 밖의 부정한 방법으로 비용을 지급받은 경우' 부정수급액의 반환명령 및 추가징수를 통한 환수 외에 '시정명령·훈련과정 인정취소·인정제한'을 할 수 있도록 규정한 취지 및 구 근로자직업능력 개발법 시행규칙 제8조의2 [별표 2]에서 정한 기준이 그 자체로 헌법 또는 법률에 합치되지 않는다거나 그 처분기준을 적용한 결과가 현저히 부당한지 여부(소극)

구 근로자직업능력 개발법(2020. 3. 31. 법률 제17186호로 개정되기 전의 것, 이하 '구 직업능력개발법'이라 한다)이 직업능력개발훈련과정의 인정을 받은 사람이 '거짓이나 그 밖의 부정한 방법으로 비용을 지급받은 경우' 부정수급액의 반환명령 및 추가징수를 통한 환수 외에 '시정명령·훈련과정 인정취소·인정제한'을 할 수 있도록 규정한 취지는, 부정수급자를 엄중하게 제재하여 부정수급 행위를 방지하고 직업능력개발훈련에 대한 건전한 신뢰와 법질서를 확립하며 직업능력개발훈련 지원금 예산의 재정건전성을 유지하고자 함에 있다. 이와 같은 구

직업능력개발법 제24조 제2항, 제3항의 입법 취지나 목적, 그에 따른 인정취소 및 위탁·인정제한의 세부기준을 정한 구 근로자직업능력 개발법 시행규칙(2020. 7. 14. 고용노동부령 제288호로 개정되기 전의 것) 조항들의 구체적인 내용 등에 비추어 보면, 같은 시행규칙 제8조의2 [별표 2]에서 정한 기준이 그 자체로 헌법 또는 법률에 합치되지 않는다거나 그 처분기준을 적용한 결과가 현저히 부당하다고 보이지 않는다.

025 하위 법령이 위임의 한계를 준수하고 있는지 판단하는 기준
— 2022. 7. 14. 선고 2022두37141 판결

[1] 특정 사안과 관련하여 법률에서 하위 법령에 위임을 한 경우, 하위 법령이 위임의 한계를 준수하고 있는지 판단하는 기준

특정 사안과 관련하여 법률에서 하위 법령에 위임을 한 경우 하위 법령이 위임의 한계를 준수하고 있는지를 판단할 때는 법률 규정의 입법 목적과 규정 내용, 규정의 체계, 다른 규정과의 관계 등을 종합적으로 살펴보아야 한다. 위임 규정 자체에서 그 의미 내용을 정확하게 알 수 있는 용어를 사용하여 위임의 한계를 분명히 하고 있는데도 그 문언적 의미의 한계를 벗어났는지, 또한 수권 규정에서 사용하고 있는 용어의 의미를 넘어 그 범위를 확장하거나 축소하여서 위임 내용을 구체화하는 단계를 벗어나 새로운 입법을 하였는지 등도 아울러 고려되어야 한다.

[2] 입찰 참가자격의 제한을 받은 자가 법인이나 단체인 경우 그 대표자에 대해서도 입찰 참가자격을 제한하도록 규정한 구 지방자치단체를 당사자로 하는 계약에 관한 법률 시행령 제92조 제4항이 구 지방자치단체를 당사자로 하는 계약에 관한 법률 제31조 제1항의 위임범위를 벗어났는지 여부(소극)

구 지방자치단체를 당사자로 하는 계약에 관한 법률 시행령(2018. 7. 24. 대통령령 제29059호로 개정되기 전의 것, 이하 '시행령'이라 한다) 제92조 제4항은 구 지방자치단체를 당사자로 하는 계약에 관한 법률(2018. 12. 24. 법률 제16042호로 개정되기 전의 것, 이하 '법'이라 한다) 제31조 제1항의 위임범위를 벗어났다고 할 수 없다. 이유는 다음과 같다.

① 법 제31조 제1항은 입찰 참가자격 제한 대상을 계약당사자로 명시하지 않고 '경쟁의 공정한 집행 또는 계약의 적정한 이행을 해칠 우려가 있는 자' 또는 '그 밖에 입찰에 참가시키는 것이 부적합하다고 인정되는 자'로 규정한 다음, 이러한 부정당업자에 대해서는 대통령령으로 정하는 바에 따라 입찰 참가자격을 제한하여야 한다고 정한다. 따라서 시행령 제92조 제1항부터 제3항까지의 규정에 따라 입찰 참가자격의 제한을 받은 법인이나 단체(이하 '법인 등'이라 한다)의 대표자가 입찰 참가자격 제한 대상에 포함되는 것으로 본다고 하여 이 문언의 통상적인 의미에 따른 위임의 한계를 벗어난 것으로 단정할 수 없다.

② 법인 등의 행위는 법인 등을 대표하는 자연인인 대표기관의 의사결정에 따른 행위를 매개로 하여서만 실현된다. 만일 법 제31조 제1항이 입찰 참가자격 제한 대상을 계약당사자로 한정하고 있는 것으로 해석한다면, 입찰 참가자격 제한처분을 받은 법인 등의 대표자가 언제든지 새로운 법인 등을 설립하여 입찰에 참가하는 것이 가능하게 되어 위 규정의 실효성이 확보될 수 없다. 따라서 법 제31조 제1항이 정한 '그 밖에 입찰에 참가시키

는 것이 적합하지 아니하다고 인정되는 자'의 위임범위에 법인 등의 대표자도 포함된다고 보는 것이 그 위임 취지에 부합한다.

③ 다른 감독기관이 없는 대표자의 행위에 대하여 누군가의 감독상 과실을 인정할 수 없고, 대표자의 책임과 분리된 법인 등의 책임을 상정하기도 어려운 사정 등을 고려하면, 시행령 제92조 제4항이 부정당업자로서 입찰 참가자격 제한을 받은 법인의 대표자가 단 한 명인 경우에 별도의 예외 없이 그 대표자에 대하여 입찰 참가자격을 제한해야 한다고 정하고 있다고 해서 위임의 범위를 부당하게 확장하였다고 볼 수도 없다.

026 직장어린이집 설치비 지원금 교부조건 위반을 이유로 한 지원금교부결정 취소처분 및 지원금 환수처분에 대하여 취소를 구하는 사건

— 2023. 8. 18. 선고 2021두41495 판결

[1] 특정 사안과 관련하여 법령에서 위임을 한 경우, 위임의 한계를 준수하고 있는지 판단하는 기준

특정 사안과 관련하여 법령에서 위임을 한 경우 위임의 한계를 준수하고 있는지를 판단할 때는 당해 법령 규정의 입법 목적과 규정 내용, 규정의 체계, 다른 규정과의 관계 등을 종합적으로 살펴야 하고, 수권 규정에서 사용하고 있는 용어의 의미를 넘어 그 범위를 확장하거나 축소하여 위임 내용을 구체화하는 단계를 벗어나 새로운 입법을 하였는지 등도 아울러 고려해야 한다.

[2] 구 직장어린이집 등 설치·운영 규정 제36조 제1항 제3호 및 [별표 3]이 고용보험법 제26조, 고용보험법 시행령 제38조 제5항의 위임범위 내에 있는지 여부(적극)

구 직장어린이집 등 설치·운영 규정(2020. 7. 8. 고용노동부예규 제173호로 개정되기 전의 것) 제36조 제1항 제3호 및 [별표 3]은 고용보험법 제26조, 고용보험법 시행령 제38조 제5항의 위임범위 내에 있다고 보는 것이 타당하다. 이유는 다음과 같다.

① 보조금 교부는 수익적 행정행위로서 교부대상의 선정과 취소, 그 기준과 범위 등에 관하여 교부기관에 상당히 폭넓은 재량이 부여되어 있다. 또한 보조금 지출을 건전하고 효율적으로 운용하기 위해서는, 보조금 교부기관이 보조금 지급목적에 맞게 보조사업이 진행되는지 또는 보조사업의 성공가능성이 있는지에 관하여 사후적으로 감독하여 경우에 따라 교부결정을 취소하고 보조금을 반환받을 필요도 있다. 그리고 법령의 위임에 따라 교부기관이 보조금의 교부 및 사후 감독 등에 관한 업무를 수행할 수 있는 이상, 그 교부결정을 취소하고 보조금을 반환받는 업무도 교부기관의 업무에 포함된다.

② 직장어린이집 설치비용 지원에 관하여 필요한 사항을 고용노동부장관에게 위임하고 있는 고용보험법 제26조, 고용보험법 시행령 제38조 제5항의 문언에 의하더라도, 사후 감독에 따른 '지원결정 취소 및 지원금 반환'과 관련한 사항을 위임범위에 포함되는 것으로 본다고 하여 위 시행령 문언의 통상적인 의미에 따른 위임의 한계를 벗어난 것으로 단정할 수 없다.

③ 나아가 고용보험기금의 건전성 확보를 위하여 고용보험기금을 지출할 수 있는 경우를 제한적으로 정한 고용보험법 제80조 제1항과 고용노동부장관이 피보험자 등의 고용안정·고용촉진 및 사업주의 인력 확보를 지원하기 위하여 어린이집 등 시설을 설치·운영하는 자에게 지원을 하는 데 필요한 사항을 대통령령에 위임한 고용보험법 제26조, 고용노동부장관이 '직장어린이집 설치비용의 지원 및 지원금의 관리·운용에 관한 권한'을 근로복지공단에 위

탁하는 것으로 규정한 고용보험법 시행령 제145조 제2항 제10호의 규정 내용에 비추어 보면, 고용보험법 시행령 제38조 제5항이 정한 위임범위에는, 지원금 지출을 건전하고 효율적으로 운용하기 위하여 필요한 사항으로서 설치비용을 지원받은 직장어린이집의 '관리'를 위해 사후적으로 감독하여 일정한 경우 지원결정을 취소하고 그 지원금을 반환받는 업무도 포함된다고 보는 것이 위임의 취지에 부합한다.

④ 국고보조금에 관한 일반법인 '보조금 관리에 관한 법'(이하 '보조금법' 이라 한다)의 관련 규정 형식, 문언과 체계 역시 이러한 결론을 뒷받침한다. 보조금법은 보조금 예산의 적정한 관리를 도모함을 목적으로 보조금의 '교부 신청, 교부 결정 및 사용 등'에 관한 기본적인 사항을 규정한다고 하면서(제1조), 보조금의 교부 신청과 교부 결정(제3장) 이외에도 보조사업의 수행(제4장), 보조금의 반환 및 제재(제5장)를 내용으로 한다. 이러한 보조금법의 내용 및 체계에 비추어 보면, 보조금법 제1조의 '교부 신청, 교부 결정 및 사용 등'은 보조금 지원에 필요한 사항으로, 여기에는 보조사업의 수행 및 보조금의 반환에 관한 사항을 당연히 포함한다. 고용보험법 제26조, 고용보험법 시행령 제38조 제5항의 위임범위 해석에서도 이와 달리 볼 이유가 없다.

027 국토교통부 훈령으로 정한 '개발행위허가운영지침'의 성격
― 2023. 2. 2. 선고 2020두43722 판결 ★

[1] 국토의 계획 및 이용에 관한 법률 시행령 제56조 제4항에 따라 국토교통부장관이 국토교통부 훈령으로 정한 '개발행위허가운영지침'의 법적 성격(=행정규칙) 및 대외적 구속력이 있는지 여부(소극) / 위 지침에 따라 이루어진 행정처분이 적법한지 판단하는 기준

국토의 계획 및 이용에 관한 법률(이하 '국토계획법'이라 한다) 제58조 제1항, 제3항은 개발행위허가의 신청 내용이 '주변지역의 토지이용실태 또는 토지이용계획, 건축물의 높이, 토지의 경사도, 수목의 상태, 물의 배수, 하천·호소·습지의 배수 등 주변 환경이나 경관과 조화를 이룰 것'이라는 기준에 맞는 경우에만 개발행위허가 또는 변경허가를 하여야 하고, 개발행위허가의 기준은 지역의 특성, 지역의 개발상황, 기반시설의 현황 등을 고려하여 다음 각호의 구분에 따라 대통령령으로 정한다고 규정하고 있다.

국토의 계획 및 이용에 관한 법률 시행령(이하 '국토계획법 시행령'이라 한다) 제56조 제1항 [별표 1의2] '개발행위허가기준'은 국토계획법 제58조 제3항의 위임에 따라 제정된 대외적으로 구속력 있는 법규명령에 해당한다. 그러나 국토계획법 시행령 제56조 제4항은 국토교통부장관이 제1항의 개발행위허가기준에 대한 '세부적인 검토기준'을 정할 수 있다고 규정하였을 뿐이므로, 그에 따라 국토교통부장관이 국토교통부 훈령으로 정한 '개발행위허가운영지침'은 국토계획법 시행령 제56조 제4항에 따라 정한 개발행위허가기준에 대한 세부적인 검토기준으로, 상급행정기관인 국토교통부장관이 소속 공무원이나 하급행정기관에 대하여 개발행위허가업무와 관련하여 국토계획법령에 규정된 개발행위허가기준의 해석·적용에 관한 세부 기준을 정하여 둔 행정규칙에 불과하여 대외적 구속력이 없다. 따라서 행정처분이 위 지침에 따라 이루어졌더라도, 해당 처분이 적법한지는 국토계획법령에서 정한 개발행위허가기준과 비례·평등원칙과 같은 법의 일반원칙에 적합한지 여부에 따라 판단해야 한다.

[2] 국토의 계획 및 이용에 관한 법률 제56조 제1항에 따른 개발행위허가요건에 해당하는지 여부가 행정청의 재량판단 영역에 속하는지 여부(적극) 및 그에 대한 사법심사의 대상과 판단 기준 / 행정규칙이 행정기관의 재량에 속하는 사항에 관한 것인 경우, 법원은 이를 존중해야 하는지 여부(원칙적 적극)

국토의 계획 및 이용에 관한 법률(이하 '국토계획법'이라 한다) 제56조 제1항에 따른 개발행위허가요건에 해당하는지 여부는 행정청의 재량판단의 영역에 속하므로, 그에 대한 사법심사는 행정청의 공익판단에 관한 재량의 여지를 감안하여 원칙적으로 재량권의 일탈이나 남용이 있는지 여부만을 대상으로 하고, 사실오인과 비례·평등의 원칙 위반 여부 등이 그 판단 기준이 된다. 또한 행정규칙이 이를 정한 행정기관의 재량에 속하는 사항에 관한 것인 때에

는 그 규정 내용이 객관적 합리성을 결여하였다는 등의 특별한 사정이 없는 한 법원은 이를 존중하는 것이 바람직하다.

[3] 행정처분의 근거 법령이 개정된 경우, 처분의 기준이 되는 법령 / 행정청이 신청을 수리한 후 정당한 이유 없이 처리를 지연하여 그 사이에 법령 및 보상 기준이 변경된 경우, 그 변경된 법령 및 보상 기준에 따라서 한 처분이 위법한지(적극) 및 이때 정당한 이유 없이 처리를 지연하였는지 판단하는 방법

행정처분은 그 근거 법령이 개정된 경우에도 경과 규정에서 달리 정함이 없는 한 처분 당시 시행되는 개정 법령과 거기에서 정한 기준에 의하는 것이 원칙이고, 개정 법령의 적용과 관련하여 개정 전 법령의 존속에 대한 국민의 신뢰가 개정 법령의 적용에 관한 공익상의 요구보다 더 보호가치가 있다고 인정되는 경우에 국민의 신뢰를 보호하기 위하여 개정 법령의 적용이 제한될 수 있는 여지가 있다. 행정청이 신청을 수리하고도 정당한 이유 없이 처리를 지연하여 그 사이에 법령 및 보상 기준이 변경된 경우에는 그 변경된 법령 및 보상 기준에 따라서 한 처분은 위법하고, '정당한 이유 없이 처리를 지연하였는지'는 법정 처리기간이나 통상적인 처리기간을 기초로 당해 처분이 지연되게 된 구체적인 경위나 사정을 중심으로 살펴 판단하되, 개정 전 법령의 적용을 회피하려는 행정청의 동기나 의도가 있었는지, 처분지연을 쉽게 피할 가능성이 있었는지 등도 아울러 고려할 수 있다.

약제를 요양급여대상에서 선별급여대상으로 변경한 것과 관련하여 실체적 내지 절차적 하자 등을 이유로 고시의 취소를 구하는 사건
— 2025. 3. 13. 선고 2024두45788 판결 ★

【사건의 개요와 쟁점】

원고 1 내지 19는 콜린알포세레이트(Choline Alfoscerate) 성분의 경구·시럽·주사제에 해당하는 원심 판시 이 사건 약제를 구 국민건강보험법(2023. 5. 19. 법률 제19420호로 개정되기 전의 것, 이하 같다)에 따른 요양급여대상 약제로 제조·판매하는 회사들이고, 나머지 원고들은 구 국민건강보험법 적용을 받는 건강보험 가입자 또는 피부양자로서 이 사건 약제를 처방받아 복용하고 있는 환자들이다.

이 사건 약제는 당초 구「국민건강보험 요양급여의 기준에 관한 규칙」(2020. 10. 8. 보건복지부령 제755호로 개정되기 전의 것, 이하 '구 요양급여기준규칙'이라 한다) 제8조 제2항에 따라 피고가 고시하는 「약제 급여 목록 및 급여 상한금액표」(이하 '약제급여목록표'라 한다)에 등재되어 국민건강보험법상 요양급여대상으로 됨으로써 이를 처방받은 외래환자는 30%의 본인부담률을 적용받아 왔다.

피고는 2020. 8. 26. 보건복지부고시 제2020-183호로 「요양급여의 적용기준 및 방법에 관한 세부사항」(이하 '요양급여적용기준'이라 한다)을 개정함으로써 이 사건 약제의 요양급여대상 세부인정기준과 방법을 변경하였다. 그 결과 이 사건 약제를 치매진단을 받은 환자의 "뇌혈관 결손에 의한 2차 증상 및 변성 또는 퇴행성 뇌기질성 정신증후군 : 기억력저하와 착란, 의욕 및 자발성 저하로 인한 방향감각장애, 의욕 및 자발성 저하, 집중력감소"에 대해 투여하는 경우에 한하여 기존과 동일하게 요양급여대상으로 인정되고, 그 이외의 질환에 대해서는 선별급여대상으로 지정되어 환자 본인부담률이 80%로 상향되었다(이와 같이 개정된 요양급여적용기준 고시를 이하 '이 사건 고시'라 한다). 즉 이 사건 고시는 기존에 요양급여대상이었던 이 사건 약제에 관하여 특정 질환에 대해서는 종전과 같이 그대로 요양급여대상으로 유지하면서, 그 외의 질환에 대해서는 선별급여대상으로 변경한 것이다.

【판시사항 및 판결요지】

[1] 구 국민건강보험법 제41조의4에서 정한 선별급여가 같은 법 제41조 제3항에서 보건복지부령에 위임한다고 말하는 요양급여에 포함되는지 여부(적극) / 보건복지부고시 '요양급여의 적용기준 및 방법에 관한 세부사항'이 상위법령의 위임 및 근거에 따라 고시된 것인지 여부(적극)

구 국민건강보험법(2023. 5. 19. 법률 제19420호로 개정되기 전의 것, 이하 같다) 제41조 제3항에서는 요양급여의 방법·절차·범위·상한 등의 기준은 보건복지부령으로 정한다고 규정하고, 그 위임을 받은 구 국민건강보험 요양급여의 기준에 관한 규칙(2020. 10. 8. 보건복지부령 제755호로

개정되기 전의 것) 제5조 제2항에서는 요양급여의 적용기준 및 방법에 관한 세부사항은 의약계·공단 및 건강보험심사평가원의 의견을 들어 보건복지부장관이 정하여 고시한다고 규정하고 있다. 이에 따라 보건복지부장관은 요양급여대상인 약제와 그 약제의 급여 상한금액에 관하여는 '약제 급여 목록 및 급여 상한금액표'를 고시하여 결정하고, 이와 같이 요양급여대상으로 결정·고시된 약제에 대한 요양급여가 어떠한 기준과 방법, 범위 내에서 지급되는지 등에 관한 세부사항에 관하여는 '요양급여의 적용기준 및 방법에 관한 세부사항'(이하 '요양급여적용기준'이라 한다)을 고시하여 결정한다.

한편 구 국민건강보험법 제41조의4 제1항에서는 요양급여를 결정하는 데에 경제성 또는 치료효과성 등이 불확실하여 그 검증을 위하여 추가적인 근거가 필요하거나 경제성이 낮아도 가입자와 피부양자의 건강회복에 잠재적 이익이 있는 등 대통령령으로 정하는 경우에는 예비적인 요양급여인 선별급여로 지정하여 실시할 수 있다고 규정한다. 그리고 구 '선별급여 지정 및 실시 등에 관한 기준'(2020. 8. 12. 보건복지부고시 제2020-172호로 개정되기 전의 것, 이하 '구 선별급여지정기준'이라 한다) 제3조 제2항에서는 선별급여로 지정된 항목 및 본인부담률은 [별표 2]와 같고, 다만 앞서 본 '요양급여적용기준'에서 급여대상 이외 선별급여를 별도로 정하여 실시하는 경우는 해당 항목의 세부인정사항에 따른다고 규정한다. 그리하여 보건복지부장관은 선별급여의 대상 및 본인부담률을 '구 선별급여지정기준'에서 정하거나 혹은 '요양급여적용기준'에서 별도로 정하여 고시함으로써 이를 실시할 수 있다.

이러한 관련 규정의 내용과 체계, 선별급여제도의 도입배경 및 입법 취지 등을 종합하면, 선별급여는 구 국민건강보험법 제41조 제3항에서 말하는 요양급여에 포함되는 것으로서, 요양급여적용기준은 위와 같은 규정 등을 포함한 상위법령의 위임 및 근거에 따라 고시된 것이다.

[2] 요양급여대상을 선별급여대상으로 변경한 보건복지부고시 '요양급여의 적용기준 및 방법에 관한 세부사항'에 요양급여대상 약제를 비급여대상 약제로 변경할 때 적용되는 구 국민건강보험 요양급여의 기준에 관한 규칙 제13조 제4항 제9호, 제5항 제4호의 절차가 적용되는지 여부(소극)

구 국민건강보험법(2023. 5. 19. 법률 제19420호로 개정되기 전의 것) 제41조의4 제1항에서는 선별급여를 '예비적인 요양급여'라고 하여 요양급여의 일종으로 규정하고 있다. 그 결과 요양급여대상 약제를 선별급여대상 약제로 변경하더라도 요양급여대상 약제가 결정·고시되는 '약제 급여 목록 및 급여 상한금액표'에 여전히 요양급여대상 약제로서 등재가 유지되고, 국민건강보험공단의 보험재정에서 그 약제비용의 일부가 지출된다.

이러한 사정에 비추어 보면 요양급여대상인 약제를 선별급여대상으로 변경하는 것을 두고 요양급여대상을 비급여대상으로 변경한 것이라고 할 수는 없다. 따라서 요양급여대상을 선별급여대상으로 변경한 '요양급여의 적용기준 및 방법에 관한 세부사항'에 요양급여대상 약제를 비급여대상 약제로 변경할 때 적용되는 구 국민건강보험 요양급여의 기준에 관한 규칙

(2020. 10. 8. 보건복지부령 제755호로 개정되기 전의 것) 제13조 제4항 제9호, 제5항 제4호의 절차가 적용된다고 볼 수는 없다.

[3] 구 국민건강보험법상 요양급여대상인 약제를 선별급여대상으로 변경할 경우, 행정절차법에 따른 처분의 사전통지나 의견제출의 기회를 주어야 하는지 여부(소극)

보건복지부고시 '요양급여의 적용기준 및 방법에 관한 세부사항'이 있을 당시 구 국민건강보험법(2023. 5. 19. 법률 제19420호로 개정되기 전의 것) 등 관련 규정에서는 요양급여대상인 약제를 선별급여대상으로 변경할 경우 거쳐야 할 절차에 관하여 아무런 규정을 두고 있지 않다. 그런데 '고시'의 방법으로 불특정 다수인을 상대로 의무를 부과하거나 권익을 제한하는 처분은 성질상 처분의 사전통지나 의견제출의 기회를 주어야 하는 상대방을 특정할 수 없으므로, 이와 같은 처분에서까지 상대방에게 행정절차법에 따른 처분의 사전통지나 의견제출의 기회를 주어야 하는 것은 아니다.

(나아가 원심이 그 판결 이유에서 인정한 사실관계에서 알 수 있는 다음과 같은 사정에 비추어 보면, 피고는 요양급여대상 약제를 선별급여대상으로 변경할 경우 약제를 판매하는 제약회사들의 권익이 제한될 수 있다는 점을 고려하여 이 사건 고시를 개정하기에 앞서 제약회사들에 사전통지와 의견제출 기회는 물론, 이의신청의 기회까지 보장하였다. 이 사건 고시에 따라 권익을 제한받는 자들은 이러한 과정을 통해 충분히 자신의 의견을 개진할 기회를 보장받았으므로, 피고의 이 사건 고시 개정 과정에 이해관계인들의 절차적 권리가 침해당했다고 볼 수도 없다.)

[4] 구 국민건강보험법상 선별급여 항목 및 본인부담률을 결정할 때 기준이 되는 약제의 임상적 유용성, 대체가능성 등에 관한 행정청의 판단은 존중되어야 하는지 여부(원칙적 적극)

구 '선별급여 지정 및 실시 등에 관한 기준'(2020. 8. 12. 보건복지부고시 제2020-172호로 개정되기 전의 것, 이하 '구 선별급여지정기준'이라 한다) 제3조 제1항 제3호에 따르면, 약제의 선별급여 항목 및 본인부담률은 임상적 유용성, 대체가능성 등을 종합적으로 평가하여 결정하되, 그 평가기준은 [별표 1]에서 구체적으로 정하고 있다.

선별급여 항목 및 본인부담률을 결정할 때의 기준이 되는 약제의 임상적 유용성, 대체가능성 등에 관한 판단에는 고도의 의료·보건상의 전문성이 필요하므로, 행정청이 국민의 건강을 보호·증진하고, 국민건강보험재정의 건전성을 유지하고자 하는 목적에서 국민건강보험법의 위임에 따른 구 선별급여지정기준이 정하는 바에 따라 전문적인 판단을 하였다면, 그 판단은 기초가 된 사실인정에 중대한 오류가 있거나 판단이 객관적으로 불합리하거나 부당하다는 등의 특별한 사정이 없는 한 존중되어야 한다.

[5] 그 외의 주장에 대한 판단

1) 피고가 이 사건 약제를 요양급여대상으로 지정하였던 수익적 행정처분을 이 사건 고시를 통해 일부 철회한 것으로 본다 하더라도, 철회권 행사가 그 한계를 일탈하여 위법한 것이라고 보기 어렵다. … 이 사건 고시로 초래되는 원고들의 불이익이 적지 않다 하더라도 그에 비해 임상적 유용성이 의심스러운 약제에 대하여 국민건강보험공단의 보험재정 지출을 미연에 방지함으로써 보험재정의 건전성을 도모할 공익상의 필요는 더욱 크다고 보아야 한다.

2) 원심은 피고에게 이 사건 약제에 대한 요양급여비용 지원 여부 및 그 정도를 결정할 광범위한 재량이 있다는 전제 아래, 이 사건 고시가 국민건강보험재정의 건전성을 도모하기 위한 것으로 목적의 정당성과 수단의 적합성이 인정되고, 이 사건 약제의 일부 질환에 대한 본인부담률을 80%로 정하였다고 하여 침해 최소성이나 법익 균형성 원칙에 위배된다고 볼 수 없다는 이유로 이 사건 고시가 과잉금지 원칙에 반한다거나 재량권을 일탈·남용한 것이라 볼 수 없다고 판단하였다. 기록에 비추어 보면, 원심 판단은 정당하다. 거기에 행정행위의 재량권 일탈·남용에 관한 법리를 오해한 잘못이 없다. 원고들의 이 부분 상고이유도 받아들일 수 없다.

제2장 행정행위

기속행위와 재량행위

 **029** 학교용지부담금 부과의 법적 성격
— 2022. 12. 29. 선고 2020두49041 판결

[1] 부담금에 관한 법령 규정이 명확성을 결여했는지 판단하는 방법

부담금의 부과요건과 징수절차를 법률로 규정하였더라도 그 규정 내용이 지나치게 추상적이고 불명확하면 부과관청의 자의적인 해석과 집행을 초래할 염려가 있으므로 법률 또는 그 위임에 따른 명령·규칙의 규정은 일의적이고 명확해야 하나, 법률규정은 일반성, 추상성을 가지는 것이어서 법관의 법 보충작용으로서의 해석을 통하여 그 의미가 구체화, 명확화될 수 있으므로, 부담금에 관한 규정이 관련 법령의 입법 취지와 전체적 체계 및 내용 등에 비추어 그 의미가 분명해질 수 있다면 이러한 경우에도 명확성을 결여했다고 할 수 없다.

[2] 구 학교용지 확보 등에 관한 특례법 제5조 제1항 제5호, 제5조의2 제1항, 제2항 제1호에서 정한 학교용지부담금 부과요건과 산정기준이 헌법상 명확성의 원칙에 위배되거나 부담금관리 기본법 제4조에 저촉되는지 여부(소극)

구 학교용지 확보 등에 관한 특례법(2017. 3. 21. 법률 제14604호로 개정되기 전의 것, 이하 '구 학교용지법'이라 한다) 제5조 제1항의 문언에 더하여 구 학교용지법의 입법 목적과 체계 및 규정 취지에 비추어 볼 때 구 학교용지법 제5조 제1항 제5호에 따라 부담금 부과대상에서 제외되는 개발사업분은 사업구역 내에 실제 거주하였던 가구 수를 기준으로 산정해야 함을 충분히 알 수 있다. 비록 구 학교용지법과 그 위임을 받아 제정된 같은 법 시행령 등은 구체적인 가구 수 및 분양가격 등의 산정방법에 관하여 별도의 규정을 두고 있지 아니하나, 부과관청은 개발사업으로 인해 유발된 학교시설 확보의 필요성을 실질적으로 반영할 수 있는 합리적인 기준에 따라 가구 수의 증가분과 분양가격을 산정할 수 있다고 보는 것이 타당하다.

따라서 구 학교용지법 제5조 제1항 제5호, 제5조의2 제1항, 제2항 제1호에서 정한 학교용지부담금 부과요건과 산정기준이 부과관청에 자의적인 해석과 집행의 여지를 주거나 수범자의 예견가능성을 해할 정도로 불명확하여 명확성의 원칙에 위배된다고 볼 수 없고, 이에 관한 법적 규율에 어떠한 공백이 있다고 보기 어렵다. 부담금관리 기본법 제4조는 침익적 행정행위에 해당하는 부담금부과의 근거 법률에 관하여 헌법상 요구되는 명확성의 원칙 내지 포괄

위임금지의 원칙을 풀어서 규정한 것에 지나지 않는바, 앞에서 본 바와 같이 구 학교용지법 제5조 제1항 제5호 등이 명확성의 원칙 등에 위배되지 않는 이상 부담금관리 기본법 제4조에 저촉된다고도 할 수 없다.

[3] 구 학교용지 확보 등에 관한 특례법 제5조 제1항에 따른 학교용지부담금 부과의 법적 성격(=재량행위) 및 학교용지부담금 부과처분이 재량권의 일탈·남용에 해당하는지 판단하는 방법

구 학교용지 확보 등에 관한 특례법(2017. 3. 21. 법률 제14604호로 개정되기 전의 것, 이하 '구 학교용지법'이라 한다) 제5조 제1항은 "시·도지사는 개발사업지역에서 단독주택을 건축하기 위한 토지를 개발하여 분양하거나 공동주택을 분양하는 자에게 부담금을 부과·징수할 수 있다."라고 규정하고 있어, 문언상 위 규정에 따른 학교용지부담금 부과는 재량행위로 해석된다.

또한 같은 조 제4항은 "시·도지사는 다음 각호의 어느 하나에 해당하는 경우에는 부담금을 면제할 수 있다. 다만 제1호·제3호 및 제4호의 경우에는 부담금을 면제하여야 한다."라고 규정하면서 제2호에서 '최근 3년 이상 취학 인구가 지속적으로 감소하여 학교 신설의 수요가 없는 지역에서 개발사업을 시행하는 경우'를 들고 있다. 이와 같이 위 규정 제1호, 제3호, 제4호에 따른 학교용지부담금 면제는 기속행위인 반면, 제2호에 따라 학교용지부담금을 면제할 것인지 여부를 결정하는 데에는 행정청의 재량이 인정된다.

학교용지부담금의 설치 근거가 되는 부담금관리 기본법 제5조 제1항은 '부담금은 설치목적을 달성하기 위하여 필요한 최소한의 범위 안에서 공정성 및 투명성이 확보되도록 부과되어야 한다.'고 규정하고 있다. 따라서 학교용지부담금의 부과 대상이 되는 개발사업에 대하여 구체적 사정에 따라 학교용지부담금을 부과하는 것이 부담금관리 기본법에서 정한 위와 같은 한계를 넘거나 비례·평등원칙 등에 위배된다고 볼 만한 특별한 사정이 있을 때에 한하여 재량권을 일탈·남용한 것으로서 위법하게 된다.

특히 학교시설 확보의 필요성은 그동안 누적된 수요가 기존 학교시설의 수용 한계를 초과하는 때에 비로소 발현되고, 교육환경에 대한 사회적 인식과 교육정책의 변화 등에 따라 같은 수의 학생을 수용하는 데에 종전보다 더 많은 학교시설이 필요한 경우도 있으며, 종래 취학 인구가 감소하던 지역이더라도 인구유입과 지역적 상황의 변화에 따라 향후 학교 신설의 수요가 발생할 가능성도 있다.

따라서 부담금 부과 당시를 기준으로 사업시행 지역의 취학 인구가 최근 3년 이상 지속적으로 감소하였다거나 개발사업으로 유발된 수요가 기존 학교시설로 충족될 수 있다는 사정만으로 곧바로 구 학교용지법 제5조 제4항 제2호에서 정한 면제사유에 해당한다고 할 수 없고, 인구유입과 지역적 상황의 변화 가능성 및 교육정책적 목적 등을 모두 고려하더라도 장래에 학교 신설의 수요가 없다는 것까지 인정되는 경우에 비로소 위와 같은 면제요건이 충족된다. 나아가 구 학교용지법 제5조 제4항 제2호에서 정한 면제사유에 해당하는 경우에도 학교용지부담금 부과처분이 위법하다고 보기 위해서는 부담금 부과를 통해 달성하려고 하는 공익과 그로써 처분상대방이 입게 되는 불이익의 내용과 정도를 비교형량하여 부담금을 면제하지 않은 것이 재량권의 일탈·남용에 해당한다고 볼 만한 사정이 인정되어야 한다.

030　가축분뇨법상 처리방법 변경허가의 성질(=재량행위)
– 2021. 6. 30. 선고 2021두35681 판결

[1] 가축분뇨의 관리 및 이용에 관한 법률에 따른 가축분뇨 처리방법 변경허가가 허가권자의 재량행위에 해당하는지 여부(적극) 및 가축분뇨 처리방법 변경 불허가처분에 대한 사법심사의 대상과 판단 기준

가축분뇨의 관리 및 이용에 관한 법률(이하 '가축분뇨법'이라 한다)의 입법 목적, 가축분뇨법 제11조 제1항, 제2항, 가축분뇨의 관리 및 이용에 관한 법률 시행령 제7조 제1항, 제2항, 구 가축분뇨의 관리 및 이용에 관한 법률 시행규칙(2020. 2. 20. 환경부령 제849호로 개정되기 전의 것) 제5조 제1항 제4호의 체제·형식과 문언, 특히 가축분뇨법 제11조 제1항, 제2항에서 배출시설 설치허가와 변경허가의 기준을 따로 구체적으로 정하고 있지는 않은 사정 등을 종합하면, 다음과 같은 결론을 도출할 수 있다.

가축분뇨법에 따른 처리방법 변경허가는 허가권자의 재량행위에 해당한다. 허가권자는 변경허가 신청 내용이 가축분뇨법에서 정한 처리시설의 설치기준(제12조의2 제1항)과 정화시설의 방류수 수질기준(제13조)을 충족하는 경우에도 반드시 이를 허가하여야 하는 것은 아니고, 자연과 주변 환경에 미칠 수 있는 영향 등을 고려하여 허가 여부를 결정할 수 있다. 가축분뇨 처리방법 변경 불허가처분에 대한 사법심사는 법원이 허가권자의 재량권을 대신 행사하는 것이 아니라 허가권자의 공익판단에 관한 재량의 여지를 감안하여 원칙적으로 재량권의 일탈·남용이 있는지 여부만을 판단하여야 하고, 사실오인과 비례·평등원칙 위반 여부 등이 판단 기준이 된다.

[2] 환경의 훼손이나 오염을 발생시킬 우려가 있다는 것을 처분사유로 하는 가축분뇨 처리방법 변경 불허가처분의 재량권 일탈·남용 여부를 판단하는 방법 / '환경오염 발생 우려'와 같이 장래에 발생할 불확실한 상황과 파급효과에 대한 예측이 필요한 요건에 관한 허가권자의 재량적 판단은 폭넓게 존중해야 하는지 여부(원칙적 적극) / 처분이 재량권을 일탈·남용하였다는 사정에 관한 증명책임의 소재(=처분의 효력을 다투는 자)

환경의 훼손이나 오염을 발생시킬 우려가 있다는 것을 처분사유로 하는 가축분뇨 처리방법 변경 불허가처분의 재량권 일탈·남용 여부를 심사할 때에는 가축분뇨의 관리 및 이용에 관한 법률의 입법 취지와 목적, 자연환경과 환경권의 보호에 관한 각종 규정의 입법 취지, 구체적 지역 상황과 상반되는 이익을 가진 이해관계자들 사이의 권익 균형 등을 종합하여 신중하게 판단하여야 한다. 그리고 '환경오염 발생 우려'와 같이 장래에 발생할 불확실한 상황과 파급효과에 대한 예측이 필요한 요건에 관한 허가권자의 재량적 판단은 그 내용이 현저히 합리성을 잃었다거나 상반되는 이익이나 가치를 대비해 볼 때 형평이나 비례의 원칙에 뚜렷하게 배치되는 등의 사정이 없는 한 폭넓게 존중하여야 한다. 또한 처분이 재량권을 일탈·남용하였다는 사정은 처분의 효력을 다투는 자가 주장·증명하여야 한다.

031 공무원연금법상 급여환수·제한처분의 성질(=기속행위)
― 2021. 8. 12. 선고 2020두40693 판결

【사건의 개요와 쟁점】

원고는 1978. 11. 4. 경찰공무원으로 임용되어 2014. 6. 30. 퇴직하였고, 피고로부터 2014. 7.경 퇴직수당 68,051,530원을 지급받았고 2014. 8.경부터 퇴직연금으로 월 2,640,210원을 지급받고 있었다.

원고는 형법 제37조 전단의 경합범 관계에 있는 2011. 7. 7. 자 상해 범죄사실, 2015. 11. 13. 자 폭행치상 범죄사실, 2016. 5. 4. 자 상해 범죄사실에 대하여 각 징역형이 선택되고 형법 제38조에 의한 경합범 가중을 거쳐 징역 1년, 집행유예 2년 등의 형을 선고받았고(대구지방법원 서부지원 2016. 6. 23. 선고 2016고단961 판결, 이하 '관련 형사판결'이라 한다), 위 판결은 2016. 7. 1. 확정되었다. 위 범죄사실 중 2011. 7. 7. 자 상해 범죄사실은 원고가 공무원으로 재직하던 중 저지른 범행이었다.

피고는 2019. 9. 28. 원고에 대하여 관련 형사판결 확정으로 공무원연금법 제65조 제1항 제1호에서 정한 '재직 중의 사유로 금고 이상의 형이 확정된 경우'에 해당한다는 이유로, ① 공무원연금법 제37조 제1항에 근거하여 원고가 이미 지급받은 퇴직수당 및 퇴직연금액의 1/2에 해당하는 합계 74,948,860원을 환수하고, ② 공무원연금법 제65조 제1항 제1호에 근거하여 원고에게 장래에 지급하여야 하는 퇴직연금액을 1/2 감액하여 월 1,320,100원을 지급한다는 결정을 통보하였다(이하 '이 사건 처분'이라 한다).

【판시사항 및 판결요지】

[1] 공무원연금법 제65조 제1항 제1호에서 정한 사유에 해당하면 행정청은 퇴직급여 및 퇴직수당의 감액 여부 또는 비율을 선택할 재량을 가지지 못하고 공무원연금법 시행령 제61조 제1항 제1호에서 정한 비율대로 퇴직급여와 퇴직수당을 감액하여 지급하는 급여제한처분을 할 의무가 있는지 여부(적극) 및 같은 법 제37조 제1항 제1문에 근거한 급여환수처분 역시 행정청이 환수 여부 또는 범위를 선택할 재량을 가지지 못하는 기속행위인지 여부(적극) / 이때 공무원연금법에 따른 급여환수·제한처분에도 '수익적 행정처분 직권취소·철회 제한 법리'가 적용되는지 여부(적극)

공무원연금법의 명확한 문언과 규정 체계, 입법 취지 등을 종합하면, 공무원연금법 제65조 제1항 제1호에서 정한 사유에 해당하면 행정청은 공무원연금법 시행령 제61조 제1항 제1호에서 정한 비율대로 퇴직급여와 퇴직수당을 감액하여 지급하는 급여제한처분을 할 의무가 있고, 감액 여부 또는 비율을 선택할 재량을 가지지 못한다.

나아가 공무원연금법 제37조 제1항 제1문은 급여를 받은 사람이 거짓이나 그 밖의 부정한

방법으로 급여를 받은 경우, 급여를 받은 후 그 급여의 사유가 소급하여 소멸된 경우, 그 밖에 급여가 잘못 지급된 경우에는 그 급여액(지급받은 급여액과 지급하여야 할 급여액과의 차액이 발생한 경우에는 그 차액)을 환수하여야 한다고 규정하고 있다. 이에 근거한 급여환수처분 역시 기속행위이고, 행정청이 환수 여부 또는 범위를 선택할 재량을 가지지 못한다.

다만 공무원연금법에 따른 급여환수·제한처분에도 '수익적 행정처분 직권취소·철회 제한 법리'가 적용되어, 급여 과오급 발생에 수급인에게 고의 또는 중과실이 없어 선행 급여결정에 관한 수급인의 신뢰에 보호가치가 있는 때에는 급여환수·제한 처분으로 달성하려는 공익과 그로 말미암아 수급인이 입게 될 불이익의 내용·정도를 형량하여 사익이 우월한 경우에는 급여환수·제한처분이 허용되지 않는다는 규범적 제한이 있을 뿐이다

[2] 공무원이었던 자가 범한 재직 중 범죄가 퇴직 후 범죄와 경합범으로 함께 기소되어 하나의 금고 이상의 형을 받은 경우, 공무원연금법 제65조 제1항 제1호에서 정한 '재직 중의 사유로 금고 이상의 형이 확정된 때'에 해당하는지 여부(적극)

공무원연금법 제65조 제1항 제1호는 재직 중 사유(직무와 관련이 없는 과실로 인한 경우 및 소속 상관의 정당한 직무상의 명령에 따르다가 과실로 인한 경우는 제외한다. 이하 '재직 중 사유'라고만 한다)로 금고 이상의 형이 확정된 경우를 급여제한사유로 규정하고 있다. 공무원이었던 자가 범한 재직 중 범죄가 퇴직 후 범죄와 경합범으로 함께 기소되어 하나의 금고 이상의 형을 받은 경우에는 재직 중의 죄에 대하여도 금고 이상의 형이 선택되어 형을 받은 것이므로, 공무원연금법 제65조 제1항 제1호에서 정한 '재직 중의 사유로 금고 이상의 형이 확정된 때'에 해당한다고 보아야 한다.

032 보조금 환수처분의 법적 성격
— 2024. 6. 13. 선고 2023두54112 판결

☐ 사회복지사업법 제42조 제3항 단서의 의미 및 이에 따른 보조금 환수처분은 이미 지급받은 보조금 전액을 환수 대상으로 하되, 그 환수 범위는 개별적으로 결정해야 하는 재량행위의 성격을 가지는지 여부(적극)

사회복지사업법의 입법 목적, 사회복지사업법 제42조 제3항의 문언 내용, 체계 및 형식, 사회복지사업법상 국가나 지방자치단체가 사회복지사업을 하는 자에 대하여 보조금을 지급하거나 반환을 명하는 행위의 목적과 특성 등을 모두 고려하여 볼 때, 사회복지사업법 제42조 제3항 단서는 제1호, 제2호의 사유가 있는 경우 '이미 지급한 보조금의 전부 또는 일부'의 반환을 명하여야 한다는 의미로 해석된다. 또한 사회복지사업법 제42조 제3항 단서에서 규정하고 있는 보조금 환수처분은 이미 지급받은 보조금 전액을 환수 대상으로 하되, 그 환수 범위는 보조사업의 목적과 내용, 보조금을 교부받으면서 부정한 방법을 취하게 된 동기 또는 보조금을 다른 용도로 사용하게 된 동기, 보조금의 전체 액수 중 부정한 방법으로 교부받거나 다른 용도로 사용한 보조금의 비율과 교부받은 보조금을 그 조건과 내용에 따라 사용한 비율 등을 종합하여 개별적으로 결정해야 하는 재량행위의 성격을 지니고 있다.

벌점부과처분취소
– 2024. 4. 25. 선고 2023두54242 판결

☐ 건설기술 진흥법 제53조 제1항에서 규정한 벌점부과처분이 부과 여부에 관하여 기속행위인지 여부 (적극)

구 건설기술관리법(2001. 1. 16. 법률 제6369호로 개정되기 전의 것) 제21조의4 제1항은 "건설교통부장관, 발주청과 건설공사의 허가·인가·승인 등을 한 행정기관의 장은 건설업자, 설계 등 용역업자나 그에 고용된 건설기술자, 감리원 등이 설계 등 용역·책임감리 또는 건설공사를 성실하게 수행하지 아니함으로써 부실공사가 발생하거나 발생할 우려가 있는 경우에는 부실의 정도를 측정하여 부실벌점을 줄 수 있다."라고 규정하고 있었고, 같은 조 제2항은 "발주청은 제1항의 규정에 의하여 부실벌점을 받은 자에 대하여 그 부실벌점에 따라 입찰 시 불이익을 줄 수 있다."라고 규정하고 있었다. 그런데 이 법이 2001. 1. 16. 법률 제6369호로 개정되면서 기존 제21조의4 제1항의 '부실벌점을 줄 수 있다.'가 '부실벌점을 주어야 한다.'로, 같은 조 제2항의 '불이익을 줄 수 있다.'가 '불이익을 주어야 한다.'로 개정되었다. 그 개정 이유는 "종전에는 건설공사 또는 설계 등 용역업무를 부실하게 수행한 경우 부실벌점을 부과할 수 있도록 하였으나, 앞으로는 이를 의무적으로 부과하도록 함으로써 건설공사 및 설계 등 용역업무의 부실을 예방할 수 있도록 함"이었다. 이러한 제21조의4 제1항, 제2항의 내용은 이 법이 2013. 5. 22. 법률 제11794호로 전부 개정되고 법률의 제명이 '건설기술 진흥법'으로 변경된 이후에도 건설기술 진흥법 제53조 제1항, 제2항으로 유지되고 있다. 이와 같은 건설기술 진흥법 제53조 제1항, 제2항의 형식이나 체계, 문언과 개정 경위 및 내용, 건설공사 부실 방지의 중요성 및 부실공사에 대한 제재 필요성 등을 종합하면, 건설기술 진흥법 제53조 제1항은 '부실공사가 발생하거나 발생할 우려가 있는 경우' 행정청이 벌점을 의무적으로 부과해야 한다는 의미로 해석되어야 한다. 그러므로 건설기술 진흥법 제53조 제1항에서 규정한 벌점부과처분은 부과 여부에 관한 한 행정청의 재량이 인정되지 않는 기속행위이다.

034 재량권 일탈·남용 (하남시 미사리 경정장 사건)
— 2024. 7. 11. 선고 2023두62465 판결

【사건의 개요와 쟁점】

원고(서울올림픽기념국민체육진흥공단)는 개발제한구역 내 행위허가를 받아 개발제한구역 내에 있는 17개 필지를 부지로 하여 이 사건 경정장을 조성하여 운영하던 공단으로, 피고(하남시장)는 원고 측이 설치한 시설 중 ②번 조명탑이 개발행위제한 구역 내에 있는데도 원고 측이 조명탑 설치를 위한 허가를 받지 않고 이를 축조하였다는 이유로 원고에게 원상복구를 명하는 시정명령을 하였는데, 이에 대하여 원고 측이 시정명령의 취소를 청구한 사안

【판시사항 및 판결요지】

[1] 행정행위에 하자가 있는 경우, 처분청이 별도의 법적 근거 없이 스스로 이를 취소할 수 있는지 여부(적극) 및 수익적 행정처분을 취소할 수 있는 경우 / 행정의 법 원칙 중 하나로서 비례의 원칙의 내용

행정행위를 한 처분청은 그 행위에 하자가 있는 경우에는 별도의 법적 근거가 없더라도 스스로 이를 취소할 수 있고, 다만 수익적 행정처분을 취소할 때에는 이를 취소하여야 할 공익상의 필요와 그 취소로 인하여 당사자가 입게 될 기득권과 신뢰보호 및 법률생활 안정의 침해 등 불이익을 비교·교량한 후 공익상의 필요가 당사자가 입을 불이익을 정당화할 만큼 강한 경우에 한하여 취소할 수 있다.

비례의 원칙은 법치국가 원리에서 당연히 파생되는 헌법상의 기본원리로서, 모든 국가작용에 적용된다. 행정목적을 달성하기 위한 수단은 그 목적달성에 유효·적절하고, 또한 가능한 한 최소침해를 가져오는 것이어야 하며, 아울러 그 수단의 도입으로 인한 침해가 의도하는 공익을 능가하여서는 안 된다.

[2] 피고가 개발제한구역 내 행위허가를 받아 경정장을 조성하여 운영하던 원고에 대하여 원고가 행위허가구역 경계를 벗어난 지점에 조명탑을 설치함으로써 허가를 받지 아니한 채 개발행위를 하였다는 이유로 위 조명탑을 원상복구하라는 처분을 한 것이 재량권을 일탈·남용한 행위에 해당하는지 여부(적극)

위 처분 중 개발제한구역 내 행위허가와 건축허가 신청서에 포함되지 않은 토지에 설치된 조명탑에 대한 부분은 해당 조명탑의 설치 위치와 그 부지 이용 현황, 조명탑의 설치 경위 등 제반 사정을 종합하면, 위 조명탑에 대한 처분으로 도시의 무분별한 확산을 방지하고 도시 주변의 자연환경을 보전하여 도시민의 건전한 생활환경을 확보한다는 개발제한구역 지정의 공익상 필요가 甲 법인이 입을 불이익을 정당화할 만큼 강하다고 보기 어려움에도, 이와 달리 비례의 원칙에 위배되지 않는다고 본 원심판단에 법리오해의 잘못이 있다고 한 사례

【사안의 경우】

원심은 ②번 조명탑에 관한 시정명령이 비례의 원칙에 위배되지 않는다고 판단하였음

대법원은 위와 같은 법리를 바탕으로, 1) ②번 조명탑은 이 사건 경정장의 부대시설 중 하나로, 이를 철거할 경우 사실상 이 사건 경정장에서의 야간 경기 전체가 제한되는 결과가 초래될 것으로 보이고, 2) 원고로서는 ②번 조명탑을 철거하더라도 같은 역할을 하는 조명탑을 다시 설치하여야 할 것으로 보이는데, 이를 위하여 상당한 비용이 소요될 것으로 보이며, 3) 이로 인하여 공익법인으로서의 원고의 사업 수행에 상당한 차질이 빚어질 것으로 보이고, 4) 피고가 18년 이상의 기간이 지나도록 ②번 조명탑 설치를 문제 삼았다고 볼만한 자료가 없는 점을 종합하면, 개발제한구역 지정의 공익상 필요가 원고가 입을 불이익을 정당화할 만큼 강하다고 보기 어렵다고 보아, 이와 달리 판단한 원심을 파기·환송함

035 감염병예방법에 따라 '관내 종교시설에 대한 집합금지' 등을 명한 예방 조치가 재량권을 일탈·남용하여 위법한지가 문제된 사건

― 2024. 7. 18. 선고 2022두43528 전원합의체 판결 ★

[1] 헌법 제20조 제1항에서 정한 종교의 자유의 내용과 제한

헌법 제20조 제1항의 종교의 자유는 일반적으로 신앙의 자유, 종교적 행위의 자유 및 종교적 집회·결사의 자유로 구성된다. 신앙의 자유는 신과 피안 또는 내세에 대한 인간의 내적 확신에 대한 자유를 말하는 것으로서, 이러한 신앙의 자유는 그 자체가 내심의 자유의 핵심이기 때문에 법률로써도 이를 제한할 수 없다. 종교적 행위의 자유에는 종교상의 의식·예배 등 종교적 행위를 각 개인이 임의로 할 수 있는 등 종교적인 확신에 따라 행동하고 교리에 따라 생활할 수 있는 자유와 소극적으로는 자신의 종교적인 확신에 반하는 행위를 강요당하지 않을 자유, 그리고 선교의 자유, 종교 교육의 자유 등이 포함된다. 종교적 집회·결사의 자유는 종교적 목적으로 같은 신자들이 집회하거나 종교단체를 결성할 자유를 말한다. 이러한 종교적 행위의 자유와 종교적 집회·결사의 자유는 신앙의 자유와는 달리 절대적 자유는 아니지만, 이를 제한할 경우에는 헌법 제37조 제2항의 과잉금지원칙을 준수하여야 한다.

[2] 행정청이 전문적인 위험예측에 관한 판단에 기초하여 감염병을 예방하기 위한 여러 종류의 조치 중에서 필요한 조치를 선택한 데에 비례의 원칙 위반 등 재량권 일탈·남용의 위법이 있는지를 판단할 때 고려할 사항

헌법 제34조 제6항은 "국가는 재해를 예방하고 그 위험으로부터 국민을 보호하기 위하여 노력하여야 한다."라고 규정하고, 제36조 제3항은 "모든 국민은 보건에 관하여 국가의 보호를 받는다."라고 규정하여 재해나 질병으로부터 국민을 보호할 국가의 보호의무를 강조하고 있다. 이러한 헌법 이념에 근거하여 국민 건강에 위해가 되는 감염병의 발생과 유행을 방지하고 그 예방 및 관리를 위하여 구 감염병의 예방 및 관리에 관한 법률(2020. 8. 11. 법률 제17472호로 개정되기 전의 것, 이하 '구 감염병예방법'이라 한다)을 마련하고, 재난 및 안전관리 기본법(이하 '재난안전법'이라 한다) 제3조 제1호 (나)목에서 구 감염병예방법에 따른 감염병을 사회재난의 일종으로 규정하고 있다. 이에 감염병의 예방 및 관리를 통해 국민의 생명·신체 및 재산을 보호할 것을 국가와 지방자치단체의 책무로 하면서, 국가 등으로 하여금 감염병 예방 조치 등을 통해 감염병으로 인한 피해를 신속히 대응·복구하도록 규정하고 있다(구 감염병예방법 제4조 제2항, 재난안전법 제4조 제1항 참조).

이러한 규정 체계 등에 따라, 구 감염병예방법 제49조 제1항은 각호에서 국가나 지방자치단체가 감염병을 예방하기 위하여 취해야 할 여러 유형의 조치를 열거하면서 감염병 예방 조치의 유형, 예방 조치별 범위 및 강도 등을 행정청의 선택에 맡기고 있는데, 행정청이 어떠

한 감염병 예방 조치가 필요한지 결정할 때에는 의학, 역학, 통계학 등 과학적 지식을 바탕으로 장래에 발생할 불확실한 상황과 파급효과에 대해 전문적인 위험예측에 관한 판단을 하게 된다.

위와 같이 헌법 제34조 제6항, 제36조 제3항에서 정한 국가의 기본권 보호의무와 구 감염병예방법, 재난안전법의 내용 및 취지 등에 비추어 보면, 행정청이 전문적인 위험예측에 관한 판단에 기초하여 감염병을 예방하기 위한 여러 종류의 조치 중에서 필요한 조치를 선택한 데에 비례의 원칙 위반 등 재량권 일탈·남용의 위법이 있는지를 판단할 때에는, 감염병의 특성과 확산 추이, 예방 백신이나 치료제의 개발 여부, 예방 조치를 통해 제한 또는 금지되는 행위로 인한 감염병의 전파가능성 등 객관적 사정을 기초로, 해당 예방 조치가 행정목적을 달성할 수 있는 효과적이고 적절한 수단인지, 그러한 행정목적을 달성하는 데 해당 예방 조치보다 상대방의 권리나 이익이 덜 제한되도록 하는 합리적인 대안은 없는지, 행정청이 해당 예방 조치를 선택하면서 다양한 공익과 사익의 요소들을 고려했는지, 나아가 예방 조치를 통해 달성하려는 공익과 이에 따라 제한될 상대방의 권리나 이익이 정당하고 객관적으로 비교·형량 되었는지 등을 종합적으로 고려해야 한다.

[3] 甲 광역시장이 관내 코로나바이러스감염증-19 누적 확진자 수 급증과 특정 교회에서의 집단감염 사례 등 확진자 증가 사실을 알리면서, 사회적 거리두기를 2단계로 유지하되 사실상 3단계에 준하는 집합금지 확대 등의 조치를 취한다는 취지의 발표와 함께, 구 감염병의 예방 및 관리에 관한 법률 제49조 제1항 제2호에 따라 '관내 종교시설에 대한 집합금지' 등을 명하는 예방 조치를 하자, 관내 乙 교회 및 그 대표자인 목사가 위 처분이 비례의 원칙 등을 위반하여 자신들의 종교의 자유를 침해한다며 처분의 취소를 구한 사안에서, 甲 시장이 위 처분을 하면서 비례의 원칙과 평등의 원칙을 위반하여 乙 교회 등의 종교의 자유를 침해했다고 보기 어렵다고 한 사례

[다수의견] 甲 광역시장이 관내 코로나바이러스감염증-19(이하 '코로나19'라 한다) 누적 확진자 수 급증과 특정 교회에서의 집단감염 사례 등 확진자 증가 사실을 알리면서, 사회적 거리두기를 2단계로 유지하되 사실상 3단계에 준하는 집합금지 확대 등의 조치를 취한다는 취지의 발표와 함께, 구 감염병의 예방 및 관리에 관한 법률(2020. 8. 11. 법률 제17472호로 개정되기 전의 것, 이하 '구 감염병예방법'이라 한다) 제49조 제1항 제2호에 따라 '관내 종교시설에 대한 집합금지' 등을 명하는 예방 조치를 하자, 관내 乙 교회 및 그 대표자인 목사가 위 처분이 비례의 원칙 등을 위반하여 자신들의 종교의 자유를 침해한다며 처분의 취소를 구한 사안에서, ① 위 처분은 밀폐, 밀접, 밀집된 상황에서 비말에 의한 전파가능성이 가장 높은 것으로 알려진 코로나19의 확산을 방지하여 공공의 건강과 안전을 도모하기 위한 것이고, 코로나19의 확산을 차단하기 위한 방법으로 교인들의 대면 예배라는 집합 자체의 금지를 선택한 것은 위와 같은 행정목적을 달성하기 위한 유효·적절한 수단인 점, 당시 지역 내 주민 등의 생명과 건강을 보호하기 위한 목적을 달성하는 데 위 처분보다 덜 침해적이지만 동일하게 효과적인 수단이 있었다고 보기 어려운 점, 위 처분으로 인한 종교의 자유 제한의 효과가 일시적이고

한시적으로 적용되는 점과 과학적 불확실성이 높고 질병과 관련한 환경이 빠르게 변화하는 팬데믹 상황의 특수성을 고려할 때, 위 처분으로 제한되는 乙 교회 등의 종교의 자유가 이를 통하여 달성하고자 하는 공익보다 중하다고 보기 어려운 점에 비추어, 甲 시장이 위 처분을 하면서 비례의 원칙을 위반하여 乙 교회 등의 종교의 자유를 침해하였다고 보기 어렵고, ② 위 처분에서 각종 시설들을 세분화하여 집합금지 대상, 10인 이상 집합금지 대상, 집합제한 대상으로 분류하여 예방 조치를 명하였는데, 甲 시장이 참가자들 사이의 물리적 거리의 확보 가능성과 더불어 특정한 목적의 집합에서 전형적으로 수반되는 행위에 대해 방역의 관점에서 어느 정도의 위험성이 있는지를 판단하여 시설들을 분류한 것으로 보이고, 이와 같은 기준의 설정은 합리성이 인정되는 점, 甲 시장이 종교시설을 오락실, 워터파크, 공연장, 실내체육시설, 목욕탕·사우나(지하), 멀티방·DVD방(지하)과 함께 집합금지 대상으로 분류하여 예방 조치를 강화한 것은 비말 발생이 많은 활동이 주로 이루어지거나 이용자의 체류시간이 비교적 길게 나타나는 등의 특징을 가진 시설들을 함께 분류한 것으로 보이고, 이와 같은 판단이 객관적이고 합리적인 범위를 벗어난 것이라고 보기 어려운 점, 코로나19 확산 초기부터 교회를 중심으로 한 집단감염 사례가 꾸준히 보고되었고, 위 처분도 특정 교회 내에서 30명의 집단감염이 발생하자 그러한 위험의 추가 발생을 선제적으로 차단하고자 하는 목적에서 이루어진 것으로서, 감염 경로나 종교시설발 확진자가 차지하는 비중, 집단감염 관련 기존 통계치 등에 비추어 합리적인 근거가 없는 것이라고 보기 어려운 점, 위 처분은 교회뿐만 아니라 관내의 종교시설 전체에 대하여 집합금지의 예방 조치를 명한 것임이 문언상 분명한 점에 비추어, 甲 시장이 위 처분을 하면서 평등의 원칙을 위반하여 乙 교회 등의 종교의 사유를 침해했다고 보기 어렵다고 한 사례.

■ 대법관 김선수, 대법관 이동원, 대법관 김상환의 반대의견]

다수의견은, '관내 종교시설에 대한 집합금지'를 명한 위 처분이 비례의 원칙이나 평등의 원칙을 위반하지 아니하였기 때문에 재량권 일탈·남용의 위법이 없다는 것이다. 그러나 다수의견은 위 처분 당시 코로나19가 급격히 확산되고 있었다는 상황의 긴급성만을 강조하였을 뿐이고, 그러한 상황에서 甲 시장이 신뢰할 만한 정보를 폭넓게 수집하여 이를 근거로 전문적인 위험예측을 하고 그에 상응한 조치를 하였는지에 대해서는 면밀히 살피지 않은 아쉬움이 있다. 행정청의 전문적인 위험예측에 관한 판단과 그에 따른 조치는 특별한 사정이 없는 한 존중하는 것이 옳으나, 행정청이 그 근거가 되는 위험의 존재를 확인하고 그에 상응하는 조치를 하기 위하여 구체적인 판단 기초자료를 널리 수집하고, 그중 신뢰할 만한 정보를 채택하였는지는 법원이 충분히 심사할 수 있는 영역이다.

甲 시장이 위 처분을 함에 있어 구체적으로 어떠한 사항들을 고려하여 전문적인 위험예측에 관한 판단을 하였는지 기록상 찾아보기 어렵고, 특히 기존에 시행되어 적정한 조치라고 평가받은 인원제한, 거리두기 등 조치의 강도를 높이는 대안을 우선적으로 고려하지 않은 채 곧바로 대면 예배를 전면적으로 금지하는 처분으로 나아간 것은 침해의 최소성을 갖춘 것으로 볼 수 없다. 국가나 지방자치단체가 헌법상 보장되는 기본권인 종교의 자유를 제한하기 위해서는 상황이 긴급하더라도 침해의 최소

성을 갖추는 등 비례의 원칙을 따라야 한다. 또한 위 처분은 식당이나 결혼식장 등에 대해서는 기존의 조치를 유지하면서도 종교시설 전체에 대해 전면적인 집합금지를 명하는 것인데, 이는 방역의 관점에서 본질적으로 같은 시설들을 자의적으로 다르게 취급한 것이다. 따라서 위 처분은 비례의 원칙, 평등의 원칙을 위반한 것으로서 재량권의 범위를 일탈·남용하여 위법하다고 보기에 충분하므로, 다수의견에 찬성할 수 없다.

036 파산관재인이 중요재산 처분승인 거부처분에 대한 취소를 청구한 사건
- 2024. 7. 11. 선고 2021두47974 판결

【사건의 개요와 쟁점】

간접보조사업자인 채무자 회사는 부산광역시 기장군수로부터 받은 보조금으로 건물을 취득하여 팝콘공장을 운영하던 중 폐업하였음. 이에 부산광역시 기장군수는 사후관리기간(준공일로부터 10년) 내 임의 폐업을 사유로 보조금 교부결정 취소 및 반환명령을 하였고, 채무자 회사는 파산선고를 받아 원고가 파산관재인으로 선임되었음. 원고는 임의경매 또는 임의매각의 방법으로 건물을 환가하기 위하여 피고(부산광역시장)를 상대로 「보조금 관리에 관한 법률」 제35조 제3항에 따라 중요재산 처분승인을 신청하였으나, 피고는 보조금 반환금을 전부 지급하지 않는 한 중요재산 처분승인을 할 수 없다는 이유로 거부처분을 하였음. 이에 원고는 현재 파산재단으로는 보조금 반환금을 전부 변제할 수 없는 상황이고, 건물을 환가하지 않으면 파산절차를 진행할 수 없다 주장하면서, 피고를 상대로 중요재산 처분승인 거부처분의 취소를 청구한 사안임

[1] 행정청의 재량행위에 대한 사법심사의 대상과 판단 기준 / 행정청이 행정행위를 할 때 이익형량을 전혀 하지 않거나 이익형량의 고려 대상에 포함해야 할 사항을 누락한 경우 또는 이익형량을 하였으나 정당성·객관성이 결여된 경우, 그 행정행위가 위법한지 여부(적극)

재량행위에 대한 사법심사는 행정청의 재량에 기초한 공익 판단의 여지를 감안하여 법원이 독자적인 결론을 내리지 않고 해당 처분에 재량권 일탈·남용이 있는지만을 심사하게 되고, 사실오인과 비례·평등의 원칙 위반 여부 등이 그 판단 기준이 된다. 행정청이 행정행위를 할 때 이익형량을 전혀 하지 아니하거나 이익형량의 고려 대상에 마땅히 포함시켜야 할 사항을 누락한 경우 또는 이익형량을 하였으나 정당성·객관성이 결여된 경우 그 행정행위는 재량권을 일탈·남용하여 위법하다고 할 수 있다.

[2] 보조사업자, 간접보조사업자 또는 보조금수령자의 파산절차에서 보조금 관리에 관한 법률 제31조 또는 제33조에 따른 반환금채권이 채무자 회생 및 파산에 관한 법률 제473조 제2호에서 규정한 재단채권에 해당하는지 여부(원칙적 적극) / 파산재단이 재단채권의 총액을 변제하기에 부족한 것이 분명하게 된 경우, 재단채권의 변제 방법

보조사업자 또는 간접보조사업자의 보조금 관리에 관한 법률(이하 '보조금법'이라고 한다) 제31조에 따른 반환금 또는 보조금수령자의 제33조에 따른 반환금은 국세 체납처분의 예에 따라 징수할 수 있고, 그 징수는 국세와 지방세를 제외하고 다른 공과금이나 그 밖의 채권에 우선한다(보조금법 제33조의3). 따라서 이러한 반환금채권은 특별한 사정이 없는 한 보조사업자, 간

접보조사업자 또는 보조금수령자의 파산절차에서 채무자 회생 및 파산에 관한 법률(이하 '채무자회생법'이라고 한다) 제473조 제2호(국세징수의 예에 의하여 징수할 수 있는 청구권으로서 그 징수우선순위가 일반 파산채권보다 우선하는 것)에서 규정한 재단채권에 해당한다. 그리고 파산재단이 재단채권의 총액을 변제하기에 부족한 것이 분명하게 된 때에는 재단채권의 변제는 다른 법령이 규정하는 우선권에 불구하고 아직 변제하지 아니한 채권액의 비율에 따라 한다(채무자회생법 제477조 제1항 본문).

[3] 甲 주식회사가 부산광역시 기장군수로부터 받은 보조금을 사용하여 건물을 신축한 후 폐업하자 부산광역시 기장군수가 사후관리기간(준공일부터 10년) 내 임의 폐업을 사유로 보조금 교부결정 취소 및 반환명령을 하였는데, 이후 甲 회사의 파산선고로 선임된 파산관재인이 부산광역시장에게 위 건물에 관하여 임의경매 또는 임의매각을 위한 중요재산 처분 승인을 신청하였으나, 부산광역시장이 보조금을 전부 반환해야 중요재산 처분 승인이 가능하다는 사유로 거부처분을 한 사안에서, 위 처분은 재량권을 일탈남용한 것으로서 위법하다고 한 사례

甲 회사의 파산재단에 속하는 재산은 별제권으로 담보되는 부분을 제외하면 보조금 반환금채권을 포함한 재단채권의 총액을 변제하기에 부족한 것으로 보이는 점, 부산광역시 기장군이 보조금 반환금채권을 전액 환수하지 못하였다는 이유만으로 부산광역시장이 위 건물의 양도를 위한 중요재산 처분 승인을 거부하는 것은 채무자 회생 및 파산에 관한 법률 제477조 제1항 본문에서 규정한 재단채권의 변제방법에 반하여 사실상 다른 재단채권자 또는 별제권자보다도 우선 변제받게 하려는 것이 되어 다른 채권자들의 이익을 침해하는 점, 위 처분으로 임의경매 또는 임의매각 절차를 진행할 수 없게 되어 적어도 사후관리기간 동안에는 중요재산을 환가하지 못하게 됨에 따라 甲 회사에 대한 파산절차의 진행이 지연되므로, 파산재단의 관리비용 증가로 파산절차를 둘러싼 이해관계인들의 이익이 침해될 뿐만 아니라, 채무자의 재산을 신속하고 공정하게 환가·배당하려는 파산제도의 목적에도 반하는 결과가 초래되며, 나아가 중요재산의 사후관리기간 동안 중요재산이 방치되어 사회적·경제적으로도 손실을 초래하는 점, 甲 회사의 파산관재인이 위 건물에 관한 중요재산 처분 승인을 받음으로써 임의경매 또는 임의매각 절차가 진행되는 경우 부산광역시 기장군은 다른 재단채권자들과 안분변제를 받음으로써 보조금 반환금채권 중 상당 부분을 회수할 수 있고, 부산광역시 기장군수가 甲 회사에 대한 파산선고 전에 체납처분을 한 경우 부산광역시 기장군은 임의경매절차에서 직접 배당받음으로써 사실상 다른 재단채권자보다 우선 변제받을 수도 있어서, 위 처분으로 달성하려는 보조금의 환수 확보라는 공익이 크게 침해된다고 보기도 어려운 점을 종합하면, 위 처분은 비례의 원칙에 위배되거나 이익형량에 정당성과 객관성이 결여되어 재량권을 일탈·남용한 것으로서 위법하다고 볼 여지가 많다는 이유로, 이와 달리 본 원심판단에 법리오해의 잘못이 있다고 한 사례.

 **037** 공법상 계약을 기초로 행정재산에 대한 무상 사용·수익을 신청했다가 거부처분을 받자 그 처분의 취소를 청구한 사건
— 2025. 2. 27. 선고 2024두47890 판결

【사건의 개요와 쟁점】

원고는 피고 측 군부대와 사이에 부대 내 체력단련장에 전자유도카트시스템(이하 '이 사건 시설')을 설치하고 기부채납한 뒤 해당 시설을 운영하면서 얻는 수익금이 설치비용, 금융비용 등을 합산한 금액에 이르러 정산금이 남아 있지 않을 때까지 이 사건 시설과 그 부지를 무상으로 사용·수익하기로 약정함(이하 '이 사건 합의'). 이후 피고는 정산금이 남아 있지 않다는 이유로 원고에게 무상 사용·수익허가 종료 통보를 함. 원고는 정산금이 남아 있다고 주장하면서 이 사건 시설 및 토지의 무상사용을 허가해줄 것을 신청하였는데 피고가 이를 거부하자(이하 '이 사건 처분') 그 처분의 취소를 청구한 사안임

【판시사항 및 판결요지】

[1] 행정재산의 사용허가에 관한 행정청의 재량행위가 사실오인 등에 근거한 경우, 재량권을 일탈·남용한 것으로서 위법한지 여부(적극)

행정청이 행정재산에 대한 사용허가를 할 것인지는 재량행위로서, 재량행위에 대한 법원의 사법심사는 그 행위가 사실오인, 비례·평등의 원칙 위배, 해당 행위의 목적 위반이나 부정한 동기 등에 근거하여 이루어짐으로써 재량권의 일탈·남용이 있는지 여부만을 심사하게 되는 것이나, 법원의 심사 결과 행정청의 재량행위가 사실오인 등에 근거한 것이라고 인정되는 경우에는 이는 재량권을 일탈·남용한 것으로서 위법하여 취소를 면치 못한다.

[2] 공법상 계약 체결에 따른 권리를 취득한 상대방이 권리의 실질적 보장을 위한 방법으로 공법상 계약의 상대방인 행정청을 상대로 수익적 행정행위를 신청한 경우, 행정청은 공법상 계약에 반하지 않는 범위에서 재량권을 행사해야 하는지 여부(원칙적 적극)

공법상 계약 체결에 따른 권리를 취득한 상대방이 그러한 권리의 실질적 보장을 위한 방법의 하나로 공법상 계약의 상대방 측인 행정청을 상대로 수익적 행정행위를 신청하였고 그러한 신청이 공법상 계약에 따른 권리·의무의 이행방식에 위배되는 것이 아니라면, 수익적 행정행위 형식으로 공법상 계약의 권리를 실현시키기 어려운 사정변경이 생겼거나 중대한 공익상의 필요가 발생한 경우와 같이 특별한 사정이 없는 이상, 행정청으로서는 수익적 행정행위에 관한 재량권을 공법상 계약에 반하지 않는 범위에서 행사해야 한다.

【사안의 경우】

피고가 이 사건 처분을 할 때 행사할 수 있는 재량의 내용과 범위도 원고에게 이 사건 시설 및 토지를 무상으로 사용허가하기 어려운 사정변경이 생겼거나 중대한 공익상의 필요가 발생한 것이 아닌 이상 공군 △△△비행단장을 법적으로 구속하는 원고와의 합의 내용에 따라 정해진다고 할 것이다. 피고 스스로도 이를 전제로 이 사건 합의에서 정한 원고의 정산금이 더 이상 남아 있지 않았다는 점을 이 사건 처분의 처분사유로 삼았고, 그 외에 피고가 이 사건 처분에 이르게 된 재량권 행사 과정에서 다른 요소들을 고려하였다고 볼 만한 사정도 없다. 따라서 이 사건 처분에서 원고의 정산금이 남아있는 것으로 판단된다면, 이 사건 처분은 사실오인에 근거한 것으로 재량권 일탈·남용의 위법이 있다고 보아야 하므로, 원심으로서는 원고의 정산금이 남아 있는지를 심리하였어야 했다.

그럼에도 원심은 이 사건 처분에 관하여 피고에게 광범위한 재량권이 있다는 이유만으로 피고가 이 사건 처분에서 제시한 처분사유에 사실오인의 위법이 있는지를 심리하지 않은 채 만연히 이 사건 처분에 재량권 일탈·남용의 위법이 없다고 판단하였다.

이와 같은 원심의 판단에는 재량행위의 처분사유 존부에 관하여 필요한 심리를 다하지 아니한 잘못이 있다. 이 점을 지적하는 원고의 상고이유는 이유 있다.

038 행정청이 한 버스노선 변경명령에 따른 인가 운행거리 연장이 정산처분에 있어 상대방에게 유리함에도 이를 반영하지 않은 상태에서 한 정산처분의 재량권 일탈·남용 여부가 문제된 사건
― 2025. 3. 13. 선고 2024두58692 판결

【판시사항 및 판결요지】

☐ 행정청이 과거 상대방에게 한 특정한 처분으로 그에게 유리한 사실관계가 형성되었음을 인식하고도 이를 반영하지 않은 채 재량권을 행사한 경우, 재량권 일탈·남용에 해당하여 위법한지 여부(적극) 및 행정청이 상대방에게 그와 같은 사실관계에 관한 자료 제출을 요청했으나 그가 이를 제대로 이행하지 않은 경우라도 마찬가지인지 여부(원칙적 적극)

재량행위에 대한 법원의 사법심사는 당해 행위가 사실오인, 비례·평등의 원칙 위배, 당해 행위의 목적 위반이나 부정한 동기 등에 근거하여 이루어짐으로써 재량권을 일탈·남용한 위법이 있는지 여부만을 심사하게 되는 것이나, 법원의 심사 결과 행정청의 재량행위가 사실오인 등에 근거한 것이라고 인정된다면 이는 재량권을 일탈·남용한 것으로서 위법하여 취소를 면치 못한다. 만약 행정청이 과거 상대방에게 한 특정한 처분으로 인하여 그에게 유리한 사실관계가 형성되었음을 인식하고 있었음에도 이를 반영하지 않은 채 재량권을 행사했다면, 이는 행정청의 사실오인에 기초한 것으로서 재량권 일탈·남용에 해당하여 위법하다. 행정청이 상대방에게 그와 같은 사실관계에 관한 자료의 제출을 요청했으나 그가 이를 제대로 이행하지 않은 경우라고 하더라도, 그러한 사정으로 인하여 행정청이 사실오인을 일으켰다는 등의 특별한 사정이 없는 한, 마찬가지이다.

【사안의 경우】

피고(인천광역시장)는 버스준공영제를 실시하여 원고를 포함한 버스운송사업자들에게 실제 지출한 연료비를 재정지원금으로 정산해 주었는데, 표준이동거리와 표준연비에 따라 표준연료비를 산정한 후 실제 지출한 연료비가 표준연료비보다 적으면 차액을 보전하여 주고 표준연료비보다 크면 재정지원금에서 공제하여 왔음. 피고가 원고에 대하여 표준이동거리를 연장하는 내용의 버스노선 개선명령을 하였음에도 이를 반영하지 않은 채 표준연료비를 산정한 후 원고가 수령하여야 할 재정지원금에서 초과지급된 표준연료비를 공제하는 내용의 정산처분을 하자 원고가 그 처분의 취소를 구한 사안임

원심은, 원고가 표준이동거리 연장에 관한 자료를 제때 제대로 제출하지 않았는바, 표준이동거리 연장이 반영되지 않은 것은 원고에게 책임 있는 사유에 의한 것이라고 보아야 하므로, 피고의 정산처분이 적법하다고 판단하였음

대법원은 위와 같은 법리를 설시하면서, 원고가 표준이동거리 연장에 관한 자료를 제때 제

대로 제출하지 않았다고 하더라도 표준이동거리 연장은 피고의 처분에 따른 것으로 피고가 인식하고 있었던 사실관계임에도 이를 반영하지 않은 채 정산처분을 한 것은 원고의 자료 미제출 내지 지연제출로 인하여 피고가 사실오인을 일으켰다는 등의 특별한 사정이 없는 이상 재량권 일탈·남용에 해당한다고 보아, 이와 달리 판단한 원심을 파기·환송함

대인적 행정행위와 대물적 행정행위

039 대물적 처분
- 2022. 1. 27. 선고 2020두39365 판결

【사건의 개요와 쟁점】

원고는 2010. 7. 12. 서울 용산구 (주소 1 생략)에서 의사 소외 1과 함께 '○○○○이비인후과의원'(이하 '이 사건 의원'이라 한다)을 개설하여 운영한 의사이다. 이 사건 의원의 개설자는 2011. 1. 3.경 원고와 의사 소외 2로 변경되었고, 그들은 2014. 5. 7.경 이 사건 의원을 폐업하였다. 그 후 원고는 2014. 7. 5.경 세종시 (주소 2 생략)에서 '△△△이비인후과의원'을 개설하여 운영하고 있다.

피고는 2017. 5. 29. 원고에게 '원고와 소외 2는 2011. 5.부터 2011. 9.까지 이 사건 의원을 개설·운영하면서 국민건강보험법 제42조 제1항에 따라 요양급여는 의료법에 따라 개설된 의료기관 등에서 실시하여야 그 비용을 청구할 수 있음에도 이 사건 의원이 아닌 □□□□□□□타운에서 수진자들을 진료한 다음 그 진찰료를 요양급여비용으로 청구하고 위 진료에 관한 원외처방전을 요양급여대상으로 발급하여 약국 약제비를 청구하도록 함으로써 국민건강보험공단에 합계 2,570,180원의 요양급여비용을 부담하게 하였다.'는 이유로 구 국민건강보험법(2011. 12. 31. 법률 제11141호로 전부 개정되기 전의 것, 이하 같다) 제85조 제1항 제1호에 근거하여 '△△△이비인후과의원'의 업무를 10일 동안 정지하는 처분(이하 '이 사건 처분'이라 한다)을 하였다.

이 사건의 쟁점은, 구 국민건강보험법 제85조 제1항 제1호의 요양기관 업무정지처분의 법적 성격 및 대상과 관련하여 폐업한 요양기관에서 발생한 위반행위를 이유로 그 요양기관의 개설자가 새로 개설한 요양기관에 대하여 업무정지처분을 할 수 있는지 여부이다.

【판시사항 및 판결요지】

☐ 구 국민건강보험법 제85조 제1항 제1호에 따른 요양기관 업무정지처분의 법적 성격(=대물적 처분) 및 대상(=요양기관의 업무 자체) / 속임수나 그 밖의 부당한 방법으로 보험자에게 요양급여비용을 부담하게 한 요양기관이 폐업한 경우, 그 요양기관 및 폐업 후 그 요양기관의 개설자가 새로 개설한 요양기관에 대하여 업무정지처분을 할 수 있는지 여부(소극)

구 국민건강보험법(2011. 12. 31. 법률 제11141호로 전부 개정되기 전의 것, 이하 같다) 제40조 제1항, 제85조 제1항 제1호, 제85조의2 제1항, 국민건강보험법 제98조 제1항 제1호, 구 국민건강보험법 시행령(2012. 8. 31. 대통령령 제24077호로 전부 개정되기 전의 것) 제21조 제1항 제4호, 제3항, 구

의료법(2016. 5. 29. 법률 제14220호로 개정되기 전의 것, 이하 같다) 제33조 제3항, 제36조, '업무정지처분에 갈음한 과징금 적용기준'(2008. 11. 26. 보건복지가족부고시 제2008-153호) 제2조 제2호 ㈐목을 종합하면, 요양기관이 속임수나 그 밖의 부당한 방법으로 보험자에게 요양급여비용을 부담하게 한 때에 구 국민건강보험법 제85조 제1항 제1호에 의해 받게 되는 요양기관 업무정지처분은 의료인 개인의 자격에 대한 제재가 아니라 요양기관의 업무 자체에 대한 것으로서 대물적 처분의 성격을 갖는다. 따라서 속임수나 그 밖의 부당한 방법으로 보험자에게 요양급여비용을 부담하게 한 요양기관이 폐업한 때에는 그 요양기관은 업무를 할 수 없는 상태일 뿐만 아니라 그 처분대상도 없어졌으므로 그 요양기관 및 폐업 후 그 요양기관의 개설자가 새로 개설한 요양기관에 대하여 업무정지처분을 할 수는 없다.

이러한 해석은 침익적 행정행위의 근거가 되는 행정법규는 엄격하게 해석·적용하여야 하고, 입법 취지와 목적 등을 고려한 목적론적 해석이 전적으로 배제되는 것이 아니라고 하더라도 그 해석이 문언의 통상적인 의미를 벗어나서는 아니 된다는 법리에도 부합한다. 더군다나 구 의료법 제66조 제1항 제7호에 의하면 보건복지부장관은 의료인이 속임수 등 부정한 방법으로 진료비를 거짓 청구한 때에는 1년의 범위에서 면허자격을 정지시킬 수 있고 이와 같이 요양기관 개설자인 의료인 개인에 대한 제재수단이 별도로 존재하는 이상, 위와 같은 사안에서 제재의 실효성 확보를 이유로 구 국민건강보험법 제85조 제1항 제1호의 '요양기관'을 확장해석할 필요도 없다.

【사안의 경우】

속임수나 그 밖의 부당한 방법으로 보험자에게 요양급여비용을 부담하게 한 요양기관이 폐업한 때에는 그 요양기관뿐만 아니라 요양기관의 개설자가 새로 개설한 요양기관에 대하여 업무정지처분을 할 수 없음에도 이 사건 처분은 이 사건 의원 폐업 후 원고가 새로 개설하여 운영하고 있는 요양기관에 대하여 이루어진 것으로 처분의 대상이 아닌 다른 요양기관에 대한 처분이므로 위법하다.

부관

040 도로관리청이 도로점용을 허가하면서 부가한 조건을 그 점용허가 대상 도로가 아닌 다른 도로의 관리청이 원용할 수 있는지 여부가 문제된 사건
— 2024. 10. 31. 선고 2022다250626 판결

【판시사항 및 판결요지】

도로법 제90조 제1항에 규정된 '도로점용허가에 특별한 조건이 있는 경우'의 의미

도로법에 의하면 '도로공사'는 도로의 신설, 확장, 개량 및 보수 등을 하는 공사를(제2조 제7호), '타공사'는 도로공사 외의 공사를(제35조 제1항), '부대공사'는 도로공사로 인하여 필요하게 된 타공사나 도로공사를 시행하기 위하여 필요하게 된 타공사를(제34조 제1항) 의미한다. 한편 도로에 관한 비용과 관련하여, 도로법 제85조 제1항 전단은 '이 법 또는 다른 법률에 특별한 규정이 있는 경우 외에는 도로관리청이 국토교통부장관인 도로에 관한 것은 국가가 부담하고, 그 밖의 도로에 관한 것은 해당 도로의 도로관리청이 속해 있는 지방자치단체가 부담한다'고 규정하고, 제90조 제1항은 '부대공사의 비용은 부대공사를 실시하기 위한 도로에 대한 도로점용허가에 특별한 조건이 있는 경우 외에는 그 부대공사가 필요하게 된 범위에서 이 법에 따라 도로에 관한 비용을 부담하여야 할 자가 그 전부 또는 일부를 부담한다'고 규정하고 있다.

도로관리청이 도로점용을 허가하면서 부가하는 조건은 수익적 행정행위의 주된 내용에 덧붙여 그 행정행위 상대방에게 작위, 부작위, 수인 등 의무를 부과하는 부관의 일종으로서 특별한 사정이 없는 한 그 의무의 이행상대방은 수익적 행정행위를 한 행정청으로 한정되는 점, 도로법상 도로에 관한 비용의 부담 주체 결정과 관련된 예외 규정은 제한적으로 엄격하게 해석할 필요가 있는 점, 원칙적으로 비용 발생의 원인을 제공한 자로 하여금 그 비용을 부담하게 하는 것이 도로법의 다른 규정 및 원인자부담금 부과에 관한 다른 법률의 관련 규정 해석·적용과도 부합하는 점, 그 밖에 도로법상 도로점용허가에 관한 규정의 내용과 성격, 취지 등을 종합하여 볼 때, 도로점용허가 대상 도로가 아닌 다른 도로의 관리청이 그의 필요에 따라 도로점용허가 대상 도로에 관한 공사를 시행하는 경우에는 당초 도로점용허가를 한 처분청과 처분상대방 사이의 공사비용 부담 주체 결정에 관한 부관인 조건을 원용할 수 없다고 봄이 타당하다.

【사안의 경우】

원고(전라남도)는 이 사건 국도와 연결된 이 사건 지방도의 도로관리청임. 피고(한국수자원공사)는 광역상수도시설 등을 설치하여 생활용수 등을 공급하는 공공기관으로, 이 사건 국도 하부에 이 사건 상수도관을 매설하여 관리하고 있는 자로, 이 사건 상수도관 매설 구간에 대하여 위 국도의 도로관리청인 익산지방국토관리청(이하 '익산청')으로부터 도로점용허가를 받았는데, 그 허가조건에는 '국가계획이나 공익상 필요하여 점용물을 이전할 때에는 피허가자 부담으로 이전하여야 한다'는 내용이 포함되어 있음(이하 '이 사건 도로점용허가조건'). 원고는 이 사건 지방도를 확장하는 공사를 발주하였는데, 이로 인해 이 사건 상수도관의 이설이 필요하게 되었음. 원고는 확장공사의 지연을 우려하여 우선 이설비용을 부담한 뒤, 피고를 상대로 부당하게 이설비용 상당액 등의 이득을 얻었다고 주장하면서 부당이득반환을 청구함

원심은, 이 사건 도로점용허가조건을 원용할 수 있는 도로관리청이 그 도로의 점용을 허가한 '당해' 도로관리청인 익산청으로만 국한된다고 보기 어렵고, 도로법상 지방도의 관리청인 원고 역시 이를 원용하여 피고에게 비용 부담을 요구할 수 있다고 판단하였음

대법원은 위와 같은 법리를 설시하면서, 피고의 국도 1호선 도로점용을 허가한 도로관리청이 아닌 원고로서는 이 사건 지방도 확장공사의 부대공사 비용 부담에 관한 도로법 제90조 제1항의 적용과 관련하여 위 도로점용허가에 부가된 조건을 원용할 수 없다고 보아, 이와 달리 판단한 원심을 파기·환송함

행정행위의 효력

 041 구성요건적효력과 선결문제 (운전면허취소와 무면허운전죄)
— 2021. 9. 16. 선고 2019도11826 판결

☐ 자동차 운전면허 취소처분을 받은 사람이 자동차를 운전하였으나 운전면허 취소처분의 원인이 된 교통사고 또는 법규 위반에 대하여 범죄사실의 증명이 없는 때에 해당한다는 이유로 무죄판결이 확정된 경우, 취소처분이 취소되지 않았더라도 도로교통법에 규정된 무면허운전의 죄로 처벌할 수 있는지 여부(소극)

구 도로교통법(2020. 6. 9. 법률 제17371호로 개정되기 전의 것) 제93조 제1항 제1호에 의하면, 지방경찰청장은 운전면허를 받은 사람이 같은 법 제44조 제1항을 위반하여 술에 취한 상태에서 자동차를 운전한 경우 행정안전부령으로 정하는 기준에 따라 운전면허를 취소하거나 1년 이내의 범위에서 운전면허의 효력을 정지시킬 수 있다. 그러나 자동차 운전면허가 취소된 사람이 그 처분의 원인이 된 교통사고 또는 법규 위반에 대하여 혐의없음 등으로 불기소처분을 받거나 무죄의 확정판결을 받은 경우 지방경찰청장은 구 도로교통법 시행규칙(2020. 12. 10. 행정안전부령 제217호로 개정되기 전의 것) 제91조 제1항 [별표 28] 1. 마.항 본문에 따라 즉시 그 취소처분을 취소하고, 같은 규칙 제93조 제6항에 따라 도로교통공단에 그 내용을 통보하여야 하며, 도로교통공단도 즉시 취소당시의 정기적성검사기간, 운전면허증 갱신기간을 유효기간으로 하는 운전면허증을 새로이 발급하여야 한다.

그리고 행정청의 자동차 운전면허 취소처분이 직권으로 또는 행정쟁송절차에 의하여 취소되면, 운전면허 취소처분은 그 처분 시에 소급하여 효력을 잃고 운전면허 취소처분에 복종할 의무가 원래부터 없었음이 확정되므로, 운전면허 취소처분을 받은 사람이 운전면허 취소처분이 취소되기 전에 자동차를 운전한 행위는 도로교통법에 규정된 무면허운전의 죄에 해당하지 아니한다.

위와 같은 관련 규정 및 법리, 헌법 제12조가 정한 적법절차의 원리, 형벌의 보충성 원칙을 고려하면, 자동차 운전면허 취소처분을 받은 사람이 자동차를 운전하였으나 운전면허 취소처분의 원인이 된 교통사고 또는 법규 위반에 대하여 범죄사실의 증명이 없는 때에 해당한다는 이유로 무죄판결이 확정된 경우에는 그 취소처분이 취소되지 않았더라도 도로교통법에 규정된 무면허운전의 죄로 처벌할 수는 없다고 보아야 한다.

무효와 취소의 구별

 주택재개발정비사업 정비구역에 포함된 국·공유재산 중 일반재산을 점유·사용한 사업시행자에 대한 변상금 부과처분이 당연무효인지 여부가 문제된 사건
— 2024. 10. 8. 선고 2023다210991 판결

【판시사항 및 판결요지】

[1] 국·공유재산을 점유하거나 사용·수익을 정당화할 법적 지위에 있는 자에 대하여 이루어진 변상금 부과처분이 당연무효인지 여부(적극)

국유재산법 제72조 제1항 본문, 제2조 제9호, 공유재산법 제81조 제1항 본문, 제2조 제9호가 사용허가나 대부계약 없이 국유재산 또는 공유재산을 사용·수익하거나 점유한 자에 대하여 그 재산에 대한 사용료 또는 대부료의 100분의 120에 상당하는 변상금을 징수하도록 규정한 것은, 국유재산 또는 공유재산에 대한 점유나 사용·수익 자체가 법률상 아무런 권원 없이 이루어진 경우에는 정상적인 사용료나 대부료를 징수할 수 없기 때문에 그 사용료나 대부료 대신에 변상금을 징수한다는 취지라고 풀이되므로, 점유나 사용·수익을 정당화할 법적 지위에 있는 자에 대하여는 그 규정이 적용되지 않고, 위와 같은 법적 지위에 있는 자에 대하여 이루어진 변상금 부과처분은 당연무효이다.

[2] 주택재개발정비사업 사업시행계획상 정비구역에 포함된 일반재산이 사업시행자에게 양도되기로 예정된 경우, 사업시행자가 사업시행인가 후 일반재산에 대한 사용·수익을 정당화할 법적 지위에 있는지 여부(원칙적 적극)

사업시행계획상 정비구역에 포함된 일반재산이 사업시행자에게 양도되는 것으로 예정되어 있다면, 그 일반재산의 사용관계에 관하여 달리 정해진 내용이 있다는 등의 특별한 사정이 없는 한 사업시행자는 사업시행인가가 이루어진 때부터 그 일반재산의 소유권을 취득하기에 상당한 기간 동안 자신의 사용·수익을 정당화할 법적 지위에 있다고 보아야 한다.

【사안의 경우】

주택재개발정비사업의 사업시행자인 원고는 사업시행인가를 받은 경우 정비구역 내에 포함된 국·공유재산 중 일반재산인 토지(이하 '쟁점 토지')를 점유·사용하더라도 무단점유에 해당하지 않아 그에 대한 변상금 부과처분이 당연무효라고 주장하면서, 피고를 상대로 납부한 변상금에 대한 부당이득반환을 청구함

원심은, 사업시행자가 정비구역 내 일반재산을 점유하더라도 관리처분계획인가·고시 이후부터는 그 점유가 적법하므로, 일반재산의 점유에 대한 변상금 부과처분 중 관리처분계획인가·고시 시점 이후 부분은 당연무효라고 판단하였음

대법원은 위와 같은 법리를 설시하면서, 이 사건 사업시행인가 당시 사업시행계획에 일반재산인 쟁점 토지가 모두 원고에게 양도될 것으로 예정되어 있었고, 그 후 실제로 원고에게 양도되었으며, 사업시행인가 당시 일반재산의 사용관계에 관하여 달리 정한 바도 없으므로, 해당 일반재산의 점유를 이유로 한 원고에 대한 변상금 부과처분은 점유나 사용·수익을 정당화할 법적 지위에 있는 자에 대하여 이루어진 것으로서 당연무효라고 보아, 원심을 수긍하여 상고를 기각함

하자의 승계

하자의 승계 인정 여부 (표준지공시지가와 과세처분 사이)
– 2022. 5. 13. 선고 2018두50147 판결

[1] 표준지로 선정된 토지의 표준지공시지가에 대한 불복방법 및 그러한 절차를 밟지 않은 채 토지 등에 관한 재산세 등 부과처분의 취소를 구하는 소송에서 표준지공시지가결정의 위법성을 다투는 것이 허용되는지 여부(원칙적 소극)

표준지로 선정된 토지의 표준지공시지가를 다투기 위해서는 처분청인 국토교통부장관에게 이의를 신청하거나 국토교통부장관을 상대로 공시지가결정의 취소를 구하는 행정심판이나 행정소송을 제기해야 한다. 그러한 절차를 밟지 않은 채 토지 등에 관한 재산세 등 부과처분의 취소를 구하는 소송에서 표준지공시지가결정의 위법성을 다투는 것은 원칙적으로 허용되지 않는다.

[2] 갑 주식회사가 강제경매절차에서 표준지로 선정된 토지를 대지권의 목적으로 하는 집합건물 중 구분건물 일부를 취득하자, 관할 구청장이 재산세를 부과한 사안에서, 위 부동산에 대한 시가표준액이 감정가액과 상당히 차이가 난다는 등의 이유로 시가표준액 산정이 위법하다고 본 원심판결에 법리오해 등의 잘못이 있다고 한 사례

갑 주식회사가 강제경매절차에서 표준지로 선정된 토지를 대지권의 목적으로 하는 집합건물 중 구분건물 일부를 취득하자, 관할 구청장이 재산세를 부과한 사안에서, 위 토지는 표준지로서 시가표준액은 표준지공시지가결정에 따라 그대로 정해지고, 위 건축물에 대한 시가표준액은 거래가격 등을 고려하여 정한 기준가격에 건축물의 구조, 용도, 위치와 잔존가치 등 여러 사정을 반영하여 정한 기준에 따라 결정되므로, 법원이 위 건축물에 대한 시가표준액 결정이 위법하다고 판단하기 위해서는 위 각 산정 요소의 적정 여부를 따져보아야 하는데, 이를 따져보지 않은 채 단지 위 건축물에 대한 시가표준액이 그 감정가액과 상당히 차이가 난다거나 위 건축물의 시가표준액을 결정할 때 위치지수로 반영되는 위 토지의 공시지가가 과도하게 높게 결정되었다는 등의 사정만으로 섣불리 시가표준액 결정이 위법하다고 단정할 수 없으므로, 위 부동산에 대한 시가표준액이 감정가액과 상당히 차이가 난다는 등의 이유로 시가표준액 산정이 위법하다고 본 원심판결에 법리오해 등의 잘못이 있다고 한 사례.

044 무효인 체류자격 취소처분(선행처분)의 하자와 출국명령 취소(후행처분)의 하자
― 대구지방법원 2024. 1. 10. 선고 2023구단11356 판결

우즈베키스탄 국적의 외국인 갑이 대한민국 국민 을과 혼인하여 결혼이민 체류자격 허가를 받아 대한민국에 입국한 뒤 영주 체류자격으로 변경허가를 받아 체류해오다 을과 협의이혼 하였는데, 이후 을과의 위장결혼이 의심되어 실시한 실태조사 결과 갑이 정상적인 혼인상태가 아님이 명백함에도 불구하고 부정한 방법으로 영주 체류자격을 취득하였다고 판단하여 관할 출입국·외국인사무소 출장소장이 출입국관리법 제89조의2 제1항 제1호에 따른 갑의 영주 체류자격 허가 취소와 같은 법 제68조 제1항 제3호의2에 따른 출국명령을 하며, 출석요청에 따라 사무소를 방문한 갑에게 구두로 영주 체류자격이 취소되었다고 통보하였을 뿐 체류자격 취소처분의 처분서를 교부하지 않고, 출국명령의 처분서만을 교부한 사안이다.

위 출국명령은 갑에 대한 영주 체류자격이 적법하게 취소되었을 것을 전제로 하는 것이어서 체류자격 취소처분과 출국명령은 선행처분과 후행처분의 관계에 있는데,

① 체류자격 취소처분의 경우 '처분서 작성·교부' 절차를 거치기 곤란하거나 거칠 필요가 없다고 보기 어렵고, 출장소장이 '처분서 작성·교부' 절차에 준하는 절차를 거쳤다고 볼 만한 증거도 없으며, 구 출입국관리법 시행령(2023. 12. 12. 대통령령 제33918호로 개정되기 전의 것) 제94조 제1항에서 '체류자격 취소처분을 한 때에는 해당 외국인에게 그 취소 사실을 알려야 한다.'는 부분은 '처분서 작성·교부' 절차를 대체하는 규정이라고 볼 수 없고, '그 뜻을 여권에 적을 수 있다.'는 부분은 체류자격 취소처분의 후속절차를 규정한 것으로 보여 '처분서 작성·교부' 절차에 준하는 절차를 규정하고 있는 것으로 보기도 어려우므로, 체류자격 취소처분에는 행정절차법 제24조 제1항에서 정한 '처분서 작성·교부'에 관한 사항이 그대로 적용된다고 봄이 타당한 점,

② 체류자격 취소처분 시 '처분서 작성·교부' 절차를 준수하지 못할 긴급한 사정이 있다거나 그것이 공공의 안전 또는 복리와 관계된다고 보기 어려워, 행정절차법 제24조 제2항에서 정한 '공공의 안전 또는 복리를 위하여 긴급히 처분을 할 필요가 있는 경우'에 해당한다고 보기 어렵고, 출장소장 또한 체류자격 취소처분의 처분서를 교부하지 아니한 경우에 관하여 공공의 안전 또는 복리를 위한 긴급한 사정이 있었다고 주장하는 것이 아니라, 갑의 의견진술 절차가 일과시간 이후까지 진행되면서 담당공무원의 실수가 있었다고 주장할 뿐이므로, 출장소장이 갑에게 처분서를 교부함에 있어 어떠한 장애가 있었다고 보기도 어려운 점,

③ 행정절차법 제24조 제2항은 '사안이 경미한 경우'를 '처분서 작성·교부' 절차의 예외로 규정하고 있는데, 체류자격이 취소될 경우 해당 외국인은 강제퇴거(출입국관리법 제46조 제1항 제

8호), 출국명령(출입국관리법 제68조 제1항 제3호)의 대상이 되므로, 이러한 불이익을 고려할 때 일반체류자격에 관한 체류자격 취소처분의 경우에도 행정절차법 제24조 제2항에서 정한 '사안이 경미한 경우'에 해당한다고 보기 어렵고, 더욱이 출입국관리법령은 체류자격 가운데 영주자격을 가진 외국인에 대하여 그 권리를 더욱 두텁게 보호하고 있어, 체류자격 가운데서도 영주자격 취소는 자격 소지 외국인의 대한민국 내 체류 및 활동에 관한 권리를 중대하게 제한하는 것에 해당하여 일반체류자격 취소와 비교하여 행정절차법 제24조 제1항 등에 기한 절차적 권리가 보다 엄격하게 보장되어야 하는 점 등을 종합하면, 선행처분인 체류자격 취소처분은 행정절차법 제24조 제1항을 위반한 것으로서 그 하자가 중대·명백하여 당연무효에 해당하므로, 이를 기초로 이루어진 후행처분인 출국명령도 위법하다고 한 사례이다.

소급효

045 노동조합의 운영비원조금지조항이 형벌에 관한 법률조항에 해당하여 헌법불합치결정에 따라 소급하여 효력을 상실하는지 여부가 문제된 사건
— 2024. 9. 27. 선고 2018재두178 판결

【판시사항 및 판결요지】

[1] 구 노동조합 및 노동관계조정법 제31조 제3항과 결합된 같은 법 제81조 제4호 중 '노동조합의 운영비를 원조하는 행위'에 관한 부분이 형벌에 관한 법률조항에 해당하는지 여부(소극)

구 노동조합 및 노동관계조정법(2020. 6. 9. 법률 제17432호로 개정되기 전의 것, 이하 '구 노동조합법'이라 한다) 제81조는 운영비원조행위를 포함한 '부당노동행위'에 대해서 규정하고, 같은 법 제31조 제3항은 "행정관청은 단체협약 중 위법한 내용이 있는 경우에는 노동위원회의 의결을 얻어 그 시정을 명할 수 있다."라고 규정한다.

구 노동조합법 제81조 제4호 중 '노동조합의 운영비를 원조하는 행위'에 관한 부분(이하 '운영비원조금지조항'이라 한다)은 노동조합법상 금지되는 '부당노동행위'를 규정한 조항으로서 범죄의 성립과 처벌에 관한 내용을 포함하고 있지 않고, 구 노동조합법 제31조 제3항은 행정관청의 처분인 시정명령에 대한 규정이다. 따라서 구 노동조합법 제31조 제3항과 결합된 운영비원조금지조항은 형벌에 관한 법률조항에 해당하지 않는다.

[2] 비형벌조항에 대하여 잠정적용 헌법불합치결정이 선고되었으나 위헌성이 제거된 개선입법이 이루어지지 않은 채 개정시한이 지나 법률조항의 효력이 상실된 경우, 그 효과가 장래를 향해서만 미치는지 여부(적극) / 개정시한이 지난 후 개선입법이 이루어졌으나 소급효를 규정하는 경과규정을 두고 있지 않은 경우, 법원은 헌법불합치결정에서 정한 개정시한까지는 종전 법률을 그대로 적용하여 재판해야 하는지 여부(적극)

비형벌조항에 대하여 잠정적용 헌법불합치결정이 선고되었으나 위헌성이 제거된 개선입법이 이루어지지 않은 채 개정시한이 지남으로써 법률조항의 효력이 상실되었다면 그 효과는 장래를 향해서만 미친다. 개정시한이 지난 후 개선입법이 이루어졌으나 소급효를 규정하는 경과규정을 두고 있지 아니한 경우에 법원으로서는 헌법불합치결정에서 정한 개정시한까지는 종전의 법률을 그대로 적용하여 재판할 수밖에 없다.

한편 금지규정과 그 위반에 대한 행정처분 또는 처벌규정이 각기 독립된 조항으로 규정되어 있다면 행정처분의 근거가 되는 금지규정과 처벌규정의 구성요건이 되는 금지규정은 달리 평가하는 것이 원칙이다. 따라서 운영비원조금지조항의 위반을 이유로 피고가 명한 시정명령의 적법성을 판단하는 이 사건에서 이를 형벌에 관한 조항으로 나아가 판단할 수는 없고, 운영비원조금지조항은 소급하여 그 효력이 상실되지 아니한다.

따라서 재심대상판결이 운영비원조금지조항을 그대로 적용하여 원고의 상고를 기각하였다고 하여 재심대상판결에 재심사유가 있다고 할 수 없다.

【사안의 경우】

산별노동조합인 원고가 회사와 체결한 단체협약에 회사로부터 조합사무실과 집기 및 비품 등을 제공받는 내용의 조항(이하 '시설·편의제공조항')이 포함되어 있었고, 피고(대전지방고용노동청 천안지청장)는 시설·편의제공조항이 구 노동조합법 제81조 제4호에 위반된다는 이유로 같은 법 제31조 제3항에 따라 시정명령을 하였음. 원고가 피고를 상대로 위 시정명령의 취소를 구하는 소를 제기하여, 시설·편의제공조항에 대한 시정명령은 적법하다는 취지의 재심대상판결이 확정됨. 그 후 노동조합의 운영비원조금지조항에 대해 잠정적용 헌법불합치결정이 내려지고 운영비원조금지조항이 개정시한을 경과하여 위 헌법불합치결정 취지에 따라 개정되었는데 부칙에 개정 법률조항의 소급적용에 관한 경과규정은 두지 않았음. 원고는 운영비원조금지조항이 형사처벌의 구성요건을 이루는 규정으로서 위 헌법불합치결정에 의하여 소급하여 효력을 상실한다고 주장하면서 재심을 청구함

대법원은 위와 같은 법리를 설시하면서, 원고의 재심사유를 인정하지 않고 재심청구를 기각함

 개정 「공익사업을 위한 토지 등의 취득 및 보상에 관한 법률」의 적용에 따른 환매권 발생 여부가 문제된 사건

— 2024. 10. 8. 선고 2024다241510 판결

【판시사항 및 판결요지】

☐ 구 「공익사업을 위한 토지 등의 취득 및 보상에 관한 법률」(2021. 8. 10. 법률 제18386호로 개정되기 전의 것, 이하 '구 토지보상법') 제91조 제1항에 대한 헌법불합치 결정 이전에 환매권 발생기간이 경과하였고, 토지의 공공필요가 소멸되어 환매권이 발생요건이 충족된 후 개정 토지보상법(2021. 8. 10. 법률 제18386호로 개정된 것) 시행 이전에 구 토지보상법 제91조 제1항에 따른 제척기간도 경과한 경우, 개정 토지보상법 제91조 제1항을 적용하여 환매권이 인정되는지 여부(소극)

헌법불합치결정이 선고된 경우 위헌결정과 달리 입법개선을 기다려 개선된 입법을 소급적으로 적용함으로써 합헌적 상태를 회복할 수 있으나, 헌법불합치결정도 위헌결정의 일종이므로 그 결정의 효력은 결정이 있는 날로부터 발생하고, 위헌결정의 경우와 같은 범위에서 소급효가 인정된다. 따라서 헌법불합치결정에 따른 개선입법이 소급적용되는 범위도 위헌결정에서 소급효가 인정되는 범위와 같으므로, 특별한 사정이 없는 한 헌법불합치결정 당시의 시점까지 소급되는 것이 원칙이라 할 것이다.

이 사건 부칙조항은 이미 환매권이 발생하여 이를 행사할 수 있는 경우에도 환매권의 행사기간 등에 관하여 개정 토지보상법의 적용을 확장하는 조항에 해당할 뿐 개정 토지보상법의 소급적용을 제한하기 위한 규정으로는 볼 수 없다. 따라서 이 사건 부칙조항을 근거로 개정 토지보상법 제91조 제1항의 적용범위가 제한될 수는 없다.

그러나 이 사건 헌법불합치 결정일 이전에 토지의 협의취득일 또는 수용의 개시일부터 10년이 경과하여 구 토지보상법2)에 따른 환매권의 발생기간이 경과하였을 뿐만 아니라 토지의 공공필요가 소멸되어 환매권의 발생요건이 충족된 후 개정 토지보상법 시행 이전에 구 토지보상법 제91조 제1항에 따른 제척기간마저 경과하여 환매권이 소멸하였다면 이 사건 헌법재판소 결정과 무관하게 개정 토지보상법 시행 당시 환매권의 행사가능성이 확정적으로 차단되어 개정 토지보상법이 적용될 수 없다.

【사안의 경우】

피고(대한민국)는 1975. 12. 22. 원고들 측으로부터 군사시설 설치를 위한 공익사업을 위해 이

---

2) 구 토지보상법 제91조(환매권) ① 토지의 협의취득일 또는 수용의 개시일(이하 이 조에서 "취득일"이라 한다)부터 10년 이내에 해당 사업의 폐지·변경 또는 그 밖의 사유로 취득한 토지의 전부 또는 일부가 필요 없게 된 경우 취득일 당시의 토지소유자 또는 그 포괄승계인(이하 "환매권자"라 한다)은 그 토지의 전부 또는 일부가 필요 없게 된 때부터 1년 또는 그 취득일부터 10년 이내에 그 토지에 대하여 받은 보상금에 상당하는 금액을 사업시행자에게 지급하고 그 토지를 환매할 수 있다.

사건 토지에 관하여 협의취득을 원인으로 한 소유권이전등기를 마쳤는데, 2011. 11.경 이 사건 토지의 공공필요가 소멸되었음. 헌법재판소는 2020. 11. 26. 구 토지보상법 제91조 제1항 중 환매권의 발생기간을 제한하고 있는 '토지의 협의취득일 또는 수용의 개시일부터 10년 이내에' 부분에 대한 헌법불합치결정을 하면서 입법자가 개정할 때까지 위 법률조항의 적용중지를 명하였음(이하 '이 사건 헌법불합치 결정'). 그 후 위 조항은 '사업이 폐지·변경된 날 또는 사업의 폐지 변경 고시가 있는 날로부터 10년 이내에 그 토지를 환매할 수 있다'고 개정됨. 개정 토지보상법 부칙 제1조는 "이 법은 공포한 날부터 시행한다."라고 규정하고, 부칙 제3조(이하 '이 사건 부칙조항')는 "제91조 제1항의 개정규정은 이 법 시행 당시 환매권을 행사할 수 있는 경우에도 적용한다."라고 규정함. 원고들은 피고에게 개정 토지보상법에 따라 환매를 원인으로 한 소유권이전등기절차의 이행을 청구함

원심은, 이 사건 부칙조항은 '개정 토지보상법 시행 당시 구 토지보상법 제91조 제1항에 따른 환매권의 행사요건을 충족하고 있었던 경우에는 개정 토지보상법 제91조 제1항에 따라 연장된 환매권의 행사기간을 적용한다'는 취지의 규정이라고 보면서 이 사건의 경우 개정 토지보상법 시행일인 2021. 8. 10. 기준으로 구 토지보상법 제91조 제1항에 따른 환매권의 행사기간이 이미 도과하여 개정 토지보상법은 소급적용되지 않고 구 토지보상법 제91조 제1항이 적용된다고 판단하였음

대법원은 위와 같은 법리를 설시하면서, 이 사건의 경우 이 사건 헌법불합치 결정 당시 이 사건 각 토지의 협의취득일로부터 10년이 경과하여 구 토지보상법에 따른 환매권의 발생기간이 이미 경과하였을 뿐만 아니라 2011. 11.경 이 사건 각 토지의 공공필요가 소멸되어 환매권 발생요건이 충족되었음에도 원고들 측이 이 사건 각 토지가 필요 없게 된 때로부터 1년 이내인 2012. 11.경까지 피고에게 적법하게 환매권을 행사하였다고 볼 자료가 없어 원고들의 환매권은 구 토지보상법 제91조 제1항에 따른 제척기간의 경과로 소멸되었다고 봄이 상당하므로, 개정 토지보상법 시행 당시 원고들의 환매권 행사가능성은 확정적으로 차단되어 개정 토지보상법이 적용되지 않고 구 토지보상법이 적용된다고 판단하여, 원심의 이유 설시에 일부 부적절한 부분이 있으나, 결국 원고들의 환매권은 구 토지보상법에 따라 소멸하였다고 본 원심의 결론은 정당하다고 보아, 원고들의 청구를 기각한 원심을 수긍하여 상고를 모두 기각함

행정계획

 도시계획시설결정 해제신청거부처분 취소 청구
― 2023. 11. 16. 선고 2022두61816 판결 ★

☐ 행정계획의 의미 / 행정주체가 행정계획을 입안·결정할 때 광범위한 형성의 자유를 가지는지 여부(적극) 및 그 한계 / 행정주체가 행정계획을 입안·결정하면서 이익형량을 하지 않거나 이익형량의 고려 대상에 포함해야 할 사항을 누락한 경우 또는 이익형량을 했으나 정당성·객관성이 결여된 경우, 행정계획결정이 위법한지 여부(적극) / 도시관리계획결정과 관련하여 재량권 일탈·남용 여부를 판단하는 방법 / 자연환경 보호 등을 목적으로 하는 도시관리계획결정은 행정청의 재량적 판단으로서 폭넓게 존중해야 하는지 여부(원칙적 적극)

행정계획이란 행정에 관한 전문적·기술적 판단을 기초로 하여 도시의 건설·정비·개량 등과 같은 특정한 행정목표를 달성하기 위하여 서로 관련되는 행정수단을 종합·조정함으로써 장래의 일정한 시점에 일정한 질서를 실현하기 위한 활동기준으로 설정된 것이다.

도시공원 및 녹지 등에 관한 법률(이하 '공원녹지법'이라 한다) 등 관계 법령에는 추상적인 행정목표와 절차만이 규정되어 있을 뿐 행정계획의 내용에 대하여는 별다른 규정을 두고 있지 않으므로 행정주체는 구체적인 행정계획을 입안·결정하면서 비교적 광범위한 형성의 자유를 가진다.

하지만 행정주체가 가지는 이와 같은 형성의 자유는 무제한적인 것이 아니라 행정계획에 관련되는 자들의 이익을 공익과 사익 사이에서는 물론이고 공익 상호 간과 사익 상호 간에도 정당하게 비교교량해야 한다는 제한이 있다.

따라서 행정주체가 행정계획을 입안·결정하면서 이익형량을 전혀 행하지 않거나 이익형량의 고려 대상에 마땅히 포함시켜야 할 사항을 누락한 경우 또는 이익형량을 하였으나 정당성과 객관성이 결여된 경우에는 그 행정계획결정은 형량에 하자가 있어 위법하다.

공원녹지의 확충·관리·이용 등 쾌적한 도시환경의 조성 등을 목적으로 하는 도시관리계획결정과 관련하여 재량권의 일탈·남용 여부를 심사할 때에는 공원녹지법의 입법 취지와 목적, 보존하고자 하는 녹지의 조성 상태 등 구체적 현황, 이해관계자들 사이의 권익 균형 등을 종합하여 신중하게 판단해야 한다. 그리고 자연환경 보호 등을 목적으로 하는 도시관리계획결정은 식생이 양호한 수림의 훼손 등과 같이 장래 발생할 불확실한 상황과 파급효과에 대한 예측 등을 반영한 행정청의 재량적 판단으로서, 그 내용이 현저히 합리성을 결여하거나 형평이나 비례의 원칙에 뚜렷하게 반하는 등의 사정이 없는 한 폭넓게 존중해야 한다.

공법상 계약

 산업기술혁신 촉진법상 산업기술개발사업에 관하여 체결된 협약에 따라 집행된 사업비 정산금 반환채무의 존부에 대한 분쟁이 공법상 당사자소송의 대상인지 문제된 사건
— 2023. 6. 29. 선고 2021다250025 판결

[1] '공법상 계약'의 의미 및 '공법상 계약'에 해당하는지 판단하는 방법 / 공법상 계약의 한쪽 당사자가 다른 당사자를 상대로 이행을 청구하는 소송 또는 이행의무의 존부에 관한 확인을 구하는 소송은 공법상 당사자소송으로 제기하여야 하는지 여부(원칙적 적극)

공법상 당사자소송이란 행정청의 처분 등을 원인으로 하는 법률관계에 관한 소송 그 밖에 공법상의 법률관계에 관한 소송으로서 그 법률관계의 한쪽 당사자를 피고로 하는 소송을 말한다(행정소송법 제3조 제2호).

공법상 계약이란 공법적 효과의 발생을 목적으로 하여 대등한 당사자 사이의 의사표시 합치로 성립하는 공법행위를 말한다. 어떠한 계약이 공법상 계약에 해당하는지는 계약이 공행정 활동의 수행 과정에서 체결된 것인지, 계약이 관계 법령에서 규정하고 있는 공법상 의무 등의 이행을 위해 체결된 것인지, 계약 체결에 계약 당사자의 이익만이 아니라 공공의 이익 또한 고려된 것인지 또는 계약 체결의 효과가 공공의 이익에도 미치는지, 관계 법령에서의 규정 내지 그 해석 등을 통해 공공의 이익을 이유로 한 계약의 변경이 가능한지, 계약이 당사자들에게 부여한 권리와 의무 및 그 밖의 계약 내용 등을 종합적으로 고려하여 판단하여야 한다.

공법상 계약의 한쪽 당사자가 다른 당사자를 상대로 그 이행을 청구하는 소송 또는 이행의무의 존부에 관한 확인을 구하는 소송은 공법상 법률관계에 관한 분쟁이므로 분쟁의 실질이 공법상 권리·의무의 존부·범위에 관한 다툼이 아니라 손해배상액의 구체적인 산정방법·금액에 국한되는 등의 특별한 사정이 없는 한 공법상 당사자소송으로 제기하여야 한다.

[2] 원고가 고의 또는 중대한 과실 없이 행정소송으로 제기하여야 할 사건을 민사소송으로 잘못 제기한 경우, 수소법원이 취하여야 할 조치

원고가 고의 또는 중대한 과실 없이 행정소송으로 제기하여야 할 사건을 민사소송으로 잘못 제기한 경우, 수소법원으로서는 만약 그 행정소송에 대한 관할도 동시에 가지고 있다면 이를 행정소송으로 심리·판단하여야 하고, 그 행정소송에 대한 관할을 가지고 있지 아니하다면 관할법원에 이송하여야 한다.

[3] 갑 주식회사 등으로 구성된 컨소시엄과 한국에너지기술평가원은 산업기술혁신 촉진법 제11조 제4항에 따라 산업기술개발사업에 관한 협약을 체결하고, 위 협약에 따라 정부출연금이 지급되었는데, 한국에너지기술평가원이 갑 회사가 외부 인력에 대한 인건비를 위 협약에 위반하여 집행하였다며 갑 회사에 정산금 납부 통보를 하자, 갑 회사는 한국에너지기술평가원 등을 상대로 정산금 반환채무가 존재하지 아니한다는 확인을 구하는 소를 민사소송으로 제기한 사안에서, 위 협약은 공법상 계약에 해당하고 그에 따른 계약상 정산의무의 존부·범위에 관한 갑 회사와 한국에너지기술평가원의 분쟁은 공법상 당사자소송의 대상이라고 한 사례

갑 주식회사 등으로 구성된 컨소시엄과 한국에너지기술평가원은 산업기술혁신 촉진법(이하 '산업기술혁신법'이라 한다) 제11조 제4항에 따라 산업기술개발사업에 관한 협약을 체결하고, 위 협약에 따라 정부출연금이 지급되었는데, 한국에너지기술평가원이 갑 회사가 외부 인력에 대한 인건비를 위 협약에 위반하여 집행하였다며 갑 회사에 정산금 납부 통보를 하자, 갑 회사는 한국에너지기술평가원 등을 상대로 정산금 반환채무가 존재하지 아니한다는 확인을 구하는 소를 민사소송으로 제기한 사안에서, 위 협약은 산업통상자원부장관이 산업기술혁신 촉진 등을 통한 국가경쟁력강화 등의 공적 목적을 위하여 산업기술혁신법에 따라 추진하는 산업기술개발사업을 갑 회사 등 컨소시엄으로 하여금 수행하도록 하기 위하여 체결된 점, 위 협약 체결 및 이행의 효과는 공공의 이익에도 영향을 미치는 점, 산업기술혁신법 및 산업기술혁신 촉진법 시행령은 위 협약의 체결 과정부터 이행 및 종료 단계에 이르기까지 산업통상자원부장관이 이를 주도하도록 규정하고, 전담기관인 한국에너지기술평가원에는 위 협약에서 정한 권리 외에도 위 법령에 의하여 계약 상대방인 갑 회사 등 컨소시엄을 상대로 행사할 수 있는 권한 등이 인정되는바, 이렇게 관계 법령에 의한 한국에너지기술평가원의 권한 행사 등을 배제하지 않는다는 면에서 위 협약은 사법상 계약과 다른 점, 한국에너지기술평가원은 공적인 목적이나 사유가 있는 경우 갑 회사 등 컨소시엄의 귀책사유가 없어도 그 동의나 승낙 없이 위 협약의 내용을 변경하거나 해약할 수 있는 점, 위 협약에 일반 사법상 계약에서 당사자의 의무 불이행과 관련하여 사용되는 이행보증금, 하자보증금, 지체상금 규정 등이 있다는 자료는 제출되지 않은 점 등에 비추어, 위 협약은 공법상 계약에 해당하고 그에 따른 계약상 정산의무의 존부·범위에 관한 갑 회사와 한국에너지기술평가원의 분쟁은 공법상 당사자소송의 대상이라고 한 사례.

049 공법상 계약에 관한 해석방법
— 2024. 12. 12. 선고 2024두41816 판결

☐ 공법상 계약에서 계약당사자 사이에 계약내용을 서면으로 작성한 경우, 계약내용을 해석하는 방법 및 계약서에 표현된 당사자의 의사가 명백한데도 합리적인 근거 없이 계약서에 명시되지 않은 내용을 추가하는 것이 허용되는지 여부(소극)

공법상 계약에서도 계약당사자 사이에 어떠한 계약내용을 서면으로 작성한 경우에 문언의 객관적인 의미가 명확하다면, 특별한 사정이 없는 한 문언대로 의사표시의 존재와 내용을 인정해야 한다. 그러나 그 문언의 객관적인 의미가 명확하게 드러나지 않는 경우에는 문언의 내용, 계약이 이루어지게 된 동기와 경위, 당사자가 계약으로 달성하려고 하는 목적과 진정한 의사, 유사한 거래 선례, 해당 공법상 법률관계의 근거가 된 법령의 목적과 내용 등을 종합적으로 고찰하여 논리와 경험의 법칙, 그리고 사회일반의 상식과 행정법상 기본원칙 등에 따라 계약내용을 합리적으로 해석해야 한다. 특히 당사자 일방이 주장하는 계약의 내용이 상대방에게 중대한 책임을 부과하게 되는 경우에는 그 문언의 내용을 더욱 엄격하게 해석해야 한다. 계약서에 표현된 당사자의 의사가 명백한데도 합리적인 근거 없이 계약서에 명시되지 않은 내용을 추가하는 것은 의사해석의 범위를 넘어선 것으로 허용될 수 없다.

공법상 계약의 의미 및 공법상 계약에 해당하는지 판단하는 방법
― 2024. 7. 11. 선고 2024다211762 판결

☐ 공법상 계약의 의미 및 공법상 계약에 해당하는지 판단하는 방법

공법상 계약이란 공법적 효과의 발생을 목적으로 하여 대등한 당사자 사이의 의사표시 합치로 성립하는 공법행위를 말한다. 어떠한 계약이 공법상 계약에 해당하는지는 계약이 공행정 활동의 수행 과정에서 체결된 것인지, 계약이 관계 법령에서 규정하고 있는 공법상 의무 등의 이행을 위해 체결된 것인지, 계약 체결에 계약 당사자의 이익만이 아니라 공공의 이익 또한 고려된 것인지 또는 계약 체결의 효과가 공공의 이익에도 미치는지, 관계 법령에서의 규정 또는 그 해석 등을 통해 공공의 이익을 이유로 한 계약의 변경이 가능한지, 계약이 당사자들에게 부여한 권리와 의무 및 그 밖의 계약 내용 등을 종합적으로 고려하여 판단하여야 한다.

제3편
행정절차·행정정보공개·개인정보보호

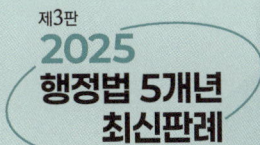

제3판
2025
행정법 5개년
최신판례

제1장 행정절차

051 공익신고자 보호법령상 처분이나 민원의 처리기간에 관한 규정이 강행규정인지 여부
— 2023. 6. 15. 선고 2022두66576 판결 ★

[1] 공익신고자 보호법상 불이익조치 금지 신청과 보호조치 신청은 서로 별개의 독립된 신청인지 여부(적극) 및 신청인이 주장하는 보호조치 신청사유마다 수 개의 보호조치 신청이 있는 것으로 보아야 하는지 여부(적극) / 이는 하나의 신청서로 불이익조치 금지 신청과 보호조치 신청이 함께 이루어졌고, 보호조치 신청사유가 여러 개인 경우에도 마찬가지인지 여부(적극)

공익신고자 보호법은 제15조 제1항에서 "누구든지 공익신고자 등에게 공익신고 등을 이유로 불이익조치를 하여서는 아니 된다."라고 규정하고, 제2조 제6호에서 '불이익조치'로 파면 등 신분상의 불이익조치[(가)목], 징계 등 부당한 인사조치[(나)목] 등을 들고 있다. 같은 법 제22조 제1항, 제17조 제1항의 각 규정에 의하면, 공익신고자는 공익신고를 이유로 불이익조치를 받을 우려가 명백한 경우에는 피고에게 불이익조치 금지를 신청할 수 있고, 불이익조치를 받은 때에는 피고에게 원상회복이나 그 밖에 필요한 보호조치를 신청할 수 있다. 같은 법 제20조 제1항은 보호조치의 내용으로 원상회복 조치(제1호), 차별 지급되거나 체불된 보수 등(이자를 포함한다)의 지급(제2호), 그 밖에 불이익조치에 대한 취소 또는 금지(제3호)를 규정하고 있다.

이처럼 불이익조치 금지 신청과 보호조치 신청은 그 신청요건이 다르고, 구체적인 불이익조치의 내용에 따라 피고가 취할 수 있는 보호조치의 내용도 다양하므로, 불이익조치 금지 신청과 보호조치 신청은 서로 별개의 독립된 신청이고, 신청인이 주장하는 보호조치 신청사유마다 수 개의 보호조치 신청이 있는 것으로 보아야 한다. 이는 하나의 신청서로 불이익조치 금지 신청과 보호조치 신청이 함께 이루어졌고, 보호조치 신청사유가 여러 개인 경우에도 마찬가지이다.

[2] 공익신고자 보호법령상 처분이나 민원의 처리기간에 관한 규정이 강행규정인지 여부(소극) / 행정청이 처리기간을 지나 처분을 한 경우, 처분을 취소할 절차상 하자로 볼 수 있는지 여부(소극)

공익신고자 보호법 제17조 제4항의 위임에 따른 공익신고자 보호법 시행령 제16조 제1항은 "위원회는 법 제17조 제1항에 따라 보호조치 신청을 받은 경우에는 그 신청을 접수한 날부터 60일 이내에 법 제20조 제1항에 따른 보호조치결정 및 같은 조 제2항에 따른 보호조치 권고

를 하여야 한다. 다만 필요한 경우에는 그 기간을 30일 이내에서 연장할 수 있다."라고 규정하고 있다.

처분이나 민원의 처리기간을 정하는 것은 신청에 따른 사무를 가능한 한 조속히 처리하도록 하기 위한 것이다. 처리기간에 관한 규정은 훈시규정에 불과할 뿐 강행규정이라고 볼 수 없다. 행정청이 처리기간이 지나 처분을 하였더라도 이를 처분을 취소할 절차상 하자로 볼 수 없다.

[3] 공익신고자 보호법상 불이익조치가 공익신고로 인한 것이 아님이 분명하고, 오히려 다른 뚜렷한 사유로 인해 이루어졌다는 점이 피고에 의해 증명된 경우, 공익신고자 보호법 제23조에 따른 인과관계의 추정이 번복되는지 여부(적극)

공익신고자 보호법 제23조는 "다음 각호의 사유가 있는 경우 공익신고자 등이 해당 공익신고 등을 이유로 불이익조치를 받은 것으로 추정한다."라고 규정하면서, 공익신고 등이 있은 후 2년 이내에 공익신고자 등에 대하여 불이익조치를 한 경우(제2호), 공익신고자 등이 공익신고자 보호법에 따라 공익신고 등을 한 후 같은 법 제17조 제1항에 따라 피고에게 보호조치를 신청하거나 법원에 원상회복 등에 관한 소를 제기하는 경우(제4호) 등을 들고 있다. 그런데 불이익조치가 공익신고로 인한 것이 아님이 분명하고, 오히려 다른 뚜렷한 사유로 인해 이루어졌다는 점이 피고에 의해 증명된다면, 공익신고자 보호법 제23조에 따른 인과관계의 추정은 번복된다.

052 군 영내에 갖추고 있는 텔레비전수상기에 관하여 수신료 부과처분을 한 사건
― 2023. 9. 21. 선고 2023두39724 판결 ★

[1] 행정청이 침해적 행정처분을 하면서 행정절차법 제21조 내지 제23조에서 정한 사전 통지, 의견 청취, 이유 제시 절차를 거치지 않은 경우, 그 처분이 위법한지 여부(원칙적 적극)

행정절차에 관한 일반법인 행정절차법 제21조 내지 제23조에서 사전 통지, 의견청취, 이유 제시에 관하여 정하고 있다. 행정청이 당사자에게 의무를 부과하거나 권익을 제한하는 처분을 하는 경우에는 미리 '처분의 제목', '처분하려는 원인이 되는 사실과 처분의 내용 및 법적 근거', '이에 대하여 의견을 제출할 수 있다는 뜻과 의견을 제출하지 아니하는 경우의 처리방법', '의견제출기관의 명칭과 주소', '의견제출기한' 등의 사항을 당사자 등에게 통지하여야 하고(제21조 제1항), 다른 법령 등에서 필수적으로 청문을 하거나 공청회를 개최하도록 규정하고 있지 않은 경우에도 당사자 등에게 의견제출의 기회를 주어야 하며(제22조 제3항), 행정청이 처분을 할 때에는 원칙적으로 당사자에게 그 근거와 이유를 제시해야 한다(제23조 제1항). 따라서 행정청이 침해적 행정처분을 하면서 위와 같은 절차를 거치지 않았다면 원칙적으로 그 처분은 위법하여 취소를 면할 수 없다.

[2] 국가에 대해 행정처분을 할 때에도 사전 통지, 의견청취, 이유 제시와 관련한 행정절차법이 그대로 적용되는지 여부(적극)

행정절차법 제2조 제4호에 의하면, '당사자 등'이란 행정청의 처분에 대하여 직접 그 상대가 되는 당사자와 행정청이 직권 또는 신청에 의하여 행정절차에 참여하게 한 이해관계인을 의미하는데, 같은 법 제9조에서는 자연인, 법인, 법인 아닌 사단 또는 재단 외에 '다른 법령 등에 따라 권리·의무의 주체가 될 수 있는 자' 역시 '당사자 등'이 될 수 있다고 규정하고 있을 뿐, 국가를 '당사자 등'에서 제외하지 않고 있다. 또한 행정절차법 제3조 제2항에서 행정절차법이 적용되지 않는 사항을 열거하고 있는데, '국가를 상대로 하는 행정행위'는 그 예외사유에 해당하지 않는다.

위와 같은 행정절차법의 규정과 행정의 공정성·투명성 및 신뢰성 확보라는 행정절차법의 입법 취지 등을 고려해 보면, 행정기관의 처분에 의하여 불이익을 입게 되는 국가를 일반 국민과 달리 취급할 이유가 없다. 따라서 국가에 대해 행정처분을 할 때에도 사전 통지, 의견청취, 이유 제시와 관련한 행정절차법이 그대로 적용된다고 보아야 한다.

[3] 조세나 부과금 등의 부담금에 관한 법률을 해석하는 방법 / 이는 텔레비전방송수신료의 부과 및 면제요건을 해석할 때에도 마찬가지인지 여부(적극) / '군 영내'에 있는 텔레비전수상기는 사용 목적과 관계없이 등록의무가 면제되는 수상기로서 텔레비전방송수신료를 부과할 수 없는지 여부(적극)

조세나 부과금 등의 부담금에 관한 법률의 해석에 관하여, 부과요건이거나 감면요건을 막론하고 특별한 사정이 없는 한 법문대로 해석해야 하고 합리적 이유 없이 확장해석하거나 유추해석하는 것은 허용되지 않는다. 이는 텔레비전수상기(이하 '수상기'라 한다)를 소지한 특정 집단에 대하여 부과되는 특별부담금인 텔레비전방송수신료(이하 '수신료'라 한다)의 부과 및 면제요건을 해석할 때에도 마찬가지이다.

방송법 제64조 단서에 의하면 대통령령으로 정하는 수상기에 대해서는 등록을 면제할 수 있고, 방송법 시행령 제39조 제10호는 '군 및 의무경찰대 영내에 갖추고 있는 수상기'를 등록이 면제되는 수상기로 정하고 있다. 그런데 위 시행령 제39조 각호에서는 등록이 면제되는 수상기를 제10호와 같이 수상기가 위치한 장소만을 요건으로 하는 경우와 제12호, 제13호와 같이 장소 외에 그 용도까지 함께 요건으로 하는 경우를 구분하여 규율하는 방식을 취하고 있다. 따라서 '군 영내'에 있는 수상기는 사용 목적과는 관계없이 등록의무가 면제되는 수상기로서 이에 대하여는 수신료를 부과할 수 없다.

053 문서주의
— 2021. 2. 4. 선고 2017다207932 판결

행정청이 문서로 처분을 한 경우 원칙적으로 처분서의 문언에 따라 어떤 처분을 하였는지 확정하여야 한다. 그러나 처분서의 문언만으로는 행정청이 어떤 처분을 하였는지 불분명한 경우에는 처분 경위와 목적, 처분 이후 상대방의 태도 등 여러 사정을 고려하여 처분서의 문언과 달리 처분의 내용을 해석할 수 있다. 특히 행정청이 행정처분을 하면서 논리적으로 당연히 수반되어야 하는 의사표시를 명시적으로 하지 않았다고 하더라도, 그것이 행정청의 추단적 의사에도 부합하고 상대방도 이를 알 수 있는 경우에는 행정처분에 위와 같은 의사표시가 묵시적으로 포함되어 있다고 볼 수 있다.

054 문자메시지로 통지된 행정처분의 효력이 문제된 사건
— 2024. 5. 9. 선고 2023도3914 판결

【판시사항 및 판결요지】

☐ 휴대전화 문자메시지가 전자문서 및 전자거래 기본법 제4조의2에서 정한 요건을 갖춘 경우, 폐기물관리법 시행규칙 제68조의3 제1항에서 정한 서면의 범위에 포함되는지 여부(적극) / 행정청이 폐기물관리법 제48조 제1항, 같은 법 시행규칙 제68조의3 제1항에서 정한 폐기물 조치명령을 전자문서로 하는 경우, 구 행정절차법 제24조 제1항에 따라 당사자의 동의가 필요한지 여부(적극)

폐기물관리법 제48조 제1항 제1호는 관할 행정청으로 하여금 부적정처리폐기물을 발생시킨 자에 대하여 기간을 정하여 폐기물의 처리를 명하는 등의 조치명령을 취할 수 있도록 하고 있고, 같은 법 시행규칙 제68조의3 제1항은 위와 같은 조치명령이 서면으로 이루어져야 한다고 규정하고 있다.

한편,「전자문서 및 전자거래 기본법」(이하 '전자문서법'이라 한다) 제2조 제1호는 정보처리시스템에 의하여 전자적 형태로 작성·변환되거나 송신·수신 또는 저장된 정보를 전자문서로 정의하고 있는데, 같은 법 제4조의2는 전자문서의 내용이 열람 가능하고, 전자문서가 작성·변환되거나 송신·수신 또는 저장된 때의 형태 또는 그와 같이 재현될 수 있는 형태로 보존되어 있으면, 그 전자문서를 '서면'으로 본다고 규정하고 있다.

위와 같은 전자문서법의 규정에 비추어 보면, 전자우편은 물론 휴대전화 문자메시지도 전자문서에 해당한다고 할 것이므로, 휴대전화 문자메시지가 전자문서법 제4조의2에서 정한 요건을 갖춘 이상 폐기물관리법 시행규칙 제68조의3 제1항에서 정한 서면의 범위에 포함된다고 할 것이다.

다만 행정청이 폐기물관리법 제48조 제1항, 같은 법 시행규칙 제68조의3 제1항에서 정한 폐기물 조치명령을 전자문서로 하고자 할 때에는 행정절차법 제24조 제1항에 따라 당사자의 동의가 필요하다.

【사안의 경우】

화성시장이 피고인에 대하여 폐기물관리법 제48조 제1항에 따라 폐기물을 처리할 것을 명하는 조치명령(이하 '이 사건 조치명령')을 피고인의 휴대전화 문자메시지를 통해 전송하였는데, 피고인이 이를 이행하지 않았다는 폐기물관리법 위반으로 기소된 사안임

원심은, 이 사건 조치명령은 행정처분명령서라는 문서로 이루어진 것으로 보이고, 이와 달리 이 사건 문자메시지는 이 사건 조치명령이 있었다는 뜻을 통보하는 것에 불과하여 그로써

이 사건 조치명령을 한 것으로 보이지 않으므로, 이 사건 조치명령의 처분서가 아닌 이 사건 문자메시지를 피고인이 수신한 것만으로는 처분인 이 사건 조치명령이 있었다고 평가할 수 없다고 보아, 이 사건 공소사실을 무죄로 판단하였음

　대법원은 위와 같은 법리를 설시하면서, 과거에 피고인이 동일한 내용의 폐기물 조치명령을 전자우편으로 송달받고도 이의를 제기하지 않았다는 사정만으로 피고인이 이 사건 조치명령을 휴대전화 문자메시지로 송달받는 데에 동의하였다고 볼 수 없고, 결국 이 사건 조치명령은 당사자의 동의가 없었음에도 전자문서로 이루어진 처분으로서 구 행정절차법 제24조 제1항을 위반한 하자가 있다고 보아, 원심판결의 이유 설시에 다소 미흡한 부분이 있기는 하나 이 사건 공소사실이 증명되지 않았다고 본 원심의 결론을 수긍하여 상고를 기각함

 **055** 어린이집을 평가한 결과를 개별적으로 서면이나 전자문서로 고지하지 않고 어린이집정보 공개포털 홈페이지를 통해 공표한 사건
― 2023. 12. 7. 선고 2022두52522 판결

【사건의 개요와 쟁점】

가. 원고는 이천시 B에 소재한 C어린이집(이하 '이 사건 어린이집'이라고 한다)의 설치·운영자이자 원장이다.

나. 피고 보건복지부장관(이하 '피고 장관'이라고 한다)으로부터 영유아보육법 제51조의2 제1항 제4호에 따라 어린이집 평가 업무를 위탁받은 한국보육진흥원은 2020. 2. 17. 자 현장점검 이후 이 사건 어린이집을 B등급으로 평가하였다.

다. 한국보육진흥원은 2020. 4. 14. 피고 장관이 관리하는 보육통합정보시스템을 통해 이 사건 어린이집을 B등급으로 평가한 결과를 원고에게 통보하였다. 이에 대하여 원고가 사실인정이 잘못되었다는 취지로 소명을 신청하였으나, 한국보육진흥원은 원고의 소명에 대해 심사한 후 이를 받아들이지 않기로 결정하고 2020. 6. 9. 원고에게 그 심사 결과를 통보하였다.

라. 피고 장관은 한국보육진흥원의 평가 내용에 따라 이 사건 어린이집의 평가등급을 B등급으로 결정한 후, 2020. 7. 1. 영유아보육법 제30조 제3항, 같은 법 시행규칙 제32조의3 제2항에 근거하여 어린이집정보공개포털 홈페이지(http://info.childcare.go.kr)를 통해 위 결정을 공표하였다(이하 '이 사건 공표'라고 한다. 피고 장관이 이 사건 공표를 통해 원고를 상대로 하고자 한 확정적 의사표시를 '이 사건 평가등급 부여결정'이라고 한다).

【판시사항 및 판결요지】

가. 구 행정절차법 제24조 제1항 본문은 "행정청이 처분을 할 때에는 다른 법령 등에 특별한 규정이 있는 경우를 제외하고는 문서로 하여야 하며, 전자문서로 하는 경우에는 당사자 등의 동의가 있어야 한다."라고 정하고 있어 다른 법령 등에 특별한 규정이 있는 경우 '행정청의 처분을 문서로 하여 송달할 의무'의 예외를 인정하고 있다.

나. 피고 장관이 이 사건 공표를 통해 이 사건 평가등급 부여결정을 외부에 표시한 것은 구 행정절차법 제24조 제1항 본문에서 정한 "다른 법령 등에 특별한 규정이 있는 경우"에 해당하므로, 피고 장관이 이 사건 평가등급 부여결정을 하면서 이를 처분상대방인 원고에게 문서 또는 전자문서로 고지하지 않은 것에 구 행정절차법 제24조 제1항에서 정한 처분의 방식을 위반한 절차적 하자가 있다고 보기 어렵다. 그 구체적인 이유는 아래와 같다.

1) 영유아보육법 제30조 제1항은 "보건복지부장관은 영유아의 안전과 보육서비스의 질 향상을 위하여 어린이집의 보육환경, 보육과정 운영, 보육인력의 전문성 및 이용자 만족도 등

에 대하여 정기적으로 평가를 실시하여야 한다."라고 정하고, 같은 조 제3항은 "보건복지부장관은 제1항에 따른 어린이집 평가등급 등 평가 결과를 공표하여야 한다."라고 정하고 있는데, 같은 조 제6항에서 위 평가 결과 공표의 내용 및 방법 등 필요한 사항을 보건복지부령으로 정하도록 위임하였고, 그 위임에 따라 영유아보육법 시행규칙 제32조의3은 "평가 결과의 공표"라는 표제 하에 제1항에서 공표할 사항에 대하여 규정하는 한편, 제2항에서 "보건복지부장관은 제1항 각 호의 사항을 보건복지부, 법 제7조에 따른 육아종합지원센터, 법 제51조의2 제1항 제4호 및 영 제26조의2 제1항에 따라 평가에 관한 업무를 위탁받은 기관이나 단체의 인터넷 홈페이지 등에 공표한다."라고 정하고 있으며, 제3항에서는 "보건복지부장관은 제1항 각 호의 사항을 공표하기 전에 공표 대상자에게 같은 항 제1호의 사항을 통지하여 소명자료를 제출하거나 의견을 진술할 수 있는 기회를 줄 수 있다."라고 정하고 있다.

피고 장관의 어린이집 평가등급 부여결정은 외부에 표시됨으로써 행정처분으로 성립될 수 있는데(대법원 2019. 6. 27. 선고 2018두49130 판결 등 참조), 영유아보육법 제30조 제3항, 같은 법 시행규칙 제32조의3 제2항은 피고 장관의 어린이집 평가등급 부여결정을 보건복지부 등 기관이나 단체의 인터넷 홈페이지 등에 공표하는 방법으로 외부에 표시하도록 정하고 있다. 따라서 영유아보육법 제30조 제3항, 같은 법 시행규칙 제32조의3 제2항은 피고 장관의 어린이집 평가등급 부여결정에 관하여 처분의 방식을 특별히 정한 것으로 봄이 타당하다.

2) 구 영유아보육법(2018. 12. 11. 법률 제15892호로 개정되기 전의 것)은 피고장관이 어린이집 설치·운영자의 신청에 따라 어린이집에 대한 평가인증을 실시할 수 있고 그 결과를 보건복지부령으로 정하는 바에 따라 공표할 수 있다고 정하면서(제30조 제1항, 제4항), 어린이집 평가인증의 실시 등에 필요한 사항을 보건복지부령으로 정하도록 위임하였는데(제30조 제7항), 구 영유아보육법 시행규칙(2019. 6. 12. 보건복지부령 제631호로 개정되기 전의 것, 이하 같다) 제31조 제4항은 "보건복지부장관은 평가인증을 마치면 제1항에 따라 평가인증을 신청한 자에게 평가인증 결과통보서 및 평가서를 송부하여야 한다."라고 정하였다.

이후 영유아보육법이 2018. 12. 11. 법률 제15892호로 개정되면서 앞서 살펴본 바와 같이 피고 장관이 모든 어린이집에 대해 정기적으로 평가를 실시하여 어린이집 평가등급 등 평가 결과를 공표하여야 하는 것으로 어린이집 평가제도가 바뀌었는데, 그 과정에서 구 영유아보육법 시행규칙 제31조 제4항이 삭제되었다. 이처럼 어린이집 평가 결과를 개별적으로 통지하는 규정이 삭제된 것은 피고 장관이 모든 어린이집에 대하여 평가를 실시하게 되면서 피고 장관의 어린이집 평가등급 부여결정에 관하여는 처분의 방식을 특별히 공표로 정하였기 때문으로 보인다.

3) 구 행정절차법 제24조 제1항의 규정 취지는 처분내용의 명확성을 확보하고 처분의 존부에 관한 다툼을 방지하여 처분상대방의 권익을 보호하기 위한 것이다. 그런데 어린이집 설

치·운영자는 영유아보육법 시행규칙 제32조의3 제3항에 따라 어린이집 평가등급 등 평가 결과 공표 전에 그 평가 결과를 통지받아 소명자료를 제출하거나 의견을 진술할 수 있는 기회가 있으므로, 공표되는 평가 결과의 내용, 평가 결과의 공표 시기 등을 미리 예상할 수 있다. 따라서 피고 장관이 어린이집 평가등급 등 평가 결과를 어린이집 설치·운영자에게 개별적으로 문서 또는 전자문서로 고지하지 않고 인터넷 홈페이지 등을 통해 공표하였다는 이유만으로 어린이집 설치·운영자가 처분내용을 제대로 확인할 수 없다거나 처분의 존재를 인식하지 못하여 절차적 권리를 침해받는다고 보기 어렵다.

이 사건의 경우에도 피고 장관으로부터 어린이집 평가 업무를 위탁받은 한국보육진흥원은 이 사건 어린이집을 B등급으로 평가한 후 영유아보육법 시행규칙 제32조의2 제3항에 따라 원고에게 그 평가 결과를 통보하였고, 원고의 소명신청에 대해 심사하여 그 결과를 통보하였다.

다. 그런데도 원심은 그 판시와 같은 이유만으로 피고 장관이 2020. 7. 1. 원고에 대하여 한 평가등급 부여처분에는 구 행정절차법 제24조 제1항을 위반한 절차적 하자가 있고, 그 하자가 중대·명백하여 무효라고 판단하였다. 이러한 원심의 판단에는 구 행정절차법 제24조 제1항, 영유아보육법 제30조 제3항, 같은 법 시행규칙 제32조의3 제2항에 관한 법리를 오해하여 판결에 영향을 미친 잘못이 있다. 이 점을 지적하는 취지의 상고이유 주장은 이유 있다.

056 교육환경평가서 승인절차를 거치지 않은 건축허가 등의 절차하자 여부
- 2021. 8. 19. 선고 2020두55701 판결

☐ 건축법 제11조 제1항 단서에 따른 대규모 건축물을 건축하려는 자가 교육환경 보호에 관한 법률 제6조 제1항 제5호에서 정한 교육환경평가서 승인절차를 거치지 않은 채 주택법상 주택건설사업계획승인이나 건축법상 건축허가 등을 받은 경우, 곧바로 건축허가 등 처분에 취소사유에 이를 정도의 흠이 존재하는지 여부(소극)

교육환경보호구역에서 건축법 제11조 제1항 단서에 따른 규모(층수가 21층 이상이거나 연면적의 합계가 10만㎡ 이상인 경우를 말하며, 이와 같은 규모에 해당하는 건축물을 이하 '대규모 건축물'이라고 한다)의 건축을 하려는 자는 교육환경평가서를 관할 교육감에게 제출하고 그 승인을 받아야 한다(교육환경법 제6조 제1항 제5호 참조).

그런데 교육환경평가서 승인제도의 입법 취지, 교육환경법령 및 건축법령의 관련 규정의 내용과 체계 등을 종합적으로 고려하면, 대규모 건축물을 건축하려는 자가 위와 같은 교육환경평가서 승인절차를 거치지 아니한 채 주택법상 주택건설사업계획승인이나 건축법상 건축허가 등(이하 건축물 건축에 관한 승인, 허가 등을 통틀어 '건축허가 등'이라고 한다)을 받았더라도 이러한 사유만으로 곧바로 건축허가 등 처분에 취소사유에 이를 정도의 흠이 존재한다고 볼 수는 없다. 구체적인 이유는 다음과 같다.

1) 교육환경보호구역에서 대규모 건축물을 건축하는 경우 교육환경평가서의 승인을 받도록 하는 이유는 학교 주변에 대규모 건축물이 들어설 경우 교육환경에 미치는 영향이 크기 때문에 사전에 이를 면밀히 평가·검토하고, 교육환경을 보호할 수 있는 구체적인 방안과 계획 등을 마련하여 조치하도록 함으로써 쾌적한 환경에서 교육받을 수 있는 학생들의 건강권과 학습권을 보장하려는 데에 있다. 이는 대규모 건축물의 건축 등 국민의 재산권 행사를 원칙적으로 금지하거나 제한하려는 것이 아니라, 재산권과 교육환경권의 조화를 도모함으로써 건전하고 지속 가능한 개발과 함께 교육환경 보호의 실효성을 확보하기 위한 것이다.

2) 교육환경평가서 승인제도는 교육환경법 제6조 제1항 각 호에 해당하는 자가 건축허가 등의 처분청이 아닌 교육감에게 직접 교육환경평가서 승인을 신청하고, 교육감은 시·도 교육환경보호위원회의 심의 등을 거쳐 그 승인 여부를 결정하여 사업시행자에게 직접 승인 결과를 통보하거나 교육환경 보호를 위하여 필요한 조치를 권고하는 절차로서(교육환경법 제6조 제1항, 제5항, 교육환경법 시행령 제17조 제3항), 건축허가 등 절차와는 독립된 별개의 절차로 마련되어 있다.

교육환경법을 비롯한 건축 관련 법령 어디에도 교육환경평가서의 승인을 건축허가의 요건으로 하거나 불승인을 그 제한 사유로 정하고 있지 않고, 교육감은 교육환경평가서 승인 여부 심사결과를 관련 행정기관의 장에게 통보할 수 있을 뿐이며(교육환경법 시행령 제17조 제4항), 사업자가 교육환경평가서 승인과 관련된 의무를 제대로 이행하지 않을 경우 관련 행정기관의 장에게 필요한 조치를 적극적으로 요청할 권한도 부여되어 있지 않고, 단지 교육환경평가서 승인제도의 실효성 확보를 위하여 이에 관한 형사처벌 규정만을 두고 있을 뿐이다(교육환경법 제16조 제2항 제1호).

이는 교육환경법이 교육환경평가서 승인제도와는 별도로 교육환경보호구역에서의 일정한 행위나 시설을 금지하면서(제9조), 관련 행정기관의 장에게 이를 방지하기 위한 공사의 중지·제한, 영업의 정지 및 허가 등의 거부·취소 등의 조치를 행할 의무를 부여하는 한편(제10조 제1항), 교육감도 관련 행정기관의 장에게 교육환경보호구역 내 금지되는 행위 및 시설에 대한 처분 및 시설물의 철거 명령을 요청할 수 있도록 하고 그 요청을 받은 관련 행정기관의 장은 특별한 사정이 없으면 요청에 따른 조치를 취하도록(제10조 제3항, 제4항) 하는 등 엄격한 규제를 하고 있는 것과도 분명한 차이가 있다.

3) 건축물의 건축은 건축법상 건축허가의 대상이기도 하지만(건축법 제11조 제1항), 동시에 「국토의 계획 및 이용에 관한 법률」(이하 '국토계획법'이라고 한다)상 개발행위허가의 대상이기도 하다(국토계획법 제56조 제1항 제1호). 국토계획법 제57조 제1항 단서에 의하면, 건축주는 건축행정청에 건축법상 건축허가를 신청하면서 국토계획법상 개발행위(건축물의 건축) 허가 심사에도 필요한 자료를 첨부하여 제출하여야 하고, 건축행정청이 개발행위허가권자와 사전 협의절차를 거쳐 건축법상 건축허가를 발급할 때 국토계획법상 개발행위(건축물의 건축) 허가가 의제되도록 하는 방식으로 건축법상 건축허가절차에서 건축주의 건축계획이 국토계획법상 개발행위 허가기준을 충족하였는지가 함께 심사되어야 한다(대법원 2020. 7. 23. 선고 2019두31839 판결 참조).

건축법상 건축허가절차에서 '주변환경과의 조화', '환경오염·위해발생 등의 우려가 없을 것' 등과 같은 국토계획법상 개발행위 허가기준 충족 여부를 심사하여야 하므로, 건축행정청은 건축주가 교육환경평가서 승인을 받았는지 여부와 상관없이 건축주의 건축계획이 주변의 교육환경에 미칠 영향 등도 고려하여 위 개발행위 허가기준의 충족 여부를 심사하여야 한다. 이러한 점에서도 교육환경평가서 승인절차를 거치지 않았다는 사유만으로 곧바로 건축행정청의 건축허가 등 처분에 위법이 있다고 보기 어렵다.

앞서 본 법리에 따라 이 사건의 사실관계를 살펴보면, 참가인 등이 이 사건 사업에 관하여 교육환경평가서 승인절차를 거치지 아니한 채 주택건설사업계획 변경승인을 신청하고 피고가 이를 승인한 것은 사실이나, 이러한 이유만으로 이 사건 처분이 위법하다고 볼 수는 없다.

인·허가 의제제도

 057 주된 인허가가 처리 의제된 경우 관련 인허가를 별도로 신청하여야 하는지 여부
— 2021. 3. 11. 선고 2020두42569 판결 ★★

☐ 중소기업창업 지원법 제35조 제1항, 제4항에서 정한 인허가 의제 제도의 입법 취지 및 관련 인허가 사항에 관한 사전 협의가 이루어지지 않은 채 중소기업창업 지원법 제33조 제3항에서 정한 20일의 처리기간이 지난 날의 다음 날에 사업계획승인처분이 이루어진 것으로 의제된 경우, 창업자는 관련 인허가를 관계 행정청에 별도로 신청하는 절차를 거쳐야 하는지 여부(적극)

중소기업창업 지원법(이하 '중소기업창업법'이라 한다) 제35조 제1항, 제4항에 따르면 시장 등이 사업계획을 승인할 때 제1항 각호에서 정한 관련 인허가에 관하여 소관 행정기관의 장과 협의를 한 사항에 대해서는 관련 인허가를 받은 것으로 본다고 정하고 있다. 이러한 인허가 의제 제도는 목적사업의 원활한 수행을 위해 창구를 단일화하여 행정절차를 간소화하는 데 입법 취지가 있고 목적사업이 관계 법령상 인허가의 실체적 요건을 충족하였는지에 관한 심사를 배제하려는 취지는 아니다. 따라서 시장 등이 사업계획을 승인하기 전에 관계 행정청과 미리 협의한 사항에 한하여 사업계획승인처분을 할 때에 관련 인허가가 의제되는 효과가 발생할 뿐이다.

관련 인허가 사항에 관한 사전 협의가 이루어지지 않은 채 중소기업창업법 제33조 제3항에서 정한 20일의 처리기간이 지난 날의 다음 날에 사업계획승인처분이 이루어진 것으로 의제된다고 하더라도, 창업자는 중소기업창업법에 따른 사업계획승인처분을 받은 지위를 가지게 될 뿐이고 관련 인허가까지 받은 지위를 가지는 것은 아니다. 따라서 창업자는 공장을 설립하기 위해 필요한 관련 인허가를 관계 행정청에 별도로 신청하는 절차를 거쳐야 한다. 만일 창업자가 공장을 설립하기 위해 필요한 국토의 계획 및 이용에 관한 법률에 따른 개발행위허가를 신청하였다가 거부처분이 이루어지고 그에 대하여 제소기간이 도과하는 등의 사유로 더 이상 다툴 수 없는 효력이 발생한다면, 시장 등은 공장설립이 객관적으로 불가능함을 이유로 중소기업창업법에 따른 사업계획승인처분을 직권으로 철회하는 것도 가능하다.

 **058** 일괄심사 대상인 토지형질변경에 대한 심사 없이 이루어진 건축신고 수리처분의 적법 여부를 다투는 사건
— 2023. 9. 21. 선고 2022두31143 판결 ★

【판시사항 및 판결요지】

[1] 국토의 계획 및 이용에 관한 법률 제56조 제4항 제3호, 국토의 계획 및 이용에 관한 법률 시행령 제53조 제3호 (다)목에 따라 개발행위허가가 면제되는 토지형질변경의 의미 및 여기에 건축물의 건축을 위해 별도의 절토, 성토, 정지작업 등이 필요한 경우가 포함되는지 여부(소극)

국토의 계획 및 이용에 관한 법률 제56조 제1항 제2호, 제4항 제3호, 국토의 계획 및 이용에 관한 법률 시행령 제53조 제3호 (다)목에 따라 개발행위허가가 면제되는 토지형질변경이란, 토지의 형질을 외형상으로 사실상 변경시킴이 없이 건축 부분에 대한 허가만을 받아 그 설치를 위한 토지의 굴착만으로 건설이 가능한 경우를 가리키고, 그 외형을 유지하면서는 원하는 건축물을 건축할 수 없고 그 밖에 건축을 위하여 별도의 절토, 성토, 정지작업 등이 필요한 경우는 포함되지 않는다.

[2] 조성이 완료된 기존 대지에 건축물을 설치하기 위하여 절토나 성토를 한 결과 최종적으로 지반의 높이가 50cm를 초과하여 변경되는 경우, 토지형질변경에 대한 별도의 개발행위허가를 받아야 하는지 여부(적극)

국토의 계획 및 이용에 관한 법률 제56조 제1항 제2호, 제4항 제3호, 제58조 제3항, 국토의 계획 및 이용에 관한 법률 시행령(이하 '국토계획법 시행령'이라 한다) 제53조 제3호 (가)목, (다)목, 제56조 제1항 [별표 1의2] 제2호 (가)목, (나)목의 규정을 종합해 볼 때, 조성이 완료된 기존 대지에 건축물을 설치하기 위한 경우라 하더라도 절토나 성토를 한 결과 최종적으로 지반의 높이가 50cm를 초과하여 변경되는 경우에는 비탈면 또는 절개면이 발생하는 등 그 토지의 외형이 실질적으로 변경되므로, 토지형질변경에 대한 별도의 개발행위허가를 받아야 하고, 그 절토 및 성토가 단순히 건축물을 설치하기 위한 토지의 형질변경이라는 이유만으로 국토계획법 시행령 제53조 제3호 (다)목에 따라 개발행위허가를 받지 않아도 되는 경미한 행위라고 볼 수 없다.

[3] 어떤 개발사업의 시행과 관련하여 인허가의 근거 법령에서 절차간소화를 위하여 관련 인허가를 의제 처리할 수 있는 근거 규정을 둔 경우, 사업시행자가 인허가를 신청하면서 반드시 관련 인허가 의제 처리를 신청할 의무가 있는지 여부(소극)

건축법 제14조 제2항, 제11조 제5항 제3호에 따르면, 건축신고 수리처분이 이루어지는 경우 국토의 계획 및 이용에 관한 법률 제56조에 따른 개발행위(토지형질변경)의 허가가 있는 것으로 본다. 이처럼 어떤 개발사업의 시행과 관련하여 여러 개별 법령에서 각각 고유한 목적과 취지를 가지고 그 요건과 효과를 달리하는 인허가 제도를 각각 규정하고 있다면, 그 개발사업을 시행하기 위해서는 개별 법령에 따른 여러 인허가 절차를 각각 거치는 것이 원칙이다. 다만 어떤 인허가의 근거 법령에서 절차간소화를 위하여 관련 인허가를 의제 처리할 수 있는 근거 규정을 둔 경우에는, 사업시행자가 인허가를 신청하면서 하나의 절차 내에서 관련 인허가를 의제 처리해 줄 것을 신청할 수 있다. 관련 인허가 의제 제도는 사업시행자의 이익을 위하여 만들어진 것이므로, 사업시행자가 반드시 관련 인허가 의제 처리를 신청할 의무가 있는 것은 아니다.

[4] 건축물의 건축이 허용되기 위한 요건인 '부지 확보'의 의미 / 건축신고 수리처분 당시 건축주가 장래에도 토지형질변경허가를 받지 않거나 받지 못할 것이 명백하였음에도 '부지 확보' 요건을 완비하지 못한 상태에서 건축신고 수리처분이 이루어진 경우, 건축신고 수리처분이 적법한지 여부(소극)

건축물의 건축은 건축주가 그 부지를 적법하게 확보한 경우에만 허용될 수 있다. 여기에서 '부지 확보'란 건축주가 건축물을 건축할 토지의 소유권이나 그 밖의 사용권원을 확보하여야 한다는 점 외에도 해당 토지가 건축물의 건축에 적합한 상태로 적법하게 형질변경이 되어 있는 등 건축물의 건축이 허용되는 법적 성질을 지니고 있어야 한다는 점을 포함한다.

이에 수평면에 건축할 것으로 예정된 건물을 경사가 있는 토지 위에 건축하고자 건축신고를 하면서, 그 경사 있는 토지를 수평으로 만들기 위한 절토나 성토에 대한 토지형질변경허가를 받지 못한 경우에는 건축법에서 정한 '부지 확보' 요건을 완비하지 못한 것이 된다.

따라서 건축행정청이 추후 별도로 국토의 계획 및 이용에 관한 법률상 개발행위(토지형질변경) 허가를 받을 것을 명시적 조건으로 하거나 또는 묵시적인 전제로 하여 건축주에 대하여 건축법상 건축신고 수리처분을 한다면, 이는 가까운 장래에 '부지 확보' 요건을 갖출 것을 전제로 한 경우이므로 그 건축신고 수리처분이 위법하다고 볼 수는 없지만, '부지 확보' 요건을 완비하지 못한 상태에서 건축신고 수리처분이 이루어졌음에도 그 처분 당시 건축주가 장래에도 토지형질변경허가를 받지 않거나 받지 못할 것이 명백하였다면, 그 건축신고 수리처분은 '부지 확보'라는 수리요건이 갖추어지지 않았음이 확정된 상태에서 이루어진 처분으로서 적법하다고 볼 수 없다.

【사안의 경우】

피고보조참가인이 최대 4m의 절토 및 최대 1,211mm의 성토를 하여 대지를 조성한 뒤 그 위에 우사를 건축하겠다는 건축신고를 하면서 토지형질변경에 관한 일괄심사 신청을 하지 않았고, 이에 피고 행정청이 토지형질변경에 관한 심사 없이 피고보조참가인의 건축신고를 수리한 사안임

대법원은, 위와 같은 절토 및 성토에 대하여는 건축신고와는 별도로 국토계획법상 토지형질변경 허가를 받아야 하고, 장래에 그와 같은 토지형질변경 허가가 예정되지 않은 채 건축신고 수리처분이 이루어진 것이라면 그 건축신고 수리처분 또한 위법하다고 볼 수 있다는 이유로, 피고의 상고를 기각함.

 **농지전용허가가 의제되는 건축허가를 받은 토지와 건축물을 양수한 자**
– 2022. 6. 30. 선고 2021두57124 판결

☐ 농지전용허가가 의제되는 건축허가를 받은 토지와 그 지상에 건축 중인 건축물의 소유권을 경매절차에서 양수한 자가 건축관계자 변경신고를 하는 경우, 행정청이 '농지보전부담금의 권리승계를 증명할 수 있는 서류'가 제출되지 않았다는 이유로 신고를 반려할 수 있는지 여부(소극)

농지전용허가가 의제되는 건축허가를 받은 토지와 그 지상에 건축 중인 건축물의 소유권을 경매절차에서 양수한 자가 건축관계자 변경신고를 하는 경우 행정청은 '농지보전부담금의 권리승계를 증명할 수 있는 서류'가 제출되지 않았다는 이유로 그 신고를 반려할 수 없다. 구체적인 이유는 다음과 같다.

① 농지법상 농지보전부담금 부과처분은 농지전용허가에 수반하여 이루어지는 것이므로 농지보전부담금의 납부의무도 농지전용허가 명의자에게 있는 것인데, 당초 농지전용허가가 의제되는 건축허가를 받은 사람이 농지보전부담금을 납부한 상황에서 경매절차를 통해 건축허가대상 건축물에 관한 권리가 변동됨에 따라 건축주가 변경되고, 그에 따라 법률로써 농지전용허가 명의자가 변경된 것으로 의제되면, 종전에 납부된 농지보전부담금은 농지전용허가 명의를 이전받은 자의 의무이행을 위해 납입되어 있는 것으로 보는 것이 타당하다.

② 또한 농지전용허가 명의자의 변경허가는 종전 농지전용허가의 효력이 유지됨을 전제로 단지 그 허가 명의만이 변경되는 것으로 해석하여야 한다. 이러한 관점에서 보아도 기존 농지전용허가 명의자에 대한 허가 및 그가 납부한 농지보전부담금의 효력은 경매절차에서 농지를 양수한 자에게 그대로 승계되었다고 해석하는 것이 타당하다.

③ 한편 농지보전부담금을 납부한 후 농지전용허가를 받은 자의 명의가 변경되어 그 변경허가 신청을 하는 경우에는 농지보전부담금의 권리 승계를 증명할 수 있는 서류를 제출하여야 한다(농지법 시행규칙 제26조 제2항 제6호). 앞서 살펴본 바와 같이 농지전용허가 명의가 이전됨에 따라 농지보전부담금에 관한 권리관계도 함께 이전된다고 보는 이상, 농지전용허가가 있는 농지에 대한 경매절차상의 확정된 매각허가결정서 및 그에 따른 매각대금 완납서류 등 경매로 인한 권리 취득 관계 서류도 농지법 시행규칙 제26조 제2항 제6호에서 정하는 '농지보전부담금의 권리승계를 증명할 수 있는 서류'에 해당한다고 보는 것이 타당하다.

제2장 정보공개

060 정보공개거부처분의 취소를 구할 법률상 이익
— 2022. 5. 26. 선고 2022두33439 판결 ★★

【사건의 개요와 쟁점】

원고는 2019. 11. 26. 피고로부터 품위유지의무 위반 등을 이유로 견책의 징계처분을 받았다. 원고는 2020. 11. 18. 징계처분의 취소 등을 구하는 소를 제기하였다.

원고는 2020. 12. 31. 피고에게 징계위원회에 참여한 징계위원의 성명과 직위(이하 '이 사건 정보'라 한다)에 대한 정보공개청구를 하였으나, 피고는 2021. 1. 12. 이 사건 정보가「공공기관의 정보공개에 관한 법률」제9조 제1항 제1호, 제2호, 제5호와 제6호에 해당한다는 이유로 공개를 거부하는 처분을 하였다(이하 '이 사건 처분'이라 한다).

한편 징계처분 취소사건에서 2021. 9. 9. 원고의 청구를 모두 기각하는 판결이 선고되었고, 원고가 2022. 1. 19. 항소를 취하하여 위 판결이 그대로 확정되었다.

원심은 원고가 더 이상 이 사건 징계처분의 위법을 다툴 수 없게 되어 이 사건 정보의 공개를 구할 법률상 이익이 없다는 이유로 이 사건 소가 부적법하다고 판단하였다. 그러나 원심판단은 다음과 같은 이유로 받아들일 수 없다.

【판시사항 및 판결요지】

[1] 공공기관에 대하여 정보공개를 청구하였다가 공개거부처분을 받은 청구인은 공개거부처분의 취소를 구할 법률상 이익이 인정되는지 여부(적극)

국민의 정보공개청구권은 법률상 보호되는 구체적인 권리이므로, 공공기관에대하여 정보공개를 청구하였다가 공개거부처분을 받은 청구인은 행정소송을 통해 공개거부처분의 취소를 구할 법률상 이익이 인정되고, 그 밖에 추가로 어떤 이익이 있어야하는 것은 아니다.

[2] 견책의 징계처분을 받은 甲이 사단장에게 징계위원회에 참여한 징계위원의 성명과 직위에 대한 정보공개청구를 하였으나 위 정보가 공공기관의 정보공개에 관한법률 제9조 제1항 제1호, 제2호, 제5호, 제6호에 해당한다는 이유로 공개를 거부한 사안에서, 비록 징계처분 취소사건에서 甲의 청구를 기각하는 판결이 확정되었더라도 이러한 사정만으로 위 처분의 취소를 구할 이익이 없어지지 않고, 사단장이 甲의 정보공개청구를 거부한 이상 甲으로서는 여전히 정보공개거부처분의 취소를 구할 법률상 이익이 있으므로, 이와 달리 본 원심판결에 법리오해의 잘못이 있다고 한 사례.

061 일본군위안부 피해자 문제에 관한 한일 간의 합의와 관련된 협상 내용의 정보공개를 구하는 사건
— 2023. 6. 1. 선고 2019두41324 판결 ★

갑이 외교부장관에게 '2015. 12. 28. 일본군위안부 피해자 합의와 관련하여 한일 외교장관 공동 발표문의 문안을 도출하기 위하여 진행한 협의 협상에서 일본군과 관헌에 의한 위안부 강제연행의 존부 및 사실인정 문제에 대해 협의한 협상 관련 외교부장관 생산 문서'에 대한 공개를 청구하였으나, 외교부장관이 갑에게 '공개 청구 정보가 공공기관의 정보공개에 관한 법률 제9조 제1항 제2호에 해당한다.'는 이유로 비공개 결정을 한 사안에서, 12·28 일본군위안부 피해자 합의와 관련된 협의가 비공개로 진행되었고, 대한민국과 일본 모두 그 협의 관련 문서를 비공개문서로 분류하여 취급하고 있는데 우리나라가 그 협의 내용을 일방적으로 공개할 경우 우리나라와 일본 사이에 쌓아온 외교적 신뢰관계에 심각한 타격이 있을 수 있는 점, 이에 따라 향후 일본은 물론 다른 나라와 협상을 진행하는 데에도 큰 어려움이 발생할 수 있는 점, 12·28 일본군위안부 피해자 합의에 사용된 표현이 다소 추상적이고 모호하기는 하나 이는 협상 과정에서 양국이 나름의 숙고와 조율을 거쳐 채택된 표현으로서 그 정확한 의미에 대한 해석이 요구된다기보다 오히려 표현된 대로 이해하는 것이 적절한 점 등을 종합하여, 위 합의를 위한 협상 과정에서 일본군과 관헌에 의한 위안부 '강제연행'의 존부 및 사실인정 문제에 대해 협의한 정보를 공개하지 않은 처분이 적법하다고 본 원심판단이 정당하다고 한 사례.

군검사가 공소제기된 사건과 관련하여 보관하고 있는 서류 또는 물건에 관하여 피고인이나 변호인이 정보공개법에 의한 정보공개청구를 한 사건
— 2024. 5. 30. 선고 2022두65559 판결

☐ 군검사가 공소제기된 사건과 관련하여 보관하고 있는 서류 또는 물건에 관하여 공공기관의 정보공개에 관한 법률에 의한 정보공개청구가 허용되는지 여부(소극)

「공공기관의 정보공개에 관한 법률」(이하 '정보공개법'이라 한다) 제4조 제1항은 "정보의 공개에 관하여는 다른 법률에 특별한 규정이 있는 경우를 제외하고는 이 법이 정하는 바에 의한다."라고 규정하고 있다. 여기서 '정보의 공개에 관하여 다른 법률에 특별한 규정이 있는 경우'에 해당한다고 하여 정보공개법의 적용을 배제하기 위해서는, 그 특별한 규정이 법률 규정으로 그 내용이 정보공개의 대상 및 범위, 정보공개의 절차, 비공개대상정보 등에 관하여 정보공개법과 달리 규정하고 있는 것이어야 한다.

군사법원법 제309조의3 제1항, 제2항, 제309조의4 제1항, 제2항, 제309조의16 제1항, 제2항의 내용·취지 등을 고려하면, 군사법원법 제309조의3은 군검사가 공소제기된 사건과 관련하여 보관하고 있는 서류 또는 물건의 공개 여부나 공개 범위, 불복절차 등에 관하여 공공기관의 정보공개에 관한 법률(이하 '정보공개법'이라 한다)과 달리 규정하고 있는 것으로 볼 수 있다. 결국 정보공개법 제4조 제1항에서 정한 '정보의 공개에 관하여 다른 법률에 특별한 규정이 있는 경우'에 해당한다. 따라서 군검사가 공소제기된 사건과 관련하여 보관하고 있는 서류 또는 물건에 관하여는 피고인이나 변호인의 정보공개법에 의한 정보공개청구가 허용되지 아니한다.

063 「대통령기록물 관리에 관한 법률」(이하 '대통령기록물법')상 보호기간 중에 있는 대통령지정기록물에 관하여 정보공개를 청구한 사건
— 2025. 1. 9. 선고 2019두35763 판결

【판시사항 및 판결요지】

[1] 대통령기록물 관리에 관한 법률 제17조에 따라 대통령지정기록물을 지정하고 이에 대하여 보호기간을 정한 대통령 행위의 효력 유무에 대한 사법심사가 대통령기록물 관리에 관한 법률에 의해 배제되는지 여부(소극)

대통령기록물 관리에 관한 법률(이하 '대통령기록물법' 이라 한다) 제17조에서 정한 대통령지정기록물 보호기간 제도의 취지는 외교적·정치적으로 민감한 사안에 대한 기록이 대통령의 임기가 끝난 직후 곧바로 공개될 경우 또 다른 정쟁의 대상이 될 수 있고 그 때문에 대통령이 임기 내에 민감한 사안에 관하여 기록 자체를 생산하지 않을 수 있으므로, 대통령이 지정한 일정한 범위의 기록물에 대하여는 퇴임 후 일정기간 철저하게 보호함으로써 대통령의 원활한 기록 생산을 도모하려는 데에 있다.

그런데 보호기간이 정해진 대통령지정기록물이 다른 일반적인 정보와 마찬가지로 공개가 원칙이라고 이해될 경우 위와 같은 대통령지정기록물 보호기간 제도의 취지에 역행하는 결과가 초래될 수 있다. 따라서 대통령지정기록물을 지정하고 이에 대하여 보호기간을 정한 대통령의 행위(이하 '보호기간 설정행위' 라 한다)가 현저히 불합리하다고 볼 만한 명백한 사정이 없는 한, 법원으로서는 원칙적으로 그 결정을 최대한 존중함으로써 보호기간 설정행위의 효력이 사후에 함부로 부정되지 않도록 하는 것이 바람직하다.

그러나 대통령지정기록물 보호기간 제도의 취지가 퇴임 후의 정쟁 등을 미연에 방지하기 위해 일정기간 공개를 제한하는 것이라고 하더라도, 대통령의 보호기간 설정행위는 대통령기록물법에서 정한 절차와 요건을 준수해야만 비로소 적법하게 효력을 갖게 되는 것이므로, 보호기간 설정행위의 효력 유무에 대한 사법심사가 대통령기록물법에 의해 배제된다고 볼 수는 없다.

[2] 정보공개 거부처분을 다투는 항고소송에서 해당 정보를 대통령지정기록물로 지정하고 보호기간을 정한 행위의 적법성을 심사하기 위해 공공기관의 정보공개에 관한 법률 제20조 제2항에 따라 비공개 열람·심사가 이루어지는 경우, 행정청이 대통령기록물 관리에 관한 법률 제17조 제4항을 근거로 자료제출을 거부할 수 있는지 여부(소극) / 이때 법원이 비공개 열람·심사를 진행하기 위한 전제 및 취해야 할 조치

대통령기록물 관리에 관한 법률(이하 '대통령기록물법' 이라 한다) 제17조 제4항은 보호기간이 정해진 대통령지정기록물의 경우 보호기간 동안 다른 법률에 따른 자료제출의 요구 대상에 포함되지 않는다고 규정하고 있다. 그러나 대통령이 특정 정보를 대통령지정기록물로 지정하여 보호기간을 정한 행위(이하 '보호기간 설정행위' 라 한다)에 대한 사법심사 과정에서 적법성을 의심할 만한 상당한 이유가 있음에도 행정청이 법원에 대하여 그 정보의 제출을 거부할 수

있다고 한다면, 보호기간 설정행위의 적법성에 관한 실질적인 재판이 이루어질 수 없어 헌법 제27조 제1항이 보장한 국민의 재판청구권이 침해될 수 있다. 더구나 법원이 공공기관의 정보공개에 관한 법률(이하 '정보공개법'이라 한다) 제20조 제2항에 따라 보호기간이 정해진 대통령지정기록물을 비공개로 열람·심사할 경우 대통령지정기록물이 공개됨으로써 초래되는 외교적·정치적 혼란을 피할 수 있으므로 법원의 심사과정에서 공익에 대한 위해가 발생한다고 보기도 어렵다.

따라서 정보공개 거부처분을 다투는 항고소송에서, 해당 정보를 대통령지정기록물로 지정하고 보호기간을 정한 행위의 적법성을 심사하기 위해 정보공개법 제20조 제2항에 따라 비공개 열람·심사가 이루어지는 경우에는 행정청이 대통령기록물법 제17조 제4항을 근거로 자료제출을 거부할 수 없다고 해석하는 것이 헌법을 최고법규로 하는 통일적인 법질서의 형성을 위한 합헌적 법률해석의 원칙에 부합한다.

다만 보호기간 중에 있는 대통령지정기록물의 열람 및 제출을 엄격히 제한하는 대통령기록물법 제17조 제4항의 취지를 고려할 때, 법원으로서는 우선 피고로 하여금 다툼의 대상이 되는 정보의 유형, 해당 정보를 대통령지정기록물로 보아 보호기간을 정한 절차 및 실질적인 이유, 이를 공개하지 않는 사유, 동종의 정보에 대하여 보호기간을 정한 사례의 유무 등의 간접사실에 의하여 해당 정보에 적법하게 보호기간이 정해졌는지를 증명하도록 하여야 한다. 법원은 피고가 제출한 간접사실만으로 증명이 충분하지 않아 보호기간을 정한 행위의 적법성을 의심할 만한 상당한 이유가 있는 때에 비로소 정보공개법 제20조 제2항에 따라 피고로 하여금 다툼의 대상이 된 정보를 제출하도록 하여 비공개 열람·심사를 진행할 수 있다.

【사안의 경우】

원고가 피고(대통령기록관장)에게 대통령 권한대행이 보호기간을 정한 대통령기록물 중 세월호 참사 발생 당시 대통령비서실 등이 생산하거나 접수한 문서의 목록(이하 '이 사건 정보')에 관하여 정보공개청구를 하였으나, 피고가 이 사건 정보가 대통령기록물법에 따라 대통령기록물로 지정되어 「공공기관의 정보공개에 관한 법률」 제9조 제1항 제1호의 비공개 대상 정보에 해당한다는 이유로 비공개 결정을 하자, 원고는 피고를 상대로 그 비공개 처분의 취소를 청구함

원심은, 이 사건 정보가 대통령기록물법에 따라 대통령지정기록물로 지정되어 보호기간 중에 있고 피고에게 그 지정행위의 유·무효 또는 적법여부의 증명책임이 없다는 이유로 이 사건 처분이 위법하지 않다고 판단하였음

대법원은 위와 같은 법리를 설시하면서, 원심으로서는 피고에 대해 이 사건 정보가 대통령기록물법 제17조 제1항 각 호 중 어느 사유에 해당하는지를 구체적으로 석명하고, 이에 따라 이 사건 정보가 적법하게 대통령기록물로 지정되고 보호기간이 정해졌는지에 관한 심리를 거쳐 판단하였어야 한다고 보아, 이와 달리 판단한 원심을 파기·환송함

제3장 개인정보보호

064 개인정보보호법상 '누설'의 의미
— 2022. 11. 10. 선고 2018도1966 판결

【이 사건 공소사실의 요지】

피고인은 2012.경부터 전남 나주시에 있는 E농업협동조합(이하 '조합'이라 한다)의 경제상무로 근무하면서 판매총괄 업무, 공판장 경매 및 시설물 관리, 계리업무 관리 등 업무를 담당하다가 2014. 1. 8. 조합에서 퇴사하였다.

개인정보를 처리하거나 처리하였던 자는 업무상 알게 된 개인정보를 누설하거나 권한 없이 다른 사람이 이용하도록 제공하는 행위를 하여서는 안 된다.

그럼에도 불구하고 피고인은 2014. 8.경 나주시 영산로 5415-22에 있는 나주경찰서에서, 조합장 D가 농업협동조합법위반 등의 혐의가 있다고 주장하는 내용의 고발장을 제출하면서, D가 공판장 내부에서 중도매인들을 통해 과일을 구매하는 장면 등이 녹화된 2013. 5. 31.자 1건, 2013. 11. 26.자 3건, 날짜 미상 9건 등 총 13건의 CCTV 녹화자료, 2013년경 업무상 알게 된 D의 이름, 꽃배달을 받을 사람의 이름, 주소 등이 적시된 '꽃배달내역서', 축·조의금 송금 내역이 들어 있는 '무통장입금의뢰서' 및 '무통장입금타행송금 전표', 각 '거래내역확인서', 2013. 9. 27.자, 2013. 10. 11.자 각 지급회의서를 증거자료로 함께 제출하였다.

이로써 피고인은 업무상 알게 된 위와 같은 개인정보를 누설하였다.

【판시사항 및 판결요지】

[1] 구 공공기관의 개인정보보호에 관한 법률이 2011. 3. 29. 폐지되고 개인정보 보호법이 제정된 취지

개인정보 보호법 제59조 제2호는 개인정보를 처리하거나 처리하였던 자는 업무상 알게 된 개인정보를 누설하거나 권한 없이 다른 사람이 이용하도록 제공하는 행위를 하여서는 아니 된다고 규정하고, 같은 법 제71조 제5호는 제59조 제2호를 위반하여 업무상 알게 된 개인정보를 누설하거나 권한 없이 다른 사람이 이용하도록 제공한 자 등에 해당하는 자는 5년 이하의 징역 또는 5천만 원 이하의 벌금에 처한다고 규정하고 있다. 한편 구 공공기관의 개인정보보호에 관한 법률(2011. 3. 29. 법률 제10465호로 폐지되기 전의 것, 이하 같다) 제11조는 개인정보의 처리를 행하는 공공기관의 직원이나 직원이었던 자 등은 직무상 알게 된 개인정보를 누설 또는 권한 없이 처리하거나 타인의 이용에 제공하는 등 부당한 목적을 위하여 사용하여

서는 아니 된다고 규정하고, 같은 법 제23조 제2항은 제11조의 규정을 위반하여 개인정보를 누설 또는 권한 없이 처리하거나 타인의 이용에 제공하는 등 부당한 목적으로 사용한 자는 3년 이하의 징역 또는 1천만 원 이하의 벌금에 처한다고 규정하였다.

구 공공기관의 개인정보보호에 관한 법률이 2011. 3. 29. 폐지되고 개인정보 보호법이 제정된 취지는 공공부문과 민간부문을 망라하여 국제 수준에 부합하는 개인정보 처리원칙 등을 규정하고, 개인정보 침해로 인한 국민의 피해 구제를 강화하여 국민의 사생활의 비밀을 보호하며, 개인정보에 대한 권리와 이익을 보장하려는 것이다.

[2] 구 공공기관의 개인정보보호에 관한 법률 제23조 제2항, 제11조에서 말하는 '누설'의 의미 및 고소·고발장에 다른 정보주체의 개인정보를 첨부하여 경찰서에 제출한 행위가 개인정보의 '누설'에 해당하는지 여부(한정 적극) / 구 공공기관의 개인정보보호에 관한 법률에 따른 '누설'에 관한 위의 법리가 개인정보 보호법에도 그대로 적용되는지 여부(적극)

구 공공기관의 개인정보보호에 관한 법률(2011. 3. 29. 법률 제10465호로 폐지되기 전의 것, 이하 같다) 제23조 제2항, 제11조의 '누설'이란 아직 개인정보를 알지 못하는 타인에게 알려주는 일체의 행위를 말하고, 고소·고발장에 다른 정보주체의 개인정보를 첨부하여 경찰서에 제출한 것은 그 정보주체의 동의도 받지 아니하고 관련 법령에 정한 절차를 거치지 아니한 이상 부당한 목적하에 이루어진 개인정보의 '누설'에 해당하였다. 개인정보 보호법 제71조 제5호, 제59조 제2호 위반죄는 구 공공기관의 개인정보보호에 관한 법률 제23조 제2항, 제11조 위반죄와 비교하여 범행주체가 다르고 '누설'에 부당한 목적이 삭제되었다는 것만 다를 뿐 나머지 구성요건은 실질적으로 동일한 점, 개인정보 보호법 제59조 제2호가 금지하는 누설행위의 주체는 '개인정보를 처리하거나 처리하였던 자'이고, 그 대상은 '업무상 알게 된 개인정보'로 제한되므로, 수사기관에 대한 모든 개인정보 제공이 금지되는 것도 아닌 점 및 개인정보 보호법의 제정 취지 등을 감안하면, 구 공공기관의 개인정보보호에 관한 법률에 따른 '누설'에 관한 위의 법리는 개인정보 보호법에도 그대로 적용된다.

【사안의 경우】

피고인이 고소·고발에 수반하여 이를 알지 못하는 수사기관에 개인정보를 알려주었다고 하더라도, 그러한 행위를 「개인정보 보호법」에 따른 개인정보 '누설'에서 제외할 수는 없다(다만, 피고인의 위 행위가 범죄행위로서 처벌대상이 될 정도의 위법성을 갖추고 있지 않아 위법성이 조각될 수 있는지는 별개의 문제이다).

065 고객들이 대형 유통회사를 상대로 회사가 고객들의 동의 없이 개인정보를 보험회사들에 제공하였다는 이유로 손해배상을 청구한 사건
- 2024. 5. 17. 선고 2018다262103 판결

☐ 개인정보 보호법 제39조 제1항에 따라 정보주체가 개인정보처리자의 개인정보 보호법 위반행위로 입은 손해의 배상을 청구하는 경우, 개인정보처리자가 개인정보 보호법을 위반한 행위를 하였다는 사실 자체는 정보주체가 주장·증명하여야 하는지 여부(적극)

개인정보 보호법 제39조 제1항은 "정보주체는 개인정보처리자가 이 법을 위반한 행위로 손해를 입으면 개인정보처리자에게 손해배상을 청구할 수 있다. 이 경우 그 개인정보처리자는 고의 또는 과실이 없음을 입증하지 아니하면 책임을 면할 수 없다."라고 규정하고 있다. 이 규정은 정보주체가 개인정보처리자의 개인정보 보호법 위반행위로 입은 손해의 배상을 청구하는 경우에 개인정보처리자의 고의나 과실을 증명하는 것이 곤란한 점을 감안하여 그 증명책임을 개인정보처리자에게 전환하는 것일 뿐이고, 개인정보처리자가 개인정보 보호법을 위반한 행위를 하였다는 사실 자체는 정보주체가 주장·증명하여야 한다.

개인정보자기결정권 및 인격권 침해를 이유로 한 손해배상청구 사건
− 2024. 6. 17. 선고 2020다239045 판결

【판시사항 및 판결요지】

☐ 이미 공개된 개인정보를 정보주체의 동의 없이 처리한 행위의 위법 여부 및 비판적 의견 표명 행위의 위법 여부에 관한 판단기준

개인정보자기결정권이라는 인격적 법익을 침해·제한한다고 주장되는 행위의 내용이 이미 정보주체의 의사에 따라 공개된 개인정보를 그의 별도의 동의 없이 영리 목적으로 수집·제공하였다는 것인 경우에는, 정보처리 행위로 침해될 수 있는 정보주체의 인격적 법익과 그 행위로 보호받을 수 있는 정보처리자 등의 법적 이익이 하나의 법률관계를 둘러싸고 충돌하게 된다. 이때는 정보주체가 공적인 존재인지, 개인정보의 공공성과 공익성, 원래 공개한 대상 범위, 개인정보 처리의 목적·절차·이용형태의 상당성과 필요성, 개인정보 처리로 침해될 수 있는 이익의 성질과 내용 등 여러 사정을 종합적으로 고려하여, 개인정보에 관한 인격권 보호에 의하여 얻을 수 있는 이익과 정보처리 행위로 얻을 수 있는 이익 즉 정보처리자의 '알 권리'와 이를 기반으로 한 정보수용자의 '알 권리' 및 표현의 자유, 정보처리자의 영업의 자유, 사회 전체의 경제적 효율성 등의 가치를 구체적으로 비교 형량하여 어느 쪽 이익이 더 우월한 것으로 평가할 수 있는지에 따라 정보처리 행위의 최종적인 위법성 여부를 판단하여야 한다.

민주주의 국가에서는 여론의 자유로운 형성과 전달에 의하여 다수의견을 집약시켜 민주적 정치질서를 생성·유지시켜 나가야 하므로 표현의 자유, 특히 공적 관심사에 대한 표현의 자유는 중요한 헌법상 권리로서 최대한 보장되어야 한다. 다만 개인의 사적 법익도 보호되어야 하므로, 표현의 자유 보장과 인격권 보호라는 두 법익이 충돌하였을 때에는 구체적인 경우에 표현의 자유로 얻어지는 가치와 인격권의 보호에 의하여 달성되는 가치를 비교 형량하여 그 규제의 폭과 방법을 정하여야 한다.

타인에 대하여 비판적인 의견을 표명하는 것은 극히 예외적인 사정이 없는 한 위법하다고 볼 수 없다. 그러나 표현행위의 형식과 내용이 모욕적이고 경멸적인 인신공격에 해당하거나 타인의 신상에 관하여 다소간의 과장을 넘어서 사실을 왜곡하는 공표행위를 하는 등으로 인격권을 침해한 경우에는 의견 표명으로서의 한계를 벗어난 것으로서 불법행위가 될 수 있다.

【사안의 경우】

대학생 및 졸업생으로부터 대학원 교수와 연구실에 관한 정보를 입력받아 제공하는 인터넷 사이트를 운영한 피고를 상대로, 대학 교수인 원고가 위 사이트에서 제공하는 ① 교수와 연구

실에 관한 정보를 입력받아 제공하는 '한줄평'과 ② 교수인품, 실질인건비, 논문지도력, 강의전달력, 연구실분위기 5가지 지표로 만들어져 공표되는 '등급점수'를 공개함으로써 인격권과 개인정보자기결정권 등이 침해되었다고 주장하면서 피고를 상대로 손해배상을 청구한 사안임.

원심은, 국립대학법인 교수라는 원고의 공적인 존재로서의 지위, 개인정보의 공공성과 공익성, 피고가 정보처리로 얻은 이익과 처리절차 및 이용형태, 정보처리로 인하여 원고의 이익이 침해될 우려의 정도 등을 종합적으로 고려하면, 피고가 원고의 개인정보 등을 수집·제공한 행위는 원고의 개인정보자기결정권 등을 침해하는 위법한 행위로 평가할 수 없고, 교수 평가 결과를 제공한 행위를 두고 원고의 인격권을 위법하게 침해하였다고 볼 수는 없다고 판단하여 원고의 청구를 기각하였음.

대법원은 위와 같은 법리를 설시하면서, 원고의 청구를 기각한 원심판결을 수긍하여 상고를 기각함.

067 개인정보 유출로 인한 과징금 부과처분의 취소를 구한 사건
— 2023. 10. 12. 선고 2022두68923 판결

[1] 구 정보통신망 이용촉진 및 정보보호 등에 관한 법률 제64조의3 제1항 각호에서 정한 행위에 대하여 부과하는 과징금의 성격 / 위 조항 제6호에서 정한 자에 대하여 과징금을 부과함으로써 박탈하고자 하는 이득 / 위 과징금 부과를 위한 관련 매출액을 산정할 때 '위반행위로 인하여 직접 또는 간접적으로 영향을 받는 서비스'의 범위를 판단하는 기준

과징금은 위반행위에 대한 제재의 성격과 함께 위반행위에 따르는 불법적인 경제적 이익을 박탈하기 위한 부당이득 환수로서의 성격도 가지고, 이는 구 정보통신망 이용촉진 및 정보보호 등에 관한 법률(이하 '구 정보통신망법'이라 한다) 제64조의3 제1항 각호에서 정한 행위에 대하여 부과하는 과징금의 경우도 마찬가지이다.

그런데 이용자의 개인정보가 유출된 경우 정보통신서비스 제공자가 개인정보 보호조치를 취하지 않음으로 인해 매출액이 증대되는 경우를 상정하기 어렵다. 구 개인정보보호 법규 위반에 대한 과징금 부과기준(2020. 12. 10. 방송통신위원회고시 제2020-9호로 폐지) 제4조 제2항 또한 위반행위로 인하여 직접 또는 간접적으로 영향을 받는 서비스의 범위를 판단할 때 서비스 가입방법, 개인정보 데이터베이스 관리 조직·인력 및 시스템 운영 방식 등을 고려하도록 하고 있는바, 위 요소들은 위반행위로 인하여 취득한 이익의 규모와 직접적인 관련이 없다.

구 정보통신망법 제64조의3 제1항 제6호에서 정한 자에 대하여 과징금을 부과함으로써 박탈하고자 하는 이득은, 문제 된 위반행위로 인해 증가한 매출액에 따른 이득이 아니라, 오히려 정보통신서비스 제공자가 적절한 보호조치를 취하지 않은 개인정보를 자신의 영업을 위해 보유함으로써 얻은 이득이라 보아야 한다. 이에 따라 위 과징금 부과를 위한 관련 매출액을 산정할 때 '위반행위로 인하여 직접 또는 간접적으로 영향을 받는 서비스'의 범위는, 유출사고가 발생한 개인정보를 보유·관리하고 있는 서비스의 범위를 기준으로 판단해야 한다.

[2] 구 정보통신망 이용촉진 및 정보보호 등에 관한 법률 제64조의3 제1항에 따라 개인정보 보호조치 의무 위반에 대해 부과되는 과징금의 액수를 정할 때 고려할 사항 및 과징금의 액수가 위반행위의 내용에 비해 과중하여 사회통념상 현저하게 타당성을 잃은 경우, 과징금 부과처분이 위법한지 여부(적극)

구 정보통신망 이용촉진 및 정보보호 등에 관한 법률(2020. 2. 4. 법률 제16955호로 개정되기 전의 것) 제64조의3 제1항에 따른 과징금은 법 위반행위에 따르는 불법적인 경제적 이익을 박탈하기 위한 부당이득 환수의 성격과 함께 위법행위에 대한 제재로서의 성격을 가지고, 같은 조 제3항은 과징금을 부과할 때 위반행위의 내용과 정도, 기간과 횟수 외에 위반행위로 인하여 취득한 이익의 규모 등도 고려하도록 규정하고 있다.

개인정보 보호조치 의무 위반에 대해 부과되는 과징금의 액수는 보호조치 위반행위의 원인과 유형, 위반행위로 인해 유출된 개인정보의 규모, 위반행위 방지를 위한 조치의무의 이행 정도, 유사 사례에서의 과징금 액수 등을 종합적으로 고려하여 정해야 한다. 그리고 과징금의 액수가 위반행위의 내용에 비해 과중하여 사회통념상 현저하게 타당성을 잃은 경우라면 그러한 과징금 부과처분은 재량권을 일탈·남용하여 위법하다고 보아야 한다.

제4편
행정상의 의무이행확보수단

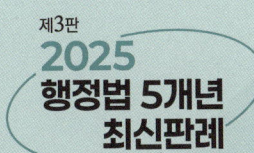

과징금의 부과방식과 과징금 부과총액의 최고한도액
— 2021. 2. 4. 선고 2020두48390 판결 ★★

[1] 여객자동차운수사업자가 범한 여러 가지 위반행위에 대하여 관할 행정청이 사업정지처분을 갈음하는 과징금 부과처분을 하기로 선택하는 경우, 여러 가지 위반행위에 대하여 1회에 부과할 수 있는 과징금 총액의 최고한도액(=5,000만 원) 및 관할 행정청이 여객자동차운송사업자의 여러 가지 위반행위를 인지한 경우, 인지한 여러 가지 위반행위 중 일부에 대해서만 우선 과징금 부과처분을 하고 나머지에 대해서는 차후에 별도의 과징금 부과처분을 할 수 있는지 여부(원칙적 소극)

위반행위가 여러 가지인 경우에 행정처분의 방식과 한계를 정한 관련 규정들의 내용과 취지에다가, 여객자동차운수사업자가 범한 여러 가지 위반행위에 대하여 관할 행정청이 구 여객자동차 운수사업법(2020. 3. 24. 법률 제17091호로 개정되기 전의 것) 제85조 제1항 제12호에 근거하여 사업정지처분을 하기로 선택한 이상 각 위반행위의 종류와 위반 정도를 불문하고 사업정지처분의 기간은 6개월을 초과할 수 없는 점을 종합하면, 관할 행정청이 사업정지처분을 갈음하는 과징금 부과처분을 하기로 선택하는 경우에도 사업정지처분의 경우와 마찬가지로 여러 가지 위반행위에 대하여 1회에 부과할 수 있는 과징금 총액의 최고한도액은 5,000만 원이라고 보는 것이 타당하다. 관할 행정청이 여객자동차운송사업자의 여러 가지 위반행위를 인지하였다면 전부에 대하여 일괄하여 5,000만 원의 최고한도 내에서 하나의 과징금 부과처분을 하는 것이 원칙이고, 인지한 여러 가지 위반행위 중 일부에 대해서만 우선 과징금 부과처분을 하고 나머지에 대해서는 차후에 별도의 과징금 부과처분을 하는 것은 다른 특별한 사정이 없는 한 허용되지 않는다. 만약 행정청이 여러 가지 위반행위를 인지하여 그 전부에 대하여 일괄하여 하나의 과징금 부과처분을 하는 것이 가능하였음에도 임의로 몇 가지로 구분하여 각각 별도의 과징금 부과처분을 할 수 있다고 보게 되면, 행정청이 여러 가지 위반행위에 대하여 부과할 수 있는 과징금의 최고한도액을 정한 구 여객자동차 운수사업법 시행령(2018. 4. 10. 대통령령 제28793호로 개정되기 전의 것) 제46조 제2항의 적용을 회피하는 수단으로 악용될 수 있기 때문이다.

[2] 관할 행정청이 여객자동차운송사업자가 범한 여러 가지 위반행위 중 일부만 인지하여 과징금 부과처분을 한 후 그 과징금 부과처분 시점 이전에 이루어진 다른 위반행위를 인지하여 이에 대하여 별도의 과징금 부과처분을 하게 되는 경우, 추가 과징금 부과처분의 과징금액을 산정하는 방법

관할 행정청이 여객자동차운송사업자가 범한 여러 가지 위반행위 중 일부만 인지하여 과징금 부과처분을 하였는데 그 후 과징금 부과처분 시점 이전에 이루어진 다른 위반행위를 인지하여 이에 대하여 별도의 과징금 부과처분을 하게 되는 경우에도 종전 과징금 부과처분의 대상이 된 위반행위와 추가 과징금 부과처분의 대상이 된 위반행위에 대하여 일괄하여 하나

의 과징금 부과처분을 하는 경우와의 형평을 고려하여 추가 과징금 부과처분의 처분양정이 이루어져야 한다. 다시 말해, 행정청이 전체 위반행위에 대하여 하나의 과징금 부과처분을 할 경우에 산정되었을 정당한 과징금액에서 이미 부과된 과징금액을 뺀 나머지 금액을 한도로 하여서만 추가 과징금 부과처분을 할 수 있다. 행정청이 여러 가지 위반행위를 언제 인지하였느냐는 우연한 사정에 따라 처분상대방에게 부과되는 과징금의 총액이 달라지는 것은 그 자체로 불합리하기 때문이다.

069 감염병예방법상 역학조사거부죄
— 2022. 11. 17. 선고 2022도7290 판결

[1] 죄형법정주의에 따른 형벌법규의 해석 원칙

헌법은 국가형벌권의 자의적인 행사로부터 개인의 자유와 권리를 보호하기 위하여 범죄와 형벌을 법률로 정하도록 하고 있다(헌법 제13조 제1항). 국민의 기본권을 제한하거나 의무를 부과하는 법률, 그중에서도 특히 형벌에 관한 법률은 국가기관이 자의적으로 권한을 행사하지 않도록 명확하여야 한다. 다시 말하면, 형벌법규는 어떠한 행위를 처벌할 것인지 일반인이 예견할 수 있어야 하고, 그에 따라 자신의 행위를 결정할 수 있도록 구성요건을 명확하게 규정할 것을 요구한다.

건전한 상식과 통상적 법감정을 가진 사람으로 하여금 자신의 행위를 결정해 나가기에 충분한 기준이 될 정도의 의미와 내용을 가지고 있다고 볼 수 없는 형벌법규는 죄형법정주의의 명확성원칙에 위배되어 위헌이 될 수 있으므로, 불명확한 규정을 헌법에 맞게 해석하기 위해서는 이 점을 염두에 두어야 한다. 그리고 형벌법규의 해석은 엄격하여야 하고, 문언의 가능한 의미를 벗어나 피고인에게 불리한 방향으로 해석하는 것은 죄형법정주의의 내용인 확장해석금지에 따라 허용되지 않는다.

[2] 감염병의 예방 및 관리에 관한 법률 제18조 제3항에서 정한 '역학조사'의 의미 / 같은 항 제1호에서 정한 '역학조사를 거부하는 행위'가 성립하려면 행위자나 그의 공범에 대하여 같은 항에서 정한 '역학조사'가 실시되었음이 전제되어야 하는지 여부(적극)

감염병의 예방 및 관리에 관한 법률(이하 '감염병예방법'이라고 한다)은, 제18조 제3항에서 질병관리청장, 시·도지사 또는 시장·군수·구청장이 실시하는 역학조사에서 정당한 사유 없이 역학조사를 거부·방해 또는 회피하는 행위(제1호), 거짓으로 진술하거나 거짓 자료를 제출하는 행위(제2호), 고의적으로 사실을 누락·은폐하는 행위(제3호)를 금지하고, 제79조 제1호에서 제18조 제3항을 위반한 자를 2년 이하의 징역 또는 2,000만 원 이하의 벌금에 처하도록 규정하고 있다.

감염병예방법은, 제2조 제17호에서 "역학조사란 감염병환자 등이 발생한 경우 감염병의 차단과 확산 방지 등을 위하여 감염병환자 등의 발생 규모를 파악하고 감염원을 추적하는 등의 활동과 감염병 예방접종 후 이상반응 사례가 발생한 경우나 감염병 여부가 불분명하나 그 발병원인을 조사할 필요가 있는 사례가 발생한 경우 그 원인을 규명하기 위하여 하는 활동을 말한다."라고 규정하는 한편, 제18조 제1항, 제2항과 제29조에서 역학조사의 주체, 시기, 내용, 방법을 정한 다음, 제18조 제4항에서 역학조사의 내용과 시기·방법 등에 관하여 필요한 사항을 대통령령으로 정하도록 규정하고 있다.

위와 같은 법 문언과 체계 등을 종합하면, 감염병예방법상 '역학조사'는 일반적으로 감염병예방법 제2조 제17호에서 정의한 활동을 말하고, 여기에는 관계자의 자발적인 협조를 얻어 실시하는 다양하고도 창의적인 활동이 포함될 수 있다. 그러나 형벌법규의 해석은 엄격하여야 하고, 처벌의 대상이 되는 행위는 수범자의 예견가능성을 보장하기 위해 그 범위가 명확히 정해져야 한다. 따라서 형벌법규의 구성요건적 요소에 해당하는 감염병예방법 제18조 제3항의 '역학조사'는, 감염병예방법 제2조 제17호의 정의에 부합할 뿐만 아니라 감염병예방법 제18조 제1항, 제2항과 제29조, 감염병예방법 제18조 제4항의 위임을 받은 감염병의 예방 및 관리에 관한 법률 시행령이 정한 주체, 시기, 대상, 내용, 방법 등의 요건을 충족하는 활동만을 의미한다고 해석함이 타당하다.

아울러 '요구나 제의 따위를 받아들이지 않고 물리침'을 뜻하는 '거부'의 사전적 의미 등을 고려하면, 감염병예방법 제18조 제3항 제1호에서 정한 '역학조사를 거부하는 행위'가 성립하려면 행위자나 그의 공범에 대하여 감염병예방법 제18조 제3항에서 정한 '역학조사'가 실시되었음이 전제되어야 한다.

070 시정명령의 이행을 기대할 수 없는 자가 시정명령의 상대방이 되는지 여부
— 2022. 10. 14. 선고 2021두45008 판결

❑ 대지 또는 건축물의 위법상태를 시정할 수 있는 법률상 또는 사실상의 지위에 있지 않은 자가 구 건축법 제79조 제1항에 따른 시정명령의 상대방이 될 수 있는지 여부(소극)

구 건축법(2019. 4. 23. 법률 제16380호로 개정되기 전의 것) 제79조 제1항에 따른 시정명령은 대지나 건축물이 건축 관련 법령 또는 건축 허가 조건을 위반한 상태를 해소하기 위한 조치를 명하는 처분으로, 건축 관련 법령 등을 위반한 객관적 사실이 있으면 할 수 있고, 원칙적으로 시정명령의 상대방에게 고의·과실을 요하지 아니하며 대지 또는 건축물의 위법상태를 직접 초래하거나 또는 그에 관여한 바 없다고 하더라도 부과할 수 있다. 그러나 건축법상 위법상태의 해소를 목적으로 하는 시정명령 제도의 본질상, 시정명령의 이행을 기대할 수 없는 자, 즉 대지 또는 건축물의 위법상태를 시정할 수 있는 법률상 또는 사실상의 지위에 있지 않은 자는 시정명령의 상대방이 될 수 없다고 보는 것이 타당하다. 시정명령의 이행을 기대할 수 없는 자에 대한 시정명령은 위법상태의 시정이라는 행정목적 달성을 위한 적절한 수단이 될 수 없고, 상대방에게 불가능한 일을 명령하는 결과밖에 되지 않기 때문이다.

도로 외의 곳에서의 음주운전에 대해 운전면허 취소·정지를 할 수 있는지 여부
- 2021. 12. 10. 선고 2018두42771 판결

❑ 도로 외의 곳에서의 음주운전·음주측정거부 등에 대해서 운전면허의 취소·정지 처분을 부과할 수 있는지 여부(소극)

구 도로교통법(2010. 7. 23. 법률 제10382호로 개정되기 전의 것) 제2조 제24호는 "운전이라 함은 도로에서 차마를 그 본래의 사용방법에 따라 사용하는 것(조종을 포함한다)을 말한다."라고 규정하여 도로교통법상 '운전'에는 도로 외의 곳에서 한 운전은 포함되지 않는 것으로 보았다. 위 규정은 2010. 7. 23. 법률 제10382호로 개정되면서 "운전이라 함은 도로(제44조, 제45조, 제54조 제1항, 제148조 및 제148조의2에 한하여 도로 외의 곳을 포함한다)에서 차마를 그 본래의 사용방법에 따라 사용하는 것(조종을 포함한다)을 말한다."라고 규정하여, 음주운전에 관한 금지규정인 같은 법 제44조 및 음주운전·음주측정거부 등에 관한 형사처벌 규정인 같은 법 제148조의2의 '운전'에는 도로 외의 곳에서 한 운전도 포함되게 되었다. 이후 2011. 6. 8. 법률 제10790호로 개정되어 조문의 위치가 제2조 제26호로 바뀌면서 "운전이란 도로(제44조, 제45조, 제54조 제1항, 제148조 및 제148조의2의 경우에는 도로 외의 곳을 포함한다)에서 차마를 그 본래의 사용방법에 따라 사용하는 것(조종을 포함한다)을 말한다."라고 그 표현이 다듬어졌다.

위 괄호의 예외 규정에는 음주운전·음주측정거부 등에 관한 형사처벌 규정인 도로교통법 제148조의2가 포함되어 있으나, 행정제재처분인 운전면허 취소·정지의 근거 규정인 도로교통법 제93조는 포함되어 있지 않기 때문에 도로 외의 곳에서의 음주운전·음주측정거부 등에 대해서는 형사처벌만 가능하고 운전면허의 취소·정지 처분은 부과할 수 없다.

072 콘텐츠 제공사업자(CP)의 접속경로 변경행위가 전기통신사업법령상 '전기통신서비스의 이용을 제한하는 행위'에 해당하는지 여부가 문제된 사건
― 2023. 12. 21. 선고 2020두50348 판결

☐ 전 세계 이용자들에게 사회관계망 서비스를 제공하는 콘텐츠제공사업자인 갑 주식회사가 '전기통신시설비의 상호접속기준'이 개정되면서 국내통신사에 더 많은 비용을 지급해야 할 상황에 처하자, 일부 접속경로를 국내에서 해외 인터넷서비스제공사업자로 변경하면서 국내 페이스북 이용자들의 접속이 지연되거나 동영상이 제대로 재생되지 않는 등의 현상이 발생한 사실에 대하여, 위 접속경로 변경이 '정당한 사유 없이 전기통신서비스의 이용을 제한하는 행위'로서 전기통신이용자의 이익을 현저히 해치는 방식으로 전기통신서비스를 제공하는 행위를 금지하고 있는 구 전기통신사업법령을 위반했다는 이유로 방송통신위원회가 갑 회사에 시정명령 등을 한 사안에서, 갑 회사의 접속경로 변경행위가 구 전기통신사업법 시행령 제42조 제1항 [별표 4] 제5호 (나)목 5)에서 정한 '이용의 제한'에 해당하지 않는다고 한 사례

전 세계 이용자들에게 사회관계망 서비스를 제공하는 콘텐츠제공사업자로서 전기통신사업법상 부가통신사업자인 갑 주식회사가 '전기통신시설비의 상호접속기준'이 개정되면서 국내통신사에 더 많은 비용을 지급해야 할 상황에 처하자, 일부 접속경로를 국내에서 해외 인터넷서비스제공사업자로 변경하면서 국내 페이스북 이용자들의 페이스북 접속이 지연되거나 동영상이 제대로 재생되지 않는 등의 현상이 발생한 사실에 대하여, 위 접속경로 변경이 '정당한 사유 없이 전기통신서비스의 이용을 제한하는 행위'로서 전기통신이용자의 이익을 현저히 해치는 방식으로 전기통신서비스를 제공하는 행위를 금지하고 있는 구 전기통신사업법(2018. 12. 11. 법률 제15858호로 개정되기 전의 것) 제50조 제1항 제5호 후단, 구 전기통신사업법 시행령(2018. 5. 15. 대통령령 제28881호로 개정되기 전의 것, 이하 같다) 제42조 제1항 [별표 4] 제5호 (나)목 5)(이하 위 시행령 규정을 '쟁점조항'이라 한다)를 위반했다는 이유로 방송통신위원회가 갑 회사에 시정명령과 과징금 납부명령을 한 사안에서, 쟁점조항이 정한 금지행위를 이유로 하는 과징금 부과 등은 침익적 행정처분에 해당하므로, 쟁점조항은 엄격하게 해석·적용해야 하고, 행정처분의 상대방에게 지나치게 불리한 방향으로 해석·적용해서는 안 되는 점, 쟁점조항 중 이용의 '제한 또는 중단'과 관련하여 '일정한 한도를 정하거나 그 한도를 넘지 못하게 막음. 또는 그렇게 정한 한계'로 정의하고 있는 '제한'의 사전적 의미(국립국어원 표준국어대사전)와 '제한'이 '중단'과 병렬적으로 규정되어 있는 점 등을 고려하면, '이용의 제한'은 이용의 시기나 방법, 범위 등에 한도나 한계를 정하여 이용을 못 하게 막거나 실질적으로 그에 준하는 정도로 이용을 못 하게 하는 것을 의미한다고 해석되는 점, 구 전기통신사업법령에서 '제한'이라는 용어를 사용하고 있는 다른 규정들에 비추어 보더라도, 이용 자체는 가능하나 이용이 지연되거나 이용에 불편이 초래된 경우는 이용의 '제한'에 해당한다고 보기 어려운 점 등을 종합하면, 갑 회사의 접속경로 변경행위가 구 전기통신사업법 시행령 제42조 제1항 [별표 4] 제5호 (나)목 5)에서 정한 '이용의 제한'에 해당하지 않는다고 한 사례.

073 택시운송사업자인 협동조합이 택시운송사업의 운전업무에 종사하는 조합원에게 운송비용을 전가한 사건
— 2024. 2. 29. 선고 2020두54029 판결

☐ 택시운송사업자인 협동조합이 택시운송사업의 운전업무에 종사하는 조합원에게 택시운송사업의 발전에 관한 법률 제12조 제1항 각호에서 정한 택시 구입비, 유류비, 세차비 등을 부담시키는 것이 위 조항 위반행위에 해당하는지 여부(원칙적 적극)

택시운송사업의 발전에 관한 법률(이하 '택시발전법'이라 한다) 제12조 제1항은 택시운송사업자가 택시의 구입 및 운행에 드는 비용인 택시 구입비, 유류비 등을 택시운수종사자에게 부담시키지 않도록 규정하고 있다. 택시발전법 제12조 제1항의 취지는 택시운수종사자가 부당한 경제적 부담을 지지 않도록 함으로써 열악한 근무여건에서 초래되는 과속운행, 난폭운전, 승차거부 등을 미연에 방지하여 승객들이 보다 안전하게 대중교통을 이용할 수 있는 환경을 만들기 위한 것에 있다.

협동조합 기본법(이하 '협동조합법'이라 한다)은 자주적·자립적·자치적인 협동조합 활동을 촉진하기 위한 목적 등으로 마련된 법률로 협동조합의 설립·운영 등에 관한 기본적인 사항을 규정하고 있다(제1조). 협동조합은 재화 또는 용역의 구매·생산 등을 협동으로 영위함으로써 조합원의 권익을 향상하기 위한 사업조직이고(제2조 제1호), 이는 협동조합의 설립 목적에 동의하고 그에 따른 의무를 다하고자 하는 조합원들로 구성된다(제15조 제1항, 제20조). 협동조합법은 협동조합의 설립 목적 달성을 위하여 필요한 사업을 협동조합으로 하여금 자율적으로 정관으로 정하도록 하면서도(제45조 제1항), 협동조합의 사업은 관계 법령에서 정하는 목적·요건·절차·방법 등에 따라 적법하고 타당하게 시행되어야 한다고 규정하고 있다(제45조 제2항).

따라서 협동조합의 설립·운영 등에 관한 기본적인 사항에 대하여 협동조합법에서 정하고 있는 것과는 별개로, 협동조합이 목적사업을 수행하는 과정에서 발생하는 협동조합과 조합원 사이의 법률관계는 해당 목적사업을 규율하는 관계 법령에서 정한 바에 의하여야 한다.

이와 같은 택시발전법, 협동조합법의 규정 내용에다가 택시발전법 제12조 제1항의 입법 취지 등을 종합하면, 협동조합법에 따라 설립된 협동조합이 택시운송사업면허를 받아 택시운송사업을 경영하는 경우, 협동조합은 택시운송사업자로서 택시발전법 등 관계 법령에서 정한 택시운송사업자의 의무 사항을 준수해야 한다.

그렇다면 택시운송사업자인 협동조합이 택시운송사업의 운전업무에 종사하는 조합원에게 택시발전법 제12조 제1항 각호에서 정한 택시 구입비, 유류비, 세차비 등을 부담시키는 것은 특별한 사정이 없는 한 택시발전법 제12조 제1항 위반행위에 해당한다.

074 통고처분과 일사부재리의 원칙
— 2021. 4. 1. 선고 2020도15194 판결

「경범죄 처벌법」상 범칙금제도는 범칙행위에 대하여 형사절차에 앞서 경찰서장의 통고처분에 따라 범칙금을 납부할 경우 이를 납부하는 사람에 대하여는 기소를 하지 않는 처벌의 특례를 마련해 둔 것으로 법원의 재판절차와는 제도적 취지와 법적 성질에서 차이가 있다. 또한 범칙자가 통고처분을 불이행하였더라도 기소독점주의의 예외를 인정하여 경찰서장의 즉결심판청구를 통하여 공판절차를 거치지 않고 사건을 간이하고 신속·적정하게 처리함으로써 소송경제를 도모하되, 즉결심판 선고 전까지 범칙금을 납부하면 형사처벌을 면할 수 있도록 함으로써 범칙자에 대하여 형사소추와 형사처벌을 면제받을 기회를 부여하고 있다. 따라서 경찰서장이 범칙행위에 대하여 통고처분을 한 이상, 범칙자의 위와 같은 절차적 지위를 보장하기 위하여 통고처분에서 정한 범칙금 납부기간까지는 원칙적으로 경찰서장은 즉결심판을 청구할 수 없고, 검사도 동일한 범칙행위에 대하여 공소를 제기할 수 없다.

나아가 특별한 사정이 없는 이상 경찰서장은 범칙행위에 대한 형사소추를 위하여 이미 한 통고처분을 임의로 취소할 수 없다.

제5편
행정구제법

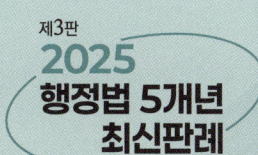

제1장 국가배상

075 공법인과 그 임직원의 배상책임
— 2021. 1. 28. 선고 2019다260197 판결

【사건의 개요와 쟁점】

원고는 2006. 1. 31. 사법연수원을 제35기로 수료하고 피고 대한변호사협회(이하 '피고 협회'라 한다)에 서울지방변호사회 소속으로 최초 변호사 등록신청을 하여 2006. 3. 9. 변호사등록을 마치고 변호사 개업활동을 해 오던 중, 법원의 금전공탁서를 변조한 행위로 공문서변조죄가 인정되어 선고유예 판결(유예된 형: 징역 6월)을 선고받았고, 2015. 9. 15. 위 판결이 확정되었다. 이에 피고 협회는 2015. 9. 22. 변호사법 제18조 제1항 제2호에 따라 원고의 변호사등록을 취소하는 처분을 하였다.

변호사법 제5조 제3호에서 정한 '선고유예 판결에 따른 2년의 변호사등록 결격 기간'이 지나자, 원고는 2017. 9. 19. 서울지방변호사회에 변호사등록신청서를 제출하였는데 당시 위 선고유예 판결의 확정증명원만 첨부하였을 뿐 범죄경력조회서는 첨부하지 않았다.

서울지방변호사회는 2017. 10. 13. 피고 협회에 '2015. 9. 15. 원고에 대한 선고유예 판결이 확정된 후 2년이 경과하여 원고에게는 등록거부사유가 없으므로 변호사등록을 함이 타당하다.'는 의견서를 첨부하여 원고의 등록신청서를 송부하였다.

피고 협회의 장인 피고 2는 2017. 10. 18. 원고에게 변호사법 제8조 제1항에서 정한 등록거부사유가 있다는 전제에서 원고의 변호사등록 여부를 피고 협회의 등록심사위원회의 안건으로 회부하였다.

등록심사위원회는 2017. 11. 21. 및 2017. 12. 11. 개최된 심사기일에서 원고에게 위 공문서변조죄 관련 수사기록 사본을 제출하도록 하여 그 범행 경위와 여죄의 유무를 추궁하였고, 원고가 '비윤리적'이라는 이유로 변호사법 제8조 제1항 제4호(뒤에서 보는 바와 같이 이 규정은 공무원으로 재직하였다가 퇴직한 사람의 변호사 등록거부사유에 해당하여 원고에게 적용될 여지가 없다)를 적용하여 원고의 변호사등록을 거부할 수 있는지 여부까지 심의하였으나, 최종적으로 원고에게는 변호사법 제8조 제1항에서 정한 등록거부사유가 없어 변호사 등록신청을 수리하여야 한다는 취지로 의결하였다. 이에 피고 협회는 2017. 12. 12. 원고의 변호사등록을 마쳤다. 이러한 등록심사 과정에서 안건 회부를 결정한 피고 2나 안건을 심의한 등록심사위원회는 원고가 위 공문서변조죄 이외의 다른 범죄로 유죄의 확정판결을 받았는지를 확인하기 위하여 원고에게 범죄경력조회서를 제출하라고 요구하지는 않았다.

원고는, 원고에게 변호사법 제8조 제1항에서 정한 등록거부사유가 없으므로 피고 협회가 원고의 변호사 등록신청을 즉시 수리하여 변호사등록을 마칠 의무가 있음에도, 피고 2가 원고의 변호사등록 여부를 등록심사위원회의 안건으로 회부한 조치는 위법하며, 그로 인하여 원고의 변호사등록이 약 2개월간 지연되어 원고에게 그 기간 동안 변호사 개업활동을 하지 못하는 재산상 손해가 발생하였고, 등록심사위원회의 부당한 심사절차로 원고가 정신적 고통을 겪었으므로, 피고 2는 불법행위자로서, 피고 협회는 기관의 불법행위에 대한 법인의 책임을 정한 민법 제35조에 따라 연대하여 원고에게 일실수입 12,829,520원과 위자료 3,000,000원을 배상할 책임이 있다고 주장하면서 이 사건 소를 제기하였다.

이 사건의 쟁점은 (1) 원고의 변호사 등록신청에 대한 심사과정에서 피고 2 등이 한 대응 내지 행위가 객관적 정당성을 상실한 위법한 직무집행에 해당하여 피고 협회에 원고의 변호사등록 지연에 따른 손해를 배상할 책임이 성립하는지 여부, 이와 관련하여 피고 2에게 고의 또는 중과실이 인정되는지 여부, (2) 피고 협회의 손해배상책임이 인정될 경우 그 손해배상의 범위에 원고의 일실수입 상당의 손해가 포함되는지 여부이다.

【판시사항 및 판결요지】

[1] 공법인이 국가로부터 위탁받은 공행정사무를 집행하는 과정에서 공법인의 임직원이나 피용인이 고의 또는 과실로 법령을 위반하여 타인에게 손해를 입힌 경우, 공법인의 임직원이나 피용인은 고의 또는 중과실이 있는 경우에만 배상책임을 부담하는지 여부(적극) / 공무원의 '중과실'의 의미

공법인이 국가로부터 위탁받은 공행정사무를 집행하는 과정에서 공법인의 임직원이나 피용인이 고의 또는 과실로 법령을 위반하여 타인에게 손해를 입힌 경우에는, 공법인은 위탁받은 공행정사무에 관한 행정주체의 지위에서 배상책임을 부담하여야 하지만, 공법인의 임직원이나 피용인은 실질적인 의미에서 공무를 수행한 사람으로서 국가배상법 제2조에서 정한 공무원에 해당하므로 고의 또는 중과실이 있는 경우에만 배상책임을 부담하고 경과실이 있는 경우에는 배상책임을 면한다. 한편 공무원의 중과실이란 공무원에게 통상 요구되는 정도의 상당한 주의를 하지 않더라도 약간의 주의를 한다면 손쉽게 위법·유해한 결과를 예견할 수 있는 경우임에도 만연히 이를 간과한 경우와 같이, 거의 고의에 가까운 현저한 주의를 결여한 상태를 의미한다.

[2] 변호사법 제8조 제1항 각호에서 정한 등록거부사유가 한정적 열거규정인지 여부(적극)

변호사법의 변호사등록 관련 규정들의 내용과 체계에다가, 변호사등록의 '자격제도'로서의 성격, 입법자가 사회적 필요 내지 공익적 요구에 상응하여 변호사법 제8조 제1항 각호의 등록거부사유를 새롭게 추가하여 왔던 입법 연혁 등을 종합하여 보면, 변호사법 제8조 제1항 각호에서 정한 등록거부사유는 한정적 열거규정으로 봄이 타당하다.

[3] 갑이 선고유예 판결의 확정으로 변호사등록이 취소되었다가 선고유예기간이 경과한 후 대한변호사협회에 변호사 등록신청을 하였는데, 협회장 을이 등록심사위원회에 갑에 대한 변호사등록 거부 안건을 회부하여 소정의 심사과정을 거쳐 대한변호사협회가 갑의 변호사등록을 마쳤고, 이에 갑이 대한변호사협회 및 협회장 을을 상대로 변호사 등록거부사유가 없음에도 위법하게 등록심사위원회에 회부되어 변호사등록이 2개월간 지연되었음을 이유로 손해배상을 구한 사안에서, 대한변호사협회는 을 및 등록심사위원회 위원들이 속한 행정주체의 지위에서 갑에게 변호사등록이 위법하게 지연됨으로 인하여 얻지 못한 수입 상당액의 손해를 배상할 의무가 있는 반면, 을은 경과실 공무원의 면책 법리에 따라 갑에 대한 배상책임을 부담하지 않는다고 한 사례

갑이 선고유예 판결의 확정으로 변호사등록이 취소되었다가 선고유예기간이 경과한 후 대한변호사협회에 변호사 등록신청을 하였는데, 협회장 을이 등록심사위원회에 갑에 대한 변호사등록 거부 안건을 회부하여 소정의 심사과정을 거쳐 대한변호사협회가 갑의 변호사등록을 마쳤고, 이에 갑이 대한변호사협회 및 협회장 을을 상대로 변호사 등록거부사유가 없음에도 위법하게 등록심사위원회에 회부되어 변호사등록이 2개월간 지연되었음을 이유로 손해배상을 구한 사안에서, 대한변호사협회는 등록신청인이 변호사법 제8조 제1항 각호에서 정한 등록거부사유에 해당하는 경우에만 변호사등록을 거부할 수 있고, 그 외 다른 사유를 내세워 변호사등록을 거부하거나 지연하는 것은 허용될 수 없는데, 갑의 선고유예 판결에 따른 결격사유 이외에 변호사법이 규정한 다른 등록거부사유가 있는지 여부를 짧은 시간 안에 명백하게 확인할 수 있었음에도 그러한 확인절차를 거치지 않은 채 단순한 의심만으로 변호사등록 거부 안건을 등록심사위원회에 회부하고, 여죄 유무를 추궁한다며 등록심사기간을 지연시킨 것에 관하여 협회장 을 및 등록심사위원회 위원들의 과실이 인정되므로, 대한변호사협회는 이들이 속한 행정주체의 지위에서 배상책임을 부담하여야 하고, 갑에게 변호사등록이 위법하게 지연됨으로 인하여 얻지 못한 수입 상당액의 손해를 배상할 의무가 있는 반면, 을은 대한변호사협회의 장으로서 국가로부터 위탁받은 공행정사무인 '변호사등록에 관한 사무'를 수행하는 범위 내에서 국가배상법 제2조에서 정한 공무원에 해당하므로 경과실 공무원의 면책 법리에 따라 갑에 대한 배상책임을 부담하지 않는다고 한 사례.

076 국가시험 출제오류와 국가배상책임
— 2022. 4. 28. 선고 2017다233061 판결

[1] 어떠한 행정처분이 항고소송에서 취소된 경우, 그 기판력으로 곧바로 국가배상책임이 인정되는지 여부(소극) 및 이 경우 국가배상책임이 인정되기 위한 요건과 판단 기준

어떠한 행정처분이 항고소송에서 취소되었다고 할지라도 그 기판력으로 곧바로 국가배상책임이 인정될 수는 없고, '공무원이 직무를 집행하면서 고의 또는 과실로 법령을 위반하여 타인에게 손해를 입힌 때'라고 하는 국가배상법 제2조 제1항의 요건이 충족되어야 한다. 보통 일반의 공무원을 표준으로 공무원이 객관적 주의의무를 소홀히 하고 그로 말미암아 객관적 정당성을 잃었다고 볼 수 있으면 국가배상법 제2조가 정한 국가배상책임이 성립할 수 있다. 객관적 정당성을 잃었는지는 침해행위가 되는 행정처분의 양태와 목적, 피해자의 관여 여부와 정도, 침해된 이익의 종류와 손해의 정도 등 여러 사정을 종합하여 판단하여야 한다.

[2] 법령에 따라 국가가 시행과 관리를 담당하는 시험에서 시험문항의 출제나 정답결정에 대한 오류 등의 위법을 이유로 시험출제에 관여한 공무원이나 시험위원의 고의 또는 과실에 따른 국가배상책임을 인정하기 위한 요건 및 판단 기준

법령에 따라 국가가 시행과 관리를 담당하는 시험에서 시험문항의 출제나 정답결정에 대한 오류 등의 위법을 이유로 시험출제에 관여한 공무원이나 시험위원의 고의 또는 과실에 따른 국가배상책임을 인정하기 위해서는, 해당 시험이 응시자에 대하여 일정한 수준을 갖추었는지를 평가하여 특정한 자격을 부여하는 사회적 제도로서 공익성을 가지고 있는지 여부, 국가기관이나 소속 공무원이 시험문제의 출제, 정답결정 등의 결정을 위하여 외부의 전문 시험위원을 법령에서 정한 요건과 절차에 따라 적정하게 위촉하였는지 여부, 위촉된 시험위원들이 최대한 주관적 판단의 여지를 배제하고 객관적 입장에서 해당 과목의 시험을 출제하였으며 시험위원들 사이에 출제된 문제와 정답의 결정과정에 다른 의견은 없었는지 여부, 시험문항의 출제나 정답결정에 대한 오류가 사후적으로 정정되었고 응시자들에게 국가기관이나 소속 공무원이 그에 따른 적절한 구제조치를 하였는지 여부 등의 여러 사정을 종합하여 시험출제에 관여한 공무원이나 시험위원이 객관적 주의의무를 소홀히 하여 시험문항의 출제나 정답결정에 대한 오류 등에 따른 행정처분이 객관적 정당성을 상실하였다고 판단되어야 한다.

077 공무원의 부작위로 인한 국가배상책임 (서진환 사건)
― 2022. 7. 14. 선고 2017다290538 판결 ★★

[1] 공무원의 부작위를 이유로 국가배상책임을 인정하기 위한 요건 및 그 중 '법령 위반'의 의미 / 관련 공무원에 대하여 작위의무를 명하는 법령 규정이 없는 경우, 공무원의 부작위를 이유로 국가배상책임을 인정할 것인지 판단하는 기준

공무원의 부작위를 이유로 국가배상책임을 인정하기 위해서는 공무원의 작위로 국가배상책임을 인정하는 경우와 마찬가지로 '공무원이 직무를 집행하면서 고의 또는 과실로 법령을 위반하여 타인에게 손해를 입힌 때'라는 국가배상법 제2조 제1항의 요건이 충족되어야 한다. 여기서 '법령 위반'이란 엄격하게 형식적 의미의 법령에 명시적으로 공무원의 작위의무가 규정되어 있는데도 이를 위반하는 경우만을 의미하는 것은 아니고, 인권존중·권력남용금지·신의성실과 같이 공무원으로서 마땅히 지켜야 할 준칙이나 규범을 지키지 않고 위반한 경우를 포함하여 널리 객관적인 정당성이 없는 행위를 한 경우를 포함한다. 따라서 국민의 생명·신체·재산 등에 관하여 절박하고 중대한 위험상태가 발생하였거나 발생할 우려가 있어서 국민의 생명·신체·재산 등을 보호하는 것을 본래적 사명으로 하는 국가가 초법규적, 일차적으로 그 위험 배제에 나서지 않으면 국민의 생명·신체·재산 등을 보호할 수 없는 경우에는 형식적 의미의 법령에 근거가 없더라도 국가나 관련 공무원에 대하여 그러한 위험을 배제할 작위의무를 인정할 수 있다. 공무원의 부작위를 이유로 국가배상책임을 인정할 것인지가 문제 되는 경우에 관련 공무원에 대하여 작위의무를 명하는 법령 규정이 없다면 공무원의 부작위로 침해된 국민의 법익 또는 국민에게 발생한 손해가 어느 정도 심각하고 절박한 것인지, 관련 공무원이 그와 같은 결과를 예견하여 결과를 회피하기 위한 조치를 취할 가능성이 있는지 등을 종합적으로 고려하여 판단하여야 한다.

[2] 경찰관에게 부여된 권한의 불행사가 현저하게 불합리하다고 인정되는 경우, 직무상의 의무를 위반한 것으로서 위법한지 여부(적극)

경찰은 범죄의 예방, 진압 및 수사와 함께 국민의 생명, 신체 및 재산의 보호 기타 공공의 안녕과 질서유지를 직무로 하고 직무의 원활한 수행을 위하여 경찰관 직무집행법, 형사소송법 등 관계 법령에 의하여 여러 가지 권한이 부여되어 있다. 구체적인 직무를 수행하는 경찰관으로서는 여러 상황에 대응하여 자신에게 부여된 여러 가지 권한을 적절하게 행사하여 필요한 조치를 취할 수 있고, 그러한 권한은 일반적으로 경찰관의 전문적 판단에 기한 합리적인 재량에 위임되어 있는 것이다. 그러나 구체적인 사정에서 경찰관이 권한을 행사하여 필요한 조치를 하지 아니하는 것이 현저하게 불합리하다고 인정되는 경우 그러한 권한의 불행사는 직무상의 의무를 위반한 것으로 위법하다.

[3] 보호관찰관이 위치추적 전자장치 피부착자의 재범 방지에 유효한 실질적인 조치를 하지 아니한 것이 현저하게 불합리하다고 인정되는 경우, 직무상의 의무를 위반한 것으로서 위법한지 여부(적극)

보호관찰관의 위치추적 전자장치(이하 '전자장치'라고 한다) 피부착자에 대한 지도·감독과 원호 업무는 재범의 위험성이 매우 높은 전자장치 피부착자가 재범으로 나아가지 않게 함으로써 건전한 사회복귀를 촉진하고 일반 국민이 전자장치 피부착자의 재범에 따른 피해를 입지 않도록 하는 데 중요한 역할을 한다. 구체적인 상황에서 전자장치 피부착자에 대한 지도·감독이나 원호 업무를 어떻게 수행할 것인지는 원칙적으로 보호관찰관의 전문적, 합리적 재량에 위임되었지만, 전자장치 피부착자의 재범을 효과적으로 방지하기 위해서는 전자장치 피부착자의 성향이나 환경 및 개별 관찰 결과에 맞추어 재범 방지에 유효한 실질적인 조치를 선택하여 적극적으로 수행하여야 한다. 만약 보호관찰관이 이러한 조치를 하지 아니한 것이 현저하게 불합리하다면 직무상의 의무를 위반한 것이어서 위법하다고 보아야 한다.

[4] 다수의 성폭력범죄로 여러 차례 처벌을 받은 뒤 위치추적 전자장치를 부착하고 보호관찰을 받고 있던 갑이 을을 강간하였고, 그로부터 13일 후 병을 강간하려다 살해하였는데, 병의 유족들이 경찰관과 보호관찰관의 위법한 직무수행을 이유로 국가를 상대로 손해배상을 구한 사안에서, 경찰관과 보호관찰관의 직무수행이 객관적 정당성을 결여하지 않아 위법하지 않다고 본 원심판단에 법리오해의 잘못이 있다고 한 사례

다수의 성폭력범죄로 여러 차례 처벌을 받은 뒤 위치추적 전자장치를 부착하고 보호관찰을 받고 있던 갑이 을을 강간하였고(이하 '직전 범행'이라고 한다), 그로부터 13일 후 병을 강간하려다 살해하였는데, 병의 유족들이 경찰관과 보호관찰관의 위법한 직무수행을 이유로 국가를 상대로 손해배상을 구한 사안에서, 직전 범행의 수사를 담당하던 경찰관이 직전 범행의 특수성과 위험성을 고려하지 않은 채 통상적인 조치만 하였을 뿐 전자장치 위치정보를 수사에 활용하지 않은 것과 보호관찰관이 갑의 높은 재범의 위험성과 반사회성을 인식하였음에도 적극적 대면조치 등 이를 억제할 실질적인 조치를 하지 않은 것은 범죄를 예방하고 재범을 억지하여 사회를 방위하기 위해서 이들에게 부여된 권한과 직무를 목적과 취지에 맞게 수행하지 않았거나 소홀히 수행하였던 것이고, 이는 국민의 생명·신체에 관하여 절박하고 중대한 위험상태가 발생할 우려가 있어 그 위험 배제에 나서지 않으면 이를 보호할 수 없는 상황에서 그러한 위험을 배제할 공무원의 작위의무를 위반한 것으로 인정될 여지가 있으며, 위와 같은 경찰관과 보호관찰관의 직무상 의무 위반은 병의 사망 사이에서 상당인과관계를 인정할 여지가 큰데도, 경찰관과 보호관찰관의 직무수행이 객관적 정당성을 결여하지 않아 위법하지 않다고 본 원심판단에 법리오해의 잘못이 있다고 한 사례.

078 공무원의 부작위로 인한 국가배상책임
― 2021. 7. 21. 선고 2021두33838 판결

[1] 공무원의 부작위로 인한 국가배상책임을 인정하기 위한 요건 및 그중 '법령을 위반하여'의 의미 / 관련 공무원에 대하여 작위의무를 명하는 법령의 규정이 없는 경우, 공무원의 부작위로 인한 국가배상책임을 인정할 것인지 판단하는 방법

공무원의 부작위로 인한 국가배상책임을 인정하기 위해서는 공무원의 작위로 인한 국가배상책임을 인정하는 경우와 마찬가지로 '공무원이 직무를 집행하면서 고의 또는 과실로 법령을 위반하여 타인에게 손해를 입힌 때'라고 하는 국가배상법 제2조 제1항의 요건이 충족되어야 한다. 여기서 '법령을 위반하여'란 엄격하게 형식적 의미의 법령에 명시적으로 공무원의 작위의무가 정하여져 있음에도 이를 위반하는 경우만을 의미하는 것은 아니고, 인권존중·권력남용금지·신의성실과 같이 공무원으로서 마땅히 지켜야 할 준칙이나 규범을 지키지 아니하고 위반한 경우를 포함하여 널리 그 행위가 객관적인 정당성을 결여하고 있는 경우도 포함한다. 따라서 국민의 생명·신체·재산 등에 대하여 절박하고 중대한 위험상태가 발생하였거나 발생할 상당한 우려가 있어서 국민의 생명 등을 보호하는 것을 본래적 사명으로 하는 국가가 초법규적·일차적으로 그 위험의 배제에 나서지 아니하면 국민의 생명 등을 보호할 수 없는 경우에는 형식적 의미의 법령에 근거가 없더라도 국가나 관련 공무원에 대하여 그러한 위험을 배제할 작위의무를 인정할 수 있다. 그러나 그와 같은 절박하고 중대한 위험상태가 발생하였거나 발생할 상당한 우려가 있는 경우가 아닌 한, 원칙적으로 공무원이 관련 법령에서 정하여진 대로 직무를 수행하였다면 그와 같은 공무원의 부작위를 가지고 '고의 또는 과실로 법령을 위반'하였다고 할 수는 없다. 따라서 공무원의 부작위로 인한 국가배상책임을 인정할 것인지가 문제 되는 경우에 관련 공무원에 대하여 작위의무를 명하는 법령의 규정이 없는 때라면 공무원의 부작위로 인하여 침해되는 국민의 법익 또는 국민에게 발생하는 손해가 어느 정도 심각하고 절박한 것인지, 관련 공무원이 그와 같은 결과를 예견하여 그 결과를 회피하기 위한 조치를 취할 수 있는 가능성이 있는지 등을 종합적으로 고려하여 판단하여야 한다.

[2] 구 개발제한구역의 지정 및 관리에 관한 특별조치법 시행령 제22조 [별표 2] 제4호 ㈑목을 관련 공무원에 대하여 건축물 이축에 있어 종전 토지의 지목을 건축물의 건축을 위한 용도가 아닌 지목으로 변경하여야 할 적극적인 작위의무를 명하는 규정으로 볼 수 있는지 여부(소극)

구 개발제한구역의 지정 및 관리에 관한 특별조치법 시행령(2018. 2. 9. 대통령령 제28635호로 개정되기 전의 것) 제22조 [별표 2] 제4호 ㈑목은 "이주단지를 조성한 후 또는 건축물을 이축한 후의 종전 토지는 다른 사람의 소유인 경우와 공익사업에 편입된 경우를 제외하고는 그 지

목을 전·답·과수원, 그 밖에 건축물의 건축을 위한 용도가 아닌 지목으로 변경하여야 한다."라고 규정하면서 그 변경 주체와 절차에 대해서는 아무런 규정을 두고 있지 않다. 따라서 위 규정을 관련 공무원에 대하여 건축물 이축에 있어 종전 토지의 지목을 건축물의 건축을 위한 용도가 아닌 지목으로 변경하여야 할 적극적인 작위의무를 명하는 규정으로 볼 수 없고, 관련 법령에 그와 같은 작위의무 규정을 찾아볼 수도 없다.

위법한 부진정 행정입법 부작위로 인해 장애인 접근권이 침해되었다고 주장하면서 국가배상으로 위자료를 청구한 사건
— 2024. 12. 19. 선고 2022다289051 판결 ★

【판시사항 및 판결요지】

[1] 장애인의 접근권이 헌법상 보장되는 기본권인지 여부(적극) 및 장애인의 접근권이 비장애인과 동등한 수준의 접근을 보장할 수 있는 특정 시설과 설비를 설치할 것을 국가나 사인에게 적극적으로 요구할 수 있는 권리로 구체화되기 위한 요건과 국가의 의무

모든 국민은 인간으로서의 존엄과 가치 및 행복을 추구할 권리를 가지고, 국가는 개인이 가지는 불가침의 기본적 인권을 보장할 의무를 진다(헌법 제10조). 인간의 존엄과 가치는 인간의 본질로 간주되는 존귀한 인격 주체성을 의미하고, 이를 바탕으로 인간은 자기책임 능력이 있는 인격체로서 스스로 결단하여 그 결단에 따라 자유롭게 행동할 자유와 행복을 추구할 권리를 지닌다. 헌법은 모든 국민이 법 앞에 평등하다고 규정하고 있으므로(헌법 제11조), 장애인도 비장애인과 동등하게 헌법이 보장하는 인간으로서의 존엄과 가치 및 행복을 추구할 권리를 지니고, 국가가 이를 보장할 의무가 있음은 당연하다.

그런데 우리가 일상생활에서 이용하는 각종 시설과 설비는 대부분 비장애인을 기준으로 마련되어 있어서 장애인은 타인의 도움 없이 스스로의 결단에 따라 이를 자유롭게 이용하기 어려운 실정이다. 스스로 결단하고 그에 따라 자유롭게 행동할 자유는 우리 헌법이 최고의 가치로 삼는 인간의 존엄성의 핵심을 구성한다. 장애인이 비장애인과 동등하게 인간의 존엄과 가치 및 행복을 추구할 권리를 보장받기 위해서는 장애인이 일상생활에서 이용하는 시설과 설비에 스스로의 힘으로 접근할 수 있는 권리, 즉 접근권이 보장되어야 한다.

나아가, 헌법 제34조 제1항은 모든 국민에게 인간다운 생활을 할 권리를 보장하고 있고, 같은 조 제5항은 신체장애자는 법률이 정하는 바에 의하여 국가의 보호를 받는다고 규정하여 국가가 사회적 약자를 특별히 배려하고 지원하도록 하고 있다.

이처럼 장애인의 접근권은 헌법상 인간의 존엄과 가치 및 행복을 추구할 권리를 장애인에게도 동등하게 보장하고, 사회적 약자인 장애인이 인간다운 생활을 하는 데 필수적인 전제가 되는 권리로서, 비록 헌법에 명시되지는 않았으나 앞서 살펴본 헌법 규정들로부터 도출되는 기본권으로서의 지위를 가진다.

다만 장애인의 접근권이 접근에 대한 방해의 금지를 구하는 소극적·방어적인 수준을 넘어 비장애인과 동등한 수준의 접근을 보장할 수 있는 특정 시설과 설비를 설치할 것을 국가나 사인(私人)에게 적극적으로 요구할 수 있는 권리로 구체화되기 위해서는 이를 위한 법률이 필요하다 할 것이고, 국가는 제한된 재정 능력과 사회·경제적 발전 수준 등을 고려하여 장애인에 대한 접근권이 적절히 보장되도록 필요한 조치를 취할 의무가 있다.

장애인에 대한 국가의 헌법상 보호 의무를 이행하기 위해 국회는 1997. 4. 10. 장애인·노인·임산부 등의 편의증진 보장에 관한 법률(이하 '장애인등편의증진법'이라 한다)을 제정하여 이를 1998. 4. 11. 시행하였다. 장애인등편의증진법은 장애인이 일상생활에서 안전하고 편리하게 시설과 설비를 이용할 수 있도록 보장하는 것을 목적으로 하고(같은 법 제1조), 인간으로서의 존엄과 가치 및 행복을 추구할 권리를 보장받기 위하여 장애인도 비장애인이 이용하는 시설과 설비를 동등하게 이용할 권리, 즉 접근권을 가진다고 명시하였으며(같은 법 제4조), 국가와 지방자치단체가 장애인 등이 일상생활에서 안전하고 편리하게 시설과 설비를 이용할 수 있도록 각종 시책을 마련할 의무를 규정하였다(같은 법 제6조).

국회는 더 나아가 장애인차별금지 및 권리구제 등에 관한 법률(이하 '장애인차별금지법'이라 한다)을 2007. 4. 10. 제정하였고, 2008. 4. 11.부터 시행하였다. 장애인차별금지법은 장애인의 완전한 사회참여와 평등권의 실현을 통하여 장애인의 인간으로서의 존엄과 가치를 구현함을 목적으로 하는데(같은 법 제1조), 장애인차별금지법에 따라 금지되는 차별의 범위에는 장애인이 비장애인과 "동등하게 같은 활동에 참여할 수 있도록 장애인의 성별, 장애의 유형 및 정도, 특성 등을 고려한 편의시설·설비·도구·서비스 등 인적·물적 제반 수단과 조치"(이하 '정당한 편의제공'이라 한다)를 정당한 사유 없이 거부하는 행위도 포함된다(같은 법 제4조 제1항 제3호, 제2항, 이와 같이 정당한 편의제공을 정당한 사유 없이 거부할 수 없는 의무를 이하 '정당한 편의제공 의무'라고 한다). 장애인차별금지법은 장애인에 대한 모든 차별을 방지하고 이를 시정하기 위한 적극적 조치를 할 의무를 국가에 부과하고 있다(같은 법 제8조).

이와 더불어 장애인이 모든 인권과 기본적인 자유를 완전하고 동등하게 향유하도록 증진·보호 및 보장하기 위한 국제 사회의 공통된 노력과 합의를 반영한 장애인의 권리에 관한 협약(이하 '장애인권리협약'이라 한다)이 2009. 1. 10. 국내에 발효되었다. 장애인권리협약 제4조 제1항은 당사국에 대하여 장애를 이유로 한 어떠한 형태의 차별 없이 장애인의 모든 인권과 기본적인 자유의 완전한 실현을 보장하고 촉진할 의무를 부과하고 있다. 그리고 같은 협약 제9조 제1항은 대중에게 개방 또는 제공된 시설에 대하여 장애인이 다른 사람과 동등하게 접근할 수 있도록 당사국이 적절한 조치를 취하여야 한다고 규정하고 있다.

[2] 행정청이 정당한 이유 없이 장애인의 접근권 보장을 위한 개선입법의무를 이행하지 않는 경우, 그 행정입법 부작위는 위법한지 여부(적극)

국회가 법률로 행정청에 특정한 사항을 위임했음에도 불구하고 행정청이 정당한 이유 없이 이를 이행하지 않는다면 권력분립의 원칙과 법치국가 또는 법치행정의 원칙에 위배되는 것으로서 위법함과 동시에 위헌적인 것이 되고, 이는 행정청이 법률에서 대통령령으로 정하도록 위임받은 사항을 전혀 입법하지 않은 경우는 물론 그 법률이 위임한 사항을 불충분하게 규정함으로써 법률이 위임한 행정입법의무를 제대로 이행하지 않은 경우도 마찬가지이다.

장애인·노인·임산부 등의 편의증진 보장에 관한 법률(이하 '장애인등편의증진법'이라 한다) 제7조는 장애인 편의시설을 설치해야 하는 대상을 대통령령으로 정하도록 위임하였다. 한편 장애인차별금지 및 권리구제 등에 관한 법률(이하 '장애인차별금지법'이라 한다) 제18조 제4항 또한 장애인이 비장애인과 동등하게 같은 활동에 참여할 수 있도록 장애인의 성별, 장애의 유형 및 정도, 특성 등을 고려한 편의시설·설비·도구·서비스 등 인적·물적 제반 수단과 조치를 정당한 사유 없이 거부할 수 없는 의무(이하 '정당한 편의제공 의무'라 한다)를 부담하는 시설물의 단계적 범위를 대통령령으로 정하도록 위임하고 있는데, 그 위임에 따라 제정된 같은 법 시행령 제11조는 정당한 편의제공 의무를 부담하는 시설물의 대상을 장애인등편의증진법 제7조에 해당하는 대상시설 중 2009. 4. 11. 이후에 신축·증축·개축된 시설물로 규정하고 있다. 그 결과 장애인차별금지법에 따라 정당한 편의제공 의무를 부담하는 시설물의 범위 또한 장애인등편의증진법 제7조의 위임에 따라 제정되는 대통령령에 규정된 범위로 한정되었다.

장애인의 접근권은 장애인이 헌법의 최고가치인 인간의 존엄을 실질적으로 보장받기 위한 초석이 되는 헌법상 기본권의 일종이고, 장애인등편의증진법, 장애인차별금지법 및 장애인의 권리에 관한 협약은 피고에게 장애인의 접근권을 실질적으로 보장할 의무를 거듭하여 부과하였다. 따라서 행정청이 장애인등편의증진법 제7조의 위임에 따라 행정입법을 통해 장애인 편의시설 설치의무 대상시설의 범위를 정할 재량이 있다고 하더라도, 그 재량은 장애인등편의증진법 제4조 등에서 요구하고 있는 것과 같이 장애인이 비장애인과 동등하게 시설과 설비를 이용할 수 있도록 함으로써 인간으로서의 존엄과 가치 및 평등권을 보장받을 수 있도록 장애인의 접근권을 단계적으로 확대하여 실현하는 방향으로 행사되어야 한다는 내재적 한계가 있다.

따라서 구 장애인·노인·임산부 등의 편의증진 보장에 관한 법률 시행령(2022. 4. 27. 대통령령 제32607호로 개정되기 전의 것) 제3조 [별표 1] 제2호 (가)목의 (1)이 정한 편의시설 설치의무 대상시설의 범위가 지나치게 좁아 사회·경제적 발전 정도 및 장애인 편의시설 설치에 관한 사회적 공감대를 따라가지 못한다면, 그러한 규정은 법률이 보장하고자 한 장애인의 접근권을 침해하거나, 장애인의 접근권을 점진적으로 확대해 나아가고자 한 모법의 위임 취지를 도외시한 것으로 평가될 수 있을 것이다. 이러한 경우 행정청에는 장애인을 위한 편의시설 설치가 강제되는 대상시설을 확대하여 장애인의 접근권을 실질적으로 개선하는 형태로 해당 행정입법을 개정할 구체적인 의무가 발생한다고 할 것이고, 행정청이 정당한 이유 없이 그 개선입법의무를 이행하지 않는다면 그 행정입법 부작위는 위법하다고 할 것이다.

[3] 위법한 행정입법 부작위로 인한 국가배상책임이 인정되기 위한 요건

행정청에 의한 작위 또는 부작위가 사후적으로 위법하다고 판단되더라도 그것만으로 공무원의 고의나 과실로 인한 불법행위를 구성한다고 단정할 수는 없다. 보통 일반의 공무원을 표준으로 공무원이 직무를 집행하면서 객관적 주의의무를 소홀히 하고 그로 말미암아 그 직무행위가 객관적 정당성을 잃었다고 볼 수 있는 때 국가배상법 제2조가 정한 국가배상책임이

성립할 수 있다. 공무원의 직무행위가 객관적 정당성을 잃었는지는 행위의 양태와 목적, 피해자의 관여 여부와 정도, 침해된 이익의 종류와 손해의 정도 등 여러 사정을 종합하여 판단하되, 손해의 전보책임을 국가가 부담할 만한 실질적 이유가 있는지도 살펴보아야 한다.

한편 법률이 행정청에 대하여 행정입법을 할 재량을 부여하였다 하더라도, 그 재량을 부여한 취지와 목적에 비추어 행정청이 행정입법의 권한을 행사하지 아니한 것이 현저하게 합리성을 잃어 사회적 타당성이 없는 경우에는 그 부작위가 객관적 정당성을 상실하였다고 볼 수 있고, 객관적 정당성을 상실하였다고 볼 수 있는 경우에는 특별한 사정이 없으면 국가배상법 제2조 제1항에서 정한 공무원의 과실도 인정된다.

[4] 장애인의 접근권이 침해된 경우, 그로 인하여 장애인이 입게 되는 정신적 손해에 대한 국가의 위자료 지급의무가 있는지 여부(적극) 및 위법한 행정입법 부작위로 인하여 개인의 권리가 침해된 경우 위자료 지급의무를 인정하기 위해 고려하여야 할 요소

국가배상법 제3조 제5항이 생명, 신체의 침해에 따른 위자료의 지급을 규정하고 있을 뿐이라 하더라도, 이는 생명, 신체 외의 다른 권리의 침해에 따른 위자료의 지급의무를 배제하는 것이라고 볼 수 없다. 장애인의 접근권이 침해된 경우에도 그로 인하여 장애인이 입게 되는 정신적 손해에 대한 국가의 위자료 지급의무가 배제되지 않는다.

입법부가 행정청에 행정입법의무를 부과하였음에도 행정청이 정당한 사유 없이 이를 이행하지 아니하거나 그 이행을 장기간 지연함으로써 개인의 권리가 침해된 경우 그로 인해 개인에게 위자료로 배상할 만한 정신적 손해가 발생하였는지는 법률이 행정입법을 위임한 목적과 취지, 위법한 행정입법 부작위로 침해된 권리의 헌법상 지위 또는 중요성, 그 침해의 정도와 지속 기간, 행정입법의무가 이행되지 않은 경위, 행정입법의무가 사후적으로나마 이행되었다면 그 행정입법의무의 뒤늦은 이행으로도 회복되지 않은 정신적 손해가 여전히 남았다고 평가할 수 있는지 여부 등을 종합적으로 고려하여 판단하여야 하고, 행정입법의무의 불이행에 대한 손쉬운 사법적 권리구제 수단이 마련되어 있지 않은 우리 법제에서 국가배상청구가 가장 유효한 규범통제 수단이자 실질적으로 유일한 구제수단으로서의 의의가 있다는 점도 아울러 참작하여야 한다.

[5] 법원이 행정입법의무의 불이행으로 인한 위자료 액수를 산정할 때 고려하여야 할 요소

행정입법의무의 불이행으로 인한 국가배상의 경우 위자료 산정에 고려하여야 할 다음과 같은 특수한 사정이 있다. 즉, 행정입법은 별도의 집행행위가 개입되지 않는 이상 그 자체로 국민의 권리의무에 직접적인 변동을 일으키지 않으므로 행정입법의무의 불이행으로 인한 권리 침해는 추상적인 수준에 머물게 된다. 또한 행정입법은 다른 행정행위와 달리 상대방이 구체적으로 특정되어 있지 않고 전체 국민을 수범자로 하므로 특정 집단 또는 개인을 구체적인 대상으로 하는 행정행위에 비해 사회구성원 개인의 안전과 이익을 보호할 직무상 의무

위반에 대한 비난가능성은 상대적으로 크지 않은 반면, 국가배상책임이 인정되는 상대방의 인적 범위는 과도하게 확대될 수 있다. 나아가, 행정입법의무의 불이행이 위법함을 선언하는 판결을 통해 피해자의 정신적 손해가 상당 부분 회복될 수 있음은 물론 국가의 위법한 행위에 대한 사법통제도 충분히 이루어질 수 있다는 점도 고려되어야 한다.

법원이 행정입법의무의 불이행으로 인한 위자료를 산정할 때에는 위와 같은 특수성을 고려하여 앞서 본 행정입법의무 불이행으로 인한 정신적 손해 인정을 위한 참작 요소는 물론 그로 인한 권리 침해가 통상 다수의 피해자들에게 균질하게 나타나는 성질의 것인지 여부, 국가의 위법행위에 대한 제재와 예방의 필요 등을 종합적으로 참작하여 그 직권에 속하는 재량으로 위자료 액수를 정하여야 한다.

【사안의 경우】

장애인등편의증진법은 1998. 4. 11. 시행되었는데, 장애인 등이 일상생활에서 이동하거나 시설을 이용할 때 편리하게 하기 위한 시설과 설비, 즉 편의시설 설치의무 대상시설을 대통령령에 위임하였음. 이 사건 쟁점규정은 그 위임에 따라 제정된 시행령 규정인데, 바닥면적 300㎡ 이상의 소규모 소매점에 대하여만 편의시설 설치의무를 부과함에 따라 95%가 넘는 비율의 소규모 소매점이 장애인 등을 위한 편의시설 설치의무를 면제받게 되었음. 원고 1, 2는 지체장애인으로 휠체어를 사용하고, 원고 3은 유아의 어머니로서 유아차를 빈번하게 사용하는데, 피고(대한민국)가 대부분의 소규모 소매점에 대하여 편의시설 설치의무를 면제한 결과 자신들의 접근권이 침해되었다는 이유로 국가배상을 청구함

제1심은 2022. 2. 10. 이 사건 쟁점규정이 모법의 위임범위를 벗어나고, 장애인의 행복추구권 등을 침해하였다는 이유로 무효라고 판단하였고, 그 후 2022. 4. 27. 이 사건 쟁점규정이 개정되어 장애인 편의시설 설치의무를 부담하는 소규모 소매점의 범위가 바닥면적 300제곱미터 이상인 시설에서 바닥면적 50제곱미터 이상인 시설로 확대되었음

그러나 제1심과 원심은 모두 이 사건 쟁점규정이 위법하다고 하더라도 이를 개정하지 않은 피고의 부작위에 국가배상법 제2조 제1항이 정한 '공무원의 고의 또는 과실'이 있다고 보기 어렵다는 이유로 원고들의 국가배상청구를 모두 기각하였음

대법원은 전원합의체 판결을 통하여 위와 같은 법리를 설시하면서, 피고가 「장애인차별금지 및 권리구제 등에 관한 법률」이 시행된 2008. 4. 11.부터 이 사건 쟁점규정을 개정할 행정입법의무를 부담하는데 이를 14년 넘게 불이행한 것은 위법하고, 그 불이행은 현저하게 합리성을 잃어 사회적 타당성이 없으므로 객관적 정당성을 상실한 행위로서 국가배상법 제2조 제1항이 정한 공무원의 '고의 또는 과실로 법령에 위반'한 행위에 해당하며, 그 결과 피고에게는 장애인인 원고 1, 2가 입은 정신적 고통을 배상할 의무가 있다고 보아 원고 1, 2에 대하여 각 10만 원의 위자료를 인정하여, 원심판결 중 원고 1, 2의 국가배상청구 부분을 파기·자판함

이러한 다수의견에 대하여, ① 대법관 김상환, 대법관 노태악, 대법관 권영준, 대법관 노경필의 별개의견, ② 다수의견에 대한 대법관 오경미, 대법관 신숙희의 보충의견이 있음
그중 별개의견의 요지는 다음과 같음

- 별개의견도 다수의견과 같이 피고가 장애인인 원고 1, 2에 대하여 위자료를 지급해야 한다는 견해이나, 그 근거를 달리함
- 다수의견은 국가배상책임이 공무원 개인의 주관적 불법행위책임을 국가가 대위해서 부담하는 것(대위책임)임을 전제로 하여, 국가배상책임의 성립 요건으로 국가의 행위가 공법상 위법하다는 것뿐만 아니라 공무원의 주관적 책임요소인 고의·과실, 즉 객관적 주의의무의 소홀과 객관적 정당성 상실이라는 별도의 위법성 판단기준을 요구하고 있음
- 그러나 헌법 제29조 제1항이 정한 국가배상책임은 국가의 불법행위로 인해 국민이 손해를 입었을 때 그 위법의 결과를 국가가 스스로 제거하도록 함으로써 헌법의 기본원리인 법치국가원리를 구현하고, 국가의 위법한 행위로 인하여 국민이 입은 손해를 사후적으로나마 회복하도록 함으로써 헌법 제10조 제2문이 정한 기본권 보장의무를 다하도록 하기 위한 것임. 따라서 국가배상책임은 단순히 공무원 개인의 민사적 불법행위책임을 국가가 대위하여 부담하는 것을 넘어 국가가 위법한 행위로 국민에게 손해를 입힌 경우 스스로 책임을 지는 '자기책임'으로 이해하여야 함
- 그렇다면, 국가배상법 제2조 제1항이 정한 '고의 또는 과실'이란 공무원 개인의 주관적 책임의 전제가 되는 요건이 아니라, 행정 조직이나 운영상의 결함에 따른 공무원의 공적 직무수행상 과실로 해석되어야 함. 이 사건 쟁점규정에 대한 행정입법 부작위가 공법상 위법하다고 판단되는 이상, 특별한 사정이 없는 한 국가배상법 제2조 제1항이 정한 '고의 또는 과실로 법령을 위반'한 행위가 있었다고 보아야 함
- 또한, 국가의 행위가 공법상 위법하다는 결론에 이르렀음에도 그 행위가 국가배상법상 위법성 요건을 충족하는지를 판단하기 위해 '객관적 정당성 상실'이라는 별도의 요건을 요구하는 것은 '공법상 자기책임'이라는 국가배상책임의 법적 성격에 맞지 않을 뿐만 아니라 체계상 혼란을 초래하는 것으로 부당함. 해당 요건을 적용한 다수의견은 국가배상책임의 공법상 자기책임으로서의 성질을 간과한 것으로서 국가배상책임의 성립요건에 관한 혼란을 유지·가중시키는 한계가 있음
- 국가배상책임을 위법한 국가의 행위에 대한 국가의 공법상 자기책임으로 이해하는 이상 국가배상책임의 위자료의 주된 기능이 국가의 위법행위 확인 및 그에 대한 제재를 통한 법치국가의 원리 실현에 있다는 볼 수 있으므로, 위자료의 액수 또한 이와 같은 규범적인 요소를 반영하여 다소 상징적인 액수로 정할 수 있음. 결국, 국가배상책임의 성질을 자기책임으로 이해할 경우 이 사건에서 대법원이 원고 1, 2에 대한 위자료를 각 10만 원으로 직접 정한 근거가 보다 설득력을 갖게 됨

080 행정절차 위반과 국가배상
− 2021. 7. 29. 선고 2015다221668 판결 ★★

【사건의 개요와 쟁점】

피고(전라남도 보성군)는 전남 보성군 (주소 1 생략)에 있는 폐기물매립시설의 사용기한이 다가오자 2006. 8.경부터 전남 보성군 (주소 2 생략)에 폐기물처리시설(이하 '이 사건 폐기물 매립장'이라 한다) 설치사업을 추진하여 설치하고, 2009. 11. 24.경 전라남도지사에게 사용개시신고를 한 다음 이 사건 폐기물 매립장을 운영하였다. 원고(선정당사자, 이하 '원고'라 한다)와 선정자 소외 1(이하 이 둘을 통틀어 '원고 등'이라 한다)은 이 사건 폐기물 매립장으로부터 직선거리로 약 1.9km 떨어져 있는 마을에 거주하는 사람들이다.

피고는 2007. 12. 4.경 전라남도지사에게 이 사건 폐기물 매립장의 설치 승인을 신청하였다. 전라남도의 실무담당자는 이 사건 폐기물 매립장이 관련 법령상 입지선정계획대상에 포함되는 시설에 해당한다는 이유로 입지선정계획결정·공고문과 입지선정위원회 구성 및 입지결정·공고문 등 관련 서류를 보완해 달라고 요구하였다.

피고는 이 사건 폐기물 매립장 설치사업과 관련해서 보성군의회에 입지선정위원회와 주민지원협의체를 구성하기 위한 군의회의원 2명의 추천을 의뢰하여 추천통보를 받았다. 그런데도 피고는 입지선정위원회 구성과 입지 선정 등에 관한 절차를 전혀 밟지 않은 채 2008. 1. 2. 이 사건 폐기물 매립장의 입지를 결정하고, 관련 도면의 열람기간과 주민의견 제출기간을 2008. 1. 2.부터 2008. 2. 1.까지로 하는 '보성군 농어촌폐기물 종합처리시설 입지 결정·고시'를 하였다.

이후 피고의 담당공무원 소외 2는 2008. 2. 초순 '보성군 농어촌폐기물 종합처리시설 입지선정계획 결정·공고문', 입지선정위원회를 구성하는 전문가를 추천하는 '주민대표들의 추천서', '농어촌폐기물 종합처리시설 입지선정위원회 회의 알림' 공문, 입지선정위원회 회의록 등 관련 서류를 위조하였다. 피고는 2008. 2. 14.경 전라남도지사에게 위와 같이 위조된 서류를 제출하면서 이 사건 폐기물 매립장의 설치 승인을 다시 신청하였다. 전라남도지사는 2008. 2. 20.경 피고에게 이 사건 폐기물 매립장의 설치계획을 승인한다는 통보와 함께 이 사건 폐기물 매립장의 설치를 승인하였다. 소외 2는 공문서 위조 등의 혐의로 기소되어 유죄판결을 받고 그 판결이 확정되었다.

원고 등은 피고가 관련 법령에서 요구하는 입지선정위원회와 주민지원협의체의 구성, 폐기물처리시설 주변영향지역 결정·고시 등 이 사건 폐기물 매립장 설치과정에서 준수해야 할 행정절차를 밟지 않아 주변영향지역 주민인 원고 등의 행정절차 참여권을 침해하였고, 이 사건 폐기물 매립장을 부실하게 운영하여 원고 등의 쾌적한 환경에서 생활할 권리 등을 침해하는 불법행위로 원고 등에게 정신적 손해를 입혔다는 이유로 피고에게 위자료를 청구하였다.

쟁점은 지방자치단체인 피고의 담당공무원이 이 사건 폐기물 매립장 설치와 관련하여 관련 법령에서 정한 주민의견 수렴절차를 거치지 않은 위법행위를 했다는 이유 등으로 피고가 국가배상법 제2조에 따라 정신적 손해에 대한 배상책임을 지는지 여부이다.

【판시사항 및 판결요지】

[1] 폐기물처리시설 설치촉진 및 주변지역지원 등에 관한 법령에서 입지선정위원회의 구성에 일정 수 이상의 주민대표와 주민대표가 추천한 전문가 등이 포함되도록 하고 입지선정위원회에 주민들이 의견을 제출할 수 있도록 한 취지

폐기물처리시설 설치촉진 및 주변지역지원 등에 관한 법률(이하 '폐기물시설촉진법'이라 한다)은 폐기물처리시설 부지 확보 촉진과 그 주변지역 주민에 대한 지원을 통하여 폐기물처리시설의 설치를 원활히 하고 주민의 복지를 증진함으로써 환경보전과 국민 생활의 질적 향상을 목적으로 한다(제1조). 폐기물시설촉진법 제9조 제3항은 '폐기물처리시설 설치기관은 폐기물처리시설 입지선정계획을 공고한 경우에는 지체 없이 주민대표가 참여하는 입지선정위원회를 설치하여 폐기물처리시설의 입지를 선정하도록 하여야 한다.'고 정하고 있다. 구 폐기물처리시설 설치촉진 및 주변지역지원 등에 관한 법률 시행령(2009. 6. 16. 대통령령 제21543호로 개정되기 전의 것, 이하 '시행령'이라 한다) 제7조 [별표 1]에 따르면 주민대표는 해당 폐기물처리시설이 입지하는 시·군·구에 거주하는 주민 중 해당 시·군·구의회에서 선정하되, 입지후보지에 거주하는 주민대표를 1인 이상 포함하여야 하고, 주민대표는 전문가 위원을 추천할 권한을 가진다. 이와 같이 구성된 입지선정위원회는 '폐기물처리시설 입지의 선정과 변경, 입지후보지 타당성 조사의 필요 여부, 공청회 또는 설명회의 개최 여부' 등을 심의·의결하고(시행령 제11조 제1항), 지역 주민은 입지선정위원회가 수행한 타당성조사의 과정과 결과를 공람한 후 이에 대한 의견을 입지선정위원회에 제출할 수 있다(시행령 제10조).

입지선정위원회는 폐기물처리시설의 입지를 선정하는 의결기관이다. 입지선정위원회의 구성에 일정 수 이상의 주민대표와 주민대표가 추천한 전문가 등이 포함되도록 하고 입지선정위원회에 주민들이 의견을 제출할 수 있도록 한 것은 폐기물처리시설 입지선정 절차에서 주민들의 이익과 의사가 실질적으로 대변될 수 있도록 하여 지방자치단체의 전횡이나 소수 주민대표의 경솔한 결정으로 주민의 권리가 부당하게 침해되는 것을 방지하고 행정의 민주화와 신뢰를 확보하는 데 그 취지가 있다.

이와 같이 입지선정 단계부터 실질적인 주민참여를 보장하고, 이후 폐기물처리시설의 입지가 선정되어 폐기물처리시설 설치계획이 공고된 후에는 폐기물처리시설의 설치·운영으로 인하여 환경상 영향을 받게 되는 주변영향지역을 결정하게 되는데 그 과정에서도 주민지원협의체의 구성과 활동을 통하여 주민참여의 기회가 보장된다(폐기물시설촉진법 제17조, 제17조의2).

[2] 국가나 지방자치단체가 행정절차를 진행하는 과정에서 주민들의 의견제출 등 절차적 권리를 보장하지 않은 위법이 있더라도 절차적 권리 침해로 인한 정신적 고통에 대한 배상이 인정되지 않는 경우 / 주민들의 절차적 권리 침해로 인한 정신적 고통이 여전히 남아 있다고 볼 특별한 사정이 있는 경우, 국가나 지방자치단체는 그로 인한 손해를 배상할 책임이 있는지 여부(적극) / 이때 특별한 사정에 대한 주장·증명책임의 소재(=이를 청구하는 주민들) 및 특별한 사정이 있는지 판단하는 기준

국가나 지방자치단체가 공익사업을 시행하는 과정에서 해당 사업부지 인근 주민들은 의견제출을 통한 행정절차 참여 등 법령에서 정하는 절차적 권리를 행사하여 환경권이나 재산권 등 사적 이익을 보호할 기회를 가질 수 있다. 그러나 법령에서 주민들의 행정절차 참여에 관하여 정하는 것은 어디까지나 주민들에게 자신의 의사와 이익을 반영할 기회를 보장하고 행정의 공정성, 투명성과 신뢰성을 확보하며 국민의 권익을 보호하기 위한 것일 뿐, 행정절차에 참여할 권리 그 자체가 사적 권리로서의 성질을 가지는 것은 아니다. 이와 같이 행정절차는 그 자체가 독립적으로 의미를 가지는 것이라기보다는 행정의 공정성과 적정성을 보장하는 공법적 수단으로서의 의미가 크므로, 관련 행정처분의 성립이나 무효·취소 여부 등을 따지지 않은 채 주민들이 일시적으로 행정절차에 참여할 권리를 침해받았다는 사정만으로 곧바로 국가나 지방자치단체가 주민들에게 정신적 손해에 대한 배상의무를 부담한다고 단정할 수 없다.

이와 같은 행정절차상 권리의 성격이나 내용 등에 비추어 볼 때, 국가나 지방자치단체가 행정절차를 진행하는 과정에서 주민들의 의견제출 등 절차적 권리를 보장하지 않은 위법이 있다고 하더라도 그 후 이를 시정하여 절차를 다시 진행한 경우, 종국적으로 행정처분 단계까지 이르지 않거나 처분을 직권으로 취소하거나 철회한 경우, 행정소송을 통하여 처분이 취소되거나 처분의 무효를 확인하는 판결이 확정된 경우 등에는 주민들이 절차적 권리의 행사를 통하여 환경권이나 재산권 등 사적 이익을 보호하려던 목적이 실질적으로 달성된 것이므로 특별한 사정이 없는 한 절차적 권리 침해로 인한 정신적 고통에 대한 배상은 인정되지 않는다. 다만 이러한 조치로도 주민들의 절차적 권리 침해로 인한 정신적 고통이 여전히 남아 있다고 볼 특별한 사정이 있는 경우에 국가나 지방자치단체는 그 정신적 고통으로 인한 손해를 배상할 책임이 있다. 이때 특별한 사정이 있다는 사실에 대한 주장·증명책임은 이를 청구하는 주민들에게 있고, 특별한 사정이 있는지는 주민들에게 행정절차 참여권을 보장하는 취지, 행정절차 참여권이 침해된 경위와 정도, 해당 행정절차 대상사업의 시행경과 등을 종합적으로 고려해서 판단해야 한다.

081 법관의 재판에 대한 국가배상책임
— 2022. 3. 17. 선고 2019다226975 판결

☐ 법관의 재판에 대한 국가배상책임이 인정되기 위한 요건 / 재판에 대하여 불복절차 또는 시정절차가 마련되어 있는 경우, 이를 통한 시정을 구하지 않은 사람이 국가배상에 의한 권리구제를 받을 수 있는지 여부(원칙적 소극) 및 이는 보전재판의 경우에도 마찬가지인지 여부(적극)

법관의 재판에 법령 규정을 따르지 않은 잘못이 있더라도 이로써 바로 재판상 직무행위가 국가배상법 제2조 제1항에서 말하는 위법한 행위로 되어 국가의 손해배상책임이 발생하는 것은 아니다. 법관의 오판으로 인한 국가배상책임이 인정되려면 법관이 위법하거나 부당한 목적을 가지고 재판을 하였다거나 법이 법관의 직무수행상 준수할 것을 요구하고 있는 기준을 현저하게 위반하는 등 법관이 그에게 부여된 권한의 취지에 명백히 어긋나게 이를 행사하였다고 인정할 만한 특별한 사정이 있어야 한다는 것이 판례이다.

특히 재판에 대하여 불복절차 또는 시정절차가 마련되어 있는 경우, 법관이나 다른 공무원의 귀책사유로 불복에 의한 시정을 구할 수 없었다거나 그와 같은 시정을 구할 수 없었던 부득이한 사정이 없는 한, 그와 같은 시정을 구하지 않은 사람은 원칙적으로 국가배상에 의한 권리구제를 받을 수 없다.

민사집행법은 보전처분 취소재판에 대한 즉시항고에 대하여 집행정지의 효력을 부여하고 있는 민사소송법 제447조 준용을 배제하고 있다(민사집행법 제286조 제7항, 제287조 제5항, 제288조 제3항, 제307조 제2항). 이는 집행부정지 원칙을 채택함으로써 증가하는 채권자의 위험을 감수하더라도 보전재판의 신속한 절차진행이 더 중요하다고 본 입법자의 결단이라고 할 수 있다. 다만 민사집행법 제289조는 "가압류를 취소하는 결정에 대하여 즉시항고가 있는 경우에, 불복의 이유로 주장한 사유가 법률상 정당한 사유가 있다고 인정되고 사실에 대한 소명이 있으며, 그 가압류를 취소함으로 인하여 회복할 수 없는 손해가 생길 위험이 있다는 사정에 대한 소명이 있는 때에는, 법원은 당사자의 신청에 따라 담보를 제공하게 하거나 담보를 제공하지 아니하게 하고 가압류취소결정의 효력을 정지시킬 수 있다."라고 정하여 일정한 요건을 갖춘 경우 당사자의 신청에 따라 가압류취소결정의 효력을 정지시킬 수 있도록 하고 있고, 가처분취소결정에 대해서도 이를 준용하고 있다(민사집행법 제301조). 이러한 효력정지 제도는 법원의 잘못된 보전처분 취소결정으로 생길 수 있는 손해를 방지하기 위하여 법률에 규정된 긴급 구제절차라고 할 수 있다.

보전재판의 특성상 신속한 절차진행이 중시되고 당사자 일방의 신청에 따라 심문절차 없이 재판이 이루어지는 경우도 많다는 사정을 고려하여 민사집행법에서는 보전재판에 대한 불복 또는 시정을 위한 수단으로서 즉시항고와 효력정지 신청 등 구제절차를 세심하게 마련해 두고 있다. 재판작용에 대한 국가배상책임에 관한 판례는 재판에 대한 불복절차 또는 시정절차가 마련되어 있으면 이를 통한 시정을 구하지 않고서는 원칙적으로 국가배상을 구할 수 없다는 것으로, 보전재판이라고 해서 이와 달리 보아야 할 이유가 없다.

082 대법원의 공개변론 과정을 실시간 중계하고 녹화 결과물을 홈페이지에 게시한 행위에 대하여 국가배상책임 인정 여부가 문제된 사건
― 2025. 2. 27. 선고 2023다233895 판결

[1] 법관의 재판에 대한 국가배상책임이 인정되기 위한 요건

　법관의 재판에 법령 규정을 따르지 않은 잘못이 있더라도 이로써 바로 재판상 직무행위가 국가배상법 제2조 제1항에서 말하는 위법한 행위로 되어 국가의 손해배상책임이 발생하는 것은 아니고, 국가배상책임이 인정되려면 법관이 위법하거나 부당한 목적을 가지고 재판을 하였다거나 법이 법관의 직무수행상 준수할 것을 요구하고 있는 기준을 현저하게 위반하는 등 법관이 그에게 부여된 권한의 취지에 명백히 어긋나게 이를 행사하였다고 인정할 만한 특별한 사정이 있어야 한다.

[2] 대법원의 변론 또는 선고의 중계방송 내지 녹화 결과물의 게시 행위에 대하여 국가배상책임이 인정되는지 여부(한정 소극)

　법원조직법 제59조는 "누구든지 법정 안에서는 재판장의 허가 없이 녹화, 촬영, 중계방송 등의 행위를 하지 못한다."라고 규정하고 있다. 「대법원에서의 변론에 관한 규칙」 제7조의2 제1항은 "누구든지 대법원 변론 또는 선고에 대한 녹음, 녹화, 촬영 및 중계방송을 하고자 하는 때에는 재판장의 허가를 받아야 한다."라고 규정하고 제2항은 "재판장은 필요하다고 인정하는 경우 대법원 변론 또는 선고를 인터넷, 텔레비전 등 방송통신매체를 통하여 방송하게 할 수 있고, 변론 또는 선고에 관한 녹음, 녹화의 결과물을 인터넷 홈페이지 등을 통해 공개할 수 있다."라고 규정하며, 제3항은 "재판장은 소송관계인의 변론권·방어권 기타 권리의 보호, 법정의 질서유지 또는 공공의 이익을 위하여 변론 또는 선고에 대한 녹음, 녹화, 촬영 및 중계방송 등 행위의 시간·방법을 제한하거나 허가에 조건을 부가하는 등 필요한 조치를 취할 수 있다."라고 규정한다.

　위 대법원 규칙에서 대법원 변론 또는 선고를 중계방송하거나 녹화의 결과물을 인터넷 홈페이지 등에 게시할 수 있도록 규정하는 것은 헌법에서 규정하는 공개재판의 원칙을 보다 적극적으로 구현함으로써 재판의 공정성과 투명성, 재판에 관한 신뢰를 제고할 뿐만 아니라 해당 재판의 쟁점을 일반 국민에게 알려 사회적으로 그에 관한 인식을 공유하도록 함으로써 궁극적으로는 재판당사자가 가지는 공정한 공개재판을 받을 권리와 일반 국민의 알 권리를 실질적으로 실현하기 위한 것이다. 위 대법원 규칙에 따라 재판장이 대법원 변론 또는 선고의 중계방송이나 녹화 결과물의 게시를 하도록 하거나 그 중계방송 등 행위의 제한이나 조건의 부가 등 필요한 조치를 하는 것은 중계방송이나 녹화 결과물 게시를 통해 달성하고자 하는 공공의 이익과 재판당사자의 초상권 등 인격권 침해 우려 사이에서 여러 사정을 종합

적으로 고려한 이익형량을 통하여 이루어진 것으로 볼 수 있다. 재판장의 그러한 판단이 법관의 직무수행상 준수할 것으로 요구되는 기준을 현저하게 위반하는 등 법관이 그에게 부여된 권한의 취지에 명백히 어긋나게 이를 행사하였다고 볼 사정이 없는 이상, 그에 따라 이루어진 대법원 변론 또는 선고의 중계방송 내지 녹화 결과물의 게시에 대하여 국가배상책임이 인정될 수는 없다.

[3] 대법원이 '가수 갑의 그림대작 형사사건'의 공개변론 과정을 촬영하여 대법원 홈페이지와 인터넷 포털사이트로 실시간 중계하고, 대법원 담당공무원이 위와 같이 촬영된 공개변론 동영상을 대법원 홈페이지에 게시하자, 공개변론 법정에 공동피고인으로 출석하였던 갑의 매니저 을이 자신의 초상권이 침해당하였다며 국가배상을 청구한 사안에서, 공개변론 후 그 녹화 결과물을 게시하도록 한 재판장의 명령에는 위법 또는 부당한 목적을 가지고 있었다거나 법관이 직무수행상 준수할 것을 요구하는 기준을 현저하게 위반한 위법이 있다고 보기 어렵고, 녹화 결과물을 게시한 담당공무원의 직무행위는 재판장의 명령에 따른 것에 불과하여 별도의 위법성을 인정하기 어려운데, 이에 관하여 제대로 심리·판단하지 않은 채 공개변론의 녹화 결과물을 게시할 때 을의 얼굴에 모자이크 처리를 하지 않았다는 이유로 을의 초상권이 침해되었다고 보아 국가배상책임을 인정한 원심판단에 법리오해 등의 잘못이 있다고 한 사례

대법원이 '가수 갑의 그림대작 형사사건'의 공개변론 과정을 촬영하여 대법원 홈페이지와 인터넷 포털사이트로 실시간 중계하고, 대법원 담당공무원이 위와 같이 촬영된 공개변론 동영상을 대법원 홈페이지에 게시하자, 공개변론 법정에 공동피고인으로 출석하였던 갑의 매니저 을이 자신의 초상권이 침해당하였다며 국가배상을 청구한 사안에서, 위 형사사건에서 당시 비교적 널리 알려진 연예인이었던 갑이 자신의 조수 화가가 그림 대부분을 그린 사정을 고지하지 않은 채 그림을 판매한 행위가 사기죄에 해당하는지는 국민 다수가 관심을 가지고 있었고, 미술품의 저작행위와 저작자가 무엇인지에 관한 쟁점을 포함하여 광범위한 사회적 논의가 이루어질 수 있는 사안이었던 점, 대법원은 이러한 공공적 특성을 감안하여 공개변론을 열었고, 재판장은 공개변론을 중계방송하고 녹화 결과물을 게시하도록 하였던 점, 을은 이미 방송에 출연한 바 있고 위 형사사건과 관련된 언론 인터뷰에도 응하면서 자신의 얼굴과 함께 갑의 매니저로서 지위를 스스로 널리 알렸던 점 등의 사정을 고려하면, 공개변론 후 그 녹화 결과물을 게시하도록 한 재판장의 명령에는 위법 또는 부당한 목적을 가지고 있었다거나 법관이 직무수행상 준수할 것을 요구하는 기준을 현저하게 위반한 위법이 있다고 보기 어려워 이에 대한 국가배상책임이 인정된다고 보기 어렵고, 녹화 결과물을 게시한 담당공무원의 직무행위는 이러한 재판장의 명령에 따른 것에 불과하여 거기에 별도의 위법성을 인정하기 어려운데도, 이에 관하여 제대로 심리·판단하지 않은 채 공개변론의 녹화 결과물을 게시할 때 을의 얼굴에 모자이크 처리를 하지 않았다는 이유로 을의 초상권이 침해되었다고 보아 국가배상책임을 인정한 원심판단에 법리오해 등의 잘못이 있다고 한 사례.

083. 주한미군 소속 장갑차가 일으킨 교통사고에 대한 국가배상책임이 문제된 사건
— 2023. 6. 29. 선고 2023다205968 판결

1. 관련법리

「대한민국과 아메리카합중국간의 상호방위조약 제4조에 의한 시설과 구역 및 대한민국에서의 합중국 군대의 지위에 관한 협정」(이하 'SOFA'라 한다) 제23조 제5항은 공무집행중인 미합중국 군대의 구성원이나 고용원의 작위나 부작위 또는 미합중국 군대가 법률상 책임을 지는 기타의 작위나 부작위 또는 사고로서 대한민국 안에서 대한민국 정부 이외의 제3자에게 손해를 가한 것으로부터 발생하는 청구권은 대한민국이 이를 처리하도록 규정하고 있으므로 위 청구권의 실현을 위한 소송은 대한민국을 상대로 제기하는 것이 원칙이고, 이에 따른 대한민국에 대한 청구권에 대해서는 「대한민국과 아메리카합중국 간의 상호방위조약 제4조에 의한 시설과 구역 및 대한민국에서의 합중국 군대의 지위에 관한 협정의 시행에 관한 민사특별법」(이하 '주한미군민사법'이라 한다) 제2조에 따라 국가배상법이 적용된다.

국가배상법 제2조 제1항 본문은, 전단에서 국가나 지방자치단체는 공무원 또는 공무를 위탁받은 사인이 직무를 집행하면서 고의 또는 과실로 법령을 위반하여 타인에게 손해를 입힌 경우를 규정하는 것 외에 후단에서 자동차손배법에 따라 손해배상의 책임이 있을 때에도 이 법에 따라 그 손해를 배상하여야 한다고 규정하고 있는데, SOFA 제23조 제5항 ㈎호, 제24조 및 자동차관리법 제2조 제1호, 제70조 및 같은 법 시행령 제2조 제3호 등 관계규정을 종합하면, SOFA 제23조 제5항 및 주한미군민사법 제2조에 따라 국가배상법이 적용될 경우 미합중국 군대의 공용 차량에 대해서는 국가배상법 제2조 제1항 본문 후단의 자동차손배법에 따른 손해배상책임 규정은 적용되지 않고, 국가배상법 제2조 제1항 본문 전단에 따른 손해배상책임 규정만 적용된다. 그 이유는 다음과 같다.

1) 자동차손배법은 자동차관리법 적용을 받는 자동차와 「건설기계관리법」의 적용을 받는 건설기계 중 대통령령으로 정하는 것에 적용된다(자동차관리법 제2조 제1호). 그런데 SOFA 제24조는 '합중국 군대의 구성원, 군속 또는 그들의 가족의 사용 차량'에 대해서는 대한민국 정부가 면허하고 등록한다고 정하고 있으나(제3항) '합중국군대 및 군속의 공용 차량'에 대해서는 명확한 번호표 또는 이를 용이하게 식별할 수 있는 개별적인 기호를 붙여야 한다'고 규정하고 있을 뿐이고(제2항), 자동차관리법 역시 제70조 제2호에서 대한민국 주재 '미합중국 군대의 구성원·군무원 또는 그들의 가족이 사적 용도로 사용하는 자동차'에 대해서 특례를 규정하고 있을 뿐 미합중국 군대의 공용 차량에 대해서는 규정을 두고 있지 않다.

2) 주한미군의 공무집행상 행위로 인한 손해배상청구권은 대한민국 군대의 행동으로부터 발

생하는 청구권에 관한 대한민국의 법령에 따라 제기하고 심사하여 해결하거나 재판하도록 되어 있다[SOFA 제23조 제5항 ㈎호]. 그런데 대한민국의 「군수품관리법」에 따른 차량은 자동차관리법 적용제외 대상이므로(자동차관리법 제2조 제1호, 같은 법 시행령 제2조 제3호) 대한민국 군대 소속 차량에 대해서는 자동차손배법이 적용되지 않는다.

2. 이 사건의 판단

이 사건 차량은 미합중국 군대의 공용차량으로서 자동차손배법이 적용되지 않는다.

084. 위법한 압수물 폐기로 인해 손해가 발생한 경우, 손해배상청구권에 관한 장기소멸시효의 기산점
― 2022. 1. 14. 선고 2019다282197 판결

【사건의 개요와 쟁점】

식품위생법상 신고를 하지 않은 채 오징어채 가공·판매 영업을 한다는 혐의로 수사를 받는 과정에서, 수사기관이 오징어채를 압수하여 국과수에 의뢰하였으나 법령에서 금지하거나 용량을 제한하고 있는 유해물질 등이 검출된 바 없음이 확인되었고, 이에 대해 피의자가 부인하여 유해첨가물 등을 사용하였는지 여부에 대해서는 별다른 수사가 이루어지지 않은데다가, 실제 기소도 미신고 영업 사실로만 이루어졌음에도, 수사기관이 수사결과를 발표하면서 미신고영업에 대해서는 부각시키지 않고, 마치 불법첨가물을 사용하여 오징어채의 중량을 부풀리는 방법으로 어떠한 범죄행위를 한 것처럼 발표하였고, 그 과정에서 오징어채도 전량 폐기하였다.

피의자인 원고는 피의사실 공표행위 및 오징어채 폐기가 불법행위임을 주장하며 국가를 상대로 손해배상을 청구하였고, 원심은 피의사실 공표행위에 대해서는 먹거리에 대한 경각심과 주의 환기를 위한 것이어서 공익적인 목적과 필요성이 인정된다고 보아 위법성이 조각된다고 판단하였고, 오징어채 폐기 부분은 위법한 폐기처분을 한 시점을 장기소멸시효의 기산점으로 보아 그때로부터 시효기간이 완성되었다고 보아 청구를 기각하였다.

【판시사항 및 판결요지】

[1] 수사기관의 피의사실 공표행위가 허용되기 위한 요건 및 그 위법성 조각 여부의 판단 기준 / 수사기관이 발표한 피의사실에 '범죄를 구성하지 않는 사실관계'까지 포함되어 있고, 발표 내용에 비추어 피의사실은 부수적인 것에 불과하고 '범죄를 구성하지 않는 사실관계'가 주된 것인 경우, 피의사실 공표행위가 위법하다고 보아야 하는지 여부(적극)

수사기관의 피의사실 공표행위는 공권력에 의한 수사 결과를 바탕으로 한 것으로 국민들에게 그 내용이 진실이라는 강한 신뢰를 부여함은 물론 그로 인하여 피의자나 피해자 나아가 주변 인물들에 대하여 큰 피해를 가할 수도 있다는 점을 고려할 때, 수사기관의 발표는 원칙적으로 일반 국민들의 정당한 관심의 대상이 되는 사항에 관하여 객관적이고도 충분한 증거나 자료를 바탕으로 한 사실 발표에 한정되어야 하고, 이를 발표할 때에도 정당한 목적하에 수사 결과를 발표할 수 있는 권한을 가진 자에 의하여 공식의 절차에 따라 행하여져야 하며, 무죄추정의 원칙에 반하여 유죄를 속단하게 할 우려가 있는 표현이나 추측 또는 예단을 불러일으킬 우려가 있는 표현을 피하는 등 내용이나 표현 방법에 대하여도 유념하여야 할 것이므로, 수사기관의 피의사실 공표행위가 위법성을 조각하는지를 판단할 때에는 공표 목적의 공익성과 공표 내용의 공공성, 공표의 필요성, 공표된 피의사실의 객관성 및 정확성, 공표의 절차와 형식, 표현 방법, 피의사실의 공표로 침해되는 이익의 성질, 내용 등을 종합적으로 참작하여야 한다.

한편 수사기관의 피의사실 공표행위의 대상은 어디까지나 피의사실, 즉 수사기관이 혐의를 두고 있는 범죄사실에 한정되는 것이므로, 피의사실과 불가분의 관계라는 등의 특별한 사정이 없는 한 수사기관이 '범죄를 구성하지 않는 사실관계'까지 피의사실에 포함시켜 수사 결과로서 발표하는 것은 원칙적으로 허용될 수 없다. 따라서 수사기관이 발표한 피의사실에 '범죄를 구성하지 않는 사실관계'까지 포함되어 있고, 발표 내용에 비추어 볼 때 피의사실은 부수적인 것에 불과하고 오히려 '범죄를 구성하지 않는 사실관계'가 주된 것인 경우에는 그러한 피의사실 공표행위는 위법하다고 보아야 한다.

[2] 압수물에 대한 몰수의 선고가 포함되지 않은 판결이 선고되어 확정된 경우, 검사에게 압수물을 환부하여야 할 의무가 당연히 발생하는지 여부(적극) 및 피압수자 등 환부를 받을 자가 압수 후 소유권을 포기하는 등으로 실체법상의 권리를 상실하거나, 수사기관에 대하여 환부청구권 포기의 의사표시를 한 경우, 수사기관의 압수물 환부의무가 면제되는지 여부(소극)

형사소송법 제332조에 의하면, 압수한 서류 또는 물품에 대하여 몰수의 선고가 없는 때에는 압수를 해제한 것으로 간주한다고 규정되어 있으므로 압수물에 대한 몰수의 선고가 포함되지 않은 판결이 선고되어 확정되었다면 검사에게 압수물을 제출자나 소유자 기타 권리자에게 환부하여야 할 의무가 당연히 발생하고, 권리자의 환부신청에 대한 검사의 환부결정 등 처분에 의하여 비로소 환부의무가 발생하는 것은 아니다. 또한 피압수자 등 환부를 받을 자가 압수 후 소유권을 포기하는 등에 의하여 실체법상의 권리를 상실하더라도 그 때문에 압수물을 환부하여야 하는 수사기관의 의무에 어떠한 영향을 미칠 수 없고, 또한 수사기관에 대하여 형사소송법상의 환부청구권을 포기한다는 의사표시를 하더라도 그 효력이 없어 그에 의하여 수사기관의 필요적 환부의무가 면제된다고 볼 수는 없다.

[3] 가해행위와 이로 인한 현실적인 손해의 발생 사이에 시간적 간격이 있는 불법행위에 기한 손해배상채권의 경우, 장기소멸시효의 기산점이 되는 '불법행위를 한 날'의 의미

가해행위와 이로 인한 현실적인 손해의 발생 사이에 시간적 간격이 있는 불법행위에 기한 손해배상채권의 경우, 장기소멸시효의 기산점이 되는 '불법행위를 한 날'의 의미는 단지 관념적이고 부동적인 상태에서 잠재적으로만 존재하고 있는 손해가 그 후 현실화되었다고 볼 수 있는 때, 즉 손해의 결과발생이 현실적인 것으로 되었다고 할 수 있을 때로 보아야 한다.

[4] 부패의 염려가 있거나 보관하기 어려운 압수물에 대하여 형사소송법 제130조 제3항에서 정한 요건을 갖추지 않은 폐기처분이 위법한지 여부(적극)

압수물은 검사의 이익을 위해서뿐만 아니라 이에 대한 증거신청을 통하여 무죄를 입증하고자 하는 피고인의 이익을 위해서도 존재하므로 사건종결 시까지 이를 그대로 보존할 필요성이 있다. 다만 형사소송법은 "몰수하여야 할 압수물로서 멸실, 파손, 부패 또는 현저한 가치 감소의 염려가 있거나 보관하기 어려운 압수물은 매각하여 대가를 보관할 수 있다."라고 규정하면서(제132조 제1항), "법령상 생산·제조·소지·소유 또는 유통이 금지된 압수물로서 부패의 염려가 있거나 보관하기 어려운 압수물은 소유자 등 권한 있는 자의 동의를 받아 폐기

할 수 있다."라고 규정하고 있다(제130조 제3항). 따라서 부패의 염려가 있거나 보관하기 어려운 압수물이라 하더라도 법령상 생산·제조·소지·소유 또는 유통이 금지되어 있고, 권한 있는 자의 동의를 받지 못하는 한 이를 폐기할 수 없고, 만약 그러한 요건이 갖추어지지 않았음에도 폐기하였다면 이는 위법하다.

[5] 수사기관이 형사소송법 제130조 제2항, 제3항 및 제219조의 요건을 충족하지 않는데도 위법하게 압수물을 폐기한 이후 형사재판에서 무죄판결이 확정되어 위법한 폐기로 인해 압수물의 환부를 받지 못한 피압수자에게 손해가 발생한 경우, 수사기관의 위법한 폐기처분으로 인한 손해배상청구권에 관한 장기소멸시효의 기산점(=무죄의 형사판결이 확정되었을 때)

판결 선고 당시 압수물이 현존하지 않거나 형사소송법 제130조 제2항, 제3항 및 제219조에 따라 압수물이 이미 폐기된 경우 법원으로서는 그 물건에 대하여 몰수를 선고할 수 없는바, 수사기관이 형사소송법 제130조 제2항, 제3항 및 제219조의 요건을 충족하지 아니함에도 위법하게 몰수하여야 할 압수물을 폐기한 경우, 이후 형사재판에서 압수물이 현존하지 않는 등의 사유로 해당 압수물에 대한 몰수형이 선고되지 아니한 채 유죄판결이 선고·확정되었다면 다른 특별한 사정이 없는 한 위법한 폐기가 없었더라도 해당 압수물에 대해서는 몰수형이 선고되었을 것이어서 피압수자에게 어떠한 손해가 발생하였다고 보기 어려울 것이나, 만약 형사재판에서 무죄판결이 선고·확정되었다면, 이 경우 위법한 폐기가 없었더라면 압수물 환부의무가 발생하여 압수물의 환부가 이루어졌을 것이므로 결국 위법한 폐기로 인해 압수물의 환부를 받지 못한 피압수자에게 손해가 발생하였음을 인정할 수 있다. 결국 수사기관의 위법한 폐기처분으로 인한 피압수자의 손해는 형사재판 결과가 확정되기 전까지는 관념적이고 부동적인 상태에서 잠재적으로만 존재하고 있을 뿐 아직 현실화되었다고 볼 수 없으므로, 수사기관의 위법한 폐기처분으로 인한 손해배상청구권에 관한 장기소멸시효의 기산점은 위법한 폐기처분이 이루어진 시점이 아니라 무죄의 형사판결이 확정되었을 때로 봄이 타당하다.

【사안의 경우】

수사기관의 공표행위는 어디까지나 피의사실을 대상으로 하는 것일 뿐이므로 이와 불가분의 관계에 있는 등의 특별한 사정이 없는 한 피의사실이 아닌 사실을 마치 주된 부분인 것처럼 발표하는 행위는 원칙적으로 위법하다고 보아야 하고, 한편 위법한 폐기행위를 하였다고 하더라도 유죄판결이 선고·확정된다면 어차피 압수물에 대해 몰수형이 선고될 것이어서 손해발생을 인정하기 어려우나, 무죄판결이 선고·확정된다면 그때 비로소 위법한 폐기가 없었더라면 압수물 환부의무가 발생하여 압수물의 환부가 이루어졌을 것이므로 결국 위법한 폐기로 인해 압수물의 환부를 받지 못한 피압수자에게 손해가 발생하였음을 인정할 수 있어, 그 장기소멸시효의 기산점은 위법한 폐기처분이 이루어진 시점이 아니라 무죄의 형사판결이 확정되었을 때로 봄이 상당하다, 고 판단하여 원심판결을 파기환송하였다.

085 교정시설 내 과밀수용행위와 국가배상
— 2022. 7. 14. 선고 2017다266771 판결

[1] 교정시설 수용행위로 인하여 수용자의 인간으로서의 존엄과 가치가 침해되었는지 판단하는 기준 및 수용자가 하나의 거실에 다른 수용자들과 함께 수용되어 거실 중 화장실을 제외한 부분의 1인당 수용면적이 인간으로서의 기본적인 욕구에 따른 일상생활조차 어렵게 할 만큼 협소한 경우, 수용자의 인간으로서의 존엄과 가치를 침해하는 것인지 여부(원칙적 적극)

모든 국민은 인간으로서의 존엄과 가치를 가지며, 국가는 개인이 가지는 불가침의 기본적 인권을 보장할 의무를 진다(헌법 제10조). 국가가 형벌권을 행사하여 수용자를 교정시설에 수용하는 과정에서 수용자의 기본권을 일정한 범위에서 제한할 수밖에 없다고 하더라도, 국가는 수용자가 인간으로서 가지는 존엄과 가치를 침해하여서는 아니 된다. 형의 집행 및 수용자의 처우에 관한 법률(이하 '형집행법'이라고 한다)에 의하면 수용자의 인권은 최대한 존중되어야 하고(제4조), 교정시설의 거실·작업장·접견실이나 그 밖의 수용생활을 위한 설비는 그 목적과 기능에 맞도록 설치되어야 하며, 특히 거실은 수용자가 건강하게 생활할 수 있도록 적정한 수준의 공간과 채광·통풍·난방을 위한 시설이 갖추어져야 한다(제6조 제2항). 따라서 국가가 인간의 생존에 필요한 필수적이면서 기본적인 시설이 갖추어지지 않은 교정시설에 수용자를 수용하는 행위는 수용자의 인간으로서의 존엄과 가치를 침해하는 것으로서 위법한 행위가 될 수 있다(비록 형집행법이 2007. 12. 21. 법률 제8728호로 전부 개정되어 2008. 12. 22. 시행되기 이전 구 행형법에서는 교정시설의 설비 수준에 관한 형집행법 제6조 제2항과 같은 규정을 두지 않았고, 단지 제1조의3에서 '수용자의 기본적 인권은 최대한 존중되어야 한다.'는 취지의 규정만 두고 있었더라도, 수용자의 인간으로서의 존엄과 가치는 헌법상 보호되는 것인 점을 고려하면, 위와 같은 내용은 구 행형법이 시행되던 시기에도 마찬가지라고 보아야 한다).

교정시설 수용행위로 인하여 수용자의 인간으로서의 존엄과 가치가 침해되었는지는 수용 거실의 수용자 1인당 수용면적, 수용자에게 제공되는 의류, 침구, 음식, 식수 및 기타 영양 상태, 채광·통풍·냉난방 시설 및 기타 위생시설의 상태, 수용자가 거실 밖에서 자유로이 운동하거나 활동할 수 있는 시간과 장소의 제공 정도, 교정시설의 의료 수준 등 수용자의 수용 환경에 관한 모든 사정을 종합적으로 고려하여 판단하여야 한다. 그런데 수용자가 하나의 거실에 다른 수용자들과 함께 수용되어 거실 중 화장실을 제외한 부분의 1인당 수용면적이 인간으로서의 기본적인 욕구에 따른 일상생활조차 어렵게 할 만큼 협소하다면, 그러한 과밀수용 상태가 예상할 수 없었던 일시적인 수용률의 폭증에 따라 교정기관이 부득이 거실 내 수용 인원수를 조정하기 위하여 합리적이고 필요한 정도로 단기간 내에 이루어졌다는 등의 특별한 사정이 없는 한, 그 자체로 수용자의 인간으로서의 존엄과 가치를 침해한다고 봄이 타당하다.

[2] 국가배상책임에서 공무원의 행위가 '법령을 위반하였다'는 의미 및 교정시설 수용행위로 인하여 수용자의 인간으로서의 존엄과 가치가 침해된 경우, 그 수용행위가 공무원의 법령을 위반한 가해행위가 될 수 있는지 여부(적극)

국가배상책임에서 공무원의 가해행위는 법령을 위반한 것이어야 하는데, 여기서 법령을 위반하였다 함은 엄격한 의미의 법령 위반뿐 아니라 인권존중, 권력남용금지, 신의성실과 같이 공무원으로서 마땅히 지켜야 할 준칙이나 규범을 지키지 않고 위반한 경우를 포함하여 널리 그 행위가 객관적인 정당성을 결여하고 있음을 뜻한다. 따라서 교정시설 수용행위로 인하여 수용자의 인간으로서의 존엄과 가치가 침해되었다면 그 수용행위는 공무원의 법령을 위반한 가해행위가 될 수 있다.

[3] 구치소 등 교정시설에 수용된 후 출소한 갑 등이 혼거실 등에 과밀수용되어 정신적, 육체적 고통을 겪었다고 주장하며 국가를 상대로 위자료 지급을 구한 사안에서, 수용자 1인당 도면상 면적이 $2m^2$ 미만인 거실에 수용되었는지를 위법성 판단의 기준으로 삼아 갑 등에 대한 국가배상책임을 인정한 원심판단을 수긍한 사례

구치소 등 교정시설에 수용된 후 출소한 갑 등이 혼거실 등에 과밀수용되어 정신적, 육체적 고통을 겪었다고 주장하며 국가를 상대로 위자료 지급을 구한 사안에서, 수면은 인간의 생명 유지를 위한 필수적 행위 중 하나인 점, 관계 법령상 수용자에게 제공되는 일반 매트리스의 면적은 약 $1.4m^2$인데, 이는 수용자 1인당 수면에 필요한 최소한의 면적으로 볼 수 있는 점, 교정시설에 설치된 거실의 도면상 면적은 벽, 기둥의 중심선으로 둘러싸인 수평투영면적을 의미하는데, 벽, 기둥 외의 실제 내부 면적 중 사물함이나 싱크대 등이 설치된 공간을 제외하고 수용자가 실제 사용할 수 있는 면적은 그보다 좁을 수밖에 없는 점 등을 고려하면, 수용자 1인당 도면상 면적이 $2m^2$ 미만인 거실에 수용되었는지를 위법성 판단의 기준으로 삼아 갑 등에 대한 국가배상책임을 인정한 원심판단을 수긍한 사례.

086 국가배상 (과거사정리 기본법 사건)
— 2023. 3. 9. 선고 2021다202903 판결 ★

[1] 국가 산하 수사기관이 '갑이 도일하여 조총련 대남공작조직에서 활동하고 있는 을 및 그의 상부조직과 연계된 후 국내에 잠입하여 간첩활동을 하다가 검거되었다.'는 취지의 수사발표와 보도자료 배포를 한 후, 갑이 국가보안법 위반 혐의로 기소되어 유죄판결을 받고 복역하였으며, 을은 위 수사발표 및 그 후 이루어진 지명수배 때문에 일본에 머물면서 귀국하지 못하다가 10여 년이 지난 후 귀국하여 공항에서 임의동행 형식으로 수사기관에 연행된 다음 불법구금 상태로 이루어진 조사과정에서 국가보안법 위반 혐의에 대해 자백하고 반성문을 제출하여 기소유예 처분을 받았는데, 그 후 갑이 재심에서 무죄판결을 받자, 을이 국가를 상대로 국가배상청구를 한 사안에서, 위 수사발표 및 보도자료 배포, 을에 대한 지명수배는 모두 을에 대한 수사절차의 일환으로서 전체적으로 보아 위법하다고 평가할 수 있는데도, 수사발표 및 보도자료 배포, 불법구금에 대해서는 위법하다고 인정한 반면, 을에 대한 지명수배는 위법하지 않다고 본 원심판단에 법리오해의 잘못이 있다고 한 사례

국가 산하 수사기관이 '갑이 도일하여 조총련 대남공작조직에서 활동하고 있는 을 및 그의 상부조직과 연계된 후 국내에 잠입하여 간첩활동을 하다가 검거되었다.'는 취지의 수사발표와 보도자료 배포를 한 후, 갑이 국가보안법 위반 혐의로 기소되어 유죄판결을 받고 복역하였으며, 을은 위 수사발표 및 그 후 이루어진 지명수배 때문에 일본에 머물면서 귀국하지 못하다가 10여 년이 지난 후 귀국하여 공항에서 임의동행 형식으로 수사기관에 연행된 다음 불법구금 상태로 이루어진 조사과정에서 국가보안법 위반 혐의에 대해 자백하고 반성문을 제출하여 기소유예 처분을 받았는데, 그 후 갑이 재심에서 무죄판결을 받자, 을이 국가를 상대로 국가배상청구를 한 사안에서, 국가배상책임의 성립 요건으로서 '공권력의 위법한 행사'를 판단할 때에는 국가기관의 직무집행을 전체적으로 판단할 필요가 있는데, 수사발표나 배포된 보도자료의 내용에 비추어 을에 대한 지명수배 조치가 충분히 예상되는 상황이었고, 을은 검거를 우려하여 10여 년간 입국하지 못하였던 점, 을이 입국하자 수사기관에서 바로 임의동행한 것도 지명수배로 인한 것으로서 지명수배 조치가 불법구금을 용이하게 하였다고 볼 수 있는 점, 국가 산하 수사기관이 관련자들에 대한 불법구금, 가혹행위 등 위법하게 증거를 수집하였고 이에 기초하여 수사발표 및 보도자료 배포, 을에 대한 지명수배가 이루어진 점 등을 종합하면, 위 수사발표 및 보도자료 배포, 을에 대한 지명수배는 모두 을에 대한 수사절차의 일환으로서 전체적으로 보아 공무원이 직무를 집행하면서 객관적 주의의무를 소홀히 하여 그 직무행위가 객관적 정당성을 상실한 것으로서 위법하다고 평가할 수 있는데도, 수사발표 및 보도자료 배포, 불법구금에 대해서는 위법하다고 인정한 반면, 을에 대한 지명수배는 위법하지 않다고 본 원심판단에 법리오해의 잘못이 있다고 한 사례.

[2] 진실·화해를 위한 과거사정리 기본법 제2조 제1항 제3호의 '민간인 집단 희생사건', 같은 항 제4호

의 '중대한 인권침해사건·조작의혹사건'에서 공무원의 위법한 직무집행으로 입은 손해에 대한 국가배상청구권에 민법 제766조 제2항에 따른 장기소멸시효가 적용되는지 여부(소극)

헌법재판소는 2018. 8. 30. 민법 제166조 제1항, 제766조 제2항 중 '진실·화해를 위한 과거사정리 기본법'(이하 '과거사정리법'이라 한다) 제2조 제1항 제3호의 '민간인 집단 희생사건', 같은 항 제4호의 '중대한 인권침해사건·조작의혹사건'에 적용되는 부분은 헌법에 위반된다는 결정을 선고하였다. 따라서 과거사정리법상 '민간인 집단 희생사건', '중대한 인권침해사건·조작의혹사건'에서 공무원의 위법한 직무집행으로 입은 손해에 대한 국가배상청구권에 대해서는 민법 제766조 제2항에 따른 장기소멸시효가 적용되지 않는다.

[3] 재심에서 무죄판결을 받은 갑의 국가보안법 위반 사건에서 갑 등 간첩 일당의 일본 측 대남공작 조직원으로 지목된 을이 자신에 대한 국가 산하 수사기관의 수사발표 및 보도자료 배포, 지명수배, 불법구금이 위법하다며 국가배상청구를 한 사안에서, 을에 대한 수사발표 및 보도자료 배포, 지명수배, 불법구금은 모두 진실·화해를 위한 과거사정리 기본법 제2조 제1항 제4호의 중대한 인권침해사건·조작의혹사건을 구성하는 일부분이고, 그중 일부 행위만 떼어내어 진실·화해를 위한 과거사정리 기본법의 적용을 부정하는 것은 타당하지 않은데도, 불법구금만을 개별적으로 취급하여 중대한 인권침해사건·조작의혹사건에 해당하지 않아 소멸시효가 완성되었다고 본 원심판단에 법리오해의 잘못이 있다고 한 사례

재심에서 무죄판결을 받은 갑의 국가보안법 위반 사건에서 갑 등 간첩 일당의 일본 측 대남공작 조직원으로 지목된 을이 자신에 대한 국가 산하 수사기관의 수사발표 및 보도자료 배포, 지명수배, 불법구금이 위법하다며 국가배상청구를 한 사안에서, 갑 등 관련자들에 대한 수사발표 및 보도자료 배포는 국가 산하 수사기관의 수사관들이 위 관련자들에 대한 불법구금, 가혹행위 등을 통해 받아낸 임의성 없는 자백을 기초로 증거를 조작한 사건으로 진실·화해를 위한 과거사정리 기본법(이하 '과거사정리법'이라 한다) 제2조 제1항 제4호의 '중대한 인권침해사건·조작의혹사건'에 해당하고, 여기서 을은 간첩 일당의 일본 측 대남공작 조직원으로 지목되었으므로, 을에 대한 수사발표 및 보도자료 배포, 지명수배, 불법구금은 모두 중대한 인권침해사건·조작의혹사건을 구성하는 일부분이고, 그중 일부 행위만 떼어내어 과거사정리법의 적용을 부정하는 것은 타당하지 않은데도, 불법구금만을 개별적으로 취급하여 중대한 인권침해사건·조작의혹사건에 해당하지 않아 소멸시효가 완성되었다고 본 원심판단에 법리오해의 잘못이 있다고 한 사례.

[4] 불법행위 시와 변론종결 시 사이에 장기간의 세월이 지나 통화가치 등에 상당한 변동이 생긴 경우, 불법행위로 인한 위자료 배상채무의 지연손해금 기산일(=사실심 변론종결일) 및 이러한 예외적인 경우에는 불법행위 시부터 지연손해금이 가산되는 원칙적인 경우보다 배상이 지연된 사정을 적절히 참작하여 사실심 변론종결 시의 위자료 원금을 산정할 필요가 있는지 여부(적극)

불법행위 시와 변론종결 시 사이에 장기간의 세월이 지나 위자료를 산정할 때 반드시 참작해야 할 변론종결 시의 통화가치 등에 불법행위 시와 비교하여 상당한 변동이 생긴 때에는 예외적으로 불법행위로 인한 위자료 배상채무의 지연손해금은 그 위자료 산정의 기준시인

사실심 변론종결일로부터 발생한다고 보아야 하고, 이처럼 불법행위로 인한 위자료 배상채무의 지연손해금이 사실심 변론종결일부터 발생한다고 보아야 하는 예외적인 경우에는 불법행위 시부터 지연손해금이 가산되는 원칙적인 경우보다 배상이 지연된 사정을 적절히 참작하여 사실심 변론종결 시의 위자료 원금을 산정할 필요가 있다.

'민주화 운동과 관련하여 입은 피해' 중 정신적 손해 부분
- 2023. 2. 2. 선고 2020다270633 판결 ★

[1] 소송판결의 기판력이 미치는 범위

소송판결의 기판력은 그 판결에서 확정한 소송요건의 흠결에 관하여 미치는 것이지만, 당사자가 그러한 소송요건의 흠결이 보완된 상태에서 다시 소를 제기한 경우에는 그 기판력의 제한을 받지 않는다.

[2] '국가안전과 공공질서의 수호를 위한 대통령긴급조치'(긴급조치 제9호) 위반을 이유로 유죄판결을 받아 복역한 갑이 국가를 상대로 긴급조치 제9호에 따라 체포·구금되어 가혹행위를 당하는 등의 과정에서 입은 정신적 손해의 배상을 구하는 국가배상청구의 소를 제기하였다가, 갑이 구 민주화운동 관련자 명예회복 및 보상 등에 관한 법률에 따른 보상금 지급결정에 동의함으로써 같은 법 제18조 제2항에 따라 재판상 화해가 성립된 것으로 보아야 한다는 이유로 각하판결이 내려져 확정되었는데, 그 후 헌법재판소가 위 조항의 '민주화운동과 관련하여 입은 피해' 중 불법행위로 인한 정신적 손해에 관한 부분은 국가배상청구권을 침해하여 헌법에 위반된다는 결정을 선고하자, 갑이 다시 국가배상청구의 소를 제기한 사안에서, 위 소가 각하판결의 기판력에 저촉되어 부적법하다는 국가의 본안전항변을 받아들이지 않은 원심판단을 정당하다고 한 사례

'국가안전과 공공질서의 수호를 위한 대통령긴급조치'(이하 '긴급조치 제9호' 라 한다) 위반을 이유로 유죄판결을 받아 복역한 갑이 국가를 상대로 긴급조치 제9호에 따라 체포·구금되어 가혹행위를 당하는 등의 과정에서 입은 정신적 손해의 배상을 구하는 국가배상청구의 소를 제기하였다가, 갑이 구 민주화운동 관련자 명예회복 및 보상 등에 관한 법률(2015. 5. 18. 법률 제13289호로 개정되기 전의 것)에 따른 보상금 지급결정에 동의함으로써 같은 법 제18조 제2항에 따라 재판상 화해가 성립된 것으로 보아야 한다는 이유로 각하판결이 내려져 확정되었는데, 그 후 헌법재판소가 위 조항의 '민주화운동과 관련하여 입은 피해' 중 불법행위로 인한 정신적 손해에 관한 부분은 국가배상청구권을 침해하여 헌법에 위반된다는 결정을 선고하자, 갑이 다시 국가배상청구의 소를 제기한 사안에서, 위헌결정은 법원에 대하여 기속력이 있고 이로써 선행소송의 각하판결에서 확정한 소송요건의 흠결이 보완되었다고 보아 위 소가 각하판결의 기판력에 저촉되어 부적법하다는 국가의 본안전항변을 받아들이지 않은 원심판단을 정당하다고 한 사례.

[3] '국가안전과 공공질서의 수호를 위한 대통령긴급조치'(긴급조치 제9호)의 발령·적용·집행으로 강제수사를 받거나 유죄판결을 선고받고 복역함으로써 개별 국민이 입은 손해에 대하여 국가배상책임이 인정되는지 여부(적극)

'국가안전과 공공질서의 수호를 위한 대통령긴급조치'(이하 '긴급조치 제9호' 라 한다)는 위헌·

무효임이 명백하고 긴급조치 제9호 발령으로 인한 국민의 기본권 침해는 그에 따른 강제수사와 공소제기, 유죄판결의 선고를 통하여 현실화되었다. 이러한 경우 긴급조치 제9호의 발령부터 적용·집행에 이르는 일련의 국가작용은, 전체적으로 보아 공무원이 직무를 집행하면서 객관적 주의의무를 소홀히 하여 그 직무행위가 객관적 정당성을 상실한 것으로서 위법하다고 평가되고, 긴급조치 제9호의 적용·집행으로 강제수사를 받거나 유죄판결을 선고받고 복역함으로써 개별 국민이 입은 손해에 대해서는 국가배상책임이 인정될 수 있다.

[4] 진실·화해를 위한 과거사정리 기본법 제2조 제1항 제3호의 '민간인 집단 희생사건', 같은 항 제4호의 '중대한 인권침해사건·조작의혹사건'에서 공무원의 위법한 직무집행으로 입은 손해에 대한 국가배상청구권에 민법 제766조 제2항에 따른 장기소멸시효가 적용되는지 여부(소극)

헌법재판소는 2018. 8. 30. 민법 제166조 제1항, 제766조 제2항 중 '진실·화해를 위한 과거사정리 기본법'(이하 '과거사정리법'이라 한다) 제2조 제1항 제3호의 '민간인 집단 희생사건', 같은 항 제4호의 '중대한 인권침해사건·조작의혹사건'에 적용되는 부분은 헌법에 위반된다는 결정을 선고하였다. 따라서 과거사정리법상 '민간인 집단 희생사건', '중대한 인권침해사건·조작의혹사건'에서 공무원의 위법한 직무집행으로 입은 손해에 대한 국가배상청구권에 대해서는 민법 제766조 제2항에 따른 장기소멸시효가 적용되지 않는다.

[5] 국가배상청구권에 관한 3년의 단기시효기간은 민법 제766조 제1항에서 정한 '손해 및 가해자를 안 날'에 더하여 민법 제166조 제1항에서 정한 '권리를 행사할 수 있는 때'가 도래하여야 시효가 진행하는지 여부(적극)

국가배상청구권에 관한 3년의 단기소멸시효기간 기산에는 민법 제766조 제1항 외에 소멸시효의 기산점에 관한 일반규정인 민법 제166조 제1항이 적용된다. 따라서 3년의 단기소멸시효기간은 그 '손해 및 가해자를 안 날'에 더하여 그 '권리를 행사할 수 있는 때'가 도래하여야 비로소 시효가 진행한다.

[6] 불법행위로 인한 위자료를 산정할 때 참작하여야 할 요소

불법행위로 인한 위자료를 산정할 경우, 피해자의 연령, 직업, 사회적 지위, 재산과 생활상태, 피해로 입은 고통의 정도, 피해자의 과실 정도 등 피해자 측의 사정과 아울러 가해자의 고의·과실의 정도, 가해행위의 동기와 원인, 불법행위 후의 가해자의 태도 등 가해자 측의 사정까지 함께 참작하는 것이 손해의 공평부담이라는 손해배상의 원칙에 부합하고, 법원은 이러한 여러 사정을 참작하여 그 직권에 속하는 재량에 의하여 위자료 액수를 확정할 수 있다.

088. 세월호 침몰로 사망한 망인의 친모가 뒤늦게 망인의 사망사실을 알게 되어 국가배상을 청구한 사건

— 2023. 12. 14. 선고 2023다248903 판결

[1] 국가배상법 제2조 제1항에 따른 배상청구권을 5년간 행사하지 아니한 경우, 국가재정법 제96조 제2항, 제1항에 따라 소멸하는지 여부(적극) / 소멸시효가 진행하지 않는 '권리를 행사할 수 없는' 경우의 의미 및 사실상 권리의 존재나 권리행사 가능성을 알지 못하였고 알지 못함에 과실이 없는 경우가 이에 해당하는지 여부(소극)

국가배상법 제2조 제1항 본문 전단 규정에 따른 배상청구권은 금전의 급부를 목적으로 하는 국가에 대한 권리로서 국가재정법 제96조 제2항, 제1항이 적용되므로 이를 5년간 행사하지 아니할 때에는 시효로 인하여 소멸한다. 소멸시효는 객관적으로 권리가 발생하여 그 권리를 행사할 수 있는 때로부터 진행하고 그 권리를 행사할 수 없는 동안은 진행하지 않으나, '권리를 행사할 수 없는' 경우란 권리행사에 법률상의 장애사유가 있는 경우를 의미하고 사실상 권리의 존재나 권리행사 가능성을 알지 못하였고 알지 못함에 과실이 없다고 하여도 이에 해당하지 않는다.

[2] 소멸시효기간에 관한 주장에 변론주의가 적용되는지 여부(소극)

어떤 권리의 소멸시효기간이 얼마나 되는지에 관한 주장은 단순한 법률상의 주장에 불과하여 변론주의의 적용 대상이 되지 않으므로 법원이 직권으로 판단할 수 있다.

[3] 甲의 모친인 乙이 협의이혼 후 甲의 부친이 친권을 행사하였고, 甲은 세월호사고로 사망하였는데, 그 후 甲의 사망사실을 뒤늦게 알게 된 乙이 국가를 상대로 손해배상을 구한 사안에서, 乙 고유의 위자료채권은 국가재정법에 따른 5년의 소멸시효기간이 적용되므로 이미 소멸시효기간이 경과하였다고 볼 여지가 크고, 乙이 甲의 사망사실을 알게 된 날로부터 6월의 소멸시효 정지기간이 지나기 전에 소를 제기하였으므로 甲의 일실수입 및 위자료채권에 대한 乙의 상속분은 소멸시효가 완성되지 않았다고 한 사례

甲의 모친인 乙이 협의이혼 후 甲의 부친이 친권을 행사하였고, 甲은 세월호사고로 사망하였는데, 그 후 甲의 사망사실을 뒤늦게 알게 된 乙이 국가를 상대로 손해배상을 구한 사안에서, 乙 고유의 위자료채권은 금전의 급부를 목적으로 하는 국가에 대한 권리이므로 국가재정법에 따른 5년의 소멸시효기간이 적용되고, 권리의 행사에 법률상의 장애사유가 없는 한 그 권리를 행사할 수 있는 때부터 진행하므로, 세월호사고 당시 해양경찰서 소속 공무원에 대한 업무상과실치사죄의 유죄판결이 확정된 날로부터 기산하더라도 소멸시효기간이 경과하였다고 볼 여지가 크며, 한편 甲의 일실수입 및 위자료채권은 상속재산에 속한 권리로서 상속인이 확정된 때로부터 6월간 소멸시효가 정지되는데, 乙에 대하여 상속의 효과가 확정된 때는 乙이 甲의 사망사실을 알게 된 날 이후이고, 그로부터 6월의 소멸시효 정지기간이 지나기 전에 乙이 소를 제기하였으므로, 甲의 일실수입 및 위자료채권에 대한 乙의 상속분은 소멸시효가 완성되지 않았다고 한 사례.

089 대통령 긴급조치 사건
— 2023. 1. 12. 선고 2021다201184 판결

[1] 대통령긴급조치 제1호, 제4호의 발령·적용·집행으로 강제수사를 받거나 유죄판결을 선고받고 복역함으로써 개별 국민이 입은 손해에 대하여 국가배상책임이 인정되는지 여부(적극)

대통령긴급조치 제1호(1974. 1. 8. 대통령긴급조치 제1호, 이하 '긴급조치 제1호'라고 한다), 제4호(1974. 4. 3. 대통령긴급조치 제4호, 이하 '긴급조치 제4호'라고 한다)는 위헌·무효임이 명백하고 긴급조치 제1호, 제4호 발령으로 인한 국민의 기본권 침해는 그에 따른 강제수사와 공소제기, 유죄판결의 선고를 통하여 현실화되었다. 이러한 경우 긴급조치 제1호, 제4호의 발령부터 적용·집행에 이르는 일련의 국가작용은 전체적으로 보아 공무원이 직무를 집행하면서 객관적 주의의무를 소홀히 하여 그 직무행위가 객관적 정당성을 상실한 것으로서 위법하다고 평가되고, 긴급조치 제1호, 제4호의 적용·집행으로 강제수사를 받거나 유죄판결을 선고받고 복역함으로써 개별 국민이 입은 손해에 대해서는 국가배상책임이 인정될 수 있다.

[2] 진실·화해를 위한 과거사정리 기본법 제2조 제1항 제3호의 '민간인 집단 희생사건', 같은 항 제4호의 '중대한 인권침해사건·조작의혹사건'에서 공무원의 위법한 직무집행으로 입은 손해에 대한 국가배상청구권에 민법 제766조 제2항에 따른 장기소멸시효가 적용되는지 여부(소극)

헌법재판소는 2018. 8. 30. 민법 제166조 제1항, 제766조 제2항 중 '진실·화해를 위한 과거사정리 기본법'(이하 '과거사정리법'이라 한다) 제2조 제1항 제3호의 '민간인 집단 희생사건', 같은 항 제4호의 '중대한 인권침해사건·조작의혹사건'에 적용되는 부분은 헌법에 위반된다는 결정을 선고하였다. 따라서 과거사정리법상 '민간인 집단 희생사건', '중대한 인권침해사건·조작의혹사건'에서 공무원의 위법한 직무집행으로 입은 손해에 대한 국가배상청구권에 대해서는 민법 제766조 제2항에 따른 장기소멸시효가 적용되지 않는다.

[3] 국가배상청구권에 관한 3년의 단기시효기간은 민법 제766조 제1항에서 정한 '손해 및 가해자를 안 날'에 더하여 민법 제166조 제1항에서 정한 '권리를 행사할 수 있는 때'가 도래하여야 시효가 진행하는지 여부(적극)

국가배상청구권에 관한 3년의 단기시효기간 기산에는 민법 제766조 제1항 외에 소멸시효의 기산점에 관한 일반규정인 민법 제166조 제1항이 적용된다. 따라서 3년의 단기시효기간은 그 '손해 및 가해자를 안 날'에 더하여 그 '권리를 행사할 수 있는 때'가 도래하여야 비로소 시효가 진행한다.

[4] 대통령긴급조치 제1호 및 제4호 위반 혐의로 영장 없이 체포되어 구속되었다가 기소되지 않은 채 구속취소로 석방된 갑이 구 민주화운동 관련자 명예회복 및 보상 등에 관한 법률상 민주화운동 관련자 인정결정을 받아 보상금 지급결정에 동의하고 보상금을 수령한 후 국가를 상대로 긴급조치 제1호 및 제4호에 근거한 수사 등이 불법행위에 해당한다며 국가배상을 구한 사안에서, 제반 사정을 종합하면 소 제기 당시까지도 갑이 국가를 상대로 긴급조치 제1호, 제4호에 기한 일련의 국가작용으로 인한 불법행위로 발생한 권리를 행사할 수 없는 장애사유가 있어 소멸시효가 완성되지 않았다고 보는 것이 타당하다고 한 사례

대통령긴급조치 제1호(1974. 1. 8. 대통령긴급조치 제1호, 이하 '긴급조치 제1호'라고 한다) 및 제4호(1974. 4. 3. 대통령긴급조치 제4호, 이하 '긴급조치 제4호'라고 한다) 위반 혐의로 영장 없이 체포되어 구속되었다가 기소되지 않은 채 구속취소로 석방된 갑이 구 민주화운동 관련자 명예회복 및 보상 등에 관한 법률(2015. 5. 18. 법률 제13289호로 개정되기 전의 것, 이하 '구 민주화보상법'이라고 한다)상 민주화운동 관련자 인정결정을 받아 보상금 지급결정에 동의하고 보상금을 수령한 후 국가를 상대로 긴급조치 제1호 및 제4호에 근거한 수사 등이 불법행위에 해당한다며 국가배상을 구한 사안에서, 갑이 긴급조치 제1호, 제4호 위반 혐의로 체포되어 구속되었다가 구속취소로 석방되고 그 이후 자신에 대한 형사처분이 재심대상이 아니어서 형사재심절차를 거치지 아니한 채 국가배상청구에 이르게 된 경위, 긴급조치에 대한 사법적 심사가 이루어진 시기, 긴급조치 제1호, 제4호에 대한 위헌·무효 판단 이후에도 불법행위에 대한 국가배상청구를 원칙적으로 부정했던 대법원 판례의 존재, 민주화운동과 관련한 보상금 등 지급결정 동의에 재판상 화해의 효력을 인정하던 구 민주화보상법 제18조 제2항과 이에 대한 헌법재판소의 위헌 결정 등 제반 사정을 종합하면, 소 제기 당시까지도 갑이 국가를 상대로 긴급조치 제1호, 제4호에 기한 일련의 국가작용으로 인한 불법행위로 발생한 권리를 행사할 수 없는 장애사유가 있어 소멸시효가 완성되지 않았다고 보는 것이 타당하다고 한 사례.

 유신헌법 하의 대통령 긴급조치와 국가배상
― 2022. 8. 30. 선고 2018다212610 전원합의체 판결

☐ 구 국가안전과 공공질서의 수호를 위한 대통령긴급조치(긴급조치 제9호)의 발령·적용·집행으로 강제수사를 받거나 유죄판결을 선고받고 복역함으로써 개별 국민이 입은 손해에 대하여 국가배상책임이 인정되는지 여부(적극)

[다수의견] 보통 일반의 공무원을 표준으로 공무원이 직무를 집행하면서 객관적 주의의무를 소홀히 하고 그로 말미암아 그 직무행위가 객관적 정당성을 잃었다고 볼 수 있는 때에 국가배상법 제2조가 정한 국가배상책임이 성립할 수 있다. 공무원의 직무행위가 객관적 정당성을 잃었는지는 행위의 양태와 목적, 피해자의 관여 여부와 정도, 침해된 이익의 종류와 손해의 정도 등 여러 사정을 종합하여 판단하되, 손해의 전보책임을 국가가 부담할 만한 실질적 이유가 있는지도 살펴보아야 한다.

구 국가안전과 공공질서의 수호를 위한 대통령긴급조치(1975. 5. 13. 대통령긴급조치 제9호, 이하 '긴급조치 제9호'라고 한다)는 위헌·무효임이 명백하고 긴급조치 제9호 발령으로 인한 국민의 기본권 침해는 그에 따른 강제수사와 공소제기, 유죄판결의 선고를 통하여 현실화되었다. 이러한 경우 긴급조치 제9호의 발령부터 적용·집행에 이르는 일련의 국가작용은, 전체적으로 보아 공무원이 직무를 집행하면서 객관적 주의의무를 소홀히 하여 그 직무행위가 객관적 정당성을 상실한 것으로서 위법하다고 평가되고, 긴급조치 제9호의 적용·집행으로 강제수사를 받거나 유죄판결을 선고받고 복역함으로써 개별 국민이 입은 손해에 대해서는 국가배상책임이 인정될 수 있다.

091 경찰관직무집행법상 경찰관의 제지 조치
― 2021. 10. 28. 선고 2017다219218 판결

[1] 공무원의 행위가 국가배상책임을 인정할 수 있을 정도로 객관적 정당성을 잃었는지 판단하는 기준

공무원의 행위를 원인으로 한 국가배상책임을 인정하려면 '공무원이 직무를 집행하면서 고의 또는 과실로 법령을 위반하여 타인에게 손해를 입힌 때'라고 하는 국가배상법 제2조 제1항의 요건이 충족되어야 한다. 보통 일반의 공무원을 표준으로 공무원이 객관적 주의의무를 소홀히 하고 그로 말미암아 객관적 정당성을 잃었다고 볼 수 있으면 국가배상법 제2조가 정한 국가배상책임이 성립할 수 있다. 객관적 정당성을 잃었는지는 행위의 양태와 목적, 피해자의 관여 여부와 정도, 침해된 이익의 종류와 손해의 정도 등 여러 사정을 종합하여 판단하되, 손해의 전보책임을 국가가 부담할 만한 실질적 이유가 있는지도 살펴보아야 한다.

[2] 집회 및 시위에 관한 법률 제20조 제1항 제5호에 따른 집회 또는 시위에 대한 해산명령이 객관적 정당성을 잃은 것인지 판단할 때 고려할 사항

집회 및 시위에 관한 법률 제20조 제1항 제5호, 제16조 제4항 제2호는 폭행, 협박, 손괴, 방화 등으로 질서를 유지할 수 없는 집회 또는 시위의 경우에는 해산을 명할 수 있도록 정하고 있다. 집회·시위의 경우 많은 사람이 관련되고 시위 장소 주변의 사람이나 시설에 적지 않은 영향을 줄 수 있으므로 집회 장소에서 예상치 못한 행동이 발생했을 때 경찰공무원이 집회를 허용할 것인지는 많은 시간을 두고 심사숙고하여 결정할 수 있는 것이 아니고, 현장에서 즉시 허용 여부를 결정하여 이에 따른 조치를 신속하게 취해야 할 사항이다.

[3] 구 경찰관 직무집행법 제6조 제1항에 따른 경찰관의 제지 조치가 범죄의 예방을 위한 경찰 행정상 즉시강제에 해당하는지 여부(적극)

구 경찰관 직무집행법(2014. 5. 20. 법률 제12600호로 개정되기 전의 것) 제6조 제1항은 "경찰관은 범죄행위가 목전에 행하여지려고 하고 있다고 인정될 때에는 이를 예방하기 위하여 관계인에게 필요한 경고를 발하고, 그 행위로 인하여 인명·신체에 위해를 미치거나 재산에 중대한 손해를 끼칠 우려가 있어 긴급을 요하는 경우에는 그 행위를 제지할 수 있다."라고 정하고 있다. 위 조항 중 경찰관의 제지에 관한 부분은 범죄의 예방을 위한 경찰 행정상 즉시강제, 즉 눈앞의 급박한 경찰상 장해를 제거해야 할 필요가 있고 의무를 명할 시간적 여유가 없거나 의무를 명하는 방법으로는 그 목적을 달성하기 어려운 상황에서 의무불이행을 전제로 하지 않고 경찰이 직접 실력을 행사하여 경찰상 필요한 상태를 실현하는 권력적 사실행위에 관한 근거조항이다.

[4] 갑 등이 그들이 속한 단체가 개최한 집회와 기자회견에서 있었던 을 등 경찰의 집회 장소 점거 행위와 을의 해산명령이 위법한 공무집행에 해당하고 이로 인해 집회의 자유가 침해되었다며 국가와 을을 상대로 손해배상을 구한 사안에서, 제반 사정에 비추어 위 점거 행위와 해산명령이 객관적 정당성을 잃은 것이라고 볼 수 없는데도, 이를 법적 요건을 갖추지 못한 위법한 경찰력의 행사로 보아 국가와 을의 손해배상책임을 인정한 원심판단에는 법리오해 등 잘못이 있다고 한 사례

갑 등이 그들이 속한 단체가 개최한 집회와 기자회견에서 있었던 을 등 경찰의 집회 장소 점거 행위와 을의 해산명령이 위법한 공무집행에 해당하고 이로 인해 집회의 자유가 침해되었다며 국가와 을을 상대로 손해배상을 구한 사안에서, 사건 당일 발생한 상황뿐만 아니라 위 집회 장소에서 점거와 농성이 시작된 이후 천막 등 철거의 행정대집행에 이르기까지 다수의 공무집행방해와 손괴행위가 발생하였고 장기간 불법적으로 물건이 설치되었던 일련의 과정을 고려하여 보면, 을 등 경찰의 집회 장소 점거 행위는 불법적인 사태가 반복되는 것을 막기 위한 필요 최소한도의 조치로 볼 수 있고, 경찰이 집회참가자들을 향하여 유형력을 행사하지 않고 소극적으로 자리를 지키고 서 있었을 뿐인데도 일부 집회참가자들이 경찰을 밀치는 행위를 하는 등 당시의 현장 상황에 비추어 보면, 을로서는 집회참가자들이 경찰에 대항하여 공공의 질서유지를 해치는 행위를 하는 것으로 판단할 수 있는 상황이었으므로, 당시 해산명령이 객관적 정당성을 잃은 것이라고 단정할 수 없는데도, 위 집회 장소 점거 행위와 해산명령을 법적 요건을 갖추지 못한 위법한 경찰력의 행사로 보아 국가와 을의 손해배상책임을 인정한 원심판단에는 국가배상책임의 성립 요건과 위법성 여부에 관한 법리오해 등 잘못이 있다고 사례.

신호등의 설치·관리상의 하자로 인한 국가배상책임
- 2022. 7. 28. 선고 2022다225910 판결 ★★

[1] 국가배상법 제5조 제1항에 규정된 '영조물 설치·관리상의 하자'의 의미 및 그 판단 기준

국가배상법 제5조 제1항에 규정된 '영조물 설치·관리상의 하자'는 공공의 목적에 공여된 영조물이 그 용도에 따라 통상 갖추어야 할 안전성을 갖추지 못한 상태에 있음을 말한다. 그리고 위와 같은 안전성의 구비 여부는 영조물의 설치자 또는 관리자가 그 영조물의 위험성에 비례하여 사회통념상 일반적으로 요구되는 정도의 방호조치의무를 다하였는지를 기준으로 판단하여야 하고, 아울러 그 설치자 또는 관리자의 재정적·인적·물적 제약 등도 고려하여야 한다. 따라서 영조물이 그 설치 및 관리에 있어 완전무결한 상태를 유지할 정도의 고도의 안전성을 갖추지 아니하였다고 하여 하자가 있다고 단정할 수는 없고, 영조물 이용자의 상식적이고 질서 있는 이용 방법을 기대한 상대적인 안전성을 갖추는 것으로 족하다.

[2] 갑 등이 원동기장치자전거를 운전하던 중 'ㅏ' 형태의 교차로에서 유턴하기 위해 신호를 기다리게 되었고, 위 교차로 신호등에는 유턴 지시표지 및 그에 관한 보조표지로서 '좌회전 시, 보행신호 시 / 소형 승용, 이륜에 한함'이라는 표지가 설치되어 있었으나, 실제 좌회전 신호 및 좌회전할 수 있는 길은 없었는데, 갑이 위 신호등이 녹색에서 적색으로 변경되어 유턴을 하다가 맞은편 도로에서 직진 및 좌회전 신호에 따라 직진 중이던 차량과 충돌하는 사고가 발생하자, 갑 등이 위 교차로의 도로관리청이자 보조표지의 설치·관리주체인 지방자치단체를 상대로 손해배상을 구한 사안에서, 위 표지에 위 신호등의 신호체계 및 위 교차로의 도로구조와 맞지 않는 부분이 있더라도 거기에 통상 갖추어야 할 안전성이 결여된 설치·관리상의 하자가 있다고 보기 어렵다고 한 사례

갑 등이 원동기장치자전거를 운전하던 중 'ㅏ' 형태의 교차로에서 유턴하기 위해 신호를 기다리게 되었고, 위 교차로 신호등에는 유턴 지시표지 및 그에 관한 보조표지로서 '좌회전 시, 보행신호 시 / 소형 승용, 이륜에 한함'이라는 표지가 설치되어 있었으나, 실제 좌회전 신호 및 좌회전할 수 있는 길은 없었는데, 갑이 위 신호등이 녹색에서 적색으로 변경되어 유턴을 하다가 맞은편 도로에서 직진 및 좌회전 신호에 따라 직진 중이던 차량과 충돌하는 사고가 발생하자, 갑 등이 위 교차로의 도로관리청이자 보조표지의 설치·관리주체인 지방자치단체를 상대로 손해배상을 구한 사안에서, 위 표지는 도로에서의 위험을 방지하고 교통의 안전과 소통을 확보할 목적으로 설치된 교통안전시설이므로 그 내용이 설치 장소의 구조나 상황, 신호체계에 부합되어야 함이 원칙이고, 특히 위 표지는 도로에서 자동차 등을 운전하는 자(이하 '운전자'라고 한다)로 하여금 어떤 신호가 켜져 있을 때 유턴을 할 수 있는지 알리는 역할을 하는 유턴 보조표지이므로 그 표지의 내용으로 인하여 운전자에게 착오나 혼동이 발생하는 경우 교통사고 발생의 위험성이 크게 증가할 수 있다는 측면에서도 더욱 그러한데, 위 표지의 내용으로 인하여 운전자에게 착오나 혼동을 가져올 우려가 있는지 여부는 일

반적이고 평균적인 운전자의 인식을 기준으로 판단하여야 하는바, 위 표지에 따르면 좌회전 신호이거나 혹은 보행자 신호등이 녹색 신호일 때 유턴이 가능하다는 의미로 이해되지만, 위 교차로에는 좌회전할 도로가 설치되어 있지 않았고 신호등에도 좌회전 신호가 없었으므로 일반적이고 평균적인 운전자라면 보행자 신호등이 녹색 신호일 때 유턴을 할 것으로 보이는 점, 위 사고 이전에 위 표지가 잘못 설치되었다는 민원이 제기되지 않았고 위 표지로 인한 사고가 발생한 적이 없는 점을 고려하면, 위 표지에 위 신호등의 신호체계 및 위 교차로의 도로구조와 맞지 않는 부분이 있더라도 거기에 통상 갖추어야 할 안전성이 결여된 설치·관리상의 하자가 있다고 보기 어려운데도, 위 표지에 설치·관리상의 하자가 있다고 본 원심판단에 법리오해의 잘못이 있다고 한 사례.

제2장 행정심판

093 행정심판에서 주장하지 않은 사유를 행정소송에서 주장할 수 있는지 여부
― 2021. 7. 29. 선고 2016두64876 판결

부당해고 구제신청에 관한 중앙노동위원회의 명령 또는 결정의 취소를 구하는 소송에서 그 명령 또는 결정이 적법한지는 그 명령 또는 결정이 이루어진 시점을 기준으로 판단하여야 하고, 그 명령 또는 결정 후에 생긴 사유를 들어 적법 여부를 판단할 수는 없으나, 그 명령 또는 결정의 기초가 된 사실이 동일하다면 노동위원회에서 주장하지 아니한 사유도 행정소송에서 주장할 수 있다.

제3장 행정소송

취소소송의 대상적격

 공정거래위원회의 입찰참가자격제한 등 요청 결정의 성질
― 2023. 4. 27. 선고 2020두47892 판결

[1] 구 하도급거래 공정화에 관한 법률 제26조 제2항에 따른 공정거래위원회의 입찰참가자격제한 등 요청 결정이 항고소송의 대상이 되는 처분에 해당하는지 여부(적극)

구 하도급거래 공정화에 관한 법률(2022. 1. 11. 법률 제18757호로 개정되기 전의 것, 이하 '구 하도급법'이라 한다) 제26조 제2항은 입찰참가자격제한 등 요청의 요건을 시행령으로 정한 기준에 따라 부과한 벌점의 누산점수가 일정 기준을 초과하는 경우로 구체화하고, 위 요건을 충족하는 경우 공정거래위원회는 구 하도급법 제26조 제2항 후단에 따라 관계 행정기관의 장에게 해당 사업자에 대한 입찰참가자격제한 등 요청 결정을 하게 되며, 이를 요청받은 관계 행정기관의 장은 특별한 사정이 없는 한 그 사업자에 대하여 입찰참가자격제한 등의 처분을 해야 하므로, 사업자로서는 입찰참가자격제한 등 요청 결정이 있으면 장차 후속 처분으로 입찰참가자격이 제한되고 영업이 정지될 수 있는 등의 법률상 불이익이 존재한다. 이때 입찰참가자격제한 등 요청 결정이 있음을 알고 있는 사업자로 하여금 입찰참가자격제한처분 등에 대하여만 다툴 수 있도록 하는 것보다는 그에 앞서 직접 입찰참가자격제한 등 요청 결정의 적법성을 다툴 수 있도록 함으로써 분쟁을 조기에 근본적으로 해결하도록 하는 것이 법치행정의 원리에도 부합하므로, 공정거래위원회의 입찰참가자격제한 등 요청 결정은 항고소송의 대상이 되는 처분에 해당한다.

[2] 하도급거래 공정화에 관한 법률(이하 '하도급법'이라 한다) 위반을 이유로 시정명령 등과 그에 따른 벌점을 부과받은 갑 주식회사가 을 주식회사와 병 주식회사로 분할되었고, 정 주식회사가 갑 회사의 사업 부문 대부분이 이전된 을 회사를 흡수합병하자, 공정거래위원회가 정 회사에 대하여 갑 회사에 부과된 벌점이 정 회사에 승계되었음을 이유로 관계 행정기관의 장에게 입찰참가자격제한 및 영업정지를 요청하기로 결정한 사안에서, 공정거래위원회에 벌점의 부과 여부나 범위에 관하여 실질적으로 재량의 여지가 있다고 보기 어렵고 일정 기준을 초과하는 경우 공정거래위원회에 관계 행정기관의 장을 상대로 입찰참가자격의 제한 요청 등을 할 의무가 발생하는 점, 하도급법에 따른 벌점 부과를 단순한 사실행위에 불과하다고만 볼 수는 없고, 공법상 지위 내지 의무·책임이 구체화된 경

우라고 볼 여지가 큰 점, 회사분할이 벌점 누적으로 인한 후속 처분인 입찰참가자격제한 등 요청 결정 및 그에 따른 공법상 의무 내지 책임의 발생이 임박한 상태에서 이루어진 점, 공정거래위원회가 갑 회사에 대하여 한 시정조치 또는 과징금부과와 관련된 사업 부문은 모두 분할신설회사에 승계된 사업 부문인 회사분할의 실질 및 분할계획서의 취지에 따르더라도 갑 회사에 부과된 벌점은 분할되는 회사의 공법상 의무 또는 이와 관련한 재산적 가치가 있는 사실관계에 해당하므로, 분할신설회사인 을 회사에 귀속된 후 이를 흡수합병한 정 회사에 승계되었다고 보는 것이 타당한 점 등을 종합하면, 하도급법을 위반한 분할전회사와 분할신설회사의 법인격이 동일하다고 볼 수 없고, 정 회사가 하도급법 위반행위를 한 사업자인 갑 회사의 법률상 지위를 승계하였다고 보기도 부족하다는 이유로 처분이 위법하다고 본 원심판단에 하도급법상 벌점 승계 여부에 관한 법리오해의 잘못이 있다고 한 사례.

 검찰총장이 검사에 대하여 하는 '경고조치'의 성질
― 2021. 2. 10. 선고 2020두47564 판결 ★★

【사건의 개요와 쟁점】

원고는 2005. 2.경 검사로 임용되어 2015. 8.경부터 2018. 2.경까지 ○○지방검찰청에서 근무하였다. 대검찰청 감찰본부는 2017. 10. 30.부터 2017. 11. 2.까지 ○○지방검찰청에 대하여 '2016. 10. 8.부터 2017. 10. 31.까지'를 감사대상기간으로 하여 2017년도 통합사무감사를 실시하였다(이하 '이 사건 사무감사'라 한다). 대검찰청 감찰본부는 2017. 11.경 원고에게 이의신청 기회를 부여한 다음, 2017. 12.경 원고에게 평정 결과(벌점 합계 10.5점)를 통보하였다. 이를 기초로 피고(검찰총장)는 원고가 21건의 수사사무를 부적정 처리하여 검사로서 직무를 태만히 한 과오가 인정된다는 이유로, 2018. 1. 18. 원고에게 경고장을 송부하였다(이하 '이 사건 경고조치'라 한다).

원고는 2018. 1. 29. 대검찰청 감찰본부에 다시 지적사항에 대한 이의신청을 하였다. 대검찰청 감찰본부는 2018. 2.경 이의신청을 받아들여 이 부분에 대한 지적을 취소하였고, 나머지 19건의 지적사항에 대한 이의신청은 기각하였으며, 지적사항 19건에 대한 벌점을 합계 11점으로 정정하였다.

【판시사항 및 판결요지】

[1] 처분의 근거나 법적인 효과가 행정규칙에 규정되어 있는 경우, 항고소송의 대상이 되는 행정처분에 해당하기 위한 요건 / 검찰총장이 검사에 대하여 하는 '경고조치'가 항고소송의 대상이 되는 처분인지 여부(적극)

항고소송의 대상이 되는 행정처분이란 원칙적으로 행정청의 공법상 행위로서 특정 사항에 대하여 법규에 의한 권리의 설정 또는 의무의 부담을 명하거나 기타 법률상 효과를 발생하게 하는 등으로 일반 국민의 권리 의무에 직접 영향을 미치는 행위를 가리키는 것이지만, 어떠한 처분의 근거나 법적인 효과가 행정규칙에 규정되어 있다고 하더라도, 그 처분이 행정규칙의 내부적 구속력에 의하여 상대방에게 권리의 설정 또는 의무의 부담을 명하거나 기타 법적인 효과를 발생하게 하는 등으로 그 상대방의 권리 의무에 직접 영향을 미치는 행위라면, 이 경우에도 항고소송의 대상이 되는 행정처분에 해당한다고 보아야 한다.

검사에 대한 경고조치 관련 규정을 위 법리에 비추어 살펴보면, 검찰총장이 사무검사 및 사건평정을 기초로 대검찰청 자체감사규정 제23조 제3항, 검찰공무원의 범죄 및 비위 처리지침 제4조 제2항 제2호 등에 근거하여 검사에 대하여 하는 '경고조치'는 일정한 서식에 따라 검사에게 개별 통지를 하고 이의신청을 할 수 있으며, 검사가 검찰총장의 경고를 받으면 1

년 이상 감찰관리 대상자로 선정되어 특별관리를 받을 수 있고, 경고를 받은 사실이 인사자료로 활용되어 복무평정, 직무성과금 지급, 승진·전보인사에서도 불이익을 받게 될 가능성이 높아지며, 향후 다른 징계사유로 징계처분을 받게 될 경우에 징계양정에서 불이익을 받게 될 가능성이 높아지므로, 검사의 권리 의무에 영향을 미치는 행위로서 항고소송의 대상이 되는 처분이라고 보아야 한다.

[2] 검찰총장의 경고처분의 성격 및 검사의 직무상 의무 위반의 정도가 중하지 않아 검사징계법에 따른 '징계사유'에 해당하지 않더라도 징계처분보다 낮은 수준의 감독조치로서 '경고처분'을 할 수 있는지 여부(적극) / 이때 법원은 이를 존중해야 하는지 여부(원칙적 적극)

검찰청법 제7조 제1항, 제12조 제2항, 검사징계법 제2조, 제3조 제1항, 제7조 제1항, 대검찰청 자체감사규정 제23조 제2항, 제3항, 사건평정기준 제2조 제1항 제2호, 제5조, 검찰공무원의 범죄 및 비위 처리지침 제4조 제2항 제2호, 제3항 [별표 1] 징계양정기준, 제4항, 제5항 등 관련 규정들의 내용과 체계 등을 종합하여 보면, 검찰총장의 경고처분은 검사징계법에 따른 징계처분이 아니라 검찰청법 제7조 제1항, 제12조 제2항에 근거하여 검사에 대한 직무감독권을 행사하는 작용에 해당하므로, 검사의 직무상 의무 위반의 정도가 중하지 않아 검사징계법에 따른 '징계사유'에는 해당하지 않더라도 징계처분보다 낮은 수준의 감독조치로서 '경고처분'을 할 수 있고, 법원은 그것이 직무감독권자에게 주어진 재량권을 일탈·남용한 것이라는 특별한 사정이 없는 한 이를 존중하는 것이 바람직하다.

096 손실보전금등지급거부처분의 처분성 인정 여부
- 2023. 2. 23. 선고 2021두44548 판결 ★

【사건의 개요와 쟁점】

원고는 피고 광명시장으로부터 '광명역 - 사당역' 사이를 운행하는 시내버스 노선에 관하여 한정면허를 받은 여객자동차 운송사업자로서 위 노선을 운영하면서 환승요금할인, 청소년요금할인을 시행한 데에 따른 손실이 보전되어야 한다는 이유를 들어 2019. 1. 31. 피고들에게 보조금 지급신청을 하였다.

피고 경기도지사는 2019. 2. 10. 원고와 피고 광명시장에게 "원고의 보조금 지급신청을 받아들일 수 없음은 기존에 회신한 바와 같고, 광명시에서는 적의 조치하여 주기 바란다."라는 취지로 통보(이하 '이 사건 통보'라고 한다)하였다.

원고는 주위적 피고 경기도지사에 대하여 이 사건 통보의 취소를, 예비적 피고 광명시장에 대하여 주위적으로는 보조금 지급신청 거부처분의 취소를, 예비적으로는 피고 광명시장이 원고의 보조금 지급신청에 대하여 응답하지 아니한 데에 대한 부작위 위법확인을 구한다.

제1심은 피고 경기도지사에 대한 소는 이 사건 통보가 항고소송의 대상이 되는 처분에 해당하지 않는다는 이유로 각하하고, 피고 광명시장에 대한 소 중 주위적 청구 부분은 존재하지 않는 처분의 취소를 구하는 것이라는 이유로 각하하는 한편, 예비적 청구는 인용하였다.

이에 대하여 원고 및 피고 광명시장이 각 항소하였는데, 원심은 이 사건 통보가 항고소송의 대상이 되는 행정처분에 해당하지 않는다는 피고 경기도지사의 본안 전 항변을 배척한 뒤, 본안 심리에 나아가 피고 경기도지사에 대한 청구를 인용하는 한편, 피고 광명시장에 대한 주위적·예비적 소는 모두 각하하였다.

【판시사항 및 판결요지】

[1] 행정청의 행위가 항고소송의 대상이 될 수 있는지 결정하는 방법

항고소송의 대상인 '처분'이란 '행정청이 행하는 구체적 사실에 관한 법집행으로서의 공권력의 행사 또는 그 거부와 그 밖에 이에 준하는 행정작용'(행정소송법 제2조 제1항 제1호)을 말한다. 행정청의 행위가 항고소송의 대상이 될 수 있는지는 추상적·일반적으로 결정할 수 없고, 구체적인 경우에 관련 법령의 내용과 취지, 그 행위의 주체·내용·형식·절차, 그 행위와 상대방 등 이해관계인이 입는 불이익 사이의 실질적 견련성, 법치행정의 원리와 그 행위에 관련된 행정청이나 이해관계인의 태도 등을 고려하여 개별적으로 결정하여야 한다.

[2] 여객자동차 운송사업자 갑 주식회사가 시내버스 노선을 운행하면서 환승요금할인, 청소년요금할인을 시행한 데에 따른 손실을 보전해 달라며 경기도지사와 광명시장에게 보조금 지급신청을 하였으나, 경기도지사가 갑 회사와 광명시장에게 '갑 회사의 보조금 지급신청을 받아들일 수 없음은 기존에 회신한 바와 같고, 광명시에서는 적의 조치하여 주기 바란다.'는 취지로 통보한 사안에서, 경기도지사의 위 통보는 갑 회사의 권리의무에 직접적인 영향을 주는 것이라고 할 수 없어 항고소송의 대상이 되는 처분으로 볼 수 없다고 한 사례

여객자동차 운송사업자 갑 주식회사가 시내버스 노선을 운행하면서 환승요금할인 및 청소년요금할인을 시행한 데에 따른 손실을 보전해 달라며 경기도지사와 광명시장에게 보조금 지급신청을 하였으나, 경기도지사가 갑 회사와 광명시장에게 '갑 회사의 보조금 지급신청을 받아들일 수 없음은 기존에 회신한 바와 같고, 광명시에서는 적의 조치하여 주기 바란다.'는 취지로 통보한 사안에서, 경기도 여객자동차 운수사업 관리 조례 제15조에 따른 보조금 지급사무는 광명시장에게 위임되었으므로 위 신청에 대한 응답은 광명시장이 해야 하고, 경기도지사는 갑 회사의 보조금 지급신청에 대한 처분권한자가 아니며, 위 통보는 경기도지사가 갑 회사의 보조금 신청에 대한 최종적인 결정을 통보하는 것이라기보다는 광명시장의 사무에 대한 지도·감독권자로서 갑 회사에 대하여는 보조금 지급신청에 대한 의견을 표명함과 아울러 광명시장에 대하여는 경기도지사의 의견에 따라 갑 회사의 보조금 신청을 받아들일지를 심사하여 갑 회사에 통지할 것을 촉구하는 내용으로 보는 것이 타당하므로, 경기도지사의 위 통보는 갑 회사의 권리·의무에 직접적인 영향을 주는 것이라고 할 수 없어 항고소송의 대상이 되는 처분으로 볼 수 없다고 한 사례.

【사안의 경우】

「구 여객자동차 운수사업법」(2019. 4. 23. 법률 제16389호로 개정되기 전의 것) 제50조 제2항은 시·도는 일정한 사유가 있으면 여객자동차 운수사업자에게 필요한 자금의 일부를 보조하거나 융자할 수 있고, 이 경우 보조 또는 융자의 대상 및 방법과 보조금 또는 융자금의 상환 등에 관하여 필요한 사항은 해당 시·도의 조례로 정한다고 규정하고 있다.

구 「경기도 여객자동차 운수사업 관리 조례」(2021. 11. 2. 경기도조례 제7246호로 개정되기 전의 것, 이하 같다) 제15조는 여객자동차 운수사업자가 「여객자동차 운수사업법」 제50조 제2항 각 호의 어느 사업에 해당하는 사업 등을 수행하는 경우에 재정적 지원이 필요하다고 인정하는 경우에는 필요자금의 일부를 보조 또는 융자할 수 있되, 다만 도지사가 여객자동차운수사업의 면허 및 등록에 관한 권한을 시장·군수에게 위임한 경우에는 이를 수임한 시장·군수가 그 필요자금의 일부를 보조 또는 융자할 수 있으며, 이 경우 재정지원의 방법 및 절차 등에 관한 사항은 해당 시장·군수가 정하는 바에 따른다고 규정하고 있다. 이는 경기도지사가 여객자동차운수사업의 면허 및 등록 권한을 시장·군수에게 위임한 때에는 면허 및 등록 권한을 행사하는 시장·군수가 보조금 지급 사무도 함께 처리하는 것이 바람직하다는 인식 아래 시장·군수에게 경기도의 보조금 지급 등 사무를 위임하는 것으로 봄이 타당하다.

한편 구 「경기도 사무위임규칙」(2021. 10. 6. 경기도규칙 제3984호로 개정되기 전의 것) 제2조 제1항 [별표 1]에 의하면, 광역급행형인 시내버스운송사업 및 시외버스운송사업을 제외한 여객자동차 운송사업 면허권한은 시장·군수에게 위임되었다. 그러므로 앞서 본 구 「경기도 여객자동차 운수사업 관리 조례」제15조에 의하여 위 조례가정한 보조금 등 지급 사무는 피고 광명시장을 비롯한 시장·군수에게 위임되었다. 이와 같이 행정권한의 위임이 있는 경우, 그 사무권한은 수임청에게 이전되고 수임청은 스스로의 책임 아래 그 사무권한을 행사하여야 한다. 또한 시·군 및 자치구나 그 장이 위임받아 처리하는 시·도의 사무에 관하여는 시·도지사의 지도·감독을 받는다

피고 경기도지사의 이 사건 통보는 원고의 권리·의무에 직접적인 영향을 주는 것이라고 할 수 없어 항고소송의 대상이 되는 처분으로 볼 수 없으므로, 주위적 피고 경기도지사에 대한 소는 부적법하여 각하되어야 한다. 이와 달리 주위적 피고 경기도지사에 대한 소에 대하여 본안에 나아가 판단한 원심은 항고소송 대상적격에 관한 법리를 오해하여 판결 결과에 영향을 미친 잘못이 있다. 이를 지적하는 상고이유 주장은 이유 있다.

원고는, 예비적 피고 광명시장에 대하여, 주위적으로는 피고 광명시장이 원고에게 보조금 신청에 대한 거부처분을 하였음을 전제로 그 거부처분의 취소를, 예비적으로는 피고 광명시장이 원고의 보조금 지급 신청에 대하여 응답하지 아니한 부작위의 위법확인을 구한다. 피고 광명시장이 원고의 보조금 신청에 대하여 아무런 응답을 하고 있지 않음은 앞서 본 바와 같으므로, 원고의 거부처분 취소 청구 부분은 존재하지 아니한 처분을 대상으로 한 것으로 부적법하다. 다만, 피고 광명시장은 구「경기도 여객자동차운수사업 관리 조례」제15조가 정한 보조금 지급 사무 권한자로서 위 보조금의 지급을 구하는 원고의 신청에 대하여 상당한 기간 내에 그 신청을 인용하는 적극적 처분을 하거나 각하 또는 기각하는 등의 소극적 처분을 하여야 할 법률상의 응답의무가 있다.

피고 광명시장이 원심 변론종결일인 2021. 4. 7.까지 원고의 신청에 응답하지 아니한 부작위는 그 자체로 위법하다.

097 다이빙벨 인터뷰 보도 사건
— 2023. 7. 13. 선고 2016두34257 판결

【판시사항 및 판결요지】

[1] 고지방송명령이 항고소송의 대상이 되는 행정처분에 해당하는지 여부(소극)

행정청의 어떤 행위가 항고소송의 대상이 될 수 있는지는 추상적·일반적으로 결정할 수 없고, 관련 법령의 내용과 취지, 그 행위의 주체·내용·형식·절차, 그 행위와 상대방 등 이해관계인이 입는 불이익과의 실질적 견련성, 법치행정의 원리, 당해 행위에 관련된 행정청과 이해관계인의 태도 등을 참작하여 구체적·개별적으로 결정하여야 한다. 행정청 내부에서의 행위나 알선, 권유, 사실상의 통지 등과 같이 상대방 또는 기타 관계자들의 법률상 지위에 직접적인 법률적 변동을 일으키지 아니하는 행위는 항고소송의 대상이 아니다.

이 사건 고지방송명령은 권고적 효력만을 가지는 비권력적 사실행위에 해당할 뿐, 항고소송의 대상이 되는 행정처분에 해당하지 않는다.

[2] 구 「방송심의에 관한 규정」의 객관성의 의미

구 방송법(2014. 5. 28. 법률 제12677호로 개정되기 전의 것) 제6조 제1항, 구 심의규정 제14조의 입법취지 및 문언적 의미 등을 종합하여 보면, '객관성'이란 사실을 왜곡하지 않고 증명 가능한 객관적 사실에 기초하여 있는 그대로 가능한 한 정확하게 사실을 다루어야 한다는 것을 의미한다.

[3] 방송내용의 객관성 심의 시 매체별, 채널별 특성은 물론 개별 프로그램 또는 개별 프로그램 내 개별 코너의 특성까지 고려하여야 하는지 여부(적극)

같은 방송매체나 채널이라고 하더라도 다양한 형태로 정보나 의견을 제시할 수 있고, 방송이 사회에 미치는 영향력의 정도는 방송프로그램별로도 차이가 있으므로, 방송내용이 객관성을 유지하고 있는지 여부를 심사할 때에는 매체별, 채널별 특성은 물론 개별 프로그램 또는 개별 프로그램 내 개별 코너의 특성까지 모두 고려하여야 한다.

【사안의 경우】

원고(주식회사 JTBC)가 뉴스보도 프로그램 내 개별 코너에서 해난구조전문가와 다이빙벨 관련 인터뷰를 하자, 피고(방송통신위원회)가 원고에게 인터뷰 내용이 불명확한 내용을 사실인 것으로 방송하여 시청자를 혼동하게 하였다는 이유로 해당 방송프로그램의 관계자에 대한 징계를 명하는 제재조치명령과 고지방송명령을 한 사안임

대법원은, 고지방송명령 부분에 대하여는 행정처분에 해당하지 않는다는 이유로 상고를 기각하고, 원심이 위 인터뷰의 특성, 내용과 구성 및 목적, 국민의 알권리 보장의 필요성, 당시의 급박한 상황 등에 대하여 제대로 심리하지 않았고, 나아가 방송의 객관성 유지의무 위반이 인정된다 하더라도, 위 제재조치명령이 재량권 일탈·남용에 해당한다고 볼 여지가 있다는 이유로, 이와 다른 취지의 원심판결을 일부 파기·환송함

 국립대학교 총장의 교육·연구 및 학생지도비 환수 통지가 항고소송의 대상인 처분인지 문제된 사건
— 2025. 5. 15. 선고 2024두35989 판결

【사건의 개요와 쟁점】

원고들은 국립대학교 소속 교원들이고, 피고는 원고들이 재직 중인 국립대학교의 총장임.

교육부는 전국의 국·공립대학교에 대하여 교육·연구 및 학생지도비 감사를 실시하였고, 해당 감사 결과를 바탕으로 피고에게, '학생지도비 실적 제출 부적정, 연구영역 동일 실적물 중복 제출 부적정' 등을 이유로 원고들에게 교육·연구 및 학생지도비 환수 및 신분상 조치를 할 것을 요구하였음. 그에 따라 피고가 원고들에게 교육·연구 및 학생지도 비용에 관한 환수금을 납부해달라는 요청을 통지하자(이하 '이 사건 각 환수 통지'), 원고들이 이 사건 각 환수 통지의 취소를 청구한 사안임

원심은, 국립대학회계법상 이 사건 각 환수 통지를 할 수 있는 근거 조항이 없다거나 원고들의 교육·연구 및 학생지도 비용 반납 의무는 별개의 조치 없이도 이 사건 각 지급 기준에서 정한 환수 사유를 충족함으로써 발생한다는 등의 이유를 들어 이 사건 각 환수 통지가 항고소송의 대상인 '처분'에 해당하지 않는다고 판단하여, 이 사건 소를 각하하였음

【판시사항 및 판결요지】

[1] 항고소송의 대상인 '처분'의 의미 및 행정청의 행위가 항고소송의 대상이 될 수 있는지 결정하는 방법

항고소송의 대상인 '처분'이란 "행정청이 행하는 구체적 사실에 관한 법집행으로서의 공권력의 행사 또는 그 거부와 그 밖에 이에 준하는 행정작용"을 말한다(행정소송법 제2조 제1항 제1호). 행정청의 행위가 항고소송의 대상이 될 수 있는지는 추상적·일반적으로 결정할 수 없고, 구체적인 경우에 관련 법령의 내용과 취지, 그 행위의 주체·내용·형식·절차, 그 행위와 상대방 등 이해관계인이 입는 불이익 사이의 실질적 견련성, 법치행정의 원리와 그 행위에 관련된 행정청이나 이해관계인의 태도 등을 고려하여 개별적으로 결정해야 한다.

[2] 교육부가 국공립대학의 교육연구 및 학생지도 비용에 대한 감사 결과를 바탕으로 甲 국립대학교 총장에게 소속 교원 乙 등에 대한 교육연구 및 학생지도 비용 환수 및 신분상 조치를 하도록 요구함에 따라, 총장이 교내 이메일을 통해 乙 등에게 '환수금 납입 안내'라는 제목의 문서를 첨부하여 교육연구 및 학생지도 비용에 관한 환수금을 납부해 달라는 요청을 통지한 사안에서, 위 환수 통지는 행정청이 행하는 구체적 사실에 관한 법집행으로서 공권력의 행사인 '처분'에 해당한다고 한 사례

교육부가 국공립대학의 교육·연구 및 학생지도 비용에 대한 감사 결과를 바탕으로 甲 국립대학교 총장에게 소속 교원 乙 등에 대한 교육·연구 및 학생지도 비용 환수 및 신분상 조치

를 하도록 요구함에 따라, 총장이 교내 이메일을 통해 乙 등에게 '환수금 납입 안내'라는 제목의 문서를 첨부하여 교육·연구 및 학생지도 비용에 관한 환수금을 납부해 달라는 요청을 통지한 사안에서, 국립대학의 장의 지급 결정이나 환수 통지는 교육·연구 및 학생지도 비용의 지급과 환수에 관한 교직원의 권리·의무에 영향을 미치는 점, 교육공무원인 乙 등은 국가공무원법상 성실 의무(제56조), 복종의 의무(제57조) 등을 부담하므로 환수 통지를 따라야 하고, 환수 통지에 따라 정해진 기한까지 환수금을 납부하지 않으면 환수금을 완납할 때까지 교육·연구 및 학생지도 비용을 지급받지 못하는 등 환수 통지로 직접적인 법적 불이익을 입는 점, 위 환수 통지는 국립대학의 회계 설치 및 재정 운영에 관한 법률 제28조 제2항, 국립대학의 회계 설치 및 재정 운영에 관한 법률 시행규칙 제22조 제5항의 순차 위임을 받아 총장이 제정한 甲 대학교 재정 및 회계의 운영에 관한 규정 제11조 제5항에 따라 이루어진 것인 점, 국립대학의 장의 환수 행위의 처분성을 인정하지 않으면 교직원이 교육·연구 및 학생지도 비용 환수에 관하여 다툼이 있는 경우, 법적 분쟁을 실효적으로 해결할 다른 구제수단을 찾기도 어려운 점을 종합하면, 위 환수 통지는 행정청이 행하는 구체적 사실에 관한 법집행으로서 공권력의 행사인 '처분'에 해당하는데도, 이와 달리 본 원심판단에 법리오해의 잘못이 있다고 한 사례.

099 추상적인 시행규칙이 항고소송의 대상이 되는지 여부
― 2022. 12. 1. 선고 2019두48905 판결

[1] 항고소송의 대상이 되는 행정처분의 범위 및 일반적, 추상적인 법령 등이 그 대상이 될 수 있는지 여부(원칙적 소극)

항고소송의 대상이 되는 행정처분은 행정청의 공법상 행위로서 특정 사항에 대하여 법률에 의하여 권리를 설정하고 의무의 부담을 명하거나 그 밖의 법률상 효과를 발생하게 하는 등으로 상대방의 권리의무에 직접 영향을 미치는 행위이어야 하고, 다른 집행행위의 매개 없이 그 자체로 상대방의 구체적인 권리의무나 법률관계에 직접적인 변동을 초래하는 것이 아닌 일반적, 추상적인 법령 등은 그 대상이 될 수 없다.

[2] 일본국 법률에 따라 설립된 갑 법인이 일본에서 공기압 전송용 밸브를 생산하여 우리나라에 수출하고 있는데, 기획재정부장관이 갑 법인 등이 공급하는 일정 요건을 갖춘 일본산 공기압 전송용 밸브에 대하여 5년간 적용할 덤핑방지관세율을 규정하는 '일본산 공기압 전송용 밸브에 대한 덤핑방지관세의 부과에 관한 규칙'을 제정·공포하자, 갑 법인이 위 시행규칙이 관세법 제51조에서 정한 덤핑방지관세의 부과요건을 갖추지 못하여 위법하다고 주장하면서 취소를 구하는 소를 제기한 사안에서, 위 시행규칙은 항고소송의 대상이 될 수 없고, 위 시행규칙의 취소를 구하는 소는 부적법하므로, 이와 달리 본 원심판단에 법리오해의 잘못이 있다고 한 사례

일본국 법률에 따라 설립된 갑 법인이 일본에서 공기압 전송용 밸브를 생산하여 우리나라에 수출하고 있는데, 기획재정부장관이 갑 법인 등이 공급하는 일정 요건을 갖춘 일본산 공기압 전송용 밸브에 대하여 5년간 적용할 덤핑방지관세율을 규정하는 '일본산 공기압 전송용 밸브에 대한 덤핑방지관세의 부과에 관한 규칙'을 제정·공포하자, 갑 법인이 위 시행규칙이 관세법 제51조에서 정한 덤핑방지관세의 부과요건을 갖추지 못하여 위법하다고 주장하면서 취소를 구하는 소를 제기한 사안에서, 위 시행규칙은 덤핑방지관세를 부과할 물품(이하 '덤핑물품'이라고 한다)과 공급자를 지정하고 해당 물품에 적용할 관세율을 정한 조세법령으로, 위 시행규칙에서 덤핑물품과 관세율 등 과세요건을 규정하는 것만으로 납세의무자에게 덤핑방지관세를 납부할 의무가 성립하는 것은 아닌 점, 위 시행규칙은 수입된 덤핑물품에 관한 세관장의 덤핑방지관세 부과처분 등 별도의 집행행위가 있어야 비로소 상대방의 권리의무나 법률관계에 영향을 미치게 되는 점, 위 시행규칙에 근거한 관세 부과처분 등에 따라 덤핑방지관세를 납부하게 될 자는 덤핑물품을 수입하는 화주 등이지 덤핑물품을 수출하는 자가 아니고, 위 시행규칙은 덤핑물품의 수출 또는 수입행위를 규제하거나 외국 수출자와 국내 수입자 사이의 덤핑물품에 관한 법률관계를 규율하지 않으므로, 위 시행규칙이 효력 범위 밖에 있는 갑 법인의 구체적인 권리의무나 법률관계에 직접적인 변동을 초래한다고 보기 어려운 점을 종합하면, 위 시행규칙은 항고소송의 대상이 될 수 없고, <u>위 시행규칙의 취소를 구하는 소는 부적법하므로</u>, 이와 달리 본 원심판단에 법리오해의 잘못이 있다고 한 사례.

100 이의신청 기각결정의 법적 성질
— 2021. 1. 14. 선고 2020두50324 판결 ★★

【사건의 개요와 쟁점】

피고 한국토지주택공사(이하 '피고 공사'라고 한다)는 2006. 10. 27. 택지개발예정지구 지정 공람공고가 이루어진 인천검단지구 택지개발사업(이하 '이 사건 사업'이라고 한다)의 사업시행자이고, 원고는 피고 공사에 이 사건 사업에 관한 이주대책 대상자 선정 신청을 한 사람이다.

이 사건 사업지구 내의 이 사건 주택에 관하여, 2009. 11. 6. 원고의 동생인 소외인 명의의 소유권보존등기 및 증여를 원인으로 하는 원고 명의의 소유권이전등기가 순차로 이루어졌다.

피고 공사는 2016. 12.경 이 사건 사업의 이주대책을 수립하여 공고하였는데(이하 '이 사건 공고'라고 한다), 여기에서는 이주자택지(단독주택용지)의 공급대상자 요건에 관하여 '택지개발예정지구 지정 공람공고일(2006. 10. 27.) 1년 이전부터 보상계약체결일 또는 수용재결일까지 계속하여 사업지구 내 가옥을 소유하고 계속 거주한 자로 피고 공사로부터 그 가옥에 대한 보상을 받고 이 사건 사업 시행으로 인하여 이주하는 자(1989. 1. 25. 이후 무허가 건물소유자 및 법인, 단체는 제외)'라고 정하였다.

원고는 이 사건 공고에 따라 2017. 3. 29. 피고 공사에 이주자택지 공급대상자 선정 신청을 하였다. 이때 원고는 신청서에 '자신이 1970년대에 이 사건 주택을 건축하여 소유권을 취득하였으므로 이주자택지 수급 자격에 해당한다.'는 내용을 기재하고 건축물대장, 이웃 주민들의 확인서, 전력 개통사용자 확인, 수도개설 사용, 등기사항증명서, 소외인이 작성한 양도양수확인서 등의 증빙자료를 첨부하여 제출하였다.

피고 공사는 2017. 7. 28. 원고에게 '기준일 이후 주택 취득'이라는 이유로 원고를 이주대책 대상에서 제외하는 결정을 통보하였는데(이하 '1차 결정'이라고 한다), 그 통보서에는 "부적격 결정에 이의가 있으신 경우 본 통지문을 받으신 날로부터 30일 이내에 안내드린 바 있는 이 사건 공고에 의한 대상자 선정 요건을 충족할 수 있는 증빙자료와 함께 우리 공사에 서면으로 이의신청을 하실 수 있으며, 또한 90일 이내에 행정심판 또는 행정소송을 제기하실 수 있음을 알려드립니다."라는 안내문구가 기재되어 있다.

이에 원고는 2017. 8. 25. 피고 공사에 이의신청을 하였다. 이때 원고는 이의신청서에 '자신이 1970년대에 이 사건 주택을 신축하여 소유권을 취득하였고, 다만 동네 이장의 착오로 건축물대장에 건축주가 소외인으로 등재되었다.'는 내용을 기재하고 수용사실확인서, 1972년도 사진, 2010년 당시 지장물 조사사진, 소외인 명의의 사실확인서, 마을주민확인서 등의 증빙자료를 추가로 첨부하여 제출하였다.

피고 공사는 2017. 12. 6. 원고에게 "부동산 공부에 등재되었던 소유자를 배제하고 사실판단에 기하여 과거 소유자를 인정할 수 없음"이라는 이유로 원고의 이의신청을 받아들이지 않고 여전히 원고를 이주대책 대상에서 제외한다는 결정을 통보하였다(이하 '2차 결정'이라고 한다). 한편 2차 결정의 통보서에는 "우리 공사의 이의신청 불수용처분에 대하여 다시 이의가 있으신 경우 행정소송법에 따라 본 처분통보를 받은 날로부터 90일 이내에 행정심판 또는 행정소송을 제기할 수 있음을 알려드리니 참고하시기 바랍니다."라는 안내문구가 기재되어 있다.

원고는 2018. 3. 5. 피고 중앙행정심판위원회(이하 '피고 위원회'라고 한다)에 2차 결정의 취소를 구하는 행정심판을 청구하였는데, 피고 위원회는 2018. 10. 17. 2차 결정이 처분에 해당하지 않는다는 이유로 원고의 행정심판 청구를 각하하는 재결을 하였고(이하 '이 사건 재결'이라고 한다), 그 재결서가 2018. 10. 31. 원고에게 송달되었다.

이 사건의 쟁점은 2차 결정이 1차 결정과 별도로 행정심판 및 취소소송의 대상이 되는 '처분'에 해당하는지 여부이다.

【판시사항 및 판결요지】

[1] 행정청의 행위가 항고소송의 대상이 될 수 있는지 결정하는 방법 및 행정청의 행위가 '처분'에 해당하는지 불분명한 경우, 이를 판단하는 방법

항고소송의 대상인 '처분'이란 "행정청이 행하는 구체적 사실에 관한 법집행으로서의 공권력의 행사 또는 그 거부와 그 밖에 이에 준하는 행정작용"(행정소송법 제2조 제1항 제1호)을 말한다. 행정청의 행위가 항고소송의 대상이 될 수 있는지는 추상적·일반적으로 결정할 수 없고, 구체적인 경우에 관련 법령의 내용과 취지, 그 행위의 주체·내용·형식·절차, 그 행위와 상대방 등 이해관계인이 입는 불이익 사이의 실질적 견련성, 법치행정의 원리와 그 행위에 관련된 행정청이나 이해관계인의 태도 등을 고려하여 개별적으로 결정하여야 한다. 행정청의 행위가 '처분'에 해당하는지 불분명한 경우에는 그에 대한 불복방법 선택에 중대한 이해관계를 가지는 상대방의 인식가능성과 예측가능성을 중요하게 고려하여 규범적으로 판단하여야 한다.

[2] 수익적 행정처분을 구하는 신청에 대한 거부처분이 있은 후 당사자가 새로운 신청을 하는 취지로 다시 신청을 하였으나 행정청이 이를 다시 거절한 경우, 새로운 거부처분인지 여부(적극)

수익적 행정처분을 구하는 신청에 대한 거부처분은 당사자의 신청에 대하여 관할 행정청이 이를 거절하는 의사를 대외적으로 명백히 표시함으로써 성립된다. 거부처분이 있은 후 당사자가 다시 신청을 한 경우에는 신청의 제목 여하에 불구하고 그 내용이 새로운 신청을 하는 취지라면 관할 행정청이 이를 다시 거절하는 것은 새로운 거부처분이라고 보아야 한다. 관계 법령이나 행정청이 사전에 공표한 처분기준에 신청기간을 제한하는 특별한 규정이 없는 이상 재신청을 불허할 법적 근거가 없으며, 설령 신청기간을 제한하는 특별한 규정이 있더라도 재신청이 신청기간을 도과하였는지는 본안에서 재신청에 대한 거부처분이 적법한가를 판단하는 단계에서 고려할 요소이지, 소송요건 심사단계에서 고려할 요소가 아니다.

101 이의신청 기각결정의 법적 성질
― 2022. 3. 17. 선고 2021두53894 판결 ★★

【사건의 개요와 쟁점】

피고(당진시장)는 2018. 1. 9. 원고 소유의 이 사건 토지 등 2필지 토지의 경계확정으로 지적공부상 면적이 감소되었다는 이유로, 당진시 지적재조사위원회의 의결을 거쳐 원고에 대하여 조정금 62,865,000원의 수령을 통지하였다(이하 '이 사건 1차 통지'라 한다). 위 통지서에는 조정금 수령을 통지하니 2018. 7. 9.까지 청구하라는 내용이 기재되어 있다. 한편 위 1차 통지서에는 불복방법에 대한 안내로서 '조정금 산정에 이의가 있을 경우에는 수령통지를 받은 60일 이내에 이의신청을 할 수 있다.'라는 내용이 기재되어 있다.

원고는 2018. 2. 9. 피고에게 이 사건 토지에 관한 조정금이 시장가치를 반영하지 못하였다는 등의 이유로 이의를 신청하였다. 원고는 이의신청서에 구체적인 이의신청 사유를 기재한 문서를 첨부하였고, 소명자료로서 이 사건 토지 등 2필지 토지에 대한 당진도시계획시설 개설공사 편입에 따른 보상협의요청 내역, 이 사건 토지 등에 대한 연도별 개별공시지가, 토지가격비준표 등을 제출하였다.

당진시 지적재조사위원회는 이 사건 토지 등에 대한 감정평가 등을 다시 실시한 다음, 2018. 6. 11. 조정금을 종전 가격과 동일한 액수로 심의·의결하였다.

피고는 2018. 6. 12. 원고에게 '지적재조사사업 조정금 이의신청 토지에 대하여 구「지적재조사에 관한 특별법」(2020. 4. 7. 법률 제17219호로 개정되기 전의 것, 이하 '구 지적재조사법'이라 한다) 제20조의 규정에 의하여 재산정하고, 같은 법 시행령 제14조에 근거하여 당진시 지적재조사위원회에서 붙임의 통지서(이의신청토지 처리 결과 통지서)와 같이 심의·의결되었기에 그 결과를 조정금수령통지서와 함께 보내니 이를 확인하고 조정금을 수령하시기 바랍니다.'라는 내용으로 통지하였다(이하 '이 사건 2차 통지'라 한다). 첨부된 조정금수령통지서에는 조정금 62,865,000원의 수령을 통지하니 2018. 12. 12.까지 청구하라는 내용이 기재되어 있다.

원고는 2018. 9. 4. 충청남도행정심판위원회에 행정심판을 청구하면서, 행정심판청구서에 이 사건 2차 통지의 취소 재결을 구한다고 기재하였다. 행정심판위원회는 2018. 11. 29. 원고의 행정심판청구를 기각하였다.

원고는 2019. 2. 17. 이 사건 소를 제기하였는데, 소장에는 이 사건 2차 통지의 취소를 구한다는 취지만 기재하였다가, 2020. 2. 10. 청구취지 및 원인 변경신청을 통하여 이 사건 1차 통지의 취소를 구하는 청구를 추가하였다.

【판시사항 및 판결요지】

[1] 행정청의 행위가 항고소송의 대상이 될 수 있는지 결정하는 방법 및 행정청의 행위가 '처분'에 해당하는지가 불분명한 경우, 이를 판단하는 방법

항고소송의 대상인 '처분'이란 "행정청이 행하는 구체적 사실에 관한 법집행으로서의 공권력의 행사 또는 그 거부와 그 밖에 이에 준하는 행정작용"(행정소송법 제2조 제1항 제1호)을 말한다. 행정청의 행위가 항고소송의 대상이 될 수 있는지는 추상적·일반적으로 결정할 수 없고, 구체적인 경우에 관련 법령의 내용과 취지, 그 행위의 주체·내용·형식·절차, 그 행위와 상대방 등 이해관계인이 입는 불이익 사이의 실질적 견련성, 법치행정의 원리와 그 행위에 관련된 행정청이나 이해관계인의 태도 등을 고려하여 개별적으로 결정하여야 한다. 행정청의 행위가 '처분'에 해당하는지가 불분명한 경우에는 그에 대한 불복방법 선택에 중대한 이해관계를 가지는 상대방의 인식가능성과 예측가능성을 중요하게 고려하여 규범적으로 판단하여야 한다.

[2] 수익적 행정처분을 구하는 신청에 대한 거부처분이 있은 후 당사자가 새로운 신청을 하는 취지로 다시 신청을 하였으나 행정청이 이를 다시 거절한 경우, 새로운 거부처분인지 여부(적극) / 어떤 처분이 수익적 행정처분을 구하는 신청에 대한 거부처분이 아니더라도 해당 처분에 대한 이의신청의 내용이 새로운 신청을 하는 취지로 볼 수 있는 경우, 그 이의신청에 대한 결정의 통보를 새로운 처분으로 볼 수 있는지 여부(적극)

수익적 행정처분을 구하는 신청에 대한 거부처분이 있은 후 당사자가 다시 신청을 한 경우에는 신청의 제목 여하에 불구하고 그 내용이 새로운 신청을 하는 취지라면 관할 행정청이 이를 다시 거절하는 것은 새로운 거부처분이라고 보아야 한다. 나아가 어떠한 처분이 수익적 행정처분을 구하는 신청에 대한 거부처분이 아니라고 하더라도, 해당 처분에 대한 이의신청의 내용이 새로운 신청을 하는 취지로 볼 수 있는 경우에는, 그 이의신청에 대한 결정의 통보를 새로운 처분으로 볼 수 있다.

[3] 갑 시장이 을 소유 토지의 경계확정으로 지적공부상 면적이 감소되었다는 이유로 지적재조사위원회의 의결을 거쳐 을에게 조정금 수령을 통지하자(1차 통지), 을이 구체적인 이의신청 사유와 소명자료를 첨부하여 이의를 신청하였으나, 갑 시장이 지적재조사위원회의 재산정 심의·의결을 거쳐 종전과 동일한 액수의 조정금 수령을 통지한(2차 통지) 사안에서, 2차 통지는 1차 통지와 별도로 행정쟁송의 대상이 되는 처분으로 보는 것이 타당하다고 한 사례

갑 시장이 을 소유 토지의 경계확정으로 지적공부상 면적이 감소되었다는 이유로 지적재조사위원회의 의결을 거쳐 을에게 조정금 수령을 통지하자(1차 통지), 을이 구체적인 이의신청 사유와 소명자료를 첨부하여 이의를 신청하였으나, 갑 시장이 지적재조사위원회의 재산정 심의·의결을 거쳐 종전과 동일한 액수의 조정금 수령을 통지한(2차 통지) 사안에서, 구 지적재조사에 관한 특별법(2020. 4. 7. 법률 제17219호로 개정되기 전의 것) 제21조의2가 신설되면서 조정금에 대한 이의신청 절차가 법률상 절차로 변경되었으므로 그에 관한 절차적 권리는 법률상 권리로 볼 수 있는 점, 을이 이의신청을 하기 전에는 조정금 산정결과 및 수령을 통지한

1차 통지만 존재하였고 을은 신청 자체를 한 적이 없으므로 을의 이의신청은 새로운 신청으로 볼 수 있는 점, 2차 통지서의 문언상 종전 통지와 별도로 심의·의결하였다는 내용이 명백하고, 단순히 이의신청을 받아들이지 않는다는 내용에 그치는 것이 아니라 조정금에 대하여 다시 재산정, 심의·의결절차를 거친 결과, 그 조정금이 종전 금액과 동일하게 산정되었다는 내용을 알리는 것이므로, 2차 통지를 새로운 처분으로 볼 수 있는 점 등을 종합하면, 2차 통지는 1차 통지와 별도로 행정쟁송의 대상이 되는 처분으로 보는 것이 타당함에도 2차 통지의 처분성을 부정한 원심판단에 법리오해의 잘못이 있다고 한 사례.

102. 선행처분의 내용을 변경하는 후행처분이 있는 경우
— 2022. 7. 28. 선고 2021두60748 판결 ★★

【사건의 개요와 쟁점】

피고(중소기업기술정보진흥원장)는 중소기업기술개발사업 제재조치위원회(이 사건 협약체결일은 2015. 12. 24.이므로 개정 전의 법령에 따르면 '지원사업 전문위원회'에 해당할 것이다)를 개최하여 원고들(주식회사 삼보 외 2인)에 대한 제재를 심의한 다음, 원고들이 연구개발 자료나 결과를 위조 또는 변조하거나 표절하는 등의 연구부정행위를 하였다는 이유로, 2019. 7. 2. 구 「중소기업 기술혁신 촉진법」(2017. 3. 21. 법률 제14683호로 개정되기 전의 것, 이하 '중소기업기술혁신법'이라 한다) 제31조 제1항, 제32조 제1항에 따라 원고들에 대하여는 각 3년간(2019. 7. 19.부터 2022. 7. 18.까지) 기술혁신 촉진 지원사업에의 참여를 제한하고, 원고 주식회사 삼보(이하 '원고 회사'라 한다)에 대하여는 정부출연금을 전부 환수(납부기한: 2019. 8. 2.까지)한다고 통지하였다(이하 '이 사건 1차 통지'라 한다). 위 통지서에는 "위 처분에 대하여 이의가 있는 경우, 귀하는 우리원 이의신청 절차에 따라 이의신청을 할 수 있으며, 이의신청 시 명기된 제재기간은 변경될 수 있습니다. 이의신청 절차 이외에도 중앙행정심판위원회에 행정심판을, 관할법원에 행정소송을 제기할 수 있습니다. 행정심판 청구기간은 처분이 있음을 알게 된 날로부터 90일, 있은 날로부터 180일이며(행정심판법 제27조 제1항, 제3항), 행정소송 청구기간은 처분이 있음을 알게 된 날로부터 90일, 있은 날로부터 1년입니다(행정소송법 제20조 제1항, 제2항)."라는 내용이 기재되어 있다.

원고들은 2019. 7. 15.경 이 사건 1차 통지에 대하여 피고에게 이의를 신청하면서 이의신청서에 구체적인 이의신청사유를 기재하였고, 연구개발과정의 정당성을 소명하기 위한 자료 등을 제출하였다.

제재조치위원회는 원고들의 이의신청에 따라 원고들에 대한 제재를 다시 심의한 다음, 종전과 같이 원고들에 대하여 각 3년간 기술혁신 촉진 지원사업에의 참여를 제한하고 원고 회사에 대하여 정부출연금을 전부 환수함이 타당하다고 보았다.

피고는, 원고들이 연구개발 자료나 결과를 위조 또는 변조하거나 표절하는 등의 연구부정행위를 하였다는 이유로, 2019. 10. 18. 구 중소기업기술혁신법 제31조 제1항, 제32조 제1항에 따라 원고들에 대하여는 각 3년간(2019. 11. 8.부터 2022. 11. 7.까지) 기술혁신 촉진 지원사업에의 참여를 제한하고 원고 회사에 대하여는 정부출연금을 전부 환수(납부기한: 2019. 11. 18.까지)한다고 통지하였다(이하 '이 사건 2차 통지'라 한다). 위 통지서에는 "이의신청 심의결과에 대하여 재이의신청을 할 수 없습니다. 행정심판 청구기간은 처분이 있음을 알게 된 날로부터 90일, 있은 날로부터 180일이며(행정심판법 제27조 제1항, 제3항), 행정소송 청구기간은 처분이 있음을 알게 된 날로부터 90일, 있은 날로부터 1년입니다(행정소송법 제20조 제1항, 제2항)."라는 내용이 기재되어 있다.

원고들은 2019. 12. 27. 이 사건 2차 통지의 취소를 구하는 이 사건 소를 제기하였다.

원심은, 이 사건 2차 통지는 이 사건 1차 통지에 대한 원고들의 이의신청을 받아들이지 아니한다는 사실을 안내하는 취지로서, 이 사건 1차 통지를 그대로 유지함을 전제로 피고의 업무처리 적정 및 원고들의 편의를 위한 조치에 불과할 뿐이므로 원고들의 권리·의무에 직접적인 변동을 초래하지 않아 행정처분에 해당하지 않는다고 판단하였다.

그러나 원심의 판단은 다음과 같은 이유로 받아들일 수 없다.

【판시사항 및 판결요지】

[1] 행정청의 행위가 항고소송의 대상이 될 수 있는지 판단하는 기준 및 행정청의 행위가 '처분'에 해당하는지 불분명한 경우 이를 판단하는 방법

항고소송의 대상인 '처분'이란 행정청이 행하는 구체적 사실에 관한 법집행으로서의 공권력의 행사 또는 그 거부와 그 밖에 이에 준하는 행정작용(행정소송법 제2조 제1항 제1호)을 말한다. 행정청의 행위가 항고소송의 대상이 될 수 있는지는 추상적·일반적으로 결정할 수 없고, 구체적인 경우에 관련 법령의 내용과 취지, 그 행위의 주체·내용·형식·절차, 그 행위와 상대방 등 이해관계인이 입는 불이익 사이의 실질적 견련성, 법치행정의 원리와 그 행위에 관련된 행정청이나 이해관계인의 태도 등을 고려하여 개별적으로 결정하여야 한다. 행정청의 행위가 '처분'에 해당하는지가 불분명한 경우에는 그에 대한 불복방법 선택에 중대한 이해관계를 가지는 상대방의 인식가능성과 예측가능성을 중요하게 고려하여 규범적으로 판단하여야 한다.

[2] 선행처분의 내용을 변경하는 후행처분이 있는 경우, 선행처분의 효력 존속 여부

선행처분의 내용 중 일부만을 소폭 변경하는 후행처분이 있는 경우 선행처분도 후행처분에 의하여 변경되지 아니한 범위 내에서 존속하고, 후행처분은 선행처분의 내용 중 일부를 변경하는 범위 내에서 효력을 가지지만, 선행처분의 주요 부분을 실질적으로 변경하는 내용으로 후행처분을 한 경우에는 선행처분은 특별한 사정이 없는 한 그 효력을 상실한다.

【사안의 경우】

이러한 법리에 비추어 기록에 나타난 이 사건 사실관계를 살펴보면, 이 사건 2차 통지는 선행처분인 이 사건 1차 통지의 주요 부분을 실질적으로 변경한 새로운 처분으로서 항고소송의 대상이 된다고 봄이 타당하다. 구체적인 이유는 다음과 같다.

(1) 우선 이 사건 1차 통지는 제재적 행정처분이 가지는 외관을 모두 갖춘 것으로 국민의 권리·의무에 직접적으로 영향을 미치는 공권력의 행사로서 처분에 해당한다. 피고는 제재조치위원회를 개최하여 원고들에 대한 제재를 심의한 다음 2019. 7. 2. 원고들에게 '제재조치위원회 심의결과 안내'라는 제목으로 이 사건 1차 통지를 발송하였고, 위 문건에는 주관기관(원고 회사), 주관기관 대표자(원고 2), 주관기관 과제책임자(원고 3)에게 참여제한 3년(2019. 7. 19.부터 2022. 7. 18.까지)

의 제재를 적용하며, 주관기관으로부터 정부출연금을 전부 환수한다는 내용이 기재되어 있다.

(2) 이 사건 2차 통지는 이 사건 1차 통지의 주요 부분을 실질적으로 변경하는 새로운 처분으로 볼 수 있고, 따라서 이 사건 2차 통지로 인하여 선행처분인 이 사건 1차 통지는 소멸하였다고 봄이 타당하다. 이 사건 1차 통지서에는 '이의신청 시 명기된 제재기간이 변경될 수 있습니다.'라고 기재되어 있고, 이 사건 2차 통지서에는 제재조치위원회에서 심의한 결과를 통지한다는 취지로 기재되어 있는데, 그 문언상 종전 통지와 별도로 심의·의결하였다는 내용임이 명백하다. 또한 이는 단순히 이의신청을 받아들이지 않는다는 내용에 그치는 것이 아니라, 이의신청의 내용을 기초로 원고들에 대한 제재사유의 존부 및 제재의 내용에 대하여 다시 심의한 결과에 따라 참여제한 및 환수처분을 한다는 내용을 알리는 것이므로, 새로운 제재조치의 통지에 해당한다고 볼 수 있다. 또한 참여제한기간이 '2019. 7. 19.부터 2022. 7. 18.까지'에서 '2019. 11. 8.부터 2022. 11. 7.까지'로, 환수금 납부기한이 '2019. 8. 2.까지'에서 '2019. 11. 18.까지'로 각 변경되었다.

(3) 피고는 당초 원고들에게 이 사건 1차 통지를 하면서 위 처분에 이의가 있는 경우 이의신청을 할 수 있고 아울러 처분이 있음을 알게 된 날로부터 90일 이내에 행정심판 또는 행정소송을 제기할 수 있다는 등의 불복방법을 고지하였다. 그럼에도 피고는 이 사건 1차 통지일로부터 90일이 지난 시점에 원고들에게 이 사건 2차 통지를 하면서 다시 행정심판 또는 행정소송에 의한 불복방법을 고지하였다. 이에 비추어 보면, 피고도 이 사건 2차 통지가 항고소송의 대상이 되는 처분에 해당한다고 인식하고 있었다고 할 것이다.

(4) 또한 위와 같이 이 사건 1차 통지와 이 사건 2차 통지 각각에 대하여 행정소송 등 불복방법에 관한 고지를 받은 당사자로서는 당초의 이 사건 1차 통지에 대해서는 이의신청을 하여 재심의를 받거나 곧바로 행정소송 등을 제기하는 방법 중에서 선택할 수 있다고 이해하게 될 것이고, 그중 이의신청을 한 당사자가 그에 따른 재심의 결과에 대하여 따로 행정소송 등을 제기하여 다툴 수 있을 것으로 기대한다고 하여 이를 잘못이라고 할 수는 없다. 그러므로 피고가 이 사건 2차 통지를 하면서 그에 대한 행정소송 등을 처분이 있음을 알게 된 날부터 90일 내에 제기할 수 있다고 명시적으로 안내한 것은 그 상대가 된 원고들에 대하여 신뢰의 대상이 되는 공적인 견해를 표명한 것에 해당한다 할 것인데, 원고들이 그 안내를 신뢰하고 90일의 기간 내에 이 사건 행정소송을 제기하였음에도 이 사건 2차 통지가 행정소송의 대상으로서의 처분성이 없다고 한다면, 원고들로서는 피고의 견해표명을 신뢰한 데 따른 이익을 침해받게 될 것임이 명백하다. 그러므로 행정상 법률관계에서의 신뢰보호의 원칙에 비추어 보더라도 이 사건 2차 통지는 항고소송의 대상이 되는 처분이라고 봄이 상당하다.

그럼에도 원심은 그 판시와 같은 이유로 이 사건 2차 통지의 처분성을 부정하였다. 이러한 원심 판단에는 항고소송의 대상인 처분에 관한 법리를 오해하여 판결에 영향을 미친 잘못이 있다. 이를 지적하는 상고이유 주장은 이유 있다.

취소소송의 원고적격

 103 처분의 제3자의 원고적격
- 2023. 1. 12. 선고 2022두56630 판결

【사건의 개요와 쟁점】

원고들은 사립학교 직원들이다.

피고(강원도 교육감)는 2020. 8. 5. 원고들이 소속된 학교법인의 이사장 및 학교장에 대하여, 그 소속 직원들의 유사경력 호봉환산이 과다하게 반영되었다는 이유로, 호봉이 과다하게 산정된 직원들의 호봉정정에 따른 급여를 5년의 범위 내에서 환수하도록 시정명령을 하였다. 위 시정명령서에는 미이행 학교법인에 대하여는 「강원도 사립학교 재정보조에 관한 조례」제9조 제7호에 따라 호봉이 과다하게 반영된 직원들에 대한 재정결함보조금(인건비) 지원을 중단할 예정이라는 내용이 기재되어 있다.

피고는 2020. 9. 2. 원고들이 소속된 학교법인의 이사장 및 학교장에 대하여, 정정된 호봉으로 호봉 재획정 처리를 하고, 그 조치결과를 2020. 9. 7.까지 제출할 것을 명하였다(이하 위 2020. 8. 5.자 시정명령과 2020. 9. 2.자 명령을 함께 '이 사건 각 명령'이라고 한다).

【판시사항 및 판결요지】

행정처분의 직접 상대방이 아닌 제3자라고 하더라도 당해 행정처분으로 인하여 법률상 보호되는 이익을 침해당한 경우에는 취소소송을 제기하여 그 당부의 판단을 받을 자격이 있다. 여기에서 말하는 법률상 보호되는 이익은 당해 처분의 근거 법규와 관련 법규에 의하여 보호되는 개별적·직접적·구체적 이익이 있는 경우를 말하고, 공익보호의 결과로 국민 일반이 공통적으로 가지는 일반적·간접적·추상적 이익과 같이 사실적·경제적 이해관계를 갖는 데 불과한 경우는 포함되지 아니한다. 또 당해 처분의 근거 법규와 관련 법규에 의하여 보호되는 법률상 이익은 당해 처분의 근거 법규의 명문 규정에 의하여 보호받는 법률상 이익, 당해 처분의 근거 법규에 의하여 보호되지는 아니하나 당해 처분의 행정목적을 달성하기 위한 일련의 단계적인 관련 처분들의 근거 법규에 의하여 명시적으로 보호받는 법률상 이익, 당해 처분의 근거 법규 또는 관련 법규에서 명시적으로 당해 이익을 보호하는 명문의 규정이 없더라도 근거 법규와 관련 법규의 합리적 해석상 그 법규에서 행정청을 제약하는 이유가 순수한 공익의 보호만이 아닌 개별적·직접적·구체적 이익을 보호하는 취지가 포함되어 있다고 해석되는 경우까지를 말한다.

【사안의 경우】

1) 이 사건 각 명령은 행정청이 각 사립학교 법인의 이사장 및 학교장들에 대하여 급여환수 및 호봉정정을 권고하는 데에 그치지 않고, 이를 이행하지 않는 학교법인에 대하여 보조금 지급 중단이라는 조치까지 예정하고 있는 법적 구속력이 있는 행정처분에 해당한다.

2) 가) 이 사건 각 명령의 근거 법령 중 구 사립학교법(2020. 12. 22. 법률 제17659호로 개정되기 전의 것, 이하 같다) 제43조 제2항 제2호는 지방자치단체로부터 보조금을 교부받거나 지원을 받은 학교법인의 예산이 지원 목적에 비추어 부적당하다고 인정할 때 그 예산에 대하여 필요한 변경조치를 권고할 수 있다는 취지로 규정하고 있고, 이는 보조금을 교부받는 등 재정적 지원을 받는 학교법인 예산의 적정성을 확보하고자 하는 취지에서 마련된 것이므로, 위 규정만으로는 사립학교 직원들인 원고들의 직접적·구체적 이익을 보호하고 있다고 보기 어려울 수 있다.

나) 그러나 이 사건 각 명령은 원고들의 호봉이 과다 산정되었음을 이유로 한 것이므로, 학교법인 사무직원의 호봉산정이나 보수에 관하여 규정하고 있는 구 사립학교법 제70조의2 제1항, 각 사립학교법인의 정관 및 「지방공무원 보수규정」 역시 이 사건 각 명령의 근거 법규 내지 관련 법규에 해당한다고 보아야 한다. 구 사립학교법 제70조의2 제1항은 학교법인 소속 사무직원의 보수에 관하여 학교법인의 정관으로 정하도록 정하고 있고, 그 위임에 따라 원고들이 소속된 각 학교법인의 정관에는 사무직원의 보수에 관하여 지방공무원의 보수규정을 준용하거나(상지문학원 정관 제86조, 진광학원 정관 제81조) 공무원(일반직 등 공무원)의 보수규정 및 수당 규정을 준용한다고 정하고 있다(전인학원 정관 제85조). 그리고 「지방공무원 보수규정」 제8조 제2항은 공무원의 초임호봉을 별표 1에 따라 획정하도록 정하고 있고, 위 별표 1은 개별 공무원에게 임용 전에 별표 2에서 정한 공무원경력 및 유사경력이 있는 경우 이를 어떤 방식으로 초임호봉에 반영할 것인지에 관하여 구체적으로 정하고 있다.

다) 이와 같이 구 사립학교법이 사립학교 직원들의 보수를 정관으로 정하도록 하고, 원고들이 소속된 각 학교법인의 정관이 그 직원들의 보수를 공무원의 예에 따르도록 한 것은, 사립학교 소속 사무직원들의 보수의 안정성 및 예측가능성을 담보하여 사립학교 교육이 공공의 목적에 부합하는 방향으로 원활하게 수행될 수 있도록 하는 한편, 그 사무직원의 경제적 생활안정과 복리향상을 보장하고자 함에 있으므로, 사립학교사무직원의 이익을 개별적·직접적·구체적으로 보호하고 있는 규정으로 볼 수 있다.

3) 나아가 이 사건 각 명령은 학교법인들에 대하여 그 사무직원들의 호봉을 재획정하고, 그에 따라 초과 지급된 급여를 5년 범위 내에서 환수하도록 명하고 있는데, 이로 인하여 원고들은 급여가 실질적으로 삭감되거나 기지급된 급여를 반환하여야 하는 직접적이고 구체적인 손해를 입게 되므로, 원고들은 이 사건 각 명령을 다툴 개별적·직접적·구체적 이해관계가 있다고 볼 수 있다.

그럼에도 원심은 원고들에게 이 사건 각 명령을 다툴 원고적격이 없다고 보아 이 사건 소를 각하하였으므로, 이와 같은 원심판결에는 '취소소송의 원고적격'에 관한 법리를 오해하여 판결에 영향을 미친 잘못이 있다.

 **104** 원고적격 (공동주택의 발코니에 설치된 벽의 해체가 문제된 사건)
— 2024. 3. 12. 선고 2021두58998 판결

[판시사항 및 판결요지]

[1] 건축법령상 대수선에서 말하는 '내력벽'의 의미 및 공동주택 내부에 설치된 벽체가 내력벽에 해당하는지 판단하는 방법

건축법상 허가 또는 신고 대상행위인 '대수선'이란 건축물의 기둥, 보, 내력벽, 주계단 등의 구조나 외부 형태를 수선·변경하거나 증설하는 것으로서 대통령령으로 정하는 것을 말한다(건축법 제2조 제1항 제9호). 내력벽을 증설 또는 해체하거나 그 벽면적을 $30m^2$ 이상 수선 또는 변경하는 것으로서 증축·개축 또는 재축에 해당하지 않는 것은 대수선에 포함된다(건축법 시행령 제3조의2 제1호). 여기에서 '내력벽'이란 일반적으로 건축물의 하중을 견디거나 전달하기 위한 벽체로서, 공동주택 내부에 설치된 벽체가 내력벽에 해당하는지는 건물 전체의 구조와 외부 형태, 벽체의 구조와 설계·시공상의 취급, 벽체에 미치는 하중의 방향과 크기 등을 종합적으로 고려하여 판단되어야 하고, 해당 벽체를 제거하였을 때 건축물의 구조안전에 구체적 위험이 초래되지 않는다는 사정만으로 그 벽체가 내력벽에 해당하지 않는다고 섣불리 단정할 수 없다.

[2] 집합건물에서 건물의 골격을 이루는 외벽이 구분소유권자의 전원 또는 일부의 공용에 제공되는 부분인지 판단하는 기준

집합건물에서 건물의 안전이나 외관을 유지하기 위하여 필요한 지주, 지붕, 외벽, 기초공작물 등은 구조상 구분소유자의 전원 또는 일부의 공용에 제공되는 부분으로서 구분소유권의 목적이 되지 않으며 건물의 골격을 이루는 외벽이 구분소유권자의 전원 또는 일부의 공용에 제공되는지는 그것이 1동 건물 전체의 안전이나 외관을 유지하기 위하여 필요한 부분인지에 따라 결정되어야 하고 그 외벽의 바깥쪽 면도 외벽과 일체를 이루는 공용부분이다.

[3] 집합건물 공용부분의 대수선과 관련한 행정청의 허가, 사용승인 등 일련의 처분에 관하여 처분의 직접 상대방 외에 해당 집합건물의 구분소유자에게도 취소를 구할 원고적격이 인정되는지 여부(적극)

행정처분의 직접 상대방이 아닌 제3자라 하더라도 당해 행정처분으로 인하여 법률상 보호되는 이익을 침해당한 경우에는 취소소송을 제기하여 그 당부의 판단을 받을 자격이 있다. 여기에서 말하는 법률상 보호되는 이익은 당해 처분의 근거 법규 및 관련 법규에 의하여 보호되는 개별적·직접적·구체적 이익이 있는 경우를 말하고, 공익보호의 결과로 국민 일반이 공통적으로 가지는 일반적·간접적·추상적 이익과 같이 사실적·경제적 이해관계를 갖는데 불과한 경우는 여기에 포함되지 아니한다. 또 당해 처분의 근거 법규 및 관련 법규에 의

하여 보호되는 법률상 이익은 당해 처분의 근거 법규의 명문 규정에 의하여 보호받는 법률상 이익, 당해 처분의 근거 법규에 의하여 보호되지는 아니하나 당해 처분의 행정목적을 달성하기 위한 일련의 단계적인 관련 처분들의 근거 법규에 의하여 명시적으로 보호받는 법률상 이익, 당해 처분의 근거 법규 또는 관련 법규에서 명시적으로 당해 이익을 보호하는 명문의 규정이 없더라도 근거 법규 및 관련 법규의 합리적 해석상 그 법규에서 행정청을 제약하는 이유가 순수한 공익의 보호만이 아닌 개별적·직접적·구체적 이익을 보호하는 취지가 포함되어 있다고 해석되는 경우까지를 말한다.

집합건물의 소유 및 관리에 관한 법률(이하 '집합건물법'이라 한다)상 집합건물의 공용부분은 구분소유자 전원 또는 일부의 공용에 제공되는 것으로 구분소유자 전원의 각 전유부분 면적 비율에 따른 공유에 속하고(집합건물법 제3조, 제10조, 제12조), 각 공유자는 공용부분을 그 용도에 따라 사용할 수 있다(집합건물법 제11조).

건축법은 집합건물의 공용부분을 대수선하려는 자로 하여금 구분소유자 전원을 구성원으로 하는 관리단집회에서 구분소유자 2/3 이상 및 의결권 2/3 이상의 결의로써 그 대수선에 동의하였다는 사정을 증명해야 대수선에 관한 허가를 받을 수 있도록 규정하고 있다(건축법 제11조 제11항 제5호, 집합건물법 제15조 제1항). 이와 같은 건축법 규정은 구분소유자들이 공유하고 각자 그 용도에 따라 사용할 수 있는 공용부분의 대수선으로 인하여 공용부분의 소유·사용에 제한을 받을 수 있는 구분소유자의 개별적 이익을 구체적이고 직접적으로 보호하는 규정으로 볼 수 있다.

따라서 집합건물 공용부분의 대수선과 관련한 행정청의 허가, 사용승인 등 일련의 처분에 관하여는 처분의 직접 상대방 외에 해당 집합건물의 구분소유자에게도 취소를 구할 원고적격이 인정된다고 보는 것이 타당하다.

【사안의 경우】

이 사건 건물 402호를 공유하는 피고 보조참가인들이 해당 호실 발코니에 설치되어 있는 벽체(이하 '이 사건 벽체')를 해체하자 이 사건 건물 504호의 구분소유자인 원고가 피고 ○○구청장에게 민원을 제기하였는데, 이후 피고가 피고 보조참가인들에게 이 사건 벽체를 해체한 행위가 건축법 제22조에 따라 사용승인 처리되었고, 건축법령을 위반한 사항이 종결되었다는 취지의 공문(이하 '이 사건 처분')을 보내자, 원고들이 그 처분의 취소를 구한 사안임

원심은, 이 사건 벽체를 해체하여도 이 사건 건물의 구조안전상 문제가 발생할 것이라고 단정할 수 없다는 등의 이유로 이 사건 벽체가 내력벽에 해당한다고 보기 어렵다고 판단하였고, 그 결과 이 사건 벽체가 집합건물인 이 사건 건물의 공용부분을 구성하지 않으므로, 원고에게 이 사건 벽체에 관하여 이루어진 이 사건 처분의 취소를 구할 원고적격이 없다고 판단하였음

대법원은, 이 사건 벽체의 구조와 설계·시공상의 취급, 이 사건 벽체에 미치는 하중의 방

향과 크기 등을 종합적으로 고려하면 이 사건 벽체는 건축법 제2조 제1항 제9호, 같은 법 시행령 제3조의2 제1호에서 정한 내력벽에 해당하고, 이 사건 벽체를 해체한 행위는 집합건물인 이 사건 건물의 외관을 유지하기 위해 필요한 부분을 변경한 행위로서 공용부분을 변경하는 행위에 해당하며, 그 결과 이 사건 건물의 구분소유자인 원고에 대하여도 이 사건 벽체의 해체에 관한 허가 및 사용승인을 내용으로 하는 이 사건 처분의 취소를 구할 원고적격이 인정된다고 보아, 이와 달리 판단한 원심을 파기·환송함

105 행정청이 동시에 한 학술진흥법에 따른 사업비 환수처분과 학술지원 대상자 선정제외처분 중 사업비 환수처분만을 취소한 원심판결의 당부가 문제된 사건

— 2025. 2. 13. 선고 2024두57996 판결

【판시사항 및 판결요지】

[1] 교육부장관이 대학의 산학협력단을 학술지원 대상자로 선정하고 학술지원 사업비를 지원하였다가, 참여교수가 사업비를 용도 외로 사용했다는 이유로 산학협력단에 대하여 학술지원 사업비 전부 또는 일부에 대한 환수처분을 한 경우, 해당 비위를 저지른 것으로 지목된 참여교수가 환수처분의 취소를 구할 원고적격이 인정되기 위한 법률상 보호되는 이익을 침해받았다고 볼 수 있는지 여부(적극)

구 학술진흥법(2020. 12. 22. 법률 제17669호로 개정되기 전의 것, 이하 같다) 제1조, 제2조, 제4조, 제5조 제1항, 제6조 제1항, 제2항, 제19조 제1항, 제2항, 제20조와 산업교육진흥 및 산학연협력 촉진에 관한 법률 제25조 제1항, 제27조 제1항의 내용을 종합하면, 교육부장관이 대학의 산학협력단을 학술지원 대상자로 선정하고 학술지원 사업비를 지원하였다가, 참여교수가 사업비를 용도 외로 사용했다는 이유로 산학협력단에 대하여 학술지원 사업비 전부 또는 일부에 대한 환수처분을 한 경우, 해당 비위를 저지른 것으로 지목된 참여교수는 학술지원 사업비 환수처분의 상대방이 아니라고 하더라도, 그 환수처분으로 인하여 구 학술진흥법에서 보호하는 개별적·직접적·구체적 이익을 침해받았다고 보는 것이 타당하다.

[2] 행정청이 학술지원 사업비 환수처분과 학술지원 대상자 선정제외처분을 하였다가 사후에 학술지원 사업비 환수처분만 취소된 경우, 학술지원 대상자 선정제외처분은 효력을 유지하는지 여부(소극)

구 학술진흥법(2020. 12. 22. 법률 제17669호로 개정되기 전의 것, 이하 같다) 제20조 제1항은 '구 학술진흥법 제19조 제1항 각호 또는 제2항 각호의 어느 하나에 해당하여 사업비 지급이 중지되거나 지급한 사업비의 전부 또는 일부가 환수된 경우에 학술지원 대상자 선정에서 제외하여야 한다.'라고 규정하고 있으므로, 학술지원 대상자 선정제외처분은 학술지원 사업비 환수처분의 존재를 발령요건 내지 처분사유로 하고 있다고 해석된다. 따라서 행정청이 학술지원 사업비 환수처분과 아울러 학술지원 대상자 선정제외처분을 하였는데, 사후적으로 학술지원 사업비 환수처분만이 취소된 경우, 학술지원 대상자 선정제외처분은 발령요건 내지 처분사유를 상실하게 되어 더 이상 효력을 유지할 수 없다.

【사안의 경우】

피고가 '원고가 2020. 12. 10. 구 학술진흥법에 따른 학술지원사업의 사업비 중 원고 연구실 소속 학생들의 인건비를 공동관리하여 용도 외로 사용하였다'는 이유로, 원고가 소속되어 있는 대학교 산학협력단장에 대하여는 6,727,716원의 사업비 환수처분을, 원고에 대하여는

2년의 학술지원 대상자 선정제외처분을 각 하자, 원고는 피고를 상대로 위 각 처분의 취소를 청구함

원심은, 사업비 환수처분으로 법률상 지위에 영향을 받는 원고로서는 처분의 취소를 구할 수 있는 개별적·직접적·구체적 이해관계가 있으므로 원고적격이 있다는 전제에서, ① 사업비 환수처분을 통해 얻게 될 공익보다 원고가 입게 될 불이익이 지나치게 크고, 그 결과가 처분사유인 위반행위의 내용 및 관계 법령의 규정과 취지에 비추어 현저히 부당한 경우에 해당하므로, 환수처분에는 비례의 원칙을 위반한 재량권 일탈·남용이 있으나, ② 학술지원 대상자 선정제외처분은 적법하다고 판단하였음

대법원은 위와 같은 법리를 설시하면서, 참여교수인 원고가 산학협력단에 대한 사업비 환수처분의 취소를 구할 원고적격이 있고, 이 사건 환수처분이 재량권을 일탈·남용하여 위법하다는 원심의 판단은 타당하나, 구 학술진흥법상 학술지원 대상자 선정제외처분은 사업비 환수처분의 존재를 그 발령요건 내지 처분사유로 하고 있으므로, 사업비 환수처분을 취소하면서 학술지원 대상자 선정제외처분을 취소하지 않은 원심판결 중 원고 패소 부분에는 구 학술진흥법 제20조 제1항의 학술지원 대상자 선정제외처분의 발령요건 등에 관한 법리오해로 판결에 영향을 미친 잘못이 있다고 보아, 원심판결 중 원고 패소 부분을 파기·자판하여 학술지원 대상자 선정제외처분을 취소함

협의의 소의 이익

 처분 취소소송의 항소심 계속 중 변경된 처분에 대하여 별도로 제기된 취소소송이 재소금지 원칙에 위반되는지 여부가 문제된 사건
— 2023. 3. 16. 선고 2022두58599 판결

【사건의 개요와 쟁점】

피고는, 원고들이 운영하는 병원에서 약사가 미리 조제한 약을 비치하고 간호사가 약을 추가 조제한 후 환자에게 투여하여 약사법 제23조 제1항 본문, 제24조 제4항을 위반하였음에도 그 약제비 등을 요양급여비용으로 청구함으로써 부당한 방법으로 보험자 등에게 요양급여비용을 부담하게 하였다는 이유로, 2018. 6. 27. 원고들에 대하여 구 국민건강보험법(2016. 2. 3. 법률 제113985호로 개정되기 전의 것, 이하 같다) 제98조 제1항 제1호에 따라 40일의 요양기관 업무정지 처분(이하 '이 사건 업무정지처분'이라 한다)을 하였다.

원고들은 2018. 9. 20. 피고를 상대로 위 업무정지 처분의 취소를 구하는 소(이하 '이 사건 전소'라 한다)를 서울행정법원에 제기하였고, 위 법원은 2019. 12. 12. 원고들의 청구를 기각하는 판결(이하 '이 사건 선행판결'이라 한다)을 선고하였으며, 원고들은 이 사건 선행판결에 불복하여 서울고등법원에 항소하였다.

한편, 피고는 원고들의 요청을 받아들여 위 항소심 계속 중인 2020. 1. 10. 구 국민건강보험법 제99조 제1항에 따라 이 사건 업무정지 처분을 과징금 496,574,000원의 부과처분(이하 '이 사건 과징금 부과처분'이라 한다)으로 직권 변경하였다.

이에 원고들은 2020. 3. 6. 대전지방법원에 이 사건 과징금 부과처분의 취소를 구하는 이 사건 소를 제기하였다.

원고는 2021. 11. 3. 이 사건 전소를 취하하였고 같은 날 피고가 원고들의 소취하에 동의하여 이 사건 전소는 소 취하로 종결되었다.

【판시사항 및 판결요지】

[1] 민사소송법 제267조 제2항의 규정 취지 / 후소가 전소의 소송물을 전제로 하거나 선결적 법률관계에 해당하는 경우, 전소와 '같은 소'로 보아 판결을 구할 수 없는지 여부(적극) 및 재소의 이익이 다른 경우 '같은 소'라 할 수 있는지 여부(소극) / 본안에 대한 종국판결이 있은 후 소를 취하하였으나 위 규정 취지에 반하지 않고 소를 제기할 필요가 있는 정당한 사정이 있는 경우, 다시 소를 제기할 수 있는지 여부(적극)

민사소송법 제267조 제2항은 "본안에 대한 종국판결이 있은 뒤에 소를 취하한 사람은 같은

소를 제기하지 못한다."라고 규정하고 있다. 이는 임의의 소취하로 그때까지 국가의 노력을 헛수고로 돌아가게 한 사람에 대한 제재의 취지에서 그가 다시 동일한 분쟁을 문제 삼아 소송제도를 남용하는 부당한 사태의 발생을 방지하고자 하는 규정이다. 따라서 후소가 전소의 소송물을 전제로 하거나 선결적 법률관계에 해당하는 것일 때에는 비록 소송물은 다르지만 위 제도의 취지와 목적에 비추어 전소와 '같은 소'로 보아 판결을 구할 수 없다고 풀이하는 것이 타당하다. 그러나 여기에서 '같은 소'는 반드시 기판력의 범위나 중복제소금지의 경우와 같이 풀이할 것은 아니므로, 재소의 이익이 다른 경우에는 '같은 소'라 할 수 없다.

또한 본안에 대한 종국판결이 있은 후 소를 취하한 사람이더라도 민사소송법 제267조 제2항의 취지에 반하지 아니하고 소를 제기할 필요가 있는 정당한 사정이 있다면 다시 소를 제기할 수 있다.

[2] 갑 등이 운영하는 병원에서 부당한 방법으로 보험자 등에게 요양급여비용을 부담하게 하였다는 이유로 보건복지부장관이 갑 등에 대하여 40일의 요양기관 업무정지 처분을 하자, 갑 등이 위 업무정지 처분의 취소를 구하는 소송을 제기하였다가 패소한 뒤 항소하였는데, 보건복지부장관이 항소심 계속 중 위 업무정지 처분을 과징금 부과처분으로 직권 변경하자, 갑 등이 과징금 부과처분의 취소를 구하는 소송을 제기한 후 업무정지 처분의 취소를 구하는 소를 취하한 사안에서, 위 과징금 부과처분의 취소를 구하는 소의 제기는 재소금지 원칙에 위반된다고 할 수 없음에도 이와 달리 본 원심판결에 법리오해의 잘못이 있다고 한 사례

【사안의 경우】

먼저 이 사건 전소는 처분의 변경으로 인해 그 효력이 소멸한 '이 사건 업무정지 처분'의 취소를 구하는 것이고, 이 사건 소는 후행처분인 '이 사건 과징금 부과처분'의 취소를 구하는 것이므로 이 사건 전소와 이 사건 소의 소송물이 같다고 볼 수 없다.

다음으로 이 사건 전소의 소송물인 '이 사건 업무정지 처분의 위법성'이 이 사건 과징금 부과처분의 위법성을 소송물로 하는 이 사건 소와의 관계에 있어서 항상 선결적 법률관계 또는 전제에 있다고 보기도 어렵다.

이 사건 업무정지 처분과 이 사건 과징금 부과처분의 기초가 되는 위반행위는 동일하지만 처분의 근거법령이나 요건과 효과는 동일하지 않다. 이 사건 업무정지 처분은 구 국민건강보험법 제98조에 근거한 것이고, 이 사건 과징금 부과처분은 같은 법 제99조에 근거한 것으로 그 처분기준이나 재량권 일탈·남용 여부에 대한 고려사항이 같지 않다.

이 사건 업무정지 처분이 적법하더라도 이 사건 과징금 부과처분은 위법한 경우가 있을 수 있다. 예컨대, 구 국민건강보험법 제99조 제1항에 따르면, 업무정지처분에 갈음하여 부과되는 과징금은 '속임수나 그 밖의 부당한 방법으로 부담하게 한 금액의 5배 이하의 금액'만 부과될 수 있으므로, 업무정지 처분에는 위법사유가 없다고 하더라도 그에 갈음하여 부과된 과징금의 액수가 '속임수나 그 밖의 부당한 방법으로 부담하게 한 금액의 5배'를 초과함으로써 과징금

부과처분이 위법한 경우가 있을 수 있다.

또한, 이 사건 업무정지 처분이 위법하더라도 이 사건 과징금 부과처분은 적법한 경우도 있을 수 있다. 예컨대, 업무정지 처분이 지나치게 과중하여 재량권을 일탈·남용한 위법이 있다고 볼 수 있는 경우에도, 그 업무정지 처분에 갈음한 과징금 부과처분은 재량범위 내에 있어 적법하다고 볼 수 있기 때문이다.

결국 원고들에게 이 사건 업무정지 처분과는 별도로 이 사건 과징금 부과처분의 위법성을 소송절차를 통하여 다툴 기회를 부여할 필요가 있다. 원고들이 이 사건 선행판결 선고 이후 이 사건 전소를 취하하고, 이 사건 소를 다시 제기하게 된 경위에 비추어 보더라도, 원고들이 이 사건 소를 제기한 것이 이 사건 전소의 소송절차를 통한 국가나 법원의 노력을 헛수고로 돌아가게 한다거나 소송제도를 남용한 것이라고 보기도 어렵다.

그렇다면 이 사건 소의 제기가 민사소송법 제267조 제2항의 취지에 반하는 것으로 볼 수 없고, 오히려 소제기를 필요로 하는 정당한 사정이 있으므로 재소금지 원칙에 위반된다고 할 수 없다. 이와 달리 이 사건 소가 부적법하다고 판단한 원심판결에는 재소금지 원칙에 관한 법리를 오해하여 판결에 영향을 미친 잘못이 있고, 이를 지적하는 취지의 상고이유 주장은 이유 있다.

107 부당해고 구제신청 당시 이미 근로자의 지위에서 벗어난 경우
― 2022. 7. 14. 선고 2020두54852 판결

☐ 근로자가 부당해고 구제신청을 할 당시 이미 정년에 이르거나 근로계약기간 만료, 폐업 등의 사유로 근로계약관계가 종료하여 근로자의 지위에서 벗어난 경우, 노동위원회의 구제명령을 받을 이익이 소멸하였는지 여부(적극)

근로자가 부당해고 구제신청을 할 당시 이미 정년에 이르거나 근로계약기간 만료, 폐업 등의 사유로 근로계약관계가 종료하여 근로자의 지위에서 벗어난 경우에는 노동위원회의 구제명령을 받을 이익이 소멸하였다고 보는 것이 타당하다. 그 이유는 다음과 같다.

(1) 근로기준법(이하 줄여 쓸 때에는 '법'이라 한다) 제28조 이하에서 정한 부당해고 등 구제명령제도는 해고, 휴직, 정직, 전직, 감봉, 그 밖의 징벌 등과 같이 사용자의 징계권 내지 인사권의 행사로 인해 근로자에게 발생한 신분상·경제적 불이익에 대하여, 민사소송을 통한 통상적인 권리구제방법보다 좀 더 신속·간이하고 경제적이며 탄력적인 권리구제수단을 마련하는 데에 그 제도적 취지가 있다. 따라서 부당해고 등 구제신청을 할 당시 이미 근로자의 지위에서 벗어난 경우라면, 과거의 부당해고 등으로 인한 손해를 보상받을 목적으로 행정적 구제절차를 이용하는 것은 부당해고 등 구제명령제도 본래의 보호범위를 벗어난 것으로 보아야 한다.

(2) 법 제28조 제1항은 "사용자가 근로자에게 부당해고 등을 하면 근로자는 노동위원회에 구제를 신청할 수 있다."라고 규정하여 '근로자'에게 구제신청권을 부여하고 있다. 근로자란 직업의 종류와 관계없이 임금을 목적으로 사업이나 사업장에 근로를 제공하는 사람을 말하므로(법 제2조 제1항 제1호), 부당해고 등 구제신청을 할 당시 이미 다른 사유로 근로계약관계가 종료한 경우에는 더 이상 법에서 정한 근로자의 지위에 있다고 볼 수 없고, 부당해고 등 구제신청을 하기 전에 그 사용자와 사이에 근로계약관계가 있었다는 사정만으로 근로자의 범위에 포함된다고 해석하기는 어렵다.

(3) 노동위원회는 부당해고 등 구제신청에 따른 심문을 끝내고 부당해고 등이 성립한다고 판정하면 사용자에게 구제명령을 하여야 한다(법 제30조 제1항). 구제명령이 내려지면 사용자는 이를 이행하여야 할 공법상의 의무를 부담하고, 이행하지 아니할 경우에는 3천만 원 이하의 이행강제금이 부과되며(법 제33조), 확정된 구제명령을 이행하지 아니한 사용자는 형사처벌의 대상이 된다(법 제111조).

침익적 행정처분은 상대방의 권익을 제한하거나 상대방에게 의무를 부과하는 것이므로 헌법상 요구되는 명확성의 원칙에 따라 그 근거가 되는 행정법규를 더욱 엄격하게 해석·적용해야 하고, 행정처분의 상대방에게 지나치게 불리한 방향으로 확대해석이나 유추해석을 할 수 없으므로(대법원 2021. 11. 11. 선고 2021두43491 판결 등 참조), 부당해고 등 구제신청을 할 당시 이미 근로계약관계가 종료한 경우에도 근로자의 구제이익을 인정하여 사용자에게 공법상 의무의 부과 또는 형사처벌의 범위를 확대하는 것은 위와 같은 행정법규 해석 원칙 등에 반할 우려가 있다.

(4) 대법원 2020. 2. 20. 선고 2019두52386 전원합의체 판결은 근로자가 부당해고 구제신청을 기각한 재심판정에 대해 소를 제기하여 해고의 효력을 다투던 중 정년에 이르거나 근로계약기간이 만료하는 등의 사유로 원직에 복직하는 것이 불가능하게 된 경우에도 해고기간 중의 임금 상당액을 지급받을 필요가 있다면 임금 상당액 지급의 구제명령을 받을 소의 이익이 유지된다는 취지이다. 따라서 근로자가 부당해고 등 구제신청을 하기 전에 이미 근로자의 지위에서 벗어난 경우까지 위와 같은 법리가 그대로 적용된다고 할 수 없다.

(5) 근로자의 보호나 절차경제적 측면에서 보더라도, 근로자가 신속한 구제를 받기 위해 행정적 구제절차를 이용했는데 중간에 근로계약관계가 종료되었다는 이유로 그 신청인을 구제절차에서 배제하거나 그동안 노동위원회가 진행한 조사나 그 조사결과를 토대로 내린 판정을 모두 무위로 돌리는 것은 바람직하지 않을 것이나, 구제신청 당시 이미 근로계약관계가 종료된 경우에는 그러한 고려를 할 필요성이 크지 않다. 근로계약관계가 종료된 시점을 구제신청 이전과 이후로 구분하여 구제명령을 구할 이익의 판단을 달리 하는 것은 충분히 합리적이다.

(6) 근로기준법(2021. 5. 18. 법률 제18176호로 개정된 것)은 제30조 제4항으로 "노동위원회는 근로계약기간의 만료, 정년의 도래 등으로 근로자가 원직복직(해고 이외의 경우는 원상회복을 말한다)이 불가능한 경우에도 제1항에 따른 구제명령이나 기각결정을 하여야 한다. 이 경우 노동위원회는 부당해고 등이 성립한다고 판정하면 근로자가 해고기간 동안 근로를 제공하였더라면 받을 수 있었던 임금 상당액에 해당하는 금품(해고 이외의 경우에는 원상회복에 준하는 금품을 말한다)을 사업주가 근로자에게 지급하도록 명할 수 있다."라는 조항을 신설하였다. 위 조항은 부당해고 등 구제절차도중 근로계약기간의 만료, 정년의 도래 등으로 근로자의 원직복직이 불가능한 경우에도 근로자에게 임금 상당액 지급의 구제명령을 받을 이익을 인정해야 한다는 취지이고, 구제신청 당시 이미 근로계약관계가 소멸하여 근로자의 지위에서 벗어난 경우에까지 구제이익을 인정해야 한다는 의미로는 해석되지 않는다.

108. 대기발령에 대해 노동위원회에 구제신청을 할 이익이 인정되는지 여부가 문제된 사건
― 2024. 9. 13. 선고 2024두40493 판결

【사건의 개요와 쟁점】

☐ 대기발령이 실효된 경우 근로자에게 그 실효된 대기발령에 대한 구제를 신청할 이익이 있는지(한정 적극)

대기발령은 근로자가 현재의 직위 또는 직무를 장래에 계속 담당하게 되면 업무상 장애 등이 예상되는 경우에 이를 예방하기 위하여 일시적으로 해당 근로자에게 직위를 부여하지 않음으로써 직무에 종사하지 못하도록 하는 잠정적인 조치를 의미한다. 대기발령이 장래를 향하여 실효되더라도 대기발령에 기하여 발생한 효과는 특별한 사정이 없는 한 소급하여 소멸하지 않으므로, 취업규칙 등에서 대기발령에 따른 효과로 승진·승급에 제한을 가하는 등의 법률상 불이익을 규정하고 있는 경우 대기발령을 받은 근로자는 이러한 법률상 불이익을 제거하기 위하여 그 실효된 대기발령에 대한 구제를 신청할 이익이 있다.

【사안의 경우】

원고의 총무부장으로 근무하던 피고보조참가인(이하 '참가인')은 2021. 3. 8. 총무부 민원지도팀장으로 보직이 변경되었고(이하 '이 사건 인사발령'), 참가인은 2021. 3. 12. 육아휴직을 신청하면서 휴직신청기간을 2021. 4. 15.부터 2022. 4. 14.까지로 하였는데, 2021. 3. 31. 원고로부터 2021. 4. 1. 자 대기발령을 받았음(이하 '이 사건 대기발령'). 참가인은 2021. 5. 27. 노동위원회에 이 사건 인사발령과 이 사건 대기발령에 대한 구제신청을 하였고, 중앙노동위원회가 참가인의 이 사건 인사발령과 이 사건 대기발령에 대한 구제신청을 모두 받아들이는 취지의 재심판정을 하자, 원고는 피고를 상대로 재심판정 취소를 청구함

원심은, ① 이 사건 대기발령은 참가인이 육아휴직 기간 개시로 실효되었으므로 그 이후로는 참가인에게 이 사건 대기발령에 대한 구제명령을 받을 이익이 존재하지 않고, ② 이 사건 인사발령은 인사권 범위 내에서 행사된 것으로서 정당하다고 판단하여, 원고의 청구를 인용하였음

대법원은 위와 같은 법리를 설시하면서, ① 이 사건 대기발령의 경우, 원고의 취업규칙 등이 대기발령 기간을 승진소요기간에 산입하지 않고 대기발령자에게는 제수당을 제외한 기본급만 지급한다는 취지의 규정을 두고 있으므로, 참가인이 구제신청을 하기 전에 육아휴직 기간 개시로 이 사건 대기발령이 실효되었다고 가정하더라도 구제신청 당시 참가인이 위와 같은 불이익에서 회복되지 못한 상태에 있었다면 참가인으로서는 원심의 판단과 달리 이 사건 대기발령에 대한 구제신청을 할 이익이 있었고, ② 이 사건 인사발령의 경우, 원고의 인사권 범위 내에서 행사되었다는 원심의 판단은 정당하다고 보아, 원심판결 중 대기발령 부분만 파기·환송함

109. 금전보상명령신청의 구제이익 존부가 문제된 사건
― 2025. 3. 13. 선고 2024두54683 판결

【판시사항 및 판결요지】

[1] 부당해고 구제신청 후 사용자가 해고를 취소하여 원직복직을 명하고 임금 상당액을 지급한 경우, 근로자가 금전보상명령을 받을 구제이익이 소멸하는지 여부(원칙적 소극)

근로기준법 제30조 제3항은 노동위원회는 부당해고에 대한 구제명령을 할 때에 근로자가 원직복직을 원하지 않으면 원직복직을 명하는 대신 근로자가 해고기간 동안 근로를 제공했더라면 받을 수 있었던 임금 상당액(이하 '임금 상당액'이라 한다) 이상의 금품을 근로자에게 지급하도록 명할 수 있다고 규정하고 있다. 이러한 금전보상명령은 원직복직명령을 대신하는 것이고 그 금액도 임금 상당액 이상의 금액이므로, 부당해고 구제신청 후 사용자가 해고를 취소하여 원직복직을 명하고 임금 상당액을 지급했더라도 특별한 사정이 없는 한 근로자가 금전보상명령을 받을 구제이익이 소멸하는 것은 아니다.

[2] 중앙노동위원회가 부당해고 구제명령을 받을 구제이익이 있는지 판단하는 기준 시기(=재심판정 당시)

부당해고 구제명령을 받을 구제이익은 구제명령을 할 당시를 기준으로 판단해야 하므로, 중앙노동위원회는 재심판정 당시를 기준으로 구제이익이 있는지를 판단해야 한다.

【사안의 경우】

근로자인 원고가 부당해고 구제신청을 한 후 사용자인 참가인이 복직명령을 내리자 근로자가 금전보상명령을 신청하였음. 지방노동위원회는 원고가 신청한 금전보상액 중 일부를 받아들였으나, 피고(중앙노동위원회)는 "참가인이 금전보상신청명령서를 송달받기 전에 복직명령을 하여 해고를 취소하였고 복직명령에 진정성이 있으므로, 원고의 구제신청에 구제이익이 인정되지 않는다"는 이유로 원고의 구제신청을 기각하는 이 사건 재심판정을 하였고, 이에 원고가 그 취소를 구한 사안임

원심은, 원고의 금전보상명령신청 전에 복직명령이 있었더라도 부당해고에 대한 구제이익이 있다고 판단하였음

대법원은 위와 같은 법리를 설시하면서, 근로자인 원고가 재심판정일 이전에 금전보상명령을 신청하였고 참가인인 사용자가 임금 상당액 이상의 정당한 금전보상을 하지 아니한 이상 금전보상명령신청의 구제이익이 소멸되었다고 볼 수 없고, 다만 사용자의 복직명령과 근로자의 금전보상명령신청의 선후 관계, 사용자의 복직명령에 진정성이 있는지 등은 그 구제이익에 영향을 미치지 않는다고 판단하고, 구제이익을 인정한 원심의 결론을 정당하다고 보아 피고의 상고를 기각함

110 사립학교 교원에 대한 해임처분에 관한 소청심사청구 이후 당연퇴직사유가 발생하여 원직복직이 불가능해진 경우 소의 이익 인정 여부가 문제된 사건

― 2024. 2. 8. 선고 2022두50571 판결 ★

【판시사항 및 판결요지】

☐ 사립학교 교원이 소청심사청구를 하여 해임처분의 효력을 다투던 중 형사판결 확정 등 당연퇴직사유가 발생하여 교원의 지위를 회복할 수 없더라도 해임처분이 취소되거나 변경되면 해임처분일부터 당연퇴직사유 발생일까지 기간에 대한 보수 지급을 구할 수 있는 경우, 소청심사청구를 기각한 교원소청심사위원회 결정의 취소를 구할 법률상 이익이 있는지 여부(적극)

교원소청심사제도에 관한 '교원의 지위 향상 및 교육활동 보호를 위한 특별법'의 규정 내용과 목적 및 취지 등을 종합적으로 고려하면, 사립학교 교원이 소청심사청구를 하여 해임처분의 효력을 다투던 중 형사판결 확정 등 당연퇴직사유가 발생하여 교원의 지위를 회복할 수 없더라도, 해임처분이 취소되거나 변경되면 해임처분일부터 당연퇴직사유 발생일까지의 기간에 대한 보수 지급을 구할 수 있는 경우에는 소청심사청구를 기각한 교원소청심사위원회 결정의 취소를 구할 법률상 이익이 있다. 그 구체적인 이유는 다음과 같다.

1) 교원지위법은 사립학교 교원에 대하여 국공립학교 교원과 마찬가지로 소청심사제도를 마련하고 있다. 교원소청심사제도에 관한 구 교원지위법(2021. 3. 23. 법률 제17952호로 개정되기 전의 것, 이하 같다)의 관련 규정(제1조, 제9조 제1항, 제10조, 제10조의3 등)에 비추어 보면, 교원소청심사제도는 사립학교 교원과 국공립학교 교원의 징계 등 불리한 처분에 대한 불복절차를 통일적으로 규정함으로써 학교법인에 대한 국가의 실효적인 감독권 행사를 보장하고, 사립학교 교원에게도 행정소송을 제기할 수 있게 하여 적어도 국공립학교 교원에 대한 구제절차에 상응하는 정도의 수준으로 사립학교 교원의 신분을 보장하고 지위향상을 도모하려는 데 그 목적이나 취지가 있다. 이러한 신분보장 등을 위해서는 교원소청심사제도를 통해 학교법인의 징계 등 불리한 처분으로 박탈되거나 침해되는 사립학교 교원의 지위나 이익이 회복될 필요가 있다. 따라서 사립학교 교원이 당연퇴직사유의 발생으로 원직에 복직하는 것이 불가능하게 되었더라도 징계 등의 처분에 따른 법률상 불이익이 남아 있다면 소청심사청구를 기각한 피고의 결정을 다투는 행정소송에서 징계 등의 처분이 위법하다는 사실을 확인하여 그 불이익을 제거할 수 있도록 하는 것이 교원소청심사제도의 목적이나 취지에 부합한다.

2) 사립학교 교원은 해임처분의 효력이 없을 경우 해임처분일부터 당연퇴직사유의 발생으로 임용관계가 종료될 때까지 보수를 청구할 권리를 갖게 되므로, 해임처분이 무효인지 여부는 보수지급청구권의 존부와 직결된다. 사립학교 교원이 행정소송에서 소청심사청구 기각결정에 대한 취소판결을 받을 경우 그 취소판결의 기속력 등에 의하여 해임처분의 효력은 소멸

될 수 있다. 따라서 사립학교 교원이 해임처분으로 교원이라는 지위 외에도 그 지위를 전제로 한 보수를 지급받을 권리 또는 이익에도 영향을 받을 경우에는 소청심사청구 기각결정의 취소를 구하는 행정소송을 유지할 법률상 이익이 있다고 보아야 한다.

3) 해임기간 중의 보수 상당액을 지급받기 위하여 민사소송을 제기할 수 있다는 사정이 소의 이익을 부정할 이유가 되지는 않는다.
교원지위법은 민사소송을 통한 통상적인 권리구제방법에 따른 소송절차의 번잡성, 절차의 지연, 과다한 비용부담 등의 폐해를 지양하고 신속·간이하며 경제적인 권리구제를 도모하기 위하여 교원소청심사제도를 마련한 것으로 보인다. 따라서 사립학교 교원이 해임기간 중 받지 못한 보수를 지급받기 위하여 민사소송을 제기할 수 있음은 물론이지만, 그와 별개로 교원소청심사제도 및 행정소송을 통해 해임이 위법함을 확인받는 방법으로 보수 상당액의 손실을 사실상 회복할 수 있도록 할 필요가 있다.

4) 절차경제적 측면에서 보더라도, 사립학교 교원이 신속한 구제를 받기 위하여 행정적 구제절차인 교원소청심사제도를 이용하였는데 중간에 임용관계가 종료되었다는 이유로 그 청구인을 구제절차 및 쟁송절차에서 배제하여 그동안 당사자들이 한 주장과 증거제출, 교원소청심사위원회가 진행한 사실조사 및 심사, 법원의 심리 등을 모두 무위로 돌리는 것은 바람직하지 않다. 따라서 비록 원직복직이 불가능하더라도 사립학교 교원이 해임기간 중의 보수를 지급받을 여지가 있다면, 분쟁의 신속하고 효율적인 해결을 위해서 소의 이익을 인정하는 것이 타당하다.

5) 대법원은 국공립학교 교원(대법원 2009. 1. 30. 선고 2007두13487 판결, 대법원 2012. 2. 23. 선고 2011두5001 판결 등)이나 근로자(대법원 2020. 2. 20. 선고 2019두52386 전원합의체 판결)가 행정소송 계속 중에 원직복직이 불가능해진 경우에도 해임기간 또는 해고기간 중의 보수 내지 임금을 지급받을 이익을 법률상 이익으로 보아 소의 이익을 인정하고 있다. 사립학교 교원은 신분이 보장되는 교육공무원에 준하는 지위를 갖는다고 볼 수 있으므로, 그 형평이나 균형상 소의 이익을 판단할 때 국공립학교 교원 및 근로자의 경우와 유사하게 취급할 필요가 있다.

【사안의 경우】

피고보조참가인 ○○학교법인이 2019. 2. 1. 원고에 대하여 학내 연예인 부정입학 및 부정학위 수여 등을 이유로 해임처분('이 사건 해임처분')을 하자, 원고가 2019. 3. 5. 이 사건 해임처분에 불복하여 피고에게 이 사건 해임처분의 취소를 구하는 소청심사청구를 하였고, 2019. 5. 22. 피고로부터 기각결정('이 사건 결정')을 받은 후, 2019. 10. 4. 이 사건 결정의 취소를 구하는 이 사건 소를 제기한 사안임. 한편 소청심사절차 진행 중인 2019. 4. 23. 원고에 대한 집행유예의 유죄판결이 확정됨에 따라 당연퇴직사유가 발생하였음.

원심은, 원고에 대한 관련 형사판결이 2019. 4. 23. 확정되어 원고가 이 사건 학교에서 당연퇴직함에 따라 이 사건 결정이 취소되더라도 다시 학교 교원의 지위를 회복할 수 없으므로 이 사건 소로써 이 사건 결정의 취소를 구할 법률상 이익이 없다고 보아, 제1심판결을 취소하고 이 사건 소를 각하하였음.

대법원은, 위와 같이 판시하면서, 원고가 소청심사청구를 한 후인 2019. 4. 3. 당연퇴직하여 원직에 복직하는 것이 불가능하게 되었더라도 이 사건 결정의 취소를 구할 소의 이익이 있다고 보아, 이와 달리 판단한 원심판결을 파기·환송함.

111 「교원의 노동조합 설립 및 운영 등에 관한 법률」(이하 '교원노조법')에 따른 중앙노동위원회 중재재정의 무효·취소를 구하는 사건
— 2024. 4. 16. 선고 2022두57138 판결

[1] 행정처분의 무효확인 또는 취소를 구하는 소송계속 중 해당 행정처분이 기간의 경과 등으로 효과가 소멸하여 처분이 취소되어도 원상회복이 불가능하다고 보이는 경우라도 예외적으로 처분의 취소를 구할 소의 이익이 인정되는 경우 및 그 예외 중 하나인 '그 행정처분과 동일한 사유로 위법한 처분이 반복될 위험성이 있는 경우'의 의미 / 중재재정에 대한 무효확인 또는 취소를 구하는 소의 경우에도 위 법리가 마찬가지로 적용되는지 여부(적극)

행정처분의 무효확인 또는 취소를 구하는 소가 제소 당시에는 소의 이익이 있어 적법했는데, 소송계속 중 해당 행정처분이 기간의 경과 등으로 그 효과가 소멸한 때에 처분이 취소되어도 원상회복이 불가능하다고 보이는 경우라도, 무효확인 또는 취소로써 회복할 수 있는 다른 권리나 이익이 남아 있거나 또는 그 행정처분과 동일한 사유로 위법한 처분이 반복될 위험성이 있어 행정처분의 위법성 확인 내지 불분명한 법률문제에 대한 해명이 필요한 경우에는 행정의 적법성 확보와 그에 대한 사법통제, 국민의 권리구제 확대 등의 측면에서 예외적으로 그 처분의 취소를 구할 소의 이익을 인정할 수 있다. 여기에서 '그 행정처분과 동일한 사유로 위법한 처분이 반복될 위험성이 있는 경우'란 불분명한 법률문제에 대한 해명이 필요한 상황에 관한 대표적인 예시일 뿐이며, 반드시 '해당 사건의 동일한 소송 당사자 사이에서' 반복될 위험이 있는 경우만을 의미하는 것은 아니다. 이러한 법리는 행정처분의 일종인 중재재정에 대한 무효확인 또는 취소를 구하는 소의 경우에도 마찬가지로 적용된다.

[2] 중재재정에 대한 불복사유인 중앙노동위원회 중재재정의 '위법' 또는 '월권'의 의미 및 중재재정이 단순히 어느 노사 일방에 불리하거나 불합리한 내용이라는 사유만으로 불복할 수 있는지 여부(소극)

교원의 노동조합 설립 및 운영 등에 관한 법률(이하 '교원노조법'이라 한다)은 교원노동조합과 사용자가 단체교섭을 통해 합의를 위한 노력을 계속하여도 자주적 교섭에 의한 합의의 여지가 없는 경우 이를 해결하기 위한 절차로서 중앙노동위원회에 의한 노동쟁의의 조정과 중재 제도를 마련하면서(제9 내지 11조) 관계 당사자는 중앙노동위원회의 중재재정이 위법하거나 월권에 의한 것이라고 인정하는 경우에 행정소송을 제기할 수 있다고 규정하고 있다(제12조 제1항). 여기에서 '위법' 또는 '월권'이란 중재재정의 절차가 위법하거나 그 내용이 교원노조법, 근로기준법 위반 등으로 위법한 경우 또는 당사자 사이에 분쟁의 대상이 되어 있지 않는 사항이나 정당한 이유 없이 당사자 간의 분쟁범위를 벗어나는 부분에 대하여 월권으로 중재재정을 한 경우를 말하고, 중재재정이 단순히 어느 노사 일방에 불리하거나 불합리한 내용이라는 사유만으로는 불복이 허용되지 않는다.

[3] 교원의 노동조합 설립 및 운영 등에 관한 법률 제7조 제1항에서 단체협약으로서 효력을 가지지 않는다고 정한 내용에 관한 사항도 중재재정의 대상이 될 수 있는지 여부(적극) 및 중재재정이 이에 관하여 정하였다는 이유만으로 위법한지 여부(소극)

교원의 노동조합 설립 및 운영 등에 관한 법률(이하 '교원노조법'이라 한다) 제7조 제1항은 '단체협약의 내용 중 법령·조례 및 예산에 의하여 규정되는 내용과 법령 또는 조례에 의하여 위임을 받아 규정되는 내용'(이하 '비효력 사항'이라 한다)은 단체협약으로서의 효력을 가지지 않는다고 규정하면서도 같은 조 제2항은 비효력 사항에 대하여도 사용자 측에 그 내용이 이행될 수 있도록 성실하게 노력할 의무를 부과하고 있고, 교원의 노동조합 설립 및 운영 등에 관한 법률 시행령 제5조는 사용자가 비효력 사항에 대한 이행 결과를 다음 교섭 시까지 교섭노동조합에 서면으로 알리도록 규정하고 있다. 이처럼 교원노조법령이 비효력 사항에 대하여도 사용자에게 노력의무 등 일정한 의무를 부과하고 있고, 중재재정이 단체협약과 동일한 효력을 가지는 점(교원노조법 제12조 제5항) 등에 비추어 보면, 비효력 사항도 중재재정의 대상이 될 수 있고, 다만 그 중재재정 조항의 효력이 위와 같이 제한될 뿐이라고 보아야 한다. 따라서 중재재정이 비효력 사항에 관하여 정하였다는 이유만으로 위법하다고 볼 수 없다.

[4] 국민의 교육받을 권리 보장을 위한 교육기관 및 교육행정기관의 본질적·근본적 권한을 침해·제한하는 내용을 정한 중재재정이 위법한지 여부(적극) 및 어떠한 사항이 이에 해당하는지 판단하는 방법

교원의 노동조합 설립 및 운영 등에 관한 법률(이하 '교원노조법'이라 한다)은 공무원의 노동조합 설립 및 운영 등에 관한 법률 제8조 제1항 단서("다만 법령 등에 따라 국가나 지방자치단체가 그 권한으로 행하는 정책결정에 관한 사항, 임용권의 행사 등 그 기관의 관리·운영에 관한 사항으로서 근무조건과 직접 관련되지 아니하는 사항은 교섭의 대상이 될 수 없다.")와 같은 비교섭 사항을 규정하고 있지 않으므로, 교원노동조합의 단체교섭에는 위 비교섭 사항에 관한 규정이 적용되지 않는다. 그러나 헌법과 법률이 교원의 지위를 보장하면서 노동3권을 일정 부분 제한하고 있는 취지에 비추어 보면, 근로조건에 관한 사항이라도 교육과정 등 정책결정에 관한 사항이나 교육기관 및 교육행정기관의 관리·운영에 관한 사항으로서 국민의 교육받을 권리 보장을 위한 교육기관 및 교육행정기관의 본질적·근본적 권한을 침해·제한하는 내용을 정한 중재재정은 위법하다고 보아야 한다. 어떠한 사항이 교육기관 및 교육행정기관의 본질적·근본적 권한을 침해하거나 제한하는지는 해당 근로조건의 내용과 성격, 국민의 교육을 받을 권리에 미치는 영향, 사용자 측에게 부과하는 부담의 정도 등을 종합하여 판단하되, 교원노조법이 교원노동조합과 그 조합원의 쟁의행위를 전면적으로 금지함으로 인하여(제8조) 노동조합이 자신의 요구를 관철할 수단이 없기 때문에 중앙노동위원회가 교원의 근로조건의 실태와 단체교섭의 경과 등을 참작하여 적정한 근로조건을 설정해 줄 필요가 크다는 점을 충분히 고려해야 한다.

112 조세심판원 결정의 취소를 구하는 소송에서 소의 이익 유무가 문제된 사건
― 2025. 3. 27. 선고 2024두61018 판결 ★

[1] 재결취소소송의 계속 중에 해당 재결을 전심절차로 하는 과세처분에 대한 취소를 구하는 본안소송이 원고 패소로 확정된 경우, 재결취소소송의 소의 이익이 인정되는지 여부(소극)

위법한 행정처분의 취소를 구하는 소는 위법한 처분에 의하여 발생한 위법상태를 배제하여 원상으로 회복시키고 그 처분으로 침해되거나 방해받은 권리와 이익을 보호·구제하고자 하는 소송이므로, 비록 위법한 처분을 취소한다고 하더라도 원상회복이 불가능한 경우에는 취소를 구할 이익이 없다.

원고가 이 사건 재결을 전심절차로 하는 본안 소송에서 패소하여 판결이 확정된 이상, 원고로서는 이와 별도로 전심절차인 이 사건 재결의 취소를 구할 이익이 없으므로, 이 사건 소는 소의 이익이 없어 부적법하게 되었다.

[2] 갑이 자신의 토지 양도에 관한 양도소득세를 신고·납부한 후 양도차익을 산정할 수 없다는 이유로 양도소득세를 환급해 달라는 경정청구를 하였다가 관할 세무서장에게서 이를 거부한다는 통지를 받고, 조세심판원에 심판청구를 하였으나 각하결정을 받자 그 재결의 취소를 구하는 소송을 제기하였는데, 소송 계속 중 관할 세무서장을 상대로 위 거부통지의 취소를 구하는 소송을 별도로 제기하였다가 갑의 청구를 기각하는 판결이 확정된 사안에서, 갑이 조세심판원 재결을 전심절차로 하는 본안 소송에서 패소하여 판결이 확정된 이상, 조세심판원 재결의 취소를 구할 이익이 없어 그 취소를 구하는 소는 부적법하다고 한 사례.

113 임기가 만료된 학교법인의 구 이사의 긴급처리권
― 2022. 8. 25. 선고 2022두35671 판결 ★★

☐ 임기가 만료된 학교법인의 구 이사에게 후임이사가 선임될 때까지 종전의 직무를 계속하여 수행할 긴급처리권이 인정되는지 여부(원칙적 적극) 및 위 긴급처리권에 후임이사 선임에 관여할 권한이 포함되는지 여부(적극) / 퇴임한 종전 이사의 긴급처리권 유무에 따라 바로 임시이사 선임사유의 존부가 결정되는 것인지 여부(소극)

사립학교법 제25조 제1항 제1호는 학교법인이 이사의 결원을 보충하지 아니하여 학교법인의 정상적 운영이 어렵다고 판단되는 경우 관할청이 임시이사를 선임하도록 규정하고 있다. 한편 학교법인의 이사 임기가 만료되었더라도, 적법한 후임이사의 선임이 없어 임기가 만료되지 아니한 다른 이사만으로는 정상적인 학교법인의 활동을 할 수 없는 경우, 임기가 만료된 구 이사로 하여금 학교법인의 업무를 수행하게 함이 부적당하다고 인정할 만한 특별한 사정이 없는 한, 민법 제691조를 유추하여 구 이사에게 후임이사가 선임될 때까지 종전의 직무를 계속하여 수행할 긴급처리권이 인정되고, 긴급처리권에는 후임이사 선임에 관여할 권한도 포함된다.

퇴임한 종전 이사에게 긴급처리권이 인정되는 경우라도, 사립학교법 제25조 제1항 제1호에 정한 임시이사 선임사유의 존재가 반드시 부정되는 것은 아니다. 이유는 다음과 같다.

① 앞서 본 사립학교법 제25조 제1항 제1호의 문언은 이사의 결원을 보충하지 않아 학교법인의 정상적 운영이 어렵다고 판단될 것을 요건으로 하고 있을 뿐, 종전 이사의 긴급처리권 유무에 따라 임시이사 선임 여부를 달리해야 한다고 정하고 있지 않다.

② 위 조항이 정한 임시이사 선임 제도는 이사의 결원으로 이사회의 의사결정 기능에 장애가 생겨 학교법인의 목적을 달성할 수 없거나 손해가 생길 염려가 있는 경우, 관할청이 임시이사를 선임하게 하여 그가 임시의 위기관리자로서 학교법인 운영을 담당하게 하는 데에 취지가 있다. 퇴임한 종전 이사에게 긴급처리권이 인정되더라도, 이사회의 의사결정 기능이 유지되지 않고 조속히 회복되기를 기대하기도 어려운 사정이 있어 학교법인의 정상적 운영이 어렵다고 판단되는 경우에는 관할청이 사립학교법 제25조 제1항 제1호에 따라 임시이사를 선임할 수 있다고 보는 것이 제도의 취지에도 합치된다.

③ 학교법인은 민법상 재단법인으로서 사적 자치의 자유와 함께 헌법상 기본권인 사립학교 운영의 자유를 가지고 있으므로 국가가 사립학교법에 따라 학교법인의 운영에 개입함에는 비례의 원칙을 준수하여야 한다. 따라서 이사의 결원이 생겨서 남은 이사들만으로는 학교법인의 사무를 처리할 수 없는 경우라 하더라도, 퇴임한 종전 이사의 긴급처리권을 통하여 학교법인 스스로 이사회 기능을 유지·회복할 수 있다면, 학교법인의 정상적 운영이 어렵

다고 판단되는 경우라고 할 수 없으므로 임시이사 선임사유가 존재한다고 보기 어렵다. 그러나 법적·규범적 측면에서 퇴임한 종전 이사에게 긴급처리권이 인정될지라도, 실제로는 긴급처리권이 원활하게 작동하지 않아 학교법인의 정상적 운영이 어렵다고 판단되는 경우라면, 사립학교법 제25조 제1항 제1호의 임시이사 선임사유의 존재가 인정될 수 있다.

<u>이와 같이 퇴임한 종전 이사의 긴급처리권 유무에 따라 바로 임시이사 선임사유의 존부가 결정되는 것이라 할 수 없고, 종전 이사의 긴급처리권 유무는 임시이사 선임사유가 존재하는지 판단하는 데에 고려하여야 하는 하나의 요소라고 보아야 한다.</u>

취소소송의 제소기간

114. 관할 위반과 제소기간 준수여부
— 2022. 11. 17. 선고 2021두44425 판결 ★★

【판시사항 및 판결요지】

☐ 원고가 행정소송법상 항고소송으로 제기해야 할 사건을 민사소송으로 잘못 제기하여 수소법원이 관할법원에 이송하는 결정을 하고 이송결정이 확정된 후 원고가 항고소송으로 소 변경을 한 경우, 그 항고소송에 대한 제소기간 준수 여부를 판단하는 기준 시기(=처음 소를 제기한 때)

행정소송법 제8조 제2항은 "행정소송에 관하여 이 법에 특별한 규정이 없는 사항에 대하여는 법원조직법과 민사소송법 및 민사집행법의 규정을 준용한다."라고 규정하고 있고, 민사소송법 제40조 제1항은 "이송결정이 확정된 때에는 소송은 처음부터 이송받은 법원에 계속된 것으로 본다."라고 규정하고 있다. 한편 행정소송법 제21조 제1항, 제4항, 제37조, 제42조, 제14조 제4항은 행정소송 사이의 소 변경이 있는 경우 처음 소를 제기한 때에 변경된 청구에 관한 소송이 제기된 것으로 보도록 규정하고 있다. 이러한 규정 내용 및 취지 등에 비추어 보면, 원고가 행정소송법상 항고소송으로 제기해야 할 사건을 민사소송으로 잘못 제기한 경우에 수소법원이 그 항고소송에 대한 관할을 가지고 있지 아니하여 관할법원에 이송하는 결정을 하였고, 그 이송결정이 확정된 후 원고가 항고소송으로 소 변경을 하였다면, 그 항고소송에 대한 제소기간의 준수 여부는 원칙적으로 처음에 소를 제기한 때를 기준으로 판단하여야 한다.

【사안의 경우】

「공익사업을 위한 토지 등의 취득 및 보상에 관한 법률」에 따라 공장이주대책용지의 공급대상자로 선정된 원고는 피고로부터 2019. 1. 16. 자로 공장이주대책용지 매매계약을 해제한다는 취지의 행정처분인 이 사건 처분을 통보받고 2019. 2. 26. 이를 다투는 취지의 소를 민사소송으로 잘못 제기하였다. 이후 이 사건 소가 행정소송에 해당하여 관할위반이라는 이유로 관할법원으로 이송하는 결정이 확정된 다음, 원고는 주위적으로 이 사건 처분의 무효확인을, 예비적으로 이 사건 처분의 취소를 구하는 항고소송으로 소 변경을 하였다.

위와 같은 사실관계를 앞서 본 법리에 비추어 보면, 이 사건 소 중 상고심 심판대상인 예비적 청구 부분은 처음에 소가 제기된 2019. 2. 26.에 제기된 것으로 보아야 하므로, 결국 제소기간 내에 적법하게 제기되었다.

115. 징수처분과 독촉처분 취소소송의 제소기간 경과 여부가 문제된 사안
― 대법원 2023. 8. 31. 선고 2023두39939 판결

☐ 소송요건인 제소기간의 준수 여부는 취소소송의 대상이 되는 개개의 처분마다 독립적으로 판단하여야 하는지 여부(적극)

행정소송법상 취소소송은 전심절차를 거치는 등 행정소송법 제20조 제1항 단서에 규정된 경우를 제외하고는 처분이 있음을 안 날부터 90일 이내에 제기하여야 한다(행정소송법 제20조 제1항 본문). 소송요건인 제소기간의 준수 여부는 법원의 직권조사사항으로서 취소소송의 대상이 되는 개개의 처분마다 독립적으로 판단하는 것이 원칙이다.

116 정보공개 청구인이 이의신청을 거쳐 행정소송을 제기한 경우 제소기간의 기산점이 문제된 사건

- 2023. 7. 27. 선고 2022두52980 판결

【판시사항 및 판결요지】

☐ 청구인이 공공기관의 비공개 결정 또는 부분 공개 결정에 대한 이의신청을 하여 공공기관으로부터 이의신청에 대한 결과를 통지받은 후 취소소송을 제기하는 경우, 제소기간의 기산점(=이의신청에 대한 결과를 통지받은 날)

정보공개법 제18조 제1항은 "청구인이 정보공개와 관련한 공공기관의 비공개 결정 또는 부분 공개 결정에 대하여 불복이 있거나 정보공개 청구 후 20일이 경과하도록 정보공개 결정이 없는 때에는 공공기관으로부터 정보공개 여부의 결정 통지를 받은 날 또는 정보공개 청구 후 20일이 경과한 날부터 30일 이내에 해당 공공기관에 문서로 이의신청을 할 수 있다."라고 규정하고, 같은 조 제3항 본문은 "공공기관은 이의신청을 받은 날부터 7일 이내에 그 이의신청에 대하여 결정하고 그 결과를 청구인에게 지체 없이 문서로 통지하여야 한다."라고 규정하고 있으며, 같은 조 제4항은 "공공기관은 이의신청을 각하 또는 기각하는 결정을 한 경우에는 청구인에게 행정심판 또는 행정소송을 제기할 수 있다는 사실을 제3항에 따른 결과 통지와 함께 알려야 한다."라고 규정하고, 제20조 제1항은 "청구인이 정보공개와 관련한 공공기관의 결정에 대하여 불복이 있거나 정보공개 청구 후 20일이 경과하도록 정보공개 결정이 없는 때에는 「행정소송법」에서 정하는 바에 따라 행정소송을 제기할 수 있다."라고 규정하고 있다. 한편 행정소송법 제20조 제1항 본문은 "취소소송은 처분등이 있음을 안 날부터 90일 이내에 제기하여야 한다."라고 규정하고 있다.

위와 같은 관련 법령의 규정 내용과 그 취지 등을 종합하여 보면, 청구인이 공공기관의 비공개 결정 등에 대한 이의신청을 하여 공공기관으로부터 이의신청에 대한 결과를 통지받은 후 취소소송을 제기하는 경우 그 제소기간은 이의신청에 대한 결과를 통지받은 날부터 기산한다고 봄이 타당하다.

【사안의 경우】

원고가 피고로부터 정보공개청구에 대한 비공개 결정을 받은 후 이의신청을 하였으나 이의신청을 각하하는 결정을 통지받고 비공개 결정의 취소를 구하는 소를 제기하였는데, 위 소 제기 시점이 이의신청을 각하하는 결정을 받은 날부터는 90일(제소기간)을 도과하지 않았으나 비공개 결정을 받은 날부터는 90일을 도과한 사안임.

원심은, 비공개 결정이 있음을 안 날부터 제소기간이 진행한다고 보아 소를 각하하였음.

대법원은, 청구인이 공공기관의 비공개 결정 등에 대한 이의신청을 하여 공공기관으로부터 이의신청에 대한 결과를 통지받은 후 취소소송을 제기하는 경우 그 제소기간은 이의신청에 대한 결과를 통지받은 날부터 기산한다고 봄이 타당하다고 보아, 원심의 판단에 정보공개법상 이의신청을 거쳐 행정소송을 제기한 경우 제소기간의 기산점에 관한 법리를 오해하여 판결에 영향을 미친 잘못이 있다는 이유로 원심판결을 파기·환송함.

소의 변경

117 공법상 당사자소송에서 민사소송으로의 소 변경이 허용되는지 여부
— 2023. 6. 29. 선고 2022두44262 판결

1. 공법상 당사자소송에서 민사소송으로의 소 변경이 허용되는지 여부

　1) 공법상 당사자소송의 소 변경에 관하여 행정소송법은, 공법상 당사자소송을 항고소송으로 변경하는 경우(행정소송법 제42조, 제21조) 또는 처분변경으로 인하여 소를 변경하는 경우(행정소송법 제44조 제1항, 제22조)에 관하여만 규정하고 있을 뿐, 공법상 당사자소송을 민사소송으로 변경할 수 있는지에 관하여 명문의 규정을 두고 있지 않다.

　2) 그러나 공법상 당사자소송에서 민사소송으로의 소 변경이 금지된다고 볼 수 없다. 그 이유는 다음과 같다.

　가) 행정소송법 제8조 제2항은 행정소송에 관하여 민사소송법을 준용하도록 하고 있으므로, 행정소송의 성질에 비추어 적절하지 않다고 인정되는 경우가 아닌 이상 공법상 당사자소송의 경우도 민사소송법 제262조에 따라 그 청구의 기초가 바뀌지 아니하는 한도 안에서 변론을 종결할 때까지 청구의 취지를 변경할 수 있다.

　나) 한편, 대법원은 여러 차례에 걸쳐 행정소송법상 항고소송으로 제기하여야 할 사건을 민사소송으로 잘못 제기한 경우 수소법원으로서는 원고로 하여금 항고소송으로 소 변경을 하도록 석명권을 행사하여 행정소송법이 정하는 절차에 따라 심리·판단하여야 한다고 판시하여 왔다. 이처럼 민사소송에서 항고소송으로의 소변경이 허용되는 이상, 공법상 당사자소송과 민사소송이 서로 다른 소송절차에 해당한다는 이유만으로 청구기초의 동일성이 없다고 해석하여 양자 간의 소 변경을 허용하지 않을 이유가 없다.

　다) 일반 국민으로서는 공법상 당사자소송의 대상과 민사소송의 대상을 구분하는 것이 쉽지 않고 소송 진행 도중의 사정변경 등으로 인해 공법상 당사자소송으로 제기된 소를 민사소송으로 변경할 필요가 발생하는 경우도 있다. 소 변경 필요성이 인정됨에도, 단지 소 변경에 따라 소송절차가 달라진다는 이유만으로 이미 제기한 소를 취하하고 새로 민사상의 소를 제기하도록 하는 것은 당사자의 권리 구제나 소송경제의 측면에서도 바람직하지 않다.

　3) 따라서 공법상 당사자소송에 대하여도 그 청구의 기초가 바뀌지 아니하는 한도 안에서 민사소송으로 소 변경이 가능하다고 해석하는 것이 타당하다.

2. 원고의 소변경이 허용되어야 하는지 여부

1) 도시개발법 제41조에서 정한 청산금 채무가 3,534,050,553원을 초과하여 존재하지 않는다는 확인을 구하는 원고의 기존 청구취지와 위 3,534,050,553원을 초과하여 지급된 청산금이 부당이득이라는 이유로 그 반환을 구하는 청구취지는 모두 도시개발법 제41조에 따른 청산금채무가 3,534,050,553원이라는 동일한 주장을 전제로 하고 있어 그 청구기초의 동일성이 있다. 따라서 원고의 2022. 4. 6. 자 청구취지 및 청구원인 변경신청은 허가되어야 한다.

2) 그럼에도 공법상 당사자소송을 민사소송으로 변경하는 것은 청구의 기초에 변경이 있는 경우로서 행정소송법 제21조 제1항에 비추어 허용될 수 없다고 판단한 원심의 판단에는 소 변경의 요건인 청구기초의 동일성에 관한 법리를 오해하여 판결에 영향을 미친 잘못이 있다. 이를 지적하는 원고의 제2 상고이유는 이유 있다.

집행정지

 **효력기간이 정해져 있는 제재적 행정처분 (집행정지결정의 시기와 종기)**
— 2022. 2. 11. 선고 2021두40720 판결 ★★

【사건의 개요와 쟁점】

피고(성주군수)는 2015. 6. 8. 원고(주식회사 광진특수)에 대하여 화물자동차(이하 '제2화물자동차'라 한다)를 불법증차하였다는 이유로 구「화물자동차 운수사업법」제19조 제1항 제2호에 따라 60일(2015. 7. 13.부터 2015. 9. 10.까지)의 운행정지 처분을 하고, 제2화물자동차를 불법증차하고도 거짓이나 부정한 방법으로 유가보조금을 지급받았다는 이유로 같은 법률 제44조의2 제1항 제5호에 따라 6개월(2015. 7. 13.부터 2016. 1. 13.까지)의 유가보조금 지급정지 처분을 하였다.

원고는 이에 불복하여 경상북도행정심판위원회에 행정심판을 청구하였다. 경상북도행정심판위원회는 2015. 7. 13. 위 각 처분의 집행을 행정심판 청구 사건의 재결이 있을 때까지 정지하는 내용의 이 사건 집행정지결정을 하였다가 2015. 8. 31. 유가보조금 지급정지 처분의 취소 청구는 기각하고, 위 운행정지 기간은 30일로 감경하는 이 사건 재결을 하였다(이하 위 유가보조금 지급정지 처분과 위와 같이 감경되고 남은 운행정지 처분을 합하여 '선행처분'이라 한다). 원고는 선행처분에 대하여 법원에 별도로 취소소송을 제기하지 않았다.

피고는 2015. 9. 22. 선행처분의 집행을 피고와 주식회사 대림통운 사이의 대구지방법원 2015구합1245 사건의 판결 시까지 유예한다는 내용의 이 사건 유예 통지서를 작성하여 원고에게 발송하였다. 대구지방법원은 2016. 1. 13. 위 사건에 관하여 판결을 선고하였다.

피고는 2020. 3. 5. 원고에게 선행처분과 동일한 사유로 제2화물자동차에 관하여 30일(2020. 3. 6.부터 2020. 4. 4.까지)의 운행정지, 6개월의 유가보조금 지급정지를 하겠다고 통보하였다(이하 '이 사건 통보'라 한다).

【판시사항 및 판결요지】

[1] 효력기간이 정해져 있는 제재적 행정처분에 대한 취소소송에서 법원이 본안소송의 판결 선고 시까지 집행정지결정을 한 경우, 처분에서 정해 둔 효력기간은 판결 선고 시까지 진행하지 않다가 선고된 때에 다시 진행하는지 여부(적극) / 처분에서 정해 둔 효력기간의 시기와 종기가 집행정지기간 중에 모두 경과한 경우에도 마찬가지인지 여부(적극) / 이러한 법리는 행정심판위원회가 행정심판법 제30조에 따라 집행정지결정을 한 경우에도 그대로 적용되는지 여부(적극)

행정소송법 제23조에 따른 집행정지결정의 효력은 결정 주문에서 정한 종기까지 존속하고,

그 종기가 도래하면 당연히 소멸한다. 따라서 효력기간이 정해져 있는 제재적 행정처분에 대한 취소소송에서 법원이 본안소송의 판결 선고 시까지 집행정지결정을 하면, 처분에서 정해 둔 효력기간(집행정지결정 당시 이미 일부 집행되었다면 그 나머지 기간)은 판결 선고 시까지 진행하지 않다가 판결이 선고되면 그때 집행정지결정의 효력이 소멸함과 동시에 처분의 효력이 당연히 부활하여 처분에서 정한 효력기간이 다시 진행한다. 이는 처분에서 효력기간의 시기와 종기를 정해 두었는데, 그 시기와 종기가 집행정지기간 중에 모두 경과한 경우에도 특별한 사정이 없는 한 마찬가지이다. 이러한 법리는 행정심판위원회가 행정심판법 제30조에 따라 집행정지결정을 한 경우에도 그대로 적용된다. 행정심판위원회가 행정심판 청구 사건의 재결이 있을 때까지 처분의 집행을 정지한다고 결정한 경우에는, 재결서 정본이 청구인에게 송달된 때 재결의 효력이 발생하므로(행정심판법 제48조 제2항, 제1항 참조) 그때 집행정지결정의 효력이 소멸함과 동시에 처분의 효력이 부활한다.

[2] 효력기간이 정해져 있는 제재적 행정처분의 효력이 발생한 이후 행정청이 상대방에 대한 별도의 처분으로 효력기간의 시기와 종기를 다시 정할 수 있는지 여부(적극) / 위와 같은 후속 변경처분서에 효력기간의 시기와 종기를 다시 특정하는 대신 처음 행정처분의 집행을 특정 소송사건의 판결 시까지 유예한다고 기재한 경우, 처분의 효력기간은 판결 선고 시까지 집행이 정지되었다가 선고되면 다시 진행하는지 여부(적극)/ 당초의 제재적 행정처분에서 정한 효력기간이 경과한 후 동일한 사유로 다시 후속 변경처분을 하는 것이 위법한 이중처분에 해당하는지 여부(적극)

효력기간이 정해져 있는 제재적 행정처분의 효력이 발생한 이후에도 행정청은 특별한 사정이 없는 한 상대방에 대한 별도의 처분으로써 효력기간의 시기와 종기를 다시 정할 수 있다. 이는 당초의 제재적 행정처분이 유효함을 전제로 그 구체적인 집행시기만을 변경하는 후속 변경처분이다. 이러한 후속 변경처분도 특별한 규정이 없는 한 의사표시에 관한 일반법리에 따라 상대방에게 고지되어야 효력이 발생한다. 위와 같은 후속 변경처분서에 효력기간의 시기와 종기를 다시 특정하는 대신 당초 제재적 행정처분의 집행을 특정 소송사건의 판결 시까지 유예한다고 기재되어 있다면, 처분의 효력기간은 원칙적으로 그 사건의 판결 선고 시까지 진행이 정지되었다가 판결이 선고되면 다시 진행된다. 다만 이러한 후속 변경처분 권한은 특별한 사정이 없는 한 당초의 제재적 행정처분의 효력이 유지되는 동안에만 인정된다. 당초의 제재적 행정처분에서 정한 효력기간이 경과하면 그로써 처분의 집행은 종료되어 처분의 효력이 소멸하는 것이므로, 그 후 동일한 사유로 다시 제재적 행정처분을 하는 것은 위법한 이중처분에 해당한다.

【사안의 경우】

선행처분에서 정한 30일의 운행정지 및 6개월의 유가보조금 지급정지 기간은 이 사건 집행정지결정에 따라 진행이 정지되었다가 이 사건 재결서 정본이 원고에게 송달되면 집행정지결정의 종기가 도래하여 그때부터 다시 진행하고, 이 사건 유예 통지서가 원고에게 고지되면 다시 진행이 정지되었다가 대구지방법원 2015구합1245 사건에서 판결이 선고되면 위 통지서에서 정한 종기가 도래하여 그때부터 다시 진행한다.

이에 따르면, 이 사건 통보 당시 선행처분에서 정한 운행정지 및 유가보조금 지급정지 기간이 경과하여 선행처분의 집행이 이미 종료되었다고 볼 여지가 많다.

사정이 위와 같다면, 이 사건 통보는 집행이 종료되어 효력을 상실한 선행처분과 동일한 사유로 원고를 다시 제재하는 것으로 위법한 이중처분에 해당한다고 볼 것이다. 그런데도 원심은 이 사건 통보가 원고에게 선행처분과 별도로 새로운 의무를 부과하는 것이 아니어서 원고에게 그 취소를 구할 이익이 없다는 이유로 이 부분 소를 각하하였다. 이러한 원심판단에는 효력기간이 정해져 있는 제재적 행정처분에 대한 집행정지결정의 효력과 행정처분의 해석, 이중처분 등에 관한 법리를 오해하여 판결에 영향을 미친 잘못이 있다. 이 점을 지적하는 상고이유 주장은 이유 있다.

119. 의대정원 증원처분에 대한 집행정지신청 사건
– 2024. 6. 19. 선고 2024무689 결정

1. 피신청인 보건복지부장관이 의대정원을 2,000명 증원할 것이라고 발표한 것이 집행정지의 대상이 되는 '처분등'에 해당하는지 여부(소극)

   항고소송의 대상이 되는 행정청의 처분이라 함은 원칙적으로 행정청의 공법상의 행위로서 특정 사항에 대하여 법규에 의한 권리의 설정 또는 의무의 부담을 명하거나 기타 법률상의 효과를 직접 발생하게 하는 등 국민의 권리의무에 직접 관계가 있는 행위를 말하므로, 행정청의 내부적인 의사결정 등과 같이 상대방 또는 관계자들의 법률상 지위에 직접적인 법률적 변동을 일으키지 아니하는 행위는 그에 해당하지 아니한다.

   원심결정 이유와 기록에 비추어 알 수 있는 다음과 같은 사정을 위 법리에 비추어 살펴보면, 피신청인 교육부장관이 2024. 3. 20. 2025학년도 전체 의대정원을 2,000명 증원하여 각 대학별로 배정(이하 '이 사건 증원배정'이라 한다)한 것은 항고소송의 대상이 되는 처분으로 볼 여지가 큰 반면, 피신청인 보건복지부장관이 2024. 2. 6. 의대정원을 2025학년도부터 2,000명 증원할 것이라고 발표한 행위(이하 '이 사건 증원발표'라 한다)는 항고소송의 대상이 되는 처분으로 보기 어렵다.

   1) 고등교육법은 대학의 학생정원에 관한 사항을 대통령령으로 정하는 범위에서 학칙으로 정하도록 하고 있다(제32조). 그 위임에 따라 고등교육법 시행령은 각 대학으로 하여금 학생정원을 정하도록 하되(제28조 제1항), 의료인의 양성과 관련된 의과대학의 경우 피신청인 교육부장관이 정원을 정하면 각 의과대학이 이를 따르도록 하면서[제28조 제3항 제2호 (가)목], 피신청인 교육부장관이 의과대학의 정원을 정할 때에는 관계중앙행정기관의 장과 협의를 거치도록 하고 있다(제28조 제4항).

   2) 피신청인 교육부장관은 2024. 3. 20. 이 사건 증원배정 처분을 하였는데, 이 사건 증원발표는 이 사건 증원배정이 이루어지기 전에 피신청인 보건복지부장관에 의해 이루어진 발표였다. 그렇다면, 이 사건 증원발표는 피신청인 교육부장관이 의과대학의 모집정원을 정하면서, 관계중앙행정기관의 장인 피신청인 보건복지부장관과 거쳐야 하는 협의(고등교육법 시행령 제28조 제4항 참조)의 내용을 피신청인 보건복지부장관이 발표한 것에 불과하고, 각 의과대학별 정원 증원이라는 구체적인 법적 효과는 피신청인 교육부장관의 이 사건 증원배정에 따라 비로소 발생하였다고 할 것이다.

   3) 피신청인 교육부장관이 고등교육법 시행령 제28조 제4항에 따라 관계중앙행정기관의 장과 거친 협의의 내용에 구속된다고 볼 만한 근거가 없는 이상 그 협의 내용을 외부적으로 표

시한 것에 불과한 이 사건 증원발표는 행정청의 내부적인 의사결정을 대외적으로 공표한 것에 그칠 뿐 국민의 권리의무에 영향을 미친다고 볼 수 없다. 또한, 실제 의대정원 증원이라는 법적 효과는 이 사건 증원배정을 통해 비로소 외부로 발생한 것으로 볼 수 있고, 의대정원 증원의 이해관계인으로서는 이를 다툼으로써 권리구제를 충분히 도모할 수 있으므로, 국민의 권리구제 차원에서 이 사건 증원발표를 이 사건 증원배정과 별도로 항고소송의 대상으로 삼을 필요도 없다.

이처럼 이 사건 증원발표가 항고소송의 대상이 되는 처분등이라고 볼 수 없는 이상, 이 사건 증원발표의 효력정지를 구하는 신청은 부적법하여 각하되어야 한다. 원심결정이 이 사건 증원발표의 효력정지를 구하는 일부 신청인들의 신청을 기각한 것은 잘못이라 하겠으나, 위 신청을 배척한 결론에 있어서는 정당하므로, 이를 이유로 원심결정을 파기하지 않기로 한다.

2. 의대 재학 중인 신청인들에게 소속 의대의 정원을 증원하는 행정처분을 다툴 법률상 이익이 있는지 여부(적극)

가. 관련 법리

행정처분에 대한 집행정지신청을 구함에 있어서도 이를 구할 법률상 이익이 있어야 하는바, 이 경우 법률상 이익이라 함은 그 행정처분으로 인하여 발생하거나 확대되는 손해가 해당 처분의 근거 법규 및 관련 법규에 의하여 보호받는 직접적이고 구체적인 이익과 관련된 것을 말하는 것이고 단지 간접적이거나 사실적·경제적 이해관계를 가지는 데 불과한 경우는 여기에 포함되지 않는다. 그리고 해당 처분의 근거 법규 및 관련 법규에 의하여 보호되는 법률상 이익은 해당 처분의 근거 법규의 명문 규정에 의하여 보호받는 법률상 이익, 해당 처분의 근거 법규에 의하여 보호되지는 아니하나 해당 처분의 행정목적을 달성하기 위한 일련의 단계적인 관련 처분들의 근거 법규에 의하여 명시적으로 보호받는 법률상 이익, 해당 처분의 근거 법규 또는 관련 법규에서 명시적으로 당해 이익을 보호하는 명문의 규정이 없더라도 근거 법규 및 관련 법규의 합리적 해석상 그 법규에서 행정청을 제약하는 이유가 순수한 공익의 보호만이 아닌 개별적·직접적·구체적 이익을 보호하는 취지가 포함되어 있다고 해석되는 경우까지를 말한다.

나. ○○대학교 의과대학 재학 중인 신청인들의 신청인 적격에 관하여

원심결정 이유와 기록을 통해 알 수 있는 다음과 같은 사정을 앞서 본 법리에 비추어 살펴보면, 이 사건 증원배정 처분의 근거가 된 고등교육법령 및 「대학설립·운영 규정」(대통령령)은 의과대학의 학생정원 증원의 한계를 규정함으로써 의과대학에 재학 중인 학생들이 적절하게 교육받을 권리를 개별적·직접적·구체적으로 보호하고 있다고 볼 여지가 충분하다.

1) 교육기본법은, 교육이 홍익인간의 이념 아래 모든 국민으로 하여금 인격을 도야하고 자주적 생활능력과 민주시민으로서 필요한 자질을 갖추게 함으로써 인간다운 삶을 영위하게

하고 민주국가의 발전과 인류공영의 이상을 실현하는 데에 이바지하게 함을 이념으로 한다고 정하고 있다(제2조).

2) 고등교육법 시행령 제28조에 의하면, 각 대학은 의료인력의 양성과 관련되는 모집단위별 정원에 관하여는 피신청인 교육부장관이 정하는 사항에 따라야 하는데[제3항 제2호 (가)목 참조], 이에 따라 피신청인 교육부장관이 의과대학의 학생정원을 정할 때에도 「대학설립·운영 규정」에 따른 교사, 교지, 교원 및 수익용 기본재산에 따라 정해지는 학생 수를 고려하여야 한다(제1항 참조).

3) 「대학설립·운영 규정」에 따르면, 학생의 수에 따라서 의과대학이 갖추어야 할 교육기본시설과 지원시설 및 연구시설의 면적(제4조 제3항, 별표 3 참조)과 의과대학이 확보하여야 하는 교원의 수(제6조 제1항, 별표 5 참조)가 정해지고, 의과대학이 학생정원을 증원할 때에도 그 증원분을 포함한 전체에 대하여 위와 같은 기준을 충족하여야 한다(제2조의3 제1항 참조). 이는 의과대학에서 고등교육이 적정하게 이루어질 수 있는 기준을 제시함으로써 앞서 본 교육기본법 제2조에 정한 교육의 이념을 실현하고, 나아가 각 의과대학에 재학 중인 학생들에 대하여 헌법 제31조 제1항이 정한 국민의 교육받을 권리를 실현하고자 한 것이라 해석된다.

원심결정 이유에 의하면 신청인 8, 신청인 9, 신청인 10, 신청인 11, 신청인 12(이하 '의대 재학 중 신청인들'이라 한다)는 ○○대학교 의과대학에 재학 중인 사실이 인정되므로, 위 신청인들의 경우 이 사건 증원배정 처분 중 ○○대학교 의과대학에 대한 부분의 집행정지를 구할 법률상 이익이 없다고 단정할 수는 없다. 물론 원심이 오로지 헌법규정만을 근거로 일부 신청인들의 신청인 적격을 인정한 것은 적절하지 않다. 그러나 원심이 이 사건 증원배정 처분 중 ○○대학교 의과대학에 대한 부분과 관련하여 위 신청인들에게 단지 간접적이거나 사실적·경제적 이해관계를 가지는 데 그치지 않고 이를 다툴 개별적·직접적·구체적인 법률상 이익이 있을 수 있다고 본 것은 그 결론에 있어 정당하다.

다. 나머지 신청인들의 신청인 적격에 관하여

원심은, 판시와 같은 이유로 의과대학 교수, 전공의 또는 수험생 지위에 있는 나머지 신청인들에 대하여는 이 사건 증원배정 처분의 집행정지를 구할 법률상 이익이 인정되지 않는다고 판단하였다. 원심결정 이유와 기록에 나타난 사정을 관련 법리에 비추어 살펴보면 위와 같은 원심의 판단은 정당하다.

3. 의대정원 증원 처분에 대하여 행정소송법 제23조에서 정한 집행정지의 요건이 충족되는지 여부(소극)

가. 관련 법리

행정소송법 제23조 제2항에서 정하고 있는 효력정지 요건인 '회복하기 어려운 손해'라 함은 특별한 사정이 없는 한 금전으로 보상할 수 없는 손해로서 이는 금전보상이 불가능한 경우 내지는 금전보상으로는 사회관념상 행정처분을 받은 당사자가 참고 견딜 수 없거나 참고 견디기가 현저히 곤란한 경우의 유형, 무형의 손해를 일컫는다. 그리고 '처분 등이나 그 집행 또는 절차의 속행으로 인하여 생길 회복하기 어려운 손해를 예방하기 위하여 긴급한 필요'가 있는지 여부는 처분의 성질과 태양 및 내용, 처분상대방이 입는 손해의 성질·내용 및 정도, 원상회복·금전배상의 방법 및 난이 등은 물론 본안청구의 승소가능성의 정도 등을 종합적으로 고려하여 구체적·개별적으로 판단하여야 한다.

행정소송법 제23조 제3항이 집행정지의 또 다른 요건으로 '공공복리에 중대한 영향을 미칠 우려가 없을 것'을 규정하고 있는 취지는, 집행정지 여부를 결정함에 있어서 신청인의 손해뿐만 아니라 공공복리에 미칠 영향을 아울러 고려하여야 한다는 데 있고, 따라서 공공복리에 미칠 영향이 중대한지의 여부는 절대적 기준에 의하여 판단할 것이 아니라, 신청인의 '회복하기 어려운 손해'와 '공공복리' 양자를 비교·교량하여, 전자를 희생하더라도 후자를 옹호하여야 할 필요가 있는지 여부에 따라 상대적·개별적으로 판단되어야 한다.

나. 구체적 판단

이 사건 증원배정 처분이 집행됨으로 인해 의대 재학 중 신청인들이 입을 수 있는 손해에 비하여 이 사건 증원배정의 집행이 정지됨으로써 공공복리에 중대한 영향이 발생할 우려가 크다고 할 것이어서, 이 사건 증원배정에 대한 집행정지는 허용되지 않는다고 보아야 할 것이다.

같은 취지에서 원심이, 의대정원이 증원되지 않음으로써 발생하게 될 사회적 불이익이 적절한 의대교육을 받지 못하게 되는 의대 재학 중 신청인들의 불이익보다 크다고 보아 공공복리를 보다 중시할 필요가 있다고 판단한 것은 정당한 것으로 수긍이 가고, 거기에 재항고이유 주장과 같이 행정소송법 제23조 제3항에서 정한 공공복리에 중대한 영향을 미칠 우려 또는 본안의 승소가능성에 관한 법리를 오해하거나 사실을 오인하는 등의 잘못이 없다.

입증책임

120 행정청의 고도의 전문적·기술적인 판단의 신뢰성에 관한 증명책임
— 2022. 9. 16. 선고 2021두58912 판결 ★★

【사건의 개요와 쟁점】

원고는 인쇄회로기판 등을 제조하는 업체이다. 피고(안산시장)는 2019. 11. 14. 원고의 공장 안에 설치된 폐수배출시설 및 수질오염방지시설(이하 '이 사건 시설'이라 한다)에서 수질오염물질의 시료(이하 '이 사건 시료'라 한다)를 채취하여 경기도보건환경연구원에 오염도검사를 의뢰하였다.

경기도보건환경연구원장은 2019. 11. 20. 피고에게 이 사건 시료에서 구 물환경보전법(2019. 11. 26. 법률 제16605호로 개정되기 전의 것, 이하 '물환경보전법'이라고 한다) 제32조에 따른 수질오염물질 배출허용기준[아연(Zn) 5mg/L 이하]을 초과하는 111.3mg/L의 아연이 검출되었다고 통보하였다(이하 '이 사건 오염도검사 결과'라 한다).

피고는 2019. 11. 28. 원고에게 원고가 배출한 수질오염물질이 물환경보전법 제32조에 따른 배출허용기준을 초과하였다는 이유로 물환경보전법 제41조 제1항 제2호 ㈎목, 물환경보전법 시행령 제45조에 따라 219,464,690원의 초과배출부과금 부과처분을 하였다. 또한 피고는 같은 날 원고에게 위와 같은 이유로 물환경보전법 제43조 제1항 제4호, 제42조, 같은 법 시행령 제46조의2 제1항에 근거하여 5일의 조업정지처분을 갈음하는 10,500,000원의 과징금 부과처분을 하였다.

원고는 이 사건 오염도검사 결과의 기초가 된 시료의 채취 및 보존 절차와 방법이 구 수질오염공정시험기준(2019. 12. 24. 국립환경과학원고시 제2019-63호로 개정되기 전의 것, 이하 '이 사건 시험기준'이라 한다)을 위반하였기 때문에 위 오염도검사 결과를 믿을 수 없고, 따라서 원고가 수질오염물질 배출허용기준을 초과하는 아연을 배출하였다는 사실이 증명되지 않았다고 주장하면서 위 초과배출부담금 부과처분과 과징금 부과처분의 취소를 구하는 이 사건 소를 제기하였다.

【판시사항 및 판결요지】

[1] 행정청이 채취한 시료를 전문연구기관에 의뢰하여 법령에 정량적으로 규정되어 있는 환경오염물질의 배출허용기준을 초과한다는 검사결과를 회신받아 제재처분을 한 경우, 고도의 전문적이고 기술적인 사항에 관한 행정청의 판단으로서 존중되어야 하는지 여부(원칙적 적극)

행정청이 관계 법령이 정하는 바에 따라 고도의 전문적이고 기술적인 사항에 관하여 전문적

인 판단을 하였다면, 판단의 기초가 된 사실인정에 중대한 오류가 있거나 판단이 객관적으로 불합리하거나 부당하다는 등의 특별한 사정이 없는 한 존중되어야 한다. 환경오염물질의 배출허용기준이 법령에 정량적으로 규정되어 있는 경우 행정청이 채취한 시료를 전문연구기관에 의뢰하여 배출허용기준을 초과한다는 검사결과를 회신받아 제재처분을 한 경우, 이 역시 고도의 전문적이고 기술적인 사항에 관한 판단으로서 그 전제가 되는 실험결과의 신빙성을 의심할 만한 사정이 없는 한 존중되어야 함은 물론이다.

[2] 수질오염물질 측정에서 시료채취의 방법 등이 국립환경과학원 고시인 구 수질오염공정시험기준에서 정한 절차를 위반한 경우, 그에 기초하여 내려진 행정처분이 위법한지 판단하는 방법 및 이때 시료의 채취와 보존, 검사방법의 적법성 또는 적절성이 담보되어 시료를 객관적인 자료로 활용할 수 있고 그에 따른 실험결과를 믿을 수 있다는 사정에 관한 증명책임의 소재(=행정청)

수질오염물질을 측정하는 경우 시료채취의 방법, 오염물질 측정의 방법 등을 정한 구 수질오염공정시험기준(2019. 12. 24. 국립환경과학원고시 제2019-63호로 개정되기 전의 것)은 형식 및 내용에 비추어 행정기관 내부의 사무처리준칙에 불과하므로 일반 국민이나 법원을 구속하는 대외적 구속력은 없다. 따라서 시료채취의 방법 등이 위 고시에서 정한 절차에 위반된다고 하여 그러한 사정만으로 곧바로 그에 기초하여 내려진 행정처분이 위법하다고 볼 수는 없고, 관계 법령의 규정 내용과 취지 등에 비추어 절차상 하자가 채취된 시료를 객관적인 자료로 활용할 수 없을 정도로 중대한지에 따라 판단되어야 한다. 다만 이때에도 시료의 채취와 보존, 검사방법의 적법성 또는 적절성이 담보되어 시료를 객관적인 자료로 활용할 수 있고 그에 따른 실험결과를 믿을 수 있다는 사정은 행정청이 증명책임을 부담하는 것이 원칙이다.

121 과세처분에 대한 무효확인소송에서 처분사유의 변경이 있는 경우 증명책임 귀속이 문제된 사건

– 2023. 6. 29. 선고 2020두46073 판결 ★

1. 관련 법리

1) 민사소송법이 준용되는 행정소송에서 증명책임은 원칙적으로 민사소송의 일반원칙에 따라 당사자 간에 분배되고, 항고소송은 그 특성에 따라 해당 처분의 적법성을 주장하는 피고에게 적법사유에 대한 증명책임이 있으나, 예외적으로 행정처분의 당연 무효를 주장하여 무효확인을 구하는 행정소송에서는 원고에게 행정처분이 무효인 사유를 주장·증명할 책임이 있고, 이는 무효 확인을 구하는 뜻에서 행정처분의 취소를 구하는 소송에 있어서도 마찬가지이다.

한편 행정처분의 무효 확인을 구하는 소에는 특단의 사정이 없는 한 취소를 구하는 취지도 포함되어 있다고 보아야 하므로, 해당 행정처분의 취소를 구할 수 있는 경우라면 무효사유가 증명되지 아니한 때에 법원으로서는 취소사유에 해당하는 위법이 있는지 여부까지 심리하여야 한다. 나아가 과세처분에 대한 취소소송과 무효확인소송은 모두 소송물이 객관적인 조세채무의 존부확인으로 동일하다. 결국 과세처분의 위법을 다투는 조세행정소송의 형식이 취소소송인지 아니면 무효확인소송인지에 따라 증명책임이 달리 분배되는 것이라기보다는 위법사유로 취소사유와 무효사유 중 무엇을 주장하는지 또는 무효사유의 주장에 취소사유를 주장하는 취지가 포함되어 있는지 여부에 따라 증명책임이 분배된다.

2) 과세처분의 무효확인소송에서 소송물은 객관적인 조세채무의 존부확인이므로, 과세관청은 소송 중이라도 사실심 변론종결 시까지 해당 처분에서 인정한 과세표준 또는 세액의 정당성을 뒷받침하기 위하여 처분의 동일성이 유지되는 범위 내에서 처분사유를 교환·변경할 수 있다.

특히 구 법인세법(1994. 12. 22. 법률 제4804호로 개정되기 전의 것, 이하 같다) 제32조 제5항에 따라 법인세 과세표준을 경정하면서 익금에 산입한 금액을 그 귀속자에게 소득 처분하였음을 이유로 그 의제소득에 대하여 종합소득세를 부과하는 처분에 관하여, 구 법인세법 제32조 제5항에 대한 헌법재판소의 위헌결정(헌법재판소 1995. 11. 30. 선고 93헌바32 결정 등)이 있었음을 이유로 처분사유를 교환·변경하면서, 과세단위가 단일한 종합소득세의 세목 아래에서 같은 금액의 소득이 현실적으로 귀속되었음을 이유로 들어 과세근거 규정을 달리 주장하는 것은 처분의 동일성이 유지되는 범위 내의 처분사유의 교환·변경에 해당하므로 허용된다.

그런데 과세처분의 적법성에 대한 증명책임은 과세관청에 있는바, 위와 같이 교환·변경된 사유를 근거로 하는 처분의 적법성 또는 그러한 처분사유의 전제가 되는 사실관계에 관한 증명책임 역시 과세관청에게 있고, 특히 무효확인소송에서 원고가 당초의 처분사유에 대하여 무효사유를 증명한 경우에는 과세관청이 그처럼 교환·변경된 처분사유를 근거로 하는 처분의 적법성에 대한 증명책임을 부담한다.

2. 판 단

1) 원심은, 구 법인세법 제32조 제5항에 대한 헌법재판소의 위헌결정 후 피고 서초세무서장이 나성종합건설의 법인세 과세표준을 경정하면서 익금에 산입한 금액을 대표자인 원고에게 상여로 처분하였음을 이유로 의제소득에 대하여 종합소득세를 부과한 이 사건 제5 처분(원심 별지 [표 1]의 순번 5 기재 부과처분)에 관하여, 피고들이 원심에서 같은 금액 상당이 원고에게 근로소득으로서 현실적으로 귀속되었다고 주장하며 처분사유를 변경하였고, 이에 원고가 변경된 처분사유를 전제로 한 무효사유를 증명하여야 함에도 이를 증명하지 아니하였다는 이유로, 이 사건 제5 처분과 피고 서울특별시 서초구청장이 이 사건 제5 처분에 따른 종합소득세액을 과세표준으로 하여 소득세할 주민세를 부과한 이 사건 제7 처분(원심 별지 [표 2]의 순번 2 기재 부과처분)을 무효로 볼 수 없다고 판단하였다.

2) 그러나 앞서 본 법리에 비추어 보면, 원고가 당초의 처분사유를 전제로 하여 위헌결정으로 효력을 상실한 법률을 근거로 한 이 사건 제5·7 처분의 무효사유를 주장·증명한 이상, 변경된 처분사유를 전제로 한 이 사건 제5·7 처분의 적법성은 피고들이 증명하여야 한다. 그럼에도 변경된 처분사유에 대하여도 무효사유를 주장·증명할 책임이 원고에게 있다고 본 원심의 판단에는 처분사유의 변경 및 증명책임 등에 관한 법리를 오해하여 필요한 심리를 다하지 아니함으로써 판결에 영향을 미친 잘못이 있다.

'업무상 재해'의 요건으로서 상당인과관계에 관한 증명책임
- 2021. 9. 9. 선고 2017두45933 전원합의체 판결

☐ 2007년 개정으로 신설된 구 산업재해보상보험법 제37조 제1항[3])을 산업재해보상보험법상 '업무상의 재해'를 인정하기 위한 업무와 재해 사이의 상당인과관계에 관한 증명책임을 근로복지공단에 분배하거나 전환하는 규정으로 볼 수 있는지 여부(소극)

[다수의견] 산업재해보상보험법(이하 '산재보험법'이라 한다)상 보험급여의 지급요건, 2007. 12. 14. 법률 제8694호로 전부 개정된 구 산업재해보상보험법(2017. 10. 24. 법률 제14933호로 개정되기 전의 것, 이하 '구 산재보험법'이라 한다) 제37조 제1항 전체의 내용과 구조, 입법 경위와 입법 취지, 다른 재해보상제도와의 관계 등을 고려하면, 2007년 개정으로 신설된 구 산재보험법 제37조 제1항은 산재보험법상 '업무상의 재해'를 인정하기 위한 업무와 재해 사이의 상당인과관계에 관한 증명책임을 근로복지공단(이하 '공단'이라 한다)에 분배하거나 전환하는 규정으로 볼 수 없고, 2007년 개정 이후에도 업무와 재해 사이의 상당인과관계의 증명책임은 업무상의 재해를 주장하는 근로자 측에게 있다고 보는 것이 타당하므로, 기존 판례를 유지하여야 한다. 구체적인 이유는 다음과 같다.

㈎ 산재보험법상 업무상 재해의 개념, 보험급여의 지급요건 및 구 산재보험법 제37조 제1항 전체의 내용과 구조를 종합적으로 살펴보면, 구 산재보험법 제37조 제1항에서 말하는 업무상의 재해에 해당하기 위해서는 업무와 재해 사이에 상당인과관계가 인정되어야 하고 이는 보험급여의 지급요건으로서 이를 주장하는 근로자 측에서 증명하여야 한다고 볼 수 있다. 구 산재보험법 제37조 제1항은 본문에서 업무상 재해의 적극적 인정 요건으로 인과관계를 규정하고 단서에서 그 인과관계가 상당인과관계를 의미하는 것으로 규정함으로써, 전체로서 업무상의 재해를 인정하기 위해서는 상당인과관계를 필요로 함을 명시하고 있을 뿐, 상당인과관계의 증명책임을 전환하여 그 부존재에 관한 증명책임을 공단에 분배하는 규정으로 해석되지 아니한다.

㈏ 구 산재보험법 제37조 제1항의 입법 경위와 입법 취지, 특히 구 산재보험법 제37조 제1항 단서가 자구 수정과정에서 비로소 추가된 점 등에 비추어 보면, 2007년 개정 당시 구 산재보험법 제37조 제1항의 신설은 노동부령에 위임했던 업무상 재해의 인정기준을 법률에서 유형별로 직접 규정한 다음 구체적인 인정기준은 대통령령으로 정하도록 함으로써 포괄위임 논란을 해소하고, 업무상 재해의 인정 요건으로 업무와 재해 사이에 상당인과

---

[3]) 산업재해보상보험법 제37조(업무상의 재해의 인정 기준) ① 근로자가 다음 각 호의 어느 하나에 해당하는 사유로 부상·질병 또는 장해가 발생하거나 사망하면 업무상의 재해로 본다. 다만, 업무와 재해 사이에 상당인과관계가 없는 경우에는 그러하지 아니하다.
1. 업무상 사고 / 2. 업무상 질병 / 3. 출퇴근 재해

관계가 필요하다는 원칙을 분명하게 하려는 데에 취지가 있었다. 이에서 더 나아가 구 산재보험법 제37조 제1항 단서 규정을 통하여 상당인과관계 증명책임의 전환과 같이 산업재해보상보험제도 운영에 근본적인 변화를 가져올 수 있는 사항의 변경까지 의도하였다고 볼 만한 사정을 찾기 어렵다.

㈐ 구 산재보험법 제37조 제1항에 따른 업무상 재해의 인정 요건에 관하여만 공단이 업무와 재해 사이의 상당인과관계의 부존재를 증명하여야 한다고 해석하는 것은, 산재보험법상 진폐 등에 관한 규정 및 관계 법령들에 따른 재해보상제도의 전반적인 체계와 조화되지 아니하고 입법자가 전혀 예정하지 않았던 상황을 초래하므로 수긍하기 어렵다.

123. 증명책임
— 2023. 12. 21. 선고 2023두42904 판결

☐ 요양기관 내지 의료급여기관이 이미 서류보존의무를 위반하여 요양약제의 지급 등 보험급여 내지 진료·약제의 지급 등 의료급여에 관한 서류를 보존하고 있지 않음을 이유로 서류제출명령에 응할 수 없는 경우, 처분청이 요양기관 등에 서류제출명령 불이행을 이유로 제재할 수 있는지 여부(원칙적 소극) 및 예외적으로 제재처분을 부과할 수 있는 경우 / 처분청의 서류제출명령과 무관하게 급여 관계 서류가 폐기되었다는 사정에 관한 증명책임의 소재(=요양기관 등)

구 국민건강보험법(2019. 12. 3. 법률 제16728호로 개정되기 전의 것, 이하 같다)과 의료급여법은 요양기관 내지 의료급여기관(이하 '요양기관 등'이라 한다)의 서류제출명령에 응할 의무와 서류보존의무를 별도로 규정하면서 각각의 위반 정도를 달리 보고 있다. 따라서 구 국민건강보험법의 제97조 제2항, 제98조 제1항 제2호, 제116조, 의료급여법 제28조 제1항 제3호, 제32조 제2항, 제35조 제5항의 내용, 체계와 함께 서류제출명령의 실효성 제고 등을 위한 구 국민건강보험법 및 의료급여법의 입법 취지 등을 종합하면, 요양기관 등이 이미 서류보존의무를 위반하여 요양·약제의 지급 등 보험급여 내지 진료·약제의 지급 등 의료급여에 관한 서류(이하 '급여 관계 서류'라 한다)를 보존하고 있지 않음을 이유로 서류제출명령에 응할 수 없는 경우에는 처분청이 요양기관 등에 서류제출명령 불이행을 이유로 제재를 할 수 없음이 원칙이지만, 요양기관 등이 서류제출명령을 받을 것을 예상하였거나 실제 서류제출명령이 부과되었음에도 이를 회피할 의도에서 급여 관계 서류를 폐기하는 경우에는 처분청이 요양기관 등에 서류제출명령 불이행을 이유로 제재처분을 부과할 수 있다고 보는 것이 타당하다.

한편 항고소송에서 해당 처분의 적법성에 대한 증명책임은 원칙적으로 처분의 적법을 주장하는 처분청에 있지만, 처분청이 주장하는 해당 처분의 적법성에 관하여 합리적으로 수긍할 수 있는 정도로 증명이 있는 경우에는 그 처분은 정당하고, 이와 상반되는 예외적인 사정에 대한 주장과 증명은 상대방에게 책임이 돌아간다. 따라서 급여 관계 서류의 보존행위가 요양기관 등의 지배영역 안에 있고, 요양기관 등이 서류보존의무기간 내에 이를 임의로 폐기하는 것 자체가 이례적이라는 사실에 비추어 볼 때, 요양기관 등이 서류제출명령의 대상인 급여 관계 서류를 생성·작성하였다고 볼 만한 사정에 대해 처분청이 합리적으로 수긍할 수 있는 정도로 증명했다면, 처분청의 서류제출명령과 무관하게 급여 관계 서류가 폐기되었다는 사정은 이를 주장하는 측인 요양기관 등이 증명하여야 한다.

124. 환경오염피해와 입증책임
— 2023. 12. 28. 선고 2019다300866 판결

☐ 환경오염피해에 대하여 시설의 사업자에게 구 환경오염피해 배상책임 및 구제에 관한 법률 제6조 제1항에 따른 손해배상책임을 묻는 경우, 그 시설과 피해 사이의 인과관계를 추정하기 위한 입증의 정도 및 이때 해당 시설에서 배출된 오염물질 등이 피해자나 피해물건에 도달하여 피해가 발생하였다는 사실이 반드시 직접 증명되어야만 하는지 여부(소극) / 사업자는 같은 법 제9조 제2항의 간접사실들에 대하여 반증을 들어 다투거나 같은 조 제3항의 사실들을 증명하여 추정을 번복하거나 배제시킬 수 있는지 여부(적극)

구 환경오염피해 배상책임 및 구제에 관한 법률(2017. 1. 17. 법률 제14532호로 개정되기 전의 것, 이하 '구 환경오염피해구제법'이라 한다)은, 환경오염피해에 대한 배상책임을 명확히 하고, 피해자의 입증부담을 경감하는 등 실효적인 피해구제 제도를 확립함으로써 환경오염피해로부터 신속하고 공정하게 피해자를 구제하는 것을 목적으로 한다(제1조).

구 환경오염피해구제법은 이러한 입법 목적을 달성하기 위하여 같은 법에 따른 배상책임과 신고의무 등이 적용되는 '시설'을 정하고(제3조), 시설의 설치·운영과 관련하여 '환경오염피해', 즉 시설의 설치·운영으로 인하여 발생되는 대기오염, 수질오염, 토양오염, 해양오염, 소음·진동, 그 밖에 대통령령으로 정하는 원인으로 인하여 다른 사람의 생명·신체(정신적 피해를 포함한다) 및 재산에 발생된 피해(동일한 원인에 의한 일련의 피해를 포함한다)에 대한 시설 사업자의 무과실책임을 정하되(제6조 제1항), 환경오염피해가 사업자의 고의 또는 중대한 과실로 발생하는 등 예외적인 경우를 제외하고는 사업자의 배상책임한도를 일정 범위로 제한하는(제7조) 등의 규정을 두고 있다.

특히 구 환경오염피해구제법 제9조는, "시설이 환경오염피해 발생의 원인을 제공한 것으로 볼 만한 상당한 개연성이 있는 때에는 그 시설로 인하여 환경오염피해가 발생한 것으로 추정한다."(제1항)라고 정하고, "제1항에 따른 상당한 개연성이 있는지의 여부는 시설의 가동과정, 사용된 설비, 투입되거나 배출된 물질의 종류와 농도, 기상조건, 피해발생의 시간과 장소, 피해의 양상과 그 밖에 피해발생에 영향을 준 사정 등을 고려하여 판단한다."(제2항)라고 정함으로써, 명시적으로 시설과 환경오염피해 발생의 인과관계에 대한 피해자의 입증부담을 완화하는 규정을 두었으며, 다만 '환경오염피해가 다른 원인으로 인하여 발생하였거나, 사업자가 대통령령으로 정하는 환경오염피해 발생의 원인과 관련된 환경·안전 관계 법령 및 인허가조건을 모두 준수하고 환경오염피해를 예방하기 위하여 노력하는 등 제4조 제3항에 따른 사업자의 책무를 다하였다는 사실을 증명하는 경우에는 제1항에 따른 추정은 배제'(제3항)되도록 정하고 있다.

이러한 구 환경오염피해구제법의 입법 목적과 취지, 관련 규정의 내용 등을 종합하여 보면, 환경오염피해에 대하여 시설의 사업자에게 구 환경오염피해구제법 제6조 제1항에 따른 손해배상책임을 묻는 경우, 피해자가 같은 법 제9조 제2항이 정한 여러 간접사실을 통하여 전체적으로 보아 시설의 설치·운영과 관련하여 배출된 오염물질 등으로 인해 다른 사람의 생명·신체 및 재산에 피해가 발생한 것으로 볼 만한 상당한 개연성이 있다는 점을 증명하면 그 시설과 피해 사이의 인과관계가 추정된다고 보아야 하고, 이때 해당 시설에서 배출된 오염물질 등이 피해자나 피해물건에 도달하여 피해가 발생하였다는 사실이 반드시 직접 증명되어야만 하는 것은 아니라고 할 것이다. 한편 사업자는 같은 법 제9조 제2항의 간접사실들에 대하여 반증을 들어 다투거나 같은 조 제3항의 사실들을 증명하여 추정을 번복하거나 배제시킬 수 있다.

처분사유의 추가·변경

125 처분사유의 추가변경
— 2021. 7. 29. 선고 2021두34756 판결

[1] 처분청이 처분 당시 적시한 구체적 사실을 변경하지 않는 범위 내에서 처분의 근거 법령만을 추가변경하는 것에 불과한 경우, 행정청이 처분 당시 적시한 구체적 사실에 대하여 처분 후에 추가변경한 법령을 적용하여 처분의 적법 여부를 판단할 수 있는지 여부(적극) 및 처분의 근거 법령을 변경하는 것이 허용되지 않는 경우

행정처분의 취소를 구하는 항고소송에서 처분청은 당초 처분의 근거로 삼은 사유와 기본적 사실관계가 동일성이 있다고 인정되는 한도 내에서만 다른 사유를 추가 또는 변경할 수 있고, 이러한 기본적 사실관계의 동일성 유무는 처분사유를 법률적으로 평가하기 이전의 구체적 사실에 착안하여 그 기초인 사회적 사실관계가 기본적인 점에서 동일한지 여부에 따라 결정되므로, 추가 또는 변경된 사유가 처분 당시에 이미 존재하고 있었다거나 당사자가 그 사실을 알고 있었다고 하여 당초의 처분사유와 동일성이 있다고 할 수 없다.

처분청이 처분 당시에 적시한 구체적 사실을 변경하지 아니하는 범위 내에서 단지 그 처분의 근거 법령만을 추가·변경하는 것에 불과한 경우에는 새로운 처분사유의 추가라고 볼 수 없으므로 행정청이 처분 당시에 적시한 구체적 사실에 대하여 처분 후에 추가·변경한 법령을 적용하여 그 처분의 적법 여부를 판단할 수 있다. 그러나 처분의 근거 법령을 변경하는 것이 종전 처분과 동일성을 인정할 수 없는 별개의 처분을 하는 것과 다름없는 경우에는 허용될 수 없다.

[2] 기본적 사실관계의 동일성이 인정되지 않는 별개의 사실을 들어 처분사유로 주장하는 것이 허용되지 않는다고 해석하는 이유와 취지

기본적 사실관계의 동일성이 인정되지 않는 별개의 사실을 들어 처분사유로 주장하는 것이 허용되지 않는다고 해석하는 이유는 행정처분의 상대방의 방어권을 보장함으로써 실질적 법치주의를 구현하고 행정처분의 상대방에 대한 신뢰를 보호하고자 함에 그 취지가 있다.

[3] 컨테이너를 설치하여 사무실 등으로 사용하는 갑 등에게 관할 시장이 건축법 제2조 제1항 제2호의 건축물에 해당함에도 같은 법 제11조의 따른 건축허가를 받지 않고 건축하였다는 이유로 원상복구명령 및 계고처분을 하였다가 이에 대한 취소소송에서 같은 법 제20조 제3항 위반을 처분사유로 추가한 사안에서, 당초 처분사유인 '건축법 제11조 위반'과 추가한 추가사유인 '건축법 제20조 제3항

위반'은 위반행위의 내용이 다르고 위법상태를 해소하기 위하여 거쳐야 하는 절차, 건축기준 및 허용가능성이 달라지므로 그 기초인 사회적 사실관계가 동일하다고 볼 수 없어 처분사유의 추가변경이 허용되지 않는다고 한 사례.

이 사건 처분의 당초 처분사유는 "이 사건 컨테이너가 건축법 제2조 제1항 제2호의 건축물에 해당함에도 건축법 제11조를 위반하여 건축하였다."라는 것이고, 추가된 처분사유는 "이 사건 컨테이너가 가설건축물에 해당함에도 건축법 제20조 제3항을 위반하여 축조신고를 하지 아니하고 축조하였다."라는 것이다.

건축법상 건축물·가설건축물의 구별, 건축허가와 축조신고의 절차·요건 등에서의 차이를 고려하여 보면, 이 사건 처분에 관한 당초의 처분사유와 원심에서 피고가 추가한 처분사유는 그 위반행위의 내용이 다르고, 그에 따라 위법 상태를 해소하기 위하여 거쳐야 하는 절차, 건축기준 및 허용가능성이 달라지므로 결국 그 기초인 사회적 사실관계가 동일하다고 볼 수 없다.

126 처분사유의 추가·변경(시외버스 운송사업자에 대한 할인 보조금 환수 및 지원 대상 제외 처분에 관한 사건)

― 2023. 11. 30. 선고 2019두38465 판결 ★

☐ 시외버스(공항버스) 운송사업을 하는 甲 주식회사가 청소년요금 할인에 따른 결손 보조금의 지원 대상이 아님에도 청소년 할인 보조금을 지급받음으로써 '부정한 방법으로 보조금을 지급받은 경우'에 해당한다는 이유로, 관할 시장이 보조금을 환수하고 구 경기도 여객자동차 운수사업 관리 조례 제18조 제4항을 근거로 보조금 지원 대상 제외처분을 하였다가 처분에 대한 취소소송에서 구 지방재정법 제32조의8 제7항을 처분사유로 추가한 사안에서, 시장이 위 처분의 근거 법령을 추가한 것은 기본적 사실관계의 동일성이 인정되지 않는 별개의 사실을 들어 주장하는 것으로서 처분사유 추가·변경이 허용되지 않는데도, 이와 달리 본 원심판단에 법리오해의 잘못이 있다고 한 사례

시외버스(공항버스) 운송사업을 하는 甲 주식회사가 청소년요금 할인에 따른 결손 보조금의 지원 대상이 아님에도 청소년 할인 보조금을 지급받음으로써 여객자동차 운수사업법 제51조 제3항에서 정한 '부정한 방법으로 보조금을 지급받은 경우'에 해당한다는 이유로 관할 시장이 보조금을 환수하고 구 경기도 여객자동차 운수사업 관리 조례(2021. 11. 2. 경기도조례 제7246호로 개정되기 전의 것) 제18조 제4항을 근거로 보조금 지원 대상 제외처분을 하였다가 처분에 대한 취소소송에서 구 지방재정법(2021. 1. 12. 법률 제17892호로 개정되기 전의 것, 이하 같다) 제32조의8 제7항을 처분사유로 추가한 사안에서,

도 보조금 지원 대상에 관한 제외처분을 재량성의 유무 및 범위와 관련하여 위 조례 제18조 제4항은 기속행위로, 구 지방재정법 제32조의8 제7항은 재량행위로 각각 달리 규정하고 있는 점, 근거 법령의 추가를 통하여 위 제외처분의 성질이 기속행위에서 재량행위로 변경되고, 그로 인하여 위법사유와 당사자들의 공격방어방법 내용, 법원의 사법심사방식 등이 달라지며, 특히 종래의 법 위반 사실뿐만 아니라 처분의 적정성을 확보하기 위한 양정사실까지 새로 고려되어야 하므로, 당초 처분사유와 소송 과정에서 시장이 추가한 처분사유는 기초가 되는 사회적 사실관계의 동일성이 인정되지 않는 점, 시장이 소송 도중에 위와 같이 제외처분의 근거 법령으로 위 조례 제18조 제4항 외에 구 지방재정법 제32조의8 제7항을 추가하는 것은 甲 회사의 방어권을 침해하는 것으로 볼 수 있는 점을 종합하면, 관할 시장이 처분의 근거 법령을 추가한 것은 기본적 사실관계의 동일성이 인정되지 않는 별개의 사실을 들어 주장하는 것으로서 처분사유 추가·변경이 허용되지 않는데도, 이와 달리 본 원심판단에 법리오해의 잘못이 있다고 한 사례.

127 행정청이 원심 소송과정에서 추가한 거부처분의 사유가 기존 거부처분사유와 기본적 사실관계의 동일성이 인정되는지 여부 및 추가·변경된 처분사유에 대한 법원의 심리 방식이 문제된 사건
— 2024. 11. 28. 선고 2023두61349 판결 ★

【판시사항 및 판결요지】

[1] 행정청이 당초 처분의 근거로 삼은 사유와 사회적 사실관계의 기본적 동일성이 인정되더라도 그에 대한 규범적 평가와 처분의 근거 법령 변경으로 당초 처분의 내용을 변경할 필요성이 제기되는 경우, 행정처분의 적법성과 효력을 다투는 항고소송에서 당초 처분의 내용을 그대로 유지한 채 근거 법령만 추가변경하는 것이 허용되는지 여부(소극)

행정처분의 적법성과 효력을 다투는 항고소송에서는 처분청이 당초 처분의 근거로 삼은 사유와 기본적 사실관계의 동일성이 인정되지 않는 별개의 사유를 주장하는 것은 원칙적으로 허용되지 않는다(이를 '처분사유 추가·변경 제한 법리'라고 한다). 여기서 기본적 사실관계의 동일성 유무는 처분사유를 법률적으로 평가하기 이전의 구체적인 사실에 착안하여 그 기초가 되는 사회적 사실관계가 기본적인 점에서 동일한지에 따라 판단하는 것이 원칙이고, 행정청이 처분 당시에 제시한 구체적 사실을 변경하지 않는 범위 내에서 단지 처분의 근거 법령만을 추가·변경하거나 당초의 처분사유를 구체적으로 표시하는 것에 불과한 경우에는 새로운 처분사유를 추가하거나 변경하는 것이라고 볼 수 없다. 그러나 사회적 사실관계의 기본적 동일성이 인정되는 경우라고 하더라도 그에 대한 규범적 평가와 처분의 근거 법령의 변경으로, 예를 들어 기속행위가 재량행위로 변경되는 경우와 같이, 당초 처분의 내용을 변경할 필요성이 제기되는 경우에는 해당 처분을 취소한 후 처분청으로 하여금 다시 처분절차를 거쳐 새로운 처분을 하도록 하여야 할 것이지 당초 처분의 내용을 그대로 유지한 채 근거 법령만 추가·변경하는 것은 허용될 수 없다.

[2] 처분청이 거부처분에 대한 항고소송에서 기존의 처분사유와 기본적 사실관계가 동일하지 않은 사유를 처분사유로 추가변경한 것에 대하여 처분상대방이 추가변경된 처분사유의 실체적 당부에 관하여 해당 소송 과정에서 심리·판단하는 것에 명시적으로 동의하는 경우, 법원은 이를 예외적으로 허용할 수 있는지 여부(적극) / 이에 대하여 처분상대방이 아무런 의견을 밝히지 않는 경우, 법원이 취할 조치 / 법원이 기본적 사실관계가 동일하지 않은 사유의 실체적 당부에 관한 처분상대방의 명시적인 동의 없이 추가변경된 거부처분사유를 심리·판단하여 이를 근거로 거부처분이 적법하다고 판단할 수 있는지 여부(소극)

처분청이 기본적 사실관계의 동일성이 인정되지 않는 별개의 사실을 들어 처분사유로 주장하는 것이 허용되지 않는다고 해석하는 이유는 행정처분의 상대방의 방어권을 보장함으로써 실질적 법치주의를 구현하고 행정처분의 상대방에 대한 신뢰를 보호하고자 하는 데에 취지가 있음을 고려하면, 처분청이 거부처분에 대한 항고소송에서 기존의 처분사유와 기본적 사실관계가 동일하지 않은 사유를 처분사유로 추가·변경한 것에 대하여 처분상대방이 추가·

변경된 처분사유의 실체적 당부에 관하여 해당 소송 과정에서 심리·판단하는 것에 명시적으로 동의하는 경우에는, 법원으로서는 그 처분사유가 기존의 처분사유와 기본적 사실관계가 동일한지와 무관하게 예외적으로 이를 허용할 수 있다. 처분상대방으로서는 처분청이 별개의 사실을 바탕으로 새롭게 주장하는 처분사유까지 동일 소송절차 내에서 판단을 받음으로써 분쟁을 한꺼번에 해결하는 것을 유효·적절한 수단으로서 선택할 수도 있으므로, 처분상대방의 그러한 절차적 선택을 존중하는 것이 처분사유 추가·변경 제한 법리의 기본취지와도 부합하기 때문이다. 그렇다면 법원은, 처분상대방의 명시적 동의에 따라 처분사유의 추가·변경을 허용할 경우, 추가·변경된 거부처분사유가 당초 거부처분사유와 기본적 사실관계의 동일성이 인정되지 않더라도 처분사유 추가·변경 제한 법리에 따라 처분청의 주장을 형식적으로 배척할 것이 아니라 추가·변경된 거부처분사유의 실체적 당부에 관하여 심리·판단해야 한다. 그 결과 추가·변경된 거부처분사유도 실체적으로 위법하여 처분을 취소하는 판결이 선고·확정되는 경우 추가·변경된 거부처분사유에 관한 법원의 판단에 대해서까지 취소판결의 기속력이 미친다고 보아야 한다. 이와 달리 처분상대방의 명시적인 동의가 없다면, 법원으로서는 처분사유 추가·변경 제한 법리의 원칙으로 돌아가 처분청의 거부처분사유 추가·변경을 허용해서는 안 된다.

따라서 처분청이 거부처분에 대한 항고소송에서 당초 거부처분사유와 기본적 사실관계의 동일성이 인정되지 않는 다른 거부처분사유를 주장한 것에 대하여 처분상대방이 아무런 의견을 밝히지 않고 있다면 법원은 적절하게 석명권을 행사하여 처분상대방에게 처분사유 추가·변경 제한 법리의 원칙이 그대로 적용될 것을 주장하는지, 아니면 추가·변경된 거부처분사유의 실체적 당부에 관한 법원의 판단을 구하는지에 관하여 의견을 진술할 수 있도록 기회를 주어야 한다. 그리고 법원이 기본적 사실관계가 동일하지 않은 사유의 실체적 당부에 관한 처분상대방의 명시적인 동의 없이 추가·변경된 거부처분사유를 심리·판단하여 이를 근거로 거부처분이 적법하다고 판단하는 것은 행정소송법상 직권심리주의의 한계를 벗어난 것으로 허용될 수 없다.

【사안의 경우】

건설폐기물 수집·운반업 허가를 받은 법인인 원고는 피고에게 기존 건축물의 용도를 자원순환관련시설(사무실)로 변경하고, 기존 건축물이 있는 대지에 자원순환관련시설인 임시보관소와 휴게소를 각 신축(이하 3개동을 통틀어 '이 사건 건축물')하겠다는 내용의 건축물용도변경허가 및 건축허가를 신청하였음(이하 통틀어 '이 사건 신청'). 피고는 ① 원고는 건설폐기물 수집·운반업체인데, 원고의 사업계획서에 의하면 이 사건 건축물에서 건설폐기물을 분리·선별·파쇄하는 중간처리업을 하겠다는 것이어서 원고의 업무영역이 아니고, ② 인근에 이미 다수의 건설폐기물 중간처리업체가 존재하여 더 이상의 건설폐기물 중간처리업체가 필요하지 않다는 이유로 이 사건 신청을 거부하는 처분(= 이 사건 거부처분)을 하였음. 이에 대하여 원고를 피고를 상대로 이 사건 거부처분의 취소를 청구함. 제1심은 피고가 이 사건 거부처분의 근거로 든 처분사유는 장래의 건설폐기물법상 처분절차에서 거부처분의 근거로 들 수 있는 사유는 될 수 있을지언정 건축법상 건축물용도변경허가 및 건축허가 신청을 거부할 수 있는 정당한 사유는 될 수 없다고 보아 이 사건 거부처분이 위법하다고 판단하였고, 이에 대하여 피고가 항소하였음

원심은 쌍방 당사자에게 대법원 2019두31839 판결의 법리를 검토하여 주장을 정리하라는 내용으로 석명권을 행사하였고, 피고는 건축법상 건축허가절차에서 「국토의 계획 및 이용에 관한 법률」(이하 '국토계획법')상 개발행위허가기준 충족 여부까지 심리·판단하여 만약 국토계획법상 개발행위허가를 발급할 수 없다면 건축법상 건축허가도 발급하여서는 아니 된다는 위 대법원 2019두31839 판결의 법리를 근거로, 여러 사정을 종합하면 원고의 사업계획은 국토계획법상 개발행위허가기준을 충족하지 못한다고 봄이 타당하고, 이를 이유로 이 사건 신청을 거부하는 것은 정당한 재량권 행사이므로 이 사건 거부처분은 결과적으로 적법한 처분이라고 주장하였음(이하 '추가로 주장한 처분사유'). 원고는 피고가 이 사건 거부처분을 하면서 원고의 허가신청이 국토계획법상 개발행위허가기준을 충족하였는지 여부에 관하여 어떠한 검토도 한 바 없었고, 원심의 석명사항에 대한 피고의 주장도 다투면서 이 사건 거부처분은 위법하다는 취지의 주장을 개진하였음

원심은 ① 피고가 추가로 주장한 처분사유는 이 사건 거부처분의 근거법령을 국토계획법 제58조 제1항 제4호로 추가·변경하는 것에 불과하거나 당초 처분사유와 기본적 사실관계가 동일한 사유를 관점만 달리하여 제시하는 것에 불과하므로 허용되는 처분사유의 추가·변경에 해당한다고 판단한 다음, ② 피고가 들고 있는 여러 사정들을 종합하여, 이 사건 건축물이 '주변환경과의 조화'나 '환경오염 발생 우려가 없을 것'이라는 국토계획법상 개발행위허가기준을 충족하였다고 보기 어렵다고 보아, 이 사건 거부처분에 재량권을 일탈·남용한 위법이 없다고 판단하였음

대법원은 위와 같은 법리를 설시하면서, ① 피고가 당초 내세운 거부처분사유와 추가로 주장한 거부처분사유는 그 기초가 되는 사회적 사실관계의 동일성을 인정하기 어렵고, ② 원심이 원고에게 추가로 주장한 거부처분사유의 실체적 당부에 관한 법원의 판단을 구하는지 등 이에 관한 원고의 분명한 의사를 진술하도록 기회를 부여한 것으로 보이지 않으며, ③ 원고가 이 사건 원심 소송절차에서 그 실체적 당부에 관하여 심리·판단하는 데 명시적으로 동의하지 않았다고 볼 여지가 큰 점을 종합하면, 피고가 원심 소송절차에서 이 사건 건축물 인근에는 초·중·고등학교와 대단지 아파트가 존재하여 임시보관장소 설치로 인하여 야기될 수 있는 생활상·환경상 피해가 크다는 내용을 이 사건 거부처분의 사유로 추가하는 것은 원고의 방어권을 침해하는 것으로 처분사유 추가·변경 제한 법리에 따라 허용된다고 보기 어렵다고 보아, 이와 달리 처분사유의 추가가 허용됨을 전제로 추가된 처분사유에 근거한 이 사건 거부처분이 적법하다고 판단한 원심을 파기·환송함

심 리

128 주민동의서 미보완을 이유로 한 폐기물처리사업계획서 반려 통보의 취소를 구한 사건
— 2023. 7. 27. 선고 2023두35661 판결

【판시사항 및 판결요지】

[1] 행정청이 폐기물처리사업계획서의 적합 여부를 판단하는 방법 및 그 적합 여부 판단에 관하여 행정청에 광범위한 재량권이 인정되는지 여부(적극)

폐기물관리법은 폐기물의 발생을 최대한 억제하고 발생한 폐기물을 친환경적으로 처리함으로써 환경보전과 국민생활의 질적 향상에 이바지하는 것을 목적으로 한다(제1조). 이는 2010. 7. 23. 법률 제10389호로 개정되기 전의 구 폐기물관리법이 '폐기물을 적정하게 처리할 것'을 입법 목적으로 하던 것에서 더 나아가 '폐기물을 친환경적으로 처리할 것'까지 요구하는 것이다.

이에 따라 폐기물처리업 중 지정폐기물(사업장폐기물 중 폐유·폐산 등 주변 환경을 오염시킬 수 있거나 의료폐기물 등 인체에 위해를 줄 수 있는 해로운 물질로서 대통령령으로 정하는 폐기물을 말한다. 폐기물관리법 제2조 제4호)이 아닌 경우에도, 폐기물의 수집·운반, 재활용 또는 처분을 업으로 하려는 사람은 허가신청에 앞서 사업의 개요와 시설·장비 설치내용 등을 기재한 '폐기물처리사업계획서'를 시·도지사에게 제출하여야 하고(제25조 제1항), 시·도지사는 제출된 폐기물처리사업계획서를 위 법상의 다른 요건들과 더불어 '폐기물처리시설의 설치·운영으로 수도법 제7조에 따른 상수원보호구역의 수질이 악화되거나 환경정책기본법 제12조에 따른 환경기준의 유지가 곤란하게 되는 등 사람의 건강이나 주변 환경에 영향을 미치는지 여부(제25조 제2항 제4호)'를 심사하여야 한다. 이는 2015. 1. 20. 법률 제13038호로 개정되기 전의 구 폐기물관리법 제25조 제2항 제4호가 심사기준으로 '폐기물처리시설의 설치·운영으로 사람의 건강이나 주변 환경에 영향을 미치는지 여부'로 규정하였던 것에서 더 나아가 '환경정책기본법상의 환경기준 유지 여부'를 구체적인 심사기준으로 명시한 것이다. 따라서 시·도지사는 폐기물처리사업계획서의 적합 여부를 판단함에 있어, 환경의 질적인 향상과 그 보전을 통한 쾌적한 환경의 조성 및 이를 통한 인간과 환경 간의 조화와 균형의 유지라는 환경정책기본법의 입법 취지와 환경정책기본법에 따라 설정된 환경기준도 고려하여야 한다.

폐기물관리법 제25조 제2항 제4호가 인용하고 있는 환경정책기본법 제12조 제1항은 "국가는 생태계 또는 인간의 건강에 미치는 영향 등을 고려하여 환경기준을 설정하여야 하며, 환경 여건의 변화에 따라 그 적정성이 유지되도록 하여야 한다."고 규정하고 있다. 2016. 1.

27. 법률 제13894호로 개정되기 전의 구 환경정책기본법 제12조 제1항이 "국가는 환경기준을 설정하여야 하며, 환경 여건의 변화에 따라 그 적정성이 유지되도록 하여야 한다."고 규정하였던 것에서 더 나아가 대통령령에서 환경기준을 설정할 때 고려하여야 할 주요사항으로 '생태계 또는 인간의 건강에 미치는 영향 등'을 명시함으로써 환경기준의 방향을 제시하고 환경기준을 종전보다 강화하여 국민건강을 보호하려는 것이 그 입법 취지이다.

나아가 환경정책기본법 제13조는 '환경기준의 유지'라는 제목으로 환경기준 유지를 위하여 고려해야 할 사항으로 '환경 악화의 예방 및 그 요인의 제거(제1호)', '환경오염지역의 원상회복(제2호)', '새로운 과학기술의 사용으로 인한 환경오염 및 환경훼손의 예방(제3호)', '환경오염방지를 위한 재원의 적정 배분(제4호)'을 들고 있다. 여기서 '환경'에는 '생활환경'과 '자연환경'이 모두 포함된다(환경정책기본법 제3조 제1호).

이와 같이 폐기물관리법과 환경정책기본법은 지정폐기물이 아닌 폐기물의 경우에도 폐기물관리법과 환경정책기본법의 입법 목적에 입각하여 환경 친화적으로 폐기물처리업을 영위하도록 요구하고 있다.

위와 같은 관련 규정들의 내용과 체계, 입법 취지에 비추어 보면, 행정청은 사람의 건강이나 주변 환경에 영향을 미치는지 여부 등 생활환경과 자연환경에 미치는 영향을 두루 검토하여 폐기물처리사업계획서의 적합 여부를 판단할 수 있으며, 이에 관해서는 행정청에 광범위한 재량권이 인정된다.

따라서 법원이 적합 여부 결정과 관련한 행정청의 재량권 일탈·남용 여부를 심사할 때에는 해당 지역의 자연환경, 주민들의 생활환경 등 구체적 지역 상황, 상반되는 이익을 가진 이해관계자들 사이의 권익 균형과 환경권의 보호에 관한 각종 규정의 입법 취지 등을 종합하여 신중하게 판단하여야 한다. '자연환경·생활환경에 미치는 영향'과 같이 장래에 발생할 불확실한 상황과 파급효과에 대한 예측이 필요한 요건에 관한 행정청의 재량적 판단은 그 내용이 현저히 합리적이지 않다거나 상반되는 이익이나 가치를 대비해 볼 때 형평이나 비례의 원칙에 뚜렷하게 배치되는 등의 사정이 없는 한 폭넓게 존중될 필요가 있다.

[2] 행정청이 처분서에 불확정개념으로 규정된 법령상의 허가기준 등을 충족하지 못하였다는 취지만 간략히 기재하여 폐기물처리사업계획서 반려 통보를 한 경우, 반려 통보에 대한 취소소송절차에서 행정청이 구체적 불허가사유를 분명히 하여야 하는지 여부(적극) 및 이에 대하여 원고가 재량권 일탈·남용의 위법이 있음을 밝히기 위하여 추가적인 주장 및 자료를 제출할 필요가 있는지 여부(적극)

처분이 재량권을 일탈·남용하였다는 사정은 그 처분의 효력을 다투는 자가 주장·증명하여야 한다. 행정청이 폐기물처리사업계획서 반려 내지 부적합 통보를 하면서 그 처분서에 불확정개념으로 규정된 법령상의 허가기준 등을 충족하지 못하였다는 취지만을 간략히 기재하였다면, 반려 내지 부적합 통보에 대한 취소소송절차에서 행정청은 그 처분을 하게 된 판단 근거나 자료 등을 제시하여 구체적 불허가사유를 분명히 하여야 한다. 이러한 경우 재량행위인 폐기물처리사업계획서 반려 내지 부적합 통보의 효력을 다투는 원고로서는 행정청이 제시한 구체적인 불허가사유에 관한 판단과 근거에 재량권 일탈·남용의 위법이 있음을 밝히기 위하여 소송절차에서 추가적인 주장을 하고 자료를 제출할 필요가 있다.

【사안의 경우】

원고가 폐기물관리법 제25조 제1항에 따라 폐기물처리사업계획서를 제출하였는데, 피고가 '폐기물관리법 제25조 제7항 및 「영천시 폐기물처리업 등에 관한 인허가 지침」('이 사건 지침') 제3조에 따른 주민 건강 및 주변 환경 영향 여부를 확인하기 위한 주민동의서 미제출'을 처분사유로 하여 위 계획서를 반려하는 통보를 하자 원고가 위 반려처분의 취소를 구함. 피고는 이 사건 소 계속 중 처분사유로 기재되어 있던 '주민의 건강과 주변 환경에의 영향'이라는 불확정개념을 구체화하였음.

원심은, 피고가 원고의 폐기물처리사업계획서 제출에 따른 '주민건강 및 주변 환경영향 여부'를 검토·확인한 후 그 검토결과를 이유로 한 처분사유를 제시하지 아니한 채, 오로지 '보완서류(인근 주민들의 동의서) 미제출'이라는 절차적 이유만으로 이 사건 반려처분을 한 것은 재량권을 일탈·남용한 것으로서 위법하다고 판단하였음.

대법원은 위 법리에 따라, 폐기물처리사업계획서 반려 처분에 대한 취소소송 절차에서 피고가 구체적인 불허가사유를 분명히 하였다면, 원심으로서는 원고로 하여금 원고가 운영하려는 폐기물처리시설 예정지의 자연환경, 기반시설과 인근의 주거시설, 상업시설, 산업시설, 근린생활시설 등의 위치, 규모 및 현황을 확인할 수 있는 자료 및 그 폐기물처리시설이 주민들의 건강과 주변 환경에 어떠한 영향을 주는지에 관한 주장 및 자료를 제출하게 하여 원고가 운영하려는 폐기물처리시설로 인한 주민들의 건강이나 주변 환경에의 영향의 유무 및 그 정도를 심리하였어야 한다고 보아, 피고의 반려 통보가 단순히 보완서류 미이행(주민동의서 미제출)만을 처분사유로 하였다는 전제에서 재량권 일탈·남용의 위법이 있다고 단정한 원심판결을 파기·환송함

129 항고소송에서 행정처분의 위법 여부를 판단하는 기준과 방법
— 2023. 12. 28. 선고 2020두49553 판결

[1] 항고소송에서 행정처분의 위법 여부를 판단하는 기준과 방법

항고소송에서 행정처분의 위법 여부는 행정처분이 있을 때의 법령과 사실 상태를 기준으로 판단하여야 하고, 법원은 행정처분 당시 행정청이 알고 있었던 자료뿐만 아니라 사실심 변론종결 당시까지 제출된 모든 자료를 종합하여 처분 당시 존재하였던 객관적 사실을 확정하고 그 사실에 기초하여 처분의 위법 여부를 판단할 수 있다.

[2] 구 재건축초과이익 환수에 관한 법률 제20조에서 개발비용을 뒷받침할 자료의 제출기한을 규정한 취지 및 납부의무자가 개발비용 공제를 위한 자료 제출기한에 관련 자료를 제출하지 않았더라도 재건축부담금 부과처분을 다투는 항고소송에서 그 자료를 증거로 제출할 수 있는지 여부(적극)

구 재건축초과이익 환수에 관한 법률(2012. 12. 18. 법률 제11589호로 개정되기 전의 것, 이하 '구 재건축이익환수법'이라 한다) 제20조가 공제할 개발비용의 산정에 필요한 자료의 제출기한을 규정하고 있고, 같은 법 제24조가 그 제출을 게을리한 자에 대하여 과태료를 부과하는 규정을 두고 있기는 하나, 구 재건축이익환수법이 위와 같이 개발비용을 뒷받침할 자료의 제출기한을 규정한 취지는 재건축부담금의 신속한 산정 및 부과를 통한 행정의 원활한 수행을 보장하고자 함에 있을 뿐, 이미 부과된 재건축부담금의 적법 여부를 다투는 항고소송에서 개발비용의 산정에 반영할 수 있는 증명자료의 범위를 제한하려는 것이라고 해석할 수는 없다.

따라서 납부의무자가 개발비용 공제를 위한 자료의 제출기한이 지나도록 관련 자료를 제출하지 않았더라도, 구 재건축이익환수법 제24조에 따라 해태기간에 비례한 과태료가 부과되는 것을 넘어서 재건축부담금 부과처분을 다투는 항고소송에서까지 그 자료를 증거로 제출할 수 없게 되는 것은 아니다.

일부취소판결

130 변상금부과처분의 취소 범위가 문제된 사건
― 2024. 7. 25. 선고 2024두38025 판결

【판시사항 및 판결요지】

□ 여러 필지 토지 중 일부에 대한 변상금 부과만이 위법한 경우 변상금부과처분 중 산정방법이 위법한 토지에 대한 부분만 일부취소하여야 하는지 여부(적극)

하천관리청이 하천점용허가를 받지 않고 무단으로 하천을 점용·사용한 자에 대하여 변상금을 부과하면서 여러 필지 토지에 대하여 외형상 하나의 변상금부과처분을 하였으나, 여러 필지 토지 중 일부에 대한 변상금 부과만이 위법한 경우에는 변상금부과처분 중 위법한 토지에 대한 부분만을 취소하여야 하고, 그 부과처분 전부를 취소할 수는 없다.

【사안의 경우】

원고가 국유하천구역을 무단점유 하였음을 이유로 피고가 원고에 대해 원상회복명령 및 변상금부과처분을 하자, 원고가 피고를 상대로 그 처분의 취소를 청구함

원심은, 이 사건 각 토지 중 일부 토지에 대한 변상금 산정방법에 잘못이 있고 이를 지적하는 원고의 주장은 위와 같은 범위 내에서 이유 있다고 판단하면서도, 이 사건에서 제출된 자료만으로는 적법하게 부과될 정당한 변상금 액수를 산출할 수 없는 경우에 해당한다는 이유를 들어 이 사건 변상금부과처분 전부를 취소하였음

대법원은 위와 같은 법리를 설시하면서, 이 사건 변상금부과처분 중 위법한 토지에 대한 부분만을 취소하여야 한다고 보아, 이와 달리 판단한 원심을 파기하고 자판하여 그 부분에 해당하는 원고의 항소를 기각함

131. 법인세 등 부과처분과 소득금액변동통지의 취소를 구하는 사건
− 2024. 12. 12. 선고 2024두49469 판결

❑ 과세처분 취소소송에서 사실심 변론종결 시까지 제출된 자료에 의하여 정당한 세액이 산출되는 경우, 정당한 세액을 초과하는 부분만 취소하여야 하는지 여부(적극)

과세처분 취소소송의 소송물은 정당한 세액의 객관적 존부이므로 사실심 변론종결 시까지 제출된 자료에 의하여 정당한 세액이 산출되는 경우에는 그 정당한 세액을 초과하는 부분만 취소하여야 하고 그 전부를 취소할 것은 아니다.

기판력

132 확정판결의 기판력
― 2021. 9. 30. 선고 2021두38635 판결

❏ 확정판결의 기판력의 의미와 효과 및 후소의 소송물이 전소의 소송물과 동일하지 않더라도 전소의 소송물에 대한 판단이 후소의 선결문제가 되거나 모순관계에 있는 경우, 후소에서 전소 확정판결의 판단과 다른 주장을 할 수 있는지 여부(소극)

확정판결의 기판력에 따르면, 확정판결의 주문에 포함된 법률적 판단과 동일한 사항이 소송상 문제가 되었을 때 당사자는 이에 저촉되는 주장을 할 수 없고 법원도 이에 저촉되는 판단을 할 수 없다. 후소의 소송물이 전소의 소송물과 동일하지 않더라도 전소의 소송물에 관한 판단이 후소의 선결문제가 되거나 모순관계에 있을 때에는 후소에서 전소 확정판결의 판단과 다른 주장을 하는 것도 허용되지 않는다

기속력

133. 확정된 이송결정의 기속력이 전속관할 규정을 위배하여 이송한 경우에도 미치는지 여부
― 2023. 8. 31. 선고 2021다243355 판결

[1] 확정된 이송결정의 기속력이 전속관할 규정을 위배하여 이송한 경우에도 미치는지 여부(원칙적 적극)

이송결정에 대한 불복방법으로 즉시항고가 마련되어 있고 이송의 반복에 의한 소송지연을 피하여야 할 공익적 요청은 전속관할을 위배하여 이송한 경우라고 하여도 예외일 수 없으므로, 당사자가 이송결정에 대하여 즉시항고를 하지 않았거나 즉시항고가 기각되어 확정된 이상 이송결정의 기속력은 원칙적으로 전속관할의 규정을 위배하여 이송한 경우에도 미친다.

기록에 따르면, 원고는 2019. 6. 14. 서울행정법원에 이 사건 소를 공법상 당사자소송으로 제기하였으나 서울행정법원은 2019. 8. 9. 이 사건이 행정법원의 관할에 속하지 않는다는 이유로 사건을 서울중앙지방법원에 이송하는 결정을 하였고, 이에 대해 원고가 2019. 8. 19. 즉시항고하였으나 서울고등법원이 2019. 10. 7. 이를 기각하여 위 이송결정이 같은 달 19일 확정된 사실을 알 수 있다.

위 법리에 따르면, 피고의 주장과 같이 이 사건 소가 공법상 당사자소송에 해당하여 행정법원에 전속관할이 있다고 하더라도, 위 이송결정의 기속력에 따라 서울중앙지방법원에도 이 사건 소송에 대한 관할권이 있으므로, 제1심법원과 원심법원이 이 사건 소송을 민사소송으로 보아 심리하였다고 하여 판결의 결과에 영향을 미친 잘못이 있다고 볼 수 없다.

따라서 원심의 이유 설시에 일부 적절하지 않은 부분이 있으나 피고의 본안전항변을 받아들이지 않은 원심의 결론은 정당하므로, 이 부분 상고이유는 받아들일 수 없다.

[2] 요양기관의 국민건강보험공단에 대한 요양급여비용청구권이 공단의 지급결정과 무관하게 국민건강보험법령에 의하여 곧바로 발생하는지 여부(소극)

요양기관의 국민건강보험공단에 대한 요양급여비용청구권은 요양기관의 청구에 따라 공단이 지급결정을 함으로써 구체적인 권리가 발생하는 것이지, 공단의 결정과 무관하게 국민건강보험법령에 의하여 곧바로 발생한다고 볼 수 없다.

[3] 행정처분의 성립 요건 및 어떠한 처분이 외부적으로 성립하였는지 판단하는 기준

행정처분은 주체·내용·절차와 형식이라는 내부적 성립 요건과 외부에 대한 표시라는 외부적 성립 요건을 모두 갖춘 경우에 존재한다. 행정처분의 외부적 성립은 행정의사가 외부에

표시되어 행정청이 자유롭게 취소·철회할 수 없는 구속을 받게 되는 시점, 그리고 상대방이 쟁송을 제기하여 다툴 수 있는 기간의 시점을 정하는 의미를 가지므로, 어떠한 처분의 외부적 성립 여부는 행정청에 의하여 해당 처분에 관한 행정의사가 법령 등에서 정하는 공식적인 방법으로 외부에 표시되었는지를 기준으로 판단하여야 한다.

[4] 甲 병원의 개설명의자인 乙이 丙 은행에 甲 병원과 관련하여 乙이 국민건강보험공단에 대해 가졌거나 가지게 될 요양급여비용 채권을 양도하는 계약을 체결하고 공단에 채권양도를 통지하였고, 그 후 공단이 甲 병원이 의료법 제33조 제8항에서 규정한 의료기관 개설기준을 위반한 것으로 확인된다는 이유로 甲 병원이 청구하는 요양급여비용에 대한 지급거부처분을 하였다가, 乙이 제기한 행정소송에서 지급거부처분을 취소한다는 판결이 내려지자, 판결 확정 전 丙 은행에 지급거부처분에 따라 지급하지 않았던 요양급여비용을 지급한 다음 乙에게 지급거부처분이 해제되었고 요양급여비용을 丙 은행에 지급하였다는 내용을 고지하였는데, 丙 은행이 지급거부된 요양급여비용에 대하여 민법에 따른 지연손해금이 발생하였음을 전제로 지급받은 돈을 지연손해금 채권과 원본 채권에 순서대로 충당한 다음 공단을 상대로 남은 요양급여비용과 이에 대한 지연손해금의 지급을 구한 사안에서, 丙 은행의 공단에 대한 구체적인 요양급여비용청구권은 공단이 丙 은행에 요양급여비용을 지급한 시점에 비로소 발생하였다고 보아야 하므로, 지급거부기간 동안 요양급여비용에 대한 민법상 이자 내지 지연손해금이 발생하지 않지만, 구 국민건강보험법 제47조의2 제3항, 제4항, 구 국민건강보험법 시행령 제22조의2 제6항을 유추적용하여 지급거부된 요양급여비용에 대한 이자를 지급하는 것이 타당하다고 한 사례

甲 병원의 개설명의자인 乙이 丙 은행에 甲 병원과 관련하여 乙이 국민건강보험공단에 대해 가졌거나 가지게 될 요양급여비용 채권을 양도하는 계약을 체결하고 공단에 채권양도를 통지하였고, 그 후 공단이 甲 병원이 의료법 제33조 제8항에서 규정한 의료기관 개설기준을 위반한 것으로 확인된다는 이유로 甲 병원이 청구하는 요양급여비용에 대한 지급거부처분을 하였다가, 乙이 제기한 행정소송에서 지급거부처분을 취소한다는 판결이 내려지자, 판결 확정 전 丙 은행에 지급거부처분에 따라 지급하지 않았던 요양급여비용을 지급한 다음 乙에게 지급거부처분이 해제되었고 요양급여비용을 丙 은행에 지급하였다는 내용을 고지하였는데, 丙 은행이 지급거부된 요양급여비용에 대하여 민법에 따른 지연손해금이 발생하였음을 전제로 지급받은 돈을 지연손해금 채권과 원본 채권에 순서대로 충당한 다음 공단을 상대로 남은 요양급여비용과 이에 대한 지연손해금의 지급을 구한 사안에서, 丙 은행의 공단에 대한 구체적인 요양급여비용청구권은 공단이 해당 요양급여비용에 대하여 지급결정을 하였다고 볼 수 있는 시점, 즉 공단이 丙 은행에 요양급여비용을 지급한 시점에 비로소 발생하였다고 보아야 하므로, 지급거부기간 동안에는 요양급여비용에 대한 민법상 이자 내지 지연손해금이 발생하지 않지만, 구 국민건강보험법(2020. 12. 29. 법률 제17772호로 개정되기 전의 것) 제47조의2 제3항, 제4항, 구 국민건강보험법 시행령(2020. 12. 29. 대통령령 제31337호로 개정되기 전의 것) 제22조의2 제6항을 유추적용하여 지급거부된 요양급여비용에 대한 이자를 지급하는 것이 타당하다고 한 사례

당사자소송

 군인연금법상 급여지급 청구
— 2021. 12. 16. 선고 2019두45944 판결 ★★

[1] 군 복무 중 사망한 사람의 유족이 국가배상을 받은 경우, 국가보훈처장 등이 사망보상금에서 정신적 손해배상금까지 공제할 수 있는지 문제 된 사안에서, 사망보상금에서 소극적 손해배상금 상당액을 공제할 수 있을 뿐 이를 넘어 정신적 손해배상금까지 공제할 수 없다고 한 사례

군 복무 중 사망한 사람의 유족이 국가배상을 받은 경우, 국가보훈처장 등이 사망보상금에서 정신적 손해배상금까지 공제할 수 있는지 문제 된 사안에서, 구 군인연금법(2019. 12. 10. 법률 제16760호로 전부 개정되기 전의 것)이 정하고 있는 급여 중 사망보상금은 일실손해의 보전을 위한 것으로 불법행위로 인한 소극적 손해배상과 같은 종류의 급여이므로, 군 복무 중 사망한 사람의 유족이 국가배상을 받은 경우 국가보훈처장 등은 사망보상금에서 소극적 손해배상금 상당액을 공제할 수 있을 뿐, 이를 넘어 정신적 손해배상금까지 공제할 수 없다고 한 사례.

[2] 구 군인연금법령상 급여를 받으려고 하는 사람이 관계 법령에 따라 국방부장관 등에게 급여지급을 청구하였으나 국방부장관 등이 이를 거부하거나 일부 금액만 인정하는 급여지급결정을 하는 경우, 그 결정을 대상으로 항고소송을 제기하는 등으로 구체적 권리를 인정받지 않은 상태에서 곧바로 국가를 상대로 한 당사자소송으로 급여의 지급을 소구할 수 있는지 여부(소극)

구 군인연금법(2019. 12. 10. 법률 제16760호로 전부 개정되기 전의 것, 이하 같다)에 의한 사망보상금 등의 급여를 받을 권리는 법령의 규정에 따라 직접 발생하는 것이 아니라 급여를 받으려고 하는 사람이 소속하였던 군의 참모총장의 확인을 얻어 청구함에 따라 국방부장관 등이 지급결정을 함으로써 구체적인 권리가 발생한다[구 군인연금법 제10조 제1항, 제11조 제1항, 제2항, 제31조 제1항, 구 군인연금법 시행령(2020. 6. 9. 대통령령 제30759호로 전부 개정되기 전의 것) 제21조 제2항, 제23조 제1항 제1호, 제4항, 구 군인연금법 시행규칙(2020. 6. 11. 국방부령 제1022호로 전부 개정되기 전의 것) 제5조 제1항 참조].

국방부장관 등이 하는 급여지급결정은 단순히 급여수급 대상자를 확인·결정하는 것에 그치는 것이 아니라 구체적인 급여수급액을 확인·결정하는 것까지 포함한다. 구 군인연금법령상 급여를 받으려고 하는 사람은 우선 관계 법령에 따라 국방부장관 등에게 급여지급을 청구하여 국방부장관 등이 이를 거부하거나 일부 금액만 인정하는 급여지급결정을 하는 경우 그 결정을 대상으로 항고소송을 제기하는 등으로 구체적 권리를 인정받은 다음 비로소 당사자소송으로 그 급여의 지급을 구해야 한다. 이러한 구체적인 권리가 발생하지 않은 상태에서 곧바로 국가를 상대로 한 당사자소송으로 급여의 지급을 소구하는 것은 허용되지 않는다.

[3] 법원이 국가공공단체 그 밖의 권리주체를 피고로 하는 당사자소송을 그 처분 등을 한 행정청을 피고로 하는 항고소송으로 변경하는 것이 타당하다고 인정할 경우, 소의 변경을 허가할 수 있는지 여부(원칙적 적극) 및 원고가 고의 또는 중대한 과실 없이 항고소송으로 제기해야 할 것을 당사자소송으로 잘못 제기한 경우, 법원이 취할 조치

법원은 국가·공공단체 그 밖의 권리주체를 피고로 하는 당사자소송을 그 처분 등을 한 행정청을 피고로 하는 항고소송으로 변경하는 것이 타당하다고 인정할 때에는 청구의 기초에 변경이 없는 한 사실심 변론종결 시까지 원고의 신청에 의하여 결정으로써 소의 변경을 허가할 수 있다(행정소송법 제42조, 제21조). 다만 원고가 고의 또는 중대한 과실 없이 항고소송으로 제기해야 할 것을 당사자소송으로 잘못 제기한 경우에, 항고소송의 소송요건을 갖추지 못했음이 명백하여 항고소송으로 제기되었더라도 어차피 부적법하게 되는 경우가 아닌 이상, 법원으로서는 원고가 항고소송으로 소 변경을 하도록 석명권을 행사하여 행정청의 처분이나 부작위가 적법한지 여부를 심리·판단해야 한다.

[4] 처분의 존재가 인정되기 위해서는 처분이 주체·내용·절차와 형식의 요건을 모두 갖추고 외부에 표시되어야 하는지 여부(적극) / 처분이 성립하는 시점 및 그 성립 여부를 판단하는 기준

일반적으로 처분이 주체·내용·절차와 형식의 요건을 모두 갖추고 외부에 표시된 경우에는 처분의 존재가 인정된다. 행정의사가 외부에 표시되어 행정청이 자유롭게 취소·철회할 수 없는 구속을 받게 되는 시점에 처분이 성립하고, 그 성립 여부는 행정청이 행정의사를 공식적인 방법으로 외부에 표시하였는지를 기준으로 판단해야 한다.

135. 지적재조사사업에 따른 조정금에 대한 지연손해금의 지급을 구하는 사건
— 2024. 11. 28. 선고 2024두50711

【판시사항 및 판결요지】

☐ 공법상 당사자소송에서 소 제기 후 채무자가 원본채무를 이행함으로써 이행지체로 인한 지연손해배상만이 남게 된 경우, 지연손해금을 산정하는 데 「소송촉진 등에 관한 특례법」(이하 '소송촉진법') 제3조의 법정이율을 적용할 수 있는지 여부(소극)

소송촉진법 제3조는 금전채권자의 소 제기 후에도 상당한 이유 없이 채무를 이행하지 아니하는 채무자에게 지연이자에 관하여 불이익을 가함으로써 채무불이행 상태의 유지 및 소송의 불필요한 지연을 막고자 하는 것을 중요한 취지로 한다. 소송촉진법 제3조 제1항의 문언상으로도 '금전채무의 전부 또는 일부의 이행을 명하는 판결을 선고할 경우'에 금전채무 불이행으로 인한 손해배상액 산정의 기준이 되는 법정이율에 관하여 정하고 있다(같은 조 제2항도 '채무자에게 그 이행의무가 있음을 선언하는 사실심 판결이 선고'되는 것을 전제로 하여 규정한다). 따라서 금전채권자가 채무자를 상대로 채무의 이행을 청구하는 소를 제기한 후에 채무자가 자신의 채무를 이행함으로써 원래의 금전채무가 소멸하여 그 범위에서 채권자의 채무이행청구는 기각될 수밖에 없고 이제 그 채무의 이행지체로 인한 지연손해의 배상만이 남게 된 경우에는 지연손해금 산정에 대하여 소송촉진법 제3조의 법정이율을 적용할 수 없다.

【사안의 경우】

지방자치단체인 피고 관할 토지 소유자인 원고는 이 사건 소 제기 후 피고로부터 지적재조사사업에 따른 조정금을 수령하였는데, 피고를 상대로 조정금 이행기부터 실제 조정금 지급 시까지의 지연손해금의 지급을 청구함

제1심은, 이 사건 소가 공법상 당사자소송에 해당하여 경정 전 피고인 지방자치단체장은 피고적격이 없어 부적법하다고 판단하여 각하 판결하였고, 이에 원고가 항소하면서 피고를 지방자치단체장으로 경정 또는 정정할 것을 신청함. 원심은, 당사자표시정정신청은 불허하면서 피고경정 허가결정을 한 후 이행기 이후인 지방자치단체장에 대한 이 사건 소장 부본 송달일 다음날부터 조정금 지급일까지의 지연손해금을 산정하는 데 소송촉진법 제3조의 법정이율을 적용할 수 없다고 판단한 다음, 민사법정이율인 연 5%를 적용하여 계산한 일부 지연손해금의 지급만을 명하였음

대법원은 위와 같은 법리를 설시하면서, 같은 취지의 원심 결론은 옳고, 설령 원고의 당사자표시정정신청을 받아들이더라도 조정금의 지연손해금을 산정하는 데 소송촉진법 제3조의 법정이율을 적용할 수 없어 위 결론에 영향이 없다고 보아 상고를 기각함

제6편
행정조직법

제1장 지방자치법

지방자치단체의 구역

136 공유수면 매립지 관할 귀속
— 2021. 2. 4. 선고 2015추528 판결 ★★

[1] 지방자치법 제5조 제4항부터 제8항에서 행정안전부장관 및 소속 위원회의 매립지 관할 귀속에 관한 의결·결정의 실체적 결정기준이나 고려요소를 구체적으로 규정하지 않은 것이 헌법상 보장된 지방자치제도의 본질을 침해하거나 명확성원칙, 법률유보원칙에 반하는지 여부(소극)

지방자치단체의 관할구역은 본래 지방자치제도 보장의 핵심영역, 본질적 부분에 속하는 것이 아니라 입법형성권의 범위에 속하는 점, 해상 공유수면 매립지의 경우 국가의 결정에 의하여 비로소 관할 지방자치단체가 정해지는 것인 점, 2009. 4. 1. 법률 제9577호로 개정된 지방자치법 제4조는 제1항에서 지방자치단체의 관할구역은 법령으로 정하는 것을 원칙으로 하면서도, 제3항에서 예외적으로 공유수면 매립지의 경우 종전에 헌법재판소의 권한쟁의심판 절차를 통해 해상경계선을 기준으로 관할 지방자치단체가 결정됨에 따라 발생하는 문제들을 해소하기 위하여 특별히 행정안전부장관으로 하여금 일정한 의견청취 절차를 거쳐 신중하게 관할 귀속 결정을 할 수 있는 권한을 위임한 것인 점, 국가는 해상 공유수면 매립지의 관할 지방자치단체를 결정할 때 관련 지방자치단체나 주민들의 이해관계 외에도 국토의 효율적이고 균형 있는 이용·개발과 보전(헌법 제120조 제2항, 제122조), 지역 간의 균형 있는 발전(헌법 제123조 제2항)까지도 고려하여 비교형량하여야 하는데 이러한 고려요소나 실체적 결정기준을 법률에 더 구체적으로 규정하는 것은 입법기술적으로도 곤란한 측면이 있는 점 등을 종합하면, 지방자치법 제5조 제4항부터 제8항이 행정안전부장관 및 그 소속 위원회의 매립지 관할 귀속에 관한 의결·결정의 실체적 결정기준이나 고려요소를 구체적으로 규정하지 않았다고 하더라도 지방자치제도의 본질을 침해하였다거나 명확성원칙, 법률유보원칙에 반한다고 볼 수 없다.

[2] 매립지 관할 귀속에 관하여 이해관계가 있는 매립면허관청이나 관련 지방자치단체의 장이 준공검사 전까지 행정안전부장관에게 관할 귀속 결정을 신청하도록 한 지방자치법 제5조 제5항의 입법 취지 및 위 규정에서 정한 대로 매립면허관청이나 관련 지방자치단체의 장이 준공검사 전까지 관할 귀속 결정을 신청하지 않은 것이 행정안전부장관의 관할 귀속 결정을 취소해야 할 위법사유인지 여부(소극)

지방자치법 제4조 제4항, 공유수면 관리 및 매립에 관한 법률 제45조, 공간정보의 구축 및 관리 등에 관한 법률 제2조 제29호, 제77조, 제87조, 공간정보의 구축 및 관리 등에 관한 법률 시행령 제63조, 공간정보의 구축 및 관리 등에 관한 법률 시행규칙 제81조 제1항 제2호와 국가가 매립지가 속할 지방자치단체를 결정하지 않은 상태에서, 토지소유자 또는 매립면허취득자가 임의로 특정 지방자치단체의 장에게 토지 신규등록을 신청하여 마친 지적공부 등록의 효력(당연무효)에 관한 법리를 종합하면, 지방자치법 제5조 제5항은 매립지 관할 귀속에 관하여 이해관계가 있는 매립면허관청이나 관련 지방자치단체의 장이 준공검사 전까지 행정안전부장관에게 관할 귀속 결정을 신청하도록 함으로써 행정안전부장관으로 하여금 가급적 신속하고 적절한 시점에 매립지 관할 귀속 결정을 하도록 촉구하고, 이를 통해 행정안전부장관의 매립지 관할 귀속 결정 전에 토지소유자 또는 매립면허취득자가 임의로 특정 지방자치단체의 장에게 토지 신규등록을 신청하여 당연무효인 지적공부 등록이 이루어지는 상황을 예방하려는 데에 입법 취지가 있다. 해상 공유수면 매립지의 경우 지방자치법 제5조 제1항 본문에 의하여 법률의 형식으로 관할 지방자치단체를 정하지 않는 이상 지방자치법 제5조 제4항에 의하여 행정안전부장관의 관할 귀속 결정이 반드시 있어야 하므로, 지방자치법 제5조 제5항이 정한 대로 신청이 이루어지지 않았다고 하더라도 해당 매립지에 관하여 관할 귀속 결정을 하여야 할 행정안전부장관의 권한·의무에 어떤 영향을 미친다고 볼 수 없다. 매립면허관청이나 관련 지방자치단체의 장이 준공검사 전까지 관할 귀속 결정을 신청하지 않았다고 하더라도 그것이 행정안전부장관의 관할 귀속 결정을 취소하여야 할 위법사유는 아니라고 보아야 한다.

[3] 지방자치법 제5조 제5항에서 매립지 관할 귀속 결정의 신청권자로 규정한 '관련 지방자치단체의 장'에 기초 지방자치단체의 장이 포함되는지 여부(적극)

2009. 4. 1. 지방자치법 제4조(현행 제5조) 개정 전에는 공유수면 매립지의 관할 귀속이 주로 '기초 지방자치단체들 상호 간'의 권한쟁의심판 절차를 통해 결정되었고, 그에 따른 문제점을 해소하기 위하여 2009. 4. 1. 지방자치법 제4조가 개정되어 행정안전부장관의 매립지 관할 귀속 결정 절차가 신설된 점, 우리나라에서는 지방자치단체를 두 가지 종류로 구분하여 특별시, 광역시, 특별자치시, 도, 특별자치도와 같은 광역 지방자치단체 안에 시·군·구와 같은 기초 지방자치단체를 두고 있으므로(지방자치법 제2조 제1항, 제3조 제2항), 어떤 매립지가 특정 기초 지방자치단체의 관할구역으로 결정되면 그와 동시에 그 기초 지방자치단체가 속한 광역 지방자치단체의 관할구역에도 포함되는 것으로 보아야 하는 점 등을 고려하면, 지방자치법 제5조 제5항에서 매립지 관할 귀속 결정의 신청권자로 규정한 '관련 지방자치단체의

장'에는 해당 매립지와 인접해 있어 그 매립지를 관할하는 지방자치단체로 결정될 가능성이 있는 '기초 및 광역 지방자치단체의 장'을 모두 포함한다.

[4] 행정안전부장관 및 소속 위원회가 매립지가 속할 지방자치단체를 정할 때 폭넓은 형성의 재량을 가지는지 여부(적극) 및 그 재량의 한계 / 행정안전부장관 및 소속 위원회가 매립지가 속할 지방자치단체를 결정할 때 고려할 사항

2009. 4. 1. 법률 제9577호로 지방자치법 제4조를 개정하여 행정안전부장관이 매립지가 속할 지방자치단체를 결정하는 제도를 신설한 입법 취지에 비추어 보면, 행정안전부장관 및 소속 위원회는 매립지가 속할 지방자치단체를 정할 때 폭넓은 형성의 재량을 가진다. 다만 그 형성의 재량은 무제한적인 것이 아니라, 관련되는 제반 이익을 종합적으로 고려하여 비교·형량하여야 하는 제한이 있다. 행정안전부장관 및 소속 위원회가 그러한 이익형량을 전혀 하지 않았거나 이익형량의 고려 대상에 마땅히 포함해야 할 사항을 누락한 경우 또는 이익형량을 하였으나 정당성·객관성이 결여된 경우에는 그 관할 귀속 결정은 재량권을 일탈·남용한 것으로 위법하다.

위와 같은 지방자치법의 개정 취지 등을 고려하면, 행정안전부장관 및 소속 위원회가 매립지가 속할 지방자치단체를 결정할 때에는 일반적으로 다음과 같은 사항을 포함하여 고려하여야 한다. 특히 하나의 계획으로 전체적인 매립사업계획이 수립되고 그 구도하에서 사업내용이나 지구별로 단계적·순차적으로 진행되는 매립사업에서는 매립이 완료된 부분에 대한 행정적 지원의 필요 등으로 전체 매립대상지역이 아니라 매립이 완료된 일부 지역에 대한 관할 귀속 결정을 먼저 할 수밖에 없는 경우에도 그 부분의 관할 귀속 결정은 나머지 매립예정 지역의 관할 결정에 상당한 영향을 미칠 수 있다. 따라서 일부 구역에 대해서만 관할 귀속 결정을 할 경우에도 해당 매립사업의 전체적 추진계획, 매립지의 구역별 토지이용계획 및 용도, 항만의 조성과 이용계획 등을 종합적으로 고려하여 매립예정지역의 전체적인 관할 구도의 틀을 감안한 관할 귀속 결정이 이루어지도록 하여야 한다. 만일 전체적인 관할 구도에 비추어 부적절한 관할 귀속 결정이 부분적으로 이루어지게 되면, 해당 매립사업의 전체적 추진계획 및 매립지의 세부 토지이용계획 등이 반영되지 못하게 될 위험이 있을 뿐만 아니라, 관할 귀속 결정이 이루어질 때마다 지방자치단체 사이에 분쟁이 생길 수 있고, 이로 인하여 국가 및 그 지역사회 차원에서 사회적·경제적 비용이 늘어나게 되며, 사회통합에도 장애가 되어 바람직하지 못하다. 게다가 특정 매립완료지역에 대하여 일단 분리 결정이 되면 그 부분의 관할권을 가지게 된 지방자치단체의 기득권처럼 인식되어 각 단계마다 새로이 이해관계 조정이 이루어지게 됨으로써 전체적인 이익형량을 그르치거나 불필요한 소모적 다툼이 연장될 우려도 배제할 수 없다. 이와 같은 제반 사정에 비추어 매립대상지역 중 완공이 된 일부 지역에 대하여 관할 귀속 결정을 할 경우에도 전체 매립대상지역의 관할 구분 구도에 어긋나지 않게 관할 귀속 결정이 이루어져야 한다.

① 매립지 내 각 지역의 세부 토지이용계획 및 인접 지역과의 유기적 이용관계 등을 고려하

여 관할구역을 결정하여 효율적인 신규토지의 이용이 가능하도록 하여야 한다.

② 공유수면이 매립되어 육지화된 이상 더는 해상경계선만을 기준으로 관할 귀속 결정을 할 것은 아니고, 매립지와 인근 지방자치단체 관할구역의 연결 형상, 연접관계 및 거리, 관할의 경계로 쉽게 인식될 수 있는 도로, 하천, 운하 등 자연지형 및 인공구조물의 위치 등을 고려하여 매립지가 토지로 이용되는 상황을 전제로 합리적인 관할구역 경계를 설정하여야 한다.

③ 매립지와 인근 지방자치단체의 연접관계 및 거리, 도로, 항만, 전기, 수도, 통신 등 기반시설의 설치·관리, 행정서비스의 신속한 제공, 긴급상황 시 대처능력 등 여러 요소를 고려하여 행정의 효율성이 현저히 저해되지 않아야 한다.

④ 매립지와 인근 지방자치단체의 교통관계, 외부로부터의 접근성 등을 고려하여 매립지 거주 주민들의 입장에서 어느 지방자치단체의 관할구역에 편입되는 것이 주거생활 및 생업에 편리할 것인지를 고려하여야 한다.

⑤ 매립공사의 시행으로 인근 지방자치단체와 주민들이 인접 공유수면을 상실하게 되므로 이로 인하여 잃게 되는 지방자치단체들의 해양 접근성에 대한 연혁적·현실적 이익 및 주민들의 생활기반과 경제적 이익을 감안하여야 한다.

주 민

137 법인이 분담금 납부의무자로서 '주민'에 해당하는지 여부
— 2021. 4. 29. 선고 2016두45240 판결 ★★

☐ 법인이 해당 지방자치단체에서 인적·물적 설비를 갖추고 계속적으로 사업을 영위하면서 해당 지방자치단체의 재산 또는 공공시설의 설치로 특히 이익을 받는 경우, 지방자치법 제155조에 따른 분담금 납부의무자가 될 수 있는지 여부(적극)

지방자치법은 여러 조항에서 권리·의무의 주체이자 법적 규율의 상대방으로서 '주민'이라는 용어를 사용하고 있다. 지방자치법에 '주민'의 개념을 구체적으로 정의하는 규정이 없는데, 그 입법 목적, 요건과 효과를 달리하는 다양한 제도들이 포함되어 있는 점을 고려하면, 지방자치법이 단일한 주민 개념을 전제하고 있는 것으로 보기 어렵다. 자연인이든 법인이든 누군가가 지방자치법상 주민에 해당하는지는 개별 제도별로 제도의 목적과 특성, 지방자치법뿐만 아니라 관계 법령에 산재해 있는 관련 규정들의 문언, 내용과 체계 등을 고려하여 개별적으로 판단할 수밖에 없다.

지방자치법 제17조 제2항, 제18조, 제19조, 제21조, 제22조, 제25조에 따른 참여권 등의 경우 지방자치법 자체나 관련 법률에서 일정한 연령 이상 또는 주민등록을 참여자격으로 정하고 있으므로(공직선거법 제15조, 주민투표법 제5조, 주민소환에 관한 법률 제3조 참조) 자연인만을 대상으로 함이 분명하고, 제12조는 기본적으로 제2장에서 정한 다양한 참여권 등을 행사할 수 있는 주민의 자격을 명확히 하려는 의도로 만들어진 규정이라고 볼 수 있다. 그러나 제17조 제2항에서 정한 재산·공공시설 이용권, 균등한 혜택을 받을 권리와 제27조에서 정한 비용분담 의무의 경우 자연인만을 대상으로 한 규정이라고 볼 수 없다.

지방자치법 제155조에 따른 분담금 제도의 취지와 균등분 주민세 제도와의 관계 등을 고려하면, 지방자치법 제155조에 따른 분담금 납부의무자인 '주민'은 균등분 주민세의 납부의무자인 '주민'과 기본적으로 동일하되, 다만 '지방자치단체의 재산 또는 공공시설의 설치로 주민의 일부가 특히 이익을 받은 경우'로 한정된다는 차이점이 있을 뿐이다. 따라서 법인의 경우 해당 지방자치단체의 구역 안에 주된 사무소 또는 본점을 두고 있지 않더라도 '사업소'를 두고 있다면 지방자치법 제155조에 따른 분담금 납부의무자인 '주민'에 해당한다.

지방자치법 제16조가 '주민의 자격'을 '지방자치단체의 구역 안에 주소를 가진 자'로 정하고 있으나 이는 위에서 본 바와 같이 주로 자연인의 참여권 등을 염두에 두고 만들어진 규정이고, 지방자치법은 주소의 의미에 관하여 별도의 규정을 두고 있지 않다. 민법 제36조가 '법인의 주소'를 '주된 사무소의 소재지'로, 상법 제171조는 '회사의 주소'를 '본점 소재지'로 정하고 있으나, 이는 민법과 상법의 적용에서 일정한 장소를 법률관계의 기준으로 삼기 위한 필요에서 만들어진 규정이다. 따라서 지방자치법 제155조에 따른 분담금 납부의무와 관련하여 법인의 주소가 주된 사무소나 본점의 소재지로 한정된다고 볼 것은 아니다.

어떤 법인이 해당 지방자치단체에서 인적·물적 설비를 갖추고 계속적으로 사업을 영위하면서 해당 지방자치단체의 재산 또는 공공시설의 설치로 특히 이익을 받는 경우에는 지방자치법 제155조에 따른 분담금 납부의무자가 될 수 있다. 특히 지방자치법 제138조에 근거하여 분담금 제도를 구체화한 조례에서 정한 분담금 부과 요건을 충족하는 경우에는 부담금 이중부과 등과 같은 특별한 사정이 없는 한 조례 규정에 따라 분담금을 납부할 의무가 있다.

138 '사무소'를 두고 있는 법인이 분담금 납부의무자로서 '주민'에 해당하는지 여부
― 2022. 4. 14. 선고 2020두58427 판결 ★★

[1] 수도법 제71조 및 수도법 시행령 제65조에서 정한 '원인자부담금'과 지방자치법 제155조, 제156조 및 이에 근거한 조례에서 정한 '시설분담금'은 각각 근거 법령, 부과 목적·대상, 산정기준 등을 달리하는 것인지 여부(적극)

수도법 제71조 및 수도법 시행령 제65조에서 정한 '원인자부담금'은 주택단지 등의 시설이 설치됨에 따라 상수도시설의 신설·증설 등이 필요한 경우에 그 원인을 제공한 자를 상대로 새로운 급수지역 내에서 설치하는 상수도시설의 공사비용을 부담시키는 것이고, 지방자치법 제155조, 제156조 및 이에 근거한 조례에서 정한 '시설분담금'은 이미 상수도시설이 설치된 급수지역 내에서 전용급수설비의 신설 등 새롭게 급수를 신청하는 자를 상대로 기존 상수도시설의 잔존가치를 기준으로 그 공사에 소요된 건설비를 징수하는 것이어서, 각각 근거 법령, 부과 목적·대상, 산정기준 등을 달리한다.

[2] 법인이 해당 지방자치단체의 구역 안에 주된 사무소 또는 본점을 두고 있지 않지만 '사업소'를 두고 있는 경우, 지방자치법 제155조에 따른 분담금 납부의무자인 '주민'에 해당하는지 여부(적극) / 법인이 특정한 지방자치단체에서 인적·물적 설비를 갖추고 계속적으로 사업을 영위하면서 해당 지방자치단체의 재산 또는 공공시설의 설치로 특히 이익을 받는 경우, 지방자치법 제155조에 따른 분담금 납부의무자가 될 수 있는지 여부(적극) 및 위 조항에 따라 분담금 제도를 구체화한 조례에서 정한 부과 요건을 충족하는 경우, 분담금을 납부할 의무가 있는지 여부(원칙적 적극)

지방자치법 제155조에 따른 분담금 납부의무자인 '주민'은 구 지방세법(2020. 12. 29. 법률 제17769호로 개정되기 전의 것)에서 정한 균등분 주민세의 납부의무자인 '주민'과 기본적으로 동일한 의미이므로, 법인이 해당 지방자치단체의 구역 안에 주된 사무소 또는 본점을 두고 있지 않더라도 '사업소'를 두고 있다면 지방자치법 제155조에 따른 분담금 납부의무자인 '주민'에 해당한다.

따라서 어떤 법인이 특정한 지방자치단체에서 인적·물적 설비를 갖추고 계속적으로 사업을 영위하면서 해당 지방자치단체의 재산 또는 공공시설의 설치로 특히 이익을 받는 경우에는 지방자치법 제155조에 따른 분담금 납부의무자가 될 수 있고, 지방자치법 제155조에 따라 분담금 제도를 구체화한 조례에서 정한 부과 요건을 충족하는 경우에는 이중부과 등과 같은 특별한 사정이 없는 한 그 조례에 따라 분담금을 납부할 의무가 있다.

조 례

139 조례와 위임의 한계
― 2021. 7. 8. 선고 2017두74818 판결

[1] 특정 사안과 관련하여 법령에서 조례에 위임을 한 경우, 조례가 위임의 한계를 준수하고 있는지 판단하는 기준

특정 사안과 관련하여 법령에서 조례에 위임을 한 경우 조례가 위임의 한계를 준수하고 있는지 여부를 판단할 때는 해당 법령 규정의 입법 목적과 규정 내용, 규정의 체계, 다른 규정과의 관계 등을 종합적으로 살펴야 하고, 수권 규정에서 사용하고 있는 용어의 의미를 넘어 그 범위를 확장하거나 축소하여 위임 내용을 구체화하는 단계를 벗어나 새로운 입법을 하였는지 여부 등도 아울러 고려하여야 한다

[2] 어느 시행령이나 조례의 규정이 모법에 저촉되는지 명백하지 않으나 모법에 합치된다는 해석이 가능한 경우, 위 규정을 모법위반으로 무효라고 선언해야 하는지 여부(소극)

어느 시행령이나 조례의 규정이 모법에 저촉되는지가 명백하지 않은 경우에는 모법과 시행령 또는 조례의 다른 규정들과 그 입법 취지, 연혁 등을 종합적으로 살펴 모법에 합치된다는 해석도 가능한 경우라면 그 규정을 모법위반으로 무효라고 선언해서는 안 된다. 이러한 법리는 국가의 법체계는 그 자체 통일체를 이루고 있는 것이므로 상하규범 사이의 충돌은 최대한 배제되어야 한다는 원칙과 더불어, 민주법치국가에서의 규범은 일반적으로 상위규범에 합치할 것이라는 추정원칙에 근거하고 있을 뿐만 아니라, 실제적으로도 하위규범이 상위규범에 저촉되어 무효라고 선언되는 경우에는 그로 인한 법적 혼란과 법적 불안정은 물론, 그에 대체되는 새로운 규범이 제정될 때까지의 법적 공백과 법적 방황은 상당히 심각할 것이므로 이러한 폐해를 회피하기 위해서도 필요하다

[3] 주택건설사업 사업지구 내 상수도 공급을 위하여 관할 시장과 상수도 원인자부담금 부담 등에 관한 협약과 그 이행에 필요한 사항을 정하기 위한 상수도 원인자부담금 납부 협약을 체결한 사업시행자 갑 주식회사 등에 대하여 관할 상하수도사업소장이 '상수도 원인자부담금 산정 및 부과징수 등에 관한 조례'에서 원인자부담금 부과대상으로 정한 '수돗물을 사용할 자'에 해당한다며 위 납부 협약에 따라 상수도 원인자부담금 부과처분을 부과고지한 사안에서, 갑 회사 등은 택지개발사업이나 도심재개발 등의 방식으로 이루어지지 않은 사업의 사업시행자로서 수도공사를 하는 데 비용 발생의 원인을 제공한 자에 해당하여 위 조례에서 정한 '수돗물을 사용할 자'에 해당한다고 한 사례

140 위임명령의 한계
― 2022. 4. 14. 선고 2020추5169 판결 ★★

[1] 위임명령은 법률이나 상위명령에서 구체적으로 범위를 정한 개별적인 위임이 있어야 가능한지 여부(적극) 및 이때 구체적인 위임의 범위와 그에 관한 예측가능성 유무를 판단하는 기준과 방법 / 이러한 법리는 조례가 법률로부터 위임받은 사항을 다시 지방자치단체장이 정하는 '규칙' 등에 재위임하는 경우에도 적용되는지 여부(적극)

위임명령은 법률이나 상위명령에서 구체적으로 범위를 정한 개별적인 위임이 있을 때에 가능하고, 여기에서 구체적인 위임의 범위는 규제하고자 하는 대상의 종류와 성격에 따라 달라지는 것이어서 일률적 기준을 정할 수는 없지만, 적어도 위임명령에 규정될 내용 및 범위의 기본사항이 구체적으로 규정되어 있어서 누구라도 당해 법률이나 상위법령으로부터 위임명령에 규정될 내용의 대강을 예측할 수 있어야 한다. 하지만 이 경우 그 예측가능성의 유무는 당해 위임조항 하나만을 가지고 판단할 것이 아니라 그 위임조항이 속한 법률의 전반적인 체계와 취지 및 목적, 당해 위임조항의 규정형식과 내용 및 관련 법규를 유기적·체계적으로 종합하여 판단하여야 하며, 나아가 각 규제 대상의 성질에 따라 구체적·개별적으로 검토함을 요한다. 이러한 법리는 조례가 법률로부터 위임받은 사항을 다시 지방자치단체장이 정하는 '규칙' 등에 재위임하는 경우에도 적용된다.

[2] 서초구의회가 의결한 '시가표준액 9억 원 이하의 1가구 1개 주택을 소유한 개인에 대하여 지방세법이 정한 재산세의 세율을 표준세율의 100분의 50으로 감경하는' 내용의 '서울특별시 서초구 구세 조례 일부 개정 조례안'에 대하여 서울특별시장이 지방세법 위반의 소지가 있다는 이유로 재의요구를 지시하였으나 구청장이 따르지 않고 공포하자 조례안 의결의 효력 배제를 구하는 무효확인의 소를 제기한 사안에서, 위 조례안이 근거조항의 위임범위의 한계를 일탈하였다거나 조세법률주의, 포괄위임금지 원칙, 조세법률의 명확성 원칙, 지방세특례제한법의 절차, 조세평등주의 등에 위배되어 무효라고 볼 수 없다고 한 사례

서초구의회가 의결한 '시가표준액 9억 원 이하의 1가구 1개 주택을 소유한 개인에 대하여 지방세법이 정한 재산세의 세율을 표준세율의 100분의 50으로 감경하는' 내용의 '서울특별시 서초구 구세 조례 일부 개정 조례안'에 대하여 서울특별시장이 지방세법 위반의 소지가 있다는 이유로 재의요구를 지시하였으나 구청장이 따르지 않고 공포하자 조례안 의결의 효력 배제를 구하는 무효확인의 소를 제기한 사안에서, 위 조례안의 근거조항인 지방세법 제111조 제1항 제3호 ㈏목의 취지, 과세표준 구간이나 누진 정도의 의미를 고려하면, 위 조례안이 감경하는 세율의 적용 대상을 한정하여 그에 따라 과세표준 구간이 창설되고 과세표준 구간별 누진 정도가 변경되더라도 이는 근거조항이 조례로 감경하는 세율의 적용 대상을 한정할 수 있도록 함으로써 생기는 반사적 효과에 불과하거나 근거조항이 예정하고 있는 것이고, '1

가구 1개 주택' 등에 관한 내용을 분명히 알 수 있거나 예측할 수 있으며, 지방세특례제한법은 근거조항과는 목적, 요건과 효과 등을 달리하고, 위 조례안에 따라 존재하는 차별에는 합리적인 이유가 있다는 이유로, 위 조례안이 근거조항의 위임범위의 한계를 일탈하였다거나 조세법률주의, 포괄위임금지 원칙, 조세법률의 명확성 원칙, 지방세특례제한법의 절차, 조세평등주의 등에 위배되어 무효라고 볼 수 없다고 한 사례.

141 조례의 적법요건(위임한계의 준수 여부)
– 2021. 4. 8. 선고 2015두38788 판결

❑ 원인제공자의 비용으로 수도시설의 신설·증설 등의 공사를 직접 시행하기로 협의하고 원인제공자가 이를 이행한 경우에도 수도법 제71조 제1항에서 정한 수도공사 등에 필요한 비용을 부담한 것으로 볼 수 있는지 여부(적극) / 해당 사업으로 설치된 주택단지나 산업시설 등의 '실제 수돗물 사용량'이 협의의 전제가 된 '추정 사용량'을 현저하게 초과하는 등의 특별한 사정이 없는 경우, 수도법 제71조 제1항, 제2항에 의한 원인자부담금 부과사유가 소멸하는지 여부(적극)

수도사업자와 원인제공자 사이에 원인자부담금의 산정기준과 납부방법 등에 관한 협의가 이루어지고 원인제공자가 이를 이행한 경우에는, 원인제공자가 수도사업자와의 협의에 따른 원인자부담금을 납부한 경우뿐만 아니라, 원인제공자의 비용으로 수도시설의 신설·증설 등의 공사를 직접 시행하기로 협의하고 원인제공자가 이를 이행한 경우에도 이를 통해 수도법 제71조 제1항에서 정한 수도공사 등에 필요한 비용을 부담한 것으로 볼 수 있다. 따라서 해당 사업으로 설치된 주택단지나 산업시설 등의 '실제 수돗물 사용량'이 협의의 전제가 된 '추정 사용량'을 현저하게 초과하는 등의 특별한 사정이 없는 한, 수도법 제71조 제1항, 제2항에 의한 원인자부담금 부과사유는 소멸하였다고 보아야 한다. 원인제공자가 해당 사업이 유발하는 수돗물 사용량과 관련하여 협의에 따라 비용을 부담하였음에도, 해당 사업으로 설치된 주택·산업단지 안에서 원인 제공자나 그로부터 용지를 분양받은 자가 개별 건축행위를 하는 때에 수도법상 원인자부담금을 납부하여야 한다면, 이는 상수도 원인자부담금에 관한 관계 법령 및 부담금의 이중부과를 금지한 「부담금관리 기본법」 제5조 제1항에 위반된다.

142 조례의 위법성 판단
— 2022. 4. 28. 선고 2021추5036 판결

【판시사항 및 판결요지】

[1] 법률의 위임 없이 주민의 권리 제한 또는 의무 부과에 관한 사항을 정한 조례의 효력(무효) 및 법률이 주민의 권리의무에 관한 사항에 관하여 구체적으로 범위를 정하지 않은 채 조례로 정하도록 포괄적으로 위임한 경우나 법률규정이 예정하고 있는 사항을 구체화·명확화한 것으로 볼 수 있는 경우, 법령에 위반되지 않는 범위 내에서 주민의 권리의무에 관한 사항을 조례로 제정할 수 있는지 여부(적극)

지방자치법 제28조 제1항 단서에 의하면 지방자치단체가 조례를 제정할 때 그 내용이 주민의 권리제한 또는 의무부과에 관한 사항이나 벌칙인 경우에는 법률의 위임이 있어야 하므로, 법률의 위임 없이 주민의 권리제한 또는 의무부과에 관한 사항을 정한 조례는 그 효력이 없다. 다만 조례에 대한 법률의 위임은 법규명령에 대한 법률의 위임과 같이 반드시 구체적으로 범위를 정하여 할 필요가 없고, 법률이 주민의 권리의무에 관한 사항에 관하여 구체적으로 범위를 정하지 않은 채 조례로 정하도록 포괄적으로 위임한 경우나 법률규정이 예정하고 있는 사항을 구체화·명확화한 것으로 볼 수 있는 경우에는 지방자치단체는 법령에 위반되지 않는 범위 내에서 각 지역의 실정에 맞게 주민의 권리의무에 관한 사항을 조례로 제정할 수 있다.

[3] 시장이 납품도매업차량에 대한 주정차위반 행정처분이 발생한 경우 자동유예될 수 있도록 구청장 등과 적극 협의하도록 하는 내용 등의 '부산광역시 납품도매업 지원에 관한 조례안'에 대하여 부산광역시장이 시의회에 재의를 요구하였으나 시의회가 원안대로 재의결함으로써 조례안을 확정한 사안에서, 위 조례안은 기관위임사무인 주정차 위반행위에 대한 과태료 부과처분에 관한 사항을 법령의 위임 없이 조례로 정한 경우에 해당하므로 조례제정권의 한계를 벗어난 것으로서 위법하다고 한 사례

【사안의 경우】

1. 이 사건 조례안 제5조 제1항 부분

1) 원고는, 이 사건 조례안 제5조 제1항이 주민의 권리제한에 관한 것으로서 법률의 위임이 없으므로 법률유보원칙에 반하여 조례로서 효력이 없다고 주장한다.

2) 이 사건 조례안 제5조 제1항은 '납품도매업체의 책무'라는 제목 아래 납품도매업체가 지역대학을 졸업한 청년을 우선 채용하여야 한다고 규정하고 있다. 이는 납품도매업체로 하여금 고용계약을 체결함에 있어 지역대학을 졸업한 청년을 우선 채용하여야 하고 지역대학을 졸업하지 않은 사람을 그에 우선하여 채용할 수 없도록 함으로써 납품도매업체가 가지는 계약체결의 자유뿐만 아니라 지역대학을 졸업하지 않은 사람이 가지는 직업선택의 자유와 평등권을 제한하는 것으로 볼 수 있다.

조례의 법규성에 비추어 볼 때 위 조항에 근거하여 납품도매업체는 지역대학을 졸업한 청년을 우선채용할 부담을 갖게 되고 그에 따라 지역대학을 졸업하지 아니한 사람이 채용 과정에서 불이익을 받을 가능성이 존재하므로 이 사건 조례안 자체에 납품도매업체의 우선채용의무를 강제하는 규정이나 그 위반에 대한 제재규정을 두지 않았다고 하더라도 위 조항의 권리제한적 성격이 달라진다고 볼 수 없다.

따라서 이 사건 조례안 제5조 제1항은 법률의 위임이 있어야 그 효력이 있다.

2) 나아가 이 사건 조례안 제5조 제1항에 대한 법률의 위임이 있는지에 관하여 본다.

「지방대학 및 지역균형인재 육성에 관한 법률」(이하 '지방대육성법'이라 한다)은 지방대학 및 지역균형인재의 육성 및 지원에 관한 사항을 규정함으로써 지방대학의 경쟁력 강화 및 지역 간의 균형 있는 발전에 이바지하는 것을 그 목적으로 한다(제1조). 이를 위해 국가와 지방자치단체는 지방대학 및 지역인재의 육성을 지원하기 위하여 필요한 종합적인 시책과 지역인재의 취업기회 확대를 위한 지원대책을 수립·시행하고 이를 위한 사회적·경제적 환경 마련을 위해 노력할 책무를 부담하며(제3조 제1항 내지 제3항), 지역인재의 해당 지역 정착에 필요한 지원을 할 수 있다(제16조 제3항). 또한 공공기관과 기업은 지역인재의 취업을 촉진하기 위한 국가와 지방자치단체의 대책에 적극 협조하여야 한다(제3조 제4항).

지방대육성법이 지역인재의 채용 영역이나 우대조치의 구체적 내용을 모두 규정하지는 않으나, 지방대육성법의 위와 같은 입법목적과 국가와 지방자치단체의 책무 규정을 둔 취지, 지역인재 육성을 위한 지원에 있어 각 지역의 실정에 대한 고려가 필요한 점 등에 비추어 보면, 납품도매업체의 유통경쟁력 강화와 지역인재의 우대조치 방안으로 지역대학을 졸업한 청년을 납품도매업체에 우선 채용하도록 한 이 사건 조례안 제5조 제1항은 지방대육성법에 근거하여 그 법률규정이 예정하고 있는 사항을 구체화·명확화한 것으로서 위임근거가 있다고 보아야 한다.

3) 따라서 이 사건 조례안 제5조 제1항이 법률유보원칙에 반한다는 원고의 주장은 이유 없다.

2. 이 사건 조례안 제5조 제2항 부분

원고는, 이 사건 조례안 제5조 제2항이 납품도매업체에게 지역화폐를 이용한 거래대금결제 유도의무를 부과하여 영업의 자유를 제한하는 것으로서 법률의 근거 없이 제정된 것으로서 법률유보원칙에 위배된다고 주장한다.

이 사건 조례안 제5조 제2항은 납품도매업체로 하여금 시역 내 자금유출을 막기 위해 업체 간 지역화폐를 이용한 거래 대금결제를 유도하게 하고 있다. 그런데 위 조항은 납품도매업체에게 대금결제 시 반드시 지역화폐를 사용하도록 강제하는 것이 아니라, 그 사용을 유도(誘導)하도록 한 것에 불과하다. 상대방의 행동을 특정한 방향으로 유도하는 행위는 그 태양이 지극히 다양하고 개념상 강제성을 내포하지 아니하므로, 유도행위 자체로 납품도매업체와 거래 상대방의 권리 제한이 발생한다고 볼 수 없다. 이 사건 조례안 제5조 제2항이 권리제한적 규정임을 전제로 하는 원고의 이 부분 주장은 이유 없다.

3. 이 사건 조례안 제9조 제1항 부분

　　이 사건 조례안 제9조 제1항은 등록된 납품도매업차량에 대한 주정차위반행정처분이 발생한 경우 시장으로 하여금 해당 행정처분이 자동으로 유예될 수 있도록 구청장등과 적극 협의하도록 규정하고 있다.

　　도로교통법은 도로에서 일어나는 교통상의 모든 위험과 장해를 방지하고 제거하여 안전하고 원활한 교통을 확보함을 목적으로 한다(제1조). 그 중 불법 주정차행위는 운전자 및 보행자의 시야 차단으로 인한 사고 유발의 가능성이 있고 긴급 출동한 구급차나 소방차의 진입, 통행 방해 등 교통상의 위험을 직접 초래할 수 있으므로 국민의 신체와 생명을 보호하기 위하여 그 규율의 필요성이 크다. 이에 도로교통법은 장소와 방법, 시간에 따라 일정한 경우의 주정차 행위를 금지 및 제한하면서(제32조 내지 제34조), 그 위반 시 벌칙이나 과태료를 부과하도록 하고 있다(제156조 제1호, 제4호, 제160조 제3항). 다만 불법 주정차를 한 운전자를 확인할 수 없는 경우 등에 있어 고용주등에 대한 과태료 부과·징수 권한을 시장등에 위임하고 있다(제161조 제1항 제3호). 한편, 도로교통법 시행령 및 같은 법 시행규칙에서는 과태료 부과·감경기준, 범칙금액 등의 구체적인 사항을 정하고 법령에서 정한 사항 이외의 과태료를 감경하지 않도록 하고 있으며(도로교통법 시행령 제88조 제4항, [별표 6], 제93조 제1항, [별표 8], 도로교통법 시행규칙 제146조, [별표 39] 등), 과태료의 부과·징수 및 재판 등에 관한 사항을 규정하고 있는 질서위반행위규제법에서도 과태료의 징수유예 사유를 제한적으로 열거하고 있을 뿐(질서위반행위규제법 제24조의3 제1항, 같은 법 시행령 제7조의2 제2항), 지역별로 차등적인 규율을 하게 하거나 지방자치단체의 장에게 과태료의 유예나 면제 등에 관한 별도의 재량을 부여하고 있지 아니하다.

　　이러한 법령의 규정 형식과 내용 및 그 취지를 앞서 본 법리에 비추어 보면, 도로교통법상 주정차 위반행위에 대한 과태료 부과 관련 사무는 국가사무의 성격을 가진다고 보아야 한다.

　　주정차 위반행위에 대한 과태료 부과·징수에 관한 사무는 전국적으로 통일적인 규율이 요구되는 국가사무에 해당하므로, 이와 관련한 지방자치단체의 장의 사무는 국가행정기관의 지위에서 하는 기관위임사무이다.

　　이 사건 조례안 제9조 제1항은 기관위임사무인 주정차 위반행위에 대한 과태료 부과처분에 관한 사항을 법령의 위임 없이 조례로 정한 경우에 해당하므로 조례제정권의 한계를 벗어난 것으로서 위법하다.

4. 결 론

　　앞서 본 바와 같이 이 사건 조례안 제9조 제1항은 위법하고, 이 사건 조례안의 일부가 효력이 없는 경우 이 사건 조례안에 대한 재의결은 그 효력이 전부 부인되므로, 이 사건 조례안에 대한 재의결의 효력 배제를 구하는 원고의 청구는 이유 있어 인용하고, 소송비용은 패소자가 부담하도록 하여, 관여 대법관의 일치된 의견으로 주문과 같이 판결한다.

143 상위법에 반하는 조례의 제정
— 2022. 10. 27. 선고 2022추5026 판결

[1] 행정재산인 지하도상가를 제3자에게 사용, 수익하게 하거나 양도하는 것을 금지하는 규정을 신설함과 동시에 마련된 '2년간'의 유예기간 규정에 대하여 이를 '5년간'으로 연장한 이 사건 조례안 부칙 제3조 제4항이 공유재산법에 위배되는지 여부(적극)

공유재산 및 물품을 보호하고 그 취득·유지·보존 및 운용과 처분의 적정을 도모하기 위한 공유재산법의 입법목적, 공유재산 사유화에 따른 사회적 형평의 문제, 공유재산 사용·수익 제한 규정의 취지 등을 종합하면, 제3자에게 행정재산의 사적 이용을 허용할 것인지 여부는 각 지방자치단체의 자율적 규율에 맡겨져 있다고 보기 어려우므로 지방자치단체가 조례 제정을 통해 공유재산법에 반하는 내용으로 행정재산의 제3자 사용·수익을 허용하는 것은 위법하다.

이 사건 조례안 부칙 제3조 제4항이 재의결된 때는 행정재산의 제3자 사용·수익, 양도 금지를 규정한 조례가 시행된 지 이미 2년여가 경과하여 임차인의 종전 조례에 대한 신뢰가 지속되었다고 볼 수 없고, 그에 관한 신뢰가 존재하더라도 보호가치가 있는 정당한 신뢰로 보기 어렵다. 그럼에도 그 유예기간을 연장하는 것은 공유재산법 및 현행 조례의 규범력을 약화시키고, 현행 조례 시행 전후에 사용·수익허가를 받은 임차인들을 합리적 이유 없이 차별하여 지역 간, 주민 간 형평성 논란을 야기할 수 있다. 코로나19 확산의 장기화에 따른 경기침체를 고려하더라도 종전 2년의 유예기간이 임차인 등의 보호에 현저히 짧은 기간이라고 보기 어렵고, 이미 한 차례 유예기간이 주어진 상황에서 그 보다 더 긴 유예기간을 규정하여 법 위반 상태의 지속을 정당화할 만한 특별한 사정도 보이지 아니하므로, 이 사건 조례안 부칙 제3조 제4항은 공유재산법에 위반된다.

[2] 행정재산인 인천광역시 지하도상가의 제3자 사용, 수익을 금지하면서 마련한 '2년'의 유예기간 규정을 '5년'으로 연장하도록 하는 '인천광역시 지하도상가 관리 운영 조례 일부개정 조례안'에 대한 재의결에 대하여 인천광역시장이 무효확인을 구한 사안으로, 유예기간 연장은 공유재산법에 위반된다는 이유로 그 청구를 인용한 사안

 보은군 농업인 공익수당 지원에 관한 조례안에 대한 재의결의 무효확인을 구하는 사건(법률우위의 원칙)
— 2024. 6. 27. 선고 2022추5132 판결

【판시사항 및 판결요지】

☐ 시·군 및 자치구의 조례나 규칙이 시·도의 조례나 규칙에 위반되는지 여부를 판단하는 기준

지방자치법 제30조는 "시·군 및 자치구의 조례나 규칙은 시·도의 조례나 규칙을 위반해서는 아니 된다."라고 규정하고 있으므로, 시·군 및 자치구는 시·도의 조례나 규칙(이하 '조례 등'이라 한다)에 위반되지 아니하는 범위 내에서 그 사무에 관하여 조례 등을 제정할 수 있다. 시·군 및 자치구의 조례 등이 규율하는 특정사항에 관하여 그것을 규율하는 시·도의 조례 등이 이미 존재하는 경우에도 시·군 및 자치구의 조례 등이 시·도의 조례 등과 별도의 목적에 기하여 규율함을 의도하는 것으로서 그 규정을 적용하더라도 시·도의 조례 등의 규정이 의도하는 목적과 효과를 저해하는 바가 없는 때에는 그 조례 등이 시·도의 조례 등에 위반된다고 볼 것은 아니다.

【사안의 경우】

보은군이 충청북도의 이 사건 충북조례 제정 후 충청북도에 재원분담 동의서를 제출하지 않아 충청북도로부터 농업인 공익수당을 지급받을 수 없게 될 것으로 예상되자, 보은군 자체적으로 농업인 공익수당 지원사업을 시행하도록 하기 위하여 피고(보은군의회)가 이 사건 조례안을 의결, 재의결하였고, 이에 원고(보은군수)가 피고를 상대로 이 사건 조례안 의결의 무효확인을 청구한 사안임.[4]

대법원은 위와 같은 법리를 설시하면서, ① 이 사건 조례안은 보은군 자체적으로 농업인 공익수당 지원사업을 시행하기 위하여 마련된 것으로서, 현실적으로 예산 확보 및 보건복지부장관과의 협의 및 조정절차를 거쳐야 하므로 사업의 실제 집행 가능성은 별론으로 하더라도, 이 사건 충북조례와 구별되는 별개의 독자적인 농업인 공익수당 사업을 목적으로 하는 것이므로, 비록 이 사건 조례안 제8조에서 이 사건 충북조례보다 그 지급대상 요건을 완화하고 있더라도, 이는 보은군 자체의 농업인 공익수당 지원사업을 시행할 때 적용되는 것으로서 이 사건 충북조례에 따른 농업인 공익수당의 지급 여부에는 영향을 미치지 아니하므로, 이 사건 조례안을 적용하더라도 이 사건 충북조례가 의도하는 목적과 효과를 저해하는 바가 없고, ② '이 사건 충북조례에 따르면 공익수당 지급대상자가 아니지만 이 사건 조례안에 따라 지급대상자가 되는 사람의 경우, 충청북도의 도비가 포함된 농업인 공익수당을 지급하는 것은 이 사건 충북조례에서 규정하고 있지 아니한 보조금을 지급하는 것과 다름없어 지방재정법 제17조 제1항에 위반된다'는 원고의 주장을 받아들일 수 없다고 보아, 원고의 청구를 기각함

---

[4] (군 조례=거주 2년, 도 조례=거주 3년)

145 경상남도 업무협약 체결 및 관리에 관한 조례안에 대한 재의결의 무효확인을 구하는 사건
— 2023. 7. 13. 선고 2022추5149 판결 ★

□ 경상남도지사가 '경상남도 업무협약 체결 및 관리에 관한 조례안' 중 도의회가 지방자치법 제48조, 제49조에 따라 자료를 요구할 경우 도지사는 업무협약에 비밀조항을 둔 경우라도 이를 거부할 수 없도록 규정한 제6조 제1항이 법률유보원칙 등에 위반된다며 재의를 요구하였으나 도의회가 원안대로 재의결함으로써 이를 확정한 사안에서, 조례안 제6조 제1항은 공무원의 비밀유지의무를 규정한 지방공무원법 제52조, 공공기관의 정보공개에 관한 법률 제9조 제1항 제7호, 사회기반시설에 대한 민간투자법 제51조의3 제1항 등에 위반된다고 한 사례

경상남도지사가 '경상남도 업무협약 체결 및 관리에 관한 조례안' 중 도의회가 지방자치법 제48조, 제49조에 따라 자료를 요구할 경우 도지사는 업무협약에 비밀조항을 둔 경우라도 이를 거부할 수 없도록 규정한 제6조 제1항이 법률유보원칙 등에 위반된다며 재의를 요구하였으나 도의회가 원안대로 재의결함으로써 이를 확정한 사안에서, 지방자치단체의 장이 지방의회의 요구에 따라 지방의회에 제출할 자료 중에 직무상 알게 된 비밀이 포함된 경우, 위 조례안 제6조 제1항에 따르면 지방자치단체의 장이 이를 지방의회에 제출하여야 하는 반면, 지방공무원법 제52조 등에 따르면 지방자치단체의 장이 지방의회의 제출요구를 거부함으로써 직무상 알게 된 비밀을 엄수해야 한다는 측면에서 위 조례안 제6조 제1항이 지방공무원법 제52조 등과 충돌한다고 볼 여지가 큰 점, 공공기관의 정보공개에 관한 법률은 법인 등의 경영상·영업상 비밀에 관한 사항으로서 공개될 경우 법인 등의 정당한 이익을 현저히 해칠 우려가 있다고 인정되는 정보를 비공개 대상 정보로 규정하고(제9조 제1항 제7호), 사회기반시설에 대한 민간투자법 역시 사업시행자의 경영상·영업상 비밀에 해당하는 정보는 비공개하도록 규정하여 사업시행자의 정당한 이익을 보호하는 범위 내에서 정보공개를 의무화하고 있는데(제51조의3 제1항), 위 조례안 제6조 제1항은 서류제출 요구에 응할 경우 기업의 자유 등이 침해될 수 있다는 점에 대한 어떠한 고려도 없이 도지사에게 도의회의 서류제출 요구에 응하도록 하고 있어 기본권에 의한 한계를 규정하고 있는 위 법률조항들과도 충돌하는 점 등을 종합하면, 위 조례안 제6조 제1항은 공무원의 비밀유지의무를 규정한 지방공무원법 제52조, 공공기관의 정보공개에 관한 법률 제9조 제1항 제7호, 사회기반시설에 대한 민간투자법 제51조의3 제1항 등에 위반되므로 조례안에 대한 재의결은 효력이 없다고 한 사례.

지방자치단체장과 지방의회와의 관계

146 지방자치단체의 집행기관과 지방의회의 관계
― 2021. 9. 16. 선고 2020추5138 판결 ★★

[1] 시·도교육청의 직속기관을 포함한 행정기구의 설치가 조례로 결정할 사항인지 여부(적극) 및 지방교육행정기관의 행정기구 설치와 관련하여 교육감과 지방의회가 가지는 권한 / 지방의회가 집행기관의 고유 권한에 속하는 사항의 행사에 관하여 사전에 적극적으로 개입할 수 있는지 여부(소극) 및 개입이 허용되는 범위

지방자치법 제22조 본문, 제113조, 지방자치법 시행령 제75조, 지방교육자치에 관한 법률 제18조 제1항, 제32조, 지방교육행정기관의 행정기구와 정원기준 등에 관한 규정 제3조 제1항 제2호, 제3호, 제25조 제1항, 제2항의 규정 내용을 종합하면, 시·도교육청의 직속기관을 포함한 지방교육행정기관의 행정기구(이하 '기구'라 한다)의 설치는 기본적으로 법령의 범위 안에서 조례로써 결정할 사항이다. 교육감은 시·도의 교육·학예에 관한 사무를 집행하는 데 필요한 때에는 법령 또는 조례가 정하는 바에 따라 기구를 직접 설치할 권한과 이를 위한 조례안의 제안권을 가지며, 설치된 기구 전반에 대하여 조직편성권을 가질 뿐이다. 지방의회는 교육감의 지방교육행정기구 설치권한과 조직편성권을 견제하기 위하여 조례로써 직접 교육행정기관을 설치·폐지하거나 교육감이 조례안으로써 제안한 기구의 축소, 통폐합, 정원 감축의 권한을 가진다.

지방자치법상 지방자치단체의 집행기관과 지방의회는 서로 분립되어 각기 그 고유 권한을 행사하되 상호 견제의 범위 내에서 상대방의 권한 행사에 대한 관여가 허용된다. 지방의회는 집행기관의 고유 권한에 속하는 사항의 행사에 관하여 사전에 적극적으로 개입하는 것은 허용되지 않으나, 견제의 범위 내에서 소극적·사후적으로 개입하는 것은 허용된다.

[2] 전라북도의회가 의결한 '전라북도교육청 행정기구 설치 조례 일부 개정조례안'에 대하여 전라북도 교육감이 재의를 요구하였으나 전라북도의회가 위 조례 개정안을 원안대로 재의결함으로써 확정한 사안에서, 위 조례 개정안이 교육감의 지방교육행정기관 조직편성권을 부당하게 침해한다고 볼 수 없다고 한 사례

전라북도의회가 의결한 '전라북도교육청 행정기구 설치 조례 일부 개정조례안'에 대하여 전라북도 교육감이 재의를 요구하였으나 전라북도의회가 위 조례 개정안을 원안대로 재의결함으로써 확정한 사안에서, 위 조례 개정안은 직속기관들이 전라북도교육청 소속임을 분명하게 하기 위하여 해당 직속기관의 명칭에 '교육청'을 추가하거나 지역 명칭을 일부 변경하는

것에 불과한데, 관계 법령의 규정 내용에 따르면, 직속기관의 명칭을 결정하는 것이 교육감의 고유 권한에 해당한다고 볼 만한 근거가 없는 반면, 지방의회가 '이미 설치된 교육청의 직속기관'의 명칭을 변경하는 것은 사후적·소극적 개입에 해당하므로, 위 조례 개정안이 자치사무에 관하여 법령의 범위 안에서 조례를 제정할 수 있는 '지방의회의 포괄적인 조례 제정 권한'의 한계를 벗어난 것이라고 보기는 어렵다는 이유로, 위 조례 개정안이 교육감의 지방교육행정기관 조직편성권을 부당하게 침해한다고 볼 수 없다고 한 사례.

지방자치단체장의 고유권한을 침해하는 조례안
— 2022. 6. 30. 선고 2022추5040 판결

[1] 서울특별시 교육비특별회계의 전출금 등으로 계상할 수 있는 교육경비 보조금의 규모를 해당연도 본 예산의 세입 중 지방세기본법 제8조 제1항 제1호 각 목에 따른 보통세의 '1000분의 4 이상 1000분의 6 이내'로 정한 것이 서울특별시장의 예산안 편성권을 침해하여 위법한지(적극)

지방교육재정교부금법 제11조 제8항에 따라 시·도 및 시·군·자치구가 관할구역에 있는 고등학교 이하 각급학교에 교부할 수 있는 교육경비 보조금은 해당 지방자치단체의 예산에 계상되므로, 교육경비 보조금의 편성에 관한 사항은 집행기관인 지방자치단체의 장의 예산안 편성권의 한 내용을 이룬다. 지방자치단체의 재정 상황이나 지방교육재원 확보의 필요성 측면에서 교육경비 보조금 규모의 상한이나 하한 설정이 필요한 경우가 존재할 수 있으나, 그러한 경우에도 지방자치단체의 장의 예산안 편성권을 본질적으로 제약할 정도에 이르러서는 아니 된다.

그런데 지방교육재정교부금법은 지방자치단체로 하여금 교육경비를 보조할 수 있도록 하고 있을 뿐, 보조금의 의무 편성 비율을 정하거나 지방자치단체의 장의 보조금 편성에 대하여 다른 기관이 사전에 견제나 제약을 할 수 있는 규정을 두고 있지 아니하다. 이 사건 조례안 제5조 제1항은 지방자치단체의 재정여건, 재원배분계획 등과 무관하게 보통세의 1000분의 4 이상의 교육경비 보조금을 의무적으로 편성하도록 함으로써 지방자치단체의 장이 예산안 편성 시 고려할 사항을 정하고 있는 상위법령의 취지에 어긋날 뿐만 아니라, 사실상 보조금 지급을 현재 수준으로 동결하고 장래에 그 규모를 줄일 수 있는 가능성을 박탈하는 결과를 초래한다. 교육경비 보조금의 규모 상한이 보통세의 1000분의 6인 점에 비추어 보면, 보통세의 1000분의 4라는 하한이 교육경비 보조금 편성에 관한 재량을 충분히 보장해 줄 수 있는 수준으로 보기도 어렵다. 따라서 이 사건 조례안 제5조 제1항은 서울특별시장의 교육경비 보조금에 관한 예산안 편성권을 본질적으로 제약한 것으로 위법하다.

[2] '서울특별시 교육경비 보조에 관한 조례 일부개정조례안'에 대한 재의결에 대하여 서울시장이 무효확인을 구한 사안으로, 위 조례안 제5조 제1항에서 교육경비 보조금의 상한(보통세의 1000분의 6 이내)만 규정하고 있던 종전 조례와 달리 하한(보통세의 1000분의 4 이상)을 새롭게 추가한 것이 서울시장의 예산안 편성권을 본질적으로 제약하여 위법하다고 판단한 후, 조례안의 일부가 효력이 없는 경우 조례안에 대한 재의결의 효력이 전부 부인된다는 법리에 따라 이 사건 조례안에 대한 재의결의 효력을 부인한 사안.

148 조례안 재의결 무효확인
— 2023. 3. 9. 선고 2022추5118 판결

【당사자】

원고 부산광역시장
피고 부산광역시의회

【주문】

1. 피고가 2022. 3. 23. '부산광역시 공공기관의 인사검증 운영에 관한 조례안'에 관하여 한 재의결은 효력이 없다.
2. 소송비용은 피고가 부담한다.

【사건의 개요와 쟁점】

피고는 2022. 1. 26. '부산광역시 공공기관의 인사검증 운영에 관한 조례안'(이하 '이 사건 조례안'이라고 한다)을 의결하여 같은 해 1. 27. 원고에게 이송하였다. 원고는 2022. 2. 11. 이 사건 조례안이 원고의 부산광역시 산하 공공기관의 장에 대한 임명권을 본질적으로 제약하고, 지방자치법 제28조 등 상위 법령에 위반된다는 이유로 피고에게 재의를 요구하였으나, 피고는 2022. 3. 23. 이 사건 조례안을 원안대로 재의결하였다.

이 사건 조례안의 주요 내용은 다음과 같다.

1) 인사검증이란 직무수행능력, 자질, 도덕성 등에 관하여 검증하는 것을 말하며(제2조 제2호), 인사검증대상자는 시장이 임명 또는 추천하는 지방공기업법에 따라 시에 설립된 공사·공단 또는 정원이 100인 이상인 시에서 출연한 기관의 어느 하나에 해당되는 공공기관의 장을 말한다(제4조).

2) 인사검증특별위원회(이하 '위원회'라고 한다)는 인사검증대상자가 임명된 날부터 60일 이내에 인사검증을 실시해야 하며(제7조 제1항), 인사검증은 인사검증대상자를 출석하게 하여 질의와 답변을 하게 하고, 의견을 청취하는 방식으로 진행하고(제7조 제3항), 위원회는 필요한 경우 증인 또는 참고인으로부터 증언 및 진술을 청취할 수 있다(제7조 제5항).

3) 위원장은 위원회의 의결이나 위원으로부터 요구가 있는 경우 인사검증과 직접 관련된 자료나 검증에 필요한 시정현황 등에 대하여 시장에게 자료 제출을 요구할 수 있고(제8조 제1항), 이 경우 시장은 법령이나 조례에서 특별히 규정한 경우 외에는 자료 제출 요구를 받은 날로부터 4일 이내에 제출하여야 한다(제8조 제3항).

4) 위원회가 인사검증대상자에 대한 검증보고서를 의장에게 제출하면 의장은 지체 없이 본회의에 보고하고 시장에게 송부해야 한다. 다만, 의회가 폐회 중일 경우에는 제출된 보고서를 지체 없이 시장에게 송부해야 한다(제10조 제3항).

5) 인사검증회의는 공개가 원칙이나, 개인의 명예나 사생활을 부당하게 침해할 우려가 명백한 경우 등에는 위원회의 의결로 공개하지 아니한다(제11조).

【판시사항 및 판결요지】

1. 이 사건 조례안 제4조, 제7조 제1항, 제10조, 제11조가 원고의 임명·위촉권을 본질적으로 제약하는지 여부

 1) 헌법 제117조 제1항과 지방자치법 제28조 제1항 본문에 의하면 지방자치단체는 법령의 범위 안에서 그 사무에 관하여 조례를 제정할 수 있으며, 지방자치법은 의결기관으로서의 지방의회와 집행기관으로서의 지방자치단체의 장에게 독자적 권한을 부여하는 한편, 지방의회는 행정사무감사와 조사권 등에 의하여 지방자치단체의 장의 사무집행을 감시·통제할 수 있게 하고 지방자치단체의 장은 지방의회의 의결에 대한 재의 요구권 등으로 의회의 의결권 행사에 제동을 가할 수 있게 함으로써 상호 견제와 균형을 유지하도록 하고 있다. 따라서 지방의회는 자치사무에 관하여 법률에 특별한 규정이 없는 한 위와 같은 지방자치단체의 장의 고유권한을 침해하지 않는 범위 내에서 조례를 제정할 수 있다고 할 것이다.

특히 인사와 관련하여 상위 법령에서 지방자치단체의 장에게 기관구성원 임명·위촉 권한을 부여하면서도 임명·위촉권의 행사에 대한 지방의회의 동의를 받도록 하는 등의 견제나 제약을 규정하고 있거나 그러한 제약을 조례 등에서 할 수 있다고 규정하고 있지 아니하는 한, 당해 법령에 의한 임명·위촉권은 지방자치단체의 장에게 전속적으로 부여된 것이라고 보아야 한다. 따라서 하위 법규인 조례로써는 지방자치단체의 장의 임명·위촉권을 제약할 수 없고, 지방의회의 지방자치단체 사무에 대한 비판, 감시, 통제를 위한 행정사무감사 및 조사권의 행사의 일환으로 위와 같은 제약을 규정하는 조례를 제정할 수도 없다.

 2) 이 사건 조례안 제4조는 인사검증대상자로 '시장이 임명 또는 추천하는 지방공기업법에 따라 시에 설립된 공사·공단 또는 정원이 100인 이상인 시에서 출연한 기관의 어느 하나에 해당되는 공공기관의 장'을 규정하고, 이 사건 조례안 제7조 제1항, 제10조, 제11조는 이들에 대한 사후적 인사검증을 실시한 후 인사검증보고서를 제출하고 인사검증회의를 공개하도록 하고 있다.

그런데 위 공공기관의 설립 근거 법률인 지방공기업법, 「지방자치단체 출자·출연기관의 운영에 관한 법률」 및 그 위임에 따른 해당 기관의 정관에서는 기관장의 임명절차와 방법에 관한 규정을 두고 있을 뿐, 피고에 의한 인사검증에 관하여는 규정하고 있지 아니하다. 지방자치법 역시 지방의회의 집행기관에 대한 견제장치로 서류제출요구권(제48조), 행

정사무 감사권 및 조사권(제49조), 지방자치단체장 등의 출석 및 답변요구권(제51조) 등을 규정하고 있는 외에 시장이 임명 또는 추천하는 공공기관의 장에 대한 지방의회의 인사검증에 관한 사항을 별도로 정하고 있지는 않다. 따라서 위 조례안 규정들에 따른 지방의회의 인사검증은 법령에 의하여 지방자치단체의 장에게 부여된 임명·위촉권을 하위 법규인 조례로써 제약한 경우에 해당한다.

비록 위 조례안 규정들이 사전적인 인사검증이 아니라 사후적인 인사검증 절차에 관하여 규정하고 있기는 하나, 그 제도의 취지와 목적이 원고가 임명·위촉하는 공공기관의 장에 대한 문제점을 지적하려는 데 있어 그 효과 측면에서는 법령의 위임이 없어 허용되지 않는 사전적인 인사청문 절차를 거치도록 한 것과 실질적으로 동일하다고 볼 수 있다. 나아가 공공기관의 장의 임명·위촉 이후 그 권한행사에서 드러난 비리나 부정에 대하여는 별도로 지방자치법에 따른 피고의 행정사무 감사권 및 조사권의 행사를 통해 시정할 수 있는 점에 비추어 보면 위와 같은 사후적인 인사검증 제도를 도입할 실익이 크다고도 볼 수 없다.

피고는 이 사건 조례안이 제정되기 이전에 원고와 피고 사이에 인사검증에 관한 업무협약이 체결되어 그에 따라 인사검증이 실시되어 왔으므로 사후 인사검증에 관하여 규정한 이 사건 조례안을 무효로 보는 것은 신의성실의 원칙 등에 반한다고 주장한다. 그러나 업무협약은 당사자의 의사표시에 의하여 그 효력이 중단될 가능성이 있다는 점에서 조례와는 법적 성격이 다르고, 업무협약이 있었다는 점만으로 상위 법령에 의해 부여된 원고의 인사권을 제약하는 조례의 제정이 용인되었다거나 인사검증의 실시가 지속될 것이라는 점에 대한 주민의 신뢰가 형성되었다고 보기 어렵다. 지방자치단체의 장의 인사권 남용을 막기 위하여 지방의회의 견제가 필요한 경우가 있을 수 있다 하더라도, 이는 상위 법령의 제·개정을 통해 조례의 법적 근거를 마련하는 등 입법적으로 해결하여야 할 문제이지 상위 법령의 근거 없이 조례만으로 지방자치단체의 장의 인사권을 제약하는 것까지 허용된다고 볼 수 없다.

따라서 공공기관의 장 등에 대한 사후 인사검증을 규정한 조례안 규정들은 상위 법령의 근거 없이 원고의 임명·위촉권을 본질적으로 제약한 것이어서 위법하다고 봄이 상당하므로, 이를 지적하는 원고의 주장은 이유 있다.

2. 이 사건 조례안 제7조 제3항, 제5항, 제8조 제1항, 제3항이 지방자치법 제28조 제1항 단서 등에 위반되는지 여부

1) 지방자치법 제28조 제1항 단서, 행정규제기본법 제4조 제3항에 의하면 지방자치단체가 조례를 제정할 때 그 내용이 주민의 권리 제한 또는 의무 부과에 관한 사항이나 벌칙인 경우에는 법률의 위임이 있어야 하므로, 법률의 위임 없이 주민의 권리제한 또는 의무 부과에 관한 사항을 정한 조례는 그 효력이 없다.

2) 이 사건 조례안 제7조는 인사검증대상자로 하여금 위원회에 출석하여 진술하도록 하고(제3항), 필요한 경우 증인 또는 참고인도 위원회에 출석하는 것을 전제로 그들로부터 증언·진술을 청취할 수 있도록 하고 있다(제5항). 또한 이 사건 조례안 제8조 제1항, 제3항은 비록 문언상으로는 시장이 인사검증대상자의 인사검증과 관련한 자료 등을 위원회에 제출하도록 명시하고 있으나, 이는 사실상 인사검증대상자인 공공기관의 장에 대하여 자료를 제출할 의무를 부과하고 있는 것으로 볼 수 있다.

따라서 위 조례안 규정들은 주민의 의무 부과에 관한 사항을 정한 것으로 모두 법률의 위임이 있어야 그 효력이 인정될 수 있다. 그러나 인사검증의 목적으로 인사검증 관련 자료의 제출을 요구할 수 있도록 하는 것이 피고의 안건심의나 행정사무 조사 및 감사에 한하여 서류의 제출을 요구할 수 있도록 규정한 지방자치법 제48조 및 제49조 제4항의 허용 범위 내에 포함된다고 볼 수 없고, 그 밖에 인사검증대상자나 증인, 참고인 등에 대한 위와 같은 진술, 자료 제출 등의 의무 부과에 관한 사항을 조례에 위임하는 내용의 법률 규정도 존재하지 아니한다.

그렇다면 위 조례안 규정들은 법률의 위임 없이 주민의 의무 부과에 관한 사항을 조례로 규정한 것으로 지방자치법 제28조 제1항 단서에 위반되므로, 이를 지적하는 원고의 주장은 이유 있다.

3. 이 사건 조례안 제2조 제2호, 제8조 제1항, 제3항, 제11조가 「개인정보 보호법」제15조 제1항에 위배되는지 여부

1) 이 사건 조례안 제2조 제2호는 직무수행능력, 자질, 도덕성 등을 인사검증의 내용으로 규정하고, 이 사건 조례안 제8조 제1항, 제3항은 위원회의 시장에 대한 인사검증 관련 자료 제출 요구권을 정하며, 이 사건 조례안 제11조는 정보주체인 인사검증대상자의 동의가 없는 경우에도 위원회의 의결이 없는 이상 인사검증회의가 공개되도록 하고 있다. 인사검증의 내용, 제출 자료 및 인사검증회의의 공개 범위가 개인정보에 관한 부분을 별도로 제외하고 있지 않은 이상, 위 조례안 규정들에 의해 「개인정보 보호법」제4조 제2호에 따른 자신의 개인정보의 처리에 관한 동의 여부와 동의 범위 등을 선택하고 결정할 권리의 제한이 발생할 수 있으므로, 위 조례안 규정들이 적법하기 위해서는 「개인정보 보호법」제15조 제1항 각 호의 개인정보 수집·이용 요건을 갖추어야 한다.

2) 「개인정보 보호법」제15조 제1항은 정보주체의 동의를 받은 경우(제1호) 외에도 제2호 내지 제6호에서 정보주체의 동의 없이 개인정보를 수집·이용할 수 있는 경우를 별도로 규정하고 있다.

그중 인사검증회의의 공개와 관련하여서는 「개인정보 보호법」제15조 제1항 제3호의 "공공기관이 '법령 등'에서 정하는 소관 업무의 수행을 위하여 불가피한 경우"에 해당하는지 여부가 문제될 수 있는바, 여기에서 말하는 '법령 등'이란 어디까지나 '적법'한 법령 등을 의미한다고 보아야 한다(대법원 2017. 12. 13. 선고 2014추644 판결 참조). 그런데 앞서 본 바와

같이 공공기관의 장에 대한 인사검증의 근거가 되는 이 사건 조례안 제4조, 제7조 제1항 등이 상위 법령의 근거 없이 원고의 임명·위촉권을 본질적으로 제약하거나 법률의 위임 없이 주민의 의무 부과에 관한 사항을 정한 것으로 위법하다고 판단하는 이상, 그에 기초하여 인사검증과 관련된 자료 제출이나 인사검증회의를 공개하도록 하는 것을 적법한 법령에서 정하는 소관 업무의 수행을 위하여 불가피한 경우에 해당하는 것으로 볼 수 없다. 그 밖에 인사검증의 대상자가 피고의 개인정보 수집·이용에 전면적으로 동의하였다거나 개인정보처리자의 정당한 이익이 인사검증 대상자의 권리보다 명백하게 우선하는 경우에 해당한다고 볼 수 없고, 인사검증 목적으로 관련 자료를 제출하도록 한 것이 피고의 안건심의나 행정사무 조사 및 감사에 한하여 서류의 제출을 요구할 수 있도록 규정한 지방자치법 제48조 및 제49조 제4항의 허용범위 내에 포함되지도 아니하는 이상 「개인정보 보호법」 제15조 제1항 나머지 각 호의 개인정보 수집·이용 요건을 갖추었다고도 볼 수 없다.

따라서 인사검증의 공개에 관한 위 조례안 규정들이 「개인정보 보호법」 제15조 제1항에 위반된다는 취지의 원고의 주장은 이유 있다.

【사안의 경우】

앞서 본 바와 같이 이 사건 조례안의 일부가 그 효력이 없는 이상 이 사건 조례안에 대한 재의결은 전부 효력이 부인되어야 할 것이다.

149 부산광역시 생활임금 조례 일부개정조례안에 대한 재의결의 무효확인을 구하는 사건
— 2023. 7. 13. 선고 2022추5156 판결

[1] 부산광역시장으로 하여금 생활임금 적용대상 전직원을 대상으로 호봉 재산정을 통해 생활임금을 반영하도록 규정한 이 사건 조례안 제11조 제3항이 국가사무에 관한 사항을 규정한 것인지 여부(소극)

시의 공공기관 소속 근로자, 시와 공공계약을 체결한 기관·단체 또는 업체에 소속된 근로자 등에 대하여 생활임금을 지급하도록 하는 사무는 그 주민이 되는 근로자가 시에서의 기본적인 생활여건을 형성할 수 있도록 하는 것으로 주민복지에 관한 사업이라 할 것이고, 이는 경제적 여건이 상이한 지방자치단체의 현실을 고려하여 결정되는 것이므로, 이러한 생활임금의 지급에 관한 사무는 지방자치단체 고유의 자치사무인 지방자치법 제13조 제2항 제2호 소정의 주민의 복지증진에 관한 사무 중 주민복지에 관한 사업에 해당되는 사무라고 할 것이다.

[2] 이 사건 조례안 제11조 제3항이 원고의 예산안 편성권을 침해하는지 여부(소극)

[3] 이 사건 조례안 제11조 제3항이 원고의 인사권을 침해하는지 여부(소극)

[4] 이 사건 조례안 제11조 제3항이 근로기준법 제4조에 위배되는지 여부(소극)

[5] 이 사건 조례안 제11조 제3항이 이 사건 조례안 내 다른 규정과 충돌하여 그 효력이 부인되는지 여부(소극)

이 사건 조례안 제11조 제3항은 '제3조 제1항 각 호의 적용대상 전직원'을 대상으로 호봉 재산정을 통한 생활임금의 반영을 규정하고 있고, 제3조 제1항은 원고로 하여금 각 호의 노동자 중 위원회의 심의를 거쳐 적용대상을 결정하도록 규정하고 있으므로, 결국 이 사건 조례안 제11조 제3항에 의하여 호봉 재산정이 되어야 하는 적용대상은 원고에게 이를 결정할 권한이 인정된다.

또한, 이 사건 조례안 제11조 제3항은 호봉 재산정을 통해 생활임금을 반영할 것을 규정함으로써 생활임금 반영 효과가 호봉과 무관하게 고르게 미칠 수 있도록 기준을 제시하고 있을 뿐이고, 구체적인 생활임금 결정이나 호봉 재산정에 따른 임금 상승분의 결정은 여전히 원고의 재량에 맡겨져 있다.

이 사건 조례안 제11조 제3항이 생활임금 적용대상 전직원을 대상으로 호봉 재산정을 통해 생활임금을 반영하도록 규정한 것이 집행기관으로서의 지방자치단체의 장 고유의 재량권을 침해하였다거나 예산배분의 우선순위 결정에 관한 지방자치단체의 장의 예산안 편성권을 본질적으로 침해하여 위법하다고 볼 수 없다.

이 사건 조례안 제11조 제3항에 의하더라도 어느 정도의 임금을 구체적으로 지급하도록 할

것인지에 대해서는 원고에게 여전히 상당한 재량이 있음은 앞서 본 바와 같다. 결국 이 사건 조례안 제11조 제3항은 시 소속 직원의 임금 지급에 있어 호봉 재산정으로 생활임금 반영에 따른 임금 상승 효과를 고르게 누리도록 하라는 지침을 제공함으로써 원고의 권한을 일부 견제하려는 취지일 뿐, 소속 직원에 대하여 특정한 임금을 지급하도록 강제한다거나 임금조건에 대하여 피고의 사전 동의를 받도록 하는 등으로 원고의 임금 결정에 관한 고유권한에 대하여 사전에 적극적으로 관여하는 것이라고 보기 어렵다.

근로기준법 제4조의 입법취지 및 내용에 비추어 살펴보면, 근로기준법 제4조가 근로자에게 유리한 내용의 근로조건의 기준을 지방의회의 의결로 결정하는 것을 제한하는 취지는 아니라고 할 것이므로, 근로자에게 유리한 내용의 근로조건의 기준을 조례로써 규정하고 그 내용이 사용자의 근로조건 결정에 관한 자유를 일부 제약한다 하더라도 그와 같은 내용을 규정한 조례가 무효라고 볼 수 없다.

【사안의 경우】

'부산광역시 생활임금 조례 일부개정조례안'에 대한 재의결에 대하여 부산광역시장이 무효확인을 구한 사안으로, 대법원은 부산광역시장으로 하여금 생활임금 적용대상 전직원을 대상으로 호봉 재산정을 통해 생활임금을 반영하도록 규정한 조례안 규정이 원고의 예산안 편성권이나 인사권을 본질적으로 침해하지 아니하고 근로기준법 제4조에 위반된다고 볼 수 없다는 등의 이유로 청구를 기각함.

150 지방자치단체의 조례안 재의결의 효력이 문제된 사건
― 2025. 5. 15. 선고 2023추5054 판결

[1] 지방자치단체가 기관위임사무에 관한 사항을 조례로 제정할 수 있는지 여부(원칙적 소극) 및 법령상 지방자치단체의 장이나 교육감이 처리하도록 규정하고 있는 사무가 자치사무인지 기관위임사무인지 판단하는 기준

지방자치단체는 주민의 복리에 관한 사무를 처리하고 재산을 관리하며, 법령의 범위 안에서 자치에 관한 규정을 제정할 수 있다(헌법 제117조 제1항). 지방자치법 제28조 제1항, 제13조에 따르면, 지방자치단체가 조례를 제정할 수 있는 사항은 지방자치단체의 고유사무인 자치사무와 개별 법령에 따라 지방자치단체에 위임된 단체위임사무에 한정된다. 국가사무가 지방자치단체의 장 또는 교육감에게 위임된 기관위임사무에 관한 사항은 원칙적으로 조례의 제정범위에 속하지 않는다. 법령상 지방자치단체의 장이나 교육감이 처리하도록 규정하고 있는 사무가 자치사무인지 기관위임사무인지를 판단할 때 그에 관한 법령의 규정 형식과 취지를 우선 고려해야 하지만, 그 밖에도 사무의 성질이 전국적으로 통일적인 처리가 요구되는 사무인지 여부나 그에 관한 경비부담과 최종적인 책임귀속의 주체 등도 아울러 고려해야 한다.

[2] 지방자치단체가 제정한 조례가 법령에 위반되는 경우, 그 조례의 효력(무효) 및 조례가 법령에 위반되는지 판단하는 기준 / 하위법령 규정이 상위법령 규정에 저촉되는지가 명백하지 않고, 하위법령의 의미를 상위법령에 합치되는 것으로 해석하는 것이 가능한 경우, 하위법령이 상위법령에 위반된다는 이유로 쉽게 무효를 선언할 수 있는지 여부(소극)

지방자치법 제28조 제1항 본문은 "지방자치단체는 법령의 범위에서 그 사무에 관하여 조례를 제정할 수 있다."라고 규정하고 있으므로 지방자치단체가 제정한 조례가 법령에 위반되는 경우에는 효력이 없는 것이고, 조례가 법령에 위반되는지는 법령과 조례의 각각의 규정 취지, 규정의 목적과 내용 및 효과 등을 비교하여 둘 사이에 모순·저촉이 있는지 여부에 따라서 개별적·구체적으로 결정해야 한다.

한편 국가의 법체계는 그 자체로 통일체를 이루고 있으므로 상하규범 사이의 충돌은 최대한 배제하여야 하고, 또한 규범이 무효라고 선언될 경우에 생길 수 있는 법적 혼란과 불안정 및 새로운 규범이 제정될 때까지의 법적 공백 등으로 인한 폐해를 피해야 할 필요성에 비추어 보면, 하위법령의 규정이 상위법령의 규정에 저촉되는지가 명백하지 않은 경우에, 관련 법령의 내용과 입법 취지 및 연혁 등을 종합적으로 살펴 하위법령의 의미를 상위법령에 합치되는 것으로 해석하는 것이 가능한 경우라면, 하위법령이 상위법령에 위반된다는 이유로 쉽게 무효를 선언할 것은 아니다.

[3] 서울특별시의회가 의결한 '서울특별시교육청 기초학력 보장 지원에 관한 조례안'에 대하여 서울특별시교육감이 기관위임사무에 해당하는 사항을 위임 없이 정한 것으로 조례제정권을 넘어선다는 등의 이유로 재의를 요구하였으나, 의회가 위 조례안을 원안대로 재의결함으로써 확정한 사안에서, 위 조례안이 기관위임사무에 관한 것으로서 조례제정권의 한계를 벗어나거나 교육관련기관의 정보공개에 관한 특례법, 기초학력 보장법 등 상위법령에 위반되지 않는다고 한 사례

서울특별시의회가 의결한 '서울특별시교육청 기초학력 보장 지원에 관한 조례안'에 대하여 서울특별시교육감이 기관위임사무에 해당하는 사항을 위임 없이 정한 것으로 조례제정권을 넘어선다는 등의 이유로 재의를 요구하였으나, 의회가 위 조례안을 원안대로 재의결함으로써 확정한 사안에서, 위 조례안이 정한 사무는 지방자치법 제13조 제2항 제5호 (가)목이 지방자치단체의 사무로 정한 초등학교·중학교·고등학교 등의 운영·지도에 관한 사무에 해당하므로 위 조례안이 기관위임사무에 관한 것으로서 조례제정권의 한계를 벗어났다고 볼 수 없고, 교육감으로 하여금 기초학력진단검사의 지역·학교별 결과 등을 공개할 수 있도록 정하고 있는 위 조례안 규정의 취지는 기초학력진단검사의 지역·학교별 결과 등의 공개를 통해 학교교육에 대한 서울특별시 주민들의 알권리를 보장하는 한편 관심과 참여도를 끌어올림으로써 궁극적으로 기초학력을 신장시키는 것으로 교육관련기관이 학교교육과 관련하여 보유·관리하는 정보의 적극적 공개를 통한 국민의 알권리 보장 및 학교 교육에 대한 참여도 증진 등에 있는 교육관련기관의 정보공개에 관한 특례법(이하 '교육기관정보공개법'이라 한다)의 입법 취지와 충돌하지 않으므로 위 조례안 규정이 교육기관정보공개법 제5조 및 교육관련기관의 정보공개에 관한 특례법 시행령 제3조 제4항에 위반된다고 볼 수 없으며, 위 조례안 규정이 교육감으로 하여금 기초학력진단검사의 결과 등을 공개할 수 있도록 규정한 것이 기초학력진단검사의 결과 공유를 통해 학생, 학부모 및 학교가 모두 연계하여 학습지원대상학생에 대한 학습지원교육이 적시에 충분히 제공될 수 있도록 보장하기 위한 기초학력보장법의 취지에 배치되는 것이라고 보기는 어렵다는 등의 이유로 위 조례안 규정이 기초학력 보장법 제7조 및 기초학력 보장법 시행령 제6조 제3항, 제4항에 위반된다고 볼 수 없다고 한 사례.

 정당 현수막의 표시·설치에 관한 기준을 규정한 「부산광역시 옥외광고물 등의 관리와 옥외광고산업 진흥에 관한 조례 일부개정조례안」(이하 '이 사건 조례안')에 대한 의결의 무효확인을 구하는 사건
― 2024. 7. 25. 선고 2023추5177 판결

【사건의 개요와 쟁점】

「옥외광고물 등의 관리와 옥외광고산업 진흥에 관한 법률」에서 정당 현수막의 표시·설치에 관하여 규정하고 있는데도 별개로 그 표시·설치에 관한 기준을 규정한 이 사건 부산시 조례안에 대한 의결에 대하여 원고(행정안전부장관)이 피고(부산광역시 의회)를 상대로 무효확인을 청구함

【판시사항 및 판결요지】

[1] 조례안 의결 무효확인 소송에서 판단대상이 되었던 조례안이 개정되었으나 그 내용이 사실상 변경되지 않고 동일하게 유지되고 있는 경우, 개정 전 조례안에 대한 소의 이익이 소멸하는지 여부(소극) 및 조례안의 개정 등으로 법률우위의 원칙 등에 따라 조례안의 위법성을 직접적으로 논할 여지가 소멸하게 되었더라도 예외적으로 소의 이익을 인정할 수 있는 경우

조례안 의결 무효확인 소송에서 판단대상이 되었던 조례안이 개정되었다 하더라도 개정된 조례안의 내용이 사실상 변경된 바 없이 동일하게 유지되고 있을 경우에는 개정 전 조례안에 대한 소의 이익은 소멸되지 아니한다. 나아가 조례안의 개정 등으로 법률우위의 원칙 등에 따라 조례안의 위법성을 직접적으로 논할 여지가 소멸하게 되었더라도, 개정 전 조례안에 의하여 형성된 법률관계가 남아 있거나 또는 다른 지방자치단체에서 해당 조례안과 유사한 내용으로의 조례로 제·개정될 가능성이 있거나 실제 그러한 조례가 여러 지방의회에서 의결된 바 있어 해당 조례안의 위법성 확인에 대한 해명이 필요한 경우에는 예외적으로 소의 이익을 인정할 수 있다.

[2] 지방자치법 제192조 제8항에 따라 조례안이 법령에 위반되는지가 문제 된 소송에서 판단 기준이 되는 법령(=변론종결 당시 규범적 효력을 갖는 법령)

지방자치법 제192조 제8항에 근거한 조례안 의결 무효확인 소송은, 조례가 헌법 및 법률 등 상위 법규와의 관계에서 효력을 갖는지를 다툴 수 있도록 마련된 것으로 일종의 추상적 규범통제의 성격을 가진다. 그리고 그 취지는 '조례에 대한 관계에서 법령의 우위' 내지 '조례의 적법성'을 관철함으로써 헌법이 상정하고 있는 전체 법질서의 통일성을 확보하기 위한 것으로 볼 수 있다. 따라서 가령 조례안이 의결 당시의 법령에 위배된다고 보더라도 이후 법 개정으로 법령 위반의 여지가 사라지면 그런 이유를 들어 조례안의 유효를 선언하고, 반대로 의결 당시의 법령에 부합하는 조례안이더라도 이후 법 개정으로 법령에 위반된다고 평가되면 조례안의 무효를 선언하는 것이 위 소송 유형을 제도적으로 마련한 지방자치법 제192조 제8항의 취지에 부합한다. 결국 지방자치법 제192조 제8항에 따라 조례안이 법령에 위반되는지가 문제 된 소송에서 그에 관한 심사는 변론종결 당시 규범적 효력을 갖는 법령을 기준으로 해야 한다.

[3] 정당이 정당 현수막을 설치·표시하는 경우 '동시에 게시할 수 있는 현수막의 개수는 읍·면·동별로 1개'(제1호), '혐오·비방의 내용 및 문구 금지'(제2호)라는 두 개의 기준을 모두 갖추어 지정게시대에 게시하여야 한다는 내용의 '부산광역시 옥외광고물 등의 관리와 옥외광고산업 진흥에 관한 조례 일부개정조례안' 제13조의2가 관련 법령에 위반된다는 등의 이유로 행정안전부장관이 시장에게 재의를 요구했으나 불응하자 지방자치법 제192조 제8항을 근거로 위 조례안 의결의 무효확인을 구하는 소송을 제기한 사안에서, 위 조례안 규정이 조례에 대한 관계에서 법령의 우위를 명시한 헌법 제117조 제1항과 지방자치법 제28조 제1항 본문에 위배되었다고 한 사례

국민의 정치의사형성을 매개하는 정당은 오늘날 민주주의에 있어 필수불가결한 요소이기 때문에 정당의 자유로운 설립과 활동은 민주주의 실현의 전제요건이라고 할 수 있다. 이에 헌법은 정당 설립의 자유와 국가의 보호를 규정함으로써(헌법 제8조 제1항, 제3항) 정당활동의 자유를 포함한 정당의 자유를 광범위하게 보장하고 있다. 정당의 핵심적 기능이 국민의 의사형성 참여에 있는 까닭에 국민과 밀접한 접촉을 통하여 국민의 의사와 이익을 대변하고 이를 국가와 연결하는 중개자로서의 역할을 수행하기 위해서 정당이 자당의 정책이나 정치적 현안에 대하여 그 입장을 현수막 등을 이용하여 홍보하는 행위는 통상적인 정당활동으로 보장된다(정당법 제37조 제2항).

이처럼 정당 현수막의 표시·설치는 정당과 국민의 정치적 기본권과 밀접하게 연관되어 있다는 점에서, 정당 현수막에 대한 규율을 통하여 정당활동의 자유를 제한할 필요성이 있더라도 그 제한은 원칙적으로 국민의 대표자인 입법자가 스스로 형식적 법률로써 규정하여야 할 사항이다. 따라서 개정 옥외광고물법 제8조 제1항 제8호에도 불구하고 조례로 정당 현수막의 표시·설치 등에 관하여 정할 수 있다고 해석하는 것은 정당활동의 자유에 대한 제한에 있어 고려되어야 할 헌법 원리에 부합하지 않는다.

정당이 정당 현수막을 설치·표시하는 경우 '동시에 게시할 수 있는 현수막의 개수는 읍·면·동별로 1개'(제1호), '혐오·비방의 내용 및 문구 금지'(제2호)라는 두 개의 기준을 모두 갖추어 지정게시대에 게시하여야 한다는 내용의 '부산광역시 옥외광고물 등의 관리와 옥외광고산업 진흥에 관한 조례 일부개정조례안' 제13조의2가 관련 법령에 위반된다는 등의 이유로 행정안전부장관이 시장에게 재의를 요구했으나 불응하자 지방자치법 제192조 제8항을 근거로 위 조례안 의결의 무효확인을 구하는 소송을 제기한 사안에서, 제반 사정을 종합하면, 정당 현수막에 관한 규율은 본질상 지방자치단체가 법령의 위임 없이도 조례로 규율할 수 있는 사항으로 평가하기 어렵고, 입법자 역시 정당 현수막의 보장과 제한을 직접 규정함으로써 전국에 걸쳐 일률적으로 동일한 내용을 규율하려는 취지이며, 달리 조례로 정당 현수막의 표시·설치에 관한 사항을 정할 수 있도록 위임하고 있지도 않으므로, 하위법령인 조례로서 옥외광고물 등의 관리와 옥외광고산업 진흥에 관한 법령(이하 '옥외광고물법령'이라 한다)이 정당 현수막의 표시·설치에 관하여 정한 것보다 엄격하게 규정하고 있는 위 조례안 규정은 옥외광고물법령에 위반된다는 이유로, 위 조례안 규정이 조례에 대한 관계에서 법령의 우위를 명시한 헌법 제117조 제1항과 지방자치법 제28조 제1항 본문에 위배되었다고 한 사례.

제2장 공무원법

152 지방공무원의 승진임용에 관한 임용권자의 인사재량
— 2022. 2. 11. 선고 2021도13197 판결 ★★

[1] 지방공무원의 승진임용에 관하여 임용권자에게 부여된 인사재량의 범위 / 지방공무원법 제42조의 구성요건인 '임용에 관하여 부당한 영향을 미치는 행위'에 해당하는지를 판단할 때 고려하여야 할 사항

지방공무원의 승진임용에 관해서는 임용권자에게 일반 국민에 대한 행정처분이나 공무원에 대한 징계처분에서와는 비교할 수 없을 정도의 광범위한 재량이 부여되어 있다. 따라서 승진임용자의 자격을 정한 관련 법령 규정에 위배되지 아니하고 사회통념상 합리성을 갖춘 사유에 따른 것이라는 일응의 주장·증명이 있다면 쉽사리 위법하다고 판단하여서는 아니 된다. 특히 임용권자의 인사와 관련한 행위에 대하여 형사처벌을 하는 경우에는 임용권자의 광범위한 인사재량권을 고려하여 해당 규정으로 인하여 임용권자의 인사재량을 부당히 박탈하는 결과가 초래되지 않도록 처벌규정을 엄격하게 해석·적용하여야 할 것이다. 따라서 "누구든지 시험 또는 임용에 관하여 고의로 방해하거나 부당한 영향을 미치는 행위를 하여서는 아니 된다."라고 규정하는 지방공무원법 제42조의 '임용에 관하여 부당한 영향을 미치는 행위'에 해당하는지를 판단함에 있어서도 임용권자가 합리적인 재량의 범위 내에서 인사에 관한 행위를 하였다면 쉽사리 구성요건해당성을 인정하여서는 아니 된다.

[2] 지방공무원법상 공무원의 결원 발생 시 발생한 결원 수 전체에 대하여 오로지 승진임용의 방법으로 보충하거나 그 대상자에 대하여 승진임용 절차를 동시에 진행하여야 하는지 여부(소극) / 승진임용과 관련하여 인사위원회의 사전심의를 거치는 것은 임용권자가 승진임용 방식으로 인사권을 행사하고자 하는 것을 전제로 하는지 여부(적극) / 임용권자는 결원 보충의 방법과 승진임용의 범위에 관한 사항을 선택하여 결정할 수 있는 재량이 있는지 여부(적극)

지방공무원법은 공무원의 결원 발생 시 발생한 결원 수 전체에 대하여 오로지 승진임용의 방법으로 보충하도록 하거나 그 대상자에 대하여 승진임용 절차를 동시에 진행하도록 규정하지 않고, 제26조에서 "임용권자는 공무원의 결원을 신규임용·승진임용·강임·전직 또는 전보의 방법으로 보충한다."라고 규정하여 임용권자에게 다양한 방식으로 결원을 보충할 수 있도록 하고 있다. 그리고 지방공무원법 및 '지방공무원 임용령'에서는 인사의 공정성을 높이기 위한 취지에서 임용권자가 승진임용을 할 때에는 임용하려는 결원 수에 대하여 인사위원회의 사전심의를 거치도록 하고 있다(지방공무원법 제39조 제4항, 지방공무원 임용령 제30조 제1

항). 즉, 승진임용과 관련하여 인사위원회의 사전심의를 거치는 것은 임용권자가 승진임용 방식으로 인사권을 행사하고자 하는 것을 전제로 한다. 이와 달리 만약 발생한 결원 수 전체에 대하여 동시에 승진임용의 절차를 거쳐야 한다고 해석하면, 해당 기관의 연간 퇴직률, 인사적체의 상황, 승진후보자의 범위, 업무 연속성 보장의 필요성이나 재직가능 기간 등과 무관하게 연공서열에 따라서만 승진임용이 이루어지게 됨에 따라 임용권자의 승진임용에 관한 재량권이 박탈되는 결과가 초래될 수 있으므로, 임용권자는 결원 보충의 방법과 승진임용의 범위에 관한 사항을 선택하여 결정할 수 있는 재량이 있다고 보아야 할 것이다.

[3] 지방공무원법상 임용권자는 인사위원회의 심의·의결 결과와 다른 내용으로 승진대상자를 결정하여 승진임용을 할 수 있는지 여부(적극) / 인사위원회의 심의·의결 결과에 따르도록 규정한 '지방공무원 임용령' 제38조의5가 임용권자의 인사재량을 배제하는 규정인지 여부(소극) 및 위 규정은 임용권자로 하여금 가급적 인사위원회의 심의·의결 결과를 존중하라는 취지인지 여부(적극)

징계에 관해서는 인사위원회의 징계의결 결과에 따라 징계처분을 하여야 한다고 분명하게 규정하고 있는 반면(지방공무원법 제69조 제1항), 승진임용에 관해서는 인사위원회의 사전심의를 거치도록 규정하였을 뿐 그 심의·의결 결과에 따라야 한다고 규정하고 있지 않으므로, 임용권자는 인사위원회의 심의·의결 결과와는 다른 내용으로 승진대상자를 결정하여 승진임용을 할 수 있다. '지방공무원 임용령' 제38조의5가 '임용권자는 특별한 사유가 없으면 소속 공무원의 승진임용을 위한 인사위원회의 사전심의 또는 승진의결 결과에 따라야 한다.'라고 규정하고 있으나 위 규정은 지방공무원법의 구체적인 위임에 따른 것이 아니므로 그로써 임용권자의 인사재량을 배제한다고 볼 수 없으며, 문언 자체로도 특별한 사유가 있으면 임용권자가 인사위원회의 심의·의결 결과를 따르지 않을 수 있음을 전제하고 있으므로 임용권자로 하여금 가급적 인사위원회의 심의·의결 결과를 존중하라는 취지로 이해하여야 한다.

153 재임용거부결정이 위법한 경우 손해배상청구 가부
- 2023. 2. 2. 선고 2022다226234 판결

[1] 교원소청심사위원회 결정의 기속력이 미치는 범위

교원의 지위 향상 및 교육활동 보호를 위한 특별법 제10조의2는 교원소청심사위원회의 결정은 처분권자를 기속한다고 규정하고 있다. 여기서 교원소청심사위원회 결정의 기속력은 결정의 주문에 포함된 사항뿐 아니라 그 전제가 된 요건사실의 인정과 판단, 즉 처분 등의 구체적 위법사유에 관한 판단에까지 미친다.

[2] 교원소청심사위원회가 임용기간이 만료된 교원에 대한 재임용거부처분을 취소하는 결정을 한 경우, 학교법인 등에 해당 교원을 재임용하여야 하는 의무를 부과하거나 그 교원이 바로 재임용되는 것과 같은 법적 효과가 인정되는지 여부(소극)

교원소청심사위원회의 소청심사결정 중 임용기간이 만료된 교원에 대한 재임용거부처분을 취소하는 결정은 재임용거부처분을 취소함으로써 학교법인 등에 해당 교원에 대한 재임용심사를 다시 하도록 하는 절차적 의무를 부과하는 데 그칠 뿐, 학교법인 등에 반드시 해당 교원을 재임용하여야 하는 의무를 부과하거나 혹은 그 교원이 바로 재임용되는 것과 같은 법적 효과까지 인정되는 것은 아니다.

[3] 기간임용제 대학교원에 대한 학교법인의 재임용거부결정이 재량권을 일탈·남용한 것으로 평가되어 사법상 효력이 부정되는 경우, 불법행위를 이유로 학교법인에 손해배상책임을 묻기 위해서는 재임용거부결정이 객관적 정당성을 상실하였다고 인정되어야 하는지 여부(적극) 및 그 판단 기준 / 학교법인의 불법행위가 인정되는 경우, 사립대학 교원이 청구할 수 있는 재산적 손해배상의 범위(=재직할 수 있었던 기간 동안의 임금 상당액) / 교원이 재산적 손해 외에 위자료를 청구할 수 있는 경우

기간임용제 대학교원에 대한 학교법인의 재임용거부결정이 재량권을 일탈·남용한 것으로 평가되어 사법상 효력이 부정된다고 하더라도 이것이 불법행위를 구성함을 이유로 학교법인에 손해배상책임을 묻기 위해서는 당해 재임용거부가 학교법인의 고의 또는 과실로 인한 것이라는 점이 인정되어야 한다. 이를 위해서는 학교법인이 보통 일반의 대학을 표준으로 하여 볼 때 객관적 주의의무를 결하여 재임용거부결정이 객관적 정당성을 상실하였다고 인정될 정도에 이른 경우이어야 하고, 이때 객관적 정당성을 상실하였는지는 재임용거부사유의 내용 및 성질, 그러한 거부사유 발생에 있어서 해당 교원의 기여(관여) 정도, 재임용심사절차에서 해당 교원의 소명 여부나 정도, 명시된 재임용거부사유 외에 학교법인이 재임용거부 판단에 실질적으로 참작한 사유의 유무 및 내용, 재임용심사의 전체적 진행 경과 등 여러 사정을 종합하여 손해배상책임을 대학에 부담시켜야 할 실질적인 이유가 있는지에 의하여 판단하여야 한다.

이러한 판단을 거쳐 학교법인의 불법행위가 인정되는 경우에는 적법한 재임용심사를 받았더라면 재임용을 받을 수 있었던 사립대학 교원은, 대학에 대하여 그러한 위법행위가 없었더라면 교원으로 임용되어 재직할 수 있었던 기간 동안 임금 상당의 재산적 손해배상을 청구할 수 있고, 손해배상의 범위가 반드시 위법한 재임용거부가 이루어진 당해 재임용기간 동안 지급받을 수 있었던 임금 상당액에 한정되는 것은 아니다. 한편 교원이 재산적 손해 외에 별도의 정신적 고통을 받았음을 이유로 위자료를 청구하기 위해서는, 학교법인이 재임용을 거부할 만한 사유가 전혀 없는데도 오로지 해당 교원을 몰아내려는 의도 아래 고의로 다른 명목을 내세워 재임용을 거부하였거나, 재임용거부의 이유로 된 어느 사실이 인사규정 등 재임용 여부의 심사사유에 해당되지 않거나 재임용거부사유로 삼을 수 없는 것임이 객관적으로 명백하고 또 조금만 주의를 기울이면 이와 같은 사정을 쉽게 알아볼 수 있는데도 그것을 이유로 재임용거부에 나아간 경우 등 재임용 여부 심사에 관한 대학의 재량권 남용이 우리의 건전한 사회통념이나 사회상규상 용인될 수 없음이 분명한 경우이어야 한다.

[4] 갑이 을 학교법인이 운영하는 병 대학교의 부교수로 승진 임용된 후 재임용되었는데, 임용기간 만료일을 전후하여 을 법인이 2회에 걸쳐 갑에 대하여 재임용거부처분을 하였으나 모두 절차 위반을 이유로 취소되자 갑에게 이의신청 기회 및 의견진술 기회를 부여한 후 업적평가결과 재임용에 필요한 점수를 취득하지 못하였다는 이유로 다시 재임용거부처분을 한 사안에서, 학술논문이 2018. 12. 31.까지 제출되지 않았다는 이유로 논문실적을 반영하지 않는 등 업적평가결과의 연구 영역 중 2018년도(2018. 3. 1.부터 2019. 2. 28.까지) 학술논문 항목을 0점으로 인정한 부분은 객관적 정당성을 상실한 것으로서 갑에 대한 불법행위에 해당한다고 한 사례

갑이 을 학교법인이 운영하는 병 대학교의 부교수로 승진 임용된 후 재임용되었는데, 임용기간 만료일을 전후하여 을 법인이 2회에 걸쳐 갑에 대하여 재임용거부처분을 하였으나 모두 절차 위반을 이유로 취소되자 갑에게 이의신청 기회 및 의견진술 기회를 부여한 후 업적평가결과 재임용에 필요한 점수를 취득하지 못하였다는 이유로 다시 재임용거부처분을 한 사안에서, 구 사립학교법(2019. 1. 15. 법률 제16219호로 개정되기 전의 것) 및 병 대학교 교원인사규정 등에 따르면 재임용거부처분이 절차 위반을 이유로 취소되어 재임용기간이 지나 다시 업적평가점수를 산정한 위 재임용거부처분의 경우에는 업적평가 원칙에 따라 2019. 2. 28.까지의 학술논문 실적을 반영하여야 하는데, 갑이 위 기간 내에 '연구업적 증빙자료 미제출사유서' 및 '논문게재예정증명서'를 제출하였고 실제로 논문이 학술지에 게재되었는데도, 업적평가결과에서는 논문이 2018. 12. 31.까지 제출되지 않았다는 이유로 논문실적이 반영되지 않는 등 제반 사정에 비추어, 적어도 업적평가결과의 연구 영역 중 2018년도(2018. 3. 1.부터 2019. 2. 28.까지) 학술논문 항목을 0점으로 인정한 부분은 보통 일반의 대학을 표준으로 하여 볼 때 객관적 주의의무를 결하여 객관적 정당성을 상실한 것으로서 갑에 대한 불법행위에 해당한다고 보는 것이 타당한데도, 이와 달리 본 원심판결에 법리오해 등의 잘못이 있다고 한 사례.

 ## 154 국가공무원법상 직위해제사유의 소멸
— 2022. 10. 14. 선고 2022두45623 판결 ★★

【판시사항 및 판결요지】

[1] 국가공무원법 제73조의3 제1항에서 정한 직위해제의 의미 / 직위해제의 요건 및 효력 상실·소멸시점 등을 해석하는 방법

국가공무원법 제73조의3 제1항에서 정한 직위해제는 당해 공무원이 장래에 계속 직무를 담당하게 될 경우 예상되는 업무상의 장애 등을 예방하기 위하여 일시적으로 당해 공무원에게 직위를 부여하지 아니함으로써 직무에 종사하지 못하도록 하는 잠정적인 조치로서, 임용권자가 일방적으로 보직을 박탈시키는 것을 의미한다. 이러한 직위해제는 공무원의 비위행위에 대한 징벌적 제재인 징계와 법적 성질이 다르지만, 해당 공무원에게 보수·승진·승급 등 다양한 측면에서 직간접적으로 불리한 효력을 발생시키는 침익적 처분이라는 점에서 그것이 부당하게 장기화될 경우에는 결과적으로 해임과 유사한 수준의 불이익을 초래할 가능성까지 내재되어 있으므로, 직위해제의 요건 및 효력 상실·소멸시점 등은 문언에 따라 엄격하게 해석해야 하고, 특히 헌법 제7조 제2항 및 국가공무원법 제68조에 따른 공무원에 대한 신분보장의 관점은 물론 헌법상 비례원칙에 비추어 보더라도 직위해제처분의 대상자에게 불리한 방향으로 유추·확장해석을 해서는 안 된다.

[2] 국가공무원법 제73조의3 제1항 제3호에서 정한 직위해제의 목적 및 직위해제 요건의 충족 여부 등을 판단하는 방법

국가공무원법 제73조의3 제1항 제3호는 파면·해임·강등 또는 정직에 해당하는 징계의결(이하 '중징계의결'이라 한다)이 요구 중인 자에 대하여 직위해제처분을 할 수 있음을 규정하였는바, 이는 중징계의결 요구를 받은 공무원이 계속 직위를 보유하고 직무를 수행한다면 공무집행의 공정성과 그에 대한 국민의 신뢰를 저해할 구체적인 위험이 생길 우려가 있으므로 이를 사전에 방지하고자 하는 데 목적이 있다. 이러한 직위해제제도의 목적 및 취지는 물론 이로 인한 불이익의 정도와 침익적 처분의 성질에 비추어 보면, 단순히 '중징계의결 요구'가 있었다는 형식적 이유만으로 직위해제처분을 하는 것이 정당화될 수는 없고, 직위해제처분의 대상자가 중징계처분을 받을 고도의 개연성이 인정되는 경우임을 전제로 하여, 대상자의 직위·보직·업무의 성격상 그가 계속 직무를 수행함으로 인하여 공정한 공무집행에 구체적인 위험을 초래하는지 여부 등에 관한 제반 사정을 면밀히 고려하여 그 요건의 충족 여부 등을 판단해야 한다.

[3] 국가공무원법 제73조의3 제2항의 직위해제 사유의 소멸과 관련하여 같은 조 제1항 제3호에서 정한 '중징계의결이 요구 중인 자'는 같은 법 제82조 제1항 및 공무원 징계령 제12조에 따른 징계의결이 이루어질 때까지로 한정되는지 여부(적극)

국가공무원법 제73조의3 제2항은 직위해제처분을 한 경우에도 그 사유가 소멸되면 지체 없이 직위를 부여하여야 함을 명시하였다. 이는 같은 조 제1항 제3호의 요건 중 하나인 '중징계의결이 요구 중인 자'의 의미 및 '중징계의결 요구'의 종기에 관한 해석과 관계된다. 국가공무원법은 '징계의결 요구(제78조), 징계의결(제82조 제1항), 징계의결 통보(공무원 징계령 제18조), 징계처분(제78조 및 공무원 징계령 제19조) 또는 심사·재심사 청구(제82조 제2항 및 공무원 징계령 제24조)' 등 징계절차와 그 각 단계를 명확히 구분하여 규정하였고, '재징계의결 요구(제78조의3)'는 징계처분이 무효·취소된 경우에 한하는 것으로 명시함으로써 '심사·재심사 청구'가 이에 포함되지 않는다는 점 역시 문언상 분명하다. 이러한 관련 규정의 문언 내용·체계에 비추어 보면, '중징계의결이 요구 중인 자'는 국가공무원법 제82조 제1항 및 공무원 징계령 제12조에 따른 징계의결이 이루어질 때까지로 한정된다고 보는 것이 타당하다.

만일 징계의결에 따라 곧바로 징계처분이 이루어진 경우와 달리 징계의결에 대하여 징계의결 요구권자가 심사·재심사를 청구한 경우에는 직위해제의 효력이 심사·재심사 청구에 관한 결정 시까지 지속된다고 본다면, 국가공무원법 및 공무원 징계령의 문언 내용·체계의 해석에 반할 뿐만 아니라 징계의결 요구권자의 심사·재심사 청구 여부에 관한 일방적인 의사·판단에 상당한 수준의 불이익한 처분에 해당하는 직위해제의 종기를 결부시키는 것이 되고, 이로 인하여 공무원을 장기간 동안 불안정한 신분 상태에 놓이게 하여 헌법과 국가공무원법이 정한 공무원의 신분보장에 반할 우려가 커짐은 물론 직위해제처분의 대상자에게 불리한 방향의 유추·확장해석을 하는 것이 되어 허용할 수 없다. 더욱이 '중징계의결이 요구 중인 자'에 해당하여 직위해제처분을 받은 대상자에 대하여 적법한 절차에 따라 '경징계의결'이 이루어진 경우에는, 비록 재심사 청구에 의한 변경 가능성을 고려하더라도 '중징계처분을 받을 고도의 개연성'이 있다고 쉽게 인정하기 어려운 상태가 되었다고 봄이 타당하다. 잠정적 조치인 직위해제처분의 특성상 그 사유·목적에 부합하는 적정한 범위 내에서 필요 최소한으로 운용되어야만 한다는 점에서 보더라도, 당초 직위해제를 한 시점에는 적법한 처분에 해당하였더라도 그 사유의 소멸·상실일에 해당하는 징계의결이 있은 다음 날부터는 직위해제처분이 효력을 상실하게 된다고 볼 수밖에 없다.

【사안의 경우】

1) 국토교통부장관은 2017. 2. 28. 중앙징계위원회에 원고에 대하여 중징계의결을 요구함과 동시에 원고에 대하여 국가공무원법 제73조의3 제1항 제3호에 따른 직위해제처분을 하였고, 중앙징계위원회는 2018. 2. 23. 원고에 대하여 경징계의결(감봉 2개월)을 하였다. 국토교통부장관은 2018. 3. 13. 중앙징계위원회에 위 경징계의결에 대한 재심사 청구를 하였으나, 중앙징

계위원회는 2018. 6. 22. 이를 기각하였으며, 국토교통부장관은 2018. 7. 11. 원고에게 감봉 2개월의 징계처분을 하였다.

2) 원고에 대한 직위해제처분의 요건·사유에 해당하는 '중징계의결이 요구 중인 자'의 의미는 원고에 대한 징계의결이 이루어진 2018. 2. 23.까지에 한정되고, 특히 원고에 대하여 경징계에 해당하는 감봉 2개월의 징계의결이 이루어졌으므로 적어도 그 다음 날인 2018. 2. 24.부터는 '중징계처분을 받을 고도의 개연성'이라는 직위해제처분의 요건·사유가 소멸·상실되었다고 볼 수 있다. 그러므로 원고에 대한 직위해제처분은 2017. 7. 28.부터 2018. 2. 23.까지만 그 효력이 적법하게 유지된다고 봄이 타당하다.

3) 그럼에도 원심은 판시와 같은 이유만으로, 원고에 대한 직위해제처분의 효력이 2017. 7. 28.부터 국토교통부장관의 재심사 청구에 관한 기각 결정이 내려진 2018. 6. 22.까지 여전히 유지된다고 보아, 이를 전제로 미지급 보수액을 산정하였는바, 이러한 원심의 판단에는 직위해제 효력의 종기에 관한 법리를 오해함으로써 판결에 영향을 미친 잘못이 있다.

155 징계절차에서 징계혐의사실의 특정 정도
— 2022. 7. 14. 선고 2022두33323 판결

☐ 성비위행위 관련 징계에서 징계대상자에게 피해자의 '실명' 등 구체적인 인적사항이 공개되지 않았으나 징계혐의사실이 서로 구별될 수 있을 정도로 특정되어 있고 징계대상자가 징계사유의 구체적인 내용과 피해자를 충분히 알 수 있다고 인정되는 경우, 징계절차상 방어권 행사에 실질적인 지장이 초래된다고 볼 수 있는지 여부(소극)

성비위행위의 경우 각 행위가 이루어진 상황에 따라 그 행위의 의미 및 피해자가 느끼는 불쾌감 등이 달라질 수 있으므로, 징계대상자의 방어권을 보장하기 위해서 각 행위의 일시, 장소, 상대방, 행위 유형 및 구체적 상황이 다른 행위들과 구별될 수 있을 정도로 특정되어야 함이 원칙이다. 그러나 각 징계혐의사실이 서로 구별될 수 있을 정도로 특정되어 있고, 징계대상자가 징계사유의 구체적인 내용과 피해자를 충분히 알 수 있다고 인정되는 경우에는 징계대상자에게 피해자의 '실명' 등 구체적인 인적사항이 공개되지 않는다고 하더라도, 그와 같은 사정만으로 징계대상자의 방어권 행사에 실질적인 지장이 초래된다고 볼 수 없다. 특히 성희롱 피해자의 경우 2차 피해 등의 우려가 있어 실명 등 구체적 인적사항 공개에 더욱 신중히 처리할 필요가 있다는 점에서 더욱 그러하다.

156 기간제 교원의 재임용 심사에 관한 사건 ★
— 2023. 10. 26. 선고 2018두55272 판결

[1] 사립대학 교원의 자격 심사기준으로서 교원이 갖추어야 할 능력과 자질 및 이는 재임용의 경우에도 마찬가지인지 여부(적극) / 임용기간이 만료된 대학교원을 재임용할 것인지는 임용권자의 재량행위에 속하는지 여부(적극) / 대학교원 기간임용제에 의해 임용되어 임용기간이 만료된 사립대학 교원은 재임용 여부에 관하여 합리적인 기준에 의한 공정한 심사를 요구할 권리를 가지는지 여부(적극) / 기간제로 임용된 대구경북과학기술원 교원에게도 사립대학 교원과 동일하게 위와 같은 재임용심사신청권을 인정해야 하는지 여부(적극)

사립대학의 교원은 관련 법령과 학교법인의 정관에서 교원의 자격 심사기준으로 삼고 있는 덕목인 학문연구, 학생교육, 학생지도, 교육관계 법령의 준수 및 기타 교원으로서의 품위유지에 관한 능력과 자질을 기본적으로 갖추고 있어야 하고, 이는 재임용의 경우에도 마찬가지이다. 대학교원의 임용기간이 만료되면 임용권자는 이러한 사정을 참작하여 재임용 여부를 심사할 필요성이 있으므로, 임용기간이 만료된 사람을 다시 임용할 것인지는 임용권자의 판단에 따른 재량행위에 속한다. 다만 대학교원 기간임용제에 의하여 임용되어 임용기간이 만료된 사립대학 교원으로서는 교원으로서의 능력과 자질에 관하여 합리적인 기준에 의한 공정한 심사를 받아 위 기준에 부합되면 특별한 사정이 없는 한 재임용되리라는 기대를 가지고 재임용 여부에 관하여 합리적인 기준에 의한 공정한 심사를 요구할 권리를 가진다.

대구경북과학기술원에 소속된 교원은 교육공무원이 아니므로 대구경북과학기술원과 소속 교원의 관계는 원칙적으로 사법상 계약에 의해 규율되는 관계로 보아야 하는 점, 헌법 제31조 제6항에서 정하고 있는 교원지위법정주의의 취지, 대구경북과학기술원법에 따라 설립된 대구경북과학기술원 교원의 지위, 역할 등을 고려하면, 기간제로 임용된 대구경북과학기술원 교원에 대하여도 구 사립학교법(2016. 2. 3. 법률 제13938호로 개정되기 전의 것) 제53조의2 제4항 내지 제8항을 유추적용하여 사립대학 교원과 동일하게 재임용 여부에 관하여 합리적인 기준에 의한 공정한 심사를 요구할 권리를 인정하여야 한다.

[2] 직급정년에 관한 대구경북과학기술원의 교원인사관리요령 제16조 제1항이 대학교원에게 인정되는 재임용심사신청권을 침해하여 무효인지 여부(적극)

직급정년에 관한 대구경북과학기술원의 교원인사관리요령 제16조 제1항은 대학교원인 조교수가 동일 직급으로 근무할 수 있는 최대기간을 5년으로 설정해 두고 그 기간이 만료되기 전까지 상위 직급으로 승진하지 못한 채 임용기간이 만료되면 별도의 재임용심사 없이 당연퇴직하게 하는 내용으로서 이는 대학교원에게 인정되는 재임용심사신청권을 침해하므로 무효라고 보는 것이 타당하다. 구체적인 이유는 다음과 같다.

1) 구 사립학교법에 따라 기간제로 임용되어 정상적으로 임용기간이 만료하는 대학교원은 임면권자에게 학생교육, 학문연구, 학생지도에 관한 사항에 대한 평가 등 객관적인 사유로서 학칙이 정하는 사유에 근거하여 구 사립학교법 제53조의2 제4항 내지 제8항이 정하는 절차에 따라 재임용 여부에 관하여 합리적이고 공정한 심사를 하여 줄 것을 요구할 법률상의 신청권을 갖는다. 이는 헌법상 교원지위법정주의 요청에 의하여 대학교원 신분의 부당한 박탈을 방지하고자 하는 최소한의 보호를 위한 것이므로 위 규정들은 강행규정으로 보아야 한다(대법원 2012. 4. 12. 선고 2011두22686 판결 등 참조). 이 사건 직급정년 규정은 조교수 직급의 재직기간 5년이 만료하기까지 상위 직급으로 승진하지 못하는 경우 별도의 재임용심사 없이 당연퇴직하게 함으로써 대학교원의 재임용심사신청권을 실질적으로 제약하는 것이어서 위 강행규정의 취지에 어긋난다.

2) 원고가 조교수 재직기간 중 부교수로 승진함으로써 조교수 직급정년의 적용을 면할 수 있다고 하더라도, 승진심사가 재임용심사와 실질적으로 동일하다거나 대상적 성격의 절차가 부여된 것이라고 볼 수 없다. 상위 직급의 교수로 임용하는 행위는 기존의 임용행위에 기초한 단순한 승진발령행위가 아니라 직명을 달리하는 교원을 임용하는 새로운 신분관계의 설정행위이므로(대법원 1997. 12. 23. 선고 97다25477 판결 등 참조), 대학은 승진의 기준이나 절차를 마련하거나 승진임용 여부를 결정하는 데에 상당한 재량을 가진다. 이러한 승진심사가 구 사립학교법 제53조의2 제4항 내지 제8항의 엄격한 제한을 받는 재임용심사를 대체한다고 보기 어렵다.

3) 헌법은 대학의 자율성이 법률이 정하는 바에 의하여 보장된다고 규정하고 있다. 대학교원의 인사는 대학의 자율성이 발휘되어야 하는 영역이지만, 이러한 자율성은 대학교원의 재임용심사신청권을 보장하는 법률규정에 위반되지 않는 범위에서 보장되는 것이므로, 대학교원의 재임용심사신청권을 실질적으로 제약하는 내용의 이 사건 직급정년 규정을 대학의 자율성을 들어 정당화할 수 없다.

4) 직급정년과 유사한 계급정년제가 군인, 경찰공무원과 소방공무원 등에 대하여 유효하게 시행되고 있기는 하다. 그러나 이는 군인이나 일정한 직무를 담당하는 공무원의 임무 및 조직체계 등의 특수성을 고려하여 경찰공무원법 등 개별 법률로써 도입된 것이다. 대학교원의 직무와 역할, 조직 등에 그와 유사한 특수성을 인정하기 어렵고, 법률의 정함이 없이 대학의 자치규범으로 정하고 있는 이 사건 직급정년 규정의 효력을 계급정년제와 동일하게 볼 수도 없다.

5) 이 사건 직급정년 규정의 취지는 조교수 직급에 주어진 근무기간 동안 상급 대학교원으로의 능력과 자질을 구비하게 하여 종국적으로는 교수(정교수)의 지위에 오르게 함으로써 정년보장하에 학생의 교육·지도와 학문연구에 그 지식과 인격적 역량을 최대한 발휘할 수 있도록 하는 데 있다고 보인다. 그러나 이 사건 직급정년 규정은 조교수의 재직기간을 불과 5년으로 정하면서 그 기간 만료로 당연퇴직하게 하고 있으므로 이러한 목적을 달성하기 위한 수단으로 적정하다고 볼 수 없다.

6) 참가인이 상고이유에서 들고 있는 대법원 2010. 4. 29. 선고 2007두19102 판결은 교원의 재임용심사신청권에 관한 구 사립학교법 제53조의2 제4항 내지 제8항이 신설되기 전에 시행된 「대학교원 기간임용제 탈락자 구제를 위한 특별법」에 따른 재임용 재심사 대상인지가 문제 된 사안이고, 대법원 2013. 2. 14. 선고 2011다53188 판결은 위법한 재임용심사로 인한 손해배상을 청구한 대학교원이 추후 상위 직급으로 승진할 것까지를 전제로 손해배상액을 산정해야 한다고 주장한 사안에 대한 것으로서 모두 이 사건에 원용하기에 적절하지 않다.

[3] 사립학교의 교원이 교원소청심사위원회의 소청심사 기각결정에 불복하여 교원소청심사위원회를 피고로 하여 행정소송을 제기한 경우, 소청심사의 피청구인이었던 사립학교의 장이 피고보조참가인으로서 소송에 참여할 수 있는지 여부(적극)

구 교원지위향상을 위한 특별법(2016. 2. 3. 법률 제13936호로 개정되기 전의 것) 제10조 제1항에 따른 교원소청심사위원회의 소청심사 기각결정에 불복하려는 교원은 같은 조 제3항에 따라 행정소송을 제기할 수 있다. 국공립학교의 교원은 소청심사 결정의 고유한 위법을 주장하는 경우가 아닌 한 불리한 처분을 한 인사권자를 피고로 하여 행정소송을 제기해야 하므로 그 인사권자는 피고로서 소송에 참여한다. 사립학교의 교원은 교원소청심사위원회를 피고로 하여 행정소송을 제기해야 하는데, 사립학교의 장은 학교법인의 위임 등을 받아 교원에 대한 인사 관련 업무에 대해 독자적 기능을 수행하고 있고, 소청심사의 피청구인이었다면 피고보조참가인으로서 소송에 참여할 수 있다.

위 규정들의 내용과 법리에 비추어 기록에 의해 확인되는 다음과 같은 사정들, 즉 대구경북과학기술원 총장은 교원에 대한 인사발령을 포함한 각종 업무를 수행하는 등 그 법인과는 별도의 독자적 기능을 수행하고 있는 점, 대구경북과학기술원 총장이 원고가 청구한 소청심사의 피청구인이었던 점, 대구경북과학기술원 총장이 국공립학교의 인사권자나 사립학교의 장과 마찬가지로 교원소청심사위원회의 결정에 기속되는 지위에 있는 점(구 교원지위법 제10조 제2항 참조), 국공립학교의 인사권자나 사립학교의 장과 달리 공공단체의 성격을 가지는 대구경북과학기술원의 인사권자인 총장에게만 소청심사 기각결정에 뒤따르는 행정소송에 어떠한 지위로도 참여할 수 없게 하는 것은 절차적 방어권 보장과 관련하여 현저하게 불합리한 결과를 초래하고 형평에도 어긋나는 점 등을 살펴보면, 대구경북과학기술원의 교원이 자신에게 불리한 교원소청심사위원회의 결정에 대하여 행정소송을 제기한 경우에는 대구경북과학기술원의 인사 관련 업무에 대해 독자적 업무를 수행하는 기관인 총장에게 예외적으로 피고 측에 행정소송법 제16조에 의한 소송참가 또는 행정소송법 제8조 제2항, 민사소송법 제71조, 제78조에 의한 보조참가를 할 수 있는 당사자능력을 인정할 수 있다.

157. 재임용 거부가 적법하다고 본 소청심사 결정의 취소를 구한 사건
― 2024. 6. 17. 선고 2021두49772 판결

【판시사항 및 판결요지】

[1] 재임용 심사를 거친 사립대학 교원과 학교법인 사이의 재임용계약 체결이 계약 내용에 관한 의사의 불일치로 말미암아 무산된 경우, 재임용계약의 무산이 교원소청심사의 대상인 재임용거부에 해당하는지 여부(적극)

기간을 정하여 임용된 사립대학 교원은 교원으로서의 능력과 자질에 관하여 합리적인 기준에 의한 공정한 심사를 받아 위 기준에 부합하면 특별한 사정이 없는 한 재임용되리라는 기대를 가지고 재임용 여부에 관하여 합리적인 기준에 의한 공정한 심사를 요구할 권리가 있다.

[2] 학교법인이 기존 취업규칙이 적용되는 교원에게 변경된 취업규칙의 적용에 동의하여야만 재임용계약을 체결할 수 있다는 조건을 제시한 경우, 해당 교원이 조건에 동의하지 않음을 이유로 한 재임용거부가 재량권 일탈·남용에 해당하는지 여부(적극)

한편 재임용 심사를 거친 사립대학 교원과 학교법인 사이의 재임용계약 체결이 서로간의 계약 내용에 관한 의사의 불일치로 말미암아 무산되었더라도, 교원이 재임용을 원하고 있었던 이상 이러한 재임용계약의 무산은 실질적으로 학교법인의 재임용거부처분에 해당한다고 보아야 한다. 또한 학교법인의 교원 재임용행위는 원칙적으로 재량행위에 속하지만, 그 재임용거부처분에 재량권을 일탈·남용한 위법이 있는 경우에는 사법통제의 대상이 된다.

【사안의 경우】

학교법인인 피고보조참가인(이하 '참가인' 이라 함)은 재임용심사를 거쳐 참가인이 설립하여 운영하던 대학의 교수인 원고에게 재임용결정을 통보하였으나, 계약 체결 과정에서 원고가 성과급 연봉제를 적용하는 것에 동의하지 않는다는 이유로 재임용계약 갱신 거절 통보를 하였음. 이에 원고가 성과급 연봉제에 관하여 교원 과반의 동의를 받지 않아 이를 내용으로 하는 교직원보수규정(취업규칙)은 무효이므로, 재임용거부가 위법하다고 주장하면서 교원소청심사를 청구하자, 교원소청심사위원회인 피고가 근로조건에 관한 의사 불일치로 인해 원고와 참가인 사이의 재임용계약이 결렬되었을 뿐이라는 이유로 소청심사 청구를 기각하였는데, 원고는 피고를 상대로 그 소청심사 결정의 취소를 청구한 사안임

원심은 기간제 근로자의 갱신기대권 법리를 적용하여, 참가인이 재임용결정을 통보함으로써 원고에게 갱신기대권이 발생하였고, 참가인의 갱신 거절 통보는 합리적 이유가 없어 위법하므로 재임용거부는 재량권을 일탈·남용하여 위법하다고 판단하였음

대법원은 위와 같은 법리를 설시하면서, ① 참가인의 갱신 거절 통보는 재임용거부처분에 해당하고, ② 참가인이 원고의 동의 없이는 임용관계에 적용될 수 없는 개정 교직원보수규정에 대하여 원고가 그 적용을 거부했다는 이유만으로 원고와 사이에 재임용계약의 체결을 거절한 것은 현저히 부당하므로, 참가인의 재임용거부행위는 재량권을 일탈·남용한 것으로 위법하다고 보아, 이 사건 소청심사 결정이 위법하다고 판단한 원심의 결론을 수긍하여 상고를 기각함.

재외 한국학교 파견공무원에게 지급할 보수가 문제된 사건
― 2023. 10. 26. 선고 2020두50966 판결

[1] 국가공무원인 교원의 보수에 관한 구체적인 내용(보수 체계, 보수 내용, 지급 방법 등)은 '기본적인 사항'으로서 반드시 법률의 형식으로 정해야 하는지 여부(소극)

국가공무원인 교원의 보수는 본질적으로 급부적 성격이 강한 국가행정의 영역에 속하는 것으로서 해마다 국가의 재정상황 등에 따라 그 액수가 수시로 변화하고, 교원의 보수체계 역시 국가의 정치·사회·경제적 상황, 시대 변화에 따른 교원의 지위 및 역할의 변화, 민간 영역의 보수 체계의 변화 등 사회적·경제적 여건에 따라 적절히 대처할 필요성이 있기 때문에 이에 관한 모든 사항을 법률에 규정하는 것은 입법기술상 매우 어렵다. 따라서 국가공무원인 교원의 보수에 관한 구체적인 내용(보수 체계, 보수 내용, 지급 방법 등)까지 반드시 법률의 형식으로만 정해야 하는 '기본적인 사항'이라고 보기는 어렵고, 이를 행정부의 하위법령에 위임하는 것은 불가피하다.

[2] 교육부장관이 중국, 일본, 중동·러시아, 남미에 설립된 한국학교에 재외국민의 교육지원 등에 관한 법률 시행령 제15조 등에 따라 파견공무원을 선발하기 위해서 각종 수당 및 근무조건에 관한 구체적인 내용이 기재된 교사 선발계획을 수립하여 이를 공고하였는데, 모스크바 한국학교 파견교사로 선발되어 3년간 파견근무를 한 초등학교 교사 甲이 파견기간 동안 재외 한국학교가 지급한 수당을 제외한 나머지 재외기관 근무수당의 지급을 청구한 사안에서, 교육부장관에게 재외 한국학교 파견공무원에 대한 수당 지급과 관련하여 재량권이 인정되고, 교육부장관이 정한 위 선발계획의 수당 부분에 재량권 일탈남용의 위법이 없다고 한 사례

교육부장관이 중국, 일본, 중동·러시아, 남미에 설립된 사립학교인 한국학교에 재외국민의 교육지원 등에 관한 법률 시행령(이하 '재외국민교육법 시행령'이라 한다) 제15조 등에 따라 파견공무원을 선발하기 위해서 각종 수당 및 근무조건에 관한 구체적인 내용이 기재된 교사 선발계획을 수립하여 이를 공고하였는데, 모스크바 한국학교 파견교사로 선발되어 3년간 파견근무를 한 초등학교 교사 甲이 파견기간 동안 재외 한국학교가 지급한 수당을 제외한 나머지 재외기관 근무수당의 지급을 청구한 사안에서, 재외국민의 교육지원 등에 관한 법령과 공무원보수규정, 공무원수당 등에 관한 규정(이하 '공무원수당규정'이라 한다) 등 관계 법령의 목적과 규정 내용 및 체계, 재외 한국학교에 대한 교육공무원 파견 선발 제도 시행 경위와 취지, 위 선발계획의 수립과정과 내용 등을 종합적으로 고려하면, 교육부장관이 위와 같이 선발계획에서 재외 한국학교들이 지급하는 수당 부분을 제외한 나머지 재외기관 근무수당을 지급하지 않는 것으로 선발계획을 수립하여 공고한 것 자체를 재외 한국학교 파견공무원 수당 지급에 관한 '내부지침 또는 세부기준'을 정한 것으로 볼 수 있고, 이러한 선발계획의 내용이 위임법령의 목적이나 근본 취지에 배치되거나 모순되는 것으로 보이지 않는 점 등에

비추어, 공무원수당규정의 특별규정인 재외국민교육법 시행령 제17조에 따라 교육부장관에게 재외 한국학교 파견공무원에 대한 수당 지급과 관련하여 재량권이 인정되고, 교육부장관이 재외국민교육법 시행령 제17조 등 관계 법령에 따라 재외 한국학교와 협의를 거쳐 공무원수당규정이 정한 범위에서 예산사정 등을 고려하여 정한 위 선발계획의 수당 부분에 재량권 행사의 기초가 되는 사실을 오인하였다거나 비례·평등의 원칙에 반하는 등의 사유가 있다고 단정하기 어렵다고 한 사례.

공무원이 승진심사 과정에서 주택보유현황을 허위로 신고하였다는 이유로 징계처분을 받아 그 취소를 구하는 사건

― 2024. 1. 4. 선고 2022두65092 판결

【판시사항 및 판결요지】

[1] 헌법 제7조가 보장하는 직업공무원제도의 운영 및 기본적 요소에 해당하는 공무원의 임용·보직·승진에 바탕이 되는 원칙 / 지방공무원법이 정한 신분보장·승진 등 인사 운영 관련 규정을 해석·적용할 때 고려할 사항

대한민국헌법(이하 '헌법'이라 한다) 제7조가 정한 직업공무원제도는 공무원이 집권세력의 논공행상의 제물이 되는 엽관제도를 지양하고 정권교체에 따른 국가작용의 중단과 혼란을 예방하며 일관성 있는 공무수행의 독자성을 유지하기 위하여 헌법과 법률에 따라 공무원의 신분이 보장되는 공직구조에 관한 제도이다. 이러한 직업공무원제도를 운영할 때에는 인사의 공정성을 유지하는 장치가 중요하고, 공무원의 정치적 중립과 신분보장은 핵심적 요소라고 할 수 있다. 특히 직업공무원에게는 정치적 중립과 더불어 공무를 효율적으로 수행할 수 있는 능력이 요구되므로, 헌법 제7조가 보장하는 직업공무원제도의 운영 및 기본적 요소에 해당하는 공무원의 임용·보직·승진에는 공무원의 능력·성적·전문성 등을 반영한 능력주의·성과주의가 바탕이 되어야 한다. 또한, 헌법 제7조 제2항은 "공무원의 신분과 정치적 중립성은 법률이 정하는 바에 의하여 보장된다."라고 하여, 직업공무원제도가 정치적 중립성과 신분보장을 중추적 요소로 하는 민주적이고 법치주의적인 공직제도임을 천명하면서도 구체적 내용을 법률로 정하도록 위임하였으므로, 이러한 헌법의 위임 및 기속적 방향 제시에 따른 지방공무원법이 정한 신분보장·승진 등 인사 운영 관련 규정을 해석·적용할 때에도 헌법상 직업공무원제도의 취지·목적과 함께 능력주의·성과주의 원칙을 고려하여야 한다.

[2] 지방공무원의 임용권자가 5급 공무원을 4급 공무원으로 승진임용하기 위한 절차와 방법 / 이때 승진임용에 관하여 임용권자에게 부여된 재량권과 한계 / 임용권자가 4급 공무원 승진후보자명부를 작성하거나 승진임용 여부를 심사결정하는 과정에서 법령상 근거 없이 직무수행능력과 무관한 요소로서 근무성적평정·경력평정 및 능력의 실증에 해당한다고 보기 어려운 사정을 주된 평정 사유로 반영하였거나 이러한 사정을 승진임용에 관한 일률적인 배제사유 또는 소극요건으로 삼을 수 있는지 여부(소극)

지방공무원법 제6조 제1항, 제25조 본문, 제38조 제1항 본문, 제39조 제3항, 제4항, 제5항, 지방공무원 임용령 제31조의2 제1항, 제4항, 제31조의6 제1항, 제32조 제1항, 제2항, 제3항에 따르면, 지방공무원의 임용권자가 5급 공무원을 4급 공무원으로 승진임용을 하기 위해서는 승진 예정 대상자인 5급 공무원에 대하여 직급별로 지방공무원 임용령에서 정한 바에 따라 근무성적평정·경력평정 및 능력의 실증을 반영한 승진후보자명부를 작성하여 인사위원

회 사전심의를 거친 다음 승진후보자명부의 높은 순위에 있는 후보자부터 차례로 승진임용 여부를 심사하여 결정해야 한다. 이때 임용권자에게는 승진임용에 관하여 일반 국민에 대한 행정처분이나 공무원에 대한 징계처분에서와는 비교할 수 없을 정도의 매우 광범위한 재량이 부여되어 있으므로 승진후보자명부의 높은 순위에 있는 후보자를 반드시 승진임용해야 하는 것은 아니지만, 승진후보자명부의 작성 또는 승진임용 여부를 심사·결정하는 과정에서 아무런 제한 없는 재량권이 인정되는 것은 아니다. 즉, 임용권자가 승진후보자명부의 작성 및 승진임용을 할 때에는 지방공무원법 제25조, 제38조 제1항 및 제39조 제5항에 따라 근무성적평정·경력평정 및 그 밖의 능력의 실증에 따라야 하는 의무를 부담하므로, 4급 공무원으로 승진임용을 하기 위하여 승진후보자명부를 작성하거나 승진임용 여부를 심사·결정하는 과정에서 법령상 근거 없이 직무수행능력과 무관한 요소로서 근무성적평정·경력평정 및 능력의 실증에 해당한다고 보기 어려운 사정을 주된 평정 사유로 반영하였거나 이러한 사정을 승진임용에 관한 일률적인 배제사유 또는 소극요건으로 삼았다면, 이는 임용권자가 법령상 근거 없이 자신의 주관적 의사에 따라 임용권을 자의적으로 행사한 것으로 헌법상 직업공무원제도의 취지·목적 및 능력주의 원칙은 물론 지방공무원법령 규정에 반하는 것이어서 허용될 수 없다.

【사안의 경우】

가. 원심판결 이유 및 적법하게 채택된 증거에 따르면, 아래의 사정을 알 수 있다.

1) 경기도는 정부의 부동산 정책에 관한 도민의 신뢰를 얻기 위하여 2020. 12. 7.부터 2020. 12. 10.까지 고위공직자(4급 이상 공무원)에 대한 주택보유조사를 실시하였고, 그 연장선에서 2020. 12. 17.부터 2020. 12. 18.까지 4급 승진후보자(5급)에 대하여도 주택보유조사를 실시하였다.

2) 지방행정사무관(5급)으로서 4급 승진후보자였던 원고는 당시 주택 2채(자녀 명의 1채, 매각 진행 중 1채) 및 오피스텔 분양권 2건을 보유하고 있었음에도, 주택보유조사 담당관에게 주택 2채만 보유 중이라는 내용의 답변서를 제출하였다.

3) 원고는 2021. 2. 1. 지방서기관(4급)으로 승진하였는데, 피고는 주택보유조사 결과를 승진 등 인사자료로 활용하였고, 그 결과 원고와 같이 주택보유조사에 응한 4급 승진후보자 132명 중 다주택 보유자로 신고한 35명은 모두 4급으로 승진하지 못하였다.

4) 피고는 2021. 6. 21. 원고가 주택보유조사 시 오피스텔 분양권 2건을 고의로 누락하여 4급 승진인사에 영향을 미치는 결과를 초래하였다는 이유로 징계의결을 요구하였고, 경기도 인사위원회는 2021. 7. 21. 원고에 대하여 지방공무원법 제48조의 성실의무 위반을 이유로 지방공무원법 제69조 제1항 제1호에 따라 '강등 징계'를 의결하였으며, 피고는 2021. 8. 9. 위 의결에 따라 원고에 대하여 이 사건 처분을 하였다.

5) 원고는 이 사건 처분에 대하여 소청심사를 청구하였고, 경기도 소청심사위원회는 2021. 9. 27. 이를 기각하였다.

나. 이러한 사정을 관련 법리에 비추어 살펴보면, 원심의 판단은 아래와 같은 이유에서 수긍할 수 없다.

1) 공무원이 거주와 무관하게 시세차익만을 목적으로 주택용 부동산에 관한 투기행위를 하였다거나 부정한 자금으로 부동산을 매수하였다는 등의 사정은 공무원의 직무수행능력과 밀접한 관련이 있는 도덕성·청렴성 등을 부정적으로 평가할 수 있는 요소가 될 수 있지만, 단순히 다주택 보유 여부와 같은 공무원의 '주택보유현황' 자체가 공무원의 직무수행능력과 관련되는 도덕성·청렴성 등을 실증하는 지표에 해당한다고 볼 수는 없다. 즉, 관련 법령에 따라 공무원으로 하여금 주택의 보유경위, 매수자금의 출처 등을 구체적으로 확인할 수 있는 경우에 그 기초자료의 확인을 위하여 주택보유현황을 조사할 수는 있지만, 법령상 근거 없이 공무원에 대하여 주택보유현황을 아무런 제한 없이 조사할 수는 없으므로, 공무원이 법령상 근거가 없는 주택보유조사에 불응하거나 성실히 임하지 아니하였다는 사정만으로는 지방공무원법 제48조에서 정한 성실의무를 위반한 경우에 해당한다고 볼 수 없다. 만약 법령상 근거 없이 이루어진 주택보유조사에 성실히 임하지 아니한 것이 징계사유가 될 수 있다면, 이는 법률상 근거 없는 부당한 지시에 대해서도 공무원의 복종의무가 있음을 전제로 하는 것이므로 쉽게 받아들이기 어렵다.

2) 앞서 본 바와 같이 임용권자는 4급 공무원으로의 승진임용 과정에서 법령상 근거 없이 직무수행능력과 무관한 요소로서 근무성적평정·경력평정 및 능력의 실증에 해당한다고 보기 어려운 사정을 반영하여서는 아니 된다. 그런데 피고가 원고를 포함한 4급 승진후보자를 대상으로 실시한 이 사건 주택보유조사는 공무원의 직무수행능력과 밀접한 관련이 있는 도덕성·청렴성 등을 실증적으로 평가하기 위하여 관련 법령에 따라 기초자료의 확인 차원에서 실시된 것이라고 볼 만한 아무런 자료가 없는 이상, 법령상 근거 없는 '다주택 보유 여부'를 4급 공무원으로의 승진임용 심사에서 일률적인 배제사유 또는 소극요건으로 반영하는 것은 그 실질에 있어서 임의의 협력을 전제로 하는 조사에 불응하였다는 이유만으로 신분상 중대한 불이익 처분을 하는 경우에 해당하여 적절하지 아니하다. 따라서 그와 같은 취지의 주택보유조사의 결과는 4급 공무원으로의 승진임용 과정에 반영할 수 없음에도, 피고는 이를 반영하여 승진임용 심사를 실시하였음은 물론 이를 전제로 원고가 주택보유조사 과정에서 사실과 다르게 답변서를 제출한 것을 징계사유로 삼았다. 만일 이러한 상황에서 원심과 같이 원고가 '누구든지 임용시험·승진·임용, 그 밖에 인사기록에 관하여 거짓이나 부정하게 진술·기재·증명·채점 또는 보고를 하여서는 아니 된다.'는 규정(지방공무원법 제43조)을 위반하였다고 본다면, 이는 피고가 법령상 근거 없이 실시한 주택보유조사의 결과를 4급 공무원으로의 승진임용 심사 또는 인사기록에 주된 평정 요소로 반영할 수 있음을 전제로 하는 것이라는 점에서 역시 납득하기 어렵다.

3) 피고는 이 사건 주택보유조사 실시에 있어 4급 이상 공무원들에 대하여는 다주택 보유 해소를 권고하면서 주택을 처분할 시간적 여유를 준 이후 주택보유현황을 조사한 반면, 4급 승진후보자들에 대하여는 사전에 다주택 보유 해소를 권고하지도 않은 채 주택보유현황을 조사한 것으로 보인다. 나아가 4급 공무원으로의 승진임용 심사에 주택보유현황이 반영되어 다주택 보유자들이 모두 승진에서 배제되었는데, 그 과정에서 각자의 주택보유경위, 주택매수자금의 출처 등을 확인한 것으로는 보이지 아니하고, 원고에 대한 이 사건 처분 역시 주택보유현황을 주된 사정으로 고려하여 이루어진 것으로 보일 뿐이다. 이처럼 사전에 다주택 보유 해소를 권고받지 못하여 주택을 처분할 시간적 여유가 없었던 데다가 주택보유현황이 구체적인 경위와 내역에 대한 고려 없이 곧바로 인사에 직접 반영될 것이라고는 객관적으로 기대하기 어려운 이상, 그 조사결과를 주된 근거로 하여 내려진 이 사건 처분에 대하여 적법한 징계사유가 있다고 단정할 수 없음은 물론 그 자체로 징계양정에 있어 재량권을 일탈하였다고 봄이 타당하다.

4) 더욱이, 원심이 이 사건 처분의 재량권 일탈·남용 여부에 관한 판단의 근거로 삼은 「지방공무원 임용령」 제38조의3 제1항은 2급부터 4급까지의 공무원을 1급부터 3급까지의 공무원으로 승진임용할 때 적용되는 것이지 원고와 같이 5급 공무원을 4급 공무원으로 승진임용할 때 적용되는 규정이 아니고, 원고와 같이 주택보유현황을 밝힌 4급 승진후보자 중 다주택 보유자로 신고한 35명이 모두 4급으로 승진하지 못하였다는 정황은 그 자체로 피고의 4급 공무원으로의 승진임용 심사 과정이 부당함을 드러내는 대표적인 사정이므로 이를 근거로 하여 형평의 측면에서 이 사건 처분이 위법하지 않다고 보는 것은 그 자체로 받아들일 수 없다.

다. 그럼에도 원심은 판시와 같은 이유로, 이 사건 처분이 재량권을 일탈·남용한 것이 아니라고 보았는바, 이러한 원심의 판단에는 징계사유의 존부 및 징계처분에 관한 재량권 일탈·남용의 법리를 오해하여 필요한 심리를 다하지 아니함으로써 판결에 영향을 미친 잘못이 있다.

160 학부모의 지속적인 담임교체 요구가 교육활동 침해행위인 반복적인 부당한 간섭에 해당한다고 판단한 사건
— 2023. 9. 14. 선고 2023두37858 판결 ★

☐ 교사가 학생에 대한 교육 과정에서 한 판단과 교육활동은 존중되어야 하는지 여부(원칙적 적극) 및 부모 등 보호자의 보호하는 자녀 또는 아동의 교육에 관한 의견 제시의 방식과 한계

헌법 제31조 제4항은 "교육의 자주성·전문성·정치적 중립성 및 대학의 자율성은 법률이 정하는 바에 의하여 보장된다."라고 규정하고 있다. 교육기본법, 교육공무원법, 초·중등교육법에 따르면, 학교교육에서 교원의 전문성과 교권은 존중되어야 하고, 교원은 전문적 지위나 신분에 영향을 미치는 부당한 간섭을 받지 아니하며(교육기본법 제14조 제1항, 교육공무원법 제43조 제1항), 교사가 되기 위해서는 법률이 정한 자격을 갖추어야 한다(초·중등교육법 제21조 제2항). 따라서 적법한 자격을 갖춘 교사가 전문적이고 광범위한 재량이 존재하는 영역인 학생에 대한 교육 과정에서 한 판단과 교육활동은 특별한 사정이 없는 한 존중되어야 하며, 국가, 지방자치단체, 그 밖의 공공단체나 학생 또는 보호자 등이 이를 침해하거나 부당하게 간섭해서는 안 된다.

한편 모든 국민은 보호하는 자녀에게 적어도 초등교육과 법률이 정하는 교육을 받게 할 의무를 진다(헌법 제31조 제2항). 그리고 부모 등 보호자는 보호하는 자녀 또는 아동이 바른 인성을 가지고 건강하게 성장하도록 교육할 권리와 책임을 가지며, 보호하는 자녀 또는 아동의 교육에 관하여 학교에 의견을 제시할 수 있고, 학교는 그 의견을 존중하여야 한다(교육기본법 제13조). 이처럼 부모 등 보호자는 보호하는 자녀 또는 아동의 교육에 관하여 의견을 제시할 수 있으나, 이러한 의견 제시도 교원의 전문성과 교권을 존중하는 방식으로 이루어져야 하며, 교원의 정당한 교육활동에 대하여 반복적으로 부당하게 간섭하는 행위는 허용되지 않는다[교원의 지위 향상 및 교육활동 보호를 위한 특별법 제15조 제1항 제4호, 교육활동 침해행위 및 조치 기준에 관한 고시(교육부고시 제2019-203호, 2019. 11. 5. 시행) 제2조 제3호].

161 신고내용의 실질이 가정폭력에 해당할 가능성이 있는 사건에서 현장출동 경찰관이 취하여야 할 조치를 충실히 하였는지 여부가 문제된 사건
— 2025. 1. 23. 선고 2024두33556 판결

【판시사항 및 판결요지】

☐ 신고접수 당시 사건종별 코드가 '가정폭력'으로 분류된 사건 또는 신고접수 단계에서 '가정폭력'으로 분류되지는 않았지만 신고내용의 실질이 가정폭력에 해당할 가능성이 있다는 점이 현장에서 확인된 사건의 경우, 현장출동 경찰관이 취해야 할 조치의무의 내용 및 위와 같은 일련의 조치를 충실히 하지 않은 경우, 국가공무원법 제56조에서 정한 성실의무를 위반한 것으로 평가할 수 있는지 여부 (적극)

가정폭력범죄의 처벌 등에 관한 특례법, 가정폭력방지 및 피해자보호 등에 관한 법률과 '가정폭력범죄 단계별 대응모델 추진 계획', '가정폭력 대응 업무매뉴얼'의 내용을 종합적으로 살펴보면, 신고접수 당시 사건종별 코드가 '가정폭력'으로 분류된 사건 또는 신고접수 단계에서 '가정폭력'으로 분류되지는 않았지만 신고내용의 실질이 가정폭력에 해당할 가능성이 있다는 점이 현장에서 확인된 사건의 경우, 현장출동 경찰관은 ① 가정폭력 피해 상황을 조사할 때 피해자·신고자·목격자 등이 자유롭게 진술할 수 있도록 가정폭력 가해자로부터 철저히 분리된 곳에서 조사해야 하고, 허위·오인 신고를 제외하고는 원칙적으로 '가정폭력 위험성 조사표'를 작성해야 하며, ② 가정폭력범죄의 재발 위험성을 판단할 때는 가해자와 피해자의 진술에만 의존할 것이 아니라 객관적인 현장 상황, 목격자나 주변인 등의 진술, 개인휴대단말기(PDA)를 통해 확인되는 기존 신고이력 및 재발우려가정 정보 등을 종합적으로 고려해야 하고, ③ 가정구성원 사이의 신체적·재산적 피해를 수반하지 않는 단순한 다툼·언쟁에 해당하는 경우에도 '가정폭력 위험성 조사표'를 도구로 활용하여 재발 위험성을 판단하고 112시스템상의 사건종별 코드를 '가정폭력'으로 분류해야 한다.

국가공무원법 제56조는 "모든 공무원은 법령을 준수하며 성실히 직무를 수행하여야 한다."라고 규정하고 있다. 이러한 성실의무는 공무원에게 부과된 가장 기본적이고 중요한 의무로서 최대한으로 공공의 이익을 도모하고 그 불이익을 방지하기 위하여 전인격과 양심을 바쳐서 성실히 직무를 수행하여야 하는 것을 내용으로 한다. 그러므로 신고접수 당시 사건종별 코드가 '가정폭력'으로 분류되었거나 신고내용의 실질이 가정폭력에 해당할 가능성이 있는 사건에 관한 지령을 받고 현장에 출동한 경찰관이 위와 같은 일련의 조치를 충실히 하지 않은 경우에는 경찰관으로서의 직무를 태만히 한 것으로 국가공무원법 제56조에서 정한 성실의무를 위반한 것으로 평가할 수 있다.

【사안의 경우】

경찰관인 원고는 새벽 4시 30분경 피해자 A의 '동거남과 시비가 있다'는 내용의 신고접수

지령을 받고 A가 거주하는 빌라로 출동하였는데, 동거남 B는 폭행사실을 부인하며 "술에 취해 언성이 높아졌다."라고 말하였고, A는 술에 취하여 제대로 말을 하지 못한 채 B를 주거지 밖으로 내보내 달라는 의미로 손을 흔들었음. 그러자 원고는 B를 주거지 밖으로 퇴거시켜 인근 행정복지센터 쉼터 앞 벤치에 내려주고 파출소로 복귀하였음. 이후 원고는 새벽 6시를 전후하여 A로부터 '동거남이 다시 왔다'는 내용의 신고전화를 받고 위 주거지에 두 차례 더 출동하여 그곳 출입문 앞에서 자고 있는 B를 발견하였으나, 현장에서 A를 대면하지 못하고 전화연결도 되지 않자 B에게 '문 열어달라고 하지 마라. 술이 깨면 들어가라'고 주의를 준 후 파출소로 복귀하였음. 원고가 속한 순찰1팀은 오전 7시 20분경 순찰2팀과 근무교대를 하였고, 순찰2팀 소속 경찰관들은 그 무렵부터 오전 8시경까지 A의 거듭된 신고전화를 받고 위 주거지에 두 차례 더 출동하여 A의 안전을 확인하고 B에게 '소란행위를 계속하면 경범죄로 범칙금 고지서를 발부하겠다'고 경고한 후 복귀하였음. B는 당일 오전 위 주거지 안방 창문의 방범 철조망을 뜯어내고 주거지에 들어가, A가 약 4시간 동안 주거지 출입문을 열어주지 않았다는 이유로 A에게 상해를 가하여 사망에 이르게 하였음. 원고는 위 사건과 관련하여 '가정구성원 간 시비를 인지하였음에도 가정폭력 위험성 조사표를 작성하지 않았고 112시스템상의 사건종별 코드도 정정하지 아니하여 가정폭력 사건에 대한 적절한 후속조치가 이루어지지 않게 되는 등 직무를 태만히 하였다'는 징계사유로 견책의 징계처분을 받았다가 소청심사 후 불문경고로 변경하는 결정을 받았고(이하 '이 사건 징계처분'), 원고는 피고를 상대로 이 사건 징계처분의 취소를 청구함

원심은, 원고가 경찰 지침인 「가정폭력 단계별 대응 모델 추진 계획」 및 「가정폭력 대응 매뉴얼」을 위반하여 이 사건 각 현장출동 당시 가정폭력 피해자 보호에 만전을 기할 의무를 소홀히 한 잘못이 있으므로 징계사유가 인정된다고 보아, 원고의 청구를 인용한 제1심판결을 취소하고 원고의 청구를 기각하였음

대법원은 위와 같은 법리를 설시하면서, 원고는 세 차례의 현장출동을 통해 이 사건 신고내용의 실질이 '가정폭력'에 해당할 가능성이 있고 A와 B 사이의 다툼이 가정폭력범죄로 이어질 위험성이 있음을 인지할 수 있었음에도 '가정폭력 위험성 조사표'를 작성하지 아니하였고, 피해자의 진술을 제대로 청취할 수 없는 상태에서 가정폭력범죄의 재발 위험성을 판단하는 데 필요한 여타 고려요소에 대한 조사 및 평가를 충실히 하지 아니하였으며, 피해자의 안전을 확보하기 위한 적극적 조치를 강구하는 데에도 소홀하였고, 112시스템상의 사건종별 코드를 '가정폭력'으로 변경하지 아니함으로써 원고가 속한 순찰1팀과 근무교대를 한 순찰2팀으로 하여금 이 사건에 대해 가정폭력 사건임을 전제로 하여 적절한 후속조치를 취할 기회를 놓치게 하였으므로, 국가공무원법 제56조에서 정한 성실의무를 위반하였다고 보아, 원심을 수긍하여 상고를 기각함

 재임용 거부처분에 대한 소청심사 청구를 기각한 결정의 취소를 구하는 사건
― 2025. 2. 20. 선고 2024두55877 판결

【판시사항 및 판결요지】

☐ 재임용 심의사유를 학칙이 정하는 객관적인 사유에 근거하도록 한 사립학교법 제53조의2 제7항 전문의 규정 취지 / 사립대학 교원에 대한 재임용 거부의 객관적 사유가 전혀 존재하지 않거나 재임용 심사에서 재량권을 일탈·남용한 결과 합리적인 기준에 기초한 공정한 심사가 결여된 재임용 거부결정의 효력(무효) / 재량권의 일탈·남용으로 인한 재임용 거부결정의 무효 사유에 관한 증명책임의 소재(=이를 주장하는 사람)

사립학교법 제53조의2 제7항 전문에서 재임용 심의사유를 학칙이 정하는 객관적인 사유에 근거하도록 규정한 취지는, 대학교원으로서의 재임용 자격 내지 적격성 유무가 임용권자의 자의가 아니라 학생교육에 관한 사항, 학문연구에 관한 사항과 학생지도에 관한 사항에 대한 평가 등 객관적인 사유에 의하여 심의되어야 할 뿐만 아니라, 해당 교원에게 사전에 심사방법의 예측가능성을 제공하고 사후에는 재임용 거부결정이 합리적인 기준에 의하여 공정하게 이루어졌는지를 심사할 수 있도록 재임용 심사기준이 사전에 객관적인 규정으로 마련되어 있어야 함을 요구하는 것으로 보아야 한다.

사립대학 교원에 대한 재임용 거부의 객관적 사유, 즉 재임용 심사기준에 미달된다는 사유가 전혀 존재하지 않거나 그 사유가 존재한다 하더라도 교원으로서의 능력과 자질을 검증하여 적격성 유무를 심사하기 위한 재임용 심사에서의 재량권을 일탈·남용한 결과 합리적인 기준에 기초한 공정한 심사가 결여된 것으로 인정되어 그 사법상의 효력 자체를 부정하는 것이 사회통념상 타당하다고 인정될 경우에는 그 재임용 거부결정은 무효라고 볼 수 있다. 재량권의 일탈·남용으로 인한 재임용 거부결정의 무효 사유에 관하여는 이를 주장하는 사람이 증명책임을 부담한다.

【사안의 경우】

A대학교 부교수인 원고는 재임용을 위한 필수학술논문 발표기준인 '단독논문을 기준으로 국내 A급 이상 7편' 중 6편이 부족하였고, 피고보조참가인(학교법인 A학원)은 교원인사위원회 의결을 거쳐 원고에 대하여 재임용 거부통지(이하 '이 사건 재임용 거부처분')를 하였음. 이후 원고는 임용기간 만료일까지 4편의 논문에 대하여 게재예정증명서를 제출하였을 뿐 교원인사규정 제38조 제3호의 원본 제출 조건은 충족하지 못하여 최종적으로 퇴직 처리됨. 원고는 피고(교원소청심사위원회)를 상대로 이 사건 재임용 거부처분의 취소를 구하는 소청심사를 청구하였으나, 피고가 이 사건 소청심사 청구를 기각하자, 피고를 상대로 그 결정의 취소를 청구함

원심은, 원고가 재임용 심사를 위한 필수학술논문 발표기준을 충족시켰다고 볼 수 없고, 그 판단의 근거가 되는 연구실적물의 인정기간에 관한 교원인사규정 제38조 제3호가 무효라고 볼 수도 없다고 판단하면서도, 참가인이 원고에 대한 재임용 심사과정에서 원고의 연구업적을 적정하게 반영하기 위하여 합리적인 기준에 따른 공정한 심사를 거치지 않은 채 이 사건 재임용 거부통지를 하여 재량권을 일탈·남용하였으므로 이와 다른 전제에서 이 사건 소청심사 청구를 기각한 이 사건 결정은 위법하다고 판단하였음

대법원은 위와 같은 법리를 설시하면서, A대학교 학칙인 교원인사규정 제38조 제3호는 사립학교법 제53조의2 제7항의 위임에 따라 규정된 것으로서 그 내용이 법령에 위배되거나 학교교육의 본질에 반하는 등의 특별한 사정이 없으므로, 재임용 심사에서 대학교원으로서의 재임용 자격 내지 적격성 유무를 판단하는 데 구속력을 가진다고 판단한 다음, 여러 사정에 비추어 볼 때 원고에 대한 이 사건 재임용 심사 및 거부통지가 사립학교법 제53조의2 제7항 및 교원인사규정 제38조 제3호 등에 근거하여 이루어진 이상 합리적인 기준에 기초한 공정한 심사가 결여되어 재임용 심사에서의 재량권을 일탈·남용한 것이라고 보기 어렵다고 보아, 이와 달리 판단한 원심을 파기·환송함

163. 사립학교법인이 임기를 마친 교장의 원로교사 임용신청을 거부한 사건
— 2024. 9. 12. 선고 2022두43405 판결

【사건의 개요와 쟁점】

원고는 A 고등학교를 설립·운영하는 학교법인이고, 피고 보조참가인(이하 '참가인')은 A 고등학교 교장으로 근무하다가 임기가 만료된 사람인데, 참가인이 원고에게 자신을 원로교사로 임용해줄 것을 제청하였으나, 원고가 이를 거부함(이하 '이 사건 거부'). 참가인은 피고(교원소청심사위원회)에게 이 사건 거부의 취소를 구하는 소청심사를 청구하였고, 피고는 원고가 재량권을 일탈·남용하였다는 이유로 이 사건 거부를 취소함. 이에 대하여 원고는 피고를 상대로 소청심사결정의 취소를 청구함

원심은, 참가인이 원고에 대하여 임용 여부에 관하여 합리적인 기준에 의한 공정한 심사를 요구할 조리상 신청권을 가지므로 이 사건 거부는 소청심사의 대상이 되고, 이 사건 거부는 재량권을 일탈·남용하여 위법하다고 판단한 제1심판결을 유지하였음

【판시사항 및 판결요지】

☐ 甲 학교법인 소속 사립학교의 교장 乙이 정년 전에 임기가 끝나자 정관에서 정한 바에 따라 교사로 근무할 것을 희망하여 甲 학교법인에 자신에 대한 교원 임용을 제청하였으나 甲 학교법인이 이사회에서 심의한 후 乙에게 이를 거부하는 내용의 의결 결과를 통보한 사안에서, 위 거부는 교원의 지위 향상 및 교육활동 보호를 위한 특별법 제9조 제1항에서 소청심사의 대상으로 정한 '그 밖에 그 의사에 반하는 불리한 처분'에 해당하고, 재량권을 일탈·남용하여 위법하다고 한 사례

甲 학교법인 소속 사립학교의 교장 乙이 정년 전에 임기가 끝나자 정관에서 정한 바에 따라 교사로 근무할 것을 희망하여 甲 학교법인에 자신에 대한 교원 임용을 제청하였으나 甲 학교법인이 이사회에서 심의한 후 乙에게 이를 거부하는 내용의 의결 결과를 통보한 사안에서, 헌법 제31조 제6항은 교원의 지위에 관한 기본적인 사항을 법률로 정하도록 하고 있고, 사립학교법, 교원의 지위 향상 및 교육활동 보호를 위한 특별법(이하 '교원지위법'이라 한다)은 사립학교 교원을 국공립학교 교원과 동등하게 처우하고 있는 점, 교원지위법이 제정됨에 따라 사립학교 교원도 국공립학교 교원과 마찬가지로 소청심사를 청구할 수 있고, 결정에 불복하는 경우 행정소송을 제기할 수 있게 된 점, 교육공무원법령이 정년 전에 임기가 끝나는 국공립학교 교장에 대하여 본인이 희망할 경우 정년까지 다시 교사로 임용되어 근무할 수 있는 원로교사 제도를 마련하고 있고, 甲 학교법인 정관도 교육공무원법과 동일하게 규정함으로써 소속 사립학교의 교장이 정년 전에 임기가 끝나는 경우 국공립학교의 교장과 마찬가지로 본인의 희망에 따라 원로교사로 임용될 가능성을 열어 두고 있는 점 등을 종합하면, 甲

학교법인이 정년 전에 임기가 끝나는 교장인 乙에 대하여 원로교사 임용을 거부하는 취지로 통보한 위 거부는 원로교사로 임용되어 근무할 것을 희망하는 乙의 법률관계에 영향을 미치는 것으로서 교원지위법 제9조 제1항에서 소청심사의 대상으로 정한 '그 밖에 그 의사에 반하는 불리한 처분'에 해당하고, 甲 학교법인 이사회에서 乙의 원로교사 임용 여부와 관련하여 '수업 담당 능력과 건강'에 관한 사항이 논의되지 않았던 것으로 보이며, 乙에게 위 거부의 사유에 관한 근거가 제시되었거나 심사에 필요한 자료 제출 기회가 부여되었다고도 볼 수 없으므로, 위 거부는 재량권을 일탈·남용하여 위법하다고 한 사례.

164 학교법인이 교원징계위원회의 징계의결 결과를 관할청에 통보하지 아니한 채 선행 징계처분을 한 후 관할청의 재심의 요구에 따라 재차 교원징계위원회의 징계의결을 거쳐 선행 징계처분을 취소하고 다른 징계처분을 한 사건
― 2025. 6. 5. 선고 2023두47411 판결

【사건의 개요와 쟁점】

사립학교 학교법인이 관할청으로부터 교원인 원고에 대한 해임의 징계를 요구받았는데, 교원징계위원회로부터 '정직 2개월'의 징계의결서를 받은 후 그 징계의결 내용을 구 사립학교법 제66조의2 제1항에 따라 관할청에 통보하였어야 함에도 그 내용을 통보하지 아니한 채, 원고에 대하여 정직 2개월의 징계처분을 하였음. 그 사실을 뒤늦게 알게 된 관할청이 사후적으로 학교법인에 대하여 징계의결 내용을 통보하도록 요구하고, 그 징계의결 내용을 통보받은 후 재심의를 요구하였으며, 그에 따라 학교법인이 교원징계위원회의 징계의결에 따라 선행 징계처분을 스스로 취소하고 '해임'의 징계처분을 하였음. 이에 대한 원고의 소청심사청구가 기각되자 그 취소를 청구한 사안임

원심은, 선행 징계처분에는 관할청에 징계의결 내용을 통보하지 아니하여 구 사립학교법 제66조의2 제1항을 위반한 징계절차상 하자가 있고, 학교법인이 관할청으로부터 위와 같은 징계절차 규정 위반을 지적받은 후 선행 징계의결 내용을 통보하는 절차부터 다시 밟아 선행 징계처분을 스스로 취소하고 후행 징계처분을 한 이상, 후행 징계처분에 절차상 하자가 있다고 볼 수 없다고 판단하였음

【판시사항 및 판결요지】

☐ 사립학교 교원의 임용권자가 관할청으로부터 징계를 요구받은 사항에 대하여 교원징계위원회의 징계의결서를 받은 때에는 징계처분을 하기 전에 그 내용을 관할청에 통보하도록 정한 구 사립학교법 제66조의2 제1항을 위반한 징계처분에 절차 위반의 하자가 있는지 여부(적극) 및 사립학교 교원의 임용권자가 위 규정을 위반하여 징계처분을 행한 후, 그 사실을 뒤늦게 알게 된 관할청의 재심의 요구에 따라 적법한 절차를 거쳐 선행 징계처분을 스스로 취소하고 행한 징계처분에 이중징계 등의 절차적 하자가 있는지 여부(소극)

구 사립학교법의 목적, 구 사립학교법 제54조 제3항, 제66조의2에 따른 관할청의 징계요구, 임용권자의 사전통보 및 관할청의 재심의 요구의 내용과 취지 등 여러 사정을 종합하면, 임용권자의 관할청에 대한 징계의결 내용 사전통보 의무를 규정한 구 사립학교법 제66조의2 제1항은 단순한 훈시규정이 아니므로, 임용권자가 이 조항을 위반하여 관할청에 징계의결 내용을 통보하지 아니한 채 행한 징계처분에는 구 사립학교법에서 정한 징계절차를 위반한 하자가 있다.

한편 구 사립학교법 제66조의2 제1항은 임용권자의 관할청에 대한 징계의결 내용 통보 및 관할청의 재심의 요구가 그 징계처분을 하기 '전'에 이루어지도록 규정하고 있다. 그러나 임용권자가 구 사립학교법 제66조의2 제1항에 따른 징계의결 내용 사전통보 의무를 위반하여 징계처분을 한 후에 관할청에 징계의결 내용을 사후적으로 통보한 경우에는 관할청 역시 징계처분 이후라고 하더라도 재심의 요구를 할 수 있다. 이 경우 임용권자는 구 사립학교법 제66조의2 제3항에 따라 해당 교원징계위원회에 재심의를 요구하여, 그 결과를 관할청에 통보할 의무가 있다.

이처럼 임용권자가 사전통보 의무를 위반한 채 징계처분을 한 후에 관할청에 징계의결 내용을 사후적으로 통보하고 관할청이 사후적으로 재심의 요구를 함에 따라 교원징계위원회에서 선행 징계처분과 다른 내용의 징계의결을 하였을 경우, 선행 징계처분의 처리 및 재심의 요구에 따른 후행 징계의결에 기초한 징계처분의 효력이 문제된다. 이때 임용권자는 선행 징계처분에 구 사립학교법 제66조의2 제1항에 따른 징계절차의 잘못이 있음을 들어 스스로 그 징계처분을 취소하고, 새로운 후행 징계처분을 할 수 있고, 선행 징계처분이 확정되어 그 집행이 종료되었다는 사정만으로 달리 볼 것은 아니다. 이처럼 선행 징계처분을 취소하면 선행 징계처분은 소급하여 효력을 잃게 되므로, 선행 징계처분과 동일한 징계혐의사실에 대해 내려진 후행 징계처분이 이중징계라고 할 수 없다.

【사안의 경우】
대법원은 위와 같은 법리를 설시하면서, 원심을 수긍하여 상고를 기각함

국가공무원법상 공무 외의 일을 위한 집단행위 금지규정이 대한법률구조공단 임직원에게도 적용되는지 여부
— 2023. 4. 13. 선고 2021다254799 판결 ★

[1] 국가공무원법 제66조 제1항의 적용 범위

공무원은 국민 전체에 대한 봉사자로서 국민에 대하여 책임을 지고, 공무원의 신분과 정치적 중립성은 법률이 정하는 바에 의하여 보장된다(헌법 제7조 제1항, 제2항). 국가공무원법은 공무원의 헌법상 지위를 구현하기 위한 법률로서 공무원의 임용과 승진, 보수, 훈련과 근무성적의 평정, 신분과 권익의 보장, 징계 등을 규정하면서 공무원으로서 각종 의무를 규정하고 있는데, 제66조 제1항에서는 노동운동과 그 밖에 공무 외의 일을 위한 집단 행위를 하지 않을 의무를 규정하고 있다. 이러한 헌법과 국가공무원법의 입법 내용과 취지를 고려하면 국가공무원법 제66조 제1항의 의무는 원칙적으로 헌법과 국가공무원법에서 규정하는 책임을 부담하고 이를 위해 신분과 지위가 보장됨을 전제로 국가공무원에게 지우는 의무이다. 따라서 위와 같은 정도의 책임과 신분 및 지위 보장을 받는 정도가 아닌 경우에는 일률적으로 국가공무원법 제66조 제1항이 적용된다고 할 수 없다. 국가공무원법 제66조 제1항이 "공무원은 노동운동이나 그 밖에 공무 외의 일을 위한 집단 행위를 하여서는 아니 된다. 다만 사실상 노무에 종사하는 공무원은 예외로 한다."라고 규정하면서 사실상 노무에 종사하는 공무원의 경우 위와 같은 의무를 부담하지 않도록 하여 국가공무원법 제66조 제1항의 의무를 모든 공무원이 일률적으로 부담하여야 하는 의무로 규정하지 않은 것도 같은 취지에서 이해할 수 있다.

[2] 대한법률구조공단의 임직원이 국가공무원법 제66조 제1항의 의무를 부담하는지 여부(소극)

대한법률구조공단(이하 '공단'이라 한다)은 경제적으로 어렵거나 법을 몰라서 법의 보호를 충분히 받지 못하는 사람에게 법률구조를 할 목적으로 설립된 특수목적법인으로 그 임직원의 직무에는 공공성, 공익성이 인정되고, 소속 변호사의 경우 특정직 공무원인 검사에 준하여 급여를 받기는 하나, 공단 임직원의 지위나 직무 성격을 헌법과 법률에서 보장하는 국가공무원과 같은 정도의 것으로 규정하고 있다고 보기 어렵고, 법률구조법 등에서 공단 임직원에게 국가공무원법 제66조 제1항을 직접 적용한다고 규정하고 있지도 않으므로, 공단 임직원이 국가공무원법 제66조 제1항의 의무를 부담한다고 볼 수는 없다. 따라서 법률구조법 제32조의 "공단의 임직원은 형법이나 그 밖의 법률에 따른 벌칙을 적용할 때에는 공무원으로 본다."라는 규정을 근거로 공단 임직원에게 국가공무원법 제84조의2, 제66조 제1항을 적용하는 것은 이들의 구체적인 법적 지위에 대한 고려 없이 이들에 대한 권리를 지나치게 제한하는 것으로서 부당하다.

166 「군인사법」상 계급별 연령정년의 연장 여부 및 그 범위
— 2023. 3. 13. 선고 2020두53545 판결 ★

[사건의 개요와 쟁점]

원고는 2000년 군법무관임용시험에 합격하여 2003. 4. 육군 군법무관으로 임용된 후 2006년 소령으로 진급하였다. 국방부장관(피고)은 2008.7. '군내 불온서적 차단대책 강구(지시)'(이하 '이 사건 지시')를 하달하였는데, 원고를 비롯한 군법무관 6인은 2008. 10. 이 사건 지시 및 그 근거법령인 구 군인사법, 구 군인복무규율 관련 규정의 위헌확인을 구하는 헌법소원심판을 청구하였다.

육군참모총장은 2009. 3. 18. 지휘계통을 통한 건의 절차를 거치지 않고 이 사건 지시에 대한 헌법소원을 제기하여 군 기강을 문란케 하였다는 등의 사유로 원고에 대하여 파면처분을 하였다. 원고는 2009. 4. 파면처분의 취소를 구하는 소를 제기하여 2011. 8. 파면처분 취소 확정판결을 받았으며, 이후 2011. 9. 복직되었다. 그런데 육군참모총장은 2011. 10. 위 행정소송의 판결결과를 반영하여 원고에게 다시 정직 1개월의 징계처분을 하였고, 국방부장관은 2012. 1. 원고에 대하여 전역 명령(이하 '최초 전역 명령')을 하였다. 이에 대해서 원고는 정직처분과 최초 전역 명령의 각 취소를 구하는 소를 제기하였고, 2018. 8. 9. 정직처분 및 최초 전역 명령 취소판결이 확정되었다.

원고에 대한 최초 전역 명령이 취소되자, 국방부장관은 원고가 소령 계급 연령정년인 45세에 도달하였음을 이유로 원고에 대하여 '2015. 8. 31.자 정년 전역 및 퇴역 명령'을 하였고, 소령계급 연령정년인 2015. 8. 31.까지의 급여를 지급하였다.

이에 대해서 원고는 2018. 11. 이 사건 소를 제기하면서 국방부장관을 상대로 이 사건 전역 명령 및 퇴역 명령의 취소청구를 하고, 대한민국을 상대로 현역 지위 확인청구를 하였는데, 제1심은 국방부장관에 대한 소를 각하하고, 대한민국에 대한 청구를 인용하였다.

이후 원고는 항소심에서 청구취지 및 청구원인을 변경하여 주위적으로 징계처분(파면, 정직)과 최초 전역 명령으로 인하여 상위계급(중령)으로의 진급기회를 상실하였음을 이유로 현역 중령의 지위에 있음의 확인을 구하고, 예비적으로 정년 전역 및 퇴역 명령의 효력 없음을 이유로 현역 지위에 있음의 확인을 구하였으나, 원심은 이를 모두 기각하였다.

원고의 상고에 대하여 대법원은 주위적 청구에 관한 상고를 기각하고, 예비적 청구에 관한 부분을 파기 환송하였다.

이 사안에서는 군인이 임용권자로부터 받은 신분상 불이익처분이 확정판결에 의하여 위법한 것으로 확인되어 복귀하는 과정에서 군인사법 제8조 제1항 제1호에서 규정하고 있는 계급별 연령정년이 예외적으로 연장될 수 있는지 여부 및 이때 연장되는 기간의 범위가 문제되었다.

【판시사항 및 판결요지】

☐ 군인이 임용권자로부터 받은 파면 등 징계, 전역명령 등 신분상 불이익처분이 확정판결에 의하여 위법한 것으로 확인되어 복귀하는 과정에서 군인사법상 계급별 연령정년이 예외적으로 연장되는 경우 및 이때 연장되는 기간의 범위

대법원은 구 국가정보원직원법(2003. 12. 30. 법률 제7012호로 개정되기 전의 것) 제22조 제1항 제2호에서 정한 계급정년이 문제 된 사안에서 "계급정년의 적용을 받는 국가정보원 소속 공무원이 직권면직처분에 의하여 면직되었다가 직권면직처분이 무효임이 확인되거나 취소되어 복귀한 경우, 직권면직처분 때문에 사실상 직무를 수행할 수 없었던 기간 동안 승진 심사를 받을 기회를 실질적으로 보장받지 못하였다고 하더라도 원칙적으로 직권면직기간은 계급정년기간에 포함될 것이나, 직권면직처분이 법령상의 직권면직사유 없이 오로지 임명권자의 일방적이고 중대한 귀책사유에 기한 것이고 그러한 직권면직처분으로 인해 줄어든 직무수행기간 때문에 당해 공무원이 상위 계급으로 승진할 수 없었다는 등의 특별한 사정이 인정되는 경우에까지 직권면직기간을 계급정년기간에 포함한다면 헌법 제7조 제2항 소정의 공무원 신분보장 규정의 취지를 근본적으로 훼손하게 되므로, 그러한 경우에는 예외적으로 직권면직기간이 계급정년기간에서 제외된다고 봄이 상당하다."라고 밝혔다.

군인사법은 제8조 제1항에서 연령정년, 근속정년, 계급정년 등 3가지 유형의 정년제도를 규정하였다. 그런데 '연령정년'은 계급마다 연한에 차등을 두고 있을 뿐만 아니라 그 연한이 경찰공무원 등 다른 공무원과 비교하여 현저히 낮게 설정되어 있으므로, 군인사법상 '연령정년'에 관한 문제를 다룰 때에 계급적 요소를 참작하지 않을 수 없다. 따라서 군인이 임용권자로부터 파면 등 징계, 전역명령 등 신분상 불이익처분을 받았으나 그것이 확정판결에 의하여 위법한 것으로 확인되어 복귀하는 과정에서 연령정년의 경과 여부가 문제 되는 경우로서, 상명하복의 엄격한 규율과 군기를 중시하고 집단적 공동생활을 영위하는 군대의 특수한 사정을 충분히 고려하더라도 신분상 불이익처분이 법령상 정당한 근거 없이 오로지 임명권자의 일방적이고 중대한 귀책사유에 기한 것이고, 그 불이익처분으로 인해 해당 계급에서 상위 계급으로 진급함에 필요한 직무수행의 기회를 상당한 기간에 걸쳐 실질적으로 침해·제한당하는 등의 특별한 사정이 인정되며, 이를 용인할 경우 군인사법상 계급별 연령정년의 입법 취지는 물론 헌법 제7조 제2항에서 정한 공무원의 신분보장 취지를 근본적으로 훼손하게 되는 정도에까지 이르러 일반 불법행위의 법리에 의한 손해배상의 방법으로 그 위법성을 도저히 치유할 수 없다고 인정되는 경우에는 위 대법원판결의 법리가 동일하게 적용될 수 있다. 이 경우 '연령'이라는 기준의 불가역적인 성질에 비추어, 위와 같은 경위로 진급심사에 필요한 실질적인 직무수행의 기회를 상실한 기간만큼 연령정년이 연장된다.

제7편
특별행정작용법

제1장 경찰행정법

167. 경찰비례의 원칙
— 2022. 11. 30. 선고 2016다26662, 26679, 26686 판결

[1] 경찰관이 불법적인 농성을 진압하는 과정에서 특정한 경찰장비를 필요한 최소한의 범위를 넘어 관계 법령에서 정한 통상의 용법과 달리 사용함으로써 타인의 생명·신체에 위해를 가한 경우, 그 직무수행은 위법하다고 보아야 하는지 여부(원칙적 적극) 및 이때 상대방이 그로 인한 생명·신체에 대한 위해를 면하기 위하여 직접적으로 대항하는 과정에서 경찰장비를 손상시킨 경우, 정당방위에 해당하는지 여부(적극)

구 경찰관 직무집행법(2014. 5. 20. 법률 제12600호로 개정되기 전의 것, 이하 '구 경찰관 직무집행법'이라 한다) 제1조 제2항은 "이 법에 규정된 경찰관의 직권은 그 직무수행에 필요한 최소한도 내에서 행사되어야 하며 이를 남용하여서는 아니 된다."라고 규정하여 경찰비례의 원칙을 명시적으로 선언하고 있다. 이는 경찰행정 영역에서의 헌법상 과잉금지원칙을 표현한 것으로서, 공공의 안녕과 질서유지라는 공익목적과 이를 실현하기 위하여 개인의 권리나 재산을 침해하는 수단 사이에는 합리적인 비례관계가 있어야 한다는 의미를 갖는다.

경찰관이 구체적 상황에 비추어 인적·물적 능력의 범위 내에서 적절한 조치라는 판단에 따라 범죄의 진압 및 수사에 관한 직무를 수행한 경우에는 그러한 직무수행이 객관적 정당성을 상실하여 현저하게 불합리한 것으로 인정되지 않는 한 이를 위법하다고 할 수는 없다. 한편 불법적인 농성 진압의 경우 진압의 필요성, 농성의 태양 및 장소의 상황 등에서 예측되는 피해 발생의 구체적 위험성의 내용 등에 비추어 볼 때 농성 진압을 계속 수행할 것인지 여부 및 그 방법 등이 현저히 합리성을 결하여 위법하다고 평가할 수 있는 때에 그 직무집행이 법령을 위반한 것이라고 할 수 있다.

구 경찰관 직무집행법 제10조 제3항은 "경찰장비를 임의로 개조하거나 임의의 장비를 부착하여 통상의 용법과 달리 사용함으로써 타인의 생명·신체에 위해를 주어서는 아니 된다."라고 정하고, 구 경찰장비의 사용기준 등에 관한 규정(2014. 11. 19. 대통령령 제25733호로 개정되기 전의 것) 제3조는 "경찰장비는 통상의 용법에 따라 필요한 최소한의 범위 안에서 사용하여야 한다."라고 정하고 있는바, 위 조항에서 말하는 경찰장비는 '인명 또는 신체에 위해를 가할 수 있는 경찰장비(이하 '위해성 경찰장비'라 한다)'를 뜻한다(위 규정 제2조 참조). 위 규정들은 경찰비례의 원칙에 따라 경찰관의 직무수행 중 경찰장비의 사용 여부, 용도, 방법 및 범위에 관하여 재량의 한계를 정한 것이라 할 수 있고, 특히 위해성 경찰장비는 그 사용의 위험성과 기본권 보호 필요성에 비추어 볼 때 본래의 사용방법에 따라 지정된 용도로 사용되어야 하며 다른 용도나 방법으로 사용하기 위해서는 반드시 법령에 근거가 있어야 한다.

위와 같은 경찰관의 직무수행 및 경찰장비의 사용과 관련한 재량의 범위 및 한계를 고려해 보면, 불법적인 농성을 진압하는 방법 및 그 과정에서 어떤 경찰장비를 사용할 것인지는 구체적 상황과 예측되는 피해 발생의 구체적 위험성의 내용 등에 비추어 경찰관이 재량의 범위 내에서 정할 수 있다. 그러나 그 직무수행 중 특정한 경찰장비를 필요한 최소한의 범위를 넘어 관계 법령에서 정한 통상의 용법과 달리 사용함으로써 타인의 생명·신체에 위해를 가하였다면, 불법적인 농성의 진압을 위하여 그러한 방법으로라도 해당 경찰장비를 사용할 필요가 있고 그로 인하여 발생할 우려가 있는 타인의 생명·신체에 대한 위해의 정도가 통상적으로 예견되는 범위 내에 있다는 등의 특별한 사정이 없는 한 그 직무수행은 위법하다고 보아야 한다. 나아가 경찰관이 농성 진압의 과정에서 경찰장비를 위법하게 사용함으로써 그 직무수행이 적법한 범위를 벗어난 것으로 볼 수밖에 없다면, 상대방이 그로 인한 생명·신체에 대한 위해를 면하기 위하여 직접적으로 대항하는 과정에서 경찰장비를 손상시켰더라도 이는 위법한 공무집행으로 인한 신체에 대한 현재의 부당한 침해에서 벗어나기 위한 행위로서 정당방위에 해당한다.

[2] 산업별 노조인 갑 노동조합의 지부가 조합원들을 각 거점에 배치하고 새총, 볼트, 화염병 등을 소지한 채 공장 점거파업을 계속하자 경찰이 점거파업을 진압하기 위하여 헬기에서 조합원들이 있던 공장 옥상을 향하여 다량의 최루액을 살포하거나 공장 옥상으로부터 30~100m 고도로 제자리 비행을 하여 조합원들을 헬기 하강풍에 노출되게 하였고, 그 과정에서 헬기가 새총으로 발사된 볼트 등의 이물질에 맞아 손상된 사안에서, 헬기를 위와 같은 방법으로 사용하여 불법적인 농성을 진압하는 것은 경찰장비를 위법하게 사용함으로써 적법한 직무수행의 범위를 벗어났다고 볼 여지가 있는데도, 갑 노동조합 등에 대하여 헬기의 손상에 관한 손해배상책임이 성립한다고 본 원심판단에 심리미진 등의 잘못이 있다고 한 사례

산업별 노조인 갑 노동조합의 지부가 조합원들을 각 거점에 배치하고 새총, 볼트, 화염병 등을 소지한 채 공장 점거파업을 계속하자 경찰이 점거파업을 진압하기 위하여 헬기에서 조합원들이 있던 공장 옥상을 향하여 다량의 최루액을 살포하거나 공장 옥상으로부터 30~100m 고도로 제자리 비행을 하여 조합원들을 헬기 하강풍에 노출되게 하였고, 그 과정에서 헬기가 새총으로 발사된 볼트 등의 이물질에 맞아 손상된 사안에서, 구 경찰항공 운영규칙(2010. 6. 30. 경찰청훈령 제595호로 개정되기 전의 것) 제18조와 경찰장비의 사용 여부, 용도, 방법 및 범위에 관한 구 경찰관 직무집행법(2014. 5. 20. 법률 제12600호로 개정되기 전의 것, 이하 '구 경찰관 직무집행법'이라 한다) 및 구 경찰장비의 사용기준 등에 관한 규정(2014. 11. 19. 대통령령 제25733호 위해성 경찰장비의 사용기준 등에 관한 규정으로 개정되기 전의 것, 이하 '구 경찰장비사용규정'이라 한다)의 내용을 종합해 보면, 의도적으로 헬기를 낮은 고도에서 제자리 비행하여 옥외에서 농성 중인 사람을 상대로 직접 하강풍에 노출시키는 것은 경찰장비를 통상의 용법과 달리 사용함으로써 타인의 생명·신체에 위해를 주는 행위라고 볼 수 있으며, 또한 위해성 경찰장비인 최루제는 관련 법령에서 정한 발사 장치를 통해 사용되어야 하고, 구 경찰관 직무집행법 및 구 경찰장비사용규정은 최루제를 헬기를 이용하여 공중에서 살포할 수 있다는 규정을 두고 있

지 않으므로, 헬기를 위와 같은 방법으로 사용하여 불법적인 농성을 진압하는 것은 경찰장비를 위법하게 사용함으로써 적법한 직무수행의 범위를 벗어났다고 볼 여지가 있는데도, 갑 노동조합 등에 대하여 헬기의 손상에 관한 손해배상책임이 성립한다고 본 원심판단에 심리미진 등의 잘못이 있다고 한 사례.

[3] 불법행위로 인한 손해배상사건에서 피해자에게 손해의 발생이나 확대에 관하여 과실이 있거나 가해자의 책임을 제한할 사유가 있는 경우, 배상책임의 범위를 정할 때 이를 참작하여야 하는지 여부(적극) / 이때 책임제한에 관한 사실인정이나 비율을 정하는 것이 사실심의 전권사항인지 여부(원칙적 적극) 및 그 한계

불법행위로 인한 손해배상사건에서 피해자에게 손해의 발생이나 확대에 관하여 과실이 있거나 가해자의 책임을 제한할 사유가 있는 경우에는 배상책임의 범위를 정함에 있어서 당연히 이를 참작하여야 하고, 나아가 책임제한의 비율을 정할 때에는 손해의 공평 부담이라는 제도의 취지에 비추어 손해 발생과 관련된 모든 상황이 충분히 고려되어야 하며, 책임제한에 관한 사실인정이나 비율을 정하는 것이 사실심의 전권사항이라고 하더라도 형평의 원칙에 비추어 현저히 불합리하여서는 안 된다.

[4] 불법행위로 인한 손해배상책임을 지우기 위한 요건으로서 위법한 행위와 손해 사이에 상당인과관계가 있는지 판단하는 방법 / 민법 제393조에서 정한 '통상손해' 및 '특별한 사정으로 인한 손해'의 의미

불법행위로 인한 손해배상사건에서 피해자에게 손해의 발생이나 확대에 관하여 과실이 있거나 가해자의 책임을 제한할 사유가 있는 경우에는 배상책임의 범위를 정함에 있어서 당연히 이를 참작하여야 하고, 나아가 책임제한의 비율을 정할 때에는 손해의 공평 부담이라는 제도의 취지에 비추어 손해 발생과 관련된 모든 상황이 충분히 고려되어야 하며, 책임제한에 관한 사실인정이나 비율을 정하는 것이 사실심의 전권사항이라고 하더라도 형평의 원칙에 비추어 현저히 불합리하여서는 안 된다.

[5] 영업용 물건이 손괴되어 수리를 위하여 필요한 기간 동안 그 물건에 의한 영업을 할 수 없었던 경우, 영업을 계속하였더라면 얻을 수 있었던 수익상실이 통상손해에 해당하는지 여부(원칙적 적극) 및 영업용 물건을 손괴함으로써 그 물건을 이용하여 얻을 수 있었던 영업수익이 상실될 수 있다는 사정을 가해자가 통상적으로 예견할 수 없었던 경우에도 위 손해가 통상손해에 해당하는지 여부(소극)

일반적으로 영업용 물건이 손괴된 경우 수리를 위하여 필요한 기간 동안 그 물건에 의한 영업을 할 수 없었던 경우에는 영업을 계속하였더라면 얻을 수 있었던 수익상실은 통상손해에 해당한다. 그러나 위법한 가해행위로 인하여 영업용 물건이 손괴되었더라도 위법행위의 태양, 물건이 사용 및 손괴된 경위 등에 비추어 볼 때 가해자가 그것이 영업용 물건으로서 이를 손괴함으로써 그 물건을 이용하여 얻을 수 있었던 영업수익이 상실될 수 있다는 사정을 통상적으로 예견할 수 없었다면 그러한 경우까지도 위 손해가 통상손해에 해당한다고 보기는 어렵다.

[6] 산업별 노조인 갑 노동조합의 지부가 조합원들을 각 거점에 배치하고 새총, 볼트, 화염병 등을 소지한 채 공장 점거파업을 계속하자 국가가 을 주식회사로부터 기중기를 임차하여 점거파업 진압 현장에 투입하였고, 진압작전 수행 중 기중기가 손상될 경우 이를 수리하고 운휴보상을 하기로 한다는 내용의 약정을 하였는데, 위 기중기는 경찰병력을 옥상으로 이동시키는 것뿐만 아니라 장애물 제거, 조합원들에 대한 위협 및 화력소모를 위한 목적으로 사용되었고, 그 과정에서 조합원들이 이에 대항하여 새총으로 볼트를 발사하거나 화염병을 투척하는 등으로 인하여 기중기가 손상된 사안에서, 원심이 기중기 손상으로 인한 수리비 상당액의 배상에 관한 갑 노동조합 등의 책임을 80%로 제한한 것은 형평의 원칙에 비추어 현저히 불합리하고, 기중기 손상으로 인한 휴업손해 상당의 손해가 통상손해에 해당한다거나 갑 노동조합 등이 그러한 손해의 발생을 예견할 수 있다고 보아 갑 노동조합 등이 위 손해를 배상하여야 한다고 본 원심판단에 법리오해의 잘못이 있다고 한 사례

산업별 노조인 갑 노동조합의 지부가 조합원들을 각 거점에 배치하고 새총, 볼트, 화염병 등을 소지한 채 공장 점거파업을 계속하자 국가가 을 주식회사로부터 기중기를 임차하여 점거파업 진압 현장에 투입하였고, 진압작전 수행 중 기중기가 손상될 경우 이를 수리하고 운휴보상을 하기로 한다는 내용의 약정을 하였는데, 위 기중기는 경찰병력을 옥상으로 이동시키는 것뿐만 아니라 장애물 제거, 조합원들에 대한 위협 및 화력소모를 위한 목적으로 사용되었고, 그 과정에서 조합원들이 이에 대항하여 새총으로 볼트를 발사하거나 화염병을 투척하는 등으로 인하여 기중기가 손상된 사안에서, 국가가 진압작전 과정에서 조합원들의 기중기에 대한 공격을 적극적으로 유도하였다고 볼 여지가 있고 그러한 대항행위로 인하여 기중기가 손상될 수 있음을 충분히 예상할 수 있었다고 볼 수 있으므로, 진압작전 중 기중기가 손상되는 것은 국가 스스로가 감수한 위험이라고 할 수 있고, 또한 기중기를 위와 같이 용법을 벗어난 방법으로 사용하였다면 그 손상에 관한 국가의 책임도 적지 않다고 볼 수 있는데도, 원심이 기중기 손상으로 인한 수리비 상당액의 배상에 관한 갑 노동조합 등의 책임을 80%로 제한한 것은 형평의 원칙에 비추어 현저히 불합리하고, 한편 시위진압을 위한 공권력의 행사는 국가작용이고, 시위에 참여하는 사람들로서는 시위진압에 사용되는 장비가 외관상 영업용 물건임이 명확하지 않는 한 통상적으로 국가가 보유하는 장비가 시위진압에 사용될 것으로 예견한다고 볼 수 있는데, 갑 노동조합 등으로서는 국가가 시위진압이라는 공권력을 행사하는 과정에서 사용한 기중기가 민간업체로부터 임차한 것이고, 기중기를 이용한 위와 같은 진압행위에 대항하여 이를 손상시킨 경우에 그 기중기가 영업용 물건에 해당하여 기중기 소유자인 민간업체가 이를 영업에 이용하여 얻을 수 있었던 수익을 상실하게 되는 손해가 발생하고 그러한 손해를 자신들이 부담하게 될 것을 예견하였으리라고 인정하기는 어려운데도, 기중기 손상으로 인한 휴업손해 상당의 손해가 통상손해에 해당한다거나 갑 노동조합 등이 그러한 손해의 발생을 예견할 수 있다고 보아 갑 노동조합 등이 위 손해를 배상하여야 한다고 본 원심판단에 법리오해의 잘못이 있다고 한 사례.

제2장 급부행정법

공물법

 168 국유지의 사용허가를 받아 그 지상에 건물 등을 설치한 자로부터 건물을 임차한 사람에게 국유재산 무단점유·사용에 따른 변상금을 부과할 수 있는지 여부가 문제된 사건
- 2024. 6. 27. 선고 2024두31284 판결

☐ 국유지의 사용허가를 받아 그 지상에 건물 등을 설치한 자로부터 그 건물을 임차하여 점유·사용하는 자가 국유재산법 제72조 제1항 본문의 무단점유자에 해당하는지 여부(소극)

국유재산법 제2조 제9호, 제72조 제1항 본문은 사용허가나 대부계약 없이 국유재산을 사용·수익하거나 점유한 무단점유자에 대하여 변상금을 징수하도록 규정하고 있다.

위 조항에서 국유재산의 무단점유자에 대하여 그 재산에 대한 대부료 또는 사용료의 100분의 120에 상당하는 변상금을 징수하도록 규정하고 있는 것은, 국유재산에 대한 점유나 사용·수익 자체가 법률상 아무런 권원 없이 이루어진 경우에는 정상적인 대부료나 사용료를 징수할 수 없기 때문에 그 대부료나 사용료 대신에 변상금을 징수한다는 취지라고 풀이된다.

한편 건물 등의 소유자가 아닌 이로서는 실제로 그 건물 등을 점유·사용하고 있다고 하더라도 그 건물 등의 부지를 점용하는 것으로 볼 수 없고, 건물 등의 부지는 건물 등의 소유자가 이를 점용하고 있다고 보아야 할 것이다. 그리고 이러한 법리는 국유재산인 토지 위에 건물 등이 설치된 경우에 있어 건물 등의 소유자와 점유·사용자가 다른 경우에도 마찬가지라고 해석하여야 할 것이므로, 국유재산인 토지의 사용허가를 얻고 그 지상에 건물을 신축한 자로부터 그 건물을 임차하여 이를 점유·사용하는 자가 그 건물의 부지를 점유·사용하는 것으로 볼 수는 없다.

169 향교 부지가 국유재산이라는 이유로 변상금을 부과한 처분의 취소를 구한 사건
— 2023. 10. 18. 선고 2023두42584 판결

☐ 향교재산법에 따라 설립되어 향교를 소유·관리·운용하는 재단법인이 국유재산인 향교 부지의 점유나 사용·수익을 정당화할 법적 지위에 있는 자에 해당하는지 여부(적극)

국유재산법 제72조 제1항 본문, 제2조 제9호가 사용허가나 대부계약 없이 국유재산을 사용·수익하거나 점유한 자에 대하여 그 재산에 대한 사용료 또는 대부료의 100분의 120에 상당하는 변상금을 징수하도록 규정한 것은, 국유재산에 대한 점유나 사용·수익 자체가 법률상 아무런 권원 없이 이루어진 경우에는 정상적인 사용료나 대부료를 징수할 수 없기 때문에 그 사용료나 대부료 대신에 변상금을 징수한다는 취지라고 풀이되므로, 점유나 사용·수익을 정당화할 법적 지위에 있는 자에 대하여는 그 규정이 적용되지 아니하고, 그럼에도 위와 같은 법적 지위에 있는 자에 대하여 이루어진 변상금 부과처분은 당연무효에 해당한다.

공용수용

170. '공익사업의 계획 또는 시행의 공고·고시'에 해당하기 위한 공고·고시의 방법
— 2022. 5. 26. 선고 2021두45848 판결 ★★

☐ 공익사업을 위한 토지 등의 취득 및 보상에 관한 법률 제70조 제5항에서 정한 '공익사업의 계획 또는 시행의 공고·고시'에 해당하기 위한 공고·고시의 방법

공익사업을 위한 토지 등의 취득 및 보상에 관한 법률(이하 '토지보상법'이라 한다) 및 같은 법 시행령은 토지보상법에서 규정하고 있는 공익사업의 계획 또는 시행의 공고·고시의 절차, 형식이나 기타 요건에 관하여 따로 규정하고 있지 않다.

공익사업의 근거 법령에서 공고·고시의 절차, 형식이나 기타 요건을 정하고 있는 경우에는 원칙적으로 공고·고시가 그 법령에서 정한 바에 따라 이루어져야 보상금 산정의 기준이 되는 공시지가의 공시기준일이 해당 공고·고시일 전의 시점으로 앞당겨지는 효과가 발생할 수 있다.

공익사업의 근거 법령에서 공고·고시의 절차, 형식 및 기타 요건을 정하고 있지 않은 경우, '행정 효율과 협업 촉진에 관한 규정'이 적용될 수 있다(제2조). 위 규정은 고시·공고 등 행정기관이 일정한 사항을 일반에게 알리는 문서를 공고문서로 정하고 있으므로(제4조 제3호), 위 규정에서 정하는 바에 따라 공고문서가 기안되고 해당 행정기관의 장이 이를 결재하여 그의 명의로 일반에 공표한 경우 위와 같은 효과가 발생할 수 있다.

다만 당해 공익사업의 시행으로 인한 개발이익을 배제하려는 토지보상법령의 입법 취지에 비추어 '행정 효율과 협업 촉진에 관한 규정'에 따라 기안, 결재 및 공표가 이루어지지 않았다고 하더라도 공익사업의 계획 또는 시행에 관한 내용을 공고문서에 준하는 정도의 형식을 갖추어 일반에게 알린 경우에는 토지보상법 제70조 제5항에서 정한 '공익사업의 계획 또는 시행의 공고·고시'에 해당한다고 볼 수 있다.

171. 잔여 건축물 가격감소에 관한 보상금증감소송에서 재결절차를 거치지 않은 잔여 건축물 보수비에 관한 손실보상청구를 추가한 사건
— 2024. 1. 25. 선고 2023두49172 판결

☐ 「공익사업을 위한 토지 등의 취득 및 보상에 관한 법률」 시행규칙 제35조 제2항의 잔여 건축물 보수비와 같은 조 제1항의 잔여 건축물 가치하락이 동일한 보상항목에 해당하는지 여부(소극) / 잔여 건축물 가격감소에 관한 재결만을 받은 이후 제기한 잔여 건축물 가격감소에 관한 손실보상청구의 소에서 잔여 건축물 보수비에 관한 손실보상청구를 구할 수 있는지 여부(소극)

구 「공익사업을 위한 토지 등의 취득 및 보상에 관한 법률」(2021. 8. 10. 법률 제18386호로 개정되기 전의 것, 이하 '구 토지보상법'이라 한다) 제75조의2, 제26조, 제28조, 제30조, 제34조, 제50조, 제61조, 제83조 내지 제85조의 규정 내용 및 입법 취지 등을 종합하면, 공익사업에 건축물의 일부가 편입됨에 따라 잔여 건축물에 손실을 입은 자가 사업시행자로부터 「공익사업을 위한 토지 등의 취득 및 보상에 관한 법률 시행규칙」(이하 '토지보상법 시행규칙'이라 한다) 제35조 제1항에 따른 잔여 건축물 가격감소에 관한 손실보상 또는 같은 조 제2항에 따른 잔여 건축물 보수비에 관한 손실보상을 받기 위해서는 구 토지보상법 제34조, 제50조 등에 규정된 재결절차를 거친 다음 그 재결에 대하여 불복할 때 비로소 구 토지보상법 제83조 내지 제85조에 따라 권리구제를 받을 수 있을 뿐이다. 이러한 재결절차를 거치지 않은 채 곧바로 사업시행자를 상대로 손실보상을 청구하는 것은 허용되지 않고, 이는 수용대상토지에 대하여 재결절차를 거친 경우에도 마찬가지이다.

피보상자별로 어떤 토지, 물건, 권리 또는 영업이 손실보상대상에 해당하는지, 나아가 그 보상금액이 얼마인지를 심리·판단하는 기초 단위를 보상항목이라고 할 수 있는데, 재결절차를 거쳤는지 여부는 보상항목별로 판단하여야 한다.

토지보상법 시행규칙 제35조 제1항의 잔여 건축물 가격감소에 관한 손실보상은 건축물의 일부가 취득 또는 사용됨으로 인하여 잔여 건축물의 가격이 감소된 경우를 요건으로 하여 공익사업시행지구에 편입되기 전 잔여 건축물의 가격에서 공익사업시행지구에 편입된 후의 잔여 건축물의 가격을 뺀 금액을 손실보상하는 것이고, 같은 조 제2항의 잔여 건축물 보수비에 관한 손실보상은 잔여 건축물에 보수가 필요한 경우를 요건으로 하여 건축물의 잔여부분을 종래의 목적대로 사용할 수 있도록 그 유용성을 동일하게 유지하는 데 통상 필요하다고 볼 수 있는 공사에 사용되는 비용을 손실보상하는 것으로, 그 법률상 근거, 요건, 손실보상의 대상 및 범위, 평가방법이 다르고, 잔여 건축물 가격감소에 관한 손실보상은 소극적 손실을, 잔여 건축물 보수비에 관한 손실보상은 적극적 손실을 각 보상하는 것으로서 그 보상의 성질이 관념적으로도 구분되므로, 토지보상법 시행규칙 제35조 제1항의 잔여 건축물 가격감소에 관한 손실보상과 같은 조 제2항의 잔여 건축물 보수비에 관한 손실보상은 보상항목을 달리하는 것이라고 봄이 상당하다.

따라서 잔여 건축물 보수비에 관한 손실보상을 받으려는 건축물 소유자는 잔여 건축물 보수비에 관한 손실보상청구의 소를 제기하기 전에 그에 관한 적법한 재결을 거쳐야 한다. 잔여 건축물 가격감소에 관한 손실보상에 관한 재결만을 받은 이후 제기한 잔여 건축물 가격감소에 관한 손실보상청구의 소에서 잔여 건축물 보수비에 관한 손실보상청구를 구하는 것은 적법한 재결절차를 거치지 못한 것으로 부적법하여 허용되지 않는다고 보아야 한다.

172 토지소유자의 사업시행자에 대한 손실보상금채권이 압류된 경우, 보상금증액청구의 당사자적격

− 2022. 11. 24. 선고 2018두67 전원합의체 판결

☐ 공익사업을 위한 토지 등의 취득 및 보상에 관한 법률에 따른 토지소유자 또는 관계인의 사업시행자에 대한 손실보상금 채권에 관하여 압류 및 추심명령이 있는 경우, 채무자인 토지소유자 등이 보상금의 증액을 구하는 소를 제기하고 그 소송을 수행할 당사자적격을 상실하는지 여부(소극)

공익사업을 위한 토지 등의 취득 및 보상에 관한 법률(이하 '토지보상법'이라 한다) 제85조 제2항에 따른 보상금의 증액을 구하는 소(이하 '보상금 증액 청구의 소'라 한다)의 성질, 토지보상법상 손실보상금 채권의 존부 및 범위를 확정하는 절차 등을 종합하면, 토지보상법에 따른 토지소유자 또는 관계인(이하 '토지소유자 등'이라 한다)의 사업시행자에 대한 손실보상금 채권에 관하여 압류 및 추심명령이 있더라도, 추심채권자가 보상금 증액 청구의 소를 제기할 수 없고, 채무자인 토지소유자 등이 보상금 증액 청구의 소를 제기하고 그 소송을 수행할 당사자적격을 상실하지 않는다고 보아야 한다. 그 상세한 이유는 다음과 같다.

① 토지보상법 제85조 제2항은 토지소유자 등이 보상금 증액 청구의 소를 제기할 때에는 사업시행자를 피고로 한다고 규정하고 있다. 위 규정에 따른 보상금 증액 청구의 소는 토지소유자 등이 사업시행자를 상대로 제기하는 당사자소송의 형식을 취하고 있지만, 토지수용위원회의 재결 중 보상금 산정에 관한 부분에 불복하여 그 증액을 구하는 소이므로 실질적으로는 재결을 다투는 항고소송의 성질을 가진다.

행정소송법 제12조 전문은 "취소소송은 처분 등의 취소를 구할 법률상 이익이 있는 자가 제기할 수 있다."라고 규정하고 있다. 앞서 본 바와 같이 보상금 증액 청구의 소는 항고소송의 성질을 가지므로, 토지소유자 등에 대하여 금전채권을 가지고 있는 제3자는 재결에 대하여 간접적이거나 사실적 · 경제적 이해관계를 가질 뿐 재결을 다툴 법률상의 이익이 있다고 할 수 없어 직접 또는 토지소유자 등을 대위하여 보상금 증액 청구의 소를 제기할 수 없고, 토지소유자 등의 손실보상금 채권에 관하여 압류 및 추심명령이 있더라도 추심채권자가 재결을 다툴 지위까지 취득하였다고 볼 수는 없다.

② 토지보상법 등 관계 법령에 따라 토지수용위원회의 재결을 거쳐 이루어지는 손실보상금 채권은 관계 법령상 손실보상의 요건에 해당한다는 것만으로 바로 존부 및 범위가 확정된다고 볼 수 없다. 토지소유자 등이 사업시행자로부터 손실보상을 받기 위해서는 사업시행자와 협의가 이루어지지 않으면 토지보상법 제34조, 제50조 등에 규정된 재결절차를 거친 뒤에 그 재결에 대하여 불복이 있는 때에 비로소 토지보상법 제83조 내지 제85조에 따라 이의신청 또는 행정소송을 제기할 수 있을 뿐이고, 이러한 절차를 거치지 않은 채 곧바로 사업시행자를 상대로 손실보상을 청구하는 것은 허용되지 않는다.

이와 같이 손실보상금 채권은 토지보상법에서 정한 절차로서 관할 토지수용위원회의 재결 또는 행정소송 절차를 거쳐야 비로소 구체적인 권리의 존부 및 범위가 확정된다. 아울러 토지보상법령은 토지소유자 등으로 하여금 위와 같은 손실보상금 채권의 확정을 위한 절차를 진행하도록 정하고 있다. 따라서 사업인정고시 이후 위와 같은 절차를 거쳐 장래 확정될 손실보상금 채권에 관하여 채권자가 압류 및 추심명령을 받을 수는 있지만, 그 압류 및 추심명령이 있다고 하여 추심채권자가 위와 같은 손실보상금 채권의 확정을 위한 절차에 참여할 자격까지 취득한다고 볼 수는 없다.

③ 요컨대, 토지소유자 등이 토지보상법 제85조 제2항에 따라 보상금 증액 청구의 소를 제기한 경우, 그 손실보상금 채권에 관하여 압류 및 추심명령이 있다고 하더라도 추심채권자가 그 절차에 참여할 자격을 취득하는 것은 아니므로, 보상금 증액 청구의 소를 제기한 토지소유자 등의 지위에 영향을 미친다고 볼 수 없다. 따라서 보상금 증액 청구의 소의 청구채권에 관하여 압류 및 추심명령이 있더라도 토지소유자 등이 그 소송을 수행할 당사자적격을 상실한다고 볼 것은 아니다.

173 환매권의 발생요건
— 2021. 9. 30. 선고 2018다282183 판결

☐ 환매권에 관하여 규정한 구 공익사업을 위한 토지 등의 취득 및 보상에 관한 법률 제91조 제1항에서 말하는 '당해 사업'과 '취득한 토지가 필요 없게 된 때'의 의미 및 이때 취득한 토지가 필요 없게 되었는지 판단하는 방법 / 사업시행자가 사업인정을 전제하지 않고 있는 구 공공용지의 취득 및 손실보상에 관한 특례법에 따라 토지 등을 협의취득하거나 구 공익사업을 위한 토지 등의 취득 및 보상에 관한 법률 제14조에 따라 사업인정 전에 토지 등을 협의취득한 경우, '당해 사업'을 특정하는 방법

구 공익사업을 위한 토지 등의 취득 및 보상에 관한 법률(2011. 8. 4. 법률 제11017호로 개정되기 전의 것, 이하 '토지보상법'이라 한다) 제91조 제1항에 따른 환매권은 당해 사업의 폐지·변경 기타의 사유로 인하여 취득한 토지 등의 전부 또는 일부가 필요 없게 된 때에 행사할 수 있다. 여기서 '당해 사업'이란 협의취득 또는 수용의 목적이 된 구체적인 특정의 공익사업을 말하고, '취득한 토지가 필요 없게 된 때'라 함은 협의취득 또는 수용의 목적이 된 구체적인 특정의 공익사업이 폐지되거나 변경되는 등의 사유로 인하여 당해 토지가 더 이상 그 공익사업에 직접 이용될 필요가 없어졌다고 볼 만한 객관적인 사정이 발생한 때를 말한다. 취득한 토지가 필요 없게 되었는지의 여부는 당해 사업의 목적과 내용, 취득의 경위와 범위, 당해 토지와 사업의 관계, 용도 등 제반 사정에 비추어 객관적 사정에 따라 합리적으로 판단하여야 한다.

당해 사업에 대하여 토지보상법상 사업인정이나 구 토지수용법(2002. 2. 4. 법률 제6656호 토지보상법 부칙 제2조로 폐지)이나 토지보상법상 사업인정으로 의제되는 도시계획시설사업 실시계획인가가 이루어졌다면 사업인정이나 실시계획인가의 내용에 따라 '당해 사업'을 특정할 수 있다. 그러나 사업인정을 전제하지 않고 있는 구 공공용지의 취득 및 손실보상에 관한 특례법(2002. 2. 4. 법률 제6656호 토지보상법 부칙 제2조로 폐지)에 따라 협의취득하거나 토지보상법 제14조에 따라 사업인정 전에 사업시행자가 협의취득한 경우에는 사업인정의 내용을 통해 당해 사업을 특정할 수 없으므로, 협의취득 당시의 제반 사정을 고려하여 협의취득의 목적이 된 공익사업이 구체적으로 특정되었는지 살펴보아야 한다.

174 협의취득이 무효인 경우, 환매권 행사 가부
- 2021. 4. 29. 선고 2020다280890 판결 ★★

【판시사항 및 판결요지】

☐ 공익사업을 위한 토지 등의 취득 및 보상에 관한 법률 제91조 제1항에서 환매권을 인정하는 취지 / 도시계획시설사업의 시행자로 지정되어 도시계획시설사업의 수행을 위하여 필요한 토지를 협의취득 하였으나 시행자 지정이 처음부터 효력이 없거나 토지의 취득 당시 해당 도시계획시설사업의 법적 근거가 없었던 것으로 볼 수 있는 등 협의취득이 당연무효인 경우, 협의취득일 당시의 토지소유자 가 위 조항에서 정한 환매권을 행사할 수 있는지 여부(소극)

토지보상법 제91조 제1항은 해당 사업의 폐지·변경 또는 그 밖의 사유로 취득한 토지의 전부 또는 일부가 필요 없게 된 경우 취득일 당시의 토지소유자 또는 그 포괄승계인(이하 '토지소유자'라 한다)은 그 토지에 대하여 받은 보상금에 상당하는 금액을 사업시행자에게 지급하고 그 토지를 환매할 수 있다고 규정하고 있다.

토지보상법이 환매권을 인정하는 취지는, 토지의 원소유자가 사업시행자로부터 토지 등의 대가로 정당한 손실보상을 받았다고 하더라도 원래 자신의 자발적인 의사에 기하여 그 토지 등의 소유권을 상실하는 것이 아니어서 그 토지 등을 더 이상 당해 공익사업에 이용할 필요가 없게 될 때, 즉 공익상의 필요가 소멸한 때에는 원소유자의 의사에 따라 그 토지 등의 소유권을 회복시켜 주는 것이 공평의 원칙에 부합한다는 데에 있다.[5]

이러한 토지보상법 및 구 국토계획법의 규정 내용과 환매권의 입법 취지 등을 고려하면, 도시계획시설사업의 시행자로 지정되어 그 도시계획시설사업의 수행을 위하여 필요한 토지를 협의취득하였다고 하더라도, 시행자 지정이 처음부터 효력이 없거나 토지의 취득 당시 해당 도시계획시설사업의 법적 근거가 없었던 것으로 볼 수 있는 등 협의취득이 당연무효인 경우, 협의취득일 당시의 토지소유자가 소유권에 근거하여 등기 명의를 회복하는 방식 등으로 권리를 구제받는 것은 별론으로 하더라도 토지보상법 제91조 제1항에서 정하고 있는 환매권을 행사할 수는 없다고 봄이 타당하다. 그 구체적인 이유는 다음과 같다.

(1) 토지보상법 제91조 제1항에서 환매권 발생 사유 중 하나로 규정된 '폐지'의 사전적 의미는 '실시하여 오던 제도나 법규, 일 따위를 그만두거나 없애다'는 뜻으로, 처음부터 사업을 추진할 법적 근거가 없었던 경우는 사업을 '폐지'한 경우에 포함된다고 보기 어렵다. 또한, '필요 없게 된 경우'란 당초에는 필요하였으나 사후적으로 필요 없게 된 경우를 의미하는 것으로 볼 수 있을 뿐, 처음부터 필요 없었던 경우는 여기에 포함된다고 보기 어렵다. 즉, 토지보상법 제91조 제1항은 당초에는 적법하게 공익사업이 시행되었으나, 후

---
[5] 환매권의 이론적 근거에 대해 학설은 ① 토지소유자의 감정의 존중에서 찾는 견해, ② 공평의 원칙에서 찾는 견해, ③ 재산권의 존속보장에서 찾는 견해가 있다.

발적인 사정으로 사업이 폐지되어 해당 토지가 필요 없게 된 경우를 규율하기 위한 규정으로 볼 수 있다.

(2) 토지보상법에 기한 협의취득은 비록 사법상 매매계약의 형태를 취하고 있으나 협의취득될 수 있는 재산권은 토지보상법에 의하여 수용될 수 있고, 협의취득과 수용에 있어 손실보상은 동일한 이론적 근거에 기초하고 있으며, 협의취득의 과정에도 여러 가지 공법적 규제가 있고, 토지소유자로서는 협의에 불응하면 바로 수용을 당하게 된다는 심리적 강박감으로 인하여 그 의사에 반하여 협의에 응하는 경우도 있기 때문에, 협의취득은 실질적으로는 수용과 비슷한 공법적 기능을 수행하고 있다. 따라서 협의취득의 경우에도 수용과 마찬가지로 공익적 필요성이 있고, 법률에 의거하여야 하며, 정당한 보상을 지급하여야 한다는 요건을 갖추어야 하고, 위 요건이 갖추어지지 아니한 협의취득은 효력이 발생하지 아니한다(대법원 2000. 8. 22. 선고 98다60422 판결 참조).

협의취득의 매수인은 공익사업을 수행하는 사업시행자이어야 하고, 구 국토계획법 제86조 제1항 내지 제4항에 따라 시행자가 될 수 있는 자 외의 자가 건설교통부장관 등으로부터 시행자로 지정을 받아야만 도시계획시설사업을 시행할 수 있음은 앞서 본 바와 같은데, 만일 도시계획시설사업 시행자 지정이 당연무효라면, 협의취득은 결국 시행자가 아닌 자에 의해 이루어진 것으로 법률에 의거하지 아니하여 효력이 없다고 할 것이다.

또한, 도시계획시설사업에 관한 실시계획인가 등이 당연무효에 해당한다면, 이 경우 협의취득은 처음부터 공익적 필요성이 없어 효력이 없는 것으로 볼 수 있다.

(3) 이처럼 협의취득이 당연무효인 경우, 토지소유자는 협의취득된 토지에 관한 소유권을 계속해서 보유하고 있는 것이므로, 소유권에 기한 청구권이나 부당이득반환청구권을 행사하는 방식으로 등기 명의를 회복하거나 점유를 이전받는 등으로 권리를 구제받을 수 있다. 이러한 경우에까지 공평의 원칙에 따라 소유권을 원소유자에게 회복시켜 주기 위한 환매권을 인정할 필요가 없을 뿐만 아니라 오히려 환매권을 인정하는 것은 앞서 본 토지보상법 제91조 제1항의 문언해석에도 반한다.

(4) 협의취득이 처음부터 당연무효이어서 계속해서 소유권을 보유하고 있는 원소유자가 토지보상법에 따른 환매권을 행사할 수 있다고 본다면, 이미 소유권을 보유하고 있는 원소유자가 매수인이 되고 소유권을 보유하고 있지 아니한 사업시행자가 매도인이 되어 매매계약이 체결된다는 납득하기 어려운 결과가 초래된다는 점에서도, 사업시행이 처음부터 불가능하여 협의취득이 무효인 경우에 대해서까지 환매권 행사를 인정하는 것은 타당하지 아니하다.

【사안의 경우】

따라서 이 사건 토지에 관한 소유권을 당초부터 계속해서 보유하고 있었던 원고로서는, 피고 등에 대하여 소유권에 기한 물권적 청구권 등을 행사할 수 있음은 별론으로 하고, 토지보상법 제91조 제1항에 따른 환매권을 행사할 수는 없다고 할 것이다.

175. 주거이전비 등 지급의무
― 2021. 6. 30. 선고 2019다207813 판결 ★★

□ 주택재개발사업의 사업시행자가 현금청산대상자나 세입자로부터 정비구역 내 토지 또는 건축물을 인도받기 위해서는 협의나 재결절차 등에 의하여 결정되는 주거이전비 등도 지급하여야 하는지 여부(적극)

1) 구 도시 및 주거환경정비법(2017. 2. 8. 법률 제14567호로 전부 개정되기 전의 것, 이하 '구 도시정비법'이라 한다) 제49조 제6항은 '관리처분계획의 인가·고시가 있은 때에는 종전의 토지 또는 건축물의 소유자·지상권자·전세권자·임차권자 등 권리자는 제54조의 규정에 의한 이전의 고시가 있은 날까지 종전의 토지 또는 건축물에 대하여 이를 사용하거나 수익할 수 없다. 다만 사업시행자의 동의를 받거나 제40조 및 공익사업을 위한 토지 등의 취득 및 보상에 관한 법률(이하 '토지보상법'이라 한다)에 따른 손실보상이 완료되지 아니한 권리자의 경우에는 그러하지 아니하다.'고 규정하고 있다. 따라서 사업시행자가 현금청산대상자나 세입자에 대해서 종전의 토지나 건축물의 인도를 구하려면 관리처분계획의 인가·고시만으로는 부족하고 구 도시정비법 제49조 제6항 단서에서 정한 토지보상법에 따른 손실보상이 완료되어야 한다.
토지보상법에 의하면 사업시행자는 현금청산대상자나 세입자와 협의를 할 수 있고 협의가 성립되지 아니하거나 협의를 할 수 없을 때 관할 토지수용위원회에 재결을 신청할 수 있으며(제28조 제1항, 제26조, 제2조 제5호), 토지수용위원회의 재결사항에는 손실보상이 포함된다(제50조 제1항 제2호). 토지수용위원회는 손실보상의 경우 증액재결을 할 수 있는 것 외에는 사업시행자, 토지소유자 또는 관계인이 신청한 범위에서 재결하여야 한다(제50조 제2항). 주택재개발사업의 사업시행자는 사업의 신속한 진행을 위하여 주거이전비 등에 대하여 토지수용위원회에 재결을 신청할 수 있고 그 경우 관할 토지수용위원회는 주거이전비 등에 대하여 재결하여야 한다. 주거이전비 등의 보상항목에 대하여 수용재결에서 심리·판단되지 않았다면 사업시행자가 수용재결에서 정해진 토지나 지장물 등 보상금을 지급 또는 공탁한 것만으로 구 도시정비법 제49조 제6항 단서에서 정한 토지보상법에 따른 손실보상이 완료되었다고 보기 어렵다.

2) 구 도시정비법 제49조 제6항 단서의 내용, 개정 경위와 입법 취지를 비롯하여 구 도시정비법 및 토지보상법의 관련 규정들을 종합하여 보면, 토지보상법 제78조에서 정한 주거이전비, 이주정착금, 이사비(이하 '주거이전비 등'이라 한다)도 구 도시정비법 제49조 제6항 단서에서 정한 '토지보상법에 따른 손실보상'에 해당한다. 그러므로 주택재개발사업의 사업시행자가 공사에 착수하기 위하여 현금청산대상자나 세입자로부터 정비구역 내 토지 또는 건축물을 인도받기 위해서는 협의나 재결절차 등에 의하여 결정되는 주거이전비 등도 지급할 것이 요구된다

만일 사업시행자와 현금청산대상자나 세입자 사이에 주거이전비 등에 관한 협의가 성립된다면 다른 특약이 없는 한 사업시행자의 주거이전비 등 지급의무와 현금청산대상자나 세입자의 부동산 인도의무는 동시이행의 관계에 있게 되지만, 사업시행자가 재결절차 등을 통하여 심리·판단된 주거이전비 등을 지급하거나 공탁할 때에는 구 도시정비법 제40조 제1항에 의해 준용되는 토지보상법 제62조가 정한 사전보상의 원칙에 따라 주거이전비 등의 지급절차가 부동산 인도에 선행되어야 한다[다만 사업시행자가 수용재결에서 정한 주거이전비 등을 수용개시일까지 지급하거나 공탁한 경우 구 도시정비법 제49조 제6항 단서에서 말하는 토지보상법에 따른 손실보상이 완료되고, 현금청산대상자나 세입자는 행정소송을 통해 주거이전비 등의 증액을 구할 수 있음은 별론으로 하고 사업시행자의 인도청구를 거절할 수는 없다 할 것이다].

176 주거이전비 등 지급의무
  – 2022. 6. 30. 선고 2021다310088 판결

☐ 주택재개발사업의 사업시행자가 현금청산대상자나 세입자로부터 정비구역 내 토지 또는 건축물을 인도받기 위해서는 협의나 재결절차 등에 의하여 결정되는 주거이전비 등도 지급하여야 하는지 여부(적극) 및 사업시행자가 협의나 재결절차를 거치지 않더라도 주거이전비 등을 지급하였거나 공탁하였다는 사정을 인정할 수 있는 경우, 주거이전비 등의 지급절차가 선행되었다고 보아 사업시행자의 토지나 건축물에 관한 인도청구를 인정할 수 있는지 여부(적극)

구 도시 및 주거환경정비법(2017. 2. 8. 법률 제14567호로 전부 개정되기 전의 것, 이하 '구 도시정비법'이라 한다) 제49조 제6항은 '관리처분계획의 인가·고시가 있은 때에는 종전의 토지 또는 건축물의 소유자·지상권자·전세권자·임차권자 등 권리자는 제54조의 규정에 의한 이전의 고시가 있은 날까지 종전의 토지 또는 건축물에 대하여 이를 사용하거나 수익할 수 없다. 다만 사업시행자의 동의를 받거나 제40조 및 공익사업을 위한 토지 등의 취득 및 보상에 관한 법률(이하 '토지보상법'이라 한다)에 따른 손실보상이 완료되지 아니한 권리자의 경우에는 그러하지 아니하다.'고 정한다. 토지보상법 제78조 등에서 정한 주거이전비, 이주정착금, 이사비(이하 '주거이전비 등'이라 한다)는 구 도시정비법 제49조 제6항 단서의 '토지보상법에 따른 손실보상'에 해당한다. 주택재개발사업의 사업시행자가 공사에 착수하기 위하여 현금청산대상자나 세입자로부터 정비구역 내 토지 또는 건축물을 인도받으려면 협의나 재결절차 등에 따라 결정되는 주거이전비 등도 지급할 것이 요구된다.

주거이전비 등은 토지보상법 제78조와 관계 법령에서 정하는 요건을 충족하면 당연히 발생하고 그에 관한 보상청구소송은 행정소송법 제3조 제2호에서 정하는 당사자소송으로 해야 한다. 사업시행자는 협의나 재결절차를 거칠 필요 없이 현금청산대상자나 세입자에게 주거이전비 등을 직접 지급하거나 현금청산대상자나 세입자가 지급을 받지 않거나 받을 수 없을 때에는 민법 제487조에 따라 변제공탁을 할 수도 있다. 주택재개발사업의 사업시행자가 관리처분계획의 인가·고시 후 현금청산대상자나 세입자에 대하여 토지나 건축물에 관한 인도청구의 소를 제기하고 현금청산대상자나 세입자가 그 소송에서 주거이전비 등에 대한 손실보상을 받지 못하였다는 이유로 인도를 거절하는 항변을 하는 경우, 이를 심리하는 법원은 사업시행자가 협의나 재결절차를 거치지 않더라도 주거이전비 등을 지급하였거나 공탁하였다는 사정을 인정할 수 있으면 주거이전비 등의 지급절차가 선행되었다고 보아 사업시행자의 인도청구를 인정할 수 있다.

 **주택재개발 정비구역 내의 주거용 주택에 거주하였던 자들이 사업시행자에 대하여 주거이전비 등의 지급을 구한 사건**
― 2023. 7. 27. 선고 2022두44392 판결

[1] 구 공익사업을 위한 토지 등의 취득 및 보상에 관한 법률 시행규칙 제54조 제2항의 '세입자'에 주거용 건축물을 무상으로 사용하는 거주자도 포함되는지 여부(적극)

구 공익사업을 위한 토지 등의 취득 및 보상에 관한 법률 시행규칙(2016. 1. 6. 국토교통부령 제272호로 개정되기 전의 것, 이하 '구 토지보상법 시행규칙'이라고 한다) 제54조 제2항의 '세입자'에는 주거용 건축물을 무상으로 사용하는 거주자도 포함된다고 봄이 타당하다. 구체적인 이유는 다음과 같다.

① 구 공익사업을 위한 토지 등의 취득 및 보상에 관한 법률(2022. 2. 3. 법률 제18828호로 개정되기 전의 것, 이하 '구 토지보상법'이라고 한다) 제78조 제5항은 주거용 건물의 '거주자'에 대하여는 주거 이전에 필요한 비용과 가재도구 등 동산의 운반에 필요한 비용을 산정하여 보상하여야 한다고 규정하여 사용대가의 지급 여부를 구분하지 않고 주거용 건물의 거주자 일반에 대하여 주거이전비 등을 필요적으로 보상하도록 정하고 있다. 구 토지보상법 제78조 제9항은 주거이전비의 보상에 대하여는 국토교통부령이 정하는 기준에 의한다고 규정하고 있으나, 이러한 규정을 살펴보더라도 무상으로 사용하는 거주자를 주거이전비 보상대상에서 일률적으로 배제하는 내용이 규율될 것이라고 예상할 수 없다.

따라서 구 토지보상법 시행규칙 제54조 제2항의 '세입자'에 무상으로 사용하는 거주자가 포함되지 않는다고 볼 경우, 이는 모법 조항의 위임 목적 및 취지와 달리 모법 조항에서 주거이전비 보상대상자로 규정된 자에 대하여 보상 자체를 받을 수 없도록 제한하는 것이어서 모법 조항의 위임 범위를 벗어난 것이 된다.

② 주거이전비는 당해 공익사업 시행지구 안에 거주하는 세입자들의 조기이주를 장려하여 사업추진을 원활하게 하려는 정책적인 목적과 주거이전으로 인하여 특별한 어려움을 겪게 될 세입자들을 대상으로 하는 사회보장적인 차원에서 지급하는 금원인데, 조기이주 장려 및 사회보장적 지원의 필요성이 사용대가의 지급 여부에 따라 달라진다고 보기 어렵다. 이와 같은 제도의 취지에 비추어 보더라도 보상대상자의 범위에서 무상으로 사용하는 거주자를 배제하는 것은 타당하지 않다.

③ 주거이전비와 이사비는 모두 구 토지보상법 제78조 제5항에 따라 보상되는 것으로 제도의 취지도 동일하다. 이사비의 경우 무상으로 사용하는 거주자도 보상대상에 포함됨에 이론이 없고, 양자를 달리 취급할 합리적인 이유를 발견하기 어려우므로, 주거이전비의 경우에도 보상대상에 무상으로 사용하는 거주자가 포함된다고 보는 것이 형평에 부합한다.

④ 구 토지보상법 시행규칙 제54조 제2항의 '세입자'에 무상으로 사용하는 거주자도 포함된

다고 보는 해석은 상위법령의 위임 범위와 제도의 취지, 구체적 타당성을 고려한 결과이다. 위 조항이 '세입자'라는 문언을 사용한 것은 같은 조 제1항의 '소유자'의 경우와 구분하기 위한 것으로 볼 수 있으므로, 위와 같은 해석이 문언의 가능한 의미를 벗어났다고 볼 것은 아니다.

⑤ 공익사업을 위한 토지 등의 취득 및 보상에 관한 법률 시행규칙이 2020. 12. 11. 국토교통부령 제788호로 개정되면서 제54조 제2항의 주거용 건축물의 세입자에 '무상으로 사용하는 거주자'도 포함됨이 명시되었다. 앞서 살펴 본 사정에 더하여 개정 조항이 '세입자'라는 문언을 그대로 유지하면서 괄호 안에서 무상으로 사용하는 거주자가 '세입자'에 포함된다고 추가한 점 등에 비추어 볼 때, 위와 같은 개정 조항은 기존 법령의 규정 내용으로부터 도출되는 사항을 주의적·확인적으로 규정한 것이라고 봄이 타당하다.

[2] 구 공익사업을 위한 토지 등의 취득 및 보상에 관한 법률 시행규칙 제54조 제2항에 따른 주거이전비 지급요건인 '정비사업의 시행으로 인하여 이주하게 되는 경우'에 해당하는지 판단하는 기준 및 이에 대한 증명책임의 소재(=주거이전비의 지급을 구하는 세입자) / 세입자가 사업시행계획 인가고시일까지 해당 주거용 건축물에 계속 거주하고 있는 경우, 정비사업의 시행으로 인하여 이주하게 되는 경우에 해당하는지 여부(원칙적 적극)

구 공익사업을 위한 토지 등의 취득 및 보상에 관한 법률 시행규칙(2016. 1. 6. 국토교통부령 제272호로 개정되기 전의 것) 제54조 제2항에 의해 주거이전비 보상의 대상이 되기 위해서는 해당 세입자가 공익사업인 정비사업의 시행으로 인하여 이주하게 되는 경우여야 하는데, 여기서 '정비사업의 시행으로 인하여 이주하게 되는 경우'에 해당하는지는 세입자의 점유권원의 성격, 세입자와 건축물 소유자와의 관계, 계약기간의 종기 및 갱신 여부, 실제 거주기간, 세입자의 이주시점 등을 종합적으로 고려하여 판단하여야 한다. 이러한 주거이전비 지급요건을 충족하는지는 주거이전비의 지급을 구하는 세입자 측에 주장·증명책임이 있다고 할 것이나, 세입자에 대한 주거이전비의 보상 방법 및 금액 등의 보상내용은 원칙적으로 사업시행계획 인가고시일에 확정되므로, 세입자가 사업시행계획 인가고시일까지 해당 주거용 건축물에 계속 거주하고 있었다면 특별한 사정이 없는 한 정비사업의 시행으로 인하여 이주하게 되는 경우에 해당한다고 보는 것이 타당하다.

 **178** 시설콩나물 재배업에 관해 구 토지보상법 시행규칙 제48조 제2항 본문에 따라 손실보상금을 구하는 사건
― 2023. 8. 18. 선고 2022두34913 판결

[1] 구 공익사업을 위한 토지 등의 취득 및 보상에 관한 법률 제77조 제2항, 같은 법 시행규칙 제48조 제2항 본문에서 정한 '영농손실보상'의 법적 성격 / 같은 법 시행규칙 제48조에서 규정한 영농손실보상은 공익사업시행지구 안에서 수용의 대상인 농지를 이용하여 경작을 하는 자가 그 농지의 수용으로 인하여 장래에 영농을 계속하지 못하게 되어 특별한 희생이 생기는 경우 이를 보상하기 위한 것인지 여부(적극)

공공필요에 의한 재산권의 수용·사용 또는 제한 및 그에 대한 보상은 법률로써 하되, 정당한 보상을 지급하여야 한다(헌법 제23조 제3항). 구 공익사업을 위한 토지 등의 취득 및 보상에 관한 법률(2020. 6. 9. 법률 제17453호로 개정되기 전의 것, 이하 '구 토지보상법'이라고 한다) 제77조 소정의 영업의 손실 등에 대한 보상은 위와 같은 헌법상의 정당한 보상 원칙에 따라 공익사업의 시행 등 적법한 공권력의 행사에 의한 재산상의 특별한 희생에 대하여 사유재산권의 보장과 전체적인 공평부담의 견지에서 행하여지는 조절적인 재산적 보상이다. 특히 구 토지보상법 제77조 제2항, 구 공익사업을 위한 토지 등의 취득 및 보상에 관한 법률 시행규칙(2020. 12. 11. 국토교통부령 제788호로 개정되기 전의 것, 이하 '구 토지보상법 시행규칙'이라고 한다) 제48조 제2항 본문에서 정한 영농손실보상(이하 '영농보상'이라고 한다)은 편입토지 및 지장물에 관한 손실보상과는 별개로 이루어지는 것으로서, 농작물과 농지의 특수성으로 인하여 같은 시행규칙 제46조에서 정한 폐업보상과 구별해서 농지가 공익사업시행지구에 편입되어 공익사업의 시행으로 더 이상 영농을 계속할 수 없게 됨에 따라 발생하는 손실에 대하여 원칙적으로 같은 시행규칙 제46조에서 정한 폐업보상과 마찬가지로 장래의 2년간 일실소득을 보상함으로써, 농민이 대체 농지를 구입하여 영농을 재개하거나 다른 업종으로 전환하는 것을 보장하기 위한 것이다. 즉, 영농보상은 원칙적으로 농민이 기존 농업을 폐지한 후 새로운 직업 활동을 개시하기까지의 준비기간 동안에 농민의 생계를 지원하는 간접보상이자 생활보상으로서의 성격을 가진다.

영농보상은 그 보상금을 통계소득을 적용하여 산정하든, 아니면 해당 농민의 최근 실제소득을 적용하여 산정하든 간에, 모두 장래의 불확정적인 일실소득을 예측하여 보상하는 것으로, 기존에 형성된 재산의 객관적 가치에 대한 '완전한 보상'과는 그 법적 성질을 달리한다.

결국 구 토지보상법 시행규칙 제48조 소정의 영농보상 역시 공익사업시행지구 안에서 수용의 대상인 농지를 이용하여 경작을 하는 자가 그 농지의 수용으로 인하여 장래에 영농을 계속하지 못하게 되어 특별한 희생이 생기는 경우 이를 보상하기 위한 것이기 때문에, 위와 같은 재산상의 특별한 희생이 생겼다고 할 수 없는 경우에는 손실보상 또한 있을 수 없고, 이는 구 토지보상법 시행규칙 제48조 소정의 영농보상이라고 하여 달리 볼 것은 아니다.

[2] 구 공익사업을 위한 토지 등의 취득 및 보상에 관한 법률 시행규칙 제48조 제2항 단서 제2호의 '직접 해당 농지의 지력을 이용하지 아니하고 재배 중인 작물을 이전하여 해당 영농을 계속하는 것이 가능하다고 인정하는 작목 및 재배방식'을 규정한 '농작물실제소득인정기준'(국토교통부고시) 제6조 제3항 [별지 2]에 열거되어 있지 아니한 시설콩나물 재배업에 관하여도 같은 시행규칙 제48조 제2항 단서 제2호를 적용할 수 있는지 여부(적극)

관련 법리와 구 공익사업을 위한 토지 등의 취득 및 보상에 관한 법률 시행규칙(2020. 12. 11. 국토교통부령 제788호로 개정되기 전의 것, 이하 '구 토지보상법 시행규칙'이라고 한다) 제48조 제2항 단서 제2호의 신설 경과 등에 비추어 보면, 국토교통부장관이 농림축산식품부장관과의 협의를 거쳐 관보에 고시하는 '농작물실제소득인정기준' 제6조 제3항 [별지 2]에 열거된 작목 및 재배방식에 시설콩나물 재배업이 포함되어 있지 않더라도 시설콩나물 재배업에 관하여도 구 토지보상법 시행규칙 제48조 제2항 단서 제2호를 적용할 수 있다고 봄이 타당하다. 그 이유는 다음과 같다.

(가) 관련 법령의 내용, 형식 및 취지 등에 비추어 보면, 공공필요에 의한 수용 등으로 인한 손실의 보상은 정당한 보상이어야 하고, 영농손실에 대한 정당한 보상은 수용되는 '농지의 특성과 영농상황' 등 고유의 사정이 반영되어야 한다.

(나) 농지의 지력을 이용한 재배가 아닌 용기에 식재하여 재배되는 콩나물과 같이 용기를 기후 등 자연적 환경이나 교통 등 사회적 환경 등이 유사한 인근의 대체지로 옮겨 생육에 별다른 지장을 초래함이 없이 계속 재배를 할 수 있는 경우에는, 유사한 조건의 인근대체지를 마련할 수 없는 등으로 장래에 영농을 계속하지 못하게 되는 것과 같은 특단의 사정이 없는 이상 휴업보상에 준하는 보상이 필요한 범위를 넘는 특별한 희생이 생겼다고 할 수 없다.

(다) 시설콩나물 재배시설에서 재배하는 콩나물과 '농작물실제소득인정기준' 제6조 제3항 [별지 2]에서 규정하고 있는 작물인 버섯, 화훼, 육묘는 모두 직접 해당 농지의 지력을 이용하지 않고 재배한다는 점에서 상호 간에 본질적인 차이가 없으며, 특히 '용기(트레이)에 재배하는 어린묘'와 그 재배방식이 유사하다.

(라) 시설콩나물 재배방식의 본질은 재배시설이 설치된 토지가 농지인지 여부, 즉 농지의 특성에 있는 것이 아니라 '고정식온실' 등에서 용기에 재배하고, 특별한 사정이 없는 한 그 재배시설 이전이 어렵지 않다는 점에 있다. 본질적으로 같은 재배방식에 대하여 '고정식온실' 등이 농지에 설치되어 있다는 사정만으로 2년간의 일실소득을 인정하는 것은 정당한 보상 원칙에 부합하지 않는다.

(마) 구 토지보상법 시행규칙 제48조 제2항 단서 제2호가 적용되어 실제소득의 4개월분에 해당하는 농업손실보상을 하는 작물에 관하여 규정한 '농작물실제소득인정기준' 제6조 제3항 [별지 2]는 '직접 해당 농지의 지력을 이용하지 아니하고 재배 중인 작물을 이전하여 해당 영농을 계속하는 것이 가능하다고 인정하는 경우'를 예시한 것으로, 거기에 열거된 작목이 아니더라도 객관적이고 합리적으로 '직접 해당 농지의 지력을 이용하지 아니하고 재배 중인 작물을 이전하여 해당 영농을 계속하는 것이 가능'하다고 인정된다면 구 토지보상법 시행규칙 제48조 제2항 단서 제2호에 따라 4개월분의 영농손실보상을 인정할 수 있다고 보는 것이 영농손실보상제도의 취지에 부합한다.

179 주거이전비 지급절차가 이루어지지 않은 경우 사업시행자가 현금청산대상자를 상대로 부당이득반환을 청구할 수 있는지 여부

― 2021. 7. 29. 선고 2019다300477 판결

☐ 공익사업을 위한 토지 등의 취득 및 보상에 관한 법률 제78조 등에서 정한 주거이전비 등의 지급절차가 이루어지지 않은 경우, 주택재개발정비사업의 시행자가 종전 토지나 건축물을 사용·수익하고 있는 현금청산대상자를 상대로 부당이득반환을 청구할 수 있는지 여부(소극)

구 도시 및 주거환경정비법(2017. 2. 8. 법률 제14567호로 전부 개정되기 전의 것, 이하 '구 도시정비법'이라 한다) 제49조 제6항은 '관리처분계획의 인가·고시가 있은 때에는 종전의 토지 또는 건축물의 소유자·지상권자·전세권자·임차권자 등 권리자는 제54조의 규정에 의한 이전의 고시가 있은 날까지 종전의 토지 또는 건축물에 대하여 이를 사용하거나 수익할 수 없다. 다만 사업시행자의 동의를 받거나 제40조 및 공익사업을 위한 토지 등의 취득 및 보상에 관한 법률(이하 '토지보상법'이라 한다)에 따른 손실보상이 완료되지 아니한 권리자의 경우에는 그러하지 아니하다.'고 정한다. 이 조항은 토지보상법 제43조에 대한 특별 규정으로서, 사업시행자가 현금청산대상자나 임차인 등에 대해서 종전의 토지나 건축물의 인도를 구하려면 관리처분계획의 인가·고시만으로는 부족하고 구 도시정비법 제49조 제6항 단서에서 정한 대로 토지보상법에 따른 손실보상이 완료되어야 한다.

구 도시정비법 제40조 제1항 본문은 '정비사업의 시행을 위한 수용 또는 사용에 관하여 도시정비법에 특별한 규정이 있는 경우를 제외하고는 토지보상법을 준용한다.'고 정한다. 토지보상법 제78조 제1항은 "사업시행자는 공익사업의 시행으로 인하여 주거용 건축물을 제공함에 따라 생활의 근거를 상실하게 되는 자를 위하여 대통령령으로 정하는 바에 따라 이주대책을 수립·실시하거나 이주정착금을 지급하여야 한다."라고 정하고, 공익사업을 위한 토지 등의 취득 및 보상에 관한 법률 시행령 제41조는 '사업시행자가 이주대책을 수립·실시하지 아니하는 경우 또는 이주대책대상자가 이주정착지가 아닌 다른 지역으로 이주하려는 경우에는 이주대책대상자에게 국토교통부령으로 정하는 바에 따라 이주정착금을 지급하여야 한다.'고 정한다. 또한 토지보상법 제78조 제5항은 "주거용 건물의 거주자에 대하여는 주거 이전에 필요한 비용과 가재도구 등 동산의 운반에 필요한 비용을 산정하여 보상하여야 한다."라고 정한다. 이러한 법령 조항의 내용과 체계, 그 개정 경위와 입법 취지를 종합하면 토지보상법 제78조 등에서 정한 주거이전비, 이주정착금, 이사비(이하 '주거이전비 등'이라 한다)는 구 도시정비법 제49조 제6항 단서에서 정한 '토지보상법에 따른 손실보상'에 해당한다고 보아야 한다.

구 도시정비법 제49조 제6항 단서에서 정한 토지보상법에 따른 손실보상이 완료되려면 협의나 수용재결에서 정해진 토지나 건축물 등에 대한 보상금의 지급 또는 공탁뿐만 아니라 주거이전비 등에 대한 지급절차까지 이루어져야 한다. 만일 협의나 재결절차 등에 따라 주거이전비 등의 지급절차가 이루어지지 않았다면 관리처분계획의 인가·고시가 있더라도 분양신청을 하지 않거나 철회하여 현금청산대상자가 된 자는 종전의 토지나 건축물을 사용·수익할 수 있다. 위와 같이 주거이전비 등을 지급할 의무가 있는 주택재개발정비사업의 시행자가 종전 토지나 건축물을 사용·수익하고 있는 현금청산대상자를 상대로 부당이득반환을 청구하는 것은 허용되지 않는다.

180 하천편입토지 보상 등에 관한 특별조치법 제2조 제3호에 따른 손실보상을 청구한 사건
— 2024. 5. 30. 선고 2023두61707 판결

[1] 하천편입토지 보상 등에 관한 특별조치법 제2조 제3호에서 정한 손실보상을 받기 위한 요건

하천편입토지 보상 등에 관한 특별조치법 제2조 제3호가 정한 손실보상청구권은 헌법 제23조 제3항이 선언하고 있는 손실보상청구권을 구체화한 것으로서, 1971. 1. 19. 법률 제2292호로 개정된 구 하천법의 시행 그 자체에 의하여 직접 사유지를 국유로 하는 이른바 입법적 수용이라는 국가의 적법한 공권력 행사로 인한 토지소유자의 손실을 보상하기 위한 것이다. 즉, 이러한 손실보상은 사인에게 발생하는 재산상 특별한 희생 또는 손실에 대하여 사유재산권의 보장과 전체적인 공평 부담의 견지에서 행하여지는 조절적인 재산적 보상이자 특별한 희생에 대한 전보이다. 따라서 손실보상을 받기 위해서는 그 사인에게 특별한 희생 내지 손실이 발생해야 하고, 재산상의 특별한 희생이나 손실이 발생했다고 할 수 없는 경우에는 손실보상을 청구할 수 없다.

[2] 하천구역으로 편입되어 국유로 된 토지를 종전 소유자가 사인에게 매도한 경우, 매매계약의 효력(원칙적 무효)

하천구역으로 편입되어 국유로 된 토지는 사인 사이 거래의 객체가 될 수 없으므로 종전 소유자가 해당 토지를 매도했다고 하더라도 그와 같은 매매는 원시적으로 불능의 급부를 목적으로 하는 계약으로서 원칙적으로 무효이다.

[3] 甲이 소유하다가 1971. 1. 19. 법률 제2292호로 개정된 구 하천법의 시행으로 하천구역에 편입되어 국유로 된 토지가 매매를 원인으로 乙과 丙에게 순차적으로 소유권이 이전되었다가 국가가 소유권보존등기를 마친 후 丙에게 손실보상금을 지급하였는데, 위 토지의 하천구역편입 당시 소유자였던 甲을 순차 상속한 상속인들이 하천편입토지 보상 등에 관한 특별조치법에 따라 손실보상을 청구한 사안에서, 甲이나 그 상속인에게 특별한 희생이나 손실이 있다고 볼 수 없어 손실보상을 청구할 수 없음에도, 이와 달리 본 원심판단에 법리오해의 잘못이 있다고 한 사례

甲이 소유하다가 1971. 1. 19. 법률 제2292호로 개정된 구 하천법(이하 '1971년 하천법'이라 한다)의 시행으로 하천구역에 편입되어 국유로 된 토지가 매매를 원인으로 乙과 丙에게 순차적으로 소유권이 이전되었다가 국가가 소유권보존등기를 마친 후 丙에게 손실보상금을 지급하였는데, 위 토지의 하천구역편입 당시 소유자였던 甲을 순차 상속한 상속인들이 하천편입토지 보상 등에 관한 특별조치법(이하 '하천편입토지보상법'이라 한다)에 따라 손실보상을 청구한 사안에서, 손실보상의 성격과 하천편입토지보상법의 입법 취지 등을 종합적으로 고려하면, 1971년 하천법의 시행으로 하천구역에 편입되어 국가 소유로 된 위 토지의 소유자인 甲은 그 이후 위 토지를 사실상 아무런 제약 없이 사용·수익하다가 매도하였고, 위 토지를 매도

한 때로부터 상당한 기간이 경과하는 등으로 매수인으로부터 종전 매매계약의 무효 등을 이유로 자신이 지급받았던 매매대금 상당의 금원을 추급당할 별다른 위험이 없는 등 실질적으로 소유자로서의 권리를 모두 행사하여 권리의 만족을 얻었다고 볼 수 있으므로 다른 특단의 사정이 없는 한 甲이나 그 상속인에게 특별한 희생이나 손실이 있다고 볼 수 없어 손실보상을 청구할 수 없음에도, 이와 달리 본 원심판단에 법리오해의 잘못이 있다고 한 사례.

(손실보상은 사인에게 발생하는 재산상 특별한 희생 또는 손실에 대하여 사유재산권의 보장과 전체적인 공평 부담의 견지에서 이루어지는 것이다. 그런데 결과적으로 이 사건 토지가 하천구역에 편입되어 국유로 된 이후에도 이 사건 토지를 자유롭게 사용·수익하다가 매도하여 소유권 이전의 대가까지 취득한 망인이나 그 상속인이 피고로부터 이 사건 토지의 소유권 상실에 따른 대가를 지급받는 것은 실질적으로 이중의 보상이 이루어지는 셈이므로, 오히려 공평의 관념에 반한다.)

잔여지 가격감소로 인한 손실보상금의 산정방법이 문제된 사건
― 2025. 5. 29. 선고 2024두44754 판결

❑ 일단의 토지 중 공법상 제한과 이용상황을 달리하는 부분이 수용된 사안에서 잔여지 가격감소 손실보상액 산정의 기초가 되는 '공익사업시행지구 편입 전의 잔여지 가격'의 산정방법

「공익사업을 위한 토지 등의 취득 및 보상에 관한 법률」 제73조 제1항, 같은 법 시행규칙 제32조 제1항에 따르면, 동일한 토지소유자에 속하는 일단의 토지의 일부가 취득됨으로 인하여 잔여지의 가격이 하락된 경우의 잔여지의 손실은 '공익사업시행지구에 편입되기 전의 잔여지의 가격'에서 공익사업시행지구에 편입된 후의 잔여지의 가격을 뺀 금액으로 평가한다. 여기에서 말하는 '공익사업시행지구에 편입되기 전의 잔여지의 가격'은 일단의 토지 전부가 공익사업시행지구로 편입되는 경우를 상정한 잔여지 부분의 평가액을 말한다.

이러한 경우 일단의 토지 전체를 1필지로 보고 토지 특성을 조사하여 그 전체에 대하여 단일한 가격으로 평가함이 원칙이다. 그러나 일단의 토지가 현실적 이용상황이나 용도지역 등 공법상 제한을 달리하여 가치가 명확히 구분되는 부분으로 구성된 경우에는 현실적 이용상황 또는 용도지역 등이 다른 부분별로 구분하여 평가하여야 한다.

일단의 토지 중 공익사업시행지구에 편입된 토지와 잔여지 사이에 현실적 이용상황이나 용도지역 등 공법상 제한에 차이가 있어 가치가 다름이 분명한데도, 편입된 토지와 잔여지의 가격을 모두 합산한 금액을 일단의 토지 전체 면적으로 나누어 산정된 단위면적당 가격에 잔여지의 면적을 곱하여 산출한 가격을 '공익사업시행지구에 편입되기 전의 잔여지의 가격'으로 인정할 경우, 잔여지와 가치를 달리하는 편입된 토지의 가치가 반영될 수밖에 없다.

결국 이러한 경우에는, '공익사업시행지구에 편입되기 전의 잔여지 가격'을 일단의 토지 전체의 단위면적당 단가에 잔여지의 면적을 곱하는 방식으로 산정하여서는 아니 되고, 일단의 토지 전부가 공익사업시행지구로 편입되는 경우를 상정하되, 「일단의 토지 전체의 가격에서 공익사업시행지구에 편입된 토지의 가격을 빼는 방식」 등으로 산정하여, 앞서 살핀 문제점이 발생하지 않도록 하여야 한다.

공용환권(재개발/재건축)

182. 주택재개발정비사업조합
– 2021. 2. 10. 선고 2020두48031 판결 ★★

【사건의 개요와 쟁점】

이 사건의 쟁점은, (1) 원고들이 이 사건 사업시행계획에 대한 계양구청장의 인가처분의 취소를 구하지 않고 피고를 상대로 이 사건 사업시행계획의 취소를 구하는 것이 타당한지, (2) 원고들에게 이 사건 사업시행계획의 취소를 구할 법률상 이익이 인정되는지, (3) 이 사건 총회결의에 피고의 조합원이 아닌 현금청산대상자들이 참여한 흠을 이 사건 사업시행계획을 취소하여야 할 위법사유로 보아야 하는지 여부이다.

【판시사항 및 판결요지】

[1] 기본행위인 주택재개발정비사업조합이 수립한 사업시행계획에 하자가 있는데 보충행위인 관할 행정청의 사업시행계획 인가처분에는 고유한 하자가 없는 경우, 사업시행계획의 무효를 주장하면서 곧바로 그에 대한 인가처분의 무효확인이나 취소를 구할 수 있는지 여부(소극)

구 도시 및 주거환경정비법(2013. 12. 24. 법률 제12116호로 개정되기 전의 것)에 기초하여 주택재개발정비사업조합이 수립한 사업시행계획은 관할 행정청의 인가·고시가 이루어지면 이해관계인들에게 구속력이 발생하는 독립된 행정처분에 해당하고, 관할 행정청의 사업시행계획 인가처분은 사업시행계획의 법률상 효력을 완성시키는 보충행위에 해당한다. 따라서 기본행위인 사업시행계획에는 하자가 없는데 보충행위인 인가처분에 고유한 하자가 있다면 그 인가처분의 무효확인이나 취소를 구하여야 할 것이지만, 인가처분에는 고유한 하자가 없는데 사업시행계획에 하자가 있다면 사업시행계획의 무효확인이나 취소를 구하여야 할 것이지 사업시행계획의 무효를 주장하면서 곧바로 그에 대한 인가처분의 무효확인이나 취소를 구하여서는 아니 된다.

[2] 분양신청절차의 근거가 된 사업시행계획이 실효된 후 주택재개발정비사업조합이 새로운 사업시행계획을 수립하면서 조합원의 지위를 상실한 현금청산대상자들의 의사와 무관하게 일방적으로 현금청산대상자들이 조합원의 지위를 회복하는 것으로 결정하는 것이 허용되는지 여부(소극)

주택재개발정비사업조합의 조합원이 분양신청절차에서 분양신청을 하지 않으면 분양신청기간 종료일 다음 날에 현금청산대상자가 되고 조합원의 지위를 상실한다. 그 후 그 분양신청

절차의 근거가 된 사업시행계획이 사업시행기간 만료나 폐지 등으로 실효된다고 하더라도 이는 장래에 향하여 효력이 발생할 뿐이므로 그 이전에 발생한 조합관계 탈퇴라는 법적 효과가 소급적으로 소멸하거나 이미 상실된 조합원의 지위가 자동적으로 회복된다고 볼 수는 없다. 조합이 새로운 사업시행계획을 수립하면서 현금청산대상자들에게 새로운 분양신청 및 조합 재가입의 기회를 부여하는 것은 단체 자치적 결정으로서 허용되지만, 그 기회를 활용하여 분양신청을 함으로써 조합에 재가입할지 여부는 현금청산대상자들이 개별적으로 결정할 몫이지, 현금청산대상자들의 의사와 무관하게 조합이 일방적으로 현금청산대상자들이 조합원의 지위를 회복하는 것으로 결정하는 것은 현금청산사유가 발생하면 150일 이내에 현금청산을 하도록 규정한 구 도시 및 주거환경정비법(2013. 12. 24. 법률 제12116호로 개정되기 전의 것) 제47조 제1항의 입법 취지에도 반하고, 현금청산대상자들의 의사와 이익에도 배치되므로 허용되지 않는다고 보아야 한다.

[3] 주택재개발정비사업조합의 최초 사업시행계획이 폐지인가를 받아 실효된 후 최초 사업시행계획에 따른 분양신청절차에서 분양신청을 하지 않아 조합원 자격을 상실한 현금청산대상자들 중 일부가 참여한 총회에서 새로운 사업시행계획이 수립되고 인가를 받자 주택재개발사업구역 내 부동산 소유자들이 사업시행계획의 취소를 구하는 소를 제기한 사안에서, 조합원 자격이 없는 현금청산대상자들이 총회결의에 일부 참여하였다는 점만으로 총회결의가 무효라거나 총회결의를 통해 수립된 사업시행계획에 이를 취소하여야 할 정도의 위법사유가 있다고 단정하기는 어렵다고 한 사례

주택재개발정비사업조합의 최초 사업시행계획이 폐지인가를 받아 실효된 후 최초 사업시행계획에 따른 분양신청절차에서 분양신청을 하지 않아 조합원 자격을 상실한 현금청산대상자들 중 일부가 참여한 총회에서 새로운 사업시행계획이 수립되고 인가를 받자 주택재개발사업구역 내 부동산 소유자들이 사업시행계획의 취소를 구하는 소를 제기한 사안에서, 총회결의에 조합원 자격이 없는 현금청산대상자들이 참여하였으나 그들을 제외하더라도 사업시행계획 수립을 위한 의결정족수를 넉넉히 충족하여 사업시행계획 수립에 관한 총회결의의 결과에 어떤 실질적인 영향을 미쳤다고 볼 만한 특별한 사정이 없는 이상, 조합원 자격이 없는 현금청산대상자들에게 소집통지가 이루어졌고 그들이 총회결의에 일부 참여하였다는 점만으로 총회결의가 무효라거나 총회결의를 통해 수립된 사업시행계획에 이를 취소하여야 할 정도의 위법사유가 있다고 단정하기는 어렵다고 한 사례.

183 재개발조합설립 단계에서의 소위 '지분쪼개기' 사건
― 2023. 8. 18. 선고 2022두51901 판결 ★

【판시사항 및 판결요지】

[1] 재개발조합설립인가신청에 대한 행정청의 조합설립인가처분이 설권적 처분의 성질을 가지는지 여부(적극)

재개발조합설립인가신청에 대한 행정청의 조합설립인가처분은 단순히 사인의 조합설립행위에 대한 보충행위로서의 성질을 가지는 것이 아니라 법령상 일정한 요건을 갖추는 경우 행정주체로서 공법인의 지위를 부여하는 일종의 설권적 처분의 성질을 가진다.

[2] 오로지 재개발조합설립을 위한 동의정족수를 충족하게 하거나 재개발사업 진행 과정에서 주도적 지위를 차지하기 위한 목적으로 형식적인 증여, 매매 등을 원인으로 하여 밀접한 관계에 있는 사람 등의 명의로 과소지분에 관한 소유권이전등기를 마치는 방식을 통하여 인위적으로 토지 등 소유자 수를 늘리고 그들로 하여금 조합설립에 동의하는 의사표시를 하도록 하는 것이 탈법행위에 해당하는지 여부(적극) 및 위와 같이 늘어난 토지 등 소유자들은 동의정족수를 산정함에 있어 전체 토지 등 소유자 및 동의자 수에서 제외되어야 하는지 여부(적극) / 과소지분의 형식적 이전을 통해 인위적으로 부풀린 토지 등 소유자들로 하여금 조합설립에 동의하는 의사표시를 하도록 하는 것이 탈법행위에 해당하는지 판단하는 기준

구 도시 및 주거환경정비법(2019. 4. 23. 법률 제16383호로 개정되기 전의 것) 제2조 제9호 (가)목, 제35조 제2항, 제36조 제4항, 도시 및 주거환경정비법 시행령 제33조 제1항 제1호 (가)목, (다)목의 규정 내용과 취지, 체계, 조합설립인가처분의 법적 성격 등을 종합하면, 오로지 재개발조합설립을 위한 동의정족수를 충족하게 하거나 재개발사업 진행 과정에서 주도적 지위를 차지하기 위한 목적으로 형식적인 증여, 매매 등을 원인으로 하여 밀접한 관계에 있는 사람 등의 명의로 과소지분에 관한 소유권이전등기를 마치는 방식을 통하여 인위적으로 토지 등 소유자 수를 늘리고 그들로 하여금 조합설립에 동의하는 의사표시를 하도록 하는 것은 조합설립을 위한 동의정족수 및 동의자 수 산정 방법을 엄격히 규정하고 있는 도시 및 주거환경정비법령(이하 '도시정비법령'이라 한다)의 적용을 배제하거나 잠탈하기 위한 탈법행위에 해당한다고 볼 수 있다. 따라서 위와 같이 늘어난 토지 등 소유자들은 동의정족수를 산정함에 있어 전체 토지 등 소유자 및 동의자 수에서 제외되어야 할 것인데, 이처럼 과소지분의 형식적 이전을 통해 인위적으로 부풀린 토지 등 소유자들로 하여금 조합설립에 동의하는 의사표시를 하도록 하는 것이 도시정비법령의 적용을 배제하거나 잠탈하기 위한 탈법행위에 해당한다고 보기 위해서는, 토지 또는 건축물에서 과소지분이 차지하는 비율 및 면적, 과소지분을 취득한 명의자가 이를 취득하기 위해 실제로 지급한 가액, 과소지분을 취득한 경위와 목적 및 이전 시기, 과소지분을 취득한 데에 합리적 이유가 있는지, 과소지분 취득자들이

토지 등 소유자의 수에 산입됨으로써 전체 토지 등 소유자의 수에 미친 영향, 과소지분 취득자들이 조합설립에 동의하는 의사를 표명한 정도 및 그 의사가 조합설립을 위한 동의정족수에 미친 영향, 과소지분 취득자와 다수 지분권자의 관계 등 관련 사정을 종합하여 개별 사안에 따라 구체적으로 판단하여야 한다.

【사안의 경우】

주식회사 OO종합건설 등이 2008. 7. 2.경부터 주택재개발조합설립인가처분일 무렵인 2018. 11. 6.경까지 사업시행예정구역 내에 소유하고 있던 토지 또는 건축물의 지분을 임직원이나 지인 등 총 209명에게 매매, 증여 등을 원인으로 지분소유권이전등기를 마쳤음. 그런데 그중 194명의 지분이 토지는 0.076/152 내지 10/6300(면적은 모두 1㎡ 이하임), 건축물은 0.1/32.29 내지 4/98.51에 불과하였음. 이에 원고들이 토지등소유자 4분의 3 이상의 동의를 얻지 못하였다고 주장하면서 조합설립인가처분 취소를 구하였음

대법원은 위 법리를 설시하면서, 위와 같이 인위적으로 늘어난 토지등소유자 194명과 그중 조합설립 동의서를 제출한 185명은 조합설립에 관한 동의율 요건을 산정 시 전체 토지등소유자 수 및 동의자 수에서 각 제외되어야 한다는 이유로, 토지등소유자 512명 중 동의자 391명의 동의를 받았다고 보아 조합설립을 인가한 처분을 취소한 원심판단을 수긍하여 상고를 기각함.

184 주택재건축정비사업조합과 조합원 간의 개별적인 약정의 구속력 및 그러한 약정을 위반한 경우 신뢰보호원칙을 통한 구제
― 2022. 7. 14. 선고 2022다206391 판결 ★★

[1] 도시 및 주거환경정비법상 주택재건축정비사업조합의 법적 지위(=행정주체) / 주택재건축정비사업조합이 행정주체의 지위에서 수립하는 관리처분계획의 법적 성격(=행정처분) 및 이에 관하여 조합이 갖는 재량권의 행사 방법

도시 및 주거환경정비법(이하 '도시정비법'이라 한다)에 따른 주택재건축정비사업조합(이하 '재건축조합'이라 한다)은 관할 행정청의 감독 아래 도시정비법상의 주택재건축사업을 시행하는 공법인(도시정비법 제38조)으로서, 그 목적 범위 내에서 법령이 정하는 바에 따라 일정한 행정작용을 행하는 행정주체의 지위를 갖는다. 재건축조합이 행정주체의 지위에서 도시정비법 제74조에 따라 수립하는 관리처분계획은 정비사업의 시행 결과 조성되는 대지 또는 건축물의 권리귀속에 관한 사항과 조합원의 비용 분담에 관한 사항 등을 정함으로써 조합원의 재산상 권리·의무 등에 구체적이고 직접적인 영향을 미치게 되므로, 이는 구속적 행정계획으로서 재건축조합이 행하는 독립된 행정처분에 해당한다. 재건축조합이 행정주체의 지위에서 수립하는 관리처분계획은 행정계획의 일종으로서 이에 관하여는 재건축조합에 상당한 재량이 인정되므로, 재건축조합은 종전의 토지 또는 건축물의 면적·이용상황·환경 그 밖의 사항을 종합적으로 고려하여 대지 또는 건축물이 균형 있게 분양신청자에게 배분되고 합리적으로 이용되도록 그 재량을 행사해야 한다.

[2] 주택재건축정비사업조합의 총회가 새로운 총회결의로써 종전 총회결의의 내용을 철회하거나 변경할 수 있는 자율성과 형성의 재량을 가지는지 여부(적극) / 주택재건축정비사업조합의 내부 규범을 변경하는 총회결의가 적법하기 위한 요건 및 그 총회결의가 신뢰보호원칙에 위반되는지 판단하는 방법

주택재건축정비사업조합(이하 '재건축조합'이라 한다)의 총회는 조합의 최고의사결정기관이고, 정관 변경이나 관리처분계획의 수립·변경은 총회결의사항이므로, 새로운 총회결의로써 종전 총회결의의 내용을 철회하거나 변경할 수 있는 자율성과 형성의 재량을 가진다. 그러나 이러한 자율성과 재량이 무제한적일 수는 없으므로, 조합 내부의 규범을 변경하고자 하는 총회결의가 적법하려면 상위법령·정관에서 정한 절차와 의결정족수를 갖추어야 한다. 나아가 그 내용도 상위법령·정관에 위배되지 않아야 함은 물론 재건축조합에서 일단 내부 규범이 정립되면 조합원들은 특별한 사정이 없는 한 그것이 존속하리라는 신뢰를 가지게 됨에 비추어 내부 규범 변경을 통해 달성하려는 이익이 종전 내부 규범의 존속을 신뢰한 조합원들의 이익보다 우월하여야 한다. 조합 내부 규범을 변경하는 취지의 총회결의가 신뢰보호원칙에 위반되는지를 판단하기 위해서는, 종전 내부 규범의 내용을 변경하여야 할 객관적 사정과 필요가 존재하는지, 그로써 조합이 달성하려는 이익은 어떠한 것인지, 내부 규범의 변

경에 따라 조합원들이 침해받는 이익은 어느 정도의 보호가치가 있으며 그 침해 정도는 어떠한지, 조합이 종전 내부 규범의 존속에 대한 조합원들의 신뢰 침해를 최소화하기 위하여 어떤 노력을 기울였는지 등과 같은 여러 사정을 종합적으로 비교·형량해야 한다.

[3] 주택재건축정비사업조합이 관리처분계획의 수립 혹은 변경을 통한 집단적인 의사결정 방식 외에 개별 조합원과 사적으로 그와 관련한 약정을 체결한 경우, 약정의 당사자인 개별 조합원이 조합에 대하여 약정 내용대로 관리처분계획을 수립하도록 강제할 수 있는 민사상 권리를 가지는지 여부(소극)

주택재건축정비사업조합(이하 '재건축조합'이라 한다)이 관리처분계획의 수립 혹은 변경을 통한 집단적인 의사결정 방식 외에 전체 조합원의 일부인 개별 조합원과 사적으로 그와 관련한 약정을 체결한 경우에도, 구속적 행정계획으로서 재건축조합이 행하는 독립된 행정처분에 해당하는 관리처분계획의 본질 및 전체 조합원 공동의 이익을 목적으로 하는 재건축조합의 행정주체로서 갖는 공법상 재량권에 비추어 재건축조합이 개별 조합원 사이의 사법상 약정에 직접적으로 구속된다고 보기는 어렵다. 따라서 그 개별 약정의 내용과 취지 등을 감안하여 유효·적법한 관리처분계획 수립의 범위 내에서 그 약정의 취지를 가능한 한 성실하게 반영하기 위한 조치를 취하여야 할 의무가 인정될 수 있음은 별론으로 하더라도, 이를 초과하여 개별 조합원과의 약정을 절대적으로 반영한 관리처분계획을 수립하여야만 하는 구체적인 민사상 의무까지 인정될 수는 없고, 약정의 당사자인 개별 조합원 역시 재건축조합에 대하여 약정 내용대로의 관리처분계획 수립을 강제할 수 있는 민사상 권리를 가진다고 볼 수 없다.

185 도시정비법상 조합원의 '직접 출석'의 취지와 의미
— 2022. 5. 12. 선고 2021두56350 판결 ★★

☐ 구 도시 및 주거환경정비법 제24조 제5항 단서가 조합원의 '직접 출석'을 요구하는 취지 및 위 단서 조항이 정한 '직접 출석'에 대리인이 출석하여 의결권을 행사하는 경우가 포함되는지 여부(적극)

구 도시 및 주거환경정비법(2015. 9. 1. 법률 제13508호로 개정되기 전의 것, 이하 '구 도시정비법'이라 한다) 제24조 제5항은 "총회의 소집절차·시기 및 의결방법 등에 관하여는 정관으로 정한다. 다만 총회에서 의결을 하는 경우에는 조합원의 100분의 10(창립총회, 사업시행계획서와 관리처분계획의 수립 및 변경을 의결하는 총회 등 대통령령으로 정하는 총회의 경우에는 조합원의 100분의 20을 말한다) 이상이 직접 출석하여야 한다."라고 규정하고 있다. 위 단서 조항이 조합원의 '직접 출석'을 요구하는 취지는 종래 조합의 정관에서 총회의 의결방법과 관련하여 일반적으로 서면에 의한 의결권 행사를 출석으로 간주하는 규정을 둠에 따라 극소수 조합원의 출석만으로도 총회가 열릴 수 있는 문제점을 보완하고 총회 의결에 조합원의 의사가 명확하게 반영되도록 하려는 데에 있다. 이러한 입법 취지는 반드시 본인 자신이 직접 출석하여야만 관철될 수 있는 것은 아니고 의결권의 적정한 행사를 저해하지 않는 범위에서 대리인이 출석하여 의결권을 행사하는 경우에도 구현될 수 있다. 토지 등 소유자가 질병이나 부상, 출장, 해외거주 등의 사유로 총회에 참석할 수 없는 경우에 대리인으로 하여금 총회에 출석하여 안건에 대한 의사를 명확하게 밝힐 수 있도록 허용하는 것은 위 단서 조항의 취지와 부합한다. 2021. 8. 10. 법률 제18388호로 개정된 도시 및 주거환경정비법 제45조 제7항이 총회의 의결에 관하여 '대리인을 통하여 의결권을 행사하는 경우 직접 출석한 것으로 본다.'고 규정한 것은 위와 같은 취지를 명확히 한 것으로 이해할 수 있다. 이러한 구 도시정비법의 규정 내용과 그 개정 경과, 입법 취지 등을 고려하면, 구 도시정비법 제24조 제5항 단서가 정한 '직접 출석'에는 대리인이 출석하여 의결권을 행사하는 경우도 포함된다고 해석함이 타당하다.

신탁업자가 사업시행자인 재건축사업에서 「도시 및 주거환경정비법」(이하 '도시정비법') 제39조 제1항 전문의 '위탁자'로서의 지위 확인을 구하는 사건
- 2025. 2. 20. 선고 2024두52427 판결

❑ 도시 및 주거환경정비법 제27조 제1항에 따라 신탁업자가 사업시행자인 재개발사업 또는 재건축사업에서 신탁업자와 토지 등 소유자 사이에 '위탁자'의 지위에 관한 분쟁이 발생하는 경우, 토지 등 소유자가 위탁자 지위의 확인을 구하는 소송의 형태(=신탁업자를 상대로 한 공법상 당사자소송)

도시 및 주거환경정비법(이하 '도시정비법'이라 한다)상 재건축사업이나 재개발사업의 사업시행자가 조합인 경우 조합과 토지 등 소유자 사이에 조합원 지위에 관하여 분쟁이 발생하면 토지 등 소유자는 조합을 상대로 공법상의 당사자소송에 의하여 조합원 자격의 확인을 구할 수 있다. 이에 반해 도시정비법상 재개발사업이나 재건축사업의 사업시행자가 도시정비법 제27조 제1항에 따른 신탁업자인 경우에는 사업시행을 위한 조합이 설립되지 않으므로 조합원의 지위가 예정되어 있지 않으나, 도시정비법 제39조 제1항은 재개발사업 또는 재건축사업의 사업시행자가 신탁업자인 경우에는 위탁자가 앞서 본 조합원에 해당한다고 규정하고 있다.

따라서 도시정비법 제27조 제1항에 따라 신탁업자가 사업시행자인 재개발사업 또는 재건축사업에서 신탁업자와 토지 등 소유자 사이에 '위탁자'의 지위에 관한 분쟁이 발생하는 경우, 토지 등 소유자는 사업시행자인 신탁업자를 상대로 마찬가지로 공법상 당사자소송에 의하여 앞서 본 '조합원' 개념에 대응되는 '위탁자' 지위의 확인을 구하는 소를 제기할 수 있다고 보아야 한다.

지역개발행정법

187 개발행위허가 기준
― 2021. 4. 29.·선고 2020두55695 판결

【판시사항 및 판결요지】

□ 국토의 계획 및 이용에 관한 법률 제58조 제1항 제3호에서 개발행위허가 기준의 하나로 정하고 있는 "도시·군계획사업의 시행에 지장이 없을 것"에서 말하는 도시·군계획사업에 개발행위허가신청에 대한 처분 당시 이미 도시·군계획사업이 결정·고시되어 시행이 확정되어 있는 것 외에 구체적으로 시행이 예정되어 있는 도시·군계획사업이 포함되는지 여부(적극)

국토의 계획 및 이용에 관한 법률(이하 '국토계획법'이라 한다) 제2조 제11호, 제58조 제1항 제3호, 제3항, 국토의 계획 및 이용에 관한 법률 시행령 제56조 제1항 [별표 1의2] 제1호 ㈐목 규정의 내용, 체계 및 도시·군계획사업에 관한 제반 절차 등에 비추어 보면, 국토계획법 제58조 제1항 제3호에서 개발행위허가 기준의 하나로 정하고 있는 "도시·군계획사업의 시행에 지장이 없을 것"에서 말하는 도시·군계획사업은 반드시 개발행위허가신청에 대한 처분 당시 이미 도시·군계획사업이 결정·고시되어 시행이 확정되어 있는 것만을 의미하는 것이 아니고, 도시·군계획사업에 관한 구역 지정 절차 내지 도시·군관리계획 수립 등의 절차가 구체적으로 진행되고 있는 등의 경우에는 행정청으로서는 그와 같이 구체적으로 시행이 예정되어 있는 도시·군계획사업의 시행에 지장을 초래하는 개발행위에 대해서 이를 허가하지 아니할 수 있다.

【사안의 경우】

이 사건 신청지가 포함된 이 사건 사업예정지 일대에 자족형 복합행정타운 조성사업을 추진하는 계획안이 발표된 이후 후속 절차로 2009. 8.경 개발계획안이 첨부된 이 사건 도시관리계획이 결정·고시되었고, 2010. 2.경 이 사건 사업 예정지의 위치, 면적 등이 주민열람 공고되었으며, 종전 사업시행자인 경상남도개발공사가 이 사건 사업 참여 취소 통보를 한 이후에도 창원시가 이 사건 도시관리계획의 변경안을 수립·보완하여 사업을 계속 추진하여 2018. 12.경 위 변경안에 대한 중앙도시계획위원회의 조건부 의결이 있었던 이상, 이 사건 건축신고 및 거부처분이 있었던 2019. 4.경에는 이미 이 사건 사업의 시행이 구체적으로 예정되어 있었다고 볼 수 있으므로, 피고로서는 국토계획법 제58조 제1항 제3호에 따라 이 사건 사업 시행에 지장을 초래하는 개발행위를 허가하지 아니할 수 있다.

조세법

188 원천징수의무자에 대한 소득금액변동통지의 처분성 여부
— 2021. 4. 29. 선고 2020두52689 판결

☐ 원천징수의무자인 법인에 대한 소득금액변동통지가 법인의 납세의무에 직접 영향을 미치는 조세행정처분인지 여부(적극) / 소득금액변동통지가 납세고지에 해당하는지 여부(소극) / 구 국세기본법 시행령 제63조의14 제2항 제3호가 정한 '납세고지'에 '납세고지와 유사한 성격을 갖는 것'도 포함되는지 여부(소극)

원천징수의무자인 법인에 대한 소득금액변동통지는 원천징수의무자인 법인의 납세의무에 직접 영향을 미치는 조세행정처분이다. 원천징수의무자인 법인은 소득금액변동통지서를 받은 날에 그 통지서에 기재된 소득의 귀속자에게 해당 소득금액을 지급한 것으로 의제되어 그때 원천징수하는 소득세 또는 법인세의 납세의무가 성립함과 동시에 확정된다. 원천징수의무자인 법인으로서는 소득금액변동통지서에 기재된 소득처분의 내용에 따라 원천징수세액을 그 다음 달 10일까지 관할 세무서장 등에게 납부하여야 한다.

원천징수의무자인 법인에 대한 소득금액변동통지는 원천징수하는 소득세 또는 법인세의 납세의무를 확정하는 효력이 있다는 점에서 부과고지의 효력을 갖는 납세고지와 유사한 부분이 있다. 그러나 소득금액변동통지는 소득처분의 내용 중 법인의 원천징수의무 이행과 관련된 사항을 기재하여 원천징수의무자에게 통지하는 것으로서, 과세관청이 세금을 징수하기 위하여 세액 등 세금의 납부와 관련된 사항을 법정의 서류(납세고지서)로 납세자에게 알리는 납세고지에 해당한다고 볼 수 없다.

그리고 구 국세기본법 시행령(2017. 2. 7. 대통령령 제27833호로 개정되기 전의 것) 제63조의14 제2항 제3호가 정한 '납세고지'에 '납세고지와 유사한 성격을 갖는 것'도 포함된다고 해석하는 것은 조세법규에 대한 엄격해석 원칙에 비추어 허용될 수 없다.

189. 과세처분의 하자
— 2024. 3. 12. 선고 2021다224408 판결

[1] 과세대상이 되지 아니하는 법률관계나 사실관계에 대하여 이를 과세대상으로 오인할 만한 객관적인 사정이 있고 그것이 과세대상이 되는지가 사실관계를 정확히 조사하여야 비로소 밝혀질 수 있는 경우, 이에 대한 과세처분을 하자가 외관상 명백하여 당연무효라고 볼 수 있는지 여부(소극)

일반적으로 과세대상이 되는 법률관계나 소득 또는 행위 등의 사실관계가 전혀 없는 사람에게 한 과세처분은 하자가 중대하고도 명백하다고 할 것이지만 과세대상이 되지 아니하는 어떤 법률관계나 사실관계에 대하여 이를 과세대상이 되는 것으로 오인할 만한 객관적인 사정이 있는 경우에 그것이 과세대상이 되는지의 여부가 사실관계를 정확히 조사하여야 비로소 밝혀질 수 있는 경우라면 하자가 중대한 경우라도 외관상 명백하다고 할 수 없어 그와 같이 과세요건 사실을 오인한 위법의 과세처분을 당연무효라고 볼 수 없다.

[2] 과세처분을 위한 조사결정절차에 단순한 과세대상의 오인, 조사방법의 잘못된 선택, 세액산출의 잘못 등의 위법이 있는 경우, 과세처분의 취소사유가 될 뿐인지 여부(적극)

과세관청이 조세를 부과하고자 할 때에는 해당 조세법규가 규정하는 조사방법에 따라 얻은 정확한 근거에 바탕을 두어 과세표준을 결정하고 세액을 산출하여야 하며, 이러한 조사방법 등을 완전히 무시하고 아무런 근거도 없이 막연한 방법으로 과세표준과 세액을 결정, 부과하였다면 이는 하자가 중대하고도 명백하여 당연무효라 하겠지만, 그와 같은 조사결정절차에 단순한 과세대상의 오인, 조사방법의 잘못된 선택, 세액산출의 잘못 등의 위법이 있음에 그치는 경우에는 취소사유로 될 뿐이다.

[3] 갑 주식회사가 소유한 토지들은 지목이 '목장용지'였으나 실제 이를 목장으로 이용하지 않았고, 지방자치단체의 장은 위 토지들을 구 지방세법 제106조 제1항 제1호, 제2호의 합산과세대상 토지로 보아 재산세 및 지방교육세를 부과하여 왔는데, 이후 갑 회사가 위 토지들 지상에 건축물을 신축한 후 말을 사육하기 시작하여 이를 한국마사회에 등록하였음에도 지방자치단체의 장이 종전과 동일하게 위 토지들이 합산과세대상 토지임을 전제로 재산세 및 지방교육세를 부과하고, 관할 세무서장도 재산세 등 과세자료를 토대로 위 토지들을 합산과세대상 토지로 보아 종합부동산세 및 농어촌특별세를 부과하자, 갑 회사가 이를 전액 납부한 다음 국가와 지방자치단체를 상대로 위 토지들은 목장용지로서 분리과세대상 토지에 해당하므로 위 각 부과처분 중 분리과세대상 토지임을 전제로 계산한 세액을 초과하는 부분은 해당 처분이 위법하고 하자가 중대·명백하여 당연무효라며 부당이득반환을 구한 사안에서, 위 각 부과처분은 하자가 외관상 명백하다고 볼 수 없고, 설령 위 각 부과처분 과정에서 이루어진 조사에 일부 미진한 점이 있다 하더라도 이러한 하자는 취소사유에 해당할 뿐인데도, 위 각 부과처분의 하자가 중대·명백하여 당연무효라고 본 원심판단에 법리오해의 잘못이 있다고 한 사례

갑 주식회사가 소유한 토지들은 지목이 '목장용지'였으나 실제 이를 목장으로 이용하지 않았

고, 지방자치단체의 장은 위 토지들을 구 지방세법(2018. 12. 24. 법률 제16008호로 개정되기 전의 것) 제106조 제1항 제1호, 제2호의 합산과세대상 토지로 보아 재산세 및 지방교육세를 부과하여 왔는데, 이후 갑 회사가 위 토지들 지상에 건축물을 신축한 후 말을 사육하기 시작하여 이를 한국마사회에 등록하였음에도 지방자치단체의 장이 종전과 동일하게 위 토지들이 합산과세대상 토지임을 전제로 재산세 및 지방교육세를 부과하고, 관할 세무서장도 재산세 등 과세자료를 토대로 위 토지들을 합산과세대상 토지로 보아 종합부동산세 및 농어촌특별세를 부과하자, 갑 회사가 이를 전액 납부한 다음 국가와 지방자치단체를 상대로 위 토지들은 목장용지로서 분리과세대상 토지에 해당하므로 위 각 부과처분 중 분리과세대상 토지임을 전제로 계산한 세액을 초과하는 부분은 해당 처분이 위법하고 하자가 중대·명백하여 당연무효라며 부당이득반환을 구한 사안에서, 구 지방세법에 따르면 '목장용지로서 대통령령으로 정하는 일정한 토지'는 재산세 분리과세대상으로서 합산과세대상보다 낮은 세율이 적용되고, 종합부동산세법 제11조에 따르면 분리과세대상 토지인 목장용지는 종합부동산세 과세대상이 아닌데, 지방자치단체의 장이 위 토지들의 사실상 현황이 변동되기 전까지 이를 목장용지가 아니라고 보고 재산세 등을 적법하게 부과하여 온 점, 위 토지들이 목장용지에 해당하려면 가축 마릿수, 토지 면적 등 사실관계에 관한 정확한 조사가 필수적으로 요구되는 점 등 제반 사정에 비추어 보면, 위 토지들은 합산과세대상 토지에 해당하는 것으로 오인할 만한 객관적인 사정이 있고, 그것이 분리과세대상 토지에 해당하는지는 사실관계를 정확히 조사하여야 비로소 밝혀질 수 있는 경우에 해당하므로, 위 각 부과처분은 하자가 외관상 명백하다고 볼 수 없고, 설령 위 각 부과처분 과정에서 과세관청이 한국마사회 홈페이지 검색을 하지 않는 등 조사에 일부 미진한 점이 있다 하더라도 이러한 하자는 취소사유에 해당할 뿐, 이를 관계 법령에서 정하고 있는 조사방법 등을 완전히 무시하고 아무런 근거도 없이 막연한 방법으로 과세표준과 세액을 결정, 부과한 것과 같은 조사결정절차의 중대·명백한 하자로 볼 수는 없는데도, 위 각 부과처분의 하자가 중대·명백하여 당연무효라고 본 원심판단에 법리오해의 잘못이 있다고 한 사례.

190. 당초신고에 대한 경정청구거부처분 취소소송에서 불복기간이 도과된 증액경정처분의 위법사유를 주장할 수 있는지 여부가 문제된 사건

― 2024. 6. 27. 선고 2021두39997 판결

【판시사항 및 판결요지】

□ 당초신고 후 증액경정처분이 있고, 증액경정처분에 따라 증가된 세액에 대하여 불복기간 도과로 불가쟁력이 발생한 경우, 원고가 경정청구거부처분 취소소송에서 증액경정처분의 사유를 위법사유로 주장할 수 있는지 여부(적극)

1) 구 국세기본법(2019. 12. 31. 법률 제16841호로 개정되기 전의 것, 이하 같다) 제45조의2 제1항 본문은 "과세표준신고서를 법정신고기한까지 제출한 자는 다음 각 호의 어느 하나에 해당할 때에는 최초신고 및 수정신고한 국세의 과세표준 및 세액의 결정 또는 경정을 법정신고기한이 지난 후 5년 이내에 관할 세무서장에게 청구할 수 있다."라고 규정하면서, 제1호에서 '과세표준신고서에 기재된 과세표준 및 세액(각 세법에 따라 결정 또는 경정이 있는 경우에는 해당 결정 또는 경정 후의 과세표준 및 세액을 말한다)이 세법에 따라 신고하여야 할 과세표준 및 세액을 초과할 때'를 들고 있다. 그리고 구 국세기본법 제45조의2 제1항 단서(이하 '이 사건 단서규정'이라 한다)는 "결정 또는 경정으로 인하여 증가된 과세표준 및 세액에 대해서는 해당 처분이 있음을 안 날부터 90일 이내에 경정을 청구할 수 있다."라고 규정하여, 과세관청의 경정으로 인하여 증가된 과세표준 및 세액에 대해서는 납세자의 경정청구기간을 제한하고 있다.

2) 관련 규정의 문언, 체계 및 경정청구제도의 취지 등을 종합하여 보면, 과세표준신고서를 법정신고기한 내에 제출한 납세자가 그 후 이루어진 과세관청의 결정이나 경정으로 인한 처분에 대하여 소정의 불복기간 내에 다투지 아니하였더라도 5년의 경정청구기간 내에서는 경정청구권을 행사하는 데에는 아무런 영향이 없다.

그리고 통상의 과세처분 취소소송에서와 마찬가지로 감액경정청구에 대한 거부처분 취소소송 역시 그 거부처분의 실체적·절차적 위법사유를 취소 원인으로 하는 것으로서 그 심판의 대상은 과세표준 및 세액의 객관적인 존부이므로, 그 과세표준 및 세액의 인정이 위법하다고 내세우는 개개의 위법사유는 자기의 청구가 정당하다고 주장하는 공격방어방법에 불과한 점, 과세처분에 대한 취소소송과 경정청구는 모두 정당한 과세표준 및 세액의 존부를 정하고자 하는 동일한 목적을 가진 불복수단이므로, 납세자로 하여금 과세관청의 증액경정사유에 대하여는 취소소송으로써, 과다신고사유에 대하여는 경정청구로써 각각 다투게 하는 것은 납세자의 권익보호나 소송경제에 부합하지 않는 점 등에 비추어 보면, 납세자는 감액경정청구에 대한 거부처분 취소소송에서 당초 신고에 대한 과다신고사유뿐만 아니라 과세관청의 증액경정사유도 함께 주장하여 다툴 수 있다. 다만, 증액경정처분에 대한 불복기간이 경과한 경우에는 이 사건 단서규정에 따라 '경정으로 인하여 증가된 과세표준 및 세액'에 관하

여는 취소를 구할 수 없고, 당초 신고한 과세표준 및 세액을 한도로 하여서만 취소를 구할 수 있을 따름이다.

【사안의 경우】

원고가 최초 과세표준 및 세액을 신고한 이후 간주외국납부세액 공제를 부인하는 내용의 증액경정처분이 있었고, 그 증액경정처분에 대한 90일의 불복기간은 도과하였는데, 원고는 당초 신고에 대한 경정청구기간(5년) 내에 경정청구 및 경정거부처분취소소송을 제기하면서, 불가쟁력이 발생한 증액경정처분에 있는 위법사유, 즉 간주외국납부세액공제를 적용하여 달라고 주장한 사안임.

원심은, 원고는 이 사건 거부처분 취소소송에서 증액경정처분에 대한 불복기간의 경과 여부와 상관없이 당초 신고에 대한 과다신고사유뿐만 아니라 피고의 증액경정사유도 함께 주장하여 다툴 수 있다고 보아 이 사건 거부처분을 위법하다고 판단하였음

대법원은 위와 같은 법리를 설시하면서, 원고의 청구를 인용한 원심을 수긍하여 상고를 기각함.

판례색인

대법원 2020. 9. 3. 선고 2016두32992 판결　49
대법원 2021. 1. 14. 선고 2020두50324 판결　190
대법원 2021. 1. 28. 선고 2019다260197 판결　137
대법원 2021. 10. 28. 선고 2017다219218 판결　173
대법원 2021. 11. 11. 선고 2021두43491 판결　6
대법원 2021. 12. 10. 선고 2018두42771 판결　130
대법원 2021. 12. 16. 선고 2019두45944 판결　257
대법원 2021. 2. 10. 선고 2020두47564 판결　180
대법원 2021. 2. 10. 선고 2020두48031 판결　353
대법원 2021. 2. 25. 선고 2017다51610 판결　31
대법원 2021. 2. 4. 선고 2015추528 판결　263
대법원 2021. 2. 4. 선고 2017다207932 판결　99
대법원 2021. 2. 4. 선고 2020두48390 판결　125
대법원 2021. 3. 11. 선고 2020두42569 판결　107
대법원 2021. 4. 1. 선고 2020도15194 판결　133
대법원 2021. 4. 29. 선고 2016두45240 판결　267
대법원 2021. 4. 29. 선고 2020다280890 판결　339
대법원 2021. 4. 29. 선고 2020두52689 판결　362
대법원 2021. 4. 29. 선고 2020두55695 판결　361
대법원 2021. 4. 8. 선고 2015두38788 판결　273
대법원 2021. 6. 30. 선고 2019다207813 판결　341
대법원 2021. 6. 30. 선고 2021두35681 판결　57
대법원 2021. 7. 15. 선고 2021두31429 판결　36
대법원 2021. 7. 21. 선고 2018두49789 판결　37
대법원 2021. 7. 21. 선고 2021두33838 판결　143
대법원 2021. 7. 29. 선고 2015다221668 판결　151
대법원 2021. 7. 29. 선고 2016두64876 판결　177
대법원 2021. 7. 29. 선고 2019다300477 판결　348
대법원 2021. 7. 29. 선고 2021두34756 판결　242
대법원 2021. 7. 8. 선고 2017두74818 판결　270
대법원 2021. 8. 12. 선고 2020두40693 판결　58
대법원 2021. 8. 19. 선고 2020두55701 판결　105
대법원 2021. 9. 16. 선고 2019도11826 판결　78
대법원 2021. 9. 16. 선고 2020추5138 판결　280
대법원 2021. 9. 30. 선고 2018다282183 판결　338
대법원 2021. 9. 30. 선고 2021두38635 판결　254
대법원 2021. 9. 9. 선고 2017두45933 전합 판결　237
대법원 2022. 1. 14. 선고 2019다282197 판결　159
대법원 2022. 1. 27. 선고 2019두59851 판결　13
대법원 2022. 1. 27. 선고 2020두39365 판결　74
대법원 2022. 10. 14. 선고 2021두45008 판결　129
대법원 2022. 10. 14. 선고 2022두45623 판결　298
대법원 2022. 10. 27. 선고 2022추5026 판결　277
대법원 2022. 11. 10. 선고 2018도1966 판결　116
대법원 2022. 11. 17. 선고 2021두44425 판결　220
대법원 2022. 11. 17. 선고 2022도7290 판결　127
대법원 2022. 11. 24. 선고 2018두67 전합 판결　336
대법원 2022. 11. 30. 선고 2016다26662, 26679, 26686 판결　327
대법원 2022. 12. 1. 선고 2019두48905 판결　189
대법원 2022. 12. 1. 선고 2022두39185 판결　7
대법원 2022. 12. 29. 선고 2020두49041 판결　55
대법원 2022. 12. 29. 선고 2022다218585 판결　12
대법원 2022. 2. 11. 선고 2021도13197 판결　294
대법원 2022. 2. 11. 선고 2021두40720 판결　226
대법원 2022. 3. 17. 선고 2019다226975 판결　154
대법원 2022. 3. 17. 선고 2021두53894 판결　192
대법원 2022. 4. 14. 선고 2020두58427 판결　269
대법원 2022. 4. 14. 선고 2020추5169 판결　271
대법원 2022. 4. 14. 선고 2021두60960 판결　43
대법원 2022. 4. 28. 선고 2017다233061 판결　140
대법원 2022. 4. 28. 선고 2021추5036 판결　274
대법원 2022. 5. 12. 선고 2021두56350 판결　359
대법원 2022. 5. 12. 선고 2022두31433 판결　39
대법원 2022. 5. 13. 선고 2018두50147 판결　81
대법원 2022. 5. 26. 선고 2021두45848 판결　333
대법원 2022. 5. 26. 선고 2022두33439 판결　111
대법원 2022. 6. 30. 선고 2021다310088 판결　343
대법원 2022. 6. 30. 선고 2021두57124 판결　110
대법원 2022. 6. 30. 선고 2022다209383 판결　3
대법원 2022. 6. 30. 선고 2022추5040 판결　282
대법원 2022. 7. 14. 선고 2017다266771 판결　162
대법원 2022. 7. 14. 선고 2017다290538 판결　141
대법원 2022. 7. 14. 선고 2020두54852 판결　208
대법원 2022. 7. 14. 선고 2022다206391 판결　357
대법원 2022. 7. 14. 선고 2022두33323 판결　301
대법원 2022. 7. 14. 선고 2022두37141 판결　45
대법원 2022. 7. 28. 선고 2021두60748 판결　195
대법원 2022. 7. 28. 선고 2022다225910 판결　175
대법원 2022. 8. 25. 선고 2022두35671 판결　218

판례	페이지
대법원 2022. 8. 30. 선고 2018다212610 전합 판결	172
대법원 2022. 9. 16. 선고 2021두58912 판결	233
대법원 2022. 9. 7. 선고 2020두40327 판결	34
대법원 2023. 1. 12. 선고 2021다201184 판결	170
대법원 2023. 1. 12. 선고 2022두56630 판결	198
대법원 2023. 10. 12. 선고 2022두68923 판결	121
대법원 2023. 10. 18. 선고 2023두42584 판결	332
대법원 2023. 10. 26. 선고 2018두55272 판결	302
대법원 2023. 10. 26. 선고 2020두50966 판결	307
대법원 2023. 11. 16. 선고 2022두61816 판결	88
대법원 2023. 11. 30. 선고 2019두38465 판결	244
대법원 2023. 12. 14. 선고 2023다248903 판결	169
대법원 2023. 12. 21. 선고 2020두50348 판결	131
대법원 2023. 12. 21. 선고 2023두42904 판결	239
대법원 2023. 12. 28. 선고 2019다300866 판결	240
대법원 2023. 12. 28. 선고 2020두49553 판결	251
대법원 2023. 12. 28. 선고 2023두50127 판결	17
대법원 2023. 12. 7. 선고 2022두52522 판결	102
대법원 2023. 2. 2. 선고 2020다270633 판결	167
대법원 2023. 2. 2. 선고 2020두43722 판결	49
대법원 2023. 2. 2. 선고 2022다226234 판결	296
대법원 2023. 2. 23. 선고 2021두44548 판결	182
대법원 2023. 3. 13. 선고 2020두53545 판결	323
대법원 2023. 3. 16. 선고 2022두58599 판결	205
대법원 2023. 3. 9. 선고 2021다202903 판결	164
대법원 2023. 3. 9. 선고 2022추5118 판결	283
대법원 2023. 4. 13. 선고 2021다254799 판결	322
대법원 2023. 4. 27. 선고 2020두47892 판결	178
대법원 2023. 4. 27. 선고 2023두30833 판결	15
대법원 2023. 6. 1. 선고 2019두41324 판결	112
대법원 2023. 6. 15. 선고 2021두55159 판결	40
대법원 2023. 6. 15. 선고 2022두66576 판결	95
대법원 2023. 6. 29. 선고 2019두53396 판결	18
대법원 2023. 6. 29. 선고 2020두46073 판결	235
대법원 2023. 6. 29. 선고 2021다250025 판결	89
대법원 2023. 6. 29. 선고 2022두44262 판결	224
대법원 2023. 6. 29. 선고 2023다205968 판결	157
대법원 2023. 6. 29. 선고 2023두30994 판결	5
대법원 2023. 6. 29. 선고 2023두31782 판결	9
대법원 2023. 7. 13. 선고 2016두34257 판결	185
대법원 2023. 7. 13. 선고 2022추5149 판결	279
대법원 2023. 7. 13. 선고 2022추5156 판결	288
대법원 2023. 7. 27. 선고 2022두44392 판결	344
대법원 2023. 7. 27. 선고 2022두52980 판결	222
대법원 2023. 7. 27. 선고 2023두35661 판결	248
대법원 2023. 8. 18. 선고 2021두41495 판결	47
대법원 2023. 8. 18. 선고 2022두34913 판결	346
대법원 2023. 8. 18. 선고 2022두51901 판결	355
대법원 2023. 8. 31. 선고 2021다243355 판결	255
대법원 2023. 8. 31. 선고 2023두39939 판결	221
대법원 2023. 9. 14. 선고 2023두37858 판결	313
대법원 2023. 9. 21. 선고 2016다255941 판결	19
대법원 2023. 9. 21. 선고 2022두31143 판결	108
대법원 2023. 9. 21. 선고 2023두39724 판결	97
대법원 2024. 1. 25. 선고 2023두49172 판결	334
대법원 2024. 1. 4. 선고 2022두65092 판결	309
대법원 2024. 10. 31. 선고 2022다250626 판결	76
대법원 2024. 10. 8. 선고 2023다210991 판결	79
대법원 2024. 10. 8. 선고 2024다241510 판결	86
대법원 2024. 11. 28. 선고 2023두61349 판결	245
대법원 2024. 11. 28. 선고 2024두50711 판결	259
대법원 2024. 12. 12. 선고 2024두41816 판결	91
대법원 2024. 12. 12. 선고 2024두49469 판결	253
대법원 2024. 12. 12. 선고 2024두50421 판결	11
대법원 2024. 12. 19. 선고 2022다289051 판결	145
대법원 2024. 2. 29. 선고 2020두54029 판결	132
대법원 2024. 2. 8. 선고 2022두50571 판결	212
대법원 2024. 3. 12. 선고 2021다224408 판결	363
대법원 2024. 3. 12. 선고 2021두58998 판결	200
대법원 2024. 3. 12. 선고 2022두60011 판결	26
대법원 2024. 4. 16. 선고 2022두57138 판결	215
대법원 2024. 4. 25. 선고 2023두54242 판결	61
대법원 2024. 4. 4. 선고 2022두56661 판결	20
대법원 2024. 5. 17. 선고 2018다262103 판결	118
대법원 2024. 5. 23. 선고 2021두35834 전원합의체	30
대법원 2024. 5. 30. 선고 2022두65559 판결	113
대법원 2024. 5. 30. 선고 2023두61707 판결	350
대법원 2024. 5. 9. 선고 2023도3914 판결	100
대법원 2024. 6. 13. 선고 2023두54112 판결	60
대법원 2024. 6. 17. 선고 2020다239045 판결	119
대법원 2024. 6. 17. 선고 2021두49772 판결	305
대법원 2024. 6. 19. 선고 2024무689 결정	229
대법원 2024. 6. 27. 선고 2021두39997 판결	365
대법원 2024. 6. 27. 선고 2022추5132 판결	278

대법원 2024. 6. 27. 선고 2024두31284 판결	331
대법원 2024. 7. 11. 선고 2021두47974 판결	68
대법원 2024. 7. 11. 선고 2023두62465 판결	62
대법원 2024. 7. 11. 선고 2024다211762 판결	92
대법원 2024. 7. 18. 선고 2022두43528 전합 판결	64
대법원 2024. 7. 18. 선고 2023두36800	23
대법원 2024. 7. 25. 선고 2023추5177 판결	292
대법원 2024. 7. 25. 선고 2024두38025 판결	252
대법원 2024. 9. 12. 선고 2022두43405 판결	318
대법원 2024. 9. 13. 선고 2024두40493 판결	210
대법원 2024. 9. 27. 선고 2018재두178 판결	84
대법원 2025. 1. 23. 선고 2024두33556 판결	314
대법원 2025. 1. 9. 선고 2019두35763 판결	114
대법원 2025. 2. 13. 선고 2024두57996 판결	203
대법원 2025. 2. 20. 선고 2024두52427 판결	360
대법원 2025. 2. 20. 선고 2024두55877 판결	316
대법원 2025. 2. 27. 선고 2023다233895 판결	155
대법원 2025. 2. 27. 선고 2024두47890 판결	70
대법원 2025. 3. 13. 선고 2024두45788 판결	51
대법원 2025. 3. 13. 선고 2024두54683 판결	211
대법원 2025. 3. 13. 선고 2024두58692 판결	72
대법원 2025. 3. 27. 선고 2024두61018 판결	217
대법원 2025. 5. 15. 선고 2023추5054 판결	290
대법원 2025. 5. 15. 선고 2024두33891 판결	33
대법원 2025. 5. 15. 선고 2024두35989 판결	187
대법원 2025. 5. 29. 선고 2024두44754 판결	352
대법원 2025. 6. 5. 선고 2023두47411 판결	320
대구지방법원 2024. 1. 10. 선고 2023구단11356 판결	82

2025
행정법 5개년 최신판례 제3판

초판발행	2023년 08월 14일
2판 발행	2024년 08월 19일
3판 발행	2025년 07월 25일

지 은 이	강성민
디 자 인	이나영
발 행 처	주식회사 필통북스
등록	제2019-000085호
주소	서울특별시 관악구 신림로59길 23, 1201호(신림동)
전화	1544-1967
팩스	02-6499-0839
homepage	http://www.feeltongbooks.com/
ISBN	979-11-6792-234-2 [13360]

정가 35,000

| 이 책은 저자와의 협의 하에 인지를 생략합니다.
| 이 책은 저작권법에 의해 보호를 받는 저작물이므로 주식회사 필통북스의 허락 없는 무단전제 및 복제를 금합니다.

제3판

2025 행정법 5개년 최신판례 HAND BOOK

변호사
강성민 편저

CONTENTS

제1편 행정법통론

■ 공공계약
1 | 낙찰자결정이나 이에 따른 공공계약이 무효가 되는 경우 (2022. 6. 30. 선고 2022다209383 판결) ... 3

■ 법규의 해석
2 | 침익적 법규의 해석 (2023. 6. 29. 선고 2023두30994 판결 ★) ... 4
3 | 계약조건 위반을 이유로 한 침익적 처분의 명시의무 (2021. 11. 11. 선고 2021두43491 판결) ... 4
4 | 징계처분 근거법령의 엄격해석의 원칙 (2022. 12. 1. 선고 2022두39185 판결) ... 4
5 | 침익적 법규의 해석 (2023. 6. 29. 선고 2023두31782 판결) ... 5
6 | 침익적 법규의 해석 (2024. 12. 12. 선고 2024두50421 판결) ... 5
7 | 조세나 부과금 등의 부담금에 관한 법률의 해석 기준 (2022. 12. 29. 선고 2022다218585 판결) ... 5

■ 행정법의 일반원칙
8 | 비례의 원칙 (2022. 1. 27. 선고 2019두59851 판결) ... 7
9 | 대북전단 살포를 이유로 한 법인설립허가취소의 취소를 구한 사건 (2023. 4. 27. 선고 2023두30833 판결 ★) ... 7
10 | 평등의 원칙 (면접시험에서 직무와 무관한 장애에 관한 질문을 하는 것이 장애인차별금지법에서 금지하는 차별행위에 해당하는지 여부가 문제된 사건) (2023. 12. 28. 선고 2023두50127 판결) ... 8
11 | 평등의 원칙 (특정 연도 출생자들이 임금피크제를 더 오래 적용받은 것이 국가인권위원회법상 나이차별에 해당하는지 여부 및 차별에 합리적 이유가 있는지 여부가 문제된 사안) (2023. 6. 29. 선고 2019두53396 판결) ... 8
12 | 평등의 원칙 (국가가 공무원에게 지급하는 수당, 성과상여금 등을 공무직 근로자인 국도관리원들에게 지급하지 않은 것이 근로기준법 제6조를 위반한 차별적 처우에 해당하는지 여부) (2023. 9. 21. 선고 2016다255941 판결) ... 9
13 | 평등의 원칙 (종교적 신념을 이유로 면접시험 일정 변경을 요구한 사건) (2024. 4. 4. 선고 2022두56661 판결) ... 9
14 | 동성 동반자에 대한 국민건강보험 피부양자 인정 여부가 문제된 사건 (2024. 7. 18. 선고 2023두36800 전원합의체 판결 ★) ... 10
15 | 신뢰보호의 원칙 (국적 취득에서 신뢰보호의 원칙의 적용 여부가 문제된 사건) (2024. 3. 12. 선고 2022두60011 판결 ★) ... 12
16 | 소급입법 금지의 원칙 (2024. 5. 23. 선고 2021두35834 전원합의체 판결) ... 13

■ 사인의 공법행위
17 | 신고 (노동조합 설립신고) (2021. 2. 25. 선고 2017다51610 판결) ... 14
18 | 대지사용승낙서 미제출을 이유로 가설건축물 존치기간 연장신고를 반려할 수 있는지 여부가 문제된 사건 (2025. 5. 15. 선고 2024두33891 판결) ... 14

19	악취배출시설 설치신고 반려처분 (2022. 9. 7. 선고 2020두40327 판결 ★★)	15
20	지위승계신고수리의 성질 (2021. 7. 15. 선고 2021두31429 판결)	15
21	지위승계신고 (행정제재처분사유의 승계) (2021. 7. 21. 선고 2018두49789 판결)	15
22	공정거래위원회의 시정명령 (2022. 5. 12. 선고 2022두31433 판결)	16
23	분할 전 회사의 하도급법 위반행위를 이유로 신설회사에 부과한 시정명령 등의 취소를 청구한 사건 (2023. 6. 15. 선고 2021두55159 판결)	17

제2편 행정작용법

제1장 행정입법

24	제재적 행정처분의 기준을 정한 시행규칙 (2022. 4. 14. 선고 2021두60960 판결)	21
25	하위 법령이 위임의 한계를 준수하고 있는지 판단하는 기준 (2022. 7. 14. 선고 2022두37141 판결)	21
26	직장어린이집 설치비 지원금 교부조건 위반을 이유로 한 지원금교부결정 취소처분 및 지원금 환수처분에 대하여 취소를 구하는 사건 (2023. 8. 18. 선고 2021두41495 판결)	22
27	국토교통부 훈령으로 정한 '개발행위허가운영지침'의 성격 (2023. 2. 2. 선고 2020두43722 판결 ★)	22
28	약제를 요양급여대상에서 선별급여대상으로 변경한 것과 관련하여 실체적 내지 절차적 하자 등을 이유로 고시의 취소를 구하는 사건 (2025. 3. 13. 선고 2024두45788 판결 ★)	23

■ 기속행위와 재량행위

29	학교용지부담금 부과의 법적 성격 (2022. 12. 29. 선고 2020두49041 판결)	25
30	가축분뇨법상 처리방법 변경허가의 성질(=재량행위) (2021. 6. 30. 선고 2021두35681 판결)	25
31	공무원연금법상 급여환수·제한처분의 성질(=기속행위) (2021. 8. 12. 선고 2020두40693 판결)	25
32	보조금 환수처분의 법적 성격 (2024. 6. 13. 선고 2023두54112 판결)	26
33	벌점부과처분취소 (2024. 4. 25. 선고 2023두54242 판결)	26
34	재량권 일탈·남용 (하남시 미사리 경정장 사건) (2024. 7. 11. 선고 2023두62465 판결)	26
35	감염병예방법에 따라 '관내 종교시설에 대한 집합금지' 등을 명한 예방 조치가 재량권을 일탈·남용하여 위법한지가 문제된 사건 (2024. 7. 18. 선고 2022두43528 전원합의체 판결 ★)	27
36	파산관재인이 중요재산 처분승인 거부처분에 대한 취소를 청구한 사건 (2024. 7. 11. 선고 2021두47974 판결)	28
37	공법상 계약을 기초로 행정재산에 대한 무상 사용·수익을 신청했다가 거부처분을 받자 그 처분의 취소를 청구한 사건 (2025. 2. 27. 선고 2024두47890 판결)	29
38	행정청이 한 버스노선 변경명령에 따른 인가 운행거리 연장이 정산처분에 있어 상대방에게 유리함에도 이를 반영하지 않은 상태에서 한 정산처분의 재량권 일탈·남용 여부가 문제된 사건 (2025. 3. 13. 선고 2024두58692 판결)	29

■ 대인적 행정행위와 대물적 행정행위

39 | 대물적 처분 (2022. 1. 27. 선고 2020두39365 판결) 30

■ 부관

40 | 도로관리청이 도로점용을 허가하면서 부가한 조건을 그 점용허가 대상 도로가 아닌 다른 도로의 관리청이 원용할 수 있는지 여부가 문제된 사건 (2024. 10. 31. 선고 2022다250626 판결) 30

■ 행정행위의 효력

41 | 구성요건적효력과 선결문제 (운전면허취소와 무면허운전죄) (2021. 9. 16. 선고 2019도11826 판결) 31

■ 무효와 취소의 구별

42 | 주택재개발정비사업 정비구역에 포함된 국·공유재산 중 일반재산을 점유·사용한 사업시행자에 대한 변상금 부과처분이 당연무효인지 여부가 문제된 사건 (2024. 10. 8. 선고 2023다210991 판결) 31

■ 하자의 승계

43 | 하자의 승계 인정 여부 (표준지공시지가와 과세처분 사이) (2022. 5. 13. 선고 2018두50147 판결) 32
44 | 무효인 체류자격 취소처분(선행처분)의 하자와 출국명령 취소(후행처분)의 하자 (대구지방법원 2024. 1. 10. 선고 2023구단11356 판결) 32

■ 소급효

45 | 노동조합의 운영비원조금지조항이 형벌에 관한 법률조항에 해당하여 헌법불합치결정에 따라 소급하여 효력을 상실하는지 여부가 문제된 사건 (2024. 9. 27. 선고 2018재두178 판결) 33
46 | 개정 「공익사업을 위한 토지 등의 취득 및 보상에 관한 법률」의 적용에 따른 환매권 발생 여부가 문제된 사건 (2024. 10. 8. 선고 2024다241510 판결) 34

■ 행정계획

47 | 도시계획시설결정 해제신청거부처분 취소 청구 (2023. 11. 16. 선고 2022두61816 판결 ★) 35

■ 공법상 계약

48 | 산업기술혁신 촉진법상 산업기술개발사업에 관하여 체결된 협약에 따라 집행된 사업비 정산금 반환채무의 존부에 대한 분쟁이 공법상 당사자소송의 대상인지 문제된 사건 (2023. 6. 29. 선고 2021다250025 판결) 36
49 | 공법상 계약에 관한 해석방법 (2024. 12. 12. 선고 2024두41816 판결) 37
50 | 공법상 계약의 의미 및 공법상 계약에 해당하는지 판단하는 방법 (2024. 7. 11. 선고 2024다211762 판결) 37

제3편 행정절차·행정정보공개·개인정보보호

제1장 행정절차

51 | 공익신고자 보호법령상 처분이나 민원의 처리기간에 관한 규정이 강행규정인지 여부 (2023. 6. 15. 선고 2022두66576 판결 ★) ... 41

52 | 군 영내에 갖추고 있는 텔레비전수상기에 관하여 수신료 부과처분을 한 사건 (2023. 9. 21. 선고 2023두39724 판결 ★) ... 41

53 | 문서주의 (2021. 2. 4. 선고 2017다207932 판결) ... 42

54 | 문자메시지로 통지된 행정처분의 효력이 문제된 사건 (2024. 5. 9. 선고 2023도3914 판결) ... 43

55 | 어린이집을 평가한 결과를 개별적으로 서면이나 전자문서로 고지하지 않고 어린이집정보공개포털 홈페이지를 통해 공표한 사건 (2023. 12. 7. 선고 2022두52522 판결) ... 43

56 | 교육환경평가서 승인절차를 거치지 않은 건축허가 등의 절차하자 여부 (2021. 8. 19. 선고 2020두55701 판결) ... 44

■ 인·허가 의제제도

57 | 주된 인허가가 처리 의제된 경우 관련 인허가를 별도로 신청하여야 하는지 여부 (2021. 3. 11. 선고 2020두42569 판결 ★★) ... 45

58 | 일괄심사 대상인 토지형질변경에 대한 심사 없이 이루어진 건축신고 수리처분의 적법 여부를 다투는 사건 (2023. 9. 21. 선고 2022두31143 판결 ★) ... 46

59 | 농지전용허가가 의제되는 건축허가를 받은 토지와 건축물을 양수한 자 (2022. 6. 30. 선고 2021두57124 판결) ... 46

제2장 정보공개

60 | 정보공개거부처분의 취소를 구할 법률상 이익 (2022. 5. 26. 선고 2022두33439 판결 ★★) ... 47

61 | 일본군위안부 피해자 문제에 관한 한·일 간의 합의와 관련된 협상 내용의 정보공개를 구하는 사건 (2023. 6. 1. 선고 2019두41324 판결 ★) ... 47

62 | 군검사가 공소제기된 사건과 관련하여 보관하고 있는 서류 또는 물건에 관하여 피고인이나 변호인이 정보공개법에 의한 정보공개청구를 한 사건 (2024. 5. 30. 선고 2022두65559 판결) ... 48

63 | 「대통령기록물 관리에 관한 법률」(이하 '대통령기록물법')상 보호기간 중에 있는 대통령지정기록물에 관하여 정보공개를 청구한 사건 (2025. 1. 9. 선고 2019두35763 판결) ... 48

제3장 개인정보보호

64 | 개인정보보호법상 '누설'의 의미 (2022. 11. 10. 선고 2018도1966 판결) ... 50

65 | 고객들이 대형 유통회사를 상대로 회사가 고객들의 동의 없이 개인정보를 보험회사들에 제공하였다는 이유로 손해배상을 청구한 사건 (2024. 5. 17. 선고 2018다262103 판결) 50
66 | 개인정보자기결정권 및 인격권 침해를 이유로 한 손해배상청구 사건 (2024. 6. 17. 선고 2020다239045 판결) 51
67 | 개인정보 유출로 인한 과징금 부과처분의 취소를 구한 사건 (2023. 10. 12. 선고 2022두68923 판결) 51

제4편 행정상의 의무이행확보수단

68 | 과징금의 부과방식과 과징금 부과총액의 최고한도액 (2021. 2. 4. 선고 2020두48390 판결 ★★) 55
69 | 감염병예방법상 역학조사거부죄 (2022. 11. 17. 선고 2022도7290 판결) 55
70 | 시정명령의 이행을 기대할 수 없는 자가 시정명령의 상대방이 되는지 여부 (2022. 10. 14. 선고 2021두45008 판결) 56
71 | 도로 외의 곳에서의 음주운전에 대해 운전면허 취소·정지를 할 수 있는지 여부 (2021. 12. 10. 선고 2018두42771 판결) 56
72 | 콘텐츠 제공사업자(CP)의 접속경로 변경행위가 전기통신사업법령상 '전기통신서비스의 이용을 제한하는 행위'에 해당하는지 여부가 문제된 사건 (2023. 12. 21. 선고 2020두50348 판결) 57
73 | 택시운송사업자인 협동조합이 택시운송사업의 운전업무에 종사하는 조합원에게 운송비용을 전가한 사건 (2024. 2. 29. 선고 2020두54029 판결) 57
74 | 통고처분과 일사부재리의 원칙 (2021. 4. 1. 선고 2020도15194 판결) 57

제5편 행정구제법

제1장 국가배상

75 | 공법인과 그 임직원의 배상책임 (2021. 1. 28. 선고 2019다260197 판결) 61
76 | 국가시험 출제오류와 국가배상책임 (2022. 4. 28. 선고 2017다233061 판결) 61
77 | 공무원의 부작위로 인한 국가배상책임 (서진환 사건) (2022. 7. 14. 선고 2017다290538 판결 ★★) 62
78 | 공무원의 부작위로 인한 국가배상책임 (2021. 7. 21. 선고 2021두33838 판결) 63
79 | 위법한 부진정 행정입법 부작위로 인해 장애인 접근권이 침해되었다고 주장하면서 국가배상으로 위자료를 청구한 사건 (2024. 12. 19. 선고 2022다289051 판결 ★) 64
80 | 행정절차 위반과 국가배상 (2021. 7. 29. 선고 2015다221668 판결 ★★) 66
81 | 법관의 재판에 대한 국가배상책임 (2022. 3. 17. 선고 2019다226975 판결) 66
82 | 대법원의 공개변론 과정을 실시간 중계하고 녹화 결과물을 홈페이지에 게시한 행위에 대하여 국가배상책임 인정 여부가 문제된 사건 (2025. 2. 27. 선고 2023다233895 판결) 67

83 | 주한미군 소속 장갑차가 일으킨 교통사고에 대한 국가배상책임이 문제된 사건 (2023. 6. 29. 선고 2023다205968 판결) ... 68

84 | 위법한 압수물 폐기로 인해 손해가 발생한 경우, 손해배상청구권에 관한 장기소멸시효의 기산점 (2022. 1. 14. 선고 2019다282197 판결) ... 68

85 | 교정시설 내 과밀수용행위와 국가배상 (2022. 7. 14. 선고 2017다266771 판결) ... 68

86 | 국가배상 (과거사정리 기본법 사건) (2023. 3. 9. 선고 2021다202903 판결 ★) ... 69

87 | '민주화 운동과 관련하여 입은 피해' 중 정신적 손해 부분 (2023. 2. 2. 선고 2020다270633 판결 ★) ... 70

88 | 세월호 침몰로 사망한 망인의 친모가 뒤늦게 망인의 사망사실을 알게 되어 국가배상을 청구한 사건 (2023. 12. 14. 선고 2023다248903 판결) ... 71

89 | 대통령 긴급조치 사건 (2023. 1. 12. 선고 2021다201184 판결) ... 72

90 | 유신헌법 하의 대통령 긴급조치와 국가배상 (2022. 8. 30. 선고 2018다212610 전원합의체 판결) ... 73

91 | 경찰관직무집행법상 경찰관의 제지 조치 (2021. 10. 28. 선고 2017다219218 판결) ... 73

92 | 신호등의 설치·관리상의 하자로 인한 국가배상책임 (2022. 7. 28. 선고 2022다225910 판결 ★★) ... 74

제2장 행정심판

93 | 행정심판에서 주장하지 않은 사유를 행정소송에서 주장할 수 있는지 여부 (2021. 7. 29. 선고 2016두64876 판결) ... 75

제3장 행정소송

■ 취소소송의 대상적격

94 | 공정거래위원회의 입찰참가자격제한 등 요청 결정의 성질 (2023. 4. 27. 선고 2020두47892 판결) ... 76

95 | 검찰총장이 검사에 대하여 하는 '경고조치'의 성질 (2021. 2. 10. 선고 2020두47564 판결 ★★) ... 77

96 | 손실보전금등지급거부처분의 처분성 인정 여부 (2023. 2. 23. 선고 2021두44548 판결 ★) ... 78

97 | 다이빙벨 인터뷰 보도 사건 (2023. 7. 13. 선고 2016두34257 판결) ... 78

98 | 국립대학교 총장의 교육·연구 및 학생지도비 환수 통지가 항고소송의 대상인 처분인지 문제된 사건 (2025. 5. 15. 선고 2024두35989 판결) ... 79

99 | 추상적인 시행규칙이 항고소송의 대상이 되는지 여부 (2022. 12. 1. 선고 2019두48905 판결) ... 80

100 | 이의신청 기각결정의 법적 성질 (2021. 1. 14. 선고 2020두50324 판결 ★★) ... 80

101 | 이의신청 기각결정의 법적 성질 (2022. 3. 17. 선고 2021두53894 판결 ★★) ... 81

102 | 선행처분의 내용을 변경하는 후행처분이 있는 경우 (2022. 7. 28. 선고 2021두60748 판결 ★★) ... 82

■ 취소소송의 원고적격

103 | 처분의 제3자의 원고적격 (2023. 1. 12. 선고 2022두56630 판결) · 84
104 | 원고적격 (공동주택의 발코니에 설치된 벽의 해체가 문제된 사건) (2024. 3. 12. 선고 2021두58998 판결) · 84
105 | 행정청이 동시에 한 학술진흥법에 따른 사업비 환수처분과 학술지원 대상자 선정제외처분 중 사업비 환수처분만을 취소한 원심판결의 당부가 문제된 사건 (2025. 2. 13. 선고 2024두57996 판결) · 85

■ 협의의 소의 이익

106 | 처분 취소소송의 항소심 계속 중 변경된 처분에 대하여 별도로 제기된 취소소송이 재소금지 원칙에 위반되는지 여부가 문제된 사건 (2023. 3. 16. 선고 2022두58599 판결 ★) · 86
107 | 부당해고 구제신청 당시 이미 근로자의 지위에서 벗어난 경우 (2022. 7. 14. 선고 2020두54852 판결) · 87
108 | 대기발령에 대해 노동위원회에 구제신청을 할 이익이 인정되는지 여부가 문제된 사건 (2024. 9. 13. 선고 2024두40493 판결) · 87
109 | 금전보상명령신청의 구제이익 존부가 문제된 사건 (2025. 3. 13. 선고 2024두54683 판결) · 88
110 | 사립학교 교원에 대한 해임처분에 관한 소청심사청구 이후 당연퇴직사유가 발생하여 원직복직이 불가능해진 경우 소의 이익 인정 여부가 문제된 사건 (2024. 2. 8. 선고 2022두50571 판결 ★) · 88
111 | 「교원의 노동조합 설립 및 운영 등에 관한 법률」(이하 '교원노조법')에 따른 중앙노동위원회 중재재정의 무효·취소를 구하는 사건 (2024. 4. 16. 선고 2022두57138 판결) · 89
112 | 조세심판원 결정의 취소를 구하는 소송에서 소의 이익 유무가 문제된 사건 (2025. 3. 27. 선고 2024두61018 판결 ★) · 90
113 | 임기가 만료된 학교법인의 구 이사의 긴급처리권 (2022. 8. 25. 선고 2022두35761 판결 ★★) · 90

■ 취소소송의 제소기간

114 | 관할 위반과 제소기간 준수여부 (2022. 11. 17. 선고 2021두44425 판결 ★★) · 91
115 | 징수처분과 독촉처분 취소소송의 제소기간 경과 여부가 문제된 사안 (대법원 2023. 8. 31. 선고 2023두39939 판결) · 91
116 | 정보공개 청구인이 이의신청을 거쳐 행정소송을 제기한 경우 제소기간의 기산점이 문제된 사건 (대법원 2023. 7. 27. 선고 2022두52980 판결) · 91

■ 소의 변경

117 | 공법상 당사자소송에서 민사소송으로의 소 변경이 허용되는지 여부 (2023. 6. 29. 선고 2022두44262 판결 ★) · 92

■ 집행정지

118 | 효력기간이 정해져 있는 제재적 행정처분 (집행정지결정의 시기와 종기) (2022. 2. 11. 선고 2021두40720 판결 ★★) · 93

119 | 의대정원 증원처분에 대한 집행정지신청 사건 (2024. 6. 19. 선고 2024무689 결정)　　94

■ 입증책임

120 | 행정청의 고도의 전문적·기술적인 판단의 신뢰성에 관한 증명책임 (2022. 9. 16. 선고 2021두58912 판결 ★★)　　95

121 | 과세처분에 대한 무효확인소송에서 처분사유의 변경이 있는 경우 증명책임 귀속이 문제된 사건 (2023. 6. 29. 선고 2020두46073 판결 ★)　　96

122 | '업무상 재해'의 요건으로서 상당인과관계에 관한 증명책임 (2021. 9. 9. 선고 2017두45933 전원합의체 판결)　　97

123 | 증명책임 (2023. 12. 21. 선고 2023두42904 판결)　　97

124 | 환경오염피해와 입증책임 (2023. 12. 28. 선고 2019다300866 판결)　　97

■ 처분사유의 추가·변경

125 | 처분사유의 추가·변경 (2021. 7. 29. 선고 2021두34756 판결)　　98

126 | 처분사유의 추가·변경(시외버스 운송사업자에 대한 할인 보조금 환수 및 지원 대상 제외처분에 관한 사건) (2023. 11. 30. 선고 2019두38465 판결 ★)　　98

127 | 행정청이 원심 소송과정에서 추가한 거부처분의 사유가 기존 거부처분사유와 기본적 사실관계의 동일성이 인정되는지 여부 및 추가·변경된 처분사유에 대한 법원의 심리 방식이 문제된 사건 (2024. 11. 28. 선고 2023두61349 판결 ★)　　99

■ 심 리

128 | 주민동의서 미보완을 이유로 한 폐기물처리사업계획서 반려 통보의 취소를 구한 사건 (2023. 7. 27. 선고 2023두35661 판결)　　100

129 | 항고소송에서 행정처분의 위법 여부를 판단하는 기준과 방법 (2023. 12. 28. 선고 2020두49553 판결)　　100

■ 일부취소판결

130 | 변상금부과처분의 취소 범위가 문제된 사건 (2024. 7. 25. 선고 2024두38025 판결)　　101

131 | 법인세 등 부과처분과 소득금액변동통지의 취소를 구하는 사건 (2024. 12. 12. 선고 2024두49469 판결)　　101

■ 기판력

132 | 확정판결의 기판력 (2021. 9. 30. 선고 2021두38635 판결)　　102

■ 기속력

133 | 확정된 이송결정의 기속력이 전속관할 규정을 위배하여 이송한 경우에도 미치는지 여부 (2023. 8. 31. 선고 2021다243355 판결)　　102

■ 당사자소송

134 | 군인연금법상 급여지급 청구 (2021. 12. 16. 선고 2019두45944 판결 ★★) ... 103
135 | 지적재조사사업에 따른 조정금에 대한 지연손해금의 지급을 구하는 사건 (2024. 11. 28. 선고 2024두50711) ... 103

제6편 행정조직법

제1장 지방자치법

■ 지방자치단체의 구역

136 | 공유수면 매립지 관할 귀속 (2021. 2. 4. 선고 2015추528 판결 ★★) ... 107

■ 주 민

137 | 법인이 분담금 납부의무자로서 '주민'에 해당하는지 여부 (2021. 4. 29. 선고 2016두45240 판결 ★★) ... 109
138 | '사무소'를 두고 있는 법인이 분담금 납부의무자로서 '주민'에 해당하는지 여부 (2022. 4. 14. 선고 2020두58427 판결 ★★) ... 110

■ 조 례

139 | 조례와 위임의 한계 (2021. 7. 8. 선고 2017두74818 판결) ... 111
140 | 위임명령의 한계 (2022. 4. 14. 선고 2020추5169 판결 ★★) ... 112
141 | 조례의 적법요건(위임한계의 준수 여부) (2021. 4. 8. 선고 2015두38788 판결) ... 112
142 | 조례의 위법성 판단 (2022. 4. 28. 선고 2021추5036 판결) ... 113
143 | 상위법에 반하는 조례의 제정 (2022. 10. 27. 선고 2022추5026 판결) ... 113
144 | 보은군 농업인 공익수당 지원에 관한 조례안에 대한 재의결의 무효확인을 구하는 사건 (법률우위의 원칙) (2024. 6. 27. 선고 2022추5132 판결) ... 114
145 | 경상남도 업무협약 체결 및 관리에 관한 조례안에 대한 재의결의 무효확인을 구하는 사건 (2023. 7. 13. 선고 2022추5149 판결 ★) ... 114

■ 지방자치단체장과 지방의회와의 관계

146 | 지방자치단체의 집행기관과 지방의회의 관계 (2021. 9. 16. 선고 2020추5138 판결 ★★) ... 115
147 | 지방자치단체장의 고유권한을 침해하는 조례안 (2022. 6. 30. 선고 2022추5040 판결) ... 116
148 | 조례안 재의결 무효확인 (2023. 3. 9. 선고 2022추5118 판결) ... 116
149 | 부산광역시 생활임금 조례 일부개정조례안에 대한 재의결의 무효확인을 구하는 사건 (2023. 7. 13. 선고 2022추5156 판결) ... 118
150 | 지방자치단체의 조례안 재의결의 효력이 문제된 사건 (2025. 5. 15. 선고 2023추5054 판결) ... 119

151 | 정당 현수막의 표시·설치에 관한 기준을 규정한 「부산광역시 옥외광고물 등의 관리와 옥외광고산업 진흥에 관한 조례 일부개정조례안」(이하 '이 사건 조례안')에 대한 의결의 무효확인을 구하는 사건 (2024. 7. 25. 선고 2023추5177 판결)　　　120

제2장 공무원법

152 | 지방공무원의 승진임용에 관한 임용권자의 인사재량 (2022. 2. 11. 선고 2021도13197 판결 ★★)　　　121
153 | 재임용거부결정이 위법한 경우 손해배상청구 가부 (2023. 2. 2. 선고 2022다226234 판결)　　　122
154 | 국가공무원법상 직위해제사유의 소멸 (2022. 10. 14. 선고 2022두45623 판결 ★★)　　　124
155 | 징계절차에서 징계혐의사실의 특정 정도 (2022. 7. 14. 선고 2022두33323 판결)　　　125
156 | 기간제 교원의 재임용 심사에 관한 사건 (2023. 10. 26. 선고 2018두55272 판결 ★)　　　125
157 | 재임용 거부가 적법하다고 본 소청심사 결정의 취소를 구한 사건 (2024. 6. 17. 선고 2021두49772 판결)　　　126
158 | 재외 한국학교 파견공무원에게 지급할 보수가 문제된 사건 (2023. 10. 26. 선고 2020두50966 판결)　　　126
159 | 공무원이 승진심사 과정에서 주택보유현황을 허위로 신고하였다는 이유로 징계처분을 받아 그 취소를 구하는 사건 (2024. 1. 4. 선고 2022두65092 판결)　　　127
160 | 학부모의 지속적인 담임교체 요구가 교육활동 침해행위인 반복적인 부당한 간섭에 해당한다고 판단한 사건 (2023. 9. 14. 선고 2023두37858 판결 ★)　　　127
161 | 신고내용의 실질이 가정폭력에 해당할 가능성이 있는 사건에서 현장출동 경찰관이 취하여야 할 조치를 충실히 하였는지 여부가 문제된 사건 (2025. 1. 23. 선고 2024두33556 판결)　　　128
162 | 재임용 거부처분에 대한 소청심사 청구를 기각한 결정의 취소를 구하는 사건 (2025. 2. 20. 선고 2024두55877 판결)　　　128
163 | 사립학교법인이 임기를 마친 교장의 원로교사 임용신청을 거부한 사건 (2024. 9. 12. 선고 2022두43405 판결)　　　129
164 | 학교법인이 교원징계위원회의 징계의결 결과를 관할청에 통보하지 아니한 채 선행 징계처분을 한 후 관할청의 재심의 요구에 따라 재차 교원징계위원회의 징계의결을 거쳐 선행 징계처분을 취소하고 다른 징계처분을 한 사건 (2025. 6. 5. 선고 2023두47411 판결)　　　129
165 | 국가공무원법상 공무 외의 일을 위한 집단행위 금지규정이 대한법률구조공단 임직원에게도 적용되는지 여부 (2023. 4. 13. 선고 2021다254799 판결 ★)　　　130
166 | 「군인사법」상 계급별 연령정년의 연장 여부 및 그 범위 (2023. 3. 13. 선고 2020두53545 판결 ★)　　　130

제7편 특별행정작용법

제1장 경찰행정법

167 | 경찰비례의 원칙 (2022. 11. 30. 선고 2016다26662, 26679, 26686 판결) ... 133

제2장 급부행정법

■ 공물법

168 | 국유지의 사용허가를 받아 그 지상에 건물 등을 설치한 자로부터 건물을 임차한 사람에게 국유재산 무단점유·사용에 따른 변상금을 부과할 수 있는지 여부가 문제된 사건 (2024. 6. 27. 선고 2024두31284 판결) ... 134

169 | 향교 부지가 국유재산이라는 이유로 변상금을 부과한 처분의 취소를 구한 사건 (2023. 10. 18. 선고 2023두42584 판결) ... 134

■ 공용수용

170 | '공익사업의 계획 또는 시행의 공고·고시'에 해당하기 위한 공고·고시의 방법 (2022. 5. 26. 선고 2021두45848 판결) ★★ ... 135

171 | 잔여 건축물 가격감소에 관한 보상금증감소송에서 재결절차를 거치지 않은 잔여 건축물 보수비에 관한 손실보상청구를 추가한 사건 (2024. 1. 25. 선고 2023두49172 판결) ... 135

172 | 토지소유자의 사업시행자에 대한 손실보상금채권이 압류된 경우, 보상금증액청구의 당사자적격 (2022. 11. 24. 선고 2018두67 전원합의체 판결) ... 136

173 | 환매권의 발생요건 (2021. 9. 30. 선고 2018다282183 판결) ... 136

174 | 협의취득이 무효인 경우, 환매권 행사 가부 (2021. 4. 29. 선고 2020다280890 판결) ★★ ... 137

175 | 주거이전비 등 지급의무 (2021. 6. 30. 선고 2019두207813 판결) ★★ ... 138

176 | 주거이전비 등 지급의무 (2022. 6. 30. 선고 2021다310088 판결) ... 139

177 | 주택재개발 정비구역 내의 주거용 주택에 거주하였던 자들이 사업시행자에 대하여 주거이전비 등의 지급을 구한 사건 (2023. 7. 27. 선고 2022두44392 판결) ... 139

178 | 시설콩나물 재배업에 관해 구 토지보상법 시행규칙 제48조 제2항 본문에 따라 손실보상금을 구하는 사건 (2023. 8. 18. 선고 2022두34913 판결) ... 140

179 | 주거이전비 지급절차가 이루어지지 않은 경우 사업시행자가 현금청산대상자를 상대로 부당이득반환을 청구할 수 있는지 여부 (2021. 7. 29. 선고 2019다300477 판결) ... 140

180 | 하천편입토지 보상 등에 관한 특별조치법 제2조 제3호에 따른 손실보상을 청구한 사건 (2024. 5. 30. 선고 2023두61707 판결) ... 141

181 | 잔여지 가격감소로 인한 손실보상금의 산정방법이 문제된 사건 (2025. 5. 29. 선고 2024두44754 판결) ... 142

■ 공용환권 (재개발/재건축)

182│ 주택재개발정비사업조합 (2021. 2. 10. 선고 2020두48031 판결 ★★)　　　　　143

183│ 재개발조합설립 단계에서의 소위 '지분쪼개기' 사건 (2023. 8. 18. 선고 2022두51901 판결 ★)　　144

184│ 주택재건축정비사업조합과 조합원 간의 개별적인 약정의 구속력 및 그러한 약정을 위반한 경우 신뢰보호원칙을 통한 구제 (2022. 7. 14. 선고 2022다206391 판결 ★★)　　145

185│ 도시정비법상 조합원의 '직접 출석'의 취지와 의미 (2022. 5. 12. 선고 2021두56350 판결 ★★)　146

186│ 신탁업자가 사업시행자인 재건축사업에서 「도시 및 주거환경정비법」(이하 '도시정비법') 제39조 제1항 전문의 '위탁자'로서의 지위 확인을 구하는 사건 (2025. 2. 20. 선고 2024두52427 판결)　146

■ 지역개발행정법

187│ 개발행위허가 기준 (2021. 4. 29. 선고 2020두55695 판결)　　　　　147

■ 조세법

188│ 원천징수의무자에 대한 소득금액변동통지의 처분성 여부 (2021. 4. 29. 선고 2020두52689 판결)　148

189│ 과세처분의 하자 (2024. 3. 12. 선고 2021다224408 판결)　　　　　148

190│ 당초신고에 대한 경정청구거부처분 취소소송에서 불복기간이 도과된 증액경정처분의 위법사유를 주장할 수 있는지 여부가 문제된 사건 (2024. 6. 27. 선고 2021두39997 판결)　149

제1편
행정법통론

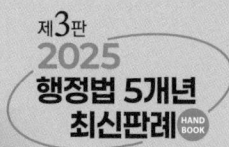

공공계약

1 ∥ 낙찰자결정이나 이에 따른 공공계약이 무효가 되는 경우 (2022. 6. 30. 선고 2022다209383 판결)

[1] 계약담당 공무원이 입찰절차에서 지방자치단체를 당사자로 하는 계약에 관한 법률 및 그 시행령이나 세부심사기준에 어긋나게 적격심사를 한 경우, 그 사유만으로 당연히 낙찰자 결정이나 그에 따른 계약이 무효가 되는 것은 아니고, 이를 위반한 하자가 입찰절차의 공공성과 공정성이 현저히 침해될 정도로 중대할 뿐 아니라 상대방도 이러한 사정을 알았거나 알 수 있었을 경우 또는 누가 보더라도 낙찰자 결정 및 계약체결이 선량한 풍속 기타 사회질서에 반하는 행위에 의하여 이루어진 것임이 분명한 경우 등 이를 무효로 하지 않으면 그 절차에 관하여 규정한 위 법률의 취지를 몰각하는 결과가 되는 특별한 사정이 있는 경우에 한하여 무효가 된다.

법규의 해석

2 ‖ 침익적 법규의 해석 (2023. 6. 29. 선고 2023두30994 판결 ★)

침익적 행정처분의 근거가 되는 행정법규는 엄격하게 해석·적용하여야 하고 행정처분의 상대방에게 불리한 방향으로 지나치게 확장해석하거나 유추해석해서는 아니 되나, 이는 단순히 행정실무상의 필요나 입법정책적 필요만을 이유로 문언의 가능한 범위를 벗어나 처분상대방에게 불리한 방향으로 확장해석하거나 유추해석해서는 아니 된다는 것이지, 처분상대방에게 불리한 내용의 법령해석이 일체 허용되지 않는다는 취지가 아니며, 문언의 가능한 범위 내라면 체계적 해석과 목적론적 해석이 허용됨은 당연하다.

3 ‖ 계약조건 위반을 이유로 한 침익적 처분의 명시의무 (2021. 11. 11. 선고 2021두43491 판결)

공기업·준정부기관이 입찰을 거쳐 계약을 체결한 상대방에 대해 계약조건 위반을 이유로 입찰참가자격제한처분을 하기 위해서는 입찰공고와 계약서에 미리 계약조건과 그 계약조건을 위반할 경우 입찰참가자격 제한을 받을 수 있다는 사실을 모두 명시해야 한다. 계약상대방이 입찰공고와 계약서에 기재되어 있는 계약조건을 위반한 경우에도 공기업·준정부기관이 입찰공고와 계약서에 미리 그 계약조건을 위반할 경우 입찰참가자격이 제한될 수 있음을 명시해 두지 않았다면, 위 규정들을 근거로 입찰참가자격제한처분을 할 수 없다.

4 ‖ 징계처분 근거법령의 엄격해석의 원칙 (2022. 12. 1. 선고 2022두39185 판결)

원고가 □□중학교 학교생활규정 제8조 제2·3항 및 □□중학교 학생생활협약 1. 제3항 등 규정을 위반하였음이 분명하고, 해당 징계사유에 관하여 '학교 내 봉사'의 징계를 명한 것은 적법하나, '학교 내 봉사'의 하나로 '사과편지작성'까지 명할 수 있다고 본 원심의 판단은 수긍할 수 없다.

5 ∥ **침익적 법규의 해석** (2023. 6. 29. 선고 2023두31782 판결)

    구 공무원수당규정 제7조의2 제10항에서 규정한 '성과상여금을 거짓이나 그 밖의 부정한 방법으로 지급받은 때'에는 성과상여금 재배분행위가 포함되지 않는다고 해석하는 것이 타당하다.

6 ∥ **침익적 법규의 해석** (2024. 12. 12. 선고 2024두50421 판결)

☐ 구 약사법 제76조 제1항 제3호의 '이 법에 따른 명령을 위반한 경우'에서 '이 법에 따른 명령'에 약사법 및 그 하위법령에 근거하여 행정청이 발령한 '행정처분' 까지 포함되는지 여부(적극)

    침익적 행정처분의 근거가 되는 행정법규는 엄격하게 해석·적용하여야 하고, 행정처분의 상대방에게 지나치게 불리한 방향으로 확대해석이나 유추해석을 해서는 안 된다. 그러나 이는 행정처분의 상대방에게 불리한 내용의 법령 해석은 일체 허용되지 않는다는 취지가 아니다. 입법자의 의사, 법령의 목적 등을 고려하여 문언의 가능한 범위에서 행정처분의 상대방에게 불리한 내용으로 해석을 하는 것도 가능하다.

    한편 '명령'이라는 문언은 '국회의 의결을 거치지 않고 행정기관에 의하여 제정되는 국가의 법령'만 의미하는 경우도 있으나(법률에서 '이 법에 따른 명령 또는 처분'이라고 규정하여 명령을 처분과 구분한다면 그러한 경우일 가능성이 크다) '행정청이 법에 근거하여 국민에게 공법적 의무를 부과하여 그 이행을 명하는 처분'까지 포함하는 의미를 가지는 경우도 있다.

7 ∥ **조세나 부과금 등의 부담금에 관한 법률의 해석 기준** (2022. 12. 29. 선고 2022다218585 판결)

조세나 부과금 등의 부담금에 관한 법률의 해석에 관하여, 그 부과요건이거나 감면요건을 막론하고 특별한 사정이 없는 한 법문대로 해석하여야 하고 합리적 이유 없이 확장해석하거나 유추해석하는 것은 허용되지 않는다. 특히 감면요건 규정 중 명백히 특혜규정이라고 볼 수 있는 것은 엄격하게 해석하는 것이 공평원칙에도 부합한다.

행정법의 일반원칙

8 ‖ 비례의 원칙 (2022. 1. 27. 선고 2019두59851 판결)

전라북도전주교육지원청교육장이 갑 주식회사가 운영하는 독서실에 대한 현장점검을 실시하여 열람실의 남녀별 좌석 구분 배열이 준수되지 않고 배치도상 남성 좌석으로 지정된 곳을 여성이 이용하거나 여성 좌석으로 지정된 곳을 남성이 이용하여 남녀 이용자가 뒤섞여 있는 것을 적발하고, 학원의 설립·운영 및 과외교습에 관한 법률 제8조, 독서실의 운영자에게 열람실의 남녀 좌석을 구분하여 배열하도록 하고 위반 시 교습정지처분을 할 수 있도록 규정한 '전라북도 학원의 설립·운영 및 과외교습에 관한 조례' 제3조의3 제2호, 제11조 제1호 등에 따라 10일간 교습정지를 명하는 처분을 한 사안에서, 위 조례 조항은 과잉금지의 원칙에 반하여 독서실 운영자의 직업수행의 자유와 독서실 이용자의 일반적 행동자유권 내지 자기결정권을 침해하는 것으로 헌법에 위반된다고 한 사례.

9 ‖ 대북전단 살포를 이유로 한 법인설립허가취소의 취소를 구한 사건(2023. 4. 27. 선고 2023두30833 판결 ★)

[1] 법인의 해산을 초래하는 설립허가취소는 헌법 제10조에 내재된 일반적 행동의 자유에 대한 침해 여부와 과잉금지의 원칙 등을 고려하여 엄격하게 판단하여야 하고, 특히 국가가 국민의 표현행위를 규제하는 경우, 표현내용과 무관하게 표현의 방법을 규제하는 것은 합리적인 공익상의 이유로 비례의 원칙(과잉금지의 원칙)을 준수하여 이루어지는 이상 폭넓은 제한이 가능하나, 표현내용에 대한 규제는 원칙적으로 중대한 공익의 실현을 위하여 불가피한 경우에 한하여 엄격한 요건하에서 허용될 뿐이다.

[2] 甲 사단법인이 접경지역 지원 특별법상 접경지역에서 북한의 지도부나 체제를 비판하는 내용을 담은 대북전단지 등을 대형 풍선에 실어 북한 방향 상공으로

살포하자, 통일부장관이 '위 전단 살포 행위가 접경지역에 거주하는 주민들의 생명·신체의 안전에 대한 위험을 초래하고, 남북관계에 긴장상황을 조성하는 등 공익을 해하였다.'는 등의 이유로 甲 법인에 대한 법인설립허가를 취소한 사안에서, 위 전단 살포 행위가 일방적으로 '공익을 해하는 행위를 한 때'에 해당한다고 쉽게 단정할 수 없음에도, 이와 달리 본 원심판단에 법리오해의 잘못이 있다고 한 사례

10 ‖ 평등의 원칙 (면접시험에서 직무와 무관한 장애에 관한 질문을 하는 것이 장애인차별금지법에서 금지하는 차별행위에 해당하는지 여부가 문제된 사건) (2023. 12. 28. 선고 2023두50127 판결)

장애인을 채용하려는 사용자가 채용을 위한 면접시험에서 장애인 응시자에게 직무와 관련이 없는 장애에 관한 질문을 함으로써 장애인 응시자를 불리하게 대하였다면, 이는 차별행위가 장애를 이유로 한 차별이 아니라거나 특정 직무나 사업 수행의 성질상 불가피한 경우라는 등의 정당한 사유가 있었다는 점을 사용자가 증명하지 못하는 이상 장애인차별금지법 제4조 제1항 제1호의 차별행위에 해당한다.

11 ‖ 평등의 원칙 (특정 연도 출생자들이 임금피크제를 더 오래 적용받은 것이 국가인권위원회법상 나이차별에 해당하는지 여부 및 차별에 합리적 이유가 있는지 여부가 문제된 사안) (2023. 6. 29. 선고 2019두53396 판결)

국가인권위원회법에서 말하는 차별행위란 본질적으로 같은 것을 다르게, 다른 것을 같게 취급하는 것을 말하는 것으로, 본질적으로 동일한 비교집단에 속하는 비교대상과 다르게 대우하는 경우 차별이 존재한다고 볼 수 있고, 그 차별에 합리적인 이유가 없어 실질적인 불평등이 발생한다면 국가인권위원회법이 금지하는 차별행위에 해당한다. 국가인권위원회법상 나이를 이유로 한 고용 관련 차별에 합리적인 이유가 있는지는 차별의 목적과 경위, 구체적인 차별의 내용과 정도, 다른 합리적인 대안의 존부, 차별을 완화하기 위한 조치의 존부 및 그 적정성 등을 종합적으로 고려하여 판단해야 한다.

12 평등의 원칙 (국가가 공무원에게 지급하는 수당, 성과상여금 등을 공무직 근로자인 국도관리원들에게 지급하지 않은 것이 근로기준법 제6조를 위반한 차별적 처우에 해당하는지 여부) (2023. 9. 21. 선고 2016다255941 판결)

❏ 국가가 공무원이 아닌 사람들로서 지방국토관리청장과 기간의 정함이 없는 근로계약을 체결하고 국토관리사무소에서 도로의 유지·보수 업무를 하는 도로보수원 또는 과적차량 단속 등의 업무를 하는 과적단속원으로 근무하는 사람들에게 그들과 같거나 유사한 업무를 담당하는 운전직 공무원 및 과적단속직 공무원들에게 지급하는 정근수당, 직급보조비, 성과상여금, 가족수당을 지급하지 않은 것이 근로기준법 제6조를 위반한 차별적 처우에 해당하여 불법행위를 구성하는지 여부(소극)

13 평등의 원칙 (종교적 신념을 이유로 면접시험 일정 변경을 요구한 사건) (2024. 4. 4. 선고 2022두56661 판결)

【소의 적법여부에 대한 판단】

[1] 이 사건 거부행위의 취소를 구하는 소의 적법 여부에 대한 판단

이 사건 불합격처분이 이루어짐으로써 이 사건 면접시간 지정행위와 이 사건 거부행위는 모두 이 사건 불합격처분에 흡수되어 독립된 존재가치를 상실하였으므로, 이 사건 불합격처분만이 쟁송의 대상이 되고 이 사건 소 중 이 사건 거부행위의 취소를 구하는 부분은 이 사건 불합격처분으로 인해 소의 이익이 없어 부적법하게 된다.

[2] 이 사건 불합격처분의 취소를 구할 소의 이익 유무

원고가 장래에 ○○대 법전원 입학시험에 다시 응시할 경우 1단계 평가를 별도로 거치지 않고 곧바로 면접평가와 논술평가만을 받을 여지가 있어 이 사건 불합격처분의 취소를 통해 원고에게 회복되는 이익이 없다고 단정할 수 없다. 따라서 원고에게는 예외적으로 이 사건 불합격처분의 취소를 구할 법률상 이익이 인정된다.

【이 사건 불합격처분의 적법 여부】

[1] 국립대학교 법학전문대학원 입시 과정에서 제칠일안식일예수재림교 신자들이 종교적 신념을 이유로 불이익을 받게 되는 경우, 총장이 비례의 원칙에 따라 재림교 신자들이 받는 불이익을 해소하기 위한 적극적인 조치를 취할 의무가 있는지 여부(적극)

[2] 국립대학교 법학전문대학원에 입학원서를 제출한 제칠일안식일예수재림교 신자 甲이 1단계 서류전형 평가 합격 통지와 함께 토요일 오전반으로 면접고사 일정이 지정되자, 토요일 일몰 전에 세속적 행위를 금지하는 안식일에 관한 종교적 신념을 지키기 위해 면접 일정을 토요일 오후 마지막 순번으로 변경해 달라는 취지의 이의신청서를 제출했으나, 총장이 이를 거부하고 면접평가에 응시하지 않은 甲에게 불합격 통지를 한 사안에서, 종교적 신념에 따라 甲이 입는 불이익을 해소하기 위해 면접시간을 변경하더라도 그로 인해 제한되는 공익이나 제3자의 이익은 甲이 받는 불이익에 비해 현저히 적음에도, 甲의 면접일시 변경을 거부함으로써 甲이 종교적 신념을 이유로 받게 된 중대한 불이익을 방치한 총장의 행위는 헌법상 평등원칙을 위반한 것으로 위법하고, 위법하게 지정된 면접일정에 응시하지 않았음을 이유로 한 불합격처분은 적법한 처분사유가 존재한다고 볼 수 없어 취소되어야 한다고 한 사례.

14 ∥ 동성 동반자에 대한 국민건강보험 피부양자 인정 여부가 문제된 사건 (2024. 7. 18. 선고 2023두36800 전원합의체 판결 ★)

[1] 행정청이 내부준칙을 제정하여 그에 따라 장기간 일정한 방향으로 행정행위를 함으로써 행정관행이 확립된 경우, 그 내부준칙이나 확립된 행정관행을 통한 행정행위에 대해 헌법상 평등원칙이 적용되는지 여부(적극)

행정청이 내부준칙을 제정하여 그에 따라 장기간 일정한 방향으로 행정행위를 함으로써 행정관행이 확립된 경우, 그러한 내부준칙이나 확립된 행정관행을 통한 행정행위에 대해서도 헌법상 평등원칙이 적용된다.

[2] 행정청의 행정행위가 합리적 이유 없는 차별대우에 해당하여 헌법상 평등원칙을 위반했는지 판단하는 방법

[3] 특수공익법인인 국민건강보험공단은 사적 단체 또는 사인과 달리 차별처우의 위법성이 더 폭넓게 인정될 수 있는지 여부(적극)

특수공익법인인 국민건강보험공단은 공권력을 행사하는 주체이자 기본권 보장의 수범자로서의 지위를 갖는다. 그 결과 사적 단체 또는 사인의 경우 차별처우가 사회공동체의 건전한 상식과 법감정에 비추어 볼 때 도저히 용인될 수 없는 경우에 한해 사회질서에 위반되는 행위로서 위법한 행위로 평가되는 것과 달리, 국민건강보험공단은 평등원칙에 따라 국민의 기본권을 보호 내지 실현할 책임과 의무를 부담하므로, 그 차별처우의 위법성이 보다 폭넓게 인정될 수 있다.

[4] 甲이 동성인 乙과 교제하다가 서로를 동반자로 삼아 함께 생활하기로 합의하고 동거하던 중 결혼식을 올린 뒤 국민건강보험공단에 건강보험 직장가입자인 乙의 사실혼 배우자로 피부양자 자격취득 신고를 하여 피부양자 자격을 취득한 것으로 등록되었는데, 이 사실이 언론에 보도되자 국민건강보험공단이 甲을 피부양자로 등록한 것이 '착오 처리'였다며 甲의 피부양자 자격을 소급하여 상실시키고 지역가입자로 甲의 자격을 변경한 후 그동안의 지역가입자로서의 건강보험료 등을 납입할 것을 고지한 사안에서, 위 처분이 행정절차법 제21조 제1항과 헌법상 평등원칙을 위반하여 위법하다고 한 사례

위 처분은 국민건강보험공단의 자격변경 처리에 따라 甲의 피부양자 자격을 소급하여 박탈하는 내용을 포함하므로, 국민건강보험공단이 위 처분에 앞서 甲에게 행정절차법 제21조 제1항에 따라 사전통지를 하거나 의견 제출의 기회를 주어야 함에도 이를 하지 않은 절차적 하자가 있고, 실체적 하자와 관련하여 … 건강보험제도와 피부양자제도의 의의, 취지와 연혁 등을 관련 법리와 기록에 비추어 살펴보면, 국민건강보험공단이 직장가입자와 사실상 혼인관계에 있는 사람, 즉 이성 동반자와 달리 동성 동반자인 甲을 피부양자로 인정하지 않고 위 처분을 한 것은 합리적 이유 없이 甲에게 불이익을 주어 그를 사실상 혼인관계에 있는 사람과 차별하는 것으로 헌법상 평등원칙을 위반하여 위법하다고 한 사례.

15 신뢰보호의 원칙 (국적 취득에서 신뢰보호의 원칙의 적용 여부가 문제된 사건) (2024. 3. 12. 선고 2022두60011 판결 ★)

법적으로 혼인한 상태가 아닌 대한민국 국적인 부와 중화인민공화국 국적인 모 사이에 출생한 갑과 을이 출생신고에 따라 주민등록번호를 부여받고 가족관계등록부에 등록되었으며 각각 17세 때 주민등록증을 발급받았는데, 관할 행정청이 '외국인 모와의 혼인외자 출생신고'라며 가족관계등록부를 말소하고 출입국관리 행정청이 부모들에게 갑과 을에 대한 국적 취득 절차를 안내했음에도 이를 진행하지 않다가 성년이 된 후 국적법 제20조에 따라 국적보유판정을 신청했으나, 법무부장관이 대한민국 국적 보유자가 아니라는 이유로 갑과 을에게 국적비보유 판정을 한 사안에서, 주민등록번호와 주민등록증은 외부에 공시되어 대내외적으로 행정행위의 적법한 존재를 추단하는 중요한 근거가 되는 점에 비추어 행정청이 공신력 있는 주민등록번호와 이에 따른 주민등록증을 부여한 행위는 갑과 을에게 대한민국 국적을 취득하였다는 공적인 견해를 표명한 것인 점, 미성년자였던 갑과 을이 자신들이 대한민국 국적을 보유하고 있음을 전제로 반복적으로 이루어진 행정행위를 신뢰하여 국적법 제3조 및 제8조에 따른 국적 취득 절차를 진행하지 않은 채 성인이 된 점, 성인이 된 갑과 을은 위 판정으로 이제는 국적법 제3조, 제8조에 따라 간편하게 국적을 취득할 기회를 상실하게 되었고, 평생 보유했다고 여긴 대한민국 국적이 부인되고 국적의 취득 여부가 불안정한 상황에 놓이게 된 결과 자신들이 출생하고 성장한 대한민국에 체류할 자격부터 변경되는 등 평생 이어온 생활의 기초가 흔들리는 중대한 불이익을 입게 된 점, 출입국관리 행정청으로부터 부모가 아닌 갑과 을에 대하여도 국적 취득이 필요하다는 안내가 이루어졌다고 볼 만한 자료가 없는 이상 갑과 을이 대한민국 국적을 취득하였다고 신뢰한 데에 귀책사유가 있다고 보기 어려운 점을 종합하면, 위 판정은 갑과 을의 신뢰에 반하여 이루어진 것으로 신뢰보호의 원칙에 위배된다고 한 사례.

16 ∥ 소급입법 금지의 원칙 (2024. 5. 23. 선고 2021두35834 전원합의체 판결)

이 사건 각 부칙규정은 모두 2015. 1. 1. 이후 제조장 또는 보세구역에서 반출된 담배에 대해서 개정규정을 적용한다고 규정하고 있다. 그런데 개정 후 자원재활용법 시행령의 경우 2015. 1. 1. 전에 개정이 이루어진 다른 개정법령들과 달리 2015. 2. 3. 뒤늦게 개정이 이루어졌음에도 이 사건 부칙규정은 그 개정 전에 이미 제조장 또는 보세구역에서 반출된 담배에 대해서도 이 사건 개정규정을 소급하여 적용하도록 정하고 있다. … 헌법상 원칙적으로 금지되는 진정소급입법에 해당한다.

사인의 공법행위

17 │ 신고 (노동조합 설립신고) (2021. 2. 25. 선고 2017다51610 판결)

노동조합의 설립신고가 행정관청에 의하여 형식상 수리되었으나 헌법 제33조 제1항 및 노동조합 및 노동관계조정법 제2조 제4호가 규정한 실질적 요건을 갖추지 못한 경우, 특별한 사정이 없는 한 이러한 노동조합은 노동조합법상 설립이 무효로서 노동3권을 향유할 수 있는 주체인 노동조합으로서의 지위를 가지지 않는다고 보아야 한다.

18 │ 대지사용승낙서 미제출을 이유로 가설건축물 존치기간 연장신고를 반려할 수 있는지 여부가 문제된 사건 (2025. 5. 15. 선고 2024두33891 판결)

❑ 가설건축물의 건축주가 가설건축물의 존치기간을 연장하고자 하는 경우, 연장신고서에 배치도·평면도 및 대지사용승낙서를 첨부하여 시장 등에게 제출해야 하는지 여부(적극)

건축법 시행령 제15조 제8항 본문은 '건축법 제20조 제3항에 따라 가설건축물의 축조신고를 하려는 자는 국토교통부령으로 정하는 가설건축물 축조신고서에 관계서류를 첨부하여 시장 등에게 제출하여야 한다.'고 규정하고, 구 건축법 시행규칙 제13조 제1항은 가설건축물 축조신고서에 첨부해야 하는 '관계서류'로 '배치도·평면도 및 대지사용승낙서'를 명시하고 있다.

비록 구 건축법 시행규칙 제13조 제5항이 '가설건축물의 존치기간을 연장하고자 하는 자는 가설건축물 존치기간 연장신고서를 시장 등에게 제출하여야 한다.'고만 규정하고 있기는 하지만, 하위법령은 그 규정이 상위법령의 규정에 명백히 저촉되어 무효인 경우를 제외하고는 관련 법령의 내용과 입법 취지 및 연혁 등을 종합적으로 살펴 그 의미를 상위법령에 합치되는 것으로 해석해야 하는바, 위 준용규정에도 불구하고 그 하위법령인 구 건축법 시행규칙 제13조 제5항이 '관계서류'를 제외한 가설건축물 존치기간 연장신고서만을 제출서류로 한정하고 있다고 해석하는 것은 타당하지 않다.

19 ‖ 악취배출시설 설치신고 반려처분 (2022. 9. 7. 선고 2020두40327 판결 ★★)

[1] 대도시의 장 등 관할 행정청은 악취배출시설 설치·운영신고의 수리 여부를 심사할 권한이 있다고 보는 것이 타당하다.

[2] 대기환경보전법에 따른 대기오염물질배출시설 설치허가를 받았다고 하더라도 악취배출시설 설치·운영신고가 수리되어 그 효력이 발생한다고 볼 수 없다.

[3] 행정청은 사람의 건강이나 생활환경에 미치는 영향을 두루 검토하여 악취방지계획의 적정 여부를 판단할 수 있고, 이에 관해서는 행정청의 광범위한 재량권이 인정된다.

20 ‖ 지위승계신고수리의 성질 (2021. 7. 15. 선고 2021두31429 판결)

[1] 구 폐기물관리법 제33조 제3항에 의한 권리·의무 승계신고를 수리하는 허가관청의 행위는 경매 등을 통해 이미 발생한 법률효과에 의하여 폐기물처리시설 등의 인수인이 그 영업을 승계하였다는 사실의 신고를 접수하는 행위에 그치는 것이 아니라, 영업허가자의 변경이라는 법률효과를 발생시키는 행위이다.

[2] 원고는 경매로 이 사건 폐기물처리시설 등을 인수한 다음 허가관청에 폐기물처리업 허가에 따른 권리·의무의 승계신고를 한 바 없고, 폐기물처리업과는 관련 없는 사업을 영위하고 있는 사정을 알 수 있다. 이러한 사실관계를 앞서 본 법리에 비추어 보면, 원고는 경매를 통하여 '허가에 따른 권리·의무를 승계'한다고 볼 수 없고, 따라서 법 제40조 제3항에 정한 방치폐기물 처리명령의 수범자가 될 수 없다.

21 ‖ 지위승계신고 (행정제재처분사유의 승계) (2021. 7. 21. 선고 2018두49789 판결)

[2] 화물자동차법 제16조 제4항은 화물자동차 운송사업 영업을 양수하고 신고를 마치면 양수인이 양도인의 '운송사업자로서의 지위'를 승계한다고 규정하고 있다. 이러

한 지위 승계 규정은 양도인이 해당 사업에 관련하여 관계 법령상 의무를 위반하여 제재사유가 발생한 후 사업을 양도하는 방법으로 제재처분을 면탈하는 것을 방지하려는 데에도 그 입법 목적이 있다. … 그 '지위의 승계'란 양도인의 공법상 권리와 의무를 승계하고 이에 따라 양도인의 의무위반행위에 따른 위법상태의 승계도 포함하는 것이라고 보아야 한다. 불법증차를 실행한 운송사업자로부터 운송사업 영업을 양수하고 화물자동차법 제16조 제1항에 따른 신고를 하여 화물자동차법 제16조 제4항에 따라 운송사업자의 지위를 승계한 경우에는 설령 양수인이 영업양도·양수 대상에 불법증차 차량이 포함되어 있는지를 구체적으로 알지 못하였다 할지라도, 양수인은 불법증차 차량이라는 물적 자산과 그에 대한 운송사업자로서의 책임까지 포괄적으로 승계하는 것이다. 따라서 관할 행정청은 양수인의 선의·악의를 불문하고 양수인에 대하여 불법증차 차량에 관하여 지급된 유가보조금의 반환을 명할 수 있다. 다만 그에 따른 양수인의 책임범위는 지위승계 후 발생한 유가보조금 부정수급액에 한정되고, 지위승계 전에 발생한 유가보조금 부정수급액에 대해서까지 양수인을 상대로 반환명령을 할 수는 없다.

22 │ 공정거래위원회의 시정명령 (2022. 5. 12. 선고 2022두31433 판결)

[1] 회사합병이 있는 경우에는 피합병회사의 권리·의무는 사법상의 관계 혹은 공법상의 관계를 불문하고 그 성질상 이전이 허용되지 않는 것을 제외하고는 모두 합병으로 인하여 존속한 회사에 승계되는 것으로 보아야 한다.

[3] 공정거래위원회가 구 독점규제 및 공정거래에 관한 법률 제24조, 구 대리점거래의 공정화에 관한 법률 제23조에 따라 해당 사업자에 대하여 시정명령을 받은 사실을 통지하도록 명하는 경우, 통지명령의 상대방이 될 수 있는 자의 범위 시정조치는 현재의 법 위반행위를 중단시키고, 향후 유사행위의 재발을 방지·억지하며, 왜곡된 경쟁질서를 회복시키고, 공정하고 자유로운 경쟁을 촉진시키는 데에 취지가 있는 것으로, 그중 통지명령은 통지명령의 상대방에 대한 피해구제가 목적이 아니고, 통지명령의 상대방으로 하여금 해당 사업자의 위반행위를 명확히 인식하도록 함과 동시에 해당 사업자로 하여금 통지명령의 상대방이 지속적으로 위반행위 여부를 감시하리라는 것을 의식하게 하여 향후 유사행위의 재발 방지·억지를 보다 효율적으로 하기 위한 것이다. 따라서 통지명령의 상대방은 반드시 당해

위반행위에 의하여 직접 영향을 받았던 자로 한정되어야 하는 것은 아니고, 그 취지와 필요성 등을 고려하여 향후 영향을 받을 가능성이 큰 자도 이에 포함될 수 있다.

23 | 분할 전 회사의 하도급법 위반행위를 이유로 신설회사에 부과한 시정명령 등의 취소를 청구한 사건 (2023. 6. 15. 선고 2021두55159 판결)

❑ 분할하는 회사의 분할 전 하도급거래 공정화에 관한 법률 위반행위를 이유로 신설회사에 대하여 같은 법 제25조 제1항에 따른 시정조치를 명할 수 있는지 여부(원칙적 소극)

제2편 행정작용법

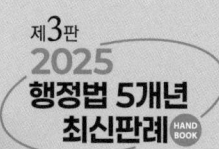

제1장 행정입법

24 ǁ 제재적 행정처분의 기준을 정한 시행규칙 (2022. 4. 14. 선고 2021두60960 판결)

[1] 제재적 행정처분의 기준이 부령 형식으로 규정되어 있더라도 그것은 행정청 내부의 사무처리준칙을 규정한 것에 지나지 않아 대외적으로 국민이나 법원을 기속하는 효력이 없다. 따라서 그 처분의 적법 여부는 처분기준만이 아니라 관계 법령의 규정 내용과 취지에 따라 판단하여야 한다. 그러므로 처분기준에 부합한다 하여 곧바로 처분이 적법한 것이라고 할 수는 없지만, 처분기준이 그 자체로 헌법 또는 법률에 합치되지 않거나 그 기준을 적용한 결과가 처분사유인 위반행위의 내용 및 관계 법령의 규정과 취지에 비추어 현저히 부당하다고 인정할 만한 합리적인 이유가 없는 한, 섣불리 그 기준에 따른 처분이 재량권의 범위를 일탈하였다거나 재량권을 남용한 것으로 판단해서는 안 된다.

25 ǁ 하위 법령이 위임의 한계를 준수하고 있는지 판단하는 기준 (2022. 7. 14. 선고 2022두37141 판결)

[1] 특정 사안과 관련하여 법률에서 하위 법령에 위임을 한 경우 하위 법령이 위임의 한계를 준수하고 있는지를 판단할 때는 법률 규정의 입법 목적과 규정 내용, 규정의 체계, 다른 규정과의 관계 등을 종합적으로 살펴보아야 한다. 위임 규정 자체에서 그 의미 내용을 정확하게 알 수 있는 용어를 사용하여 위임의 한계를 분명히 하고 있는데도 그 문언적 의미의 한계를 벗어났는지, 또한 수권 규정에서 사용하고 있는 용어의 의미를 넘어 그 범위를 확장하거나 축소하여서 위임 내용을 구체화하는 단계를 벗어나 새로운 입법을 하였는지 등도 아울러 고려되어야 한다.

[2] 입찰 참가자격의 제한을 받은 자가 법인이나 단체인 경우 그 대표자에 대해서도 입찰 참가자격을 제한하도록 규정한 구 지방자치단체를 당사자로 하는 계약에 관한 법률 시행령 제92조 제4항은 구 지방자치단체를 당사자로 하는 계약에 관한 법률 제31조 제1항의 위임범위를 벗어났다고 할 수 없다.

26 ‖ 직장어린이집 설치비 지원금 교부조건 위반을 이유로 한 지원금교부결정 취소처분 및 지원금 환수처분에 대하여 취소를 구하는 사건 (2023. 8. 18. 선고 2021두41495 판결)

[2] 구 직장어린이집 등 설치·운영 규정 제36조 제1항 제3호 및 [별표 3]이 고용보험법 제26조, 고용보험법 시행령 제38조 제5항의 위임범위 내에 있는지 여부 (적극)

법령의 위임에 따라 교부기관이 보조금의 교부 및 사후 감독 등에 관한 업무를 수행할 수 있는 이상, 그 교부결정을 취소하고 보조금을 반환받는 업무도 교부기관의 업무에 포함된다.

27 ‖ 국토교통부 훈령으로 정한 '개발행위허가운영지침'의 성격 (2023. 2. 2. 선고 2020두43722 판결 ★)

[1] 국토계획법 시행령 제56조 제1항 [별표 1의2] '개발행위허가기준'은 국토계획법 제58조 제3항의 위임에 따라 제정된 대외적으로 구속력 있는 법규명령에 해당한다. 그러나 국토교통부장관이 국토교통부 훈령으로 정한 '개발행위허가운영지침'은 국토계획법 시행령 제56조 제4항에 따라 정한 개발행위허가기준에 대한 세부적인 검토기준으로, 상급행정기관인 국토교통부장관이 소속 공무원이나 하급행정기관에 대하여 개발행위허가업무와 관련하여 국토계획법령에 규정된 개발행위허가기준의 해석·적용에 관한 세부 기준을 정하여 둔 행정규칙에 불과하여 대외적 구속력이 없다.

[3] 행정청이 신청을 수리하고도 정당한 이유 없이 처리를 지연하여 그 사이에 법령 및 보상 기준이 변경된 경우에는 그 변경된 법령 및 보상 기준에 따라서 한 처분은 위법하고, '정당한 이유 없이 처리를 지연하였는지'는 법정 처리기간이나 통상적인 처리기간을 기초로 당해 처분이 지연되게 된 구체적인 경위나 사정을 중심으로 살펴 판단하되, 개정 전 법령의 적용을 회피하려는 행정청의 동기나 의도가 있었는지, 처분지연을 쉽게 피할 가능성이 있었는지 등도 아울러 고려할 수 있다.

28 약제를 요양급여대상에서 선별급여대상으로 변경한 것과 관련하여 실체적 내지 절차적 하자 등을 이유로 고시의 취소를 구하는 사건 (2025. 3. 13. 선고 2024두45788 판결 ★)

[1] 구 국민건강보험법 제41조의4에서 정한 선별급여가 같은 법 제41조 제3항에서 보건복지부령에 위임한다고 말하는 요양급여에 포함되는지 여부(적극) / 보건복지부고시 '요양급여의 적용기준 및 방법에 관한 세부사항'이 상위법령의 위임 및 근거에 따라 고시된 것인지 여부(적극)

관련 규정의 내용과 체계, 선별급여제도의 도입배경 및 입법 취지 등을 종합하면, 선별급여는 구 국민건강보험법 제41조 제3항에서 말하는 요양급여에 포함되는 것으로서, 요양급여적용기준은 위와 같은 규정 등을 포함한 상위법령의 위임 및 근거에 따라 고시된 것이다.

[2] 요양급여대상을 선별급여대상으로 변경한 보건복지부고시 '요양급여의 적용기준 및 방법에 관한 세부사항'에 요양급여대상 약제를 비급여대상 약제로 변경할 때 적용되는 구 국민건강보험 요양급여의 기준에 관한 규칙 제13조 제4항 제9호, 제5항 제4호의 절차가 적용되는지 여부(소극)

요양급여대상인 약제를 선별급여대상으로 변경하는 것을 두고 요양급여대상을 비급여대상으로 변경한 것이라고 할 수는 없다. 따라서 요양급여대상을 선별급여대상으로 변경한 '요양급여의 적용기준 및 방법에 관한 세부사항'에 요양급여대상 약제를 비급여대상 약제로 변경할 때 적용되는 구 국민건강보험 요양급여의 기준에 관한 규칙(2020. 10. 8. 보건복지부령 제755호로 개정되기 전의 것) 제13조 제4항 제9호, 제5항 제4호의 절차가 적용된다고 볼 수는 없다.

[3] 구 국민건강보험법상 요양급여대상인 약제를 선별급여대상으로 변경할 경우, 행정절차법에 따른 처분의 사전통지나 의견제출의 기회를 주어야 하는지 여부(소극)

'고시'의 방법으로 불특정 다수인을 상대로 의무를 부과하거나 권익을 제한하는 처분은 성질상 처분의 사전통지나 의견제출의 기회를 주어야 하는 상대방을 특정할 수 없으므로, 이와 같은 처분에서까지 상대방에게 행정절차법에 따른 처분의 사전통지나 의견제출의 기회를 주어야 하는 것은 아니다.

[4] 구 국민건강보험법상 선별급여 항목 및 본인부담률을 결정할 때 기준이 되는 약제의 임상적 유용성, 대체가능성 등에 관한 행정청의 판단은 존중되어야 하는지 여부(원칙적 적극)

선별급여 항목 및 본인부담률을 결정할 때의 기준이 되는 약제의 임상적 유용성, 대체가능성 등에 관한 판단에는 고도의 의료·보건상의 전문성이 필요하므로, 행정청이 국민의 건강을 보호·증진하고, 국민건강보험재정의 건전성을 유지하고자 하는 목적에서 국민건강보험법의 위임에 따른 구 선별급여지정기준이 정하는 바에 따라 전문적인 판단을 하였다면, 그 판단은 기초가 된 사실인정에 중대한 오류가 있거나 판단이 객관적으로 불합리하거나 부당하다는 등의 특별한 사정이 없는 한 존중되어야 한다.

제2장 행정행위

기속행위와 재량행위

29 │ 학교용지부담금 부과의 법적 성격 (2022. 12. 29. 선고 2020두49041 판결)

[3] 구 학교용지 확보 등에 관한 특례법 제5조 제1항에 따른 학교용지부담금 부과의 법적 성격
(=재량행위)

30 │ 가축분뇨법상 처리방법 변경허가의 성질(=재량행위) (2021. 6. 30. 선고 2021두35681 판결)

[1] 가축분뇨법에 따른 처리방법 변경허가는 허가권자의 재량행위에 해당한다.

31 │ 공무원연금법상 급여환수·제한처분의 성질(=기속행위) (2021. 8. 12. 선고 2020두40693 판결)

[1] 공무원연금법 제65조 제1항 제1호에서 정한 사유에 해당하면 행정청은 퇴직급여 및 퇴직수당의 감액 여부 또는 비율을 선택할 재량을 가지지 못하고 공무원연금법 시행령 제61조 제1항 제1호에서 정한 비율대로 퇴직급여와 퇴직수당을 감액하여 지급하는 급여제한처분을 할 의무가 있는지 여부(적극) 및 같은 법 제37조 제1항 제1문에 근거한 급여환수처분 역시 행정청이 환수 여부 또는 범위를 선택할 재량을 가지지 못하는 기속행위인지 여부(적극) / 이때 공무원연금법에 따른 급여환수·제한처분에도 '수익적 행정처분 직권취소·철회 제한 법리'가 적용되는지 여부(적극)

32 ‖ 보조금 환수처분의 법적 성격 (2024. 6. 13. 선고 2023두54112 판결)

❏ 사회복지사업법 제42조 제3항 단서의 의미 및 이에 따른 보조금 환수처분은 이미 지급받은 보조금 전액을 환수 대상으로 하되, 그 환수 범위는 개별적으로 결정해야 하는 재량행위의 성격을 가지는지 여부(적극)

사회복지사업법 제42조 제3항 단서는 제1호, 제2호의 사유가 있는 경우 '이미 지급한 보조금의 전부 또는 일부'의 반환을 명하여야 한다는 의미로 해석된다.

33 ‖ 벌점부과처분취소 (2024. 4. 25. 선고 2023두54242 판결)

❏ 건설기술 진흥법 제53조 제1항에서 규정한 벌점부과처분이 부과 여부에 관하여 기속행위인지 여부(적극)

건설기술 진흥법 제53조 제1항에서 규정한 벌점부과처분은 부과 여부에 관한 한 행정청의 재량이 인정되지 않는 기속행위이다.

34 ‖ 재량권 일탈·남용 (하남시 미사리 경정장 사건) (2024. 7. 11. 선고 2023두62465 판결)

[1] 행정행위에 하자가 있는 경우, 처분청이 별도의 법적 근거 없이 스스로 이를 취소할 수 있는지 여부(적극) 및 수익적 행정처분을 취소할 수 있는 경우 / 행정의 법 원칙 중 하나로서 비례의 원칙의 내용

[2] 피고가 개발제한구역 내 행위허가를 받아 경정장을 조성하여 운영하던 원고에 대하여 원고가 행위허가구역 경계를 벗어난 지점에 조명탑을 설치함으로써 허가를 받지 아니한 채 개발행위를 하였다는 이유로 위 조명탑을 원상복구하라는 처분을 한 것이 재량권을 일탈·남용한 행위에 해당하는지 여부(적극)

35 ‖ 감염병예방법에 따라 '관내 종교시설에 대한 집합금지' 등을 명한 예방 조치가 재량권을 일탈·남용하여 위법한지가 문제된 사건 (2024. 7. 18. 선고 2022두43528 전원합의체 판결 ★)

[1] 헌법 제20조 제1항에서 정한 종교의 자유의 내용과 제한

[2] 행정청이 전문적인 위험예측에 관한 판단에 기초하여 감염병을 예방하기 위한 여러 종류의 조치 중에서 필요한 조치를 선택한 데에 비례의 원칙 위반 등 재량권 일탈·남용의 위법이 있는지를 판단할 때 고려할 사항

행정청이 어떠한 감염병 예방 조치가 필요한지 결정할 때에는 의학, 역학, 통계학 등 과학적 지식을 바탕으로 장래에 발생할 불확실한 상황과 파급효과에 대해 전문적인 위험예측에 관한 판단을 하게 된다.

위와 같이 헌법 제34조 제6항, 제36조 제3항에서 정한 국가의 기본권 보호의무와 구 감염병예방법, 재난안전법의 내용 및 취지 등에 비추어 보면, 행정청이 전문적인 위험예측에 관한 판단에 기초하여 감염병을 예방하기 위한 여러 종류의 조치 중에서 필요한 조치를 선택한 데에 비례의 원칙 위반 등 재량권 일탈·남용의 위법이 있는지를 판단할 때에는, 감염병의 특성과 확산 추이, 예방 백신이나 치료제의 개발 여부, 예방 조치를 통해 제한 또는 금지되는 행위로 인한 감염병의 전파가능성 등 객관적 사정을 기초로, 해당 예방 조치가 행정목적을 달성할 수 있는 효과적이고 적절한 수단인지, 그러한 행정목적을 달성하는 데 해당 예방 조치보다 상대방의 권리나 이익이 덜 제한되도록 하는 합리적인 대안은 없는지, 행정청이 해당 예방 조치를 선택하면서 다양한 공익과 사익의 요소들을 고려했는지, 나아가 예방 조치를 통해 달성하려는 공익과 이에 따라 제한될 상대방의 권리나 이익이 정당하고 객관적으로 비교·형량 되었는지 등을 종합적으로 고려해야 한다.

[3] 甲 광역시장이 관내 코로나바이러스감염증-19 누적 확진자 수 급증과 특정 교회에서의 집단감염 사례 등 확진자 증가 사실을 알리면서, 사회적 거리두기를 2단계로 유지하되 사실상 3단계에 준하는 집합금지 확대 등의 조치를 취한다는 취지의 발표와 함께, 구 감염병의 예방 및 관리에 관한 법률 제49조 제1항 제2호에 따라 '관내 종교시설에 대한 집합금지' 등을 명하는 예방 조치를 하자, 관내 乙 교회 및 그 대표자인 목사가 위 처분이 비례의 원칙 등을 위반하여 자신들의 종교의 자유를 침해한다며 처분의 취소를 구한 사안에서, 甲 시장이 위 처분을 하면서 비례의 원칙과 평등의 원칙을 위반하여 乙 교회 등의 종교의 자유를 침해했다고 보기 어렵다고 한 사례

위 처분은 밀폐, 밀접, 밀집된 상황에서 비말에 의한 전파가능성이 가장 높은 것으로 알려진 코로나19의 확산을 방지하여 공공의 건강과 안전을 도모하기 위한 것이고, 코로나19의 확산을 차단하기 위한 방법으로 교인들의 대면 예배라는 집합 자체의 금지를 선택한 것은 위와 같은 행정목적을 달성하기 위한 유효·적절한 수단인 점 … 에 비추어, 甲 시장이 위 처분을 하면서 비례의 원칙을 위반하여 乙 교회 등의 종교의 자유를 침해하였다고 보기 어렵고, ② … 甲 시장이 위 처분을 하면서 평등의 원칙을 위반하여 乙 교회 등의 종교의 자유를 침해했다고 보기 어렵다고 한 사례.

36 파산관재인이 중요재산 처분승인 거부처분에 대한 취소를 청구한 사건
(2024. 7. 11. 선고 2021두47974 판결)

[1] 행정청의 재량행위에 대한 사법심사의 대상과 판단 기준 / 행정청이 행정행위를 할 때 이익형량을 전혀 하지 않거나 이익형량의 고려 대상에 포함해야 할 사항을 누락한 경우 또는 이익형량을 하였으나 정당성·객관성이 결여된 경우, 그 행정행위가 위법한지 여부(적극)

[2] 보조사업자, 간접보조사업자 또는 보조금수령자의 파산절차에서 보조금 관리에 관한 법률 제31조 또는 제33조에 따른 반환금채권이 채무자 회생 및 파산에 관한 법률 제473조 제2호에서 규정한 재단채권에 해당하는지 여부(원칙적 적극) / 파산재단이 재단채권의 총액을 변제하기에 부족한 것이 분명하게 된 경우, 재단채권의 변제 방법

[3] 甲 주식회사가 부산광역시 기장군수로부터 받은 보조금을 사용하여 건물을 신축한 후 폐업하자 부산광역시 기장군수가 사후관리기간(준공일부터 10년) 내 임의 폐업을 사유로 보조금 교부결정 취소 및 반환명령을 하였는데, 이후 甲 회사의 파산선고로 선임된 파산관재인이 부산광역시장에게 위 건물에 관하여 임의경매 또는 임의매각을 위한 중요재산 처분 승인을 신청하였으나, 부산광역시장이 보조금을 전부 반환해야 중요재산 처분 승인이 가능하다는 사유로 거부처분을 한 사안에서, 위 처분은 재량권을 일탈·남용한 것으로서 위법하다고 한 사례

37 ‖ 공법상 계약을 기초로 행정재산에 대한 무상 사용·수익을 신청했다가 거부처분을 받자 그 처분의 취소를 청구한 사건 (2025. 2. 27. 선고 2024두 47890 판결)

[1] 행정청이 행정재산에 대한 사용허가를 할 것인지는 재량행위로서, 재량행위에 대한 법원의 사법심사는 그 행위가 사실오인, 비례·평등의 원칙 위배, 해당 행위의 목적 위반이나 부정한 동기 등에 근거하여 이루어짐으로써 재량권의 일탈·남용이 있는지 여부만을 심사하게 되는 것이나, 법원의 심사 결과 행정청의 재량행위가 사실오인 등에 근거한 것이라고 인정되는 경우에는 이는 재량권을 일탈·남용한 것으로서 위법하여 취소를 면치 못한다.

[2] 공법상 계약 체결에 따른 권리를 취득한 상대방이 그러한 권리의 실질적 보장을 위한 방법의 하나로 공법상 계약의 상대방 측인 행정청을 상대로 수익적 행정행위를 신청하였고 그러한 신청이 공법상 계약에 따른 권리·의무의 이행방식에 위배되는 것이 아니라면, 수익적 행정행위 형식으로 공법상 계약의 권리를 실현시키기 어려운 사정변경이 생겼거나 중대한 공익상 필요가 발생한 경우와 같이 특별한 사정이 없는 이상, 행정청으로서는 수익적 행정행위에 관한 재량권을 공법상 계약에 반하지 않는 범위에서 행사해야 한다.

38 ‖ 행정청이 한 버스노선 변경명령에 따른 인가 운행거리 연장이 정산처분에 있어 상대방에게 유리함에도 이를 반영하지 않은 상태에서 한 정산처분의 재량권 일탈·남용 여부가 문제된 사건 (2025. 3. 13. 선고 2024두 58692 판결)

만약 행정청이 과거 상대방에게 한 특정한 처분으로 인하여 그에게 유리한 사실관계가 형성되었음을 인식하고 있었음에도 이를 반영하지 않은 채 재량권을 행사했다면, 이는 행정청의 사실오인에 기초한 것으로서 재량권 일탈·남용에 해당하여 위법하다. 행정청이 상대방에게 그와 같은 사실관계에 관한 자료의 제출을 요청하였으나 그가 이를 제대로 이행하지 않은 경우라고 하더라도, 그러한 사정으로 인하여 행정청이 사실오인을 일으켰다는 등의 특별한 사정이 없는 한, 마찬가지이다.

대인적 행정행위와 대물적 행정행위

39 | 대물적 처분 (2022. 1. 27. 선고 2020두39365 판결)

요양기관 업무정지처분은 의료인 개인의 자격에 대한 제재가 아니라 요양기관의 업무 자체에 대한 것으로서 대물적 처분의 성격을 갖는다. 따라서 속임수나 그 밖의 부당한 방법으로 보험자에게 요양급여비용을 부담하게 한 요양기관이 폐업한 때에는 그 요양기관은 업무를 할 수 없는 상태일 뿐만 아니라 그 처분대상도 없어졌으므로 그 요양기관 및 폐업 후 그 요양기관의 개설자가 새로 개설한 요양기관에 대하여 업무정지처분을 할 수는 없다.

부관

40 | 도로관리청이 도로점용을 허가하면서 부가한 조건을 그 점용허가 대상 도로가 아닌 다른 도로의 관리청이 원용할 수 있는지 여부가 문제된 사건 (2024. 10. 31. 선고 2022다250626 판결)

☐ 도로법 제90조 제1항에 규정된 '도로점용허가에 특별한 조건이 있는 경우'의 의미

도로관리청이 도로점용을 허가하면서 부가하는 조건은 수익적 행정행위의 주된 내용에 덧붙여 그 행정행위 상대방에게 작위, 부작위, 수인 등 의무를 부과하는 부관의 일종으로서 특별한 사정이 없는 한 그 의무의 이행상대방은 수익적 행정행위를 한 행정청으로 한정되는 점 ⋯ 등을 종합하여 볼 때, 도로점용허가 대상 도로가 아닌 다른 도로의 관리청이 그의 필요에 따라 도로점용허가 대상 도로에 관한 공사를 시행하는 경우에는 당초 도로점용허가를 한 처분청과 처분상대방 사이의 공사비용 부담 주체 결정에 관한 부관인 조건을 원용할 수 없다고 봄이 타당하다.

행정행위의 효력

41 ∥ 구성요건적효력과 선결문제 (운전면허취소와 무면허운전죄) (2021. 9. 16. 선고 2019도11826 판결)

자동차 운전면허 취소처분을 받은 사람이 자동차를 운전하였으나 운전면허 취소처분의 원인이 된 교통사고 또는 법규 위반에 대하여 범죄사실의 증명이 없는 때에 해당한다는 이유로 무죄판결이 확정된 경우에는 그 취소처분이 취소되지 않았더라도 도로교통법에 규정된 무면허운전의 죄로 처벌할 수는 없다고 보아야 한다.

무효와 취소의 구별

42 ∥ 주택재개발정비사업 정비구역에 포함된 국·공유재산 중 일반재산을 점유·사용한 사업시행자에 대한 변상금 부과처분이 당연무효인지 여부가 문제된 사건 (2024. 10. 8. 선고 2023다210991 판결)

[1] 국·공유재산을 점유하거나 사용·수익을 정당화할 법적 지위에 있는 자에 대하여 이루어진 변상금 부과처분이 당연무효인지 여부(적극)

점유나 사용·수익을 정당화할 법적 지위에 있는 자에 대하여는 그 규정이 적용되지 않고, 위와 같은 법적 지위에 있는 자에 대하여 이루어진 변상금 부과처분은 당연무효이다.

[2] 주택재개발정비사업 사업시행계획상 정비구역에 포함된 일반재산이 사업시행자에게 양도되기로 예정된 경우, 사업시행자가 사업시행인가 후 일반재산에 대한 사용·수익을 정당화할 법적 지위에 있는지 여부(원칙적 적극)

하자의 승계

43 ‖ 하자의 승계 인정 여부 (표준지공시지가와 과세처분 사이) (2022. 5. 13. 선고 2018두50147 판결)

표준지로 선정된 토지의 표준지공시지가를 다투기 위해서는 처분청인 국토교통부장관에게 이의를 신청하거나 국토교통부장관을 상대로 공시지가결정의 취소를 구하는 행정심판이나 행정소송을 제기해야 한다. 그러한 절차를 밟지 않은 채 토지 등에 관한 재산세 등 부과처분의 취소를 구하는 소송에서 표준지공시지가결정의 위법성을 다투는 것은 원칙적으로 허용되지 않는다.

44 ‖ 무효인 체류자격 취소처분(선행처분)의 하자와 출국명령 취소(후행처분)의 하자 (대구지방법원 2024. 1. 10. 선고 2023구단11356 판결)

선행처분인 체류자격 취소처분은 행정절차법 제24조 제1항을 위반한 것으로서 그 하자가 중대·명백하여 당연무효에 해당하므로, 이를 기초로 이루어진 후행처분인 출국명령도 위법하다고 한 사례.

소급효

45 노동조합의 운영비원조금지조항이 형벌에 관한 법률조항에 해당하여 헌법불합치결정에 따라 소급하여 효력을 상실하는지 여부가 문제된 사건
(2024. 9. 27. 선고 2018재두178 판결)

[1] 구 노동조합 및 노동관계조정법 제31조 제3항과 결합된 같은 법 제81조 제4호 중 '노동조합의 운영비를 원조하는 행위'에 관한 부분이 형벌에 관한 법률조항에 해당하는지 여부(소극)

[2] 비형벌조항에 대하여 잠정적용 헌법불합치결정이 선고되었으나 위헌성이 제거된 개선입법이 이루어지지 않은 채 개정시한이 지남으로써 법률조항의 효력이 상실되었다면 그 효과는 장래를 향해서만 미친다. 개정시한이 지난 후 개선입법이 이루어졌으나 소급효를 규정하는 경과규정을 두고 있지 아니한 경우에 법원으로서는 헌법불합치결정에서 정한 개정시한까지는 종전의 법률을 그대로 적용하여 재판할 수밖에 없다.
한편 금지규정과 그 위반에 대한 행정처분 또는 처벌규정이 각기 독립된 조항으로 규정되어 있다면 행정처분의 근거가 되는 금지규정과 처벌규정의 구성요건이 되는 금지규정은 달리 평가하는 것이 원칙이다. 따라서 운영비원조금지조항의 위반을 이유로 피고가 명한 시정명령의 적법성을 판단하는 이 사건에서 이를 형벌에 관한 조항으로 나아가 판단할 수는 없고, 운영비원조금지조항은 소급하여 그 효력이 상실되지 아니한다.

46 ‖ 개정 「공익사업을 위한 토지 등의 취득 및 보상에 관한 법률」의 적용에 따른 환매권 발생 여부가 문제된 사건 (2024. 10. 8. 선고 2024다241510 판결)

헌법불합치결정이 선고된 경우 위헌결정과 달리 입법개선을 기다려 개선된 입법을 소급적으로 적용함으로써 합헌적 상태를 회복할 수 있으나, 헌법불합치결정도 위헌결정의 일종이므로 그 결정의 효력은 결정이 있는 날로부터 발생하고, 위헌결정의 경우와 같은 범위에서 소급효가 인정된다. 따라서 헌법불합치결정에 따른 개선입법이 소급 적용되는 범위도 위헌결정에서 소급효가 인정되는 범위와 같으므로, 특별한 사정이 없는 한 헌법불합치결정 당시의 시점까지 소급되는 것이 원칙이라 할 것이다.

이 사건 부칙조항은 이미 환매권이 발생하여 이를 행사할 수 있는 경우에도 환매권의 행사기간 등에 관하여 개정 토지보상법의 적용을 확장하는 조항에 해당할 뿐 개정 토지보상법의 소급적용을 제한하기 위한 규정으로는 볼 수 없다. 따라서 이 사건 부칙조항을 근거로 개정 토지보상법 제91조 제1항의 적용범위가 제한될 수는 없다.

그러나 이 사건 헌법불합치 결정일 이전에 토지의 협의취득일 또는 수용의 개시일부터 10년이 경과하여 구 토지보상법에 따른 환매권의 발생기간이 경과하였을 뿐만 아니라 토지의 공공필요가 소멸되어 환매권의 발생요건이 충족된 후 개정 토지보상법 시행 이전에 구 토지보상법 제91조 제1항에 따른 제척기간마저 경과하여 환매권이 소멸하였다면 이 사건 헌법재판소 결정과 무관하게 개정 토지보상법 시행 당시 환매권의 행사가능성이 확정적으로 차단되어 개정 토지보상법이 적용될 수 없다.

| 행정계획 |

47 ∥ 도시계획시설결정 해제신청거부처분 취소 청구 (2023. 11. 16. 선고 2022두 61816 판결 ★)

❑ 행정계획의 의미 / 행정주체가 행정계획을 입안·결정할 때 광범위한 형성의 자유를 가지는지 여부(적극) 및 그 한계 / 행정주체가 행정계획을 입안·결정하면서 이익형량을 하지 않거나 이익형량의 고려 대상에 포함해야 할 사항을 누락한 경우 또는 이익형량을 했으나 정당성·객관성이 결여된 경우, 행정계획결정이 위법한지 여부(적극) / 도시관리계획결정과 관련하여 재량권 일탈·남용 여부를 판단하는 방법 / 자연환경 보호 등을 목적으로 하는 도시관리계획결정은 행정청의 재량적 판단으로서 폭넓게 존중해야 하는지 여부(원칙적 적극)

공법상 계약

48 ‖ 산업기술혁신 촉진법상 산업기술개발사업에 관하여 체결된 협약에 따라 집행된 사업비 정산금 반환채무의 존부에 대한 분쟁이 공법상 당사자소송의 대상인지 문제된 사건 (2023. 6. 29. 선고 2021다250025 판결)

[1] '공법상 계약'의 의미 및 '공법상 계약'에 해당하는지 판단하는 방법 / 공법상 계약의 한쪽 당사자가 다른 당사자를 상대로 이행을 청구하는 소송 또는 이행의무의 존부에 관한 확인을 구하는 소송은 공법상 당사자소송으로 제기하여야 하는지 여부(원칙적 적극)

[2] 원고가 고의 또는 중대한 과실 없이 행정소송으로 제기하여야 할 사건을 민사소송으로 잘못 제기한 경우, 수소법원이 취하여야 할 조치

원고가 고의 또는 중대한 과실 없이 행정소송으로 제기하여야 할 사건을 민사소송으로 잘못 제기한 경우, 수소법원으로서는 만약 그 행정소송에 대한 관할도 동시에 가지고 있다면 이를 행정소송으로 심리·판단하여야 하고, 그 행정소송에 대한 관할을 가지고 있지 아니하다면 관할법원에 이송하여야 한다.

[3] 갑 주식회사 등으로 구성된 컨소시엄과 한국에너지기술평가원은 산업기술혁신 촉진법 제11조 제4항에 따라 산업기술개발사업에 관한 협약을 체결하고, 위 협약에 따라 정부출연금이 지급되었는데, 한국에너지기술평가원이 갑 회사가 외부 인력에 대한 인건비를 위 협약에 위반하여 집행하였다며 갑 회사에 정산금 납부 통보를 하자, 갑 회사는 한국에너지기술평가원 등을 상대로 정산금 반환채무가 존재하지 아니한다는 확인을 구하는 소를 민사소송으로 제기한 사안에서, 위 협약은 공법상 계약에 해당하고 그에 따른 계약상 정산의무의 존부·범위에 관한 갑 회사와 한국에너지기술평가원의 분쟁은 공법상 당사자소송의 대상이라고 한 사례

49 ∥ 공법상 계약에 관한 해석방법 (2024. 12. 12. 선고 2024두41816 판결)

❏ 공법상 계약에서 계약당사자 사이에 계약내용을 서면으로 작성한 경우, 계약내용을 해석하는 방법 및 계약서에 표현된 당사자의 의사가 명백한데도 합리적인 근거 없이 계약서에 명시되지 않은 내용을 추가하는 것이 허용되는지 여부(소극)

특히 당사자 일방이 주장하는 계약의 내용이 상대방에게 중대한 책임을 부과하게 되는 경우에는 그 문언의 내용을 더욱 엄격하게 해석해야 한다. 계약서에 표현된 당사자의 의사가 명백한데도 합리적인 근거 없이 계약서에 명시되지 않은 내용을 추가하는 것은 의사해석의 범위를 넘어선 것으로 허용될 수 없다.

50 ∥ 공법상 계약의 의미 및 공법상 계약에 해당하는지 판단하는 방법 (2024. 7. 11. 선고 2024다211762 판결)

공법상 계약이란 공법적 효과의 발생을 목적으로 하여 대등한 당사자 사이의 의사표시 합치로 성립하는 공법행위를 말한다. 어떠한 계약이 공법상 계약에 해당하는지는 계약이 공행정 활동의 수행 과정에서 체결된 것인지, 계약이 관계 법령에서 규정하고 있는 공법상 의무 등의 이행을 위해 체결된 것인지, 계약 체결에 계약 당사자의 이익만이 아니라 공공의 이익 또한 고려된 것인지 또는 계약 체결의 효과가 공공의 이익에도 미치는지, 관계 법령에서의 규정 또는 그 해석 등을 통해 공공의 이익을 이유로 한 계약의 변경이 가능한지, 계약이 당사자들에게 부여한 권리와 의무 및 그 밖의 계약 내용 등을 종합적으로 고려하여 판단하여야 한다.

제3편
행정절차·행정정보공개·개인정보보호

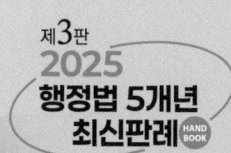

제1장 행정절차

51 | 공익신고자 보호법령상 처분이나 민원의 처리기간에 관한 규정이 강행규정인지 여부 (2023. 6. 15. 선고 2022두66576 판결 ★)

[2] 공익신고자 보호법령상 처분이나 민원의 처리기간에 관한 규정이 강행규정인지 여부(소극) / 행정청이 처리기간을 지나 처분을 한 경우, 처분을 취소할 절차상 하자로 볼 수 있는지 여부(소극)

공익신고자 보호법 제17조 제4항의 위임에 따른 공익신고자 보호법 시행령 제16조 제1항은 "위원회는 법 제17조 제1항에 따라 보호조치 신청을 받은 경우에는 그 신청을 접수한 날부터 60일 이내에 법 제20조 제1항에 따른 보호조치결정 및 같은 조 제2항에 따른 보호조치 권고를 하여야 한다. 다만 필요한 경우에는 그 기간을 30일 이내에서 연장할 수 있다."라고 규정하고 있다.

처분이나 민원의 처리기간을 정하는 것은 신청에 따른 사무를 가능한 한 조속히 처리하도록 하기 위한 것이다. 처리기간에 관한 규정은 훈시규정에 불과할 뿐 강행규정이라고 볼 수 없다. 행정청이 처리기간이 지나 처분을 하였더라도 이를 처분을 취소할 절차상 하자로 볼 수 없다.

52 | 군 영내에 갖추고 있는 텔레비전수상기에 관하여 수신료 부과처분을 한 사건 (2023. 9. 21. 선고 2023두39724 판결 ★)

[2] 국가에 대해 행정처분을 할 때에도 사전 통지, 의견청취, 이유 제시와 관련한 행정절차법이 그대로 적용되는지 여부(적극)

행정절차법 제2조 제4호에 의하면, '당사자 등'이란 행정청의 처분에 대하여 직접 그 상대가 되는 당사자와 행정청이 직권 또는 신청에 의하여 행정절차에 참여하게 한 이해관계인을 의미하는데, 같은 법 제9조에서는 자연인, 법인, 법인 아닌 사단 또는 재단 외에 '다른 법령 등에 따라 권리·의무의 주체가 될 수 있는 자' 역시 '당사자 등'이 될 수 있다고 규정하고 있을 뿐, 국가를 '당사자 등'에서 제외하지 않고 있다. 또한 행정절차법 제3조 제2항에서 행정절차법이 적용되지 않는 사항을 열거하고 있는데, '국가를 상대로 하는 행정행위'는 그 예외사유에 해당하지 않는다.

위와 같은 행정절차법의 규정과 행정의 공정성·투명성 및 신뢰성 확보라는 행정절차법의 입법 취지 등을 고려해 보면, 행정기관의 처분에 의하여 불이익을 입게 되는 국가를 일반 국민과 달리 취급할 이유가 없다. 따라서 국가에 대해 행정처분을 할 때에도 사전 통지, 의견청취, 이유 제시와 관련한 행정절차법이 그대로 적용된다고 보아야 한다.

[3] 조세나 부과금 등의 부담금에 관한 법률을 해석하는 방법 / 이는 텔레비전방송수신료의 부과 및 면제요건을 해석할 때에도 마찬가지인지 여부(적극) / '군 영내'에 있는 텔레비전수상기는 사용 목적과 관계없이 등록의무가 면제되는 수상기로서 텔레비전방송수신료를 부과할 수 없는지 여부(적극)

53 ‖ 문서주의 (2021. 2. 4. 선고 2017다207932 판결)

행정청이 문서로 처분을 한 경우 원칙적으로 처분서의 문언에 따라 어떤 처분을 하였는지 확정하여야 한다. 그러나 처분서의 문언만으로는 행정청이 어떤 처분을 하였는지 불분명한 경우에는 처분 경위와 목적, 처분 이후 상대방의 태도 등 여러 사정을 고려하여 처분서의 문언과 달리 처분의 내용을 해석할 수 있다. 특히 행정청이 행정처분을 하면서 논리적으로 당연히 수반되어야 하는 의사표시를 명시적으로 하지 않았다고 하더라도, 그것이 행정청의 추단적 의사에도 부합하고 상대방도 이를 알 수 있는 경우에는 행정처분에 위와 같은 의사표시가 묵시적으로 포함되어 있다고 볼 수 있다.

54 ∥ 문자메시지로 통지된 행정처분의 효력이 문제된 사건 (2024. 5. 9. 선고 2023도3914 판결)

☐ 휴대전화 문자메시지가 전자문서 및 전자거래 기본법 제4조의2에서 정한 요건을 갖춘 경우, 폐기물관리법 시행규칙 제68조의3 제1항에서 정한 서면의 범위에 포함되는지 여부(적극) / 행정청이 폐기물관리법 제48조 제1항, 같은 법 시행규칙 제68조의3 제1항에서 정한 폐기물 조치명령을 전자문서로 하는 경우, 구 행정절차법 제24조 제1항에 따라 당사자의 동의가 필요한지 여부(적극)

전자문서법의 규정에 비추어 보면, 전자우편은 물론 휴대전화 문자메시지도 전자문서에 해당한다고 할 것이므로, 휴대전화 문자메시지가 전자문서법 제4조의2에서 정한 요건을 갖춘 이상 폐기물관리법 시행규칙 제68조의3 제1항에서 정한 서면의 범위에 포함된다고 할 것이다.

다만 행정청이 폐기물관리법 제48조 제1항, 같은 법 시행규칙 제68조의3 제1항에서 정한 폐기물 조치명령을 전자문서로 하고자 할 때에는 행정절차법 제24조 제1항에 따라 당사자의 동의가 필요하다.

55 ∥ 어린이집을 평가한 결과를 개별적으로 서면이나 전자문서로 고지하지 않고 어린이집정보공개포털 홈페이지를 통해 공표한 사건 (2023. 12. 7. 선고 2022두52522 판결)

가. 구 행정절차법 제24조 제1항 본문은 "행정청이 처분을 할 때에는 다른 법령 등에 특별한 규정이 있는 경우를 제외하고는 문서로 하여야 하며, 전자문서로 하는 경우에는 당사자 등의 동의가 있어야 한다."라고 정하고 있어 다른 법령 등에 특별한 규정이 있는 경우 '행정청의 처분을 문서로 하여 송달할 의무'의 예외를 인정하고 있다.

나. 피고 장관이 이 사건 공표를 통해 이 사건 평가등급 부여결정을 외부에 표시한 것은 구 행정절차법 제24조 제1항 본문에서 정한 "다른 법령 등에 특별한 규정이 있는 경우"에 해당하므로, 피고 장관이 이 사건 평가등급 부여결정을 하면서 이를 처분상대방인 원고에게 문서 또는 전자문서로 고지하지 않은 것에 구 행정절차법 제24조 제1항에서 정한 처분의 방식을 위반한 절차적 하자가 있다고 보기 어렵다. 그 구체적인 이유는 아래와 같다.

1) 영유아보육법 제30조 제3항은 "보건복지부장관은 제1항에 따른 어린이집 평가 등급 등 평가 결과를 공표하여야 한다."라고 정하고 … 영육아보육법 시행규칙 제32조의3은 제2항에서 "보건복지부장관은 제1항 각 호의 사항을 보건복지부, 법 제7조에 따른 육아종합지원센터, 법 제51조의2 제1항 제4호 및 영 제26조의2 제1항에 따라 평가에 관한 업무를 위탁받은 기관이나 단체의 인터넷 홈페이지 등에 공표한다."라고 정하고 있다.

피고 장관의 어린이집 평가등급 부여결정은 외부에 표시됨으로써 행정처분으로 성립될 수 있는데, … 영유아보육법 제30조 제3항, 같은 법 시행규칙 제32조의3 제2항은 피고 장관의 어린이집 평가등급 부여결정에 관하여 처분의 방식을 특별히 정한 것으로 봄이 타당하다.

56 | 교육환경평가서 승인절차를 거치지 않은 건축허가 등의 절차하자 여부
(2021. 8. 19. 선고 2020두55701 판결)

❏ 건축법 제11조 제1항 단서에 따른 대규모 건축물을 건축하려는 자가 교육환경보호에 관한 법률 제6조 제1항 제5호에서 정한 교육환경평가서 승인절차를 거치지 않은 채 주택법상 주택건설사업계획승인이나 건축법상 건축허가 등을 받은 경우, 곧바로 건축허가 등 처분에 취소사유에 이를 정도의 흠이 존재하는지 여부(소극)

인 · 허가 의제제도

57 주된 인허가가 처리 의제된 경우 관련 인허가를 별도로 신청하여야 하는지 여부 (2021. 3. 11. 선고 2020두42569 판결 ★★)

인허가 의제 제도는 목적사업의 원활한 수행을 위해 창구를 단일화하여 행정절차를 간소화하는 데 입법 취지가 있고 목적사업이 관계 법령상 인허가의 실체적 요건을 충족하였는지에 관한 심사를 배제하려는 취지는 아니다. 따라서 시장 등이 사업계획을 승인하기 전에 관계 행정청과 미리 협의한 사항에 한하여 사업계획승인처분을 할 때에 관련 인허가가 의제되는 효과가 발생할 뿐이다.

관련 인허가 사항에 관한 사전 협의가 이루어지지 않은 채 중소기업창업법 제33조 제3항에서 정한 20일의 처리기간이 지난 날의 다음 날에 사업계획승인처분이 이루어진 것으로 의제된다고 하더라도, 창업자는 중소기업창업법에 따른 사업계획승인처분을 받은 지위를 가지게 될 뿐이고 관련 인허가까지 받은 지위를 가지는 것은 아니다. 따라서 창업자는 공장을 설립하기 위해 필요한 관련 인허가를 관계 행정청에 별도로 신청하는 절차를 거쳐야 한다. 만일 창업자가 공장을 설립하기 위해 필요한 국토의 계획 및 이용에 관한 법률에 따른 개발행위허가를 신청하였다가 거부처분이 이루어지고 그에 대하여 제소기간이 도과하는 등의 사유로 더 이상 다툴 수 없는 효력이 발생한다면, 시장 등은 공장설립이 객관적으로 불가능함을 이유로 중소기업창업법에 따른 사업계획승인처분을 직권으로 철회하는 것도 가능하다.

58 │ 일괄심사 대상인 토지형질변경에 대한 심사 없이 이루어진 건축신고 수리처분의 적법 여부를 다투는 사건 (2023. 9. 21. 선고 2022두31143 판결 ★)

[1] 국토의 계획 및 이용에 관한 법률 제56조 제4항 제3호, 국토의 계획 및 이용에 관한 법률 시행령 제53조 제3호 (다)목에 따라 개발행위허가가 면제되는 토지형질변경의 의미 및 여기에 건축물의 건축을 위해 별도의 절토, 성토, 정지작업 등이 필요한 경우가 포함되는지 여부(소극)

[3] 어떤 인허가의 근거 법령에서 절차간소화를 위하여 관련 인허가를 의제 처리할 수 있는 근거 규정을 둔 경우에는, 사업시행자가 인허가를 신청하면서 하나의 절차 내에서 관련 인허가를 의제 처리해 줄 것을 신청할 수 있다. 관련 인허가 의제 제도는 사업시행자의 이익을 위하여 만들어진 것이므로, 사업시행자가 반드시 관련 인허가 의제 처리를 신청할 의무가 있는 것은 아니다.

[4] 건축물의 건축이 허용되기 위한 요건인 '부지 확보'의 의미 / 건축신고 수리처분 당시 건축주가 장래에도 토지형질변경허가를 받지 않거나 받지 못할 것이 명백하였음에도 '부지 확보' 요건을 완비하지 못한 상태에서 건축신고 수리처분이 이루어진 경우, 건축신고 수리처분이 적법한지 여부(소극)

59 │ 농지전용허가가 의제되는 건축허가를 받은 토지와 건축물을 양수한 자 (2022. 6. 30. 선고 2021두57124 판결)

　　농지전용허가가 의제되는 건축허가를 받은 토지와 그 지상에 건축 중인 건축물의 소유권을 경매절차에서 양수한 자가 건축관계자 변경신고를 하는 경우 행정청은 '농지보전부담금의 권리승계를 증명할 수 있는 서류'가 제출되지 않았다는 이유로 그 신고를 반려할 수 없다.

　　… 당초 농지전용허가가 의제되는 건축허가를 받은 사람이 농지보전부담금을 납부한 상황에서 경매절차를 통해 건축허가대상 건축물에 관한 권리가 변동됨에 따라 건축주가 변경되고, 그에 따라 법률로써 농지전용허가 명의자가 변경된 것으로 의제되면, 종전에 납부된 농지보전부담금은 농지전용허가 명의를 이전받은 자의 의무이행을 위해 납입되어 있는 것으로 보는 것이 타당하다.

제2장 정보공개

60 정보공개거부처분의 취소를 구할 법률상 이익 (2022. 5. 26. 선고 2022두 33439 판결 ★★)

[1] 국민의 정보공개청구권은 법률상 보호되는 구체적인 권리이므로, 공공기관에대하여 정보공개를 청구하였다가 공개거부처분을 받은 청구인은 행정소송을 통해 공개거부처분의 취소를 구할 법률상 이익이 인정되고, 그 밖에 추가로 어떤 이익이 있어야하는 것은 아니다.

[2] 견책의 징계처분을 받은 甲이 사단장에게 징계위원회에 참여한 징계위원의 성명과 직위에 대한 정보공개청구를 하였으나 위 정보가 공공기관의 정보공개에 관한법률 제9조 제1항 제1호, 제2호, 제5호, 제6호에 해당한다는 이유로 공개를 거부한 사안에서, 비록 징계처분 취소사건에서 甲의 청구를 기각하는 판결이 확정되었더라도 이러한 사정만으로 위 처분의 취소를 구할 이익이 없어지지 않고, 사단장이 甲의 정보공개청구를 거부한 이상 甲으로서는 여전히 정보공개거부처분의 취소를 구할 법률상 이익이 있으므로, 이와 달리 본 원심판결에 법리오해의 잘못이 있다고 한 사례.

61 일본군위안부 피해자 문제에 관한 한·일 간의 합의와 관련된 협상 내용의 정보공개를 구하는 사건 (2023. 6. 1. 선고 2019두41324 판결 ★)

12·28 일본군위안부 피해자 합의와 관련된 협의가 비공개로 진행되었고, 대한민국과 일본 모두 그 협의 관련 문서를 비공개문서로 분류하여 취급하고 있는데 우리나라가 그 협의 내용을 일방적으로 공개할 경우 우리나라와 일본 사이에 쌓아온 외교적 신뢰관계에 심각한 타격이 있을 수 있는 점, … 위 합의를 위한 협상 과정에서 일본군과 관헌에 의한 위안부 '강제연행'의 존부 및 사실인정 문제에 대해 협의한 정보를 공개하지 않은 처분이 적법하다.

62 ‖ 군검사가 공소제기된 사건과 관련하여 보관하고 있는 서류 또는 물건에 관하여 피고인이나 변호인이 정보공개법에 의한 정보공개청구를 한 사건 (2024. 5. 30. 선고 2022두65559 판결)

군사법원법 제309조의3은 군검사가 공소제기된 사건과 관련하여 보관하고 있는 서류 또는 물건의 공개 여부나 공개 범위, 불복절차 등에 관하여 공공기관의 정보공개에 관한 법률(이하 '정보공개법'이라 한다)과 달리 규정하고 있는 것으로 볼 수 있다. 결국 정보공개법 제4조 제1항에서 정한 '정보의 공개에 관하여 다른 법률에 특별한 규정이 있는 경우'에 해당한다. 따라서 군검사가 공소제기된 사건과 관련하여 보관하고 있는 서류 또는 물건에 관하여는 피고인이나 변호인의 정보공개법에 의한 정보공개청구가 허용되지 아니한다.

63 ‖ 「대통령기록물 관리에 관한 법률」(이하 '대통령기록물법')상 보호기간 중에 있는 대통령지정기록물에 관하여 정보공개를 청구한 사건 (2025. 1. 9. 선고 2019두35763 판결)

[1] 대통령기록물 관리에 관한 법률 제17조에 따라 대통령지정기록물을 지정하고 이에 대하여 보호기간을 정한 대통령 행위의 효력 유무에 대한 사법심사가 대통령기록물 관리에 관한 법률에 의해 배제되는지 여부(소극)

대통령지정기록물 보호기간 제도의 취지가 퇴임 후의 정쟁 등을 미연에 방지하기 위해 일정기간 공개를 제한하는 것이라고 하더라도, 대통령의 보호기간 설정행위는 대통령기록물법에서 정한 절차와 요건을 준수해야만 비로소 적법하게 효력을 갖게 되는 것이므로, 보호기간 설정행위의 효력 유무에 대한 사법심사가 대통령기록물법에 의해 배제된다고 볼 수는 없다.

[2] 정보공개 거부처분을 다투는 항고소송에서 해당 정보를 대통령지정기록물로 지정하고 보호기간을 정한 행위의 적법성을 심사하기 위해 공공기관의 정보공개에 관한 법률 제20조 제2항에 따라 비공개 열람·심사가 이루어지는 경우, 행정청이 대통령기록물 관리에 관한 법률 제17조 제4항을 근거로 자료제출을 거부할 수 있는지 여부(소극) / 이때 법원이 비공개 열람·심사를 진행하기 위한 전제 및 취해야 할 조치

정보공개 거부처분을 다투는 항고소송에서, 해당 정보를 대통령지정기록물로 지정

하고 보호기간을 정한 행위의 적법성을 심사하기 위해 정보공개법 제20조 제2항에 따라 비공개 열람·심사가 이루어지는 경우에는 행정청이 대통령기록물법 제17조 제4항을 근거로 자료제출을 거부할 수 없다고 해석하는 것이 헌법을 최고법규로 하는 통일적인 법질서의 형성을 위한 합헌적 법률해석의 원칙에 부합한다.

다만 보호기간 중에 있는 대통령지정기록물의 열람 및 제출을 엄격히 제한하는 대통령기록물법 제17조 제4항의 취지를 고려할 때, 법원으로서는 우선 피고로 하여금 다툼의 대상이 되는 정보의 유형, 해당 정보를 대통령지정기록물로 보아 보호기간을 정한 절차 및 실질적인 이유, 이를 공개하지 않는 사유, 동종의 정보에 대하여 보호기간을 정한 사례의 유무 등의 간접사실에 의하여 해당 정보에 적법하게 보호기간이 정해졌는지를 증명하도록 하여야 한다. 법원은 피고가 제출한 간접사실만으로 증명이 충분하지 않아 보호기간을 정한 행위의 적법성을 의심할 만한 상당한 이유가 있는 때에 비로소 정보공개법 제20조 제2항에 따라 피고로 하여금 다툼의 대상이 된 정보를 제출하도록 하여 비공개 열람·심사를 진행할 수 있다.

제3장 개인정보보호

64 ‖ 개인정보보호법상 '누설'의 의미 (2022. 11. 10. 선고 2018도1966 판결)

구 공공기관의 개인정보보호에 관한 법률 상 '누설'이란 아직 개인정보를 알지 못하는 타인에게 알려주는 일체의 행위를 말하고, 고소·고발장에 다른 정보주체의 개인정보를 첨부하여 경찰서에 제출한 것은 그 정보주체의 동의도 받지 아니하고 관련 법령에 정한 절차를 거치지 아니한 이상 부당한 목적하에 이루어진 개인정보의 '누설'에 해당하였다. … 구 공공기관의 개인정보보호에 관한 법률에 따른 '누설'에 관한 위의 법리는 개인정보 보호법에도 그대로 적용된다.

65 ‖ 고객들이 대형 유통회사를 상대로 회사가 고객들의 동의 없이 개인정보를 보험회사들에 제공하였다는 이유로 손해배상을 청구한 사건 (2024. 5. 17. 선고 2018다262103 판결)

개인정보 보호법 제39조 제1항은 "정보주체는 개인정보처리자가 이 법을 위반한 행위로 손해를 입으면 개인정보처리자에게 손해배상을 청구할 수 있다. 이 경우 그 개인정보처리자는 고의 또는 과실이 없음을 입증하지 아니하면 책임을 면할 수 없다."라고 규정하고 있다. 이 규정은 정보주체가 개인정보처리자의 개인정보 보호법 위반행위로 입은 손해의 배상을 청구하는 경우에 개인정보처리자의 고의나 과실을 증명하는 것이 곤란한 점을 감안하여 그 증명책임을 개인정보처리자에게 전환하는 것일 뿐이고, 개인정보처리자가 개인정보 보호법을 위반한 행위를 하였다는 사실 자체는 정보주체가 주장·증명하여야 한다.

66 | 개인정보자기결정권 및 인격권 침해를 이유로 한 손해배상청구 사건
(2024. 6. 17. 선고 2020다239045 판결)

타인에 대하여 비판적인 의견을 표명하는 것은 극히 예외적인 사정이 없는 한 위법하다고 볼 수 없다. 그러나 표현행위의 형식과 내용이 모욕적이고 경멸적인 인신공격에 해당하거나 타인의 신상에 관하여 다소간의 과장을 넘어서 사실을 왜곡하는 공표행위를 하는 등으로 인격권을 침해한 경우에는 의견 표명으로서의 한계를 벗어난 것으로서 불법행위가 될 수 있다.

67 | 개인정보 유출로 인한 과징금 부과처분의 취소를 구한 사건 (2023. 10. 12. 선고 2022두68923 판결)

[1] 구 정보통신망 이용촉진 및 정보보호 등에 관한 법률 제64조의3 제1항 각호에서 정한 행위에 대하여 부과하는 과징금의 성격 / 위 조항 제6호에서 정한 자에 대하여 과징금을 부과함으로써 박탈하고자 하는 이득 / 위 과징금 부과를 위한 관련 매출액을 산정할 때 '위반행위로 인하여 직접 또는 간접적으로 영향을 받는 서비스'의 범위를 판단하는 기준

[2] 구 정보통신망 이용촉진 및 정보보호 등에 관한 법률 제64조의3 제1항에 따라 개인정보 보호조치 의무 위반에 대해 부과되는 과징금의 액수를 정할 때 고려할 사항 및 과징금의 액수가 위반행위의 내용에 비해 과중하여 사회통념상 현저하게 타당성을 잃은 경우, 과징금 부과처분이 위법한지 여부(적극)

제4편
행정상의 의무이행확보수단

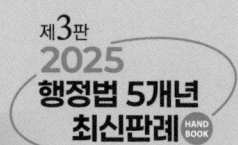

68 | 과징금의 부과방식과 과징금 부과총액의 최고한도액 (2021. 2. 4. 선고 2020두48390 판결) ★★

[1] 관할 행정청이 사업정지처분을 갈음하는 과징금 부과처분을 하기로 선택하는 경우에도 사업정지처분의 경우와 마찬가지로 여러 가지 위반행위에 대하여 1회에 부과할 수 있는 과징금 총액의 최고한도액은 5,000만 원이라고 보는 것이 타당하다. 관할 행정청이 여객자동차운송사업자의 여러 가지 위반행위를 인지하였다면 전부에 대하여 일괄하여 5,000만 원의 최고한도 내에서 하나의 과징금 부과처분을 하는 것이 원칙이고, 인지한 여러 가지 위반행위 중 일부에 대해서만 우선 과징금 부과처분을 하고 나머지에 대해서는 차후에 별도의 과징금 부과처분을 하는 것은 다른 특별한 사정이 없는 한 허용되지 않는다.

[2] 관할 행정청이 여객자동차운송사업자가 범한 여러 가지 위반행위 중 일부만 인지하여 과징금 부과처분을 한 후 그 과징금 부과처분 시점 이전에 이루어진 다른 위반행위를 인지하여 이에 대하여 별도의 과징금 부과처분을 하게 되는 경우, 추가 과징금 부과처분의 과징금액을 산정하는 방법

종전 과징금 부과처분의 대상이 된 위반행위와 추가 과징금 부과처분의 대상이 된 위반행위에 대하여 일괄하여 하나의 과징금 부과처분을 하는 경우와의 형평을 고려하여 추가 과징금 부과처분의 처분양정이 이루어져야 한다. 다시 말해, 행정청이 전체 위반행위에 대하여 하나의 과징금 부과처분을 할 경우에 산정되었을 정당한 과징금액에서 이미 부과된 과징금액을 뺀 나머지 금액을 한도로 하여서만 추가 과징금 부과처분을 할 수 있다.

69 | 감염병예방법상 역학조사거부죄 (2022. 11. 17. 선고 2022도7290 판결)

[2] 감염병의 예방 및 관리에 관한 법률 제18조 제3항에서 정한 '역학조사'의 의미 / 같은 항 제1호에서 정한 '역학조사를 거부하는 행위'가 성립하려면 행위자나 그의 공범에 대하여 같은 항에서 정한 '역학조사'가 실시되었음이 전제되어야 하는지 여부(적극)

70 ‖ 시정명령의 이행을 기대할 수 없는 자가 시정명령의 상대방이 되는지 여부 (2022. 10. 14. 선고 2021두45008 판결)

구 건축법 제79조 제1항에 따른 시정명령은 … 건축 관련 법령 등을 위반한 객관적 사실이 있으면 할 수 있고, 원칙적으로 시정명령의 상대방에게 고의·과실을 요하지 아니하며 대지 또는 건축물의 위법상태를 직접 초래하거나 또는 그에 관여한 바 없다고 하더라도 부과할 수 있다. 그러나 건축법상 위법상태의 해소를 목적으로 하는 시정명령 제도의 본질상, 시정명령의 이행을 기대할 수 없는 자, 즉 대지 또는 건축물의 위법상태를 시정할 수 있는 법률상 또는 사실상의 지위에 있지 않은 자는 시정명령의 상대방이 될 수 없다고 보는 것이 타당하다.

71 ‖ 도로 외의 곳에서의 음주운전에 대해 운전면허 취소·정지를 할 수 있는지 여부 (2021. 12. 10. 선고 2018두42771 판결)

음주운전·음주측정거부 등에 관한 형사처벌 규정인 도로교통법 제148조의2가 포함되어 있으나, 행정제재처분인 운전면허 취소·정지의 근거 규정인 도로교통법 제93조는 포함되어 있지 않기 때문에 도로 외의 곳에서의 음주운전·음주측정거부 등에 대해서는 형사처벌만 가능하고 운전면허의 취소·정지 처분은 부과할 수 없다.

72 ∥ 콘텐츠 제공사업자(CP)의 접속경로 변경행위가 전기통신사업법령상 '전기통신서비스의 이용을 제한하는 행위'에 해당하는지 여부가 문제된 사건 (2023. 12. 21. 선고 2020두50348 판결)

전 세계 이용자들에게 사회관계망 서비스를 제공하는 콘텐츠제공사업자인 갑 주식회사가 '전기통신시설비의 상호접속기준'이 개정되면서 국내통신사에 더 많은 비용을 지급해야 할 상황에 처하자, 일부 접속경로를 국내에서 해외 인터넷서비스제공사업자로 변경하면서 국내 페이스북 이용자들의 접속이 지연되거나 동영상이 제대로 재생되지 않는 등의 현상이 발생한 사실에 대하여, 위 접속경로 변경이 '정당한 사유 없이 전기통신서비스의 이용을 제한하는 행위'로서 전기통신이용자의 이익을 현저히 해치는 방식으로 전기통신서비스를 제공하는 행위를 금지하고 있는 구 전기통신사업법령을 위반했다는 이유로 방송통신위원회가 갑 회사에 시정명령 등을 한 사안에서, 갑 회사의 접속경로 변경행위가 구 전기통신사업법 시행령 제42조 제1항 [별표 4] 제5호 (나)목 5)에서 정한 '이용의 제한'에 해당하지 않는다고 한 사례

73 ∥ 택시운송사업자인 협동조합이 택시운송사업의 운전업무에 종사하는 조합원에게 운송비용을 전가한 사건 (2024. 2. 29. 선고 2020두54029 판결)

❑ 택시운송사업자인 협동조합이 택시운송사업의 운전업무에 종사하는 조합원에게 택시운송사업의 발전에 관한 법률 제12조 제1항 각호에서 정한 택시 구입비, 유류비, 세차비 등을 부담시키는 것이 위 조항 위반행위에 해당하는지 여부(원칙적 적극)

74 ∥ 통고처분과 일사부재리의 원칙 (2021. 4. 1. 선고 2020도15194 판결)

경찰서장이 범칙행위에 대하여 통고처분을 한 이상, 범칙자의 위와 같은 절차적 지위를 보장하기 위하여 통고처분에서 정한 범칙금 납부기간까지는 원칙적으로 경찰서장은 즉결심판을 청구할 수 없고, 검사도 동일한 범칙행위에 대하여 공소를 제기할 수 없다.

제5편
행정구제법

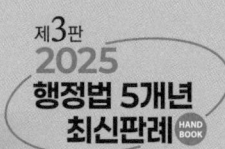

제1장 국가배상

75 │ 공법인과 그 임직원의 배상책임 (2021. 1. 28. 선고 2019다260197 판결)

[1] 공법인의 임직원이나 피용인은 실질적인 의미에서 공무를 수행한 사람으로서 국가배상법 제2조에서 정한 공무원에 해당하므로 고의 또는 중과실이 있는 경우에만 배상책임을 부담하고 경과실이 있는 경우에는 배상책임을 면한다. 한편 공무원의 중과실이란 공무원에게 통상 요구되는 정도의 상당한 주의를 하지 않더라도 약간의 주의를 한다면 손쉽게 위법·유해한 결과를 예견할 수 있는 경우임에도 만연히 이를 간과한 경우와 같이, 거의 고의에 가까운 현저한 주의를 결여한 상태를 의미한다.

76 │ 국가시험 출제오류와 국가배상책임 (2022. 4. 28. 선고 2017다233061 판결)

[2] 법령에 따라 국가가 시행과 관리를 담당하는 시험에서 시험문항의 출제나 정답결정에 대한 오류 등의 위법을 이유로 시험출제에 관여한 공무원이나 시험위원의 고의 또는 과실에 따른 국가배상책임을 인정하기 위해서는, 해당… 여러 사정을 종합하여 시험출제에 관여한 공무원이나 시험위원이 객관적 주의의무를 소홀히 하여 시험문항의 출제나 정답결정에 대한 오류 등에 따른 행정처분이 객관적 정당성을 상실하였다고 판단되어야 한다.

77 공무원의 부작위로 인한 국가배상책임 (서진환 사건) (2022. 7. 14. 선고 2017다290538 판결) ★★

[1] 공무원의 부작위를 이유로 국가배상책임을 인정하기 위해서는 공무원의 작위로 국가배상책임을 인정하는 경우와 마찬가지로 '공무원이 직무를 집행하면서 고의 또는 과실로 법령을 위반하여 타인에게 손해를 입힌 때'라는 국가배상법 제2조 제1항의 요건이 충족되어야 한다. 여기서 '법령 위반'이란 엄격하게 형식적 의미의 법령에 명시적으로 공무원의 작위의무가 규정되어 있는데도 이를 위반하는 경우만을 의미하는 것은 아니고, 인권존중・권력남용금지・신의성실과 같이 공무원으로서 마땅히 지켜야 할 준칙이나 규범을 지키지 않고 위반한 경우를 포함하여 널리 객관적인 정당성이 없는 행위를 한 경우를 포함한다. 따라서 국민의 생명・신체・재산 등에 관하여 절박하고 중대한 위험상태가 발생하였거나 발생할 우려가 있어서 국민의 생명・신체・재산 등을 보호하는 것을 본래적 사명으로 하는 국가가 초법규적, 일차적으로 그 위험 배제에 나서지 않으면 국민의 생명・신체・재산 등을 보호할 수 없는 경우에는 형식적 의미의 법령에 근거가 없더라도 국가나 관련 공무원에 대하여 그러한 위험을 배제할 작위의무를 인정할 수 있다. 공무원의 부작위를 이유로 국가배상책임을 인정할 것인지가 문제되는 경우에 관련 공무원에 대하여 작위의무를 명하는 법령 규정이 없다면 공무원의 부작위로 침해된 국민의 법익 또는 국민에게 발생한 손해가 어느 정도 심각하고 절박한 것인지, 관련 공무원이 그와 같은 결과를 예견하여 결과를 회피하기 위한 조치를 취할 가능성이 있는지 등을 종합적으로 고려하여 판단하여야 한다.

[2] 경찰관에게 부여된 권한의 불행사가 현저하게 불합리하다고 인정되는 경우, 직무상의 의무를 위반한 것으로서 위법한지 여부(적극)

[3] 보호관찰관이 위치추적 전자장치 피부착자의 재범 방지에 유효한 실질적인 조치를 하지 아니한 것이 현저하게 불합리하다고 인정되는 경우, 직무상의 의무를 위반한 것으로서 위법한지 여부(적극)

[4] 다수의 성폭력범죄로 여러 차례 처벌을 받은 뒤 위치추적 전자장치를 부착하고 보호관찰을 받고 있던 갑이 을을 강간하였고, 그로부터 13일 후 병을 강간하려다 살해하였는데, 병의 유족들이 경찰관과 보호관찰관의 위법한 직무수행을 이유로 국가를 상대로 손해배상을 구한 사안에서, 경찰관과 보호관찰관의 직무수행이 객관적 정당성을 결여하지 않아 위법하지 않다고 본 원심판단에 법리오해의 잘못이 있다고 한 사례

78 ‖ 공무원의 부작위로 인한 국가배상책임 (2021. 7. 21. 선고 2021두33838 판결)

[1] 공무원의 부작위로 인한 국가배상책임을 인정하기 위해서는 공무원의 작위로 인한 국가배상책임을 인정하는 경우와 마찬가지로 '공무원이 직무를 집행하면서 고의 또는 과실로 법령을 위반하여 타인에게 손해를 입힌 때'라고 하는 국가배상법 제2조 제1항의 요건이 충족되어야 한다. 여기서 '법령을 위반하여'란 엄격하게 형식적 의미의 법령에 명시적으로 공무원의 작위의무가 정하여져 있음에도 이를 위반하는 경우만을 의미하는 것은 아니고, 인권존중・권력남용금지・신의성실과 같이 공무원으로서 마땅히 지켜야 할 준칙이나 규범을 지키지 아니하고 위반한 경우를 포함하여 널리 그 행위가 객관적인 정당성을 결여하고 있는 경우도 포함한다. 따라서 국민의 생명・신체・재산 등에 대하여 절박하고 중대한 위험상태가 발생하였거나 발생할 상당한 우려가 있어서 국민의 생명 등을 보호하는 것을 본래적 사명으로 하는 국가가 초법규적・일차적으로 그 위험의 배제에 나서지 아니하면 국민의 생명 등을 보호할 수 없는 경우에는 형식적 의미의 법령에 근거가 없더라도 국가나 관련 공무원에 대하여 그러한 위험을 배제할 작위의무를 인정할 수 있다. 그러나 그와 같은 절박하고 중대한 위험상태가 발생하였거나 발생할 상당한 우려가 있는 경우가 아닌 한, 원칙적으로 공무원이 관련 법령에서 정하여진 대로 직무를 수행하였다면 그와 같은 공무원의 부작위를 가지고 '고의 또는 과실로 법령을 위반'하였다고 할 수는 없다. 따라서 공무원의 부작위로 인한 국가배상책임을 인정할 것인지가 문제 되는 경우에 관련 공무원에 대하여 작위의무를 명하는 법령의 규정이 없는 때라면 공무원의 부작위로 인하여 침해되는 국민의 법익 또는 국민에게 발생하는 손해가 어느 정도 심각하고 절박한 것인지, 관련 공무원이 그와 같은 결과를 예견하여 그 결과를 회피하기 위한 조치를 취할 수 있는 가능성이 있는지 등을 종합적으로 고려하여 판단하여야 한다.

[2] 구 개발제한구역의 지정 및 관리에 관한 특별조치법 시행령 제22조 [별표 2] 제4호 (마)목을 관련 공무원에 대하여 건축물 이축에 있어 종전 토지의 지목을 건축물의 건축을 위한 용도가 아닌 지목으로 변경하여야 할 적극적인 작위의무를 명하는 규정으로 볼 수 있는지 여부(소극)

79 | 위법한 부진정 행정입법 부작위로 인해 장애인 접근권이 침해되었다고 주장하면서 국가배상으로 위자료를 청구한 사건 (2024. 12. 19. 선고 2022다289051 판결 ★)

【판시사항 및 판결요지】

[1] 장애인의 접근권이 헌법상 보장되는 기본권인지 여부(적극) 및 장애인의 접근권이 비장애인과 동등한 수준의 접근을 보장할 수 있는 특정 시설과 설비를 설치할 것을 국가나 사인에게 적극적으로 요구할 수 있는 권리로 구체화되기 위한 요건과 국가의 의무

장애인의 접근권은 헌법상 인간의 존엄과 가치 및 행복을 추구할 권리를 장애인에게도 동등하게 보장하고, 사회적 약자인 장애인이 인간다운 생활을 하는 데 필수적인 전제가 되는 권리로서, 비록 헌법에 명시되지는 않았으나 앞서 살펴본 헌법 규정들로부터 도출되는 기본권으로서의 지위를 가진다.

다만 장애인의 접근권이 접근에 대한 방해의 금지를 구하는 소극적·방어적인 수준을 넘어 비장애인과 동등한 수준의 접근을 보장할 수 있는 특정 시설과 설비를 설치할 것을 국가나 사인(사인)에게 적극적으로 요구할 수 있는 권리로 구체화되기 위해서는 이를 위한 법률이 필요하다 할 것이고, 국가는 제한된 재정 능력과 사회·경제적 발전 수준 등을 고려하여 장애인에 대한 접근권이 적절히 보장되도록 필요한 조치를 취할 의무가 있다.

[2] 행정청이 정당한 이유 없이 장애인의 접근권 보장을 위한 개선입법의무를 이행하지 않는 경우, 그 행정입법 부작위는 위법한지 여부(적극)

국회가 법률로 행정청에 특정한 사항을 위임했음에도 불구하고 행정청이 정당한 이유 없이 이를 이행하지 않는다면 권력분립의 원칙과 법치국가 또는 법치행정의 원칙에 위배되는 것으로서 위법함과 동시에 위헌적인 것이 되고, 이는 행정청이 법률에서 대통령령으로 정하도록 위임받은 사항을 전혀 입법하지 않은 경우는 물론 그 법률이 위임한 사항을 불충분하게 규정함으로써 법률이 위임한 행정입법의무를 제대로 이행하지 않은 경우도 마찬가지이다.

[3] 위법한 행정입법 부작위로 인한 국가배상책임이 인정되기 위한 요건

법률이 행정청에 대하여 행정입법을 할 재량을 부여하였다 하더라도, 그 재량을 부여한 취지와 목적에 비추어 행정청이 행정입법의 권한을 행사하지 아니한 것이 현저하게 합리성을 잃어 사회적 타당성이 없는 경우에는 그 부작위가 객관적 정당성을 상실

하였다고 볼 수 있고, 객관적 정당성을 상실하였다고 볼 수 있는 경우에는 특별한 사정이 없으면 국가배상법 제2조 제1항에서 정한 공무원의 과실도 인정된다.

[4] 장애인의 접근권이 침해된 경우, 그로 인하여 장애인이 입게 되는 정신적 손해에 대한 국가의 위자료 지급의무가 있는지 여부(적극) 및 위법한 행정입법 부작위로 인하여 개인의 권리가 침해된 경우 위자료 지급의무를 인정하기 위해 고려하여야 할 요소

국가배상법 제3조 제5항이 생명, 신체의 침해에 따른 위자료의 지급을 규정하고 있을 뿐이라 하더라도, 이는 생명, 신체 외의 다른 권리의 침해에 따른 위자료의 지급의무를 배제하는 것이라고 볼 수 없다. 장애인의 접근권이 침해된 경우에도 그로 인하여 장애인이 입게 되는 정신적 손해에 대한 국가의 위자료 지급의무가 배제되지 않는다.

… 행정입법의무의 불이행에 대한 손쉬운 사법적 권리구제 수단이 마련되어 있지 않은 우리 법제에서 국가배상청구가 가장 유효한 규범통제 수단이자 실질적으로 유일한 구제수단으로서의 의의가 있다는 점도 아울러 참작하여야 한다.

[5] 법원이 행정입법의무의 불이행으로 인한 위자료 액수를 산정할 때 고려하여야 할 요소

행정입법은 별도의 집행행위가 개입되지 않는 이상 그 자체로 국민의 권리의무에 직접적인 변동을 일으키지 않으므로 행정입법의무의 불이행으로 인한 권리 침해는 추상적인 수준에 머물게 된다. … 행정입법의무의 불이행이 위법함을 선언하는 판결을 통해 피해자의 정신적 손해가 상당 부분 회복될 수 있음은 물론 국가의 위법한 행위에 대한 사법통제도 충분히 이루어질 수 있다는 점도 고려되어야 한다.

법원이 행정입법의무의 불이행으로 인한 위자료를 산정할 때에는 위와 같은 특수성을 고려하여 앞서 본 행정입법의무 불이행으로 인한 정신적 손해 인정을 위한 참작 요소는 물론 그로 인한 권리 침해가 통상 다수의 피해자들에게 균질하게 나타나는 성질의 것인지 여부, 국가의 위법행위에 대한 제재와 예방의 필요 등을 종합적으로 참작하여 그 직권에 속하는 재량으로 위자료 액수를 정하여야 한다.

80 | 행정절차 위반과 국가배상 (2021. 7. 29. 선고 2015다221668 판결 ★★)

[2] 국가나 지방자치단체가 행정절차를 진행하는 과정에서 주민들의 의견제출 등 절차적 권리를 보장하지 않은 위법이 있다고 하더라도 그 후 이를 시정하여 절차를 다시 진행한 경우, 종국적으로 행정처분 단계까지 이르지 않거나 처분을 직권으로 취소하거나 철회한 경우, 행정소송을 통하여 처분이 취소되거나 처분의 무효를 확인하는 판결이 확정된 경우 등에는 주민들이 절차적 권리의 행사를 통하여 환경권이나 재산권 등 사적 이익을 보호하려던 목적이 실질적으로 달성된 것이므로 특별한 사정이 없는 한 절차적 권리 침해로 인한 정신적 고통에 대한 배상은 인정되지 않는다. 다만 이러한 조치로도 주민들의 절차적 권리 침해로 인한 정신적 고통이 여전히 남아 있다고 볼 특별한 사정이 있는 경우에 국가나 지방자치단체는 그 정신적 고통으로 인한 손해를 배상할 책임이 있다. 이때 특별한 사정이 있다는 사실에 대한 주장·증명책임은 이를 청구하는 주민들에게 있고, 특별한 사정이 있는지는 주민들에게 행정절차 참여권을 보장하는 취지, 행정절차 참여권이 침해된 경위와 정도, 해당 행정절차 대상사업의 시행경과 등을 종합적으로 고려해서 판단해야 한다.

81 | 법관의 재판에 대한 국가배상책임 (2022. 3. 17. 선고 2019다226975 판결)

☐ 법관의 재판에 대한 국가배상책임이 인정되기 위한 요건 / 재판에 대하여 불복절차 또는 시정절차가 마련되어 있는 경우, 이를 통한 시정을 구하지 않은 사람이 국가배상에 의한 권리구제를 받을 수 있는지 여부(원칙적 소극) 및 이는 보전재판의 경우에도 마찬가지인지 여부(적극)

82 대법원의 공개변론 과정을 실시간 중계하고 녹화 결과물을 홈페이지에 게시한 행위에 대하여 국가배상책임 인정 여부가 문제된 사건 (2025. 2. 27. 선고 2023다233895 판결)

[1] 법관의 재판에 대한 국가배상책임이 인정되기 위한 요건

[2] 대법원의 변론 또는 선고의 중계방송 내지 녹화 결과물의 게시 행위에 대하여 국가배상책임이 인정되는지 여부(한정 소극)

대법원 규칙에 따라 재판장이 대법원 변론 또는 선고의 중계방송이나 녹화 결과물의 게시를 하도록 하거나 그 중계방송 등 행위의 제한이나 조건의 부가 등 필요한 조치를 하는 것은 중계방송이나 녹화 결과물 게시를 통해 달성하고자 하는 공공의 이익과 재판당사자의 초상권 등 인격권 침해 우려 사이에서 여러 사정을 종합적으로 고려한 이익형량을 통하여 이루어진 것으로 볼 수 있다. 재판장의 그러한 판단이 법관의 직무수행상 준수할 것으로 요구되는 기준을 현저하게 위반하는 등 법관이 그에게 부여된 권한의 취지에 명백히 어긋나게 이를 행사하였다고 볼 사정이 없는 이상, 그에 따라 이루어진 대법원 변론 또는 선고의 중계방송 내지 녹화 결과물의 게시에 대하여 국가배상책임이 인정될 수는 없다.

[3] 대법원이 '가수 갑의 그림대작 형사사건'의 공개변론 과정을 촬영하여 대법원 홈페이지와 인터넷 포털사이트로 실시간 중계하고, 대법원 담당공무원이 위와 같이 촬영된 공개변론 동영상을 대법원 홈페이지에 게시하자, 공개변론 법정에 공동피고인으로 출석하였던 갑의 매니저 을이 자신의 초상권이 침해당하였다며 국가배상을 청구한 사안에서, 공개변론 후 그 녹화 결과물을 게시하도록 한 재판장의 명령에는 위법 또는 부당한 목적을 가지고 있었다거나 법관이 직무수행상 준수할 것을 요구하는 기준을 현저하게 위반한 위법이 있다고 보기 어렵고, 녹화 결과물을 게시한 담당공무원의 직무행위는 재판장의 명령에 따른 것에 불과하여 별도의 위법성을 인정하기 어려운데도, 이에 관하여 제대로 심리·판단하지 않은 채 공개변론의 녹화 결과물을 게시할 때 을의 얼굴에 모자이크 처리를 하지 않았다는 이유로 을의 초상권이 침해되었다고 보아 국가배상책임을 인정한 원심판단에 법리오해 등의 잘못이 있다고 한 사례

83 | 주한미군 소속 장갑차가 일으킨 교통사고에 대한 국가배상책임이 문제된 사건 (2023. 6. 29. 선고 2023다205968 판결)

SOFA 제23조 제5항 및 주한미군민사법 제2조에 따라 국가배상법이 적용될 경우 미합중국 군대의 공용 차량에 대해서는 국가배상법 제2조 제1항 본문 후단의 자동차손해배상법에 따른 손해배상책임 규정은 적용되지 않고, 국가배상법 제2조 제1항 본문 전단에 따른 손해배상책임 규정만 적용된다.

84 | 위법한 압수물 폐기로 인해 손해가 발생한 경우, 손해배상청구권에 관한 장기소멸시효의 기산점 (2022. 1. 14. 선고 2019다282197 판결)

[5] 수사기관이 형사소송법 제130조 제2항, 제3항 및 제219조의 요건을 충족하지 않는데도 위법하게 압수물을 폐기한 이후 형사재판에서 무죄판결이 확정되어 위법한 폐기로 인해 압수물의 환부를 받지 못한 피압수자에게 손해가 발생한 경우, 수사기관의 위법한 폐기처분으로 인한 손해배상청구권에 관한 장기소멸시효의 기산점(=무죄의 형사판결이 확정되었을 때)

85 | 교정시설 내 과밀수용행위와 국가배상 (2022. 7. 14. 선고 2017다266771 판결)

[1] 교정시설 수용행위로 인하여 수용자의 인간으로서의 존엄과 가치가 침해되었는지 판단하는 기준 및 수용자가 하나의 거실에 다른 수용자들과 함께 수용되어 거실 중 화장실을 제외한 부분의 1인당 수용면적이 인간으로서의 기본적인 욕구에 따른 일상생활조차 어렵게 할 만큼 협소한 경우, 수용자의 인간으로서의 존엄과 가치를 침해하는 것인지 여부(원칙적 적극)

86 ∥ 국가배상 (과거사정리 기본법 사건) (2023. 3. 9. 선고 2021다202903 판결 ★)

[1] 국가 산하 수사기관이 '갑이 도일(도일)하여 조총련 대남공작조직에서 활동하고 있는 을 및 그의 상부조직과 연계된 후 국내에 잠입하여 간첩활동을 하다가 검거되었다.'는 취지의 수사발표와 보도자료 배포를 한 후, 갑이 국가보안법 위반 혐의로 기소되어 유죄판결을 받고 복역하였으며, 을은 위 수사발표 및 그 후 이루어진 지명수배 때문에 일본에 머물면서 귀국하지 못하다가 10여 년이 지난 후 귀국하여 공항에서 임의동행 형식으로 수사기관에 연행된 다음 불법구금 상태로 이루어진 조사과정에서 국가보안법 위반 혐의에 대해 자백하고 반성문을 제출하여 기소유예 처분을 받았는데, 그 후 갑이 재심에서 무죄판결을 받자, 을이 국가를 상대로 국가배상청구를 한 사안에서, 위 수사발표 및 보도자료 배포, 을에 대한 지명수배는 모두 을에 대한 수사절차의 일환으로서 전체적으로 보아 위법하다고 평가할 수 있는데도, 수사발표 및 보도자료 배포, 불법구금에 대해서는 위법하다고 인정한 반면, 을에 대한 지명수배는 위법하지 않다고 본 원심판단에 법리오해의 잘못이 있다고 한 사례

[2] 헌법재판소는 2018. 8. 30. 민법 제166조 제1항, 제766조 제2항 중 '진실·화해를 위한 과거사정리 기본법'(이하 '과거사정리법'이라 한다) 제2조 제1항 제3호의 '민간인 집단 희생사건', 같은 항 제4호의 '중대한 인권침해사건·조작의혹사건'에 적용되는 부분은 헌법에 위반된다는 결정을 선고하였다. 따라서 과거사정리법상 '민간인 집단 희생사건', '중대한 인권침해사건·조작의혹사건'에서 공무원의 위법한 직무집행으로 입은 손해에 대한 국가배상청구권에 대해서는 민법 제766조 제2항에 따른 장기소멸시효가 적용되지 않는다.

[3] 재심에서 무죄판결을 받은 갑의 국가보안법 위반 사건에서 갑 등 간첩 일당의 일본 측 대남공작 조직원으로 지목된 을이 자신에 대한 국가 산하 수사기관의 수사발표 및 보도자료 배포, 지명수배, 불법구금이 위법하다며 국가배상청구를 한 사안에서, 을에 대한 수사발표 및 보도자료 배포, 지명수배, 불법구금은 모두 진실·화해를 위한 과거사정리 기본법 제2조 제1항 제4호의 중대한 인권침해사건·조작의혹사건을 구성하는 일부분이고, 그중 일부 행위만 떼어내어 진실·화해를 위한 과거사정리 기본법의 적용을 부정하는 것은 타당하지 않은데도, 불법구금만을 개별적으로 취급하여 중대한 인권침해사건·조작의혹사건에 해당하지 않아 소멸시효가 완성되었다고 본 원심판단에 법리오해의 잘못이 있다고 한 사례

[4] 불법행위 시와 변론종결 시 사이에 장기간의 세월이 지나 통화가치 등에 상당한 변동이 생긴 경우, 불법행위로 인한 위자료 배상채무의 지연손해금 기산일(=사실심 변론종

결일) 및 이러한 예외적인 경우에는 불법행위 시부터 지연손해금이 가산되는 원칙적인 경우보다 배상이 지연된 사정을 적절히 참작하여 사실심 변론종결 시의 위자료 원금을 산정할 필요가 있는지 여부(적극)

87 ‖ '민주화 운동과 관련하여 입은 피해' 중 정신적 손해 부분 (2023. 2. 2. 선고 2020다270633 판결 ★)

[1] 소송판결의 기판력이 미치는 범위

소송판결의 기판력은 그 판결에서 확정한 소송요건의 흠결에 관하여 미치는 것이지만, 당사자가 그러한 소송요건의 흠결이 보완된 상태에서 다시 소를 제기한 경우에는 그 기판력의 제한을 받지 않는다.

[2] '국가안전과 공공질서의 수호를 위한 대통령긴급조치'(긴급조치 제9호) 위반을 이유로 유죄판결을 받아 복역한 갑이 국가를 상대로 긴급조치 제9호에 따라 체포·구금되어 가혹행위를 당하는 등의 과정에서 입은 정신적 손해의 배상을 구하는 국가배상청구의 소를 제기하였다가, 갑이 구 민주화운동 관련자 명예회복 및 보상 등에 관한 법률에 따른 보상금 지급결정에 동의함으로써 같은 법 제18조 제2항에 따라 재판상 화해가 성립된 것으로 보아야 한다는 이유로 각하판결이 내려져 확정되었는데, 그 후 헌법재판소가 위 조항의 '민주화운동과 관련하여 입은 피해' 중 불법행위로 인한 정신적 손해에 관한 부분은 국가배상청구권을 침해하여 헌법에 위반된다는 결정을 선고하자, 갑이 다시 국가배상청구의 소를 제기한 사안에서, 위헌결정은 법원에 대하여 기속력이 있고 이로써 선행소송의 각하판결에서 확정한 소송요건의 흠결이 보완되었다고 보아 위 소가 각하판결의 기판력에 저촉되어 부적법하다는 국가의 본안전항변을 받아들이지 않은 원심판단을 정당하다고 한 사례.

[5] 국가배상청구권에 관한 3년의 단기시효기간은 민법 제766조 제1항에서 정한 '손해 및 가해자를 안 날'에 더하여 민법 제166조 제1항에서 정한 '권리를 행사할 수 있는 때'가 도래하여야 시효가 진행하는지 여부(적극)

88 ‖ 세월호 침몰로 사망한 망인의 친모가 뒤늦게 망인의 사망사실을 알게 되어 국가배상을 청구한 사건 (2023. 12. 14. 선고 2023다248903 판결)

[1] 국가배상법 제2조 제1항에 따른 배상청구권을 5년간 행사하지 아니한 경우, 국가재정법 제96조 제2항, 제1항에 따라 소멸하는지 여부(적극) / 소멸시효가 진행하지 않는 '권리를 행사할 수 없는' 경우의 의미 및 사실상 권리의 존재나 권리행사 가능성을 알지 못하였고 알지 못함에 과실이 없는 경우가 이에 해당하는지 여부(소극)

[2] 소멸시효기간에 관한 주장에 변론주의가 적용되는지 여부(소극)

[3] 甲의 모친인 乙이 협의이혼 후 甲의 부친이 친권을 행사하였고, 甲은 세월호사고로 사망하였는데, 그 후 甲의 사망사실을 뒤늦게 알게 된 乙이 국가를 상대로 손해배상을 구한 사안에서, 乙 고유의 위자료채권은 국가재정법에 따른 5년의 소멸시효기간이 적용되므로 이미 소멸시효기간이 경과하였다고 볼 여지가 크고, 乙이 甲의 사망사실을 알게 된 날로부터 6월의 소멸시효 정지기간이 지나기 전에 소를 제기하였으므로 甲의 일실수입 및 위자료채권에 대한 乙의 상속분은 소멸시효가 완성되지 않았다고 한 사례

89 ‖ 대통령 긴급조치 사건 (2023. 1. 12. 선고 2021다201184 판결)

[1] 대통령긴급조치 제1호, 제4호의 발령·적용·집행으로 강제수사를 받거나 유죄판결을 선고받고 복역함으로써 개별 국민이 입은 손해에 대하여 국가배상책임이 인정되는지 여부(적극)

[2] 진실·화해를 위한 과거사정리 기본법 제2조 제1항 제3호의 '민간인 집단 희생사건', 같은 항 제4호의 '중대한 인권침해사건·조작의혹사건'에서 공무원의 위법한 직무집행으로 입은 손해에 대한 국가배상청구권에 민법 제766조 제2항에 따른 장기소멸시효가 적용되는지 여부(소극)

과거사정리법상 '민간인 집단 희생사건', '중대한 인권침해사건·조작의혹사건'에서 공무원의 위법한 직무집행으로 입은 손해에 대한 국가배상청구권에 대해서는 민법 제766조 제2항에 따른 장기소멸시효가 적용되지 않는다.

[3] 국가배상청구권에 관한 3년의 단기시효기간은 민법 제766조 제1항에서 정한 '손해 및 가해자를 안 날'에 더하여 민법 제166조 제1항에서 정한 '권리를 행사할 수 있는 때'가 도래하여야 시효가 진행하는지 여부(적극)

[4] 대통령긴급조치 제1호 및 제4호 위반 혐의로 영장 없이 체포되어 구속되었다가 기소되지 않은 채 구속취소로 석방된 갑이 구 민주화운동 관련자 명예회복 및 보상 등에 관한 법률상 민주화운동 관련자 인정결정을 받아 보상금 지급결정에 동의하고 보상금을 수령한 후 국가를 상대로 긴급조치 제1호 및 제4호에 근거한 수사 등이 불법행위에 해당한다며 국가배상을 구한 사안에서, 제반 사정을 종합하면 소 제기 당시까지도 갑이 국가를 상대로 긴급조치 제1호, 제4호에 기한 일련의 국가작용으로 인한 불법행위로 발생한 권리를 행사할 수 없는 장애사유가 있어 소멸시효가 완성되지 않았다고 보는 것이 타당하다고 한 사례

90 유신헌법 하의 대통령 긴급조치와 국가배상 (2022. 8. 30. 선고 2018다 212610 전원합의체 판결)

❏ 구 국가안전과 공공질서의 수호를 위한 대통령긴급조치(긴급조치 제9호)의 발령·적용·집행으로 강제수사를 받거나 유죄판결을 선고받고 복역함으로써 개별 국민이 입은 손해에 대하여 국가배상책임이 인정되는지 여부(적극)

91 경찰관직무집행법상 경찰관의 제지 조치 (2021. 10. 28. 선고 2017다219218 판결)

[3] 구 경찰관 직무집행법(2014. 5. 20. 법률 제12600호로 개정되기 전의 것) 제6조 제1항은 "경찰관은 범죄행위가 목전에 행하여지려고 하고 있다고 인정될 때에는 이를 예방하기 위하여 관계인에게 필요한 경고를 발하고, 그 행위로 인하여 인명·신체에 위해를 미치거나 재산에 중대한 손해를 끼칠 우려가 있어 긴급을 요하는 경우에는 그 행위를 제지할 수 있다."라고 정하고 있다. 위 조항 중 경찰관의 제지에 관한 부분은 범죄의 예방을 위한 경찰 행정상 즉시강제, 즉 눈앞의 급박한 경찰상 장해를 제거해야 할 필요가 있고 의무를 명할 시간적 여유가 없거나 의무를 명하는 방법으로는 그 목적을 달성하기 어려운 상황에서 의무불이행을 전제로 하지 않고 경찰이 직접 실력을 행사하여 경찰상 필요한 상태를 실현하는 권력적 사실행위에 관한 근거조항이다.

[4] 갑 등이 그들이 속한 단체가 개최한 집회와 기자회견에서 있었던 을 등 경찰의 집회 장소 점거 행위와 을의 해산명령이 위법한 공무집행에 해당하고 이로 인해 집회의 자유가 침해되었다며 국가와 을을 상대로 손해배상을 구한 사안에서, 제반 사정에 비추어 위 점거 행위와 해산명령이 객관적 정당성을 잃은 것이라고 볼 수 없는데도, 이를 법적 요건을 갖추지 못한 위법한 경찰력의 행사로 보아 국가와 을의 손해배상책임을 인정한 원심판단에는 법리오해 등 잘못이 있다고 한 사례

92. 신호등의 설치·관리상의 하자로 인한 국가배상책임 (2022. 7. 28. 선고 2022다225910 판결) ★★

[1] 국가배상법 제5조 제1항에 규정된 '영조물 설치·관리상의 하자'는 공공의 목적에 공여된 영조물이 그 용도에 따라 통상 갖추어야 할 안전성을 갖추지 못한 상태에 있음을 말한다. 그리고 위와 같은 안전성의 구비 여부는 영조물의 설치자 또는 관리자가 그 영조물의 위험성에 비례하여 사회통념상 일반적으로 요구되는 정도의 방호조치의무를 다하였는지를 기준으로 판단하여야 하고, 아울러 그 설치자 또는 관리자의 재정적·인적·물적 제약 등도 고려하여야 한다. 따라서 영조물이 그 설치 및 관리에 있어 완전무결한 상태를 유지할 정도의 고도의 안전성을 갖추지 아니하였다고 하여 하자가 있다고 단정할 수는 없고, 영조물 이용자의 상식적이고 질서 있는 이용 방법을 기대한 상대적인 안전성을 갖추는 것으로 족하다.

[2] 갑 등이 원동기장치자전거를 운전하던 중 'ㅏ' 형태의 교차로에서 유턴하기 위해 신호를 기다리게 되었고, 위 교차로 신호등에는 유턴 지시표지 및 그에 관한 보조표지로서 '좌회전 시, 보행신호 시 / 소형 승용, 이륜에 한함'이라는 표지가 설치되어 있었으나, 실제 좌회전 신호 및 좌회전할 수 있는 길은 없었는데, 갑이 위 신호등이 녹색에서 적색으로 변경되어 유턴을 하다가 맞은편 도로에서 직진 및 좌회전 신호에 따라 직진 중이던 차량과 충돌하는 사고가 발생하자, 갑 등이 위 교차로의 도로관리청이자 보조표지의 설치·관리주체인 지방자치단체를 상대로 손해배상을 구한 사안에서, 위 표지에 위 신호등의 신호체계 및 위 교차로의 도로구조와 맞지 않는 부분이 있더라도 거기에 통상 갖추어야 할 안전성이 결여된 설치·관리상의 하자가 있다고 보기 어렵다고 한 사례

93 ‖ 행정심판에서 주장하지 않은 사유를 행정소송에서 주장할 수 있는지 여부 (2021. 7. 29. 선고 2016두64876 판결)

부당해고 구제신청에 관한 중앙노동위원회의 명령 또는 결정의 취소를 구하는 소송에서 그 명령 또는 결정이 적법한지는 그 명령 또는 결정이 이루어진 시점을 기준으로 판단하여야 하고, 그 명령 또는 결정 후에 생긴 사유를 들어 적법 여부를 판단할 수는 없으나, 그 명령 또는 결정의 기초가 된 사실이 동일하다면 노동위원회에서 주장하지 아니한 사유도 행정소송에서 주장할 수 있다.

제3장 행정소송

취소소송의 대상적격

94 공정거래위원회의 입찰참가자격제한 등 요청 결정의 성질 (2023. 4. 27. 선고 2020두47892 판결)

[1] 구 하도급거래 공정화에 관한 법률 제26조 제2항에 따른 공정거래위원회의 입찰참가자격제한 등 요청 결정이 항고소송의 대상이 되는 처분에 해당하는지 여부(적극)

이를 요청받은 관계 행정기관의 장은 특별한 사정이 없는 한 그 사업자에 대하여 입찰참가자격제한 등의 처분을 해야 하므로, 사업자로서는 입찰참가자격제한 등 요청 결정이 있으면 장차 후속 처분으로 입찰참가자격이 제한되고 영업이 정지될 수 있는 등의 법률상 불이익이 존재한다. 이때 입찰참가자격제한 등 요청 결정이 있음을 알고 있는 사업자로 하여금 입찰참가자격제한처분 등에 대하여만 다툴 수 있도록 하는 것보다는 그에 앞서 직접 입찰참가자격제한 등 요청 결정의 적법성을 다툴 수 있도록 함으로써 분쟁을 조기에 근본적으로 해결하도록 하는 것이 법치행정의 원리에도 부합하므로, 공정거래위원회의 입찰참가자격제한 등 요청 결정은 항고소송의 대상이 되는 처분에 해당한다.

[2] 하도급거래 공정화에 관한 법률(이하 '하도급법'이라 한다) 위반을 이유로 시정명령 등과 그에 따른 벌점을 부과받은 갑 주식회사가 을 주식회사와 병 주식회사로 분할되었고, … 회사분할이 벌점 누적으로 인한 후속 처분인 입찰참가자격제한 등 요청 결정 및 그에 따른 공법상 의무 내지 책임의 발생이 임박한 상태에서 이루어진 점, … 분할신설회사인 을 회사에 귀속된 후 이를 흡수합병한 정 회사에 승계되었다고 보는 것이 타당하다.

95. 검찰총장이 검사에 대하여 하는 '경고조치'의 성질 (2021. 2. 10. 선고 2020 두47564 판결) ★★

[1] 처분의 근거나 법적인 효과가 행정규칙에 규정되어 있는 경우, 항고소송의 대상이 되는 행정처분에 해당하기 위한 요건 / 검찰총장이 검사에 대하여 하는 '경고조치'가 항고소송의 대상이 되는 처분인지 여부(적극)

항고소송의 대상이 되는 행정처분이란 원칙적으로 행정청의 공법상 행위로서 특정 사항에 대하여 법규에 의한 권리의 설정 또는 의무의 부담을 명하거나 기타 법률상 효과를 발생하게 하는 등으로 일반 국민의 권리 의무에 직접 영향을 미치는 행위를 가리키는 것이지만, 어떠한 처분의 근거나 법적인 효과가 행정규칙에 규정되어 있다고 하더라도, 그 처분이 행정규칙의 내부적 구속력에 의하여 상대방에게 권리의 설정 또는 의무의 부담을 명하거나 기타 법적인 효과를 발생하게 하는 등으로 그 상대방의 권리 의무에 직접 영향을 미치는 행위라면, 이 경우에도 항고소송의 대상이 되는 행정처분에 해당한다고 보아야 한다.

검사에 대한 경고조치 관련 규정을 위 법리에 비추어 살펴보면, 검찰총장이 사무검사 및 사건평정을 기초로 대검찰청 자체감사규정 제23조 제3항, 검찰공무원의 범죄 및 비위 처리지침 제4조 제2항 제2호 등에 근거하여 검사에 대하여 하는 '경고조치'는 일정한 서식에 따라 검사에게 개별 통지를 하고 이의신청을 할 수 있으며, 검사가 검찰총장의 경고를 받으면 1년 이상 감찰관리 대상자로 선정되어 특별관리를 받을 수 있고, 경고를 받은 사실이 인사자료로 활용되어 복무평정, 직무성과금 지급, 승진·전보인사에서도 불이익을 받게 될 가능성이 높아지며, 향후 다른 징계사유로 징계처분을 받게 될 경우에 징계양정에서 불이익을 받게 될 가능성이 높아지므로, 검사의 권리 의무에 영향을 미치는 행위로서 항고소송의 대상이 되는 처분이라고 보아야 한다.

[2] 검찰총장의 경고처분은 검사징계법에 따른 징계처분이 아니라 검찰청법 제7조 제1항, 제12조 제2항에 근거하여 검사에 대한 직무감독권을 행사하는 작용에 해당하므로, 검사의 직무상 의무 위반의 정도가 중하지 않아 검사징계법에 따른 '징계사유'에는 해당하지 않더라도 징계처분보다 낮은 수준의 감독조치로서 '경고처분'을 할 수 있고, 법원은 그것이 직무감독권자에게 주어진 재량권을 일탈·남용한 것이라는 특별한 사정이 없는 한 이를 존중하는 것이 바람직하다.

96 | 손실보전금등지급거부처분의 처분성 인정 여부 (2023. 2. 23. 선고 2021두44548 판결) ★

[2] 여객자동차 운송사업자 갑 주식회사가 시내버스 노선을 운행하면서 환승요금할인, 청소년요금할인을 시행한 데에 따른 손실을 보전해 달라며 경기도지사와 광명시장에게 보조금 지급신청을 하였으나, 경기도지사가 갑 회사와 광명시장에게 '갑 회사의 보조금 지급신청을 받아들일 수 없음은 기존에 회신한 바와 같고, 광명시에서는 적의 조치하여 주기 바란다.'는 취지로 통보한 사안에서, 경기도지사의 위 통보는 갑 회사의 권리·의무에 직접적인 영향을 주는 것이라고 할 수 없어 항고소송의 대상이 되는 처분으로 볼 수 없다고 한 사례

보조금 지급사무는 광명시장에게 위임되었으므로 위 신청에 대한 응답은 광명시장이 해야 하고, 경기도지사는 갑 회사의 보조금 지급신청에 대한 처분권한자가 아니며, 위 통보는 경기도지사가 갑 회사의 보조금 신청에 대한 최종적인 결정을 통보하는 것이라기보다는 광명시장의 사무에 대한 지도·감독권자로서 갑 회사에 대하여는 보조금 지급신청에 대한 의견을 표명함과 아울러 광명시장에 대하여는 경기도지사의 의견에 따라 갑 회사의 보조금 신청을 받아들일지를 심사하여 갑 회사에 통지할 것을 촉구하는 내용으로 보는 것이 타당하므로, 경기도지사의 위 통보는 갑 회사의 권리·의무에 직접적인 영향을 주는 것이라고 할 수 없어 항고소송의 대상이 되는 처분으로 볼 수 없다.

97 | 다이빙벨 인터뷰 보도 사건 (2023. 7. 13. 선고 2016두34257 판결)

[1] 고지방송명령이 항고소송의 대상이 되는 행정처분에 해당하는지 여부(소극)

행정청 내부에서의 행위나 알선, 권유, 사실상의 통지 등과 같이 상대방 또는 기타 관계자들의 법률상 지위에 직접적인 법률적 변동을 일으키지 아니하는 행위는 항고소송의 대상이 아니다.

이 사건 고지방송명령은 권고적 효력만을 가지는 비권력적 사실행위에 해당할 뿐, 항고소송의 대상이 되는 행정처분에 해당하지 않는다.

98 │ 국립대학교 총장의 교육·연구 및 학생지도비 환수 통지가 항고소송의 대상인 처분인지 문제된 사건 (2025. 5. 15. 선고 2024두35989 판결)

[1] 항고소송의 대상인 '처분'의 의미 및 행정청의 행위가 항고소송의 대상이 될 수 있는지 결정하는 방법

항고소송의 대상인 '처분'이란 "행정청이 행하는 구체적 사실에 관한 법집행으로서의 공권력의 행사 또는 그 거부와 그 밖에 이에 준하는 행정작용"을 말한다(행정소송법 제2조 제1항 제1호). 행정청의 행위가 항고소송의 대상이 될 수 있는지는 추상적·일반적으로 결정할 수 없고, 구체적인 경우에 관련 법령의 내용과 취지, 그 행위의 주체·내용·형식·절차, 그 행위와 상대방 등 이해관계인이 입는 불이익 사이의 실질적 견련성, 법치행정의 원리와 그 행위에 관련된 행정청이나 이해관계인의 태도 등을 고려하여 개별적으로 결정해야 한다.

[2] 교육부가 국공립대학의 교육·연구 및 학생지도 비용에 대한 감사 결과를 바탕으로 甲 국립대학교 총장에게 소속 교원 乙 등에 대한 교육·연구 및 학생지도 비용 환수 및 신분상 조치를 하도록 요구함에 따라, 총장이 교내 이메일을 통해 乙 등에게 '환수금 납입 안내'라는 제목의 문서를 첨부하여 교육·연구 및 학생지도 비용에 관한 환수금을 납부해 달라는 요청을 통지한 사안에서, 위 환수 통지는 행정청이 행하는 구체적 사실에 관한 법집행으로서 공권력의 행사인 '처분'에 해당한다고 한 사례

99 │ 추상적인 시행규칙이 항고소송의 대상이 되는지 여부 (2022. 12. 1. 선고 2019두48905 판결)

[1] 항고소송의 대상이 되는 행정처분의 범위 및 일반적, 추상적인 법령 등이 그 대상이 될 수 있는지 여부(원칙적 소극)

[2] 일본국 법률에 따라 설립된 갑 법인이 일본에서 공기압 전송용 밸브를 생산하여 우리나라에 수출하고 있는데, 기획재정부장관이 갑 법인 등이 공급하는 일정 요건을 갖춘 일본산 공기압 전송용 밸브에 대하여 5년간 적용할 덤핑방지관세율을 규정하는 '일본산 공기압 전송용 밸브에 대한 덤핑방지관세의 부과에 관한 규칙'을 제정·공포하자, 갑 법인이 위 시행규칙이관세법 제51조에서 정한 덤핑방지관세의 부과요건을 갖추지 못하여 위법하다고 주장하면서 취소를 구하는 소를 제기한 사안에서, 위 시행규칙은 항고소송의 대상이 될 수 없고, 위 시행규칙의 취소를 구하는 소는 부적법하므로, 이와 달리 본 원심판단에 법리오해의 잘못이 있다고 한 사례

100 │ 이의신청 기각결정의 법적 성질 (2021. 1. 14. 선고 2020두50324 판결 ★★)

[2] 수익적 행정처분을 구하는 신청에 대한 거부처분이 있은 후 당사자가 새로운 신청을 하는 취지로 다시 신청을 하였으나 행정청이 이를 다시 거절한 경우, 새로운 거부처분인지 여부(적극)

수익적 행정처분을 구하는 신청에 대한 거부처분은 당사자의 신청에 대하여 관할 행정청이 이를 거절하는 의사를 대외적으로 명백히 표시함으로써 성립된다. 거부처분이 있은 후 당사자가 다시 신청을 한 경우에는 신청의 제목 여하에 불구하고 그 내용이 새로운 신청을 하는 취지라면 관할 행정청이 이를 다시 거절하는 것은 새로운 거부처분이라고 보아야 한다.

101 | 이의신청 기각결정의 법적 성질 (2022. 3. 17. 선고 2021두53894 판결 ★★)

[2] 수익적 행정처분을 구하는 신청에 대한 거부처분이 있은 후 당사자가 다시 신청을 한 경우에는 신청의 제목 여하에 불구하고 그 내용이 새로운 신청을 하는 취지라면 관할 행정청이 이를 다시 거절하는 것은 새로운 거부처분이라고 보아야 한다. 나아가 어떠한 처분이 수익적 행정처분을 구하는 신청에 대한 거부처분이 아니라고 하더라도, 해당 처분에 대한 이의신청의 내용이 새로운 신청을 하는 취지로 볼 수 있는 경우에는, 그 이의신청에 대한 결정의 통보를 새로운 처분으로 볼 수 있다.

[3] 갑 시장이 을 소유 토지의 경계확정으로 지적공부상 면적이 감소되었다는 이유로 지적재조사위원회의 의결을 거쳐 을에게 조정금 수령을 통지하자(1차 통지), 을이 구체적인 이의신청 사유와 소명자료를 첨부하여 이의를 신청하였으나, 갑 시장이 지적재조사위원회의 재산정 심의·의결을 거쳐 종전과 동일한 액수의 조정금 수령을 통지한(2차 통지) 사안에서, 2차 통지는 1차 통지와 별도로 행정쟁송의 대상이 되는 처분으로 보는 것이 타당하다고 한 사례

을이 이의신청을 하기 전에는 조정금 산정결과 및 수령을 통지한 1차 통지만 존재하였고 을은 신청 자체를 한 적이 없으므로 을의 이의신청은 새로운 신청으로 볼 수 있는 점, 2차 통지서의 문언상 종전 통지와 별도로 심의·의결하였다는 내용이 명백하고, 단순히 이의신청을 받아들이지 않는다는 내용에 그치는 것이 아니라 조정금에 대하여 다시 재산정, 심의·의결절차를 거친 결과, 그 조정금이 종전 금액과 동일하게 산정되었다는 내용을 알리는 것이므로, 2차 통지를 새로운 처분으로 볼 수 있는 점 등을 종합하면, 2차 통지는 1차 통지와 별도로 행정쟁송의 대상이 되는 처분으로 보는 것이 타당하다.

102 │ 선행처분의 내용을 변경하는 후행처분이 있는 경우 (2022. 7. 28. 선고 2021두60748 판결) ★★

【판시사항 및 판결요지】

[2] 선행처분의 내용을 변경하는 후행처분이 있는 경우, 선행처분의 효력 존속 여부

선행처분의 내용 중 일부만을 소폭 변경하는 후행처분이 있는 경우 선행처분도 후행처분에 의하여 변경되지 아니한 범위 내에서 존속하고, 후행처분은 선행처분의 내용 중 일부를 변경하는 범위 내에서 효력을 가지지만, 선행처분의 주요 부분을 실질적으로 변경하는 내용으로 후행처분을 한 경우에는 선행처분은 특별한 사정이 없는 한 그 효력을 상실한다.

【사안의 경우】

이 사건 2차 통지는 선행처분인 이 사건 1차 통지의 주요 부분을 실질적으로 변경한 새로운 처분으로서 항고소송의 대상이 된다고 봄이 타당하다. 구체적인 이유는 다음과 같다.

(1) 우선 이 사건 1차 통지는 제재적 행정처분이 가지는 외관을 모두 갖춘 것으로 국민의 권리·의무에 직접적으로 영향을 미치는 공권력의 행사로서 처분에 해당한다.

(2) 이 사건 2차 통지는 이 사건 1차 통지의 주요 부분을 실질적으로 변경하는 새로운 처분으로 볼 수 있고, 따라서 이 사건 2차 통지로 인하여 선행처분인 이 사건 1차 통지는 소멸하였다고 봄이 타당하다. 이 사건 1차 통지서에는 '이의신청 시 명기된 제재기간이 변경될 수 있습니다.'라고 기재되어 있고, 이 사건 2차 통지서에는 제재조치위원회에서 심의한 결과를 통지한다는 취지로 기재되어 있는데, 그 문언상 종전 통지와 별도로 심의·의결하였다는 내용임이 명백하다. 또한 이는 단순히 이의신청을 받아들이지 않는다는 내용에 그치는 것이 아니라, 이의신청의 내용을 기초로 원고들에 대한 제재사유의 존부 및 제재의 내용에 대하여 다시 심의한 결과에 따라 참여제한 및 환수처분을 한다는 내용을 알리는 것이므로, 새로운 제재조치의 통지에 해당한다고 볼 수 있다. 또한 참여제한기간이 '2019. 7. 19.부터 2022. 7. 18.까지'에서 '2019. 11. 8.부터 2022. 11. 7.까지'로, 환수금 납부기한이 '2019. 8. 2.까지'에서 '2019. 11. 18.까지'로 각 변경되었다.

(3) 피고는 당초 원고들에게 이 사건 1차 통지를 하면서 위 처분에 이의가 있는 경우 이의신청을 할 수 있고 아울러 처분이 있음을 알게 된 날로부터 90일 이내에 행정심

판 또는 행정소송을 제기할 수 있다는 등의 불복방법을 고지하였다. 그럼에도 피고는 이 사건 1차 통지일로부터 90일이 지난 시점에 원고들에게 이 사건 2차 통지를 하면서 다시 행정심판 또는 행정소송에 의한 불복방법을 고지하였다. 이에 비추어 보면, 피고도 이 사건 2차 통지가 항고소송의 대상이 되는 처분에 해당한다고 인식하고 있었다고 할 것이다.

취소소송의 원고적격

103 처분의 제3자의 원고적격 (2023. 1. 12. 선고 2022두56630 판결)

행정처분의 직접 상대방이 아닌 제3자라고 하더라도 당해 행정처분으로 인하여 법률상 보호되는 이익을 침해당한 경우에는 취소소송을 제기하여 그 당부의 판단을 받을 자격이 있다. 여기에서 말하는 법률상 보호되는 이익은 당해 처분의 근거 법규와 관련 법규에 의하여 보호되는 개별적·직접적·구체적 이익이 있는 경우를 말하고, 공익보호의 결과로 국민 일반이 공통적으로 가지는 일반적·간접적·추상적 이익과 같이 사실적·경제적 이해관계를 갖는 데 불과한 경우는 포함되지 아니한다. 또 당해 처분의 근거 법규와 관련 법규에 의하여 보호되는 법률상 이익은 당해 처분의 근거 법규의 명문 규정에 의하여 보호받는 법률상 이익, 당해 처분의 근거 법규에 의하여 보호되지는 아니하나 당해 처분의 행정목적을 달성하기 위한 일련의 단계적인 관련 처분들의 근거 법규에 의하여 명시적으로 보호받는 법률상 이익, 당해 처분의 근거 법규 또는 관련 법규에서 명시적으로 당해 이익을 보호하는 명문의 규정이 없더라도 근거 법규와 관련 법규의 합리적 해석상 그 법규에서 행정청을 제약하는 이유가 순수한 공익의 보호만이 아닌 개별적·직접적·구체적 이익을 보호하는 취지가 포함되어 있다고 해석되는 경우까지를 말한다.

104 원고적격 (공동주택의 발코니에 설치된 벽의 해체가 문제된 사건) (2024. 3. 12. 선고 2021두58998 판결)

[3] 집합건물 공용부분의 대수선과 관련한 행정청의 허가, 사용승인 등 일련의 처분에 관하여 처분의 직접 상대방 외에 해당 집합건물의 구분소유자에게도 취소를 구할 원고적격이 인정되는지 여부(적극)

건축법 규정은 구분소유자들이 공유하고 각자 그 용도에 따라 사용할 수 있는 공용부분의 대수선으로 인하여 공용부분의 소유·사용에 제한을 받을 수 있는 구분소유자의 개별적 이익을 구체적이고 직접적으로 보호하는 규정으로 볼 수 있다.

따라서 집합건물 공용부분의 대수선과 관련한 행정청의 허가, 사용승인 등 일련의 처분에 관하여는 처분의 직접 상대방 외에 해당 집합건물의 구분소유자에게도 취소를 구할 원고적격이 인정된다고 보는 것이 타당하다.

105 ║ 행정청이 동시에 한 학술진흥법에 따른 사업비 환수처분과 학술지원 대상자 선정제외처분 중 사업비 환수처분만을 취소한 원심판결의 당부가 문제된 사건 (2025. 2. 13. 선고 2024두57996 판결)

【판시사항 및 판결요지】

[1] 교육부장관이 대학의 산학협력단을 학술지원 대상자로 선정하고 학술지원 사업비를 지원하였다가, 참여교수가 사업비를 용도 외로 사용했다는 이유로 산학협력단에 대하여 학술지원 사업비 전부 또는 일부에 대한 환수처분을 한 경우, 해당 비위를 저지른 것으로 지목된 참여교수가 환수처분의 취소를 구할 원고적격이 인정되기 위한 법률상 보호되는 이익을 침해받았다고 볼 수 있는지 여부(적극)

[2] 행정청이 학술지원 사업비 환수처분과 학술지원 대상자 선정제외처분을 하였다가 사후에 학술지원 사업비 환수처분만 취소된 경우, 학술지원 대상자 선정제외처분은 효력을 유지하는지 여부(소극)

구 학술진흥법(2020. 12. 22. 법률 제17669호로 개정되기 전의 것, 이하 같다) 제20조 제1항은 '구 학술진흥법 제19조 제1항 각호 또는 제2항 각호의 어느 하나에 해당하여 사업비 지급이 중지되거나 지급한 사업비의 전부 또는 일부가 환수된 경우에 학술지원 대상자 선정에서 제외하여야 한다.'라고 규정하고 있으므로, 학술지원 대상자 선정제외처분은 학술지원 사업비 환수처분의 존재를 발령요건 내지 처분사유로 하고 있다고 해석된다.

협의의 소의 이익

106 처분 취소소송의 항소심 계속 중 변경된 처분에 대하여 별도로 제기된 취소소송이 재소금지 원칙에 위반되는지 여부가 문제된 사건 (2023. 3. 16. 선고 2022두58599 판결 ★)

[1] 민사소송법 제267조 제2항은 "본안에 대한 종국판결이 있은 뒤에 소를 취하한 사람은 같은 소를 제기하지 못한다."라고 규정하고 있다. 이는 임의의 소취하로 그때까지 국가의 노력을 헛수고로 돌아가게 한 사람에 대한 제재의 취지에서 그가 다시 동일한 분쟁을 문제 삼아 소송제도를 남용하는 부당한 사태의 발생을 방지하고자 하는 규정이다. 따라서 후소가 전소의 소송물을 전제로 하거나 선결적 법률관계에 해당하는 것일 때에는 비록 소송물은 다르지만 위 제도의 취지와 목적에 비추어 전소와 '같은 소'로 보아 판결을 구할 수 없다고 풀이하는 것이 타당하다. 그러나 여기에서 '같은 소'는 반드시 기판력의 범위나 중복제소금지의 경우와 같이 풀이할 것은 아니므로, 재소의 이익이 다른 경우에는 '같은 소'라 할 수 없다.

또한 본안에 대한 종국판결이 있은 후 소를 취하한 사람이더라도 민사소송법 제267조 제2항의 취지에 반하지 아니하고 소를 제기할 필요가 있는 정당한 사정이 있다면 다시 소를 제기할 수 있다.

[2] 갑 등이 운영하는 병원에서 부당한 방법으로 보험자 등에게 요양급여비용을 부담하게 하였다는 이유로 보건복지부장관이 갑 등에 대하여 40일의 요양기관 업무정지 처분을 하자, 갑 등이 위 업무정지 처분의 취소를 구하는 소송을 제기하였다가 패소한 뒤 항소하였는데, 보건복지부장관이 항소심 계속 중 위 업무정지 처분을 과징금 부과처분으로 직권 변경하자, 갑 등이 과징금 부과처분의 취소를 구하는 소송을 제기한 후 업무정지 처분의 취소를 구하는 소를 취하한 사안에서, 위 과징금 부과처분의 취소를 구하는 소의 제기는 재소금지 원칙에 위반된다고 할 수 없음에도 이와 달리 본 원심판결에 법리오해의 잘못이 있다고 한 사례

107 ‖ 부당해고 구제신청 당시 이미 근로자의 지위에서 벗어난 경우 (2022. 7. 14. 선고 2020두54852 판결)

❑ 근로자가 부당해고 구제신청을 할 당시 이미 정년에 이르거나 근로계약기간 만료, 폐업 등의 사유로 근로계약관계가 종료하여 근로자의 지위에서 벗어난 경우, 노동위원회의 구제명령을 받을 이익이 소멸하였는지 여부(적극)

108 ‖ 대기발령에 대해 노동위원회에 구제신청을 할 이익이 인정되는지 여부가 문제된 사건 (2024. 9. 13. 선고 2024두40493 판결)

❑ 대기발령이 실효된 경우 근로자에게 그 실효된 대기발령에 대한 구제를 신청할 이익이 있는지(한정 적극)

취업규칙 등에서 대기발령에 따른 효과로 승진·승급에 제한을 가하는 등의 법률상 불이익을 규정하고 있는 경우 대기발령을 받은 근로자는 이러한 법률상 불이익을 제거하기 위하여 그 실효된 대기발령에 대한 구제를 신청할 이익이 있다.

109 ∥ 금전보상명령신청의 구제이익 존부가 문제된 사건 (2025. 3. 13. 선고 2024두54683 판결)

[1] 부당해고 구제신청 후 사용자가 해고를 취소하여 원직복직을 명하고 임금 상당액을 지급한 경우, 근로자가 금전보상명령을 받을 구제이익이 소멸하는지 여부(원칙적 소극)

금전보상명령은 원직복직명령을 대신하는 것이고 그 금액도 임금 상당액 이상의 금액이므로, 부당해고 구제신청 후 사용자가 해고를 취소하여 원직복직을 명하고 임금 상당액을 지급했더라도 특별한 사정이 없는 한 근로자가 금전보상명령을 받을 구제이익이 소멸하는 것은 아니다.

[2] 중앙노동위원회가 부당해고 구제명령을 받을 구제이익이 있는지 판단하는 기준 시기(=재심판정 당시)

부당해고 구제명령을 받을 구제이익은 구제명령을 할 당시를 기준으로 판단해야 하므로, 중앙노동위원회는 재심판정 당시를 기준으로 구제이익이 있는지를 판단해야 한다.

110 ∥ 사립학교 교원에 대한 해임처분에 관한 소청심사청구 이후 당연퇴직사유가 발생하여 원직복직이 불가능해진 경우 소의 이익 인정 여부가 문제된 사건 (2024. 2. 8. 선고 2022두50571 판결 ★)

교원소청심사제도에 관한 '교원의 지위 향상 및 교육활동 보호를 위한 특별법'의 규정 내용과 목적 및 취지 등을 종합적으로 고려하면, 사립학교 교원이 소청심사청구를 하여 해임처분의 효력을 다투던 중 형사판결 확정 등 당연퇴직사유가 발생하여 교원의 지위를 회복할 수 없더라도, 해임처분이 취소되거나 변경되면 해임처분일부터 당연퇴직사유 발생일까지의 기간에 대한 보수 지급을 구할 수 있는 경우에는 소청심사청구를 기각한 교원소청심사위원회 결정의 취소를 구할 법률상 이익이 있다.

111. 「교원의 노동조합 설립 및 운영 등에 관한 법률」(이하 '교원노조법')에 따른 중앙노동위원회 중재재정의 무효·취소를 구하는 사건 (2024. 4. 16. 선고 2022두57138 판결)

행정처분의 무효확인 또는 취소를 구하는 소가 제소 당시에는 소의 이익이 있어 적법했는데, 소송계속 중 해당 행정처분이 기간의 경과 등으로 그 효과가 소멸한 때에 처분이 취소되어도 원상회복이 불가능하다고 보이는 경우라도, 무효확인 또는 취소로써 회복할 수 있는 다른 권리나 이익이 남아 있거나 또는 그 행정처분과 동일한 사유로 위법한 처분이 반복될 위험성이 있어 행정처분의 위법성 확인 내지 불분명한 법률문제에 대한 해명이 필요한 경우에는 행정의 적법성 확보와 그에 대한 사법통제, 국민의 권리구제 확대 등의 측면에서 예외적으로 그 처분의 취소를 구할 소의 이익을 인정할 수 있다. 여기에서 '그 행정처분과 동일한 사유로 위법한 처분이 반복될 위험성이 있는 경우'란 불분명한 법률문제에 대한 해명이 필요한 상황에 관한 대표적인 예시일 뿐이며, 반드시 '해당 사건의 동일한 소송 당사자 사이에서' 반복될 위험이 있는 경우만을 의미하는 것은 아니다. 이러한 법리는 행정처분의 일종인 중재재정에 대한 무효확인 또는 취소를 구하는 소의 경우에도 마찬가지로 적용된다.

112 | 조세심판원 결정의 취소를 구하는 소송에서 소의 이익 유무가 문제된 사건 (2025. 3. 27. 선고 2024두61018 판결 ★)

[1] 재결취소소송의 계속 중에 해당 재결을 전심절차로 하는 과세처분에 대한 취소를 구하는 본안소송이 원고 패소로 확정된 경우, 재결취소소송의 소의 이익이 인정되는지 여부(소극)

<u>원고가 이 사건 재결을 전심절차로 하는 본안 소송에서 패소하여 판결이 확정된 이상, 원고로서는 이와 별도로 전심절차인 이 사건 재결의 취소를 구할 이익이 없으므로, 이 사건 소는 소의 이익이 없어 부적법하게 되었다.</u>

[2] 갑이 자신의 토지 양도에 관한 양도소득세를 신고·납부한 후 양도차익을 산정할 수 없다는 이유로 양도소득세를 환급해 달라는 경정청구를 하였다가 관할 세무서장에게서 이를 거부한다는 통지를 받고, 조세심판원에 심판청구를 하였으나 각하결정을 받자 그 재결의 취소를 구하는 소송을 제기하였는데, 소송 계속 중 관할 세무서장을 상대로 위 거부통지의 취소를 구하는 소송을 별도로 제기하였다가 갑의 청구를 기각하는 판결이 확정된 사안에서, 갑이 조세심판원 재결을 전심절차로 하는 본안 소송에서 패소하여 판결이 확정된 이상, 조세심판원 재결의 취소를 구할 이익이 없어 그 취소를 구하는 소는 부적법하다고 한 사례.

113 | 임기가 만료된 학교법인의 구 이사의 긴급처리권 (2022. 8. 25. 선고 2022두35671 판결 ★★)

☐ 임기가 만료된 학교법인의 구 이사에게 후임이사가 선임될 때까지 종전의 직무를 계속하여 수행할 긴급처리권이 인정되는지 여부(원칙적 적극) 및 위 긴급처리권에 후임이사 선임에 관여할 권한이 포함되는지 여부(적극) / 퇴임한 종전 이사의 긴급처리권 유무에 따라 바로 임시이사 선임사유의 존부가 결정되는 것인지 여부(소극)

취소소송의 제소기간

114 관할 위반과 제소기간 준수여부 (2022. 11. 17. 선고 2021두44425 판결 ★★)

원고가 행정소송법상 항고소송으로 제기해야 할 사건을 민사소송으로 잘못 제기한 경우에 수소법원이 그 항고소송에 대한 관할을 가지고 있지 아니하여 관할법원에 이송하는 결정을 하였고, 그 이송결정이 확정된 후 원고가 항고소송으로 소 변경을 하였다면, 그 항고소송에 대한 제소기간의 준수 여부는 원칙적으로 처음에 소를 제기한 때를 기준으로 판단하여야 한다.

115 징수처분과 독촉처분 취소소송의 제소기간 경과 여부가 문제된 사안 (대법원 2023. 8. 31. 선고 2023두39939 판결)

❑ 소송요건인 제소기간의 준수 여부는 취소소송의 대상이 되는 개개의 처분마다 독립적으로 판단하여야 하는지 여부(적극)

행정소송법상 취소소송은 전심절차를 거치는 등 행정소송법 제20조 제1항 단서에 규정된 경우를 제외하고는 처분이 있음을 안 날부터 90일 이내에 제기하여야 한다(행정소송법 제20조 제1항 본문). 소송요건인 제소기간의 준수 여부는 법원의 직권조사사항으로서 취소소송의 대상이 되는 개개의 처분마다 독립적으로 판단하는 것이 원칙이다.

116 정보공개 청구인이 이의신청을 거쳐 행정소송을 제기한 경우 제소기간의 기산점이 문제된 사건 (대법원 2023. 7. 27. 선고 2022두52980 판결)

❑ 청구인이 공공기관의 비공개 결정 또는 부분 공개 결정에 대한 이의신청을 하여 공공기관으로부터 이의신청에 대한 결과를 통지받은 후 취소소송을 제기하는 경우, 제소기간의 기산점(=이의신청에 대한 결과를 통지받은 날)

소의 변경

117 | 공법상 당사자소송에서 민사소송으로의 소 변경이 허용되는지 여부
(2023. 6. 29. 선고 2022두44262 판결 ★)

1. 공법상 당사자소송에서 민사소송으로의 소 변경이 허용되는지 여부

   1) 공법상 당사자소송을 민사소송으로 변경할 수 있는지에 관하여 명문의 규정을 두고 있지 않다.

   2) 그러나 공법상 당사자소송에서 민사소송으로의 소 변경이 금지된다고 볼 수 없다. … 민사소송에서 항고소송으로의 소변경이 허용되는 이상, 공법상 당사자소송과 민사소송이 서로 다른 소송절차에 해당한다는 이유만으로 청구기초의 동일성이 없다고 해석하여 양자 간의 소 변경을 허용하지 않을 이유가 없다.

집행정지

118. 효력기간이 정해져 있는 제재적 행정처분 (집행정지결정의 시기와 종기)
(2022. 2. 11. 선고 2021두40720 판결 ★★)

[1] 행정소송법 제23조에 따른 집행정지결정의 효력은 결정 주문에서 정한 종기까지 존속하고, 그 종기가 도래하면 당연히 소멸한다. 따라서 효력기간이 정해져 있는 제재적 행정처분에 대한 취소소송에서 법원이 본안소송의 판결 선고 시까지 집행정지결정을 하면, 처분에서 정해 둔 효력기간(집행정지결정 당시 이미 일부 집행되었다면 그 나머지 기간)은 판결 선고 시까지 진행하지 않다가 판결이 선고되면 그때 집행정지결정의 효력이 소멸함과 동시에 처분의 효력이 당연히 부활하여 처분에서 정한 효력기간이 다시 진행한다. 이는 처분에서 효력기간의 시기(시기)와 종기(종기)를 정해 두었는데, 그 시기와 종기가 집행정지기간 중에 모두 경과한 경우에도 특별한 사정이 없는 한 마찬가지이다. 이러한 법리는 행정심판위원회가 행정심판법 제30조에 따라 집행정지결정을 한 경우에도 그대로 적용된다. 행정심판위원회가 행정심판 청구 사건의 재결이 있을 때까지 처분의 집행을 정지한다고 결정한 경우에는, 재결서 정본이 청구인에게 송달된 때 재결의 효력이 발생하므로(행정심판법 제48조 제2항, 제1항 참조) 그때 집행정지결정의 효력이 소멸함과 동시에 처분의 효력이 부활한다.

[2] 효력기간이 정해져 있는 제재적 행정처분의 효력이 발생한 이후에도 행정청은 특별한 사정이 없는 한 상대방에 대한 별도의 처분으로써 효력기간의 시기와 종기를 다시 정할 수 있다. 이는 당초의 제재적 행정처분이 유효함을 전제로 그 구체적인 집행시기만을 변경하는 후속 변경처분이다. 이러한 후속 변경처분도 특별한 규정이 없는 한 의사표시에 관한 일반법리에 따라 상대방에게 고지되어야 효력이 발생한다. … 다만 이러한 후속 변경처분 권한은 특별한 사정이 없는 한 당초의 제재적 행정처분의 효력이 유지되는 동안에만 인정된다. 당초의 제재적 행정처분에서 정한 효력기간이 경과하면 그로써 처분의 집행은 종료되어 처분의 효력이 소멸하는 것이므로, 그 후 동일한 사유로 다시 제재적 행정처분을 하는 것은 위법한 이중처분에 해당한다.

119 | 의대정원 증원처분에 대한 집행정지신청 사건 (2024. 6. 19. 선고 2024무689 결정)

1. 피신청인 보건복지부장관이 의대정원을 2,000명 증원할 것이라고 발표한 것이 집행정지의 대상이 되는 '처분등'에 해당하는지 여부(소극)

   피신청인 교육부장관이 2024. 3. 20. 2025학년도 전체 의대정원을 2,000명 증원하여 각 대학별로 배정(이하 '이 사건 증원배정'이라 한다)한 것은 항고소송의 대상이 되는 처분으로 볼 여지가 큰 반면, 피신청인 보건복지부장관이 2024. 2. 6. 의대정원을 2025학년도부터 2,000명 증원할 것이라고 발표한 행위(이하 '이 사건 증원발표'라 한다)는 항고소송의 대상이 되는 처분으로 보기 어렵다.

2. 의대 재학 중인 신청인들에게 소속 의대의 정원을 증원하는 행정처분을 다툴 법률상 이익이 있는지 여부(적극)

   이 사건 증원배정 처분의 근거가 된 고등교육법령 및 「대학설립·운영 규정」(대통령령)은 의과대학의 학생정원 증원의 한계를 규정함으로써 의과대학에 재학 중인 학생들이 적절하게 교육받을 권리를 개별적·직접적·구체적으로 보호하고 있다고 볼 여지가 충분하다.

3. 의대정원 증원 처분에 대하여 행정소송법 제23조에서 정한 집행정지의 요건이 충족되는지 여부(소극)

   이 사건 증원배정 처분이 집행됨으로 인해 의대 재학 중 신청인들이 입을 수 있는 손해에 비하여 이 사건 증원배정의 집행이 정지됨으로써 공공복리에 중대한 영향이 발생할 우려가 크다고 할 것이어서, 이 사건 증원배정에 대한 집행정지는 허용되지 않는다고 보아야 할 것이다.

   같은 취지에서 원심이, 의대정원이 증원되지 않음으로써 발생하게 될 사회적 불이익이 적절한 의대교육을 받지 못하게 되는 의대 재학 중 신청인들의 불이익보다 크다고 보아 공공복리를 보다 중시할 필요가 있다고 판단한 것은 정당한 것으로 수긍이 가고, 거기에 재항고이유 주장과 같이 행정소송법 제23조 제3항에서 정한 공공복리에 중대한 영향을 미칠 우려 또는 본안의 승소가능성에 관한 법리를 오해하거나 사실을 오인하는 등의 잘못이 없다.

입증책임

120 행정청의 고도의 전문적·기술적인 판단의 신뢰성에 관한 증명책임
(2022. 9. 16. 선고 2021두58912 판결 ★★)

[1] 행정청이 채취한 시료를 전문연구기관에 의뢰하여 법령에 정량적으로 규정되어 있는 환경오염물질의 배출허용기준을 초과한다는 검사결과를 회신받아 제재처분을 한 경우, 고도의 전문적이고 기술적인 사항에 관한 행정청의 판단으로서 존중되어야 하는지 여부(원칙적 적극)

[2] 수질오염물질 측정에서 시료채취의 방법 등이 국립환경과학원 고시인 구 수질오염공정시험기준에서 정한 절차를 위반한 경우, 그에 기초하여 내려진 행정처분이 위법한지 판단하는 방법 및 이때 시료의 채취와 보존, 검사방법의 적법성 또는 적절성이 담보되어 시료를 객관적인 자료로 활용할 수 있고 그에 따른 실험결과를 믿을 수 있다는 사정에 관한 증명책임의 소재(=행정청)

121 । 과세처분에 대한 무효확인소송에서 처분사유의 변경이 있는 경우 증명책임 귀속이 문제된 사건 (2023. 6. 29. 선고 2020두46073 판결 ★)

1. 관련 법리

1) 민사소송법이 준용되는 행정소송에서 증명책임은 원칙적으로 민사소송의 일반원칙에 따라 당사자 간에 분배되고, 항고소송은 그 특성에 따라 해당 처분의 적법성을 주장하는 피고에게 적법사유에 대한 증명책임이 있으나, 예외적으로 행정처분의 당연 무효를 주장하여 무효 확인을 구하는 행정소송에서는 원고에게 행정처분이 무효인 사유를 주장·증명할 책임이 있고, 이는 무효 확인을 구하는 뜻에서 행정처분의 취소를 구하는 소송에 있어서도 마찬가지이다.

한편 행정처분의 무효 확인을 구하는 소에는 특단의 사정이 없는 한 취소를 구하는 취지도 포함되어 있다고 보아야 하므로, 해당 행정처분의 취소를 구할 수 있는 경우라면 무효사유가 증명되지 아니한 때에 법원으로서는 취소사유에 해당하는 위법이 있는지 여부까지 심리하여야 한다. 나아가 과세처분에 대한 취소소송과 무효확인소송은 모두 소송물이 객관적인 조세채무의 존부확인으로 동일하다. 결국 과세처분의 위법을 다투는 조세행정소송의 형식이 취소소송인지 아니면 무효확인소송인지에 따라 증명책임이 달리 분배되는 것이라기보다는 위법사유로 취소사유와 무효사유 중 무엇을 주장하는지 또는 무효사유의 주장에 취소사유를 주장하는 취지가 포함되어 있는지 여부에 따라 증명책임이 분배된다.

2) 과세처분의 무효확인소송에서 소송물은 객관적인 조세채무의 존부확인이므로, 과세관청은 소송 중이라도 사실심 변론종결 시까지 해당 처분에서 인정한 과세표준 또는 세액의 정당성을 뒷받침하기 위하여 처분의 동일성이 유지되는 범위 내에서 처분사유를 교환·변경할 수 있다.

… 그런데 과세처분의 적법성에 대한 증명책임은 과세관청에 있는바, 위와 같이 교환·변경된 사유를 근거로 하는 처분의 적법성 또는 그러한 처분사유의 전제가 되는 사실관계에 관한 증명책임 역시 과세관청에게 있고, 특히 무효확인소송에서 원고가 당초의 처분사유에 대하여 무효사유를 증명한 경우에는 과세관청이 그처럼 교환·변경된 처분사유를 근거로 하는 처분의 적법성에 대한 증명책임을 부담한다.

122 ǁ '업무상 재해'의 요건으로서 상당인과관계에 관한 증명책임 (2021. 9. 9. 선고 2017두45933 전원합의체 판결)

업무와 재해 사이의 상당인과관계의 증명책임은 업무상의 재해를 주장하는 근로자 측에게 있다.

123 ǁ 증명책임 (2023. 12. 21. 선고 2023두42904 판결)

항고소송에서 해당 처분의 적법성에 대한 증명책임은 원칙적으로 처분의 적법을 주장하는 처분청에 있지만, 처분청이 주장하는 해당 처분의 적법성에 관하여 합리적으로 수긍할 수 있는 정도로 증명이 있는 경우에는 그 처분은 정당하고, 이와 상반되는 예외적인 사정에 대한 주장과 증명은 상대방에게 책임이 돌아간다. 따라서 급여 관계 서류의 보존행위가 요양기관 등의 지배영역 안에 있고, 요양기관 등이 서류보존의무기간 내에 이를 임의로 폐기하는 것 자체가 이례적이라는 사실에 비추어 볼 때, 요양기관 등이 서류제출명령의 대상인 급여 관계 서류를 생성·작성하였다고 볼 만한 사정에 대해 처분청이 합리적으로 수긍할 수 있는 정도로 증명했다면, 처분청의 서류제출명령과 무관하게 급여 관계 서류가 폐기되었다는 사정은 이를 주장하는 측인 요양기관 등이 증명하여야 한다.

124 ǁ 환경오염피해와 입증책임 (2023. 12. 28. 선고 2019다300866 판결)

환경오염피해에 대하여 시설의 사업자에게 구 환경오염피해구제법 제6조 제1항에 따른 손해배상책임을 묻는 경우, 피해자가 같은 법 제9조 제2항이 정한 여러 간접사실을 통하여 전체적으로 보아 시설의 설치·운영과 관련하여 배출된 오염물질 등으로 인해 다른 사람의 생명·신체 및 재산에 피해가 발생한 것으로 볼 만한 상당한 개연성이 있다는 점을 증명하면 그 시설과 피해 사이의 인과관계가 추정된다고 보아야 하고, 이때 해당 시설에서 배출된 오염물질 등이 피해자나 피해물건에 도달하여 피해가 발생하였다는 사실이 반드시 직접 증명되어야만 하는 것은 아니라고 할 것이다. 한편 사업자는 같은 법 제9조 제2항의 간접사실들에 대하여 반증을 들어 다투거나 같은 조 제3항의 사실들을 증명하여 추정을 번복하거나 배제시킬 수 있다.

처분사유의 추가·변경

125 | 처분사유의 추가·변경 (2021. 7. 29. 선고 2021두34756 판결)

[1] 처분청이 처분 당시에 적시한 구체적 사실을 변경하지 아니하는 범위 내에서 단지 그 처분의 근거 법령만을 추가·변경하는 것에 불과한 경우에는 새로운 처분사유의 추가라고 볼 수 없으므로 행정청이 처분 당시에 적시한 구체적 사실에 대하여 처분 후에 추가·변경한 법령을 적용하여 그 처분의 적법 여부를 판단할 수 있다. 그러나 처분의 근거 법령을 변경하는 것이 종전 처분과 동일성을 인정할 수 없는 별개의 처분을 하는 것과 다름없는 경우에는 허용될 수 없다

[3] 컨테이너를 설치하여 사무실 등으로 사용하는 갑 등에게 관할 시장이 건축법 제2조 제1항 제2호의 건축물에 해당함에도 같은 법 제11조의 따른 건축허가를 받지 않고 건축하였다는 이유로 원상복구명령 및 계고처분을 하였다가 이에 대한 취소소송에서 같은 법 제20조 제3항 위반을 처분사유로 추가한 사안에서, 당초 처분사유인 '건축법 제11조 위반'과 추가한 추가사유인 '건축법 제20조 제3항 위반'은 위반행위의 내용이 다르고 위법상태를 해소하기 위하여 거쳐야 하는 절차, 건축기준 및 허용가능성이 달라지므로 그 기초인 사회적 사실관계가 동일하다고 볼 수 없어 처분사유의 추가변경이 허용되지 않는다고 한 사례.

126 | 처분사유의 추가·변경(시외버스 운송사업자에 대한 할인 보조금 환수 및 지원 대상 제외처분에 관한 사건) (2023. 11. 30. 선고 2019두38465 판결 ★)

시외버스(공항버스) 운송사업을 하는 甲 주식회사가 청소년요금 할인에 따른 결손 보조금의 지원 대상이 아님에도 청소년 할인 보조금을 지급받음으로써 '부정한 방법으로 보조금을 지급받은 경우'에 해당한다는 이유로, 관할 시장이 보조금을 환수하고 구 경기도 여객자동차 운수사업 관리 조례 제18조 제4항을 근거로 보조금 지원 대상 제외처분을 하였다가 처분에 대한 취소소송에서 구 지방재정법 제32조의8 제7항을 처분사유로 추가한 사안에서, 시장이 위 처분의 근거 법령을 추가한 것은 기본적 사실관계의 동일성이 인정되지 않는 별개의 사실을 들어 주장하는 것으로서 처분사유 추가·변경이 허용되지 않는데도, 이와 달리 본 원심판단에 법리오해의 잘못이 있다고 한 사례

127 ‖ 행정청이 원심 소송과정에서 추가한 거부처분의 사유가 기존 거부처분 사유와 기본적 사실관계의 동일성이 인정되는지 여부 및 추가·변경된 처분사유에 대한 법원의 심리 방식이 문제된 사건 (2024. 11. 28. 선고 2023두61349 판결 ★)

【판시사항 및 판결요지】

[1] 행정청이 당초 처분의 근거로 삼은 사유와 사회적 사실관계의 기본적 동일성이 인정되더라도 그에 대한 규범적 평가와 처분의 근거 법령 변경으로 당초 처분의 내용을 변경할 필요성이 제기되는 경우, 행정처분의 적법성과 효력을 다투는 항고소송에서 당초 처분의 내용을 그대로 유지한 채 근거 법령만 추가·변경하는 것이 허용되는지 여부(소극)

사회적 사실관계의 기본적 동일성이 인정되는 경우라고 하더라도 그에 대한 규범적 평가와 처분의 근거 법령의 변경으로, 예를 들어 기속행위가 재량행위로 변경되는 경우와 같이, 당초 처분의 내용을 변경할 필요성이 제기되는 경우에는 해당 처분을 취소한 후 처분청으로 하여금 다시 처분절차를 거쳐 새로운 처분을 하도록 하여야 할 것이지 당초 처분의 내용을 그대로 유지한 채 근거 법령만 추가·변경하는 것은 허용될 수 없다.

[2] 처분청이 거부처분에 대한 항고소송에서 기존의 처분사유와 기본적 사실관계가 동일하지 않은 사유를 처분사유로 추가·변경한 것에 대하여 처분상대방이 추가·변경된 처분사유의 실체적 당부에 관하여 해당 소송 과정에서 심리·판단하는 것에 명시적으로 동의하는 경우에는, 법원으로서는 그 처분사유가 기존의 처분사유와 기본적 사실관계가 동일한지와 무관하게 예외적으로 이를 허용할 수 있다.

그렇다면 법원은, 처분상대방의 명시적 동의에 따라 처분사유의 추가·변경을 허용할 경우, 추가·변경된 거부처분사유가 당초 거부처분사유와 기본적 사실관계의 동일성이 인정되지 않더라도 처분사유 추가·변경 제한 법리에 따라 처분청의 주장을 형식적으로 배척할 것이 아니라 추가·변경된 거부처분사유의 실체적 당부에 관하여 심리·판단해야 한다. 그 결과 추가·변경된 거부처분사유도 실체적으로 위법하여 처분을 취소하는 판결이 선고·확정되는 경우 추가·변경된 거부처분사유에 관한 법원의 판단에 대해서까지 취소판결의 기속력이 미친다고 보아야 한다.

따라서 처분청이 거부처분에 대한 항고소송에서 당초 거부처분사유와 기본적 사실관계의 동일성이 인정되지 않는 다른 거부처분사유를 주장한 것에 대하여 처분상대방이 아무런 의견을 밝히지 않고 있다면 법원은 적절하게 석명권을 행사하여 …

의견을 진술할 수 있도록 기회를 주어야 한다. 그리고 법원이 기본적 사실관계가 동일하지 않은 사유의 실체적 당부에 관한 처분상대방의 명시적인 동의 없이 추가·변경된 거부처분사유를 심리·판단하여 이를 근거로 거부처분이 적법하다고 판단하는 것은 행정소송법상 직권심리주의의 한계를 벗어난 것으로 허용될 수 없다.

심 리

128 주민동의서 미보완을 이유로 한 폐기물처리사업계획서 반려 통보의 취소를 구한 사건 (2023. 7. 27. 선고 2023두35661 판결)

[1] 행정청은 사람의 건강이나 주변 환경에 영향을 미치는지 여부 등 생활환경과 자연환경에 미치는 영향을 두루 검토하여 폐기물처리사업계획서의 적합 여부를 판단할 수 있으며, 이에 관해서는 행정청에 광범위한 재량권이 인정된다.

[2] 행정청이 처분서에 불확정개념으로 규정된 법령상의 허가기준 등을 충족하지 못하였다는 취지만 간략히 기재하여 폐기물처리사업계획서 반려 통보를 한 경우, 반려 통보에 대한 취소소송절차에서 행정청이 구체적 불허가사유를 분명히 하여야 하는지 여부(적극) 및 이에 대하여 원고가 재량권 일탈·남용의 위법이 있음을 밝히기 위하여 추가적인 주장 및 자료를 제출할 필요가 있는지 여부(적극)

129 항고소송에서 행정처분의 위법 여부를 판단하는 기준과 방법 (2023. 12. 28. 선고 2020두49553 판결)

[1] 항고소송에서 행정처분의 위법 여부를 판단하는 기준과 방법

항고소송에서 행정처분의 위법 여부는 행정처분이 있을 때의 법령과 사실 상태를 기준으로 판단하여야 하고, 법원은 행정처분 당시 행정청이 알고 있었던 자료뿐만

아니라 사실심 변론종결 당시까지 제출된 모든 자료를 종합하여 처분 당시 존재하였던 객관적 사실을 확정하고 그 사실에 기초하여 처분의 위법 여부를 판단할 수 있다.

[2] 구 재건축초과이익 환수에 관한 법률 제20조에서 개발비용을 뒷받침할 자료의 제출기한을 규정한 취지 및 납부의무자가 개발비용 공제를 위한 자료 제출기한에 관련 자료를 제출하지 않았더라도 재건축부담금 부과처분을 다투는 항고소송에서 그 자료를 증거로 제출할 수 있는지 여부(적극)

일부취소판결

130 ‖ 변상금부과처분의 취소 범위가 문제된 사건 (2024. 7. 25. 선고 2024두38025 판결)

❏ 여러 필지 토지 중 일부에 대한 변상금 부과만이 위법한 경우 변상금부과처분 중 산정방법이 위법한 토지에 대한 부분만 일부취소하여야 하는지 여부(적극)

131 ‖ 법인세 등 부과처분과 소득금액변동통지의 취소를 구하는 사건(2024. 12. 12. 선고 2024두49469 판결)

❏ 과세처분 취소소송에서 사실심 변론종결 시까지 제출된 자료에 의하여 정당한 세액이 산출되는 경우, 정당한 세액을 초과하는 부분만 취소하여야 하는지 여부(적극)

기판력

132 | 확정판결의 기판력 (2021. 9. 30. 선고 2021두38635 판결)

☐ 확정판결의 기판력의 의미와 효과 및 후소의 소송물이 전소의 소송물과 동일하지 않더라도 전소의 소송물에 대한 판단이 후소의 선결문제가 되거나 모순관계에 있는 경우, 후소에서 전소 확정판결의 판단과 다른 주장을 할 수 있는지 여부(소극)

기속력

133 | 확정된 이송결정의 기속력이 전속관할 규정을 위배하여 이송한 경우에도 미치는지 여부 (2023. 8. 31. 선고 2021다243355 판결)

[1] 확정된 이송결정의 기속력이 전속관할 규정을 위배하여 이송한 경우에도 미치는지 여부(원칙적 적극)

이송결정에 대한 불복방법으로 즉시항고가 마련되어 있고 이송의 반복에 의한 소송지연을 피하여야 할 공익적 요청은 전속관할을 위배하여 이송한 경우라고 하여도 예외일 수 없으므로, 당사자가 이송결정에 대하여 즉시항고를 하지 않았거나 즉시항고가 기각되어 확정된 이상 이송결정의 기속력은 원칙적으로 전속관할의 규정을 위배하여 이송한 경우에도 미친다.

[2] 요양기관의 국민건강보험공단에 대한 요양급여비용청구권이 공단의 지급결정과 무관하게 국민건강보험법령에 의하여 곧바로 발생하는지 여부(소극)

요양기관의 국민건강보험공단에 대한 요양급여비용청구권은 요양기관의 청구에 따라 공단이 지급결정을 함으로써 구체적인 권리가 발생하는 것이지, 공단의 결정과 무관하게 국민건강보험법령에 의하여 곧바로 발생한다고 볼 수 없다.

당사자소송

134 | 군인연금법상 급여지급 청구 (2021. 12. 16. 선고 2019두45944 판결 ★★)

[2] 구 군인연금법령상 급여를 받으려고 하는 사람이 관계 법령에 따라 국방부장관 등에게 급여지급을 청구하였으나 국방부장관 등이 이를 거부하거나 일부 금액만 인정하는 급여지급결정을 하는 경우, 그 결정을 대상으로 항고소송을 제기하는 등으로 구체적 권리를 인정받지 않은 상태에서 곧바로 국가를 상대로 한 당사자소송으로 급여의 지급을 소구할 수 있는지 여부(소극)

135 | 지적재조사사업에 따른 조정금에 대한 지연손해금의 지급을 구하는 사건 (2024. 11. 28. 선고 2024두50711)

❏ 공법상 당사자소송에서 소 제기 후 채무자가 원본채무를 이행함으로써 이행지체로 인한 지연손해배상만이 남게 된 경우, 지연손해금을 산정하는 데 「소송촉진 등에 관한 특례법」(이하 '소송촉진법') 제3조의 법정이율을 적용할 수 있는지 여부(소극)

금전채권자가 채무자를 상대로 채무의 이행을 청구하는 소를 제기한 후에 채무자가 자신의 채무를 이행함으로써 원래의 금전채무가 소멸하여 그 범위에서 채권자의 채무이행청구는 기각될 수밖에 없고 이제 그 채무의 이행지체로 인한 지연손해의 배상만이 남게 된 경우에는 지연손해금 산정에 대하여 소송촉진법 제3조의 법정이율을 적용할 수 없다.

제6편
행정조직법

제1장 지방자치법

지방자치단체의 구역

136 ∥ 공유수면 매립지 관할 귀속 (2021. 2. 4. 선고 2015추528 판결 ★★)

[1] 지방자치법 제5조 제4항부터 제8항에서 행정안전부장관 및 소속 위원회의 매립지 관할 귀속에 관한 의결·결정의 실체적 결정기준이나 고려요소를 구체적으로 규정하지 않은 것이 헌법상 보장된 지방자치제도의 본질을 침해하거나 명확성원칙, 법률유보원칙에 반하는지 여부(소극)

[2] 매립지 관할 귀속에 관하여 이해관계가 있는 매립면허관청이나 관련 지방자치단체의 장이 준공검사 전까지 행정안전부장관에게 관할 귀속 결정을 신청하도록 한 지방자치법 제5조 제5항의 입법 취지 및 위 규정에서 정한 대로 매립면허관청이나 관련 지방자치단체의 장이 준공검사 전까지 관할 귀속 결정을 신청하지 않은 것이 행정안전부장관의 관할 귀속 결정을 취소해야 할 위법사유인지 여부(소극)

매립면허관청이나 관련 지방자치단체의 장이 준공검사 전까지 관할 귀속 결정을 신청하지 않았다고 하더라도 그것이 행정안전부장관의 관할 귀속 결정을 취소하여야 할 위법사유는 아니라고 보아야 한다.

[3] 지방자치법 제5조 제5항에서 매립지 관할 귀속 결정의 신청권자로 규정한 '관련 지방자치단체의 장'에 기초 지방자치단체의 장이 포함되는지 여부(적극)

지방자치법 제5조 제5항에서 매립지 관할 귀속 결정의 신청권자로 규정한 '관련 지방자치단체의 장'에는 해당 매립지와 인접해 있어 그 매립지를 관할하는 지방자치단체로 결정될 가능성이 있는 '기초 및 광역 지방자치단체의 장'을 모두 포함한다.

[4] 행정안전부장관 및 소속 위원회가 매립지가 속할 지방자치단체를 정할 때 폭넓은 형성의 재량을 가지는지 여부(적극) 및 그 재량의 한계 / 행정안전부장관 및 소속 위원회가 매립지가 속할 지방자치단체를 결정할 때 고려할 사항

행정안전부장관 및 소속 위원회는 매립지가 속할 지방자치단체를 정할 때 폭넓은 형성의 재량을 가진다. 다만 그 형성의 재량은 무제한적인 것이 아니라, 관련되는 제반 이익을 종합적으로 고려하여 비교·형량하여야 하는 제한이 있다. 행정안전부장관 및 소속 위원회가 그러한 이익형량을 전혀 하지 않았거나 이익형량의 고려 대상에 마땅히 포함해야 할 사항을 누락한 경우 또는 이익형량을 하였으나 정당성·객관성이 결여된 경우에는 그 관할 귀속 결정은 재량권을 일탈·남용한 것으로 위법하다.

주 민

137 | 법인이 분담금 납부의무자로서 '주민'에 해당하는지 여부 (2021. 4. 29. 선고 2016두45240 판결 ★★)

❏ 법인이 해당 지방자치단체에서 인적·물적 설비를 갖추고 계속적으로 사업을 영위하면서 해당 지방자치단체의 재산 또는 공공시설의 설치로 특히 이익을 받는 경우, 지방자치법 제155조에 따른 분담금 납부의무자가 될 수 있는지 여부(적극)

지방자치법은 여러 조항에서 권리·의무의 주체이자 법적 규율의 상대방으로서 '주민'이라는 용어를 사용하고 있다. 지방자치법에 '주민'의 개념을 구체적으로 정의하는 규정이 없는데, 그 입법 목적, 요건과 효과를 달리하는 다양한 제도들이 포함되어 있는 점을 고려하면, 지방자치법이 단일한 주민 개념을 전제하고 있는 것으로 보기 어렵다. 자연인이든 법인이든 누군가가 지방자치법상 주민에 해당하는지는 개별 제도별로 제도의 목적과 특성, 지방자치법뿐만 아니라 관계 법령에 산재해 있는 관련 규정들의 문언, 내용과 체계 등을 고려하여 개별적으로 판단할 수밖에 없다.

지방자치법 제155조에 따른 분담금 제도의 취지와 균등분 주민세 제도와의 관계 등을 고려하면, 지방자치법 제155조에 따른 분담금 납부의무자인 '주민'은 균등분 주민세의 납부의무자인 '주민'과 기본적으로 동일하되, 다만 '지방자치단체의 재산 또는 공공시설의 설치로 주민의 일부가 특히 이익을 받은 경우'로 한정된다는 차이점이 있을 뿐이다. 따라서 법인의 경우 해당 지방자치단체의 구역 안에 주된 사무소 또는 본점을 두고 있지 않더라도 '사업소'를 두고 있다면 지방자치법 제155조에 따른 분담금 납부의무자인 '주민'에 해당한다.

어떤 법인이 해당 지방자치단체에서 인적·물적 설비를 갖추고 계속적으로 사업을 영위하면서 해당 지방자치단체의 재산 또는 공공시설의 설치로 특히 이익을 받는 경우에는 지방자치법 제155조에 따른 분담금 납부의무자가 될 수 있다.

138 ǁ '사무소'를 두고 있는 법인이 분담금 납부의무자로서 '주민'에 해당하는지 여부 (2022. 4. 14. 선고 2020두58427 판결 ★★)

[2] 지방자치법 제155조에 따른 분담금 납부의무자인 '주민'은 구 지방세법(2020. 12. 29. 법률 제17769호로 개정되기 전의 것)에서 정한 균등분 주민세의 납부의무자인 '주민'과 기본적으로 동일한 의미이므로, 법인이 해당 지방자치단체의 구역 안에 주된 사무소 또는 본점을 두고 있지 않더라도 '사업소'를 두고 있다면 지방자치법 제155조에 따른 분담금 납부의무자인 '주민'에 해당한다.

따라서 어떤 법인이 특정한 지방자치단체에서 인적·물적 설비를 갖추고 계속적으로 사업을 영위하면서 해당 지방자치단체의 재산 또는 공공시설의 설치로 특히 이익을 받는 경우에는 지방자치법 제155조에 따른 분담금 납부의무자가 될 수 있고, 지방자치법 제155조에 따라 분담금 제도를 구체화한 조례에서 정한 부과 요건을 충족하는 경우에는 이중부과 등과 같은 특별한 사정이 없는 한 그 조례에 따라 분담금을 납부할 의무가 있다.

조 례

139 ‖ 조례와 위임의 한계 (2021. 7. 8. 선고 2017두74818 판결)

[1] 특정 사안과 관련하여 법령에서 조례에 위임을 한 경우, 조례가 위임의 한계를 준수하고 있는지 판단하는 기준

특정 사안과 관련하여 법령에서 조례에 위임을 한 경우 조례가 위임의 한계를 준수하고 있는지 여부를 판단할 때는 해당 법령 규정의 입법 목적과 규정 내용, 규정의 체계, 다른 규정과의 관계 등을 종합적으로 살펴야 하고, 수권 규정에서 사용하고 있는 용어의 의미를 넘어 그 범위를 확장하거나 축소하여 위임 내용을 구체화하는 단계를 벗어나 새로운 입법을 하였는지 여부 등도 아울러 고려하여야 한다

[2] 어느 시행령이나 조례의 규정이 모법에 저촉되는지 명백하지 않으나 모법에 합치된다는 해석이 가능한 경우, 위 규정을 모법위반으로 무효라고 선언해야 하는지 여부(소극)

어느 시행령이나 조례의 규정이 모법에 저촉되는지가 명백하지 않은 경우에는 모법과 시행령 또는 조례의 다른 규정들과 그 입법 취지, 연혁 등을 종합적으로 살펴 모법에 합치된다는 해석도 가능한 경우라면 그 규정을 모법위반으로 무효라고 선언해서는 안 된다.

140 ‖ 위임명령의 한계 (2022. 4. 14. 선고 2020추5169 판결 ★★)

[1] 위임명령은 법률이나 상위명령에서 구체적으로 범위를 정한 개별적인 위임이 있을 때에 가능하고, 여기에서 구체적인 위임의 범위는 규제하고자 하는 대상의 종류와 성격에 따라 달라지는 것이어서 일률적 기준을 정할 수는 없지만, 적어도 위임명령에 규정될 내용 및 범위의 기본사항이 구체적으로 규정되어 있어서 누구라도 당해 법률이나 상위법령으로부터 위임명령에 규정될 내용의 대강을 예측할 수 있어야 한다. 하지만 이 경우 그 예측가능성의 유무는 당해 위임조항 하나만을 가지고 판단할 것이 아니라 그 위임조항이 속한 법률의 전반적인 체계와 취지 및 목적, 당해 위임조항의 규정형식과 내용 및 관련 법규를 유기적·체계적으로 종합하여 판단하여야 하며, 나아가 각 규제 대상의 성질에 따라 구체적·개별적으로 검토함을 요한다. 이러한 법리는 조례가 법률로부터 위임받은 사항을 다시 지방자치단체장이 정하는 '규칙' 등에 재위임하는 경우에도 적용된다.

[2] 서초구의회가 의결한 '시가표준액 9억 원 이하의 1가구 1개 주택을 소유한 개인에 대하여 지방세법이 정한 재산세의 세율을 표준세율의 100분의 50으로 감경하는' 내용의 '서울특별시 서초구 구세 조례 일부 개정 조례안'에 대하여 서울특별시장이 지방세법 위반의 소지가 있다는 이유로 재의요구를 지시하였으나 구청장이 따르지 않고 공포하자 조례안 의결의 효력 배제를 구하는 무효확인의 소를 제기한 사안에서, 위 조례안이 근거조항의 위임범위의 한계를 일탈하였다거나 조세법률주의, 포괄위임금지 원칙, 조세법률의 명확성 원칙, 지방세특례제한법의 절차, 조세평등주의 등에 위배되어 무효라고 볼 수 없다고 한 사례

141 ‖ 조례의 적법요건(위임한계의 준수 여부) (2021. 4. 8. 선고 2015두38788 판결)

☐ 원인제공자의 비용으로 수도시설의 신설·증설 등의 공사를 직접 시행하기로 협의하고 원인제공자가 이를 이행한 경우에도 수도법 제71조 제1항에서 정한 수도공사 등에 필요한 비용을 부담한 것으로 볼 수 있는지 여부(적극) / 해당 사업으로 설치된 주택단지나 산업시설 등의 '실제 수돗물 사용량'이 협의의 전제가 된 '추정 사용량'을 현저하게 초과하는 등의 특별한 사정이 없는 경우, 수도법 제71조 제1항, 제2항에 의한 원인자부담금 부과사유가 소멸하는지 여부(적극)

142 ▎ 조례의 위법성 판단 (2022. 4. 28. 선고 2021추5036 판결)

[1] 법률의 위임 없이 주민의 권리 제한 또는 의무 부과에 관한 사항을 정한 조례의 효력(무효) 및 법률이 주민의 권리의무에 관한 사항에 관하여 구체적으로 범위를 정하지 않은 채 조례로 정하도록 포괄적으로 위임한 경우나 법률규정이 예정하고 있는 사항을 구체화·명확화한 것으로 볼 수 있는 경우, 법령에 위반되지 않는 범위 내에서 주민의 권리의무에 관한 사항을 조례로 제정할 수 있는지 여부(적극)

[3] 시장이 납품도매업차량에 대한 주정차위반 행정처분이 발생한 경우 자동유예될 수 있도록 구청장 등과 적극 협의하도록 하는 내용 등의 '부산광역시 납품도매업 지원에 관한 조례안'에 대하여 부산광역시장이 시의회에 재의를 요구하였으나 시의회가 원안대로 재의결함으로써 조례안을 확정한 사안에서, 위 조례안은 기관위임사무인 주정차 위반행위에 대한 과태료 부과처분에 관한 사항을 법령의 위임 없이 조례로 정한 경우에 해당하므로 조례제정권의 한계를 벗어난 것으로서 위법하다고 한 사례

143 ▎ 상위법에 반하는 조례의 제정 (2022. 10. 27. 선고 2022추5026 판결)

[1] 행정재산인 지하도상가를 제3자에게 사용, 수익하게 하거나 양도하는 것을 금지하는 규정을 신설함과 동시에 마련된 '2년간'의 유예기간 규정에 대하여 이를 '5년간'으로 연장한 이 사건 조례안 부칙 제3조 제4항이 공유재산법에 위배되는지 여부(적극)

[2] 행정재산인 인천광역시 지하도상가의 제3자 사용, 수익을 금지하면서 마련한 '2년'의 유예기간 규정을 '5년'으로 연장하도록 하는 '인천광역시 지하도상가 관리 운영 조례 일부개정 조례안'에 대한 재의결에 대하여 인천광역시장이 무효확인을 구한 사안으로, 유예기간 연장은 공유재산법에 위반된다는 이유로 그 청구를 인용한 사안

144 | 보은군 농업인 공익수당 지원에 관한 조례안에 대한 재의결의 무효확인을 구하는 사건(법률우위의 원칙) (2024. 6. 27. 선고 2022추5132 판결)

☐ 시·군 및 자치구의 조례나 규칙이 시·도의 조례나 규칙에 위반되는지 여부를 판단하는 기준

지방자치법 제30조는 "시·군 및 자치구의 조례나 규칙은 시·도의 조례나 규칙을 위반해서는 아니 된다."라고 규정하고 있으므로, 시·군 및 자치구는 시·도의 조례나 규칙(이하 '조례 등'이라 한다)에 위반되지 아니하는 범위 내에서 그 사무에 관하여 조례 등을 제정할 수 있다. 시·군 및 자치구의 조례 등이 규율하는 특정사항에 관하여 그것을 규율하는 시·도의 조례 등이 이미 존재하는 경우에도 시·군 및 자치구의 조례 등이 시·도의 조례 등과 별도의 목적에 기하여 규율함을 의도하는 것으로서 그 규정을 적용하더라도 시·도의 조례 등의 규정이 의도하는 목적과 효과를 저해하는 바가 없는 때에는 그 조례 등이 시·도의 조례 등에 위반된다고 볼 것은 아니다.

145 | 경상남도 업무협약 체결 및 관리에 관한 조례안에 대한 재의결의 무효확인을 구하는 사건 (2023. 7. 13. 선고 2022추5149 판결 ★)

☐ 경상남도지사가 '경상남도 업무협약 체결 및 관리에 관한 조례안' 중 도의회가 지방자치법 제48조, 제49조에 따라 자료를 요구할 경우 도지사는 업무협약에 비밀조항을 둔 경우라도 이를 거부할 수 없도록 규정한 제6조 제1항이 법률유보원칙 등에 위반된다며 재의를 요구하였으나 도의회가 원안대로 재의결함으로써 이를 확정한 사안에서, 조례안 제6조 제1항은 공무원의 비밀유지의무를 규정한 지방공무원법 제52조, 공공기관의 정보공개에 관한 법률 제9조 제1항 제7호, 사회기반시설에 대한 민간투자법 제51조의3 제1항 등에 위반된다고 한 사례

지방자치단체장과 지방의회와의 관계

146 ‖ 지방자치단체의 집행기관과 지방의회의 관계 (2021. 9. 16. 선고 2020추5138 판결 ★★)

[1] 지방자치법상 지방자치단체의 집행기관과 지방의회는 서로 분립되어 각기 그 고유 권한을 행사하되 상호 견제의 범위 내에서 상대방의 권한 행사에 대한 관여가 허용된다. 지방의회는 집행기관의 고유 권한에 속하는 사항의 행사에 관하여 사전에 적극적으로 개입하는 것은 허용되지 않으나, 견제의 범위 내에서 소극적·사후적으로 개입하는 것은 허용된다.

[2] 전라북도의회가 의결한 '전라북도교육청 행정기구 설치 조례 일부 개정조례안'에 대하여 전라북도 교육감이 재의를 요구하였으나 전라북도의회가 위 조례 개정안을 원안대로 재의결함으로써 확정한 사안에서, 위 조례 개정안이 교육감의 지방교육행정기관 조직편성권을 부당하게 침해한다고 볼 수 없다고 한 사례

지방의회가 '이미 설치된 교육청의 직속기관'의 명칭을 변경하는 것은 사후적·소극적 개입에 해당하므로, 위 조례 개정안이 자치사무에 관하여 법령의 범위 안에서 조례를 제정할 수 있는 '지방의회의 포괄적인 조례 제정 권한'의 한계를 벗어난 것이라고 보기는 어렵다는 이유로, 위 조례 개정안이 교육감의 지방교육행정기관 조직편성권을 부당하게 침해한다고 볼 수 없다고 한 사례.

147 지방자치단체장의 고유권한을 침해하는 조례안 (2022. 6. 30. 선고 2022추5040 판결)

[1] 서울특별시 교육비특별회계의 전출금 등으로 계상할 수 있는 교육경비 보조금의 규모를 해당연도 본 예산의 세입 중 지방세기본법 제8조 제1항 제1호 각 목에 따른 보통세의 '1000분의 4 이상 1000분의 6 이내'로 정한 것이 서울특별시장의 예산안 편성권을 침해하여 위법한지(적극)

[2] '서울특별시 교육경비 보조에 관한 조례 일부개정조례안'에 대한 재의결에 대하여 서울시장이 무효확인을 구한 사안으로, 위 조례안 제5조 제1항에서 교육경비 보조금의 상한(보통세의 1000분의 6 이내)만 규정하고 있던 종전 조례와 달리 하한(보통세의 1000분의 4 이상)을 새롭게 추가한 것이 서울시장의 예산안 편성권을 본질적으로 제약하여 위법하다고 판단한 후, 조례안의 일부가 효력이 없는 경우 조례안에 대한 재의결의 효력이 전부 부인된다는 법리에 따라 이 사건 조례안에 대한 재의결의 효력을 부인한 사안.

148 조례안 재의결 무효확인 (2023. 3. 9. 선고 2022추5118 판결)

【판시사항 및 판결요지】

1. 이 사건 조례안 제4조, 제7조 제1항, 제10조, 제11조가 원고의 임명·위촉권을 본질적으로 제약하는지 여부

지방의회는 자치사무에 관하여 법률에 특별한 규정이 없는 한 위와 같은 지방자치단체의 장의 고유권한을 침해하지 않는 범위 내에서 조례를 제정할 수 있다고 할 것이다.

특히 인사와 관련하여 상위 법령에서 지방자치단체의 장에게 기관구성원 임명·위촉 권한을 부여하면서도 임명·위촉권의 행사에 대한 지방의회의 동의를 받도록 하는 등의 견제나 제약을 규정하고 있거나 그러한 제약을 조례 등에서 할 수 있다고 규정하고 있지 아니하는 한, 당해 법령에 의한 임명·위촉권은 지방자치단체의 장에게 전속적으로 부여된 것이라고 보아야 한다. 따라서 하위 법규인 조례로써는 지방자치단체의 장의 임명·위촉권을 제약할 수 없고, 지방의회는 지방자치단체 사무에 대한 비판, 감시, 통제를 위한 행정사무감사 및 조사권의 행사의 일환으로 위와 같은 제약을 규정하는 조례를 제정할 수도 없다.

⋯ 지방자치단체의 장의 인사권 남용을 막기 위하여 지방의회의 견제가 필요한 경우가 있을 수 있다 하더라도, 이는 상위 법령의 제·개정을 통해 조례의 법적 근거를 마련하는 등 입법적으로 해결하여야 할 문제이지 상위 법령의 근거 없이 조례만으로 지방자치단체의 장의 인사권을 제약하는 것까지 허용된다고 볼 수 없다.

따라서 공공기관의 장 등에 대한 사후 인사검증을 규정한 조례안 규정들은 상위 법령의 근거 없이 원고의 임명·위촉권을 본질적으로 제약한 것이어서 위법하다고 봄이 상당하므로, 이를 지적하는 원고의 주장은 이유 있다.

2. 이 사건 조례안 제7조 제3항, 제5항, 제8조 제1항, 제3항이 지방자치법 제28조 제1항 단서 등에 위반되는지 여부

이 사건 조례안 제7조는 인사검증대상자로 하여금 위원회에 출석하여 진술하도록 하고(제3항), 필요한 경우 증인 또는 참고인도 위원회에 출석하는 것을 전제로 그들로부터 증언·진술을 청취할 수 있도록 하고 있다(제5항). 또한 이 사건 조례안 제8조 제1항, 제3항은 비록 문언상으로는 시장이 인사검증대상자의 인사검증과 관련한 자료 등을 위원회에 제출하도록 명시하고 있으나, 이는 사실상 인사검증대상자인 공공기관의 장에 대하여 자료를 제출할 의무를 부과하고 있는 것으로 볼 수 있다.

따라서 위 조례안 규정들은 주민의 의무 부과에 관한 사항을 정한 것으로 모두 법률의 위임이 있어야 그 효력이 인정될 수 있다. ⋯ 의무 부과에 관한 사항을 조례에 위임하는 내용의 법률 규정도 존재하지 아니한다. ⋯ 그렇다면 위 조례안 규정들은 법률의 위임 없이 주민의 의무 부과에 관한 사항을 조례로 규정한 것으로 지방자치법 제28조 제1항 단서에 위반된다.

【사안의 경우】

앞서 본 바와 같이 이 사건 조례안의 일부가 그 효력이 없는 이상 이 사건 조례안에 대한 재의결은 전부 효력이 부인되어야 할 것이다.

149. 부산광역시 생활임금 조례 일부개정조례안에 대한 재의결의 무효확인을 구하는 사건 (2023. 7. 13. 선고 2022추5156 판결)

[1] 부산광역시장으로 하여금 생활임금 적용대상 전직원을 대상으로 호봉 재산정을 통해 생활임금을 반영하도록 규정한 이 사건 조례안 제11조 제3항이 국가사무에 관한 사항을 규정한 것인지 여부(소극)

시의 공공기관 소속 근로자, 시와 공공계약을 체결한 기관·단체 또는 업체에 소속된 근로자 등에 대하여 생활임금을 지급하도록 하는 사무는 그 주민이 되는 근로자가 시에서의 기본적인 생활여건을 형성할 수 있도록 하는 것으로 주민복지에 관한 사업이라 할 것이고, 이는 경제적 여건이 상이한 지방자치단체의 현실을 고려하여 결정되는 것이므로, 이러한 생활임금의 지급에 관한 사무는 지방자치단체 고유의 자치사무인 지방자치법 제13조 제2항 제2호 소정의 주민의 복지증진에 관한 사무 중 주민복지에 관한 사업에 해당되는 사무라고 할 것이다.

[2] 이 사건 조례안 제11조 제3항이 원고의 예산안 편성권을 침해하는지 여부(소극)

[3] 이 사건 조례안 제11조 제3항이 원고의 인사권을 침해하는지 여부(소극)

[4] 이 사건 조례안 제11조 제3항이 근로기준법 제4조에 위배되는지 여부(소극)

[5] 이 사건 조례안 제11조 제3항이 이 사건 조례안 내 다른 규정과 충돌하여 그 효력이 부인되는지 여부(소극)

150. 지방자치단체의 조례안 재의결의 효력이 문제된 사건 (2025. 5. 15. 선고 2023추5054 판결)

[1] 지방자치단체가 기관위임사무에 관한 사항을 조례로 제정할 수 있는지 여부(원칙적 소극) 및 법령상 지방자치단체의 장이나 교육감이 처리하도록 규정하고 있는 사무가 자치사무인지 기관위임사무인지 판단하는 기준

[2] 지방자치단체가 제정한 조례가 법령에 위반되는 경우, 그 조례의 효력(무효) 및 조례가 법령에 위반되는지 판단하는 기준 / 하위법령 규정이 상위법령 규정에 저촉되는지가 명백하지 않고, 하위법령의 의미를 상위법령에 합치되는 것으로 해석하는 것이 가능한 경우, 하위법령이 상위법령에 위반된다는 이유로 쉽게 무효를 선언할 수 있는지 여부(소극)

[3] 서울특별시의회가 의결한 '서울특별시교육청 기초학력 보장 지원에 관한 조례안'에 대하여 서울특별시교육감이 기관위임사무에 해당하는 사항을 위임 없이 정한 것으로 조례제정권을 넘어선다는 등의 이유로 재의를 요구하였으나, 의회가 위 조례안을 원안대로 재의결함으로써 확정한 사안에서, 위 조례안이 기관위임사무에 관한 것으로서 조례제정권의 한계를 벗어나거나 교육관련기관의 정보공개에 관한 특례법, 기초학력 보장법 등 상위법령에 위반되지 않는다고 한 사례

위 조례안이 정한 사무는 지방자치법 제13조 제2항 제5호 (가)목이 지방자치단체의 사무로 정한 초등학교·중학교·고등학교 등의 운영·지도에 관한 사무에 해당하므로 위 조례안이 기관위임사무에 관한 것으로서 조례제정권의 한계를 벗어났다고 볼 수 없다.

151 정당 현수막의 표시·설치에 관한 기준을 규정한 「부산광역시 옥외광고물 등의 관리와 옥외광고산업 진흥에 관한 조례 일부개정조례안」(이하 '이 사건 조례안')에 대한 의결의 무효확인을 구하는 사건 (2024. 7. 25. 선고 2023추5177 판결)

[1] 조례안 의결 무효확인 소송에서 판단대상이 되었던 조례안이 개정되었으나 그 내용이 사실상 변경되지 않고 동일하게 유지되고 있는 경우, 개정 전 조례안에 대한 소의 이익이 소멸하는지 여부(소극) 및 조례안의 개정 등으로 법률우위의 원칙 등에 따라 조례안의 위법성을 직접적으로 논할 여지가 소멸하게 되었더라도 예외적으로 소의 이익을 인정할 수 있는 경우

조례안 의결 무효확인 소송에서 판단대상이 되었던 조례안이 개정되었다 하더라도 개정된 조례안의 내용이 사실상 변경된 바 없이 동일하게 유지되고 있을 경우에는 개정 전 조례안에 대한 소의 이익은 소멸되지 아니한다. 나아가 조례안의 개정 등으로 법률우위의 원칙 등에 따라 조례안의 위법성을 직접적으로 논할 여지가 소멸하게 되었더라도, 개정 전 조례안에 의하여 형성된 법률관계가 남아 있거나 또는 다른 지방자치단체에서 해당 조례안과 유사한 내용으로의 조례로 제·개정될 가능성이 있거나 실제 그러한 조례가 여러 지방의회에서 의결된 바 있어 해당 조례안의 위법성 확인에 대한 해명이 필요한 경우에는 예외적으로 소의 이익을 인정할 수 있다.

[2] 지방자치법 제192조 제8항에 따라 조례안이 법령에 위반되는지가 문제 된 소송에서 판단 기준이 되는 법령(=변론종결 당시 규범적 효력을 갖는 법령)

[3] 정당이 정당 현수막을 설치·표시하는 경우 '동시에 게시할 수 있는 현수막의 개수는 읍·면·동별로 1개'(제1호), '혐오·비방의 내용 및 문구 금지'(제2호)라는 두 개의 기준을 모두 갖추어 지정게시대에 게시하여야 한다는 내용의 '부산광역시 옥외광고물 등의 관리와 옥외광고산업 진흥에 관한 조례 일부개정조례안' 제13조의2가 관련 법령에 위반된다는 등의 이유로 행정안전부장관이 시장에게 재의를 요구했으나 불응하자 지방자치법 제192조 제8항을 근거로 위 조례안 의결의 무효확인을 구하는 소송을 제기한 사안에서, 위 조례안 규정이 조례에 대한 관계에서 법령의 우위를 명시한 헌법 제117조 제1항과 지방자치법 제28조 제1항 본문에 위배되었다고 한 사례

이처럼 정당 현수막의 표시·설치는 정당과 국민의 정치적 기본권과 밀접하게 연관되어 있다는 점에서, 정당 현수막에 대한 규율을 통하여 정당활동의 자유를 제한할 필요성이 있더라도 그 제한은 원칙적으로 국민의 대표자인 입법자가 스스로 형식적 법률로써 규정하여야 할 사항이다.

제2장 공무원법

152 ∥ 지방공무원의 승진임용에 관한 임용권자의 인사재량 (2022. 2. 11. 선고 2021도13197 판결 ★★)

[1] 지방공무원의 승진임용에 관해서는 임용권자에게 일반 국민에 대한 행정처분이나 공무원에 대한 징계처분에서와는 비교할 수 없을 정도의 광범위한 재량이 부여되어 있다.

[2] 지방공무원법상 공무원의 결원 발생 시 발생한 결원 수 전체에 대하여 오로지 승진임용의 방법으로 보충하거나 그 대상자에 대하여 승진임용 절차를 동시에 진행하여야 하는지 여부(소극) / 승진임용과 관련하여 인사위원회의 사전심의를 거치는 것은 임용권자가 승진임용 방식으로 인사권을 행사하고자 하는 것을 전제로 하는지 여부(적극) / 임용권자는 결원 보충의 방법과 승진임용의 범위에 관한 사항을 선택하여 결정할 수 있는 재량이 있는지 여부(적극)

[3] 지방공무원법상 임용권자는 인사위원회의 심의·의결 결과와 다른 내용으로 승진 대상자를 결정하여 승진임용을 할 수 있는지 여부(적극) / 인사위원회의 심의·의결 결과에 따르도록 규정한 '지방공무원 임용령' 제38조의5가 임용권자의 인사 재량을 배제하는 규정인지 여부(소극) 및 위 규정은 임용권자로 하여금 가급적 인사위원회의 심의·의결 결과를 존중하라는 취지인지 여부(적극)

징계에 관해서는 인사위원회의 징계의결 결과에 따라 징계처분을 하여야 한다고 분명하게 규정하고 있는 반면(지방공무원법 제69조 제1항), 승진임용에 관해서는 인사위원회의 사전심의를 거치도록 규정하였을 뿐 그 심의·의결 결과에 따라야 한다고 규정하고 있지 않으므로, 임용권자는 인사위원회의 심의·의결 결과와는 다른 내용으로 승진대상자를 결정하여 승진임용을 할 수 있다.

153 재임용거부결정이 위법한 경우 손해배상청구 가부 (2023. 2. 2. 선고 2022다226234 판결)

[1] 교원소청심사위원회 결정의 기속력이 미치는 범위

교원소청심사위원회 결정의 기속력은 결정의 주문에 포함된 사항뿐 아니라 그 전제가 된 요건사실의 인정과 판단, 즉 처분 등의 구체적 위법사유에 관한 판단에까지 미친다.

[2] 교원소청심사위원회가 임용기간이 만료된 교원에 대한 재임용거부처분을 취소하는 결정을 한 경우, 학교법인 등에 해당 교원을 재임용하여야 하는 의무를 부과하거나 그 교원이 바로 재임용되는 것과 같은 법적 효과가 인정되는지 여부(소극)

교원소청심사위원회의 소청심사결정 중 임용기간이 만료된 교원에 대한 재임용거부처분을 취소하는 결정은 재임용거부처분을 취소함으로써 학교법인 등에 해당 교원에 대한 재임용심사를 다시 하도록 하는 절차적 의무를 부과하는 데 그칠 뿐, 학교법인 등에 반드시 해당 교원을 재임용하여야 하는 의무를 부과하거나 혹은 그 교원이 바로 재임용되는 것과 같은 법적 효과까지 인정되는 것은 아니다.

[3] 기간임용제 대학교원에 대한 학교법인의 재임용거부결정이 재량권을 일탈·남용한 것으로 평가되어 사법상 효력이 부정되는 경우, 불법행위를 이유로 학교법인에 손해배상책임을 묻기 위해서는 재임용거부결정이 객관적 정당성을 상실하였다고 인정되어야 하는지 여부(적극) 및 그 판단 기준 / 학교법인의 불법행위가 인정되는 경우, 사립대학 교원이 청구할 수 있는 재산적 손해배상의 범위(=재직할 수 있었던 기간 동안의 임금 상당액) / 교원이 재산적 손해 외에 위자료를 청구할 수 있는 경우

… 한편 교원이 재산적 손해 외에 별도의 정신적 고통을 받았음을 이유로 위자료를 청구하기 위해서는, 학교법인이 재임용을 거부할 만한 사유가 전혀 없는데도 오로지 해당 교원을 몰아내려는 의도 아래 고의로 다른 명목을 내세워 재임용을 거부하였거나, 재임용거부의 이유로 된 어느 사실이 인사규정 등 재임용 여부의 심사사유에 해당되지 않거나 재임용거부사유로 삼을 수 없는 것임이 객관적으로 명백하고 또 조금만 주의를 기울이면 이와 같은 사정을 쉽게 알아볼 수 있는데도 그것을 이유로 재임용거부에 나아간 경우 등 재임용 여부 심사에 관한 대학의 재량권 남용이 우리의 건전한 사회통념이나 사회상규상 용인될 수 없음이 분명한 경우이어야 한다.

[4] 갑이 을 학교법인이 운영하는 병 대학교의 부교수로 승진 임용된 후 재임용되었는데, 임용기간 만료일을 전후하여 을 법인이 2회에 걸쳐 갑에 대하여 재임용거부처분을 하였으나 모두 절차 위반을 이유로 취소되자 갑에게 이의신청 기회 및 의견진술 기회를 부여한 후 업적평가결과 재임용에 필요한 점수를 취득하지 못하였다는 이유로 다시 재임용거부처분을 한 사안에서, 학술논문이 2018. 12. 31.까지 제출되지 않았다는 이유로 논문실적을 반영하지 않는 등 업적평가결과의 연구 영역 중 2018년도(2018. 3. 1.부터 2019. 2. 28.까지) 학술논문 항목을 0점으로 인정한 부분은 객관적 정당성을 상실한 것으로서 갑에 대한 불법행위에 해당한다고 한 사례

154 | 국가공무원법상 직위해제사유의 소멸 (2022. 10. 14. 선고 2022두45623 판결) ★★

[1] 국가공무원법 제73조의3 제1항에서 정한 직위해제의 의미 / 직위해제의 요건 및 효력 상실·소멸시점 등을 해석하는 방법

국가공무원법 제73조의3 제1항에서 정한 직위해제는 당해 공무원이 장래에 계속 직무를 담당하게 될 경우 예상되는 업무상의 장애 등을 예방하기 위하여 일시적으로 당해 공무원에게 직위를 부여하지 아니함으로써 직무에 종사하지 못하도록 하는 잠정적인 조치로서, 임용권자가 일방적으로 보직을 박탈시키는 것을 의미한다. … 이러한 직위해제는 징벌적 제재인 징계와 법적 성질이 다르지만, … 침익적 처분이라는 점에서 … 직위해제의 요건 및 효력 상실·소멸시점 등은 문언에 따라 엄격하게 해석해야 하고, 특히 헌법 제7조 제2항 및 국가공무원법 제68조에 따른 공무원에 대한 신분보장의 관점은 물론 헌법상 비례원칙에 비추어 보더라도 직위해제처분의 대상자에게 불리한 방향으로 유추·확장해석을 해서는 안 된다.

[2] 국가공무원법 제73조의3 제1항 제3호에서 정한 직위해제의 목적 및 직위해제 요건의 충족 여부 등을 판단하는 방법

단순히 '중징계의결 요구'가 있었다는 형식적 이유만으로 직위해제처분을 하는 것이 정당화될 수는 없고, 직위해제처분의 대상자가 중징계처분을 받을 고도의 개연성이 인정되는 경우임을 전제로 하여, 대상자의 직위·보직·업무의 성격상 그가 계속 직무를 수행함으로 인하여 공정한 공무집행에 구체적인 위험을 초래하는지 여부 등에 관한 제반 사정을 면밀히 고려하여 그 요건의 충족 여부 등을 판단해야 한다.

[3] 국가공무원법 제73조의3 제2항의 직위해제 사유의 소멸과 관련하여 같은 조 제1항 제3호에서 정한 '중징계의결이 요구 중인 자'는 같은 법 제82조 제1항 및 공무원 징계령 제12조에 따른 징계의결이 이루어질 때까지로 한정되는지 여부 (적극)

국가공무원법은 '징계의결 요구(제78조), 징계의결(제82조 제1항), 징계의결 통보(공무원 징계령 제18조), 징계처분(제78조 및 공무원 징계령 제19조) 또는 심사·재심사 청구(제82조 제2항 및 공무원 징계령 제24조)' 등 징계절차와 그 각 단계를 명확히 구분하여 규정하였고, '재징계의결 요구(제78조의3)'는 징계처분이 무효·취소된 경우에 한하는 것으로 명시함으로써 '심사·재심사 청구'가 이에 포함되지 않는다는 점 역시 문언상 분명하다.

155 ∥ 징계절차에서 징계혐의사실의 특정 정도 (2022. 7. 14. 선고 2022두33323 판결)

❏ 성비위행위 관련 징계에서 징계대상자에게 피해자의 '실명' 등 구체적인 인적사항이 공개되지 않았으나 징계혐의사실이 서로 구별될 수 있을 정도로 특정되어 있고 징계대상자가 징계사유의 구체적인 내용과 피해자를 충분히 알 수 있다고 인정되는 경우, 징계절차상 방어권 행사에 실질적인 지장이 초래된다고 볼 수 있는지 여부(소극)

156 ∥ 기간제 교원의 재임용 심사에 관한 사건 (2023. 10. 26. 선고 2018두55272 판결 ★)

[1] 대학교원의 임용기간이 만료되면 임용권자는 이러한 사정을 참작하여 재임용 여부를 심사할 필요성이 있으므로, 임용기간이 만료된 사람을 다시 임용할 것인지는 임용권자의 판단에 따른 재량행위에 속한다. 다만 대학교원 기간임용제에 의하여 임용되어 임용기간이 만료된 사립대학 교원으로서는 교원으로서의 능력과 자질에 관하여 합리적인 기준에 의한 공정한 심사를 받아 위 기준에 부합되면 특별한 사정이 없는 한 재임용되리라는 기대를 가지고 재임용 여부에 관하여 합리적인 기준에 의한 공정한 심사를 요구할 권리를 가진다.

대구경북과학기술원에 소속된 교원은 ⋯ 사립대학 교원과 동일하게 재임용 여부에 관하여 합리적인 기준에 의한 공정한 심사를 요구할 권리를 인정하여야 한다.

[2] 직급정년에 관한 대구경북과학기술원의 교원인사관리요령 제16조 제1항은 대학교원인 조교수가 동일 직급으로 근무할 수 있는 최대기간을 5년으로 설정해 두고 그 기간이 만료되기 전까지 상위 직급으로 승진하지 못한 채 임용기간이 만료되면 별도의 재임용심사 없이 당연퇴직하게 하는 내용으로서 이는 대학교원에게 인정되는 재임용심사신청권을 침해하므로 무효라고 보는 것이 타당하다.

[3] 사립학교의 교원은 교원소청심사위원회를 피고로 하여 행정소송을 제기해야 하는데, 사립학교의 장은 학교법인의 위임 등을 받아 교원에 대한 인사 관련 업무에 대해 독자적 기능을 수행하고 있고, 소청심사의 피청구인이었다면 피고보조참가인으로서 소송에 참여할 수 있다.

157 재임용 거부가 적법하다고 본 소청심사 결정의 취소를 구한 사건
(2024. 6. 17. 선고 2021두49772 판결)

[2] 학교법인이 기존 취업규칙이 적용되는 교원에게 변경된 취업규칙의 적용에 동의하여야만 재임용계약을 체결할 수 있다는 조건을 제시한 경우, 해당 교원이 조건에 동의하지 않음을 이유로 한 재임용거부가 재량권 일탈·남용에 해당하는지 여부(적극)

한편 재임용 심사를 거친 사립대학 교원과 학교법인 사이의 재임용계약 체결시 서로간의 계약 내용에 관한 의사의 불일치로 말미암아 무산되었더라도, 교원이 재임용을 원하고 있었던 이상 이러한 재임용계약의 무산은 실질적으로 학교법인의 재임용거부처분에 해당한다고 보아야 한다. 또한 학교법인의 교원 재임용행위는 원칙적으로 재량행위에 속하지만, 그 재임용거부처분에 재량권을 일탈·남용한 위법이 있는 경우에는 사법통제의 대상이 된다.

158 재외 한국학교 파견공무원에게 지급할 보수가 문제된 사건 (2023. 10. 26. 선고 2020두50966 판결)

[1] 국가공무원인 교원의 보수에 관한 구체적인 내용(보수 체계, 보수 내용, 지급 방법 등)이 '기본적인 사항'으로서 반드시 법률의 형식으로 정해야 하는지 여부(소극)

국가공무원인 교원의 보수에 관한 구체적인 내용(보수 체계, 보수 내용, 지급 방법 등)까지 반드시 법률의 형식으로만 정해야 하는 '기본적인 사항'이라고 보기는 어렵고, 이를 행정부의 하위법령에 위임하는 것은 불가피하다.

[2] 교육부장관이 중국, 일본, 중동·러시아, 남미에 설립된 한국학교에 재외국민의 교육지원 등에 관한 법률 시행령 제15조 등에 따라 파견공무원을 선발하기 위해서 각종 수당 및 근무조건에 관한 구체적인 내용이 기재된 교사 선발계획을 수립하여 이를 공고하였는데, 모스크바 한국학교 파견교사로 선발되어 3년간 파견근무를 한 초등학교 교사 甲이 파견기간 동안 재외 한국학교가 지급한 수당을 제외한 나머지 재외기관 근무수당의 지급을 청구한 사안에서, 교육부장관에게 재외 한국학교 파견공무원에 대한 수당 지급과 관련하여 재량권이 인정되고, 교육부장관이 정한 위 선발계획의 수당 부분에 재량권 일탈·남용의 위법이 없다고 한 사례

159 ‖ 공무원이 승진심사 과정에서 주택보유현황을 허위로 신고하였다는 이유로 징계처분을 받아 그 취소를 구하는 사건 (2024. 1. 4. 선고 2022두65092 판결)

[1] 헌법 제7조가 보장하는 직업공무원제도의 운영 및 기본적 요소에 해당하는 공무원의 임용·보직·승진에 바탕이 되는 원칙 / 지방공무원법이 정한 신분보장·승진 등 인사 운영 관련 규정을 해석·적용할 때 고려할 사항

[2] 지방공무원의 임용권자가 5급 공무원을 4급 공무원으로 승진임용하기 위한 절차와 방법 / 이때 승진임용에 관하여 임용권자에게 부여된 재량권과 한계 / 임용권자가 4급 공무원 승진후보자명부를 작성하거나 승진임용 여부를 심사·결정하는 과정에서 법령상 근거 없이 직무수행능력과 무관한 요소로서 근무성적평정·경력평정 및 능력의 실증에 해당한다고 보기 어려운 사정을 주된 평정 사유로 반영하였거나 이러한 사정을 승진임용에 관한 일률적인 배제사유 또는 소극 요건으로 삼을 수 있는지 여부(소극)

160 ‖ 학부모의 지속적인 담임교체 요구가 교육활동 침해행위인 반복적인 부당한 간섭에 해당한다고 판단한 사건 (2023. 9. 14. 선고 2023두37858 판결 ★)

☐ 교사가 학생에 대한 교육 과정에서 한 판단과 교육활동은 존중되어야 하는지 여부(원칙적 적극) 및 부모 등 보호자의 보호하는 자녀 또는 아동의 교육에 관한 의견 제시의 방식과 한계

적법한 자격을 갖춘 교사가 전문적이고 광범위한 재량이 존재하는 영역인 학생에 대한 교육 과정에서 한 판단과 교육활동은 특별한 사정이 없는 한 존중되어야 하며, 국가, 지방자치단체, 그 밖의 공공단체나 학생 또는 보호자 등이 이를 침해하거나 부당하게 간섭해서는 안 된다.
부모 등 보호자는 보호하는 자녀 또는 아동의 교육에 관하여 의견을 제시할 수 있으나, 이러한 의견 제시도 교원의 전문성과 교권을 존중하는 방식으로 이루어져야 하며, 교원의 정당한 교육활동에 대하여 반복적으로 부당하게 간섭하는 행위는 허용되지 않는다.

161 ║ 신고내용의 실질이 가정폭력에 해당할 가능성이 있는 사건에서 현장출동 경찰관이 취하여야 할 조치를 충실히 하였는지 여부가 문제된 사건 (2025. 1. 23. 선고 2024두33556 판결)

❑ 신고접수 당시 사건종별 코드가 '가정폭력'으로 분류된 사건 또는 신고접수 단계에서 '가정폭력'으로 분류되지는 않았지만 신고내용의 실질이 가정폭력에 해당할 가능성이 있다는 점이 현장에서 확인된 사건의 경우, 현장출동 경찰관이 취해야 할 조치의무의 내용 및 위와 같은 일련의 조치를 충실히 하지 않은 경우, 국가공무원법 제56조에서 정한 성실의무를 위반한 것으로 평가할 수 있는지 여부(적극)

162 ║ 재임용 거부처분에 대한 소청심사 청구를 기각한 결정의 취소를 구하는 사건 (2025. 2. 20. 선고 2024두55877 판결)

❑ 재임용 심의사유를 학칙이 정하는 객관적인 사유에 근거하도록 한 사립학교법 제53조의2 제7항 전문의 규정 취지 / 사립대학 교원에 대한 재임용 거부의 객관적 사유가 전혀 존재하지 않거나 재임용 심사에서 재량권을 일탈·남용한 결과 합리적인 기준에 기초한 공정한 심사가 결여된 재임용 거부결정의 효력(무효) / 재량권의 일탈·남용으로 인한 재임용 거부결정의 무효 사유에 관한 증명책임의 소재(=이를 주장하는 사람)

사립대학 교원에 대한 재임용 거부의 객관적 사유, 즉 재임용 심사기준에 미달된다는 사유가 전혀 존재하지 않거나 그 사유가 존재한다 하더라도 교원으로서의 능력과 자질을 검증하여 적격성 유무를 심사하기 위한 재임용 심사에서의 재량권을 일탈·남용한 결과 합리적인 기준에 기초한 공정한 심사가 결여된 것으로 인정되어 그 사법상의 효력 자체를 부정하는 것이 사회통념상 타당하다고 인정될 경우에는 그 재임용 거부결정은 무효라고 볼 수 있다. 재량권의 일탈·남용으로 인한 재임용 거부결정의 무효 사유에 관하여는 이를 주장하는 사람이 증명책임을 부담한다.

163 사립학교법인이 임기를 마친 교장의 원로교사 임용신청을 거부한 사건
(2024. 9. 12. 선고 2022두43405 판결)

☐ 甲 학교법인 소속 사립학교의 교장 乙이 정년 전에 임기가 끝나자 정관에서 정한 바에 따라 교사로 근무할 것을 희망하여 甲 학교법인에 자신에 대한 교원임용을 제청하였으나 甲 학교법인이 이사회에서 심의한 후 乙에게 이를 거부하는 내용의 의결 결과를 통보한 사안에서, 위 거부는 교원의 지위 향상 및 교육활동 보호를 위한 특별법 제9조 제1항에서 소청심사의 대상으로 정한 '그 밖에 그 의사에 반하는 불리한 처분'에 해당하고, 재량권을 일탈·남용하여 위법하다고 한 사례

164 학교법인이 교원징계위원회의 징계의결 결과를 관할청에 통보하지 아니한 채 선행 징계처분을 한 후 관할청의 재심의 요구에 따라 재차 교원징계위원회의 징계의결을 거쳐 선행 징계처분을 취소하고 다른 징계처분을 한 사건 (2025. 6. 5. 선고 2023두47411 판결)

☐ 사립학교 교원의 임용권자가 관할청으로부터 징계를 요구받은 사항에 대하여 교원징계위원회의 징계의결서를 받은 때에는 징계처분을 하기 전에 그 내용을 관할청에 통보하도록 정한 구 사립학교법 제66조의2 제1항을 위반한 징계처분에 절차 위반의 하자가 있는지 여부(적극) 및 사립학교 교원의 임용권자가 위 규정을 위반하여 징계처분을 행한 후, 그 사실을 뒤늦게 알게 된 관할청의 재심의 요구에 따라 적법한 절차를 거쳐 선행 징계처분을 스스로 취소하고 행한 징계처분에 이중징계 등의 절차적 하자가 있는지 여부(소극)

165 │ 국가공무원법상 공무 외의 일을 위한 집단행위 금지규정이 대한법률구조공단 임직원에게도 적용되는지 여부 (2023. 4. 13. 선고 2021다254799 판결 ★)

공단 임직원의 지위나 직무 성격을 헌법과 법률에서 보장하는 국가공무원과 같은 정도의 것으로 규정하고 있다고 보기 어렵고, 법률구조법 등에서 공단 임직원에게 국가공무원법 제66조 제1항을 직접 적용한다고 규정하고 있지도 않으므로, 공단 임직원이 국가공무원법 제66조 제1항의 의무를 부담한다고 볼 수는 없다.

166 │ 「군인사법」상 계급별 연령정년의 연장 여부 및 그 범위 (2023. 3. 13. 선고 2020두53545 판결 ★)

군인사법은 제8조 제1항에서 연령정년, 근속정년, 계급정년 등 3가지 유형의 정년제도를 규정하였다. 그런데 '연령정년'은 계급마다 연한에 차등을 두고 있을 뿐만 아니라 그 연한이 경찰공무원 등 다른 공무원과 비교하여 현저히 낮게 설정되어 있으므로, 군인사법상 '연령정년'에 관한 문제를 다룰 때에 계급적 요소를 참작하지 않을 수 없다. 따라서 군인이 임용권자로부터 파면 등 징계, 전역명령 등 신분상 불이익처분을 받았으나 그것이 확정판결에 의하여 위법한 것으로 확인되어 복귀하는 과정에서 연령정년의 경과 여부가 문제 되는 경우로서, 상명하복의 엄격한 규율과 군기를 중시하고 집단적 공동생활을 영위하는 군대의 특수한 사정을 충분히 고려하더라도 신분상 불이익처분이 법령상 정당한 근거 없이 오로지 임명권자의 일방적이고 중대한 귀책사유에 기한 것이고, 그 불이익처분으로 인해 해당 계급에서 상위 계급으로 진급함에 필요한 직무수행의 기회를 상당한 기간에 걸쳐 실질적으로 침해·제한당하는 등의 특별한 사정이 인정되며, 이를 용인할 경우 군인사법상 계급별 연령정년의 입법 취지는 물론 헌법 제7조 제2항에서 정한 공무원의 신분보장 취지를 근본적으로 훼손하게 되는 정도에까지 이르러 일반 불법행위의 법리에 의한 손해배상의 방법으로 그 위법성을 도저히 치유할 수 없다고 인정되는 경우에는 위 대법원판결의 법리가 동일하게 적용될 수 있다. 이 경우 '연령'이라는 기준의 불가역적인 성질에 비추어, 위와 같은 경우로 진급심사에 필요한 실질적인 직무수행의 기회를 상실한 기간만큼 연령정년이 연장된다.

제7편
특별행정작용법

제1장 경찰행정법

167 │ 경찰비례의 원칙 (2022. 11. 30. 선고 2016다26662, 26679, 26686 판결)

[1] 경찰관이 불법적인 농성을 진압하는 과정에서 특정한 경찰장비를 필요한 최소한의 범위를 넘어 관계 법령에서 정한 통상의 용법과 달리 사용함으로써 타인의 생명·신체에 위해를 가한 경우, 그 직무수행은 위법하다고 보아야 하는지 여부(원칙적 적극) 및 이때 상대방이 그로 인한 생명·신체에 대한 위해를 면하기 위하여 직접적으로 대항하는 과정에서 경찰장비를 손상시킨 경우, 정당방위에 해당하는지 여부(적극)

[2] 산업별 노조인 갑 노동조합의 지부가 조합원들을 각 거점에 배치하고 새총, 볼트, 화염병 등을 소지한 채 공장 점거파업을 계속하자 경찰이 점거파업을 진압하기 위하여 헬기에서 조합원들이 있던 공장 옥상을 향하여 다량의 최루액을 살포하거나 공장 옥상으로부터 30~100m 고도로 제자리 비행을 하여 조합원들을 헬기 하강풍에 노출되게 하였고, 그 과정에서 헬기가 새총으로 발사된 볼트 등의 이물질에 맞아 손상된 사안에서, 헬기를 위와 같은 방법으로 사용하여 불법적인 농성을 진압하는 것은 경찰장비를 위법하게 사용함으로써 적법한 직무수행의 범위를 벗어났다고 볼 여지가 있는데도, 갑 노동조합 등에 대하여 헬기의 손상에 관한 손해배상책임이 성립한다고 본 원심판단에 심리미진 등의 잘못이 있다고 한 사례

제2장 급부행정법

공물법

168 국유지의 사용허가를 받아 그 지상에 건물 등을 설치한 자로부터 건물을 임차한 사람에게 국유재산 무단점유·사용에 따른 변상금을 부과할 수 있는지 여부가 문제된 사건 (2024. 6. 27. 선고 2024두31284 판결)

☐ 국유지의 사용허가를 받아 그 지상에 건물 등을 설치한 자로부터 그 건물을 임차하여 점유·사용하는 자가 국유재산법 제72조 제1항 본문의 무단점유자에 해당하는지 여부(소극)

건물 등의 소유자가 아닌 이로서는 실제로 그 건물 등을 점유·사용하고 있다고 하더라도 그 건물 등의 부지를 점용하는 것으로 볼 수 없고, 건물 등의 부지는 건물 등의 소유자가 이를 점용하고 있다고 보아야 할 것이다. 그리고 이러한 법리는 국유재산인 토지 위에 건물 등이 설치된 경우에 있어 건물 등의 소유자와 점유·사용자가 다른 경우에도 마찬가지라고 해석하여야 할 것이므로, 국유재산인 토지의 사용허가를 얻고 그 지상에 건물을 신축한 자로부터 그 건물을 임차하여 이를 점유·사용하는 자가 그 건물의 부지를 점유·사용하는 것으로 볼 수는 없다.

169 향교 부지가 국유재산이라는 이유로 변상금을 부과한 처분의 취소를 구한 사건 (2023. 10. 18. 선고 2023두42584 판결)

☐ 향교재산법에 따라 설립되어 향교를 소유·관리·운용하는 재단법인이 국유재산인 향교 부지의 점유나 사용·수익을 정당화할 법적 지위에 있는 자에 해당하는지 여부(적극)

그럼에도 위와 같은 법적 지위에 있는 자에 대하여 이루어진 변상금 부과처분은 당연무효에 해당한다.

공용수용

170 ‛공익사업의 계획 또는 시행의 공고·고시'에 해당하기 위한 공고·고시의 방법 (2022. 5. 26. 선고 2021두45848 판결) ★★

공익사업의 근거 법령에서 공고·고시의 절차, 형식 및 기타 요건을 정하고 있지 않은 경우, '행정 효율과 협업 촉진에 관한 규정'이 적용될 수 있다(제2조). 위 규정은 고시·공고 등 행정기관이 일정한 사항을 일반에게 알리는 문서를 공고문서로 정하고 있으므로(제4조 제3호), 위 규정에서 정하는 바에 따라 공고문서가 기안되고 해당 행정기관의 장이 이를 결재하여 그의 명의로 일반에 공표한 경우 위와 같은 효과가 발생할 수 있다.

171 잔여 건축물 가격감소에 관한 보상금증감소송에서 재결절차를 거치지 않은 잔여 건축물 보수비에 관한 손실보상청구를 추가한 사건 (2024. 1. 25. 선고 2023두49172 판결)

재결절차를 거치지 않은 채 곧바로 사업시행자를 상대로 손실보상을 청구하는 것은 허용되지 않고, 이는 수용대상토지에 대하여 재결절차를 거친 경우에도 마찬가지이다.

피보상자별로 어떤 토지, 물건, 권리 또는 영업이 손실보상대상에 해당하는지, 나아가 그 보상금액이 얼마인지를 심리·판단하는 기초 단위를 보상항목이라고 할 수 있는데, 재결절차를 거쳤는지 여부는 보상항목별로 판단하여야 한다.

… 잔여 건축물 가격감소에 관한 손실보상은 소극적 손실을, 잔여 건축물 보수비에 관한 손실보상은 적극적 손실을 각 보상하는 것으로서 그 보상의 성질이 관념적으로도 구분되므로, 토지보상법 시행규칙 제35조 제1항의 잔여 건축물 가격감소에 관한 손실보상과 같은 조 제2항의 잔여 건축물 보수비에 관한 손실보상은 보상항목을 달리하는 것이라고 봄이 상당하다.

따라서 잔여 건축물 보수비에 관한 손실보상을 받으려는 건축물 소유자는 잔여 건축물 보수비에 관한 손실보상청구의 소를 제기하기 전에 그에 관한 적법한 재결을 거쳐야 한다. 잔여 건축물 가격감소에 관한 손실보상에 관한 재결만을 받은 이후 제기한 잔여 건축물 가격감소에 관한 손실보상청구의 소에서 잔여 건축물 보수비에 관한 손실보상청구를 구하는 것은 적법한 재결절차를 거치지 못한 것으로 부적법하여 허용되지 않는다고 보아야 한다.

172 || 토지소유자의 사업시행자에 대한 손실보상금채권이 압류된 경우, 보상금증액청구의 당사자적격 (2022. 11. 24. 선고 2018두67 전원합의체 판결)

☐ 공익사업을 위한 토지 등의 취득 및 보상에 관한 법률에 따른 토지소유자 또는 관계인의 사업시행자에 대한 손실보상금 채권에 관하여 압류 및 추심명령이 있는 경우, 채무자인 토지소유자 등이 보상금의 증액을 구하는 소를 제기하고 그 소송을 수행할 당사자적격을 상실하는지 여부(소극)

요컨대, 토지소유자 등이 토지보상법 제85조 제2항에 따라 보상금 증액 청구의 소를 제기한 경우, 그 손실보상금 채권에 관하여 압류 및 추심명령이 있다고 하더라도 추심채권자가 그 절차에 참여할 자격을 취득하는 것은 아니므로, 보상금 증액 청구의 소를 제기한 토지소유자 등의 지위에 영향을 미친다고 볼 수 없다. 따라서 보상금 증액 청구의 소의 청구채권에 관하여 압류 및 추심명령이 있더라도 토지소유자 등이 그 소송을 수행할 당사자적격을 상실한다고 볼 것은 아니다.

173 || 환매권의 발생요건 (2021. 9. 30. 선고 2018다282183 판결)

구 공익사업을 위한 토지 등의 취득 및 보상에 관한 법률(2011. 8. 4. 법률 제11017호로 개정되기 전의 것, 이하 '토지보상법'이라 한다) 제91조 제1항에 따른 환매권은 당해 사업의 폐지·변경 기타의 사유로 인하여 취득한 토지 등의 전부 또는 일부가 필요 없게 된 때에 행사할 수 있다. 여기서 '당해 사업'이란 협의취득 또는 수용의 목적이 된 구체적인 특정의 공익사업을 말하고, '취득한 토지가 필요 없게 된 때'라 함은 협의취득 또는 수용의 목적이 된 구체적인 특정의 공익사업이 폐지되거나 변경되는 등의 사유로 인하여 당해 토지가 더 이상 그 공익사업에 직접 이용될 필요가 없어졌다고 볼 만한 객관적인 사정이 발생한 때를 말한다. 취득한 토지가 필요 없게 되었는지의 여부는 당해

사업의 목적과 내용, 취득의 경위와 범위, 당해 토지와 사업의 관계, 용도 등 제반 사정에 비추어 객관적 사정에 따라 합리적으로 판단하여야 한다.

174 ∥ 협의취득이 무효인 경우, 환매권 행사 가부 (2021. 4. 29. 선고 2020다280890 판결 ★★)

    토지보상법이 환매권을 인정하는 취지는, 토지의 원소유자가 사업시행자로부터 토지 등의 대가로 정당한 손실보상을 받았다고 하더라도 원래 자신의 자발적인 의사에 기하여 그 토지 등의 소유권을 상실하는 것이 아니어서 그 토지 등을 더 이상 당해 공익사업에 이용할 필요가 없게 된 때, 즉 공익상의 필요가 소멸한 때에는 원소유자의 의사에 따라 그 토지 등의 소유권을 회복시켜 주는 것이 공평의 원칙에 부합한다는 데에 있다.

    이러한 토지보상법 및 구 국토계획법의 규정 내용과 환매권의 입법 취지 등을 고려하면, 도시계획시설사업의 시행자로 지정되어 그 도시계획시설사업의 수행을 위하여 필요한 토지를 협의취득하였다고 하더라도, 시행자 지정이 처음부터 효력이 없거나 토지의 취득 당시 해당 도시계획시설사업의 법적 근거가 없었던 것으로 볼 수 있는 등 협의취득이 당연무효인 경우, 협의취득일 당시의 토지소유자가 소유권에 근거하여 등기명의를 회복하는 방식 등으로 권리를 구제받는 것은 별론으로 하더라도 토지보상법 제91조 제1항에서 정하고 있는 환매권을 행사할 수는 없다고 봄이 타당하다.

    따라서 이 사건 토지에 관한 소유권을 당초부터 계속해서 보유하고 있었던 원고로서는, 피고 등에 대하여 소유권에 기한 물권적 청구권 등을 행사할 수 있음은 별론으로 하고, 토지보상법 제91조 제1항에 따른 환매권을 행사할 수는 없다고 할 것이다.

175 | 주거이전비 등 지급의무 (2021. 6. 30. 선고 2019다207813 판결 ★★)

❑ 주택재개발사업의 사업시행자가 현금청산대상자나 세입자로부터 정비구역 내 토지 또는 건축물을 인도받기 위해서는 협의나 재결절차 등에 의하여 결정되는 주거이전비 등도 지급하여야 하는지 여부(적극)

1) 사업시행자가 현금청산대상자나 세입자에 대해서 종전의 토지나 건축물의 인도를 구하려면 관리처분계획의 인가·고시만으로는 부족하고 구 도시정비법 제49조 제6항 단서에서 정한 토지보상법에 따른 손실보상이 완료되어야 한다.
… 주택재개발사업의 사업시행자는 사업의 신속한 진행을 위하여 주거이전비 등에 대하여 토지수용위원회에 재결을 신청할 수 있고 그 경우 관할 토지수용위원회는 주거이전비 등에 대하여 재결하여야 한다. 주거이전비 등의 보상항목에 대하여 수용재결에서 심리·판단되지 않았다면 사업시행자가 수용재결에서 정해진 토지나 지장물 등 보상금을 지급 또는 공탁한 것만으로 구 도시정비법 제49조 제6항 단서에서 정한 토지보상법에 따른 손실보상이 완료되었다고 보기 어렵다.

2) … 만일 사업시행자와 현금청산대상자나 세입자 사이에 주거이전비 등에 관한 협의가 성립된다면 다른 특약이 없는 한 사업시행자의 주거이전비 등 지급의무와 현금청산대상자나 세입자의 부동산 인도의무는 동시이행의 관계에 있게 되지만, 사업시행자가 재결절차 등을 통하여 심리·판단된 주거이전비 등을 지급하거나 공탁할 때에는 구 도시정비법 제40조 제1항에 의해 준용되는 토지보상법 제62조가 정한 사전보상의 원칙에 따라 주거이전비 등의 지급절차가 부동산 인도에 선행되어야 한다 [다만 사업시행자가 수용재결에서 정한 주거이전비 등을 수용개시일까지 지급하거나 공탁한 경우 구 도시정비법 제49조 제6항 단서에서 말하는 토지보상법에 따른 손실보상이 완료되고, 현금청산대상자나 세입자는 행정소송을 통해 주거이전비 등의 증액을 구할 수 있음은 별론으로 하고 사업시행자의 인도청구를 거절할 수는 없다 할 것이다].

176 ‖ 주거이전비 등 지급의무 (2022. 6. 30. 선고 2021다310088 판결)

❑ 주택재개발사업의 사업시행자가 현금청산대상자나 세입자로부터 정비구역 내 토지 또는 건축물을 인도받기 위해서는 협의나 재결절차 등에 의하여 결정되는 주거이전비 등도 지급하여야 하는지 여부(적극) 및 사업시행자가 협의나 재결절차를 거치지 않더라도 주거이전비 등을 지급하였거나 공탁하였다는 사정을 인정할 수 있는 경우, 주거이전비 등의 지급절차가 선행되었다고 보아 사업시행자의 토지나 건축물에 관한 인도청구를 인정할 수 있는지 여부(적극)

177 ‖ 주택재개발 정비구역 내의 주거용 주택에 거주하였던 자들이 사업시행자에 대하여 주거이전비 등의 지급을 구한 사건 (2023. 7. 27. 선고 2022두44392 판결)

[1] 구 공익사업을 위한 토지 등의 취득 및 보상에 관한 법률 시행규칙 제54조 제2항의 '세입자'에 주거용 건축물을 무상으로 사용하는 거주자도 포함되는지 여부(적극)

구 공익사업을 위한 토지 등의 취득 및 보상에 관한 법률 시행규칙(2016. 1. 6. 국토교통부령 제272호로 개정되기 전의 것, 이하 '구 토지보상법 시행규칙'이라고 한다) 제54조 제2항의 '세입자'에는 주거용 건축물을 무상으로 사용하는 거주자도 포함된다고 봄이 타당하다.

[2] 구 공익사업을 위한 토지 등의 취득 및 보상에 관한 법률 시행규칙 제54조 제2항에 따른 주거이전비 지급요건인 '정비사업의 시행으로 인하여 이주하게 되는 경우'에 해당하는지 판단하는 기준 및 이에 대한 증명책임의 소재(=주거이전비의 지급을 구하는 세입자) / 세입자가 사업시행계획 인가고시일까지 해당 주거용 건축물에 계속 거주하고 있는 경우, 정비사업의 시행으로 인하여 이주하게 되는 경우에 해당하는지 여부(원칙적 적극)

178 ∥ 시설콩나물 재배업에 관해 구 토지보상법 시행규칙 제48조 제2항 본문에 따라 손실보상금을 구하는 사건 (2023. 8. 18. 선고 2022두34913 판결)

[1] 구 공익사업을 위한 토지 등의 취득 및 보상에 관한 법률 제77조 제2항, 같은 법 시행규칙 제48조 제2항 본문에서 정한 '영농손실보상'의 법적 성격 / 같은 법 시행규칙 제48조에서 규정한 영농손실보상은 공익사업시행지구 안에서 수용의 대상인 농지를 이용하여 경작을 하는 자가 그 농지의 수용으로 인하여 장래에 영농을 계속하지 못하게 되어 특별한 희생이 생기는 경우 이를 보상하기 위한 것인지 여부(적극)

[2] 구 공익사업을 위한 토지 등의 취득 및 보상에 관한 법률 시행규칙 제48조 제2항 단서 제2호의 '직접 해당 농지의 지력을 이용하지 아니하고 재배 중인 작물을 이전하여 해당 영농을 계속하는 것이 가능하다고 인정하는 작목 및 재배방식'을 규정한 '농작물실제소득인정기준'(국토교통부고시) 제6조 제3항 [별지 2]에 열거되어 있지 아니한 시설콩나물 재배업에 관하여도 같은 시행규칙 제48조 제2항 단서 제2호를 적용할 수 있는지 여부(적극)

179 ∥ 주거이전비 지급절차가 이루어지지 않은 경우 사업시행자가 현금청산대상자를 상대로 부당이득반환을 청구할 수 있는지 여부 (2021. 7. 29. 선고 2019다300477 판결)

☐ 공익사업을 위한 토지 등의 취득 및 보상에 관한 법률 제78조 등에서 정한 주거이전비 등의 지급절차가 이루어지지 않은 경우, 주택재개발정비사업의 시행자가 종전 토지나 건축물을 사용·수익하고 있는 현금청산대상자를 상대로 부당이득반환을 청구할 수 있는지 여부(소극)

사업시행자가 현금청산대상자나 임차인 등에 대해서 종전의 토지나 건축물의 인도를 구하려면 관리처분계획의 인가·고시만으로는 부족하고 구 도시정비법 제49조 제6항 단서에서 정한 대로 토지보상법에 따른 손실보상이 완료되어야 한다.
… 주거이전비 등을 지급할 의무가 있는 주택재개발정비사업의 시행자가 종전 토지나 건축물을 사용·수익하고 있는 현금청산대상자를 상대로 부당이득반환을 청구하는 것은 허용되지 않는다.

180 ▮ 하천편입토지 보상 등에 관한 특별조치법 제2조 제3호에 따른 손실보상을 청구한 사건 (2024. 5. 30. 선고 2023두61707 판결)

[1] 하천편입토지 보상 등에 관한 특별조치법 제2조 제3호에서 정한 손실보상을 받기 위한 요건

이른바 입법적 수용이라는 국가의 적법한 공권력 행사로 인한 토지소유자의 손실을 보상하기 위한 것이다. … 손실보상을 받기 위해서는 그 사인에게 특별한 희생 내지 손실이 발생해야 하고, 재산상의 특별한 희생이나 손실이 발생했다고 할 수 없는 경우에는 손실보상을 청구할 수 없다.

[2] 하천구역으로 편입되어 국유로 된 토지를 종전 소유자가 사인에게 매도한 경우, 매매계약의 효력(원칙적 무효)

하천구역으로 편입되어 국유로 된 토지는 사인 사이 거래의 객체가 될 수 없으므로 종전 소유자가 해당 토지를 매도했다고 하더라도 그와 같은 매매는 원시적으로 불능의 급부를 목적으로 하는 계약으로서 원칙적으로 무효이다.

[3] 甲이 소유하다가 1971. 1. 19. 법률 제2292호로 개정된 구 하천법의 시행으로 하천구역에 편입되어 국유로 된 토지가 매매를 원인으로 乙과 丙에게 순차적으로 소유권이 이전되었다가 국가가 소유권보존등기를 마친 후 丙에게 손실보상금을 지급하였는데, 위 토지의 하천구역편입 당시 소유자였던 甲을 순차 상속한 상속인들이 하천편입토지 보상 등에 관한 특별조치법에 따라 손실보상을 청구한 사안에서, 甲이나 그 상속인에게 특별한 희생이나 손실이 있다고 볼 수 없어 손실보상을 청구할 수 없음에도, 이와 달리 본 원심판단에 법리오해의 잘못이 있다고 한 사례

181 ∥ 잔여지 가격감소로 인한 손실보상금의 산정방법이 문제된 사건 (2025. 5. 29. 선고 2024두44754 판결)

❑ 일단의 토지 중 공법상 제한과 이용상황을 달리하는 부분이 수용된 사안에서 잔여지 가격감소 손실보상액 산정의 기초가 되는 '공익사업시행지구 편입 전의 잔여지 가격'의 산정방법

일단의 토지 전부가 공익사업시행지구로 편입되는 경우를 상정하되, 「일단의 토지 전체의 가격에서 공익사업시행지구에 편입된 토지의 가격을 빼는 방식」등으로 산정하여, 앞서 살핀 문제점이 발생하지 않도록 하여야 한다.

공용환권 (재개발/재건축)

182 ∥ 주택재개발정비사업조합 (2021. 2. 10. 선고 2020두48031 판결 ★★)

[1] 기본행위인 주택재개발정비사업조합이 수립한 사업시행계획에 하자가 있는데 보충행위인 관할 행정청의 사업시행계획 인가처분에는 고유한 하자가 없는 경우, 사업시행계획의 무효를 주장하면서 곧바로 그에 대한 인가처분의 무효확인이나 취소를 구할 수 있는지 여부(소극)

구 도시 및 주거환경정비법(2013. 12. 24. 법률 제12116호로 개정되기 전의 것)에 기초하여 주택재개발정비사업조합이 수립한 사업시행계획은 관할 행정청의 인가·고시가 이루어지면 이해관계인들에게 구속력이 발생하는 독립된 행정처분에 해당하고, 관할 행정청의 사업시행계획 인가처분은 사업시행계획의 법률상 효력을 완성시키는 보충행위에 해당한다. 따라서 기본행위인 사업시행계획에는 하자가 없는데 보충행위인 인가처분에 고유한 하자가 있다면 그 인가처분의 무효확인이나 취소를 구하여야 할 것이지만, 인가처분에는 고유한 하자가 없는데 사업시행계획에 하자가 있다면 사업시행계획의 무효확인이나 취소를 구하여야 할 것이지 사업시행계획의 무효를 주장하면서 곧바로 그에 대한 인가처분의 무효확인이나 취소를 구하여서는 아니 된다.

[2] 분양신청절차의 근거가 된 사업시행계획이 실효된 후 주택재개발정비사업조합이 새로운 사업시행계획을 수립하면서 조합원의 지위를 상실한 현금청산대상자들의 의사와 무관하게 일방적으로 현금청산대상자들이 조합원의 지위를 회복하는 것으로 결정하는 것이 허용되는지 여부(소극)

[3] 주택재개발정비사업조합의 최초 사업시행계획이 폐지인가를 받아 실효된 후 최초 사업시행계획에 따른 분양신청절차에서 분양신청을 하지 않아 조합원 자격을 상실한 현금청산대상자들 중 일부가 참여한 총회에서 새로운 사업시행계획이 수립되고 인가를 받자 주택재개발사업구역 내 부동산 소유자들이 사업시행계획의 취소를 구하는 소를 제기한 사안에서, 총회결의에 조합원 자격이 없는 현금청산대상자들이 참여하였으나 그들을 제외하더라도 사업시행계획 수립을 위한 의결정족수를 넉넉히 충족하여 사업시행계획 수립에 관한 총회결의의 결과에 어떤 실질적인 영향을 미쳤다고 볼 만한 특별한 사정이 없는 이상, 조합원 자격이 없는 현금청산대상자들에게 소집통지가 이루어졌고 그들이 총회결의에

일부 참여하였다는 점만으로 총회결의가 무효라거나 총회결의를 통해 수립된 사업시행계획에 이를 취소하여야 할 정도의 위법사유가 있다고 단정하기는 어렵다고 한 사례.

183 재개발조합설립 단계에서의 소위 '지분쪼개기' 사건 (2023. 8. 18. 선고 2022두51901 판결 ★)

[2] 오로지 재개발조합설립을 위한 동의정족수를 충족하게 하거나 재개발사업 진행 과정에서 주도적 지위를 차지하기 위한 목적으로 형식적인 증여, 매매 등을 원인으로 하여 밀접한 관계에 있는 사람 등의 명의로 과소지분에 관한 소유권이전등기를 마치는 방식을 통하여 인위적으로 토지 등 소유자 수를 늘리고 그들로 하여금 조합설립에 동의하는 의사표시를 하도록 하는 것이 탈법행위에 해당하는지 여부(적극) 및 위와 같이 늘어난 토지 등 소유자들은 동의정족수를 산정함에 있어 전체 토지 등 소유자 및 동의자 수에서 제외되어야 하는지 여부(적극) / 과소지분의 형식적 이전을 통해 인위적으로 부풀린 토지 등 소유자들로 하여금 조합설립에 동의하는 의사표시를 하도록 하는 것이 탈법행위에 해당하는지 판단하는 기준

184 ‖ 주택재건축정비사업조합과 조합원 간의 개별적인 약정의 구속력 및 그러한 약정을 위반한 경우 신뢰보호원칙을 통한 구제 (2022. 7. 14. 선고 2022다206391 판결 ★★)

[1] 도시 및 주거환경정비법상 주택재건축정비사업조합의 법적 지위(=행정주체) / 주택재건축정비사업조합이 행정주체의 지위에서 수립하는 관리처분계획의 법적 성격(=행정처분) 및 이에 관하여 조합이 갖는 재량권의 행사 방법

… 재건축조합이 행정주체의 지위에서 수립하는 관리처분계획은 행정계획의 일종으로서 이에 관하여는 재건축조합에 상당한 재량이 인정되므로, 재건축조합은 종전의 토지 또는 건축물의 면적·이용상황·환경 그 밖의 사항을 종합적으로 고려하여 대지 또는 건축물이 균형 있게 분양신청자에게 배분되고 합리적으로 이용되도록 그 재량을 행사해야 한다.

[2] 주택재건축정비사업조합의 총회가 새로운 총회결의로써 종전 총회결의의 내용을 철회하거나 변경할 수 있는 자율성과 형성의 재량을 가지는지 여부(적극) / 주택재건축정비사업조합의 내부 규범을 변경하는 총회결의가 적법하기 위한 요건 및 그 총회결의가 신뢰보호원칙에 위반되는지 판단하는 방법

… 재건축조합에서 일단 내부 규범이 정립되면 조합원들은 특별한 사정이 없는 한 그것이 존속하리라는 신뢰를 가지게 됨에 비추어 내부 규범 변경을 통해 달성하려는 이익이 종전 내부 규범의 존속을 신뢰한 조합원들의 이익보다 우월하여야 한다. 조합 내부 규범을 변경하는 취지의 총회결의가 신뢰보호원칙에 위반되는지를 판단하기 위해서는, 종전 내부 규범의 내용을 변경하여야 할 객관적 사정과 필요가 존재하는지, 그로써 조합이 달성하려는 이익은 어떠한 것인지, 내부 규범의 변경에 따라 조합원들이 침해받는 이익은 어느 정도의 보호가치가 있으며 그 침해 정도는 어떠한지, 조합이 종전 내부 규범의 존속에 대한 조합원들의 신뢰 침해를 최소화하기 위하여 어떤 노력을 기울였는지 등과 같은 여러 사정을 종합적으로 비교·형량해야 한다.

185 도시정비법상 조합원의 '직접 출석'의 취지와 의미 (2022. 5. 12. 선고 2021두56350 판결 ★★)

❏ 구 도시 및 주거환경정비법 제24조 제5항 단서가 조합원의 '직접 출석'을 요구하는 취지 및 위 단서 조항이 정한 '직접 출석'에 대리인이 출석하여 의결권을 행사하는 경우가 포함되는지 여부(적극)

186 신탁업자가 사업시행자인 재건축사업에서「도시 및 주거환경정비법」(이하 '도시정비법') 제39조 제1항 전문의 '위탁자'로서의 지위 확인을 구하는 사건 (2025. 2. 20. 선고 2024두52427 판결)

❏ 도시 및 주거환경정비법 제27조 제1항에 따라 신탁업자가 사업시행자인 재개발사업 또는 재건축사업에서 신탁업자와 토지 등 소유자 사이에 '위탁자'의 지위에 관한 분쟁이 발생하는 경우, 토지 등 소유자가 위탁자 지위의 확인을 구하는 소송의 형태(=신탁업자를 상대로 한 공법상 당사자소송)

지역개발행정법

187 | 개발행위허가 기준 (2021. 4. 29. 선고 2020두55695 판결)

　국토계획법 제58조 제1항 제3호에서 개발행위허가 기준의 하나로 정하고 있는 "도시·군계획사업의 시행에 지장이 없을 것"에서 말하는 도시·군계획사업은 반드시 개발행위허가신청에 대한 처분 당시 이미 도시·군계획사업이 결정·고시되어 시행이 확정되어 있는 것만을 의미하는 것이 아니고, 도시·군계획사업에 관한 구역 지정 절차 내지 도시·군관리계획 수립 등의 절차가 구체적으로 진행되고 있는 등의 경우에는 행정청으로서는 그와 같이 구체적으로 시행이 예정되어 있는 도시·군계획사업의 시행에 지장을 초래하는 개발행위에 대해서 이를 허가하지 아니할 수 있다.

조세법

188 ‖ 원천징수의무자에 대한 소득금액변동통지의 처분성 여부 (2021. 4. 29. 선고 2020두52689 판결)

☐ 원천징수의무자인 법인에 대한 소득금액변동통지가 법인의 납세의무에 직접 영향을 미치는 조세행정처분인지 여부(적극) / 소득금액변동통지가 납세고지에 해당하는지 여부(소극) / 구 국세기본법 시행령 제63조의14 제2항 제3호가 정한 '납세고지'에 '납세고지와 유사한 성격을 갖는 것'도 포함되는지 여부(소극)

원천징수의무자인 법인에 대한 소득금액변동통지는 원천징수의무자인 법인의 납세의무에 직접 영향을 미치는 조세행정처분이다.

189 ‖ 과세처분의 하자 (2024. 3. 12. 선고 2021다224408 판결)

[1] 과세대상이 되지 아니하는 법률관계나 사실관계에 대하여 이를 과세대상으로 오인할 만한 객관적인 사정이 있고 그것이 과세대상이 되는지가 사실관계를 정확히 조사하여야 비로소 밝혀질 수 있는 경우, 이에 대한 과세처분의 하자가 외관상 명백하여 당연무효라고 볼 수 있는지 여부(소극)

[2] 과세처분을 위한 조사결정절차에 단순한 과세대상의 오인, 조사방법의 잘못된 선택, 세액산출의 잘못 등의 위법이 있는 경우, 과세처분의 취소사유가 될 뿐인지 여부(적극)

[3] 갑 주식회사가 소유한 토지들은 지목이 '목장용지'였으나 실제 이를 목장으로 이용하지 않았고, 지방자치단체의 장은 위 토지들을 구 지방세법 제106조 제1항 제1호, 제2호의 합산과세대상 토지로 보아 재산세 및 지방교육세를 부과하여 왔는데, 이후 갑 회사가 위 토지들 지상에 건축물을 신축한 후 말을 사육하기 시작하여 이를 한국마사회에 등록하였음에도 지방자치단체의 장이 종전과 동일하게 위 토지들이 합산과세대상 토지임을 전제로 재산세 및 지방교육세를 부과하고, 관할 세무서장도 재산세 등 과세자료를 토대로 위 토지들을 합산과세대상 토지로 보아 종합부동산세 및 농어촌특별세를 부과하자, 갑 회사가 이를 전액 납부한 다음 국가와 지방자치단체를 상대로 위 토지들은 목장용지로서 분리과

세대상 토지에 해당하므로 위 각 부과처분 중 분리과세대상 토지임을 전제로 계산한 세액을 초과하는 부분은 해당 처분이 위법하고 하자가 중대·명백하여 당연무효며 부당이득반환을 구한 사안에서, 위 각 부과처분은 하자가 외관상 명백하다고 볼 수 없고, 설령 위 각 부과처분 과정에서 이루어진 조사에 일부 미진한 점이 있다 하더라도 이러한 하자는 취소사유에 해당할 뿐인데도, 위 각 부과처분의 하자가 중대·명백하여 당연무효라고 본 원심판단에 법리오해의 잘못이 있다고 한 사례

190 ▎ 당초신고에 대한 경정청구거부처분 취소소송에서 불복기간이 도과된 증액경정처분의 위법사유를 주장할 수 있는지 여부가 문제된 사건
(2024. 6. 27. 선고 2021두39997 판결)

❏ 당초신고 후 증액경정처분이 있고, 증액경정처분에 따라 증가된 세액에 대하여 불복기간 도과로 불가쟁력이 발생한 경우, 원고가 경정청구거부처분 취소소송에서 증액경정처분의 사유를 위법사유로 주장할 수 있는지 여부(적극)

관련 규정의 문언, 체계 및 경정청구제도의 취지 등을 종합하여 보면, 과세표준신고서를 법정신고한 내에 제출한 납세자가 그 후 이루어진 과세관청의 결정이나 경정으로 인한 처분에 대하여 소정의 불복기간 내에 다투지 아니하였더라도 5년의 경정청구기간 내에서는 경정청구권을 행사하는 데에는 아무런 영향이 없다.

2025
행정법 5개년
최신판례 제3판 HAND BOOK

초판발행	2023년 08월 14일
2판발행	2024년 08월 19일
3판발행	2025년 07월 25일

지 은 이	강성민
디 자 인	이나영
발 행 처	주식회사 필통북스
등 록	제2019-000085호
주 소	서울특별시 관악구 신림로59길 23, 1201호(신림동)
전 화	1544-1967
팩 스	02-6499-0839
homepage	http://www.feeltongbooks.com/
ISBN	979-11-6792-234-2 [13360]

비 매 품

┃이 책은 저자와의 협의 하에 인지를 생략합니다.
┃이 책은 저작권법에 의해 보호를 받는 저작물이므로 주식회사 필통북스의 허락 없는 무단전재 및 복제를 금합니다.